Wettbewerbsstrategie
(Competitive Strategy)

Wie wird sich unsere Branche entwickeln, und welche Kräfte bestimmen den Wettbewerb in ihr?
Welche Schritte werden unsere Konkurrenten unternehmen, und wie können wir auf sie reagieren?
Wie kann unser Unternehmen in eine Position gebracht werden, in der es langfristig wettbewerbsfähig ist?
Michael Porters *Wettbewerbsstrategie* ist das Standardwerk zu diesem Thema und Pflichtlektüre für Führungskräfte zur Orientierung über neue Konkurrenten, technische Entwicklungen und ökonomische Veränderungen.
Betriebswirten bietet Porter einen Schatz von Einsichten in die Nuancen und Vielfältigkeiten des heutigen Wirtschaftslebens.

Michael E. Porter, Professor an der Harvard Buiness Scholl, entwickelte dort das anerkannte Graduiertenprogramm über Branchen- und Wettbewerbsanalyse, das zum meistbelegten Wahlfach in der Geschichte der HBS geworden ist; Porter hält zahlreiche Vorträge und ist Berater führender Unternehmen aus der ganzen Welt. Professor Porter schreibt Leitartikel für das »Wall Street Journal« und ist Verfasser vier anderer Bücher, er gewann 1979 den Preis der McKinsey Foundation für den besten Beitrag in der Harvard Business Review.

Michael E. Porter

Wettbewerbsstrategie

(Competitive Strategy)

Methoden zur Analyse
von Branchen und Konkurrenten

Campus Verlag · Frankfurt

Deutsche Übersetzung von Volker Brandt und Thomas C. Schwoerer.

Die Deutsche Bibliothek – CIP-Einheitsaufnahme

Porter, Michael E.:
Wettbewerbsstrategie : Methoden zur Analyse von Branchen
und Konkurrenten = (Competitive strategy) / Michael E. Porter.
[Dt. Übers. von Volker Brandt und Thomas C. Schwoerer]. –
8. Aufl. – Frankfurt/Main ; New York : Campus Verlag, 1995
Einheitssacht.: Competitive strategy <dt>.
ISBN 3-593-33266-3

8. Auflage 1995

Umschlaggestaltung: Atelier Warminski, Büdingen
Satz: L. Huhn, Maintal
Druck und Bindung: Druckhaus Beltz, Hemsbach
Printed in Germany

Inhalt

Vorwort

Dieses Buch ist eine wichtige Station des intellektuellen Wegs, auf dem ich mich während eines Großteils meines Berufslebens befinde. Es ist aus meiner Forschung und Lehre in der Theorie industrieller Organisationen und in Wettbewerbsstrategie entstanden. Wettbewerbsstrategie ist hauptsächlich für Manager von Interesse, und sie beruht auf einem subtilen Verständnis von Branchen und Konkurrenten. Um ein solches Verständnis zu erlangen, hat das strategische Feld jedoch nur wenige analytische Methoden hervorgebracht, denen es zudem an Breite und Vollständigkeit mangelte. Die ökonomische Forschung befaßt sich zwar seit langem mit dem Studium von Branchenstrukturen – in der Regel jedoch aus einem wirtschaftspolitischen Blickwinkel, der die Interessen von Managern ignoriert.

Ich lehre und schreibe sowohl über Unternehmensstrategie als auch über Industrieökonomie; daher habe ich mir in meiner Arbeit der letzten zehn Jahre an der Harvard Business School das Ziel gesetzt, diese Kluft zu überwinden. Das Buch beruht auf meiner Forschung in Industrieökonomie, die ich mit meiner Dissertation begonnen und seitdem weitergeführt habe. Es nahm Gestalt an, seit ich im Jahr 1975 Material für ein Seminar über Unternehmenspolitik bearbeitete und in den darauffolgenden Jahren ein Seminar mit dem Titel »Branchen- und Wettbewerbsanalyse« entwickelte, das ich vor graduierten Studenten und Führungskräften hielt. Ich beschränkte mich dabei nicht auf die traditionelle, statistisch begründete universitäre Forschung, sondern zog darüberhinaus Studien über hunderte von Branchen heran, die das Ergebnis der Vorbereitung von Lehrmaterialien, meiner eigenen Forschung, der Durchsicht dutzender von Branchenstudien durch Graduierten-Teams sowie meiner Arbeit mit Unternehmen innerhalb und außerhalb der USA darstellten.

Dieses Buch wendet sich an Praktiker, die Strategien für bestimmte Geschäftszweige entwickeln müssen, und an Wissenschaftler, die den Wettbewerb besser zu verstehen suchen. Es richtet sich außerdem an alle, die das Verständnis ihrer Branche und ihrer Konkurrenten vertiefen wollen. Die Wettbewerbsanalyse ist nicht nur für die Formulierung von Unternehmensstrategien wichtig, sondern auch für Bereiche wie Finanzierung, Marketing, Wertpapieranalyse usw. Ich hoffe, daß das Buch Praktikern, die in den verschiedensten Funktionen und Rängen arbeiten, wertvolle Einsichten bieten wird.

Ich hoffe außerdem, daß das Buch zur Entwicklung einer soliden staatlichen Wettbewerbspolitik beitragen wird. *Wettbewerbsstrategie* untersucht, wie ein Unternehmen den Wettbewerb wirksamer führen kann, um seine Marktposition zu stärken. Jede Strategie muß in Spielregeln für gesellschaftlich wünschenwertes Wettbewerbsverhalten eingebettet sein, die durch ethische Normen und staatliche Politik aufgestellt werden. Die Spielregeln können aber nur dann ihre Aufgabe erfüllen, wenn sie die strategischen Reaktionen auf Wettbewerbschancen und -gefahren richtig vorhersehen.

Ich erhielt viel Hilfe und Unterstützung bei dem Unterfangen, dieses Buch in die Tat umzusetzen. Die Harvard Business School bot mir einzigartige Forschungsmöglichkeiten, und die Dekane Lawrence Fouraker und John McArthur steuerten zahlreiche nützliche Bemerkungen und institutionelle Hilfen bei; am wichtigsten aber war die Ermutigung, die sie mir von Anfang an zuteil werden ließen. Die Forschungsabteilung der Harvard Business School stellte einen Großteil der finanziellen Unterstützung für diese Studie bereit, zusätzlich zur General Electric Foundation. Als Direktor der Forschungsabteilung fungierte Richard Rosenbloom nicht nur als geduldiger Investor, sondern auch als geschätzte Quelle für Kommentare und Ratschläge.

Diese Studie wäre nicht möglich gewesen ohne die Arbeit einer Gruppe von hochtalentierten und engagierten Forschungsassistenten, die bei der Branchenforschung und der Bearbeitung von empirischem Material im Laufe der letzten fünf Jahre mit mir zusammenarbeiteten. Jessie Bourneuf, Steven J. Roth, Margaret Lawrence und Neal Bhadkamkar – allesamt Masters of Business Administration zu Harvard – haben jeweils mindestens ein volles Jahr an der Arbeit zu dieser Studie mitgewirkt.

Großen Nutzen habe ich außerdem aus der Arbeit einiger meiner Doktoranden auf dem Gebiet der Wettbewerbsstrategie gezogen.

Kathryn Harrigans Arbeit über schrumpfende Branchen war ein wichtiger Beitrag zu Kapitel 12. Die Arbeiten von Joseph D'Cruz, Nitin Mehta, Peter Patch und George Yip haben mein Verständnis für wichtige, in diesem Buch behandelte Themen vertieft.

Meine Kollegen in Harvard und Mitarbeiter in auswärtigen Unternehmen haben eine zentrale Rolle bei der Entwicklung dieses Buches gespielt. Forschungen, die ich zusammen mit Richard Caves, einem geschätzten Freund und Kollegen, betrieb, bildeten einen wichtigen intellektuellen Beitrag zu diesem Buch; er hat außerdem das gesamte Manuskript aufmerksam kommentiert. Mitarbeiter des Instituts für Unternehmenspolitik in Harvard, insbesondere Malcolm Salter und Joseph Bower, halfen mir meine Gedanken auszufeilen und steuerten wertvolle Unterstützung bei.

Catherine Hayden, Vizepräsidentin von Strategic Planning Associates, Inc., ist eine kontinuierliche Ideengeberin gewesen und hat außerdem das gesamte Manuskript kommentiert. Die gemeinsame Forschung und unzählige Diskussionen mit Michael Spence haben mein Verständnis für Strategien erhöht. Mit Richard Meyer zusammen hielt ich mein Seminar über Branchen- und Wettbewerbsanalyse; er gab mir Anregungen auf vielen Gebieten. Mark Fuller war mir durch unsere gemeinsame Arbeit auf dem Gebiet der Branchen- und Fallstudien behilflich. Thomas Hout, Eileen Rudden und Eric Vogt – alle von der Boston Consulting Group – trugen zu Kapitel 13 bei. Zu den weiteren Personen, die mich ermutigten und in den verschiedensten Phasen zur Ausarbeitung des Manuskriptes nützliche Hinweise gaben, gehören die Professoren John Lintner, C. Roland Christensen, Kenneth Andrews, Robert Buzzell und Norman Berg, sowie John Nils Hanson (Gould Corporation), John Forbis (McKinsey and Company) und mein Herausgeber Robert Wallace.

Darüberhinaus bin ich Emiliy Feudo und besonders Sheila Barry zu großem Dank verpflichtet, die beide die Produktion des Manuskripts besorgten und zu meiner Ruhe und Produktivität bei der Arbeit an dieser Studie beitrugen. Zuguterletzt möcht ich meinen Studenten in den Seminaren über Branchen- und Wettbewerbsanalyse, Unternehmenspolitik sowie über Feldstudien in der Branchenanalyse für die Geduld danken, mit der sie als »Versuchskaninchen« für die Erprobung von Konzepten dieses Buchs zur Verfügung gestanden haben – noch mehr aber für den Enthusiasmus, mit dem sie die Ideen bearbeitet und mir bei der Klärung meiner Gedanken auf unzählige Weise geholfen haben.

Einleitung

Jedes im Wettbewerb stehende Unternehmen hat eine Wettbewerbsstrategie, bewußt oder unbewußt. Diese Strategie kann ausdrücklich durch Planung entwickelt worden oder aus den Aktivitäten der verschiedenen Unternehmensbereiche hervorgegangen sein. Sich selbst überlassen, wird jeder Unternehmensbereich zwangsläufig seine eigene Methode verfolgen, die durch seine geschäftliche Orientierung und durch den Antrieb seiner Verantwortlichen diktiert wird. Die Summe aus diesen abteilungsspezifischen Ansätzen wird jedoch selten die beste Strategie für das Gesamtunternehmen ergeben.

Die Bedeutung, die Unternehmen im In- und Ausland heute der strategischen Planung einräumen, unterstreicht die These, daß bedeutende Vorteile zu erzielen sind, wenn man zumindest die Intentionen (wenn schon nicht das Verhalten) der verschiedenen Abteilungen gemäß gemeinsamer Ziele koordiniert und *ausdrücklich* als Strategie formuliert. Die verstärkte Beachtung formaler strategischer Planung hat Fragen in den Vordergrund geschoben, die für Mananger schon länger von Wichtigkeit waren: Welches sind die Antriebskräfte für den Wettbewerb in meiner Branche, oder in Branchen, in denen ich vielleicht aktiv werden will? Welche Maßnahmen wird die Konkurrenz vermutlich ergreifen, und wie reagiere ich am besten darauf? Wie wird sich meine Branche entwickeln? Wie kann das Unternehmen in eine Position gebracht werden, in der es langfristig wettbewerbsfähig ist?

Allerdings lag der Schwerpunkt formaler strategischer Planungsprozesse bislang eher in der organisierten und disziplinierten Formulierung dieser Fragen als in ihrer Beantwortung. Soweit Methoden zur Beantwortung der Fragen vorgeschlagen wurden (oft von Beratungsfirmen), richteten sie sich eher an diversifizierte Unternehmen statt auf die jeweilige Branche, oder sie berücksichtigten nur einen einzigen Aspekt der Branchenstruktur (z.B. den Kostenverlauf), wodurch die Vielfalt und Komplexität des industriellen Wettbewerbs außer acht gelassen wurde.

Dieses Buch bietet einen umfassenden Rahmen für analytische Methoden, die dem Unternehmen helfen sollen, seine Branche als Ganzes zu analysieren und ihre künftige Entwicklung vorherzusagen, seine Konkurrenten und seine eigene Position zu verstehen, und schließlich die Analyse in eine Wettbewerbsstrategie für den betreffenden Markt umzusetzen. Das Buch ist in drei Teile gegliedert. Teil I bietet ein allgemeines System zur Analyse der Struktur einer Branche und ihrer Wettbewerber. Die Grundlage dieses Systems besteht aus der Analyse der fünf auf eine Branche einwirkenden Wettbewerbskräfte und ihrer Konsequenzen. Darauf aufbauend werden dargestellt:

Methoden zur Analyse von Konkurrenten, Käufern und Lieferanten; Methoden zum Verständnis von Marktsignalen; spieltheoretische Konzepte für Wettbewerbsmaßnahmen bzw. für Reaktionen darauf; ein Ansatz, um strategische Gruppen in einer Branche zu erfassen und Unterschiede in ihrer Leistungsfähigkeit zu erklären; und schließlich ein System zur Prognose der Branchenentwicklung.

Teil II zeigt, wie das in Teil I beschriebene Analysesystem für die Entwicklung von Wettbewerbsstrategien in besonders wichtigen, typischen Branchensituationen verwandt werden kann. Diese verschiedenen Situationen spiegeln fundamentale Unterschiede in Bezug auf Branchenkonzentration, Reifegrad und Intensität des weltweiten Wettbewerbs wider. Die branchentypischen Situationen sind entscheidend, wenn man bestimmen will, in welchem strategischen Zusammenhang ein Unternehmen konkurriert, welche strategischen Alternativen verfügbar sind, und worin die verbreitetsten strategischen Fehler bestehen. Teil II untersucht zersplitterte Branchen, junge Branchen, Branchen in der Übergangsphase zur Reifeperiode, schrumpfende und weltweite Branchen.

Teil III des Buches vervollständigt den analytischen Rahmen, indem er systematisch die wichtigen Typen von strategischen Entscheidungen untersucht, denen sich Unternehmen, die nur in einer einzigen Branche konkurrieren, gegenübersehen: vertikale Integration, Kapazitätserweiterungen und Eintritt in neue Branchen (der Rückzug aus einer Branche wird in Kap. 12 des Teils II detailliert behandelt). Die Analyse jeder dieser strategischen Entscheidungen stützt sich auf die in Teil I dargestellten analytischen Instrumente, auf zusätzliche ökonomische Theorien, sowie auf Überlegungen aus der Organisationstheorie und Personalführung. Teil III beabsichtigt nicht nur, einem Unternehmen bei seinen wichtigsten Entscheidungen Hilfestellung zu leisten, sondern auch Einsichten darüber zu liefern, wie seine Konkurrenten, Käufer, Lieferanten, sowie potentielle neue Konkurrenten ihre Entscheidungen treffen könnten.

Zur Analyse von Wettbewerbsstrategien für einen bestimmten Markt kann der Leser das Buch auf verschiedene Arten benutzen. Erstens können die in Teil I dargestellten allgemeinen analytischen Instrumente verwandt werden. Zweitens können einzelne Kapitel aus Teil II, die sich mit den wichtigsten Eigenschaften verschiedener Branchen befassen, herangezogen werden, um genauere, auf das spezifische Unternehmensumfeld bezogene Wettbewerbsstrategien zu formulieren. Steht der Leser schließlich vor einer bestimmten geschäftlichen Entscheidung, so kann er im entsprechenden Kapitel von Teil III nachsehen. Aber selbst wenn keine bestimmte Entscheidung ansteht, wird Teil III die Überprüfung eigener früherer Entscheidungen und die Untersuchung früherer oder gegenwärtiger Entscheidungen von Konkurrenten erleichtern.

Zwar kann der Leser sich mit dem Blick in das eine oder andere Kapitel begnügen; er wird aber viel gewinnen, wenn er das ganze System als einen Ausgangspunkt begreift, der es erlaubt, ein bestimmtes strategisches Problem in Angriff zu nehmen. Die Teile des Buches sollen sich gegenseitig bereichern und verstärken. Abschnitte, die für die Stellung des eigenen Unternehmens uninteressant erscheinen, können für die Beurteilung von Konkurrenten entscheidend sein; außerdem können sie zu neuen Urteilen zur allgemeinen Lage einer Branche oder zu aktuellen strategischen Entscheidungen führen. Die Lektüre des ganzen Buchs mag aufwendig erscheinen, wird sich aber lohnen, da sie dem Leser ermöglicht, eine strategische Situation schnell und klar einzuschätzen und eine Wettbewerbsstrategie zu entwickeln.

Bei der Lektüre des Buches wird schnell deutlich werden, daß die umfassende Analyse einer Branche und ihrer Wettbewerber eine Menge Daten erfordert, von denen einige sehr komplex und schwierig zu beschaffen sind. Das Buch will dem Leser ein System zur Verfügung stellen, mit dem er entscheiden kann, welche Daten besonders wichtig sind, und wie diese analysiert werden können. In Anbetracht der praktischen Schwierigkeiten bei der Erstellung einer solchen Analyse bietet Anhang B eine systematische Anleitung für eine Branchenstudie; die Anleitung enthält außerdem Quellen von Feldstudien und veröffentlichten Daten sowie Richtlinien für Brancheninterviews.

Dieses Buch ist für *Praktiker* geschrieben, das heißt für Manager, die die Leistung ihres Unternehmens verbessern wollen; für Managementberater und -ausbilder; für Effektenberater und diejenigen, die am Verständnis und an der Vorhersage von Unternehmenserfolg oder -mißerfolg interessiert sind; oder für Politiker, die zum Zweck der Formulierung staatlicher Politik verstehen wollen, wie Wettbewerb funktioniert. Das Buch ist nicht aus der Perspektive des Gelehrten oder im Stil meiner mehr akademischen Arbeiten geschrieben, aber ich hoffe, daß sich Wissenschaftler trotzdem für den konzeptionellen Ansatz, die Verbindung zur Theorie industrieller Beziehungen sowie für die vielen Fallbeispiele interessieren.

Rückblick: Der klassische Ansatz zur Formulierung von Strategien

Die Entwicklung einer Wettbewerbsstrategie besteht im wesentlichen in der Erarbeitung von Antworten auf die Fragen: Wie wird das Unternehmen den Wettbewerb bestreiten, worin sollten die Ziele des Unternehmens bestehen, und welche Maßnahmen sind zur Realisierung dieser Ziele notwendig? Vor dem Einstieg in das analytische System dieses Buches betrachten wir zunächst den klassischen Ansatz zur Strategieformulierung [1], der zum Standard auf diesem Gebiet geworden ist und dem Leser als eine vertraute Ausgangsbasis dienen soll. Die Abbildungen I–1 und I–2 illustrieren diesen Ansatz.

---

1 Dieser Abschnitt beruht in starkem Maße auf Arbeiten von Andrews, Christensen u.a. in der Unternehmenspolitik-Gruppe der Harvard Business School. Eine ausführlichere Darstellung findet sich bei Andrews (1971) und neueren Datums bei Christensen, Andrews und Bower (1977). Diese klassischen Darstellungen erörtern auch die Gründe, warum eine ausdrückliche Strategie für ein Unternehmen wichtig ist, und welches Verhältnis zwischen der Strategieformulierung einerseits und der allgemeinen Rolle und Funktion des Managements andererseits besteht. Die Planung der Strategie ist längst nicht die einzige Aufgabe, die das Management wahrnimmt oder wahrnehmen sollte.

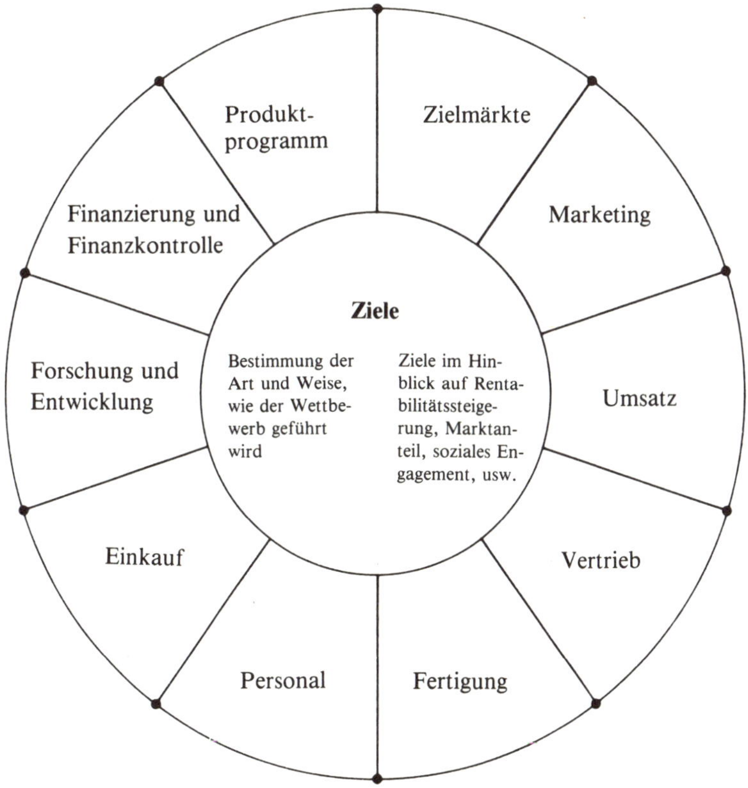

Abbildung I-1: Das Rad der Wettbewerbsstrategie

Abbildung I–1 zeigt die Wettbewerbsstrategie als eine Kombination von *Zielen*, die ein Unternehmen verfolgt, und *Mitteln*, die es dazu einsetzt. Wenngleich die einschlägige Terminologie nicht in allen Unternehmen gleich ist, liegt der wesentliche Gehalt des Begriffes »Strategie« doch in der Unterscheidung zwischen Zielen und Mitteln.

Abbildung I–1 zeigt das »Rad der Wettbewerbsstrategie«, mit dessen Hilfe wir deren wichtigste Aspekte für ein Unternehmen auf einer einzigen Seite darstellen können. Die Nabe beinhaltet die Unternehmensziele, die allgemein festlegen, auf welche Weise das Unternehmen den Wettbewerb führen will und welches seine spezifischen ökonomischen und nichtökonomischen Ziele sind. Die Radspeichen stellen die wichtigsten Instrumente dar, mit denen das Unternehmen seine Ziele verfolgt. Jedem Stichwort auf dem Rad sollte eine kurze, an der jeweiligen Unternehmensausrichtung orientierte Liste der wichtigsten Instrumente im betreffenden Funktionsbereich zugeordnet werden. Die Instrumente können vom Management mehr oder weniger genau spezifiziert werden, je nach der Beschaffenheit der Branche; sobald sie umrissen sind, kann das Gesamtverhalten des Unternehmens gemäß dem Strategiekonzept bestimmt werden. Wie bei einem Rad müssen die Speichen (die Instrumente) von der Nabe (den Zielen) strahlenförmig ausgehen und sie reflektieren, und die Speichen müssen untereinander verbunden sein, wenn das Rad rollen soll.

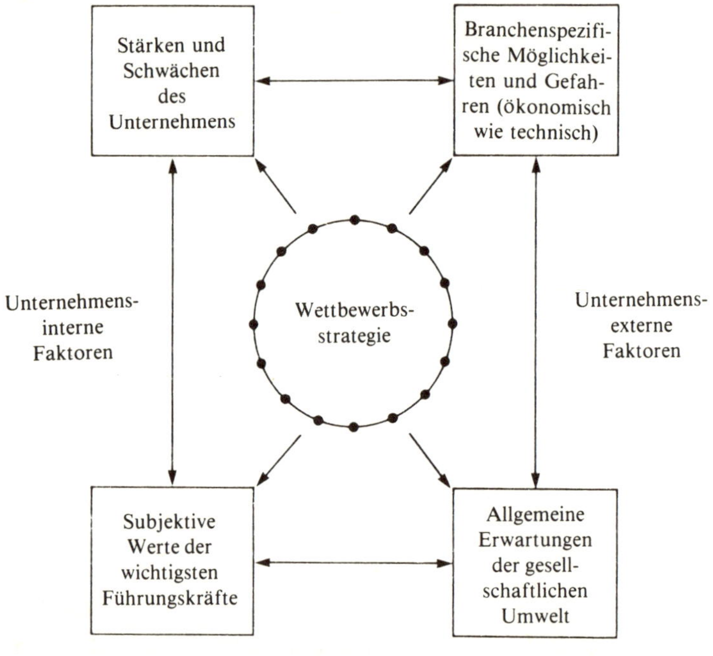

Abbildung I–2: Der Kontext der Formulierung von Wettbewerbsstrategien

Abbildung I–2 zeigt, daß man bei der Formulierung von Wettbewerbsstrategien generell vier entscheidende Faktoren berücksichtigen muß, die den Handlungsspielraum des Unternehmens begrenzen. Seine Stärken und Schwächen ergeben sich aus dem Profil seiner Aktiva und Fähigkeiten, verglichen mit denen seiner Konkurrenten, einschließlich finanzieller Mittel, technologischem Stand, Bekanntheitsgrad der Marke usw. Die subjektiven Werte einer Organisation bestehen aus den Motivationen und Bedürfnissen der wichtigsten Führungskräfte sowie jener Personen, die mit der Ausführung der ausgewählten Strategie beauftragt sind. Die Kombination aus Stärken und Schwächen einerseits und Werten andererseits bestimmt die (aus der Sicht des Unternehmens) internen Grenzen der Wettbewerbsstrategie, die ein Unternehmen erfolgreich durchführen kann.

Die externen Grenzen werden bestimmt durch die Gegebenheiten der jeweiligen Branche und das weitere Umfeld des Unternehmens. Die branchenspezifischen Möglichkeiten und Gefahren kennzeichnen die Wettbewerbssituation mit ihren gegebenen Risiken und Ertragschancen. Der Einfluß gesellschaftlicher Erwartungen, die an das Unternehmen gerichtet werden, zeigt sich z.B. in der Regierungspolitik, in sozialen Belangen, neuen gesellschaftlichen Strömungen, und vielem mehr. Diese vier obengenannten Faktoren sind zu berücksichtigen, bevor das Unternehmen eine realistische und praktikable Liste von Zielen und Instrumenten entwickeln kann.

Ob eine Wettbewerbsstrategie adäquat ist, kann bestimmt werden, indem man die vorgeschlagenen Ziele und Instrumente wie in Übersicht I–1 überprüft.

Übersicht I–1: Konsistenztests[a]

Interne Konsistenz

Sind die Ziele gemeinsam erreichbar?
Sind die wichtigsten Instrumente auf die Ziele gerichtet?
Verstärken sich die wichtigsten Instrumente gegenseitig?

Umfeldbezogene Eignung

Nutzen die Ziele und Instrumente die Chancen, die die Branche bietet?
Befassen sich die Ziele und Instrumente, soweit die vorhandenen Mittel dies erlauben, mit den Branchenrisiken (einschließlich des Risikos von Gegenmaßnahmen der Konkurrenten)?
Berücksicht der Zeithorizont von Zielen und Instrumenten die Anpassungsfähigkeit des Umfelds?
Sind die Ziele und Instrumente empfänglich für die allgemeinen Anliegen der Gesellschaft, das heißt der Umwelt?

Mittelanpassung

Sind die Ziele und Instrumente dem finanziellen Rahmen angepaßt, der dem Unternehmen (im Verhältnis zu den Konkurrenten) zur Verfügung steht?

Berücksichtigt der Zeithorizont von Zielen und Instrumenten die Wandlungsfähigkeit des Unternehmens?

Kommunikation und Ausführung

Sind die Ziele von den wichtigsten Handlungsträgern richtig verstanden worden?

Stimmen die Ziele und Instrumente einerseits und die Werthaltungen der wichtigsten Handlungsträger andererseits ausreichend überein, um die Verbindlichkeit der Strategie zu gewährleisten?

Ist genügend Führungsqualität zur effektiven Ausführung vorhanden?

a) Diese Fragen sind eine modifizierte Version der bei Andrews (1971) entwickelten.

Diese groben Überlegungen zu einer wirkungsvollen Wettbewerbsstrategie können nun in einen verallgemeinerten Ansatz zur Strategieformulierung überführt werden. Der Fragenkatalog in Übersicht I–2 bietet einen solchen Ansatz zur Entwicklung der optimalen Wettbewerbsstrategie.

Übersicht I-2: Der Prozeß der Formulierung einer Wettbewerbsstrategie

A. Wie verhält sich das Unternehmen zur Zeit?

1. Identifizierung
   Worin besteht die (derzeitige) unausgesprochene oder bewußte Strategie?
2. Unterstellte Annahmen*
   Welche Annahmen in Bezug auf die relative Position des Unternehmens, seine Stärken und Schwächen, auf Konkurrenten und Branchentrends müssen zugrundegelegt werden, damit die derzeitige Strategie einen Sinn ergibt?

---

* Sofern die Manager ernsthaft versuchen, den optimalen Geschäftserfolg zu erzielen, muß die derzeit verfolgte Strategie bestimmte Annahmen widerspiegeln, die das Management im Blick auf die Branche und die Position des Unternehmens in derBranche getroffen hat. Das Verständnis dieser impliziten Annahmen und die Beschäftigung mit ihnen können entscheidend für die strategische Beratung sein. Gewöhnlich wird man eine Menge überzeugender Daten und Beweise liefern müssen, um diese Annahmen zu verändern. Hierauf muß ein großer, wenn nicht der größte Teil der Aufmerksamkeit konzentriert werden. Die bloße Logik einer strategischen Entscheidung reicht nicht aus; sie wird nicht überzeugen, wenn sie die Annahmen des Managements ignoriert.

B. Was geschieht im Umfeld?

1. Analyse der Branche
   Worin bestehen die Hauptfaktoren für Erfolg im Wettbewerb und welche wichtigen Chancen und Risiken birgt die Branche?
2. Analyse der Konkurrenten
   Worin liegen die Fähigkeiten und Grenzen der existierenden und potentiellen Konkurrenten, und wie sehen ihre voraussichtlichen Maßnahmen aus?
3. Analyse der Gesellschaft
   Welche wichtigen gesetzgeberischen, politischen und sozialen Faktoren werden Chancen oder Gefahren mit sich bringen?
4. Stärken und Schwächen
   Worin liegen die Stärken und Schwächen des Unternehmens *im Verhältnis zu den jetzigen und künftigen Konkurrenten*, eine Analyse der Branche und ihrer Anbieter vorausgesetzt?

C. Was sollte das Unternehmen tun?

1. Tests der Annahmen und der Strategie
   Wie vertragen sich die in der gegenwärtigen Strategie enthaltenen Annahmen mit der Analyse in Punkt B?
2. Strategische Alternativen
   Welche gangbaren strategischen Alternativen gibt es angesichts der obigen Analyse?
3. Strategische Entscheidung
   Welche Alternative stellt die beste Verbindung her zwischen der Unternehmenssituation und den externen Chancen und Gefahren?

Obwohl der in Übersicht I–2 dargestellte Ablauf intuitiv einleuchten mag, verlangt die Beantwortung der Fragen doch eine aufwendige und eingehende Analyse. Das Ziel des vorliegenden Buchs ist die Beantwortung dieser Fragen.

Teil I

Allgemeine analytische Methoden

Teil I legt das analytische Fundament für die Entwicklung einer Wettbewerbsstrategie, die auf der Analyse von Branchenstruktur und Wettbewerbern beruht. Kapitel 1 führt in das Konzept der Strukturanalyse ein, das als Rahmen zum Verständnis der fünf grundlegenden Wettbewerbskräfte einer Branche dient. Dieser Rahmen bildet den Ausgangspunkt für einen Großteil der folgenden Diskussion in diesem Buch. Das System der Strukturanalyse wird in Kapitel 2 verwandt, um auf allgemeinster Ebene die drei Typen von Wettbewerbsstrategie zu identifizieren, die langfristig lebensfähig sind.

Die Kapitel 3, 4 und 5 behandeln den anderen Baustein für die Formulierung einer Wettbewerbsstrategie: die Analyse der Mitwettbewerber. In Kapitel 3 wird ein Rahmen zur Analyse von Konkurrenten dargestellt, der bei der Bestimmung voraussichtlicher Maßnahmen der Konkurrenten und ihrer Reaktionsfähigkeit behilflich ist. Kapitel 3 liefert detaillierte Fragen, die für die Einschätzung eines bestimmten Konkurrenten nützlich sein können. Kapitel 4 zeigt, wie das Verhalten eines Unternehmens eine Reihe verschiedener Marktsignale auslöst, die die Konkurrentenanalyse vertiefen und als Ausgangspunkt dienen können, um strategische Maßnahmen zu ergreifen. Kapitel 5 zeigt, wie man Wettbewerbsmaßnahmen ergreift, beeinflußt oder auf sie reagiert. Kapitel 6 führt das Konzept der Strukturanalyse fort, und zwar in Richtung auf eine Strategie gegenüber Abnehmern und Lieferanten.

Die beiden letzten Kapitel von Teil I führen Branchen- und Konkurrentenanalyse zusammen. Kapitel 7 zeigt, wie man den Charakter des Wettbewerbs *innerhalb* einer Branche bestimmt, wobei das Konzept der strategischen Gruppen und das Prinzip der Mobilitätsbarrieren (als zweier Hemmnisse für die Verschiebung strategischer Positionen) angewandt werden. Kapitel 8 schließt die Diskussion allgemeiner analytischer Techniken ab, indem es Methoden zur Prognose des Entwicklungsprozesses einer Branche untersucht und einige der daraus resultierenden Schlußfolgerungen für die Wettbewerbsstrategie erörtert.

Kapitel 1
Die Strukturanalyse von Branchen

Die Formulierung einer Wettbewerbsstrategie besteht wesentlich darin, ein Unternehmen in Bezug zu seinem Umfeld zu setzen. Obwohl das relevante Umfeld sehr weit ist (es umfaßt sowohl soziale als auch ökonomische Kräfte), liegt sein Kern aus der Sicht des Unternehmens in der Branche (oder den Branchen), in der (bzw. denen) es konkurriert. Die Branchenstruktur beeinflußt in starkem Maße sowohl die Spielregeln des Wettbewerbs als auch die Strategien, die dem Unternehmen potentiell zur Verfügung stehen. Kräfte außerhalb der Branche spielen bedingt eine Rolle; da externe Kräfte meist alle Anbieter betreffen, kommt es auf die unterschiedlichen Fähigkeiten der Unternehmen an, mit ihnen fertig zu werden.

Die Intensität des Wettbewerbs in einer Branche hat nichts mit Zufall oder Pech zu tun. Vielmehr wurzelt der Wettbewerb in der ökonomischen Struktur, die der Branche zugrundeliegt, und er geht weit über das Verhalten der existierenden Wettbewerber hinaus. Der Stand des Wettbewerbs in einer Branche hängt von fünf grundlegenden Wettbewerbskräften ab, die in Abbildung 1–1 dargestellt sind. Die zusammengefaßte Stärke dieser Kräfte bestimmt das Gewinnpotential in der Branche, ausgedrückt im langfristigen Ertrag des eingesetzten Kapitals. Nicht alle Branchen haben das gleiche Gewinnpotential; es unterscheidet sich vielmehr erheblich gemäß der jeweiligen zusammengefaßten Stärke der Wettbewerbskräfte. Die Skala dieser Kräfte reicht von intensiv in Branchen wie Reifen, Papier und Stahl – in denen kein Unternehmen spektakuläre Erträge erzielt – bis hin zu relativ schwach in Branchen wie Ölförderungsausrüstungen und -dienstleistungen, Kosmetika und Toilettenartikel, in denen hohe Erträge ziemlich verbreitet sind.

Dieses Kapitel will die *strukturellen* Merkmale von Branchen identifizieren, die die Stärke der Wettbewerbskräfte und folglich die Rentabilität der Branche bestimmen. Für ein Unternehmen innerhalb der Bran-

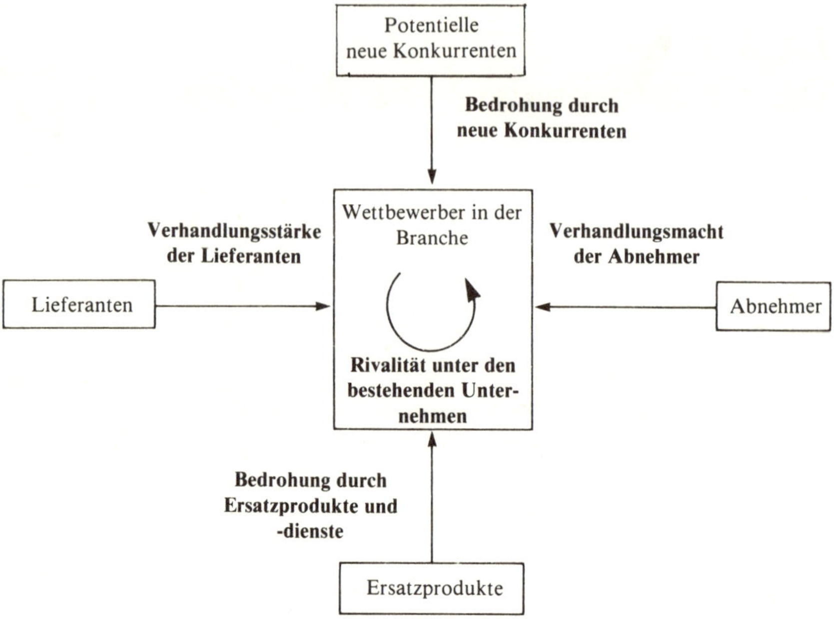

Abbildung 1-1: Die Triebkräfte des Branchenwettbewerbs

che liegt der Zweck einer Wettbewerbsstrategie darin, eine Position zu finden, in der es sich am besten gegen diese Wettbewerbskräfte schützen oder sie zu seinen Gunsten beeinflussen kann. Da die kombinierte Stärke dieser Kräfte allen Wettbewerbern auf schmerzhafte Weise demonstriert werden kann, liegt der Schlüssel der Strategieentwicklung darin, unter der Oberfläche nach den Ursprüngen jeder dieser Kräfte zu suchen. Die Kenntnis dieser tieferliegenden Ursprünge zeigt die entscheidenden Stärken und Schwächen des Unternehmens auf, regt es zur Standortbestimmung in der Branche an, erhellt die potentiell einträglichsten Marktbereiche, die durch strategische Veränderungen erschlossen werden können, und verdeutlicht, welche Branchentrends die größten Chancen oder Risiken bergen. Das Verständnis dieser Ursachen wird auch dabei helfen, Diversifizierungsmöglichkeiten zu identifizieren, wenngleich der Schwerpunkt dieses Buches auf Strategien für einzelne Branchen liegt. Die Strukturanalyse ist das Grundgerüst für die Formulierung der Wettbewerbsstrategie und ein wichtiger Baustein für die meisten der beschriebenen Konzepte.

Um unnötige Wiederholungen zu vermeiden, verwenden wir den Begriff »Produkt« statt »Produkt oder Dienstleistung«, um den Output einer Branche zu bezeichnen, auch wenn die in diesem Buch entwickelten Prinzipien der Strukturanalyse gleichermaßen für Industrie- wie für Dienstleistungsunternehmen gelten. Im übrigen ist die Strukturanalyse auf die Diagnose des Wettbewerbs in jedem beliebigen Land oder auch auf dem internationalen Markt anwendbar, obwohl manche der institutionellen Gegebenheiten sich unterscheiden mögen. Kapitel 13 diskutiert einige der spezifischen Implikationen des Wettbewerbs in weltweiten Branchen.

Strukturelle Determinanten der Wettbewerbsintensität

Gehen wir aus von der Definition einer Branche als einer Gruppe von Unternehmen, die Produkte herstellen, die sich gegenseitig nahezu ersetzen können. In der Praxis herrscht ein verbreiteter Streit über die geeignete Definition, der sich um die Frage dreht, wie eng die Ersetzbarkeit in Bezug auf das Produkt, den Arbeitsvorgang und die räumliche Marktabgrenzung sein muß. Da uns die Kenntnis des Konzepts der Strukturanalyse die Behandlung dieser Probleme erleichtern wird, wollen wir zunächst annehmen, die Branche sei klar abgegrenzt.

Der Wettbewerb in einer Branche drückt die Ertragsrate des eingesetzten Kapitals tendenziell auf die Mindestertragsrate herunter, die bei sogenannter »vollkommener Konkurrenz« erzielt wird. Diese Mindestertragsrate oder »Rate bei freiem Wettbewerb« ist annähernd gleich dem Ertrag aus langfristigen Staatsanleihen, zuzüglich eines Risikozuschlags für die Gefahr des Kapitalverlusts. Investoren werden langfristig keine geringeren Ertragsraten als diese akzeptieren, da ihnen als Alternative die Anlage in anderen Branchen offensteht; Unternehmen, die ständig eine geringere Rate erwirtschaften, werden auf die Dauer aus der Branche ausscheiden. Liegt die Ertragsrate in einer Branche über der (um das Riskio korrigierten) Rate bei freiem Wettbewerb, so wird der Zufluß von Kapital in die betreffende Branche stimuliert, entweder in Form neuer Anbieter oder in Form zusätzlicher Investitionen der bestehenden Anbieter. Die Stärke der in einer Branche vorhandenen Wettbewerbskräfte bestimmt, in welchem Ausmaß dieser Investitionszufluß erfolgt und inwieweit die Ertragsrate auf das Mindestniveau gedrückt wird – also auch die Fähigkeit der Unternehmen, überdurchschnittliche Erträge aufrechtzuerhalten.

Die fünf Wettbewerbskräfte – Markteintritt, Gefahr durch Ersatzprodukte, Verhandlungsstärke von Kunden, Verhandlungsstärke von Lieferanten, und Rivalität unter den bestehenden Wettbewerbern - verdeutlichen, daß der Wettbewerb in einer Branche weit über die etablierten Akteure hinausgeht. Kunden, Lieferanten, Ersatzprodukte und potentielle neue Anbieter sind alle »Konkurrenten« für die Unternehmen der Branche und können je nach den Umständen mehr oder weniger wichtig sein. Wettbewerb in diesem breiteren Sinne kann als »erweiterte Rivalität« bezeichnet werden.

Alle fünf Wettbewerbskräfte zusammengenommen bestimmen die Wettbewerbsintensität und Rentabilität der Branche, wobei die stärkste(n) dieser Kräfte ausschlaggebend ist (sind), auch im Hinblick auf die Strategieformulierung. So wird selbst ein Unternehmen mit sehr starker Marktstellung und geringer Bedrohung durch potentielle neue Konkurrenten nur geringe Erträge ernten, wenn es sich einem höherwertigen und billigeren Ersatzprodukt gegenübersieht. Selbst wenn keine Ersatzprodukte existieren und Eintritt unmöglich ist, begrenzt eine intensive Rivalität unter den bestehenden Konkurrenten die potentiellen Erträge. Der Extremfall der Wettbewerbsintensität ist die Branche bei vollkommener Konkurrenz, wo der Eintritt frei ist, die vorhandenen Unternehmen keine Marktmacht gegenüber Lieferanten und Kunden besitzen, und die Rivalität wegen der hohen Anbieterzahl und der Gleichartigkeit von Produkten und Unternehmen ungezügelt ist.

Natürlich sind die entscheidenden Kräfte nicht in allen Branchen die gleichen. In der Öltanker-Branche sind wahrscheinlich die Abnehmer (die großen Ölkonzerne) die stärkste Kraft, während es bei Reifen mächtige Käufer von Erstausstattungen (z.B. Automobilkonzerne) zusammen mit aggressiven Konkurrenten sind. In der Stahlindustrie sind ausländische Konkurrenten und Ersatzwerkstoffe die wichtigsten Kräfte.

Die zugrundeliegende, in der Stärke der Wettbewerbskräfte reflektierte Struktur einer Branche sollte unterschieden werden von den vielen kurzfristigen Faktoren, die den Wettbewerb und die Rentabilität vorübergehend beeinflussen können. Beispielsweise beeinflussen konjunkturelle Schwankungen die kurzfristige Rentabilität fast aller Unternehmen in vielen Branchen, ebenso Materialverknappungen, Streiks, Nachfragespitzen usw. Wenngleich solche Faktoren taktische Relevanz besitzen mögen, liegt der Schwerpunkt der Analyse von Branchenstrukturen, der »Strukturanalyse«, auf der Bestimmung der elementaren, in Ökonomie und Technologie wurzelnden Charakteristika einer Branche, die zusammen den Entstehungshintergrund einer Wettbewerbsstrategie bilden. Jedes Unternehmen besitzt besondere Stärken und Schwächen im Umgang mit der Branchenstruktur, und die Branchenstruktur kann und wird sich mit der Zeit schrittweise verschieben. Dennoch muß das Verständnis der Branchenstruktur den Ausgangspunkt der strategischen Analyse bilden.

Eine Reihe wichtiger ökonomischer und technologischer Merkmale einer Branche bestimmen die Stärke jeder einzelnen Wettbewerbskraft. Sie werden nun nacheinander diskutiert.

Die Gefahr des Markteintritts

Neue Marktteilnehmer bringen neue Kapazitäten, den Wunsch nach Gewinn und oft erhebliche Mittel in die Branche ein. Dadurch können die Preise heruntergedrückt oder die Kosten der etablierten Wettbewerber erhöht und somit die Rentabilität gesenkt werden. Unternehmen, die sich durch Beteiligung in anderen Branchen diversifizieren, verwenden ihre Mittel oft dazu, den Markt umzustülpen (wie z.B. Philip Morris mit Miller Bier). Deshalb sollte der mit dem Ziel des Aufbaus einer Marktposition verbundene Erwerb von Beteiligungen wahrscheinlich als Markteintritt betrachtet werden, obwohl keine völlig neue Einheit geschaffen wurde.

Die Gefahr des Markteintritts hängt von den existierenden *Eintrittsbarrieren* sowie von den absehbaren *Reaktionen* der etablierten Wettbewerber ab. Sind die Barrieren hoch und/oder muß der Neue scharfe Gegenmaßnahmen seitens der eingesessenen Anbieter erwarten, so ist die Gefahr des Eintritts gering.

Eintrittsbarrieren

Es gibt fünf wesentliche Ursprünge von Eintrittsbarrieren:

Betriebsgrößenersparnisse (»Economies of Scale«). Betriebsgrößenersparnisse liegen vor, wenn die Stückkosten eines Produkts (oder einer Operation oder Funktion, die in die Herstellung des Produkts eingeht) bei steigender absoluter Menge *pro Zeiteinheit* sinken. Sie schrecken vor dem Eintritt ab, indem sie den Neuanbieter zwingen, entweder mit hohem Produktionsvolumen einzusteigen und dabei das Risiko harter Vergeltungsmaßnahmen der etablierten Wettbewerber einzugehen, oder mit niedrigem Produktionsvolumen einzusteigen und somit einen Kostennachteil zu akzeptieren – beides unerwünschte Optionen. Größenvorteile können in nahezu jedem Bereich eines Unternehmens vorliegen, so in Produktion, Einkauf, Forschung und Entwicklung, Marketing, Servicenetz, Vertretereinsatz und Vertrieb. So sind etwa economies of scale in Produktion, Forschung, Marketing und Service die entscheidenden Eintrittsbarrieren in die Großcomputerindustrie – wie Xerox und General Electric zu ihrem Leidwesen feststellten.

Größenvorteile können sich auf einen ganzen Funktionsbereich beziehen, wie etwa den Verkauf, oder sie können von bestimmten Operationen oder Aktivitäten herrühren, die Teil eines Funktionsbereichs sind. Bei der Fernsehgeräteproduktion liegen z.B. große Massenproduktionsvorteile in der Herstellung von Farbröhren vor, während sie in der Gehäuseproduktion und Montage weniger bedeutend sind. Es ist wichtig, jeden Kostenbestandteil im Hinblick auf sein spezifisches Verhältnis zwischen Stückkosten und Produktionsvolumen zu untersuchen.

Geschäftseinheiten eines diversifizierten Unternehmens können den Betriebsgrößenersparnissen vergleichbare Vorteile erzielen, wenn es ihnen gelingt, *Operationen oder Funktionen*, die Größenvorteilen unterliegen, mit anderen Einheiten des Unternehmens zu *teilen*. Der Konzern möge beispielsweise kleine Elektromotoren herstellen, die dann bei der Produktion von industriellen Ventilatoren, Haartrocknern und Kühlaggregaten für elektronische Geräte eingesetzt werden. Wenn Betriebsgrößenersparnisse sich über die Zahl der für jeden einzelnen Markt benötigten Motoren hinaus erstrecken, so wird der Konzern größere Vorteile bei der Motorenproduktion erzielen, als wenn er Motoren z.B. nur für Haartrockner produziert hätte. Insofern kann verwandte, um gemeinsame Operationen oder Funktionen herum vorgenommene Diversifizierung Mengenbeschränkungen aufheben, die sich sonst durch die gegebene Branche ergeben.[1] Der künftige Marktteilnehmer muß entweder diversifiziert

1 Für die Bedeutung dieser Eintrittsbarriere ist es entscheidend, daß die geteilte Operation oder Funktion Größeneinsparungen in einem Bereich aufweist, der

sein oder einen Kostennachteil akzeptieren. Potentiell aufteilbare Aktivitäten und Funktionen, die economies of scale unterliegen, sind Verkaufs- und Vertriebssysteme, Einkauf usw.

Die durch Kostenaufteilung erzielbaren Vorteile sind besonders erheblich, wenn *gemeinsame Kosten* vorliegen. Diese fallen an, wenn ein Unternehmen, welches das Produkt A (oder eine Operation bzw. Funktion, die einen Teil der Produktion von A bildet) herstellt, folgerichtig auch die Fähigkeit besitzt, das Produkt B zu produzieren. Als Beispiele können Luftpassagierbeförderung und Luftfracht dienen; aufgrund technischer Zwänge kann nur ein begrenzter Teil eines Flugzeugs durch Passagiere genutzt werden, wodurch Fracht- und Nutzlastkapazitäten frei werden. Ein Großteil der Kosten entsteht allein durch den Flug, und Frachtraum existiert unabhängig von der Zahl der transportierten Passagiere. Deshalb wird ein Unternehmen, das auf beiden Gebieten (Passagiere und Fracht) konkurriert, einen wesentlichen Vorteil vor einem Unternehmen haben, das nur auf einem Markt auftritt.

Dieselben Auswirkungen treten in Branchen auf, in deren Produktionsprozessen Nebenprodukte anfallen. Der Neuanbieter, der aus den Nebenprodukten nicht den höchstmöglichen zusätzlichen Ertrag erzielt, kann gegenüber etablierten Unternehmen, denen dies gelingt, im Nachteil sein.

Ein verbreiteter Fall gemeinsamer Kosten liegt vor, wo Geschäftseinheiten immaterielle Aktiva wie Markennamen oder Know-how gemeinsam nutzen können. Die Kosten, um das Aktivum zu schaffen, müssen nur einmal aufgewandt werden; danach kann es nach Belieben auf andere Märkte übertragen werden, wobei lediglich Anpassungs- oder Modifizierungskosten entstehen können. Immaterielle Aktiva *gemeinsam zu nutzen* und ihre Kosten zu teilen, kann somit zu erheblichen Einsparungen führen.

Eine den Betriebsgrößenersparnissen ähnliche Eintrittsbarriere liegt vor, wenn sich durch vertikale Integration, also durch den Be-

---

über die Größe jedes einzelnen Marktes hinausreicht. Ist dies nicht der Fall, so können durch Aufteilung entstandene Kostensenkungen eine Illusion sein. Das Unternehmen wird vielleicht einen Rückgang der Kosten durch die Aufteilung der Gemeinkosten beobachten, aber dieser entsteht ausschließlich durch die *Überkapazität* in der betreffenden Operation oder Funktion. Diese Vorteile sind kurzfristig, und sobald die Kapazitäten voll ausgelastet und ausgeweitet sind, werden die wirklichen Kosten der gemeinsam betriebenen Operation deutlich.

trieb aufeinanderfolgender Produktions- oder Vertriebsstufen, Einsparungen erzielen lassen. In diesem Fall muß der Branchenneuling vertikal integriert eintreten oder einen Kostennachteil hinnehmen; außerdem kann er sich verschlossenen Input- oder Absatzkanälen gegenübersehen, *wenn* die meisten der etablierten Wettbewerber vertikal integriert sind. Der Ausschluß rührt in solchen Situationen daher, daß die meisten Abnehmer nur innerhalb ihrer jeweiligen Unternehmensgruppe kaufen oder die meisten Lieferanten nur innerhalb ihrer Unternehmensgruppe »verkaufen«. Das unabhängige Unternehmen hat es nicht nur schwer, vergleichbare Kosten zu erzielen; es wird unter Umständen sogar »erdrückt«, wenn integrierte Lieferanten oder Abnehmer ihm andere Konditionen anbieten als ihren Schwesterunternehmen. Der Zwang, integriert einzutreten, kann die Vergeltungsrisiken und auch weitere, später zu diskutierende Eintrittsbarrieren erhöhen.

Produktdifferenzierung. Produktdifferenzierung bedeutet, daß etablierte Unternehmen über bekannte Marken und Käuferloyalität verfügen, die aus früherer Werbung, Service, Produktunterschieden oder schlicht aus der Tatsache herrühren, daß sie die ersten in der Branche waren. Differenzierung schafft eine Eintrittsbarriere, indem sie neue Konkurrenten zwingt, erhebliche Mittel aufzuwenden, um bestehende Käuferloyalität zu überwinden. Dieser Versuch bringt gewöhnlich Einstiegsverluste mit sich und nimmt oft längere Zeit in Anspruch. Investitionen in den Aufbau eines Markennamens sind besonders riskant, weil sie, falls der Eintrittsversuch mißlingt, keinen Restwert mehr abwerfen.

Produktdifferenzierung ist vielleicht die wichtigste Eintrittsbarriere bei Babypflegeprodukten, frei verkäuflichen Arzneimitteln, Kosmetika, Investmentbanken und Wirtschaftsprüfern. In der Brauereiindustrie ist die Produktdifferenzierung gekoppelt mit Betriebsgrößenersparnissen in Produktion, Marketing und Vertrieb, um hohe Eintrittsbarrieren zu errichten.

Kapitalbedarf. Wenn massive Mittel investiert werden müssen, um wettbewerbsfähig zu sein, werden Eintrittsbarrieren geschaffen, besonders dann, wenn das Kapital für riskante bzw. unwiederbringliche Einstiegswerbung oder für Forschung und Entwicklung (F + E) benötigt wird. Kapital wird nicht nur für Produktionsanlagen gebraucht, sondern auch für Kundenkredite, Inventar, zur Deckung von Einstiegsverlusten usw. So schuf z.B. Xerox eine maßgebliche Eintrittsbarriere bei Kopiergeräten, indem man sich entschloß, Kopiergeräte zu vermieten statt zu verkaufen, was den Bedarf an Umlaufkapital erheblich erhöhte. Während die großen Gesellschaften heutzutage über ausreichende Finanzmittel verfügen, um in fast jede beliebige Branche einzutreten, ist die Zahl der Eintrittskandidaten in Industrien wie Computer oder Bergbau mit ihrem enormen Kapitalbedarf begrenzt. Selbst wenn das Kapital auf den Kapitalmärkten zu beschaffen ist, bedeutet der Eintritt eine riskante Verwendung dieses Kapitals. Es sollte dem Eintrittskandidaten nur gegen einen Risikozuschlag ausgeliehen werden; dieser aber bevorteilt die bestehenden Unternehmen. (In manchen Branchen sind die *Lieferanten* bereit, den Eintritt finanzieren zu helfen, um ihre eigenen Verkäufe zu steigern; dadurch werden die aus dem Kapitalbedarf entstehenden Eintrittsbarrieren natürlich gesenkt).

Umstellungskosten. Umstellungskosten sind einmalige Kosten für einen Abnehmer, der vom Produkt eines Lieferanten zu dem eines anderen wechselt. Darunter fallen z.B. Umschulungskosten für Mitarbeiter, Kosten für neue Zusatzgeräte, Kosten und Zeit für den Test und die Einarbeitung eines neuen Lieferanten, Bedarf an technischer Hilfe (weil man sich auf die technische Unterstützung des vorherigen Lieferanten eingelassen hatte), Produktdesignkosten oder sogar psychische Kosten aus dem Ende einer Geschäftsbeziehung. Sind die Umstellungskosten hoch, so müssen Neuanbieter wesentlich niedrigere Preise oder bessere Leistungen anbieten, um Abnehmer zu bewegen, sich von ihren bisherigen Lieferanten zu trennen. Zum Beispiel unterscheiden sich bei konkurrierenden Infusionslösungen und -zubehör die Verfahren für den Anschluß der Lösungen an die Patienten, und die Aufhänger für die Lösungsflaschen sind nicht austauschbar. Hier wird das Personal, das die Behandlung verabreicht, einem Wechsel großen Widerstand entgegensetzen, und außerdem werden Investitionen in neue Geräte erforderlich. (Auch der Verkäufer kann sich Umstellungskosten gegenübersehen; in Kapitel 6 werden wir Umstellungskosten und einige ihrer Implikationen ausführlich erörtern).

Zugang zu Vertriebskanälen. Der Zwang für einen neuen Konkurrenten, den Vertrieb seines Produkts zu sichern, kann eine weitere Eintrittsbarriere schaffen. In dem Maße, wie naheliegende Vertriebskanäle bereits von etablierten Unternehmen bedient werden, muß das neue Unternehmen die Kanäle dazu bewegen, sein Produkt zu akzeptieren, etwa durch Preissenkungen, Bereitschaft zu gemeinsamen Werbeaktionen usw., was die Gewinne schmälert. Der Hersteller eines neuen Nahrungsmittels muß beispielsweise den Einzelhändler überreden, seinem Produkt durch Verkaufsförderungsgarantien, intensive Verkaufsanstrengungen gegenüber dem Einzelhändler, und andere Mittel, einen Platz auf den heftig umkämpften Regalen des Supermarkts zu gewähren.

Je begrenzter die Groß- und Einzelhandelskanäle für ein Produkt sind, und je mehr diese Kanäle an etablierte Wettbewerber gebunden sind, desto schwieriger wird offenkundig der Eintritt. Die Verbindungen eingesessener Anbieter zu den Kanälen können auf gewachsenen Geschäftsbeziehungen beruhen, auf hochwertigem Service, oder sogar auf exklusiven Beziehungen, bei denen der Kanal nur mit einem bestimmten Hersteller identifiziert wird. Diese Eintrittsbarriere ist manchmal so hoch, daß ein Unternehmen einen völlig neuen Vertriebskanal schaffen muß, um sie zu überwinden (wie es z.B. Timex in der Uhrenbranche tat).

Größenunabhängige Kostenachteile. Etablierte Unternehmen können über Kostenvorteile verfügen, die für neue Konkurrenten unerreichbar sind, ganz gleich wie groß sie sind oder welche Betriebsgrößenersparnisse sie erzielen. Die wichtigsten Vorteile sind:

- Besitz von Produkttechnologien: Know-how oder Gestaltungsmerkmale, die durch Patente oder Geheimhaltung vor Verbreitung geschützt werden.

- Günstiger Zugang zu Rohstoffen: etablierte Unternehmen haben unter Umständen die günstigsten Quellen erschlossen und/oder ihren voraussehbaren Bedarf frühzeitig zu Preisen gedeckt, die einer niedrigeren Nachfrage entsprechen als der aktuellen. Beispielsweise errangen Fraschverfahrens-Unternehmen wie Texas Gulf Sulphur vor vielen Jahren die Kontrolle über einige äußerst günstige große Schwefelsalzstöcke, noch bevor sich die Inhaber der Rechte über den Wert der Mineralien, bedingt durch die Frasch-Bergbautechnologie, bewußt waren. Oft waren die Schwefellager von enttäuschten Ölgesellschaften gefunden worden, die nach Öl gesucht hatten und den Wert ihrer Funde nicht hoch veranschlagten.

- Günstige Standorte: Etablierte Unternehmen sind oft im Besitz günstiger Standorte, die sie aufgekauft haben, noch bevor die Marktkräfte den Preis auf die volle Höhe ihres Werts getrieben hatten.

- Staatliche Subventionen: Die bevorzugte Vergabe staatlicher Subventionen kann eingesessenen Unternehmen in manchen Branchen dauerhafte Vorteile verschaffen.

- Lern- oder Erfahrungskurve: In bestimmten Geschäftszweigen wurde die Tendenz beobachtet, daß die Stückkosten eines Produkts in dem Maße sinken, wie das Unternehmen Erfahrung in der Produktion ansammelt. Die Kosten sinken, weil Arbeiter ihre Methoden verbessern und effizienter arbeiten (die klassische Lernkurve), die Produktionsplanung verbessert wird, spezialisierte Geräte und Verfahren entwickelt, die Ausrüstungen besser genutzt werden, Veränderungen im Produktdesign die Herstellung vereinfachen, Meß- und Kontrollverfahren für Produktionsprozesse verbessert werden usw. »Erfahrung« ist nur eine Umschreibung für bestimmte Arten des technischen Wandels und kann sich neben der Produktion auch auf den Vertrieb, die Logistik oder andere Funktionen beziehen. Genauso wie economies of scale resultieren erfahrungsbedingte Kostendegressionen nicht aus dem Unternehmen als Ganzem, sondern aus den einzelnen Operationen und Funktionen, die zusammen das Unternehmen bilden. Erfahrung kann die Kosten in Marketing, Vertrieb und anderen Bereichen genauso senken wie in der Produktion (bzw. in einzelnen Operationen innerhalb der Produktion); jede Kostenstelle muß auf die Wirkungen von Erfahrung untersucht werden.

Erfahrungsbedingte Kostendegressionen scheinen in solchen Geschäftszweigen am hervorstechendsten zu sein, in denen der Anteil qualifizierter Arbeitsvorgänge und/oder komplizierter Montageverfahren (Flugzeugbau, Schiffsbau) besonders hoch ist. Ihre größte Bedeutung haben sie fast immer in der Früh- und Wachstumsphase eines Produkts; später verringert sich das Tempo der Kostendegression. Zu den Ursachen erfahrungsbedingter Kostendegressionen werden oft auch die economies of scale, also die Betriebsgrößenersparnisse gezählt. Letztere hängen jedoch von der Menge pro Zeiteinheit ab, *nicht* von der *kumulierten* Produktionsmenge, und unterscheiden sich analytisch sehr stark von »Erfahrung«; allerdings treten sie oft gemeinsam auf, und es kann schwierig sein, sie auseinanderzuhalten. Die Gefahren, die entstehen, wenn man Größe und Erfahrung eins setzt, werden später diskutiert.

Wenn die Kosten mit steigender Erfahrung in einer Branche zurückgehen, *und wenn die Erfahrung im Besitz der etablierten Unternehmen gehalten werden kann*, dann führt dieser Effekt zu einer Eintrittsbarriere. Neu gegründete Unternehmen werden unweigerlich höhere Kosten haben als ältere; außerdem müssen sie hohe, aus nicht (oder gerade noch) kostendeckenden Preisen herrührende Einstiegsverluste hinnehmen, um die Erfahrung zu gewinnen, mit der sie die Kosten der älteren Wettbewerber erreichen können (sofern das überhaupt möglich ist). Etablierte Unternehmen, besonders der Marktführer, der am schnellsten Erfahrung sammelt, werden einen höheren Cash-flow aufgrund ihrer niedrigeren Investitionskosten für Ausrüstungen und Verfahren aufweisen. In jedem Fall müssen wir uns vor Augen führen, daß der Versuch, erfahrungsbedingte Kostensenkungen (und auch Größenvorteile) aufzuholen, umfangreiche Einstiegsinvestitionen und -verluste verlangt. Wenn die Kostendegression selbst bei sehr hohen kumulierten Mengen weitergeht, holen neue Konkurrenten unter Umständen nie auf. Eine Reihe von Unternehmen, namentlich Texas Instruments, Black and Decker, Emerson Electric und andere haben erfolgreiche, auf der Erfahrungskurve beruhende Strategien errichtet. Sie haben mit aggressiven Investitionen schon in der Frühphase der Branchenentwicklung begonnen, um damit kumulatives Produktionsvolumen zu gewinnen; häufig wurden dabei für später erwartete Kostensenkungen in den Preisen vorweggenommen.

Der erfahrungsbedingte Kostenrückgang kann verstärkt werden, wenn es diversifizierten Unternehmen in der Branche gelingt, die der Kostendegression unterliegenden Operationen oder Funktionen mit anderen Geschäftseinheiten *gemeinsam zu betreiben*, oder wenn es verwandte Aktivitäten irgendwo im Konzern gibt, aus denen zwar unvollständige, aber dennoch nützliche Erfahrung gewonnen werden kann. Wenn eine Aktivität wie die Weiterverarbeitung von Rohstoffen von mehreren Geschäftseinheiten gemeinsam betrieben wird, wird sich offenkundig schneller Erfahrung ansammeln, als wenn nur der Bedarf für eine einzige Branche zu decken ist. Im Fall verwandter Aktivitäten innerhalb des Konzerns können Schwesterunternehmen die Vorteile ihrer Erfahrung zu geringen oder gar keinen Kosten austauschen, da Erfahrung hauptsächlich ein immaterieller Vermögenswert ist. Diese Art gemeinsamen Lernens verstärkt die durch die Erfahrungskurve geschaffene Eintrittsbarriere, vorausgesetzt, die übrigen Voraussetzungen für die Signifikanz der Erfahrungskurve sind gegeben.

Das Erfahrungskonzept spielt eine so wichtige Rolle bei der Strategieformulierung, daß wir seine strategischen Implikationen später noch einmal aufgreifen werden.

Staatliche Politik. Die letzte maßgebliche Ursache für Eintrittsbarrieren liegt in der Politik des Staates. Sie kann den Markteintritt begrenzen oder sogar verhindern, mit Instrumenten wie Lizenzzwang oder Begrenzung des Zugangs zu Rohstoffen (beispielsweise Kohlenreviere oder Berge, auf denen Skigebiete errichtet werden können). Reglementierte Branchen wie LKW-Transport, Eisenbahn, Spirituoseneinzelhandel und Güterspedition sind offenkundige Beispiele. Subtilere staatliche Eintrittsrestriktionen können von Kontrollen herrühren, so z.B. Höchstgrenzen für Luft- und Wasserverschmutzung, Sicherheits- und Effizienzvorschriften für Produkte usw. Umweltschutzvorschriften können etwa das zum Eintritt benötigte Kapital erhöhen und das erforderliche technische Niveau hochschrauben, möglicherweise sogar die optimale Betriebsgröße. Testnormen für Nahrungsmittel und andere gesundheitsrelevante Produkte führen manchmal zu ausgedehnten Verzögerungen, die nicht nur die Kapitalkosten bei Eintritt erhöhen, sondern darüber hinaus den etablierten Unternehmen Kenntnisse über den bevorstehenden Eintritt und unter Umständen sogar über das Produkt des neuen Konkurrenten verschaffen, mit deren Hilfe sie frühzeitig Vergeltungsstrategien formulieren können. Die staatliche Aktivität in solchen Bereichen ist sicher gesellschaftlich nützlich, aber sie birgt auch sekundäre Konsequenzen für den Eintritt, die oft verkannt werden.

Erwartete Vergeltung

Die Erwartungen des potentiellen neuen Konkurrenten im Hinblick auf die Reaktion der bestehenden Wettbewerber werden ebenfalls die Gefahr des Eintritts beeinflussen. Der Eintritt kann sehr wohl verhindert werden, wenn die Erwartung besteht, daß die Wettbewerber heftig reagieren werden, um dem Eintretenden das Leben schwer zu machen. Die folgenden Bedingungen signalisieren eine hohe Vergeltungswahrscheinlichkeit und schrecken somit vor dem Eintritt ab:

- harte Vergeltungsmaßnahmen gegen frühere Eintretende;
- die etablierten Unternehmen verfügen über umfangreiche Mittel zur Vergeltung (wie z.B. überschüssige Liquidität, unausgeschöpfte Kreditlinien, unausgelastete Produktionskapazität, mit deren Hilfe jeder voraussehbare künftige Bedarf gedeckt werden kann, starke Position gegenüber Vertriebskanälen oder Kunden usw.);
- etablierte Unternehmen, die mit der Branche eng verwachsen sind und hochgradig illiquide Aktiva in sie investiert haben;
- langsames Wachstum, das die Fähigkeit der Branche begrenzt, ein neues Unternehmen aufzunehmen, ohne daß dadurch die Umsätze der eingesessenen Wettbewerber geschmälert und ihre Finanzlagen verschlechtert werden.

Der für den Eintritt kritische Preis

Die Bedingung des Brancheneintritts kann in einem wichtigen Konzept, dem *für den Eintritt kritischen Preis*, zusammengefaßt werden: das ist diejenige vorherrschende Struktur der Preise (und verwandter Konditionen wie Produktqualität und Service), die gerade die Ertragschancen aus dem Eintritt (so wie der mögliche Neuanbieter sie einschätzt) mit den erwarteten Kosten (aus der Überwindung struktureller Eintrittsbarrieren und drohender Vergeltungsmaßnahmen) ins Gleichgewicht bringt. Liegt das bestehende Preisniveau über dem kritischen Preis, so werden die Eintrittskandidaten überdurchschnittliche Gewinne erwarten und eintreten. Natürlich hängt der für den Eintritt kritische Preis von den Zukunftserwartungen der Eintrittskandidaten ab, und nicht nur von gegenwärtigen Bedingungen.

Die Gefahr des Eintritts kann ausgeschaltet werden, wenn die etablierten Unternehmen einen Preis wählen (oder durch den Wettbewerb zu einem Preis gezwungen werden), der unter dem hypothetischen kritischen Preis liegt. Setzen sie den Preis hingegen höher an, ist die verbesserte Rentabilität unter Umständen nur von kurzer Dauer, weil sie von den Kosten aufgezehrt werden kann, die aus der Auseinandersetzung oder Koexistenz mit neuen Konkurrenten entstehen.

Eigenschaften von Eintrittsbarrieren

Aus strategischer Sicht sind einige weitere Eigenschaften von Eintrittsbarrieren entscheidend. Erstens verändern sich Eintrittsbarrieren mit den oben beschriebenen Bedingungen. Als beispielsweise Polaroids Basispatente auf Sofortbildkameras ausliefen, wurde die Eintrittsbarriere, die auf Polaroids absolutem Kostenvorteil (durch seinen Alleinbesitz der Technologie) beruht hatte, erheblich abgebaut. Es überraschte nicht, daß Kodak sich in den Markt stürzte. Die Produktdifferenzierung beim Druck von Zeitschriften ist fast völlig verschwunden, was die Barrieren gesenkt hat. Umgekehrt wurden erfolgreiche Eintritte in die Automobilindustrie fast völlig verhindert, da die Automation und vertikale Integration nach dem zweiten Weltkrieg einen Zuwachs der Betriebsgrößenersparnisse herbeiführten.

Wenngleich Veränderungen von Eintrittsbarrieren manchmal für ein Unternehmen nicht zu kontrollieren sind, können seine strategischen Entscheidungen doch einen großen Einfluß ausüben. So haben beispielsweise die Maßnahmen vieler amerikanischer Weinproduzenten in den sechziger Jahren – beschleunigte Einführung neuer Marken, erhöhtes Werbungsniveau und Aufbau eines landesweiten Vertriebs – die Eintrittsbarrieren sicherlich erhöht, indem sie die economies of scale in der Branche hochschraubten und den Zugang zu Vertriebskanälen erschwerten. Auf ähnliche Weise führten die Entscheidungen von Anbietern der Freizeitfahrzeugindustrie, die Herstellung von Einzelteilen vertikal zu integrieren, um Kosten zu senken, zur starken Erhöhung der dortigen economies of scale und Kapitalbedarfsbarrieren.

Zuguterletzt verfügen einige Unternehmen über Mittel und Fertigkeiten, die es ihnen erlauben, Eintrittsbarrieren zu geringeren Kosten als die meisten anderen Unternehmen zu überwinden. So sah sich etwa Gillette, das mit gutentwickelten Vertriebskanälen für Rasierer und Klingen ausgestattet ist, beim Eintritt ins Geschäft mit Einwegfeuerzeugen geringeren Kosten gegenüber als die meisten seiner Konkurrenten. Die Fähigkeit, Kosten aufzuteilen, schafft ebenfalls Möglichkeiten des kostengünstigen Eintritts. (In Kapitel 16 werden wir detailliert die Implikationen solcher Faktoren für die Eintrittsstrategie untersuchen).

Erfahrung und Größe als Eintrittsbarrieren

Wenngleich sie oft zusammentreffen, besitzen economies of scale, also Betriebsgrößenersparnisse, und Erfahrung als Eintrittsbarrieren sehr verschiedene Eigenschaften. Wenn Betriebsgrößenersparnisse vorliegen, führen sie *immer* zu einem Kostenvorteil des größeren (oder Prozesse gemeinsam betreibenden) Unternehmens gegenüber Produzenten kleinerer Mengen, sofern erstere über größenoptimale Anlagen, Vertriebssysteme und sonstige funktionale Aktivitäten verfügen (und weiter vorausgesetzt, daß das größere Unternehmen sich seines Vorteils nicht beraubt, indem es sein Produktionsprogramm ausweitet). Solche Kostenvorteile können nur wettgemacht werden, wenn vergleichbare Mengen oder geeignete Diversifikationen (die Kostenaufteilung ermöglichen) erreicht werden. Das große oder diversifizierte Unternehmen kann die Fixkosten, die bei solchen effizienten Anlagen anfallen, auf seine große Stückzahl umlegen, während das kleine Unternehmen, selbst wenn es über technologisch effiziente Anlagen verfügt, sie nicht voll ausnutzen kann.

Vom strategischen Standpunkt der etablierten Unternehmen aus gesehen sind den Betriebsgrößenersparnissen als Eintrittsbarrieren aber auch gewisse Grenzen gesetzt, wie etwa die folgenden:

- Massenproduktion und dadurch ermöglichte niedrigere Kosten können im Widerspruch zu anderen, potentiell nützlichen Eintrittsbarrieren stehen, wie etwa zur Produktdifferenzierung (die Massenproduktion kann dem Produktimage oder der Flexibilität des Kundendiensts schaden) oder zur Fähigkeit, schnell eigene Technologien zu entwickeln.

- Der technologische Wandel kann den Massenhersteller bestrafen, wenn Anlagen, die entworfen wurden, um Betriebsgrößenersparnisse auszunutzen, zugleich stärker spezialisiert und weniger anpassungsfähig im Blick auf neue Technologien sind.

- Der Versuch, die in existierenden Technologien angelegten Größenvorteile auszunutzen, kann den Blick für neue technologische Möglichkeiten oder weniger größenabhängige Wettbewerbsmethoden verstellen.

Die Erfahrung ist eine eher »ätherische« Eintrittsbarriere im Vergleich zur Größe, weil die bloße Existenz einer Erfahrungskurve noch keine Eintrittsbarriere garantiert. Eine weitere entscheidende

Voraussetzung ist, daß diese Erfahrung allein dem Unternehmen verfügbar ist. Konkurrenten und potentielle Neuanbieter dürfen nicht in der Lage sein, sich ihrer zu bemächtigen, sei es, indem sie nachahmen, frühere Mitarbeiter eines Konkurrenten einstellen, die neuesten Anlagen bei Ausrüstungslieferanten kaufen oder bei Unternehmensberatern und sonstigen Unternehmen Know-how erwerben. Häufig kann Erfahrung nicht vor Verbreitung geschützt werden; aber selbst, wenn es möglich ist, sammeln jüngere Unternehmen im Markt unter Umständen schneller Erfahrung an als der »Pionier«, weil später Hinzugekommene bestimmte Aspekte der Aktivitäten des Pioniers beobachten können. Wo Erfahrung nicht allein verfügbar gehalten werden kann, können neue Konkurrenten sogar im Vorteil sein, wenn sie die modernsten Ausrüstungen kaufen können und bei der Anpassung an neue Methoden nicht durch Gewohnheiten behindert sind.

Die Erfahrungskurve wird in ihrer Eigenschaft als Eintrittsbarriere noch durch weitere Faktoren begrenzt:

- Die Barriere kann durch Produkt- oder Verfahrensinnovationen zunichtegemacht werden, die zu einer grundlegend neuen Technologie führen und dadurch eine völlig neue Erfahrungskurve schaffen. (Ein Fallbeispiel aus der Automobilindustrie ist bei Abernathy and Wayne, 1974, S. 109, wiedergegeben). Neue Konkurrenten können die Branchenführer überspringen und auf der neuen Erfahrungskurve landen, die zu erreichen den Anführern schwerer fällt.

- Die Jagd nach niedrigen Kosten kann im Widerspruch zu anderen nützlichen Barrieren stehen, wie z.B. zur Produktdifferenzierung durch Image oder zum technologischen Vorsprung. So hat z.B. Hewlett-Packard für Rechner und Kleincomputer substantielle, auf technologischem Vorsprung beruhende Barrieren aufgebaut, während andere Anbieter der selben Branchen erfahrungs- und größenorientierte Strategien verfolgen.

- Wenn mehrere starke Unternehmen ihre Strategien auf der Erfahrungskurve aufbauen, können die Konsequenzen für eines oder mehrere von ihnen fatal sein. Wenn schließlich nur noch *ein* Wettbewerber diese Strategie verfolgt, ist das Branchenwachstum unter Umständen bereits beendet, und die Aussicht, die Vorteile der Erfahrungskurve zu nutzen, längst verflossen.

- Unternehmen, die aggressiv Kostensenkungen durch Erfahrung anstreben, werden möglicherweise von Marktentwicklungen in anderen Bereichen abgelenkt und verstellen sich selbst den Blick für neue Technologien, die alte Erfahrungen obsolet werden lassen.

Der Grad der Rivalität unter den bestehenden Wettbewerbern

Rivalität unter den bestehenden Wettbewerbern begegnet uns in der vertrauten Form der Positionskämpfe – also in Form von Taktiken wie Preiswettbewerb, Werbeschlachten, Einführung neuer Produkte und verbesserten Service- oder Garantieleistungen. Die Rivalität entsteht, weil einer oder mehrere der Konkurrenten sich entweder dazu gedrängt fühlen oder die Möglichkeit sehen, ihre Position zu verbessern. In den meisten Branchen wirken sich die Maßnahmen eines Unternehmens spürbar auf seine Konkurrenten aus und führen deshalb häufig zu Vergeltungs- oder Gegenmaßnahmen; die Unternehmen sind *wechselseitig abhängig*. Sich gegenseitig eskalierende Maßnahmen und Gegenmaßnahmen führen möglicherweise dazu, daß alle Wettbewerber darunter leiden und am Ende schlechter dastehen als zuvor.

Bestimmte Konkurrenzformen, namentlich Preiswettbewerb, sind hochgradig instabil und bergen die Wahrscheinlichkeit in sich, daß sich die Rentabilität der gesamten Branche verschlechtert. Preissenkungen werden schnell und ohne Mühe von den Rivalen gekontert und führen anschließend zu geringeren Erträgen für alle (es sei denn, die Preiselastizität der Nachfrage nach dem Branchenprodukt ist ausreichend hoch). Hingegen können Werbeschlachten durchaus die Nachfrage ausweiten oder die Produktdifferenzierung in der Branche vertiefen, zum Vorteil aller Unternehmen.

Die Rivalität in manchen Branchen wird mit Ausdrücken wie »kriegerisch«, »erbittert« oder »mörderisch« charakterisiert, während sie in anderen Branchen »höflich« oder »vornehm« genannt wird. Intensive Rivalität ist das Ergebnis einer Reihe zusammenwirkender struktureller Faktoren:

Zahlreiche oder gleich ausgestattete Wettbewerber. Wenn es viele Wettbewerber gibt, ist die Wahrscheinlichkeit groß, daß einige Unternehmen glauben, sie könnten Maßnahmen ergreifen, ohne daß die anderen davon Notiz nehmen. Selbst wenn es relativ wenige Unternehmen gibt, die aber im Hinblick auf ihre Größe und ihre erkennbaren Mittel relativ ausgeglichen sind, wird ein instabiler Zustand geschaffen, weil nämlich die Kampfbereitschaft in diesem Fall besonders hoch sein kann und die Mittel für dauerhafte und harte Vergeltungsmaßnahmen vorhanden sind. Ist die Branche hingegen hochkonzentriert oder wird sie durch ein oder wenige Unternehmen dominiert, so wird die relative Stärke selten falsch eingeschätzt; der oder die Branchenführer können sowohl disziplinierend als auch kooperativ (z.B. als Vorreiter bei den Preisen) eingreifen.

Im Wettbewerb vieler Branchen spielen ausländische Unternehmen eine wichtige Rolle, indem sie durch Experten oder Direktinvestitionen unmittelbar teilnehmen. Wenngleich ausländische Wettbewerber einige (später zu erläuternde) Besonderheiten aufweisen, sollten sie für die Zwecke der Strukturanalyse wie inländische Konkurrenten behandelt werden.

Langsames Branchenwachstum. Bei langsamem Branchenwachstum bedeutet Wettbewerb für Unternehmen, die expandieren wollen, in erster Linie Kampf um die Höhe des Marktanteils. Die Konkurrenz um Marktanteile ist hier wesentlich intensiver als bei schnellem Wachstum, wo alle Unternehmen ihre Ergebnisse verbessern, wenn sie nur mit der Branche mithalten, und wo ihre finanziellen und personellen Ressourcen durch die Branchenexpansion vollständig gebunden sein können.

Hohe Fix- oder Lagerkosten. Hohe Fixkosten üben auf alle Unternehmen den Druck aus, ihre Kapazitäten möglichst stark auszulasten, was bei zunächst vorhandenen Überschußkapazitäten oft zu schnell eskalierenden Preissenkungen führt. Viele Grundstoffindustrien wie z.B. Papier und Aluminium leiden unter diesem Problem. Entscheidend ist das Verhältnis der Fixkosten zum hinzugefügten Mehrwert (der Wertschöpfung), und nicht der Anteil der Fixkosten an den Gesamtkosten. Unternehmen, bei denen ein großer Teil der Kosten auf den Kauf von externen Inputs entfällt (geringe Wertschöpfung), können gewaltig unter Druck stehen, eine bestimmte Mindestauslastung zu erreichen, auch wenn der Anteil der Fixkosten an den Gesamtkosten gering ist.

Eine den hohen Fixkosten verwandte Situation liegt vor, wenn das Produkt nur schwer oder teuer zu lagern ist. Hier sind die Unternehmen leicht versucht, ihre Preise möglichst unbemerkt allmählich herabzusetzen (Preisschattierung), um ihre Verkäufe zu sichern. Dieser Druck hält die Gewinne in bestimmten Branchen niedrig, wie etwa beim Hummerfang, bei der Herstellung gewisser gefährlicher Chemikalien und bei bestimmten Dienstleistungen.

Fehlende Differenzierung oder Umstellungskosten. Wo das Produkt oder die Leistung einer Branche als einfacher Gebrauchsartikel angesehen wird, beruht die Käuferentscheidung hauptsächlich auf Preis und Service, wodurch der Wettbewerb bei Preis und Service besonders intensiv wird. Die Produktdifferenzierung schafft hingegen »Isolierschichten« gegen den Wettbewerbskrieg, weil die Kunden dann bestimmte Anbieter dauerhaft bevorzugen. Die bereits beschriebenen Umstellungskosten haben die gleiche Wirkung.

Große Kapazitätserweiterungen. Wo Betriebsgrößenersparnisse und technologisch bedingte Mindestgrößen Kapazitätserweiterungen nur in großem Umfang erlauben, können diese das Gleichgewicht von Angebot und Nachfrage auf dem Markt ständig stören, besonders wo sie gehäuft aufzutreten drohen. Die Branche kann sich wiederholt Phasen von Überkapazität und Preissenkungen gegenübersehen, wie wir sie z.B. bei der Produktion von Chlor, Vinylchlorid und Ammoniumdünger beobachten können. Die Bedingungen, die zu chronischen Überkapazitäten führen, werden in Kapitel 15 diskutiert.

Heterogene Wettbewerber. Wettbewerber, die sich in Bezug auf Strategie, Herkunft, Persönlichkeiten und Beziehungen zu ihren Konzernen unterscheiden, haben verschiedene Ziele und Strategien für ihr Wettbewerbsverhalten und können dadurch kontinuierlich in Konflikt zueinander geraten. Es fällt ihnen oft schwer, die Absichten der jeweils anderen zu verstehen und sich über die »Spielregeln« der Branche zu einigen. Strategische Entscheidungen, die für den einen Wettbewerber richtig sind, werden für den anderen falsch sein.

Ausländische Wettbewerber erhöhen oft die Heterogenität der Branche, weil sie von anderen Bedingungen ausgehen und häufig abweichende Ziele haben. Das Gleiche kann für Eigentümer-Unternehmer der Fall sein, die sich möglicherweise mit unterdurchschnittlichen Ertragsraten auf ihr investiertes Kapital zufriedengeben, um die Unabängigkeit des eigenen Betriebes aufrechtzuerhalten, während solche Ertragsraten für eine große Publikumsgesellschaft inakzeptabel sind und irrational erscheinen können. In einer solchen Branche kann die Haltung der kleinen Unternehmen die Rentabilität des größeren Konzerns begrenzen. Auf vergleichbare Weise werden Unternehmen, die einen Markt als Ventil für Überschußkapazitäten betrachten (z.B. bei Dumping) andere Strategien verfolgen als jene, für die der betreffende Markt Priorität besitzt. Zuguterletzt sind Unterschiede im Verhältnis der konkurrierenden Geschäftseinheiten zu ihren Konzernen ein weiteres Element der Heterogenität in einer Branche. Eine Geschäftseinheit etwa, die Teil einer vertikalen Unternehmenskette innerhalb ihres Gesamtunternehmens ist, kann gegenüber einem unabhängigen Unternehmen in derselben Branche andersartige, ja sogar gegensätzliche Ziele verfolgen. Genauso wird eine Geschäftseinheit, die im Portfolio ihres Konzerns die Rolle der »Cash-Kuh« spielt, sich anders verhalten als eine, die zum Zweck langfristigen Wachstums angesichts eines Mangels an Alternativen im Gesamtunternehmen aufgebaut wird. (Einige Methoden, mit denen die Vielfalt bei Wettbewerbern zu erfassen ist, werden in Kapitel 3 entwickelt).

Hohe strategische Einsätze. Die Rivalität in einer Branche wird noch explosiver, wenn einige Unternehmen den Erfolg um jeden Preis suchen. So kann etwa ein diversifiziertes Unternehmen dem Erfolg in einer bestimmten Branche große Bedeutung beimessen, um seine übergreifende Konzernstrategie zu stützen. Unternehmen wie Bosch, Sony oder Philips sehen sich vielleicht gedrängt, eine solide Position auf dem U.S.-Markt zu erreichen, um weltweites Prestige oder technologische Glaubwürdigkeit zu erreichen. Die Ziele dieser Unternehmen können in solchen Situationen nicht nur abweichen, sondern sogar destabilisierend wirken, weil sie expansiv ausgerichtet sind und die Bereitschaft beinhalten, im Notfall die Rentabilität zu opfern. (Methoden zur Bestimmung strategischer Einsätze werden in Kapitel 3 entwickelt).

Hohe Austrittsbarrieren. Austrittsbarrieren sind ökonomische, strategische und emotionale Faktoren, die Unternehmen zum Verbleib in ihrer Branche veranlassen, selbst wenn sie niedrige oder sogar negative Ertragsraten erwirtschaften. Die Hauptursachen von Austrittsbarrieren sind die folgenden:

- Spezialisierte Aktiva: Aktiva, die auf bestimmte Branchen oder Standorte spezialisiert sind, weisen niedrige Liquidationswerte oder hohe Transfer- und Umwandlungskosten auf.

- Fixkosten des Austritts: darunter fallen Sozialpläne, Umsiedlungskosten, die Aufrechterhaltung von Ersatzteillagern usw.

- Strategische Wechselbeziehungen: Wechselbeziehungen zwischen der betreffenden Geschäftseinheit und anderen Konzernteilen im Hinblick auf Image, Marketingfähigkeit, Zugang zu Finanzmärkten, gemeinsam betriebene Anlagen u.ä. veranlassen den Konzern, der Präsenz in der Branche eine hohe strategische Bedeutung beizumessen.

- Emotionale Barrieren: die Weigerung des Managements, ökonomisch gerechtfertigte Austrittsentscheidungen zu fällen, entsteht aus Faktoren wie der Identifikation mit der betreffenden Branche, Loyalität gegenüber den Mitarbeitern, Angst um die eigene Karriere, Stolz usw.

- Administrative und soziale Restriktionen: aus Sorge um Arbeitsplatzverluste und vor regionalen ökonomischen Auswirkungen kommt es vor, daß staatliche Stellen den Austritt verbieten oder behindern; solche Praktiken sind in den USA weniger verbreitet. (Eine ausführliche Darstellung von Austrittsbarrieren erfolgt in Kapitel 12, in dem außerdem gezeigt wird, welches Gewicht der Diagnose von Austrittsbarrieren in schrumpfenden Branchen zukommt).

Wenn die Austrittsbarrieren hoch sind, unterbleibt der Abbau von Überschußkapazitäten, und Unternehmen, die im Wettbewerb versagt haben, geben nicht auf. Stattdessen halten sie grimmig durch und sind aufgrund ihrer Schwäche gezwungen, zu extremen Taktiken Zuflucht zu nehmen. Das kann die Rentabilität der gesamten Branche dauerhaft niedrig halten.

Die Veränderung der Rivalität

Die Faktoren, die den Grad der Konkurrenz bestimmen, können sich ändern. Beispielsweise verändert sich das Wachstum der Branche im Zuge ihres Reifungsprozesses; mit zunehmender Reife nimmt die Wachstumsrate ab, was zu verstärkter Rivalität, sinkenden Gewinnen und (häufig) zum Abstoßen von Werten führt. Als die Freizeitfahrzeugindustrie Anfang der siebziger Jahre expandierte, ging es fast allen Anbietern gut, aber das seitherige langsame Wachstum hat (außer bei den stärksten Wettbewerbern) die hohen Erträge verschwinden lassen, ganz zu schweigen davon, daß viele schwächere Unternehmen aus der Branche herausgedrängt wurden. Dasselbe Muster hat sich von Branche zu Branche wiederholt; Schneemobile, Aerosol-Verpackung und Sportausrüstung sind bloß einige Beispiele.

Eine Veränderung der Rivalität ist oft zu beobachten, wenn durch Beteiligung oder Kauf eine ganz anders ausgerichtete »Persönlichkeit« zur Branche stößt, wie z.B. beim Erwerb von Miller Beer durch Philip Morris oder von Charmin Paper Company durch Procter and Gamble. Zu veränderter Rivalität führt es auch, wenn durch technologische Innovationen das Niveau der Fixkosten steigt und dadurch der Wettbewerb »explosiver« wird, wie es etwa beim Wechsel von stoßweiser zu kontinuierlicher fotographischer Entwicklung in den sechziger Jahren der Fall war.

Wenngleich ein Unternehmen mit vielen der Faktoren, die die Wettbewerbsintensität bestimmen, leben muß (weil sie Teil der Branchenökonomie sind), kann es einen gewissen Spielraum haben, um durch strategische Schritte seine Lage zu verbessern. Es kann beispielsweise versuchen, die Umstellungskosten seiner Käufer zu erhöhen, indem es ihnen technische Hilfe anbietet, damit sie sein Produkt in ihre Operationen einbauen oder von seiner technischen Instruktion abhängig werden. Oder das Unternehmen kann versuchen, durch neue Serviceformen, Marketinginnovationen oder Produktveränderungen den Grad der Produktdifferenzierung zu erhöhen. Die Konzentration der Verkaufsanstrengungen auf die am schnellsten wachsenden Marktsegmente oder auf die Marktbereiche mit den geringsten Fixkosten vermag die Rivalität zu verringern. Außerdem sollte das Unternehmen versuchen, seinen Konkurrenten hohe Austrittsbarrieren zu ersparen (soweit es dazu in der Lage ist), um erbitterte Preissenkungsrunden zu vermeiden; im übrigen kann es seine eigenen Austrittsbarrieren senken. (Wettbewerbsmaßnahmen werden detailliert in Kapitel 5 untersucht).

Austritts- und Eintrittsbarrieren

Obwohl Austritts- und Eintrittsbarrieren konzeptionell verschieden sind, ist ihr gemeinsames Niveau ein wichtiger Aspekt der Branchenanalyse. Austritts- und Eintrittsbarrieren hängen oft zusammen. So gehen etwa größere Betriebsgrößerersparnisse in der Produktion meist mit spezialisierten Aktiva einher, genauso wie unternehmenseigene Technologien.

Betrachten wir den vereinfachten Fall, daß Austritts- und Eintrittsbarrieren jeweils hoch oder niedrig sein können:

		Austrittsbarrieren	
		Niedrig	Hoch
Eintrittsbarrieren	Niedrig	Niedrige, stabile Erträge	Niedrige, unsichere Erträge
	Hoch	Hohe, stabile Erträge	Hohe, unsichere Erträge

Abbildung 1-2: Barrieren und Rentabilität

Hohe Eintrittsbarrieren bei niedrigen Austrittsbarrieren sind für die Gewinne der Branche ideal: der Eintritt wird verhindert, und erfolglose Konkurrenten verlassen die Branche. Wenn sowohl die Eintritts- als auch die Austrittsbarrieren hoch sind, ist das Gewinnpotential ebenfalls hoch, aber in der Regel mit höherem Risiko behaftet: zwar wird der Eintritt verhindert, aber erfolglose Unternehmen verbleiben in der Branche und kämpfen.

Der Fall niedriger Eintritts- und Austrittsbarrieren ist wenig aufregend; das schlimmste aber, was passieren kann, sind niedrige Eintrittsbarrieren bei hohen Austrittsbarrieren. In diesem Fall ist der Eintritt einfach, und er wird stimuliert durch ökonomische Aufschwünge oder sonstige vorübergehende Gewinnzuwächse; wenn sich die Ergebnisse hingegen wieder verschlechtern, unterbleibt der Abbau überschüssiger Kapazitäten aus der Branche. Insgesamt erhöhen sich die Kapazitäten also, und die Rentabilität wird meist chronisch niedrig sein. Eine solch ungünstige Situation könnte z.B. entstehen, wenn Lieferanten oder Kreditgeber bereitwillig den Eintritt in eine Branche finanzieren, die eingetretenen Unternehmen sich danach aber erheblichen fixen Finanzierungskosten gegenübersehen.

Druck durch Substitutionsprodukte

Alle Unternehmen einer Branche konkurrieren (im weiteren Sinne) mit Branchen, die Ersatzprodukte (Substitute) herstellen. Ersatzprodukte begrenzen das Gewinnpotential einer Branche, indem sie eine Obergrenze für die Preise setzen, die die Unternehmen verlangen können, ohne ihre Gewinne zu gefährden. (Der Einfluß von Ersatzprodukten kommt in der Preiselastizität der Nachfrage nach dem Produkt der Branche zum Ausdruck). Je attraktiver die von den Ersatzprodukten angebotene Preis/Leistungs-Alternative ist, desto fester sitzt der Deckel auf den Branchengewinnen.

Zuckerproduzenten, die mit der groß angelegten Vermarktung von stark zuckerhaltigem Maissirup, einem Zuckersubstitut, konfrontiert sind, lernen gegenwärtig diese Lektion. Genauso erging es den Herstellern von Acetylen und Reyon, die mit der extremen Konkurrenz alternativer, billigerer Materialien auf vielen ihrer jeweiligen Anwendungsgebiete zu kämpfen hatten. Ersatzprodukte begrenzen nicht nur die Gewinne in normalen Zeiten, sondern sie schmälern auch die Sondergewinne, die eine Branche in Boomphasen erzielen kann. 1978 genossen die Hersteller von Glaswolle-Isolierung eine nie dagewesene Nachfrage, die durch die hohen Energiekosten und das harte Winterwetter bedingt war. Aber die Fähigkeit der Branche, die Preise zu erhöhen, wurde durch den Andrang von Isolierungssubstituten wie Zellulose, Steinwolle und Styropor begrenzt. Diese Ersatzprodukte werden die Rentabilität noch stärker schmälern, wenn die gegenwärtige Runde der Fabrikerweiterungen die Kapazitäten entsprechend der Nachfrage (und darüber hinaus) erhöht haben wird.

Ersatzprodukte ausfindig zu machen, verlangt die Suche nach Produkten, die die gleiche *Funktion* erfüllen wie das der Branche. Die Suche ist manchmal recht schwierig und führt den Analytiker unter Umständen in Geschäftszweige, die scheinbar wenig mit der Branche zu tun haben. So werden etwa Effektenmakler zunehmend mit Substituten wie Immobilien, Versicherungen, Geldmarkttiteln und anderen Möglichkeiten individueller Kapitalanlage konfrontiert, die durch die Krise der Aktienmärkte an Gewicht zunehmen.

Die Position gegenüber Ersatzprodukten kann eine Frage des *kollektiven* Handelns der Branche sein. Obwohl beispielsweise die Werbung eines einzelnen Unternehmens nicht ausreichen mag, um die Position der Branche gegenüber einem Substitut zu stärken, kann umfangreiche und dauerhafte Werbung aller Wettbewerber durchaus die Lage der Branche verbessern. Ähnliche Argumente gelten für gemeinsame Initiativen bei Aufgaben wie erhöhte Produktqualität, gesteigertes Marketing, verbesserte Angebotsstruktur des Produkts usw.

Die meiste Aufmerksamkeit verdienen Ersatzprodukte, a) deren Preis/Leistungs-Verhältnis sich gegenüber dem Produkt der Branche tendenziell verbessert und b) deren Hersteller hohe Gewinne erzielen. Im letzteren Fall gewinnen Ersatzprodukte oft schnell an Gewicht, wenn nämlich der Wettbewerb in ihren Branchen aus irgendwelchen Gründen intensiver wird und zu niedrigeren Preisen oder verbesserten Leistungen führt. Die Analyse solcher Trends kann ausschlaggebend dafür sein, ob man versuchen sollte, das Ersatzprodukt strategisch auszuschalten, oder ob es als unvermeidlicher Wettbewerbsfaktor in die Strategie einbezogen werden sollte. Ein Beispiel: elektronische Warnsysteme stellen ein mächtiges Substitut für den Einsatz von Wach- und Schutzdiensten dar. Zudem wird ihre Attraktivität sicherlich noch steigen, da arbeitsintensive Wachdienste unweigerlich teurer werden, während die Kosten elektronischer Systeme höchstwahrscheinlich sinken, ihre Anwendungsmöglichkeiten aber steigen werden. Hier besteht die richtige Antwort der Wach- und Schutzdienste wohl darin, Kombinationen von Schutzpersonal und elektronischen Systemen anzubieten (wobei die Wächter zum qualifizierten Bedienungspersonal werden), statt zu versuchen, elektronische Systeme durchweg auszubooten.

Die Verhandlungsstärke der Abnehmer

Die Abnehmer »konkurrieren« mit der Branche, indem sie die Preise herunterdrücken, höhere Qualität oder bessere Leistung verlangen und Wettbewerber gegeneinander ausspielen – alles auf Kosten der Rentabilität der Branche. Die Stärke jeder der wichtigen Abnehmergruppen hängt von bestimmten Merkmalen ihrer Marktsituation und dem Anteil ihrer Käufe an den gesamten Verkäufen der Branche ab. Eine Abnehmergruppe ist stark, wenn die folgenden Bedingungen erfüllt sind:

Die Abnehmergruppe ist konzentriert oder hat einen großen Anteil an den Gesamtumsätzen der Verkäufer. Wenn ein großer Anteil des Umsatzes auf einen bestimmten Abnehmer entfällt, dann erhält das Geschäft mit ihm besonderes Gewicht im Hinblick auf das Gesamtergebnis. Großabnehmer sind ganz besonders mächtig, wenn die Branche sich hohen Fixkosten gegenübersieht – wie z.B. bei Getreideraffinerien und Großchemikalien –, die ausgelastete Kapazitäten erfordern.

Die Produkte, die die Abnehmergruppe von der Branche bezieht, bilden einen signifikanten Anteil an den Gesamtkosten oder -käufen der Gruppe. In diesem Fall sind die Abnehmer bereit, sich die Suche nach einem günstigen Preis etwas kosten zu lassen und selektiv zu kaufen. Wenn das Produkt hingegen nur einen kleinen Teil ihrer Kosten ausmacht, sind die Abnehmer in der Regel weit weniger preisempfindlich.

Die Produkte, die sie von der Branche bezieht, sind standardisiert oder nicht differenziert. Die Abnehmer sind sicher, daß sie immer alternative Lieferanten finden werden; sie können deshalb die Lieferanten gegeneinander ausspielen, wie bei der Aluminiumherstellung.

Ihre Umstellungskosten sind niedrig. Umstellungskosten, die wir bereits definiert haben, binden den Abnehmer an bestimmte Lieferanten. Umgekehrt steigt die Macht des Abnehmers, wenn sich der Lieferant Umstellungskosten gegenübersieht.

Ihre Gewinne sind niedrig. Niedrige Gewinne drängen die Abnehmer, ihre Einkaufskosten zu senken. So beklagen sich etwa die Lieferanten von Chrysler, daß sie unter Druck gesetzt werden, bessere Konditionen zu bieten. Abnehmer mit hohen Gewinnen sind hingegen weniger preisempfindlich (natürlich nur, wenn das Produkt keinen großen Anteil an ihren Kosten hat) und können sich eher langfristig am Erhalt ihrer Lieferanten orientieren.

Die Abnehmer können glaubwürdig mit Rückwärtsintegration drohen. Wenn Abnehmer entweder partiell integriert sind oder glaubwürdig mit Rückwärtsintegration drohen können, sind sie in der Lage, Zugeständnisse auszuhandeln.[2] Die großen Automobilpro-

2 Wenn die Motive der Abnehmer eher auf Sicherheit, ausreichender Versorgung und anderen außerpreislichen Faktoren beruhen, wird das Unternehmen möglicherweise gezwungen, beträchtliche Preiskonzessionen anzubieten, um die Integration zu verhindern.

duzenten General Motors und Ford sind bekannt dafür, daß sie, um Druck auszuüben, damit drohen, Einzelteile selbst herzustellen. Sie praktizieren *partielle Integration,* d.h. sie produzieren einen Teil ihres Bedarfs an bestimmten Einzelteilen selbst und kaufen den Rest von externen Lieferanten. Sie können deshalb nicht nur besonders glaubwürdig mit weiterer Integration drohen, sondern verfügen zudem über eine detaillierte Kenntnis der Kosten, was ihnen in Verhandlungen sehr zugutekommt. Diese Art von Käufermacht kann teilweise neutralisiert werden, wenn die Lieferanten ihrerseits damit drohen, vorwärts (also in die Branche der Abnehmer) zu integrieren.

Das Branchenprodukt ist für die Qualität oder Leistung des Produkts, das die Abnehmer herstellen, unerheblich. Wenn die Qualität eines Produkts stark von einem bestimmten Input abhängt, wird der Käufer des Inputs in der Regel weniger preisempfindlich sein. Eine solche Situation ist zum Beispiel bei Ölbohrungsausrüstungen zu beobachten, wo ein Defekt zu großen Verlusten führen kann (denken Sie an die enormen Kosten, die unlängst durch das Versagen eines Ventils auf einer Bohrinsel nahe der mexikanischen Küste entstanden sind!), oder auch bei elektronischen Diagnostik- und Testgeräten, wo die Qualität des Chassis und der Bedienungsfront einen starken Einfluß darauf haben kann, wie der Benutzer die Qualität der im Innern enthaltenen Ausrüstung einschätzt.

Der Käufer ist vollständig informiert. Je umfassender der Abnehmer über die Nachfrage, die aktuellen Marktpreise und sogar über die Kosten seines Lieferanten informiert ist, desto ausgeprägter wird gewöhnlich seine Verhandlungsstärke sein. Bei vollständiger Information kann der Abnehmer sicherstellen, daß er den günstigsten Preis erhält, und er kann den Behauptungen der Lieferanten widersprechen, daß ihre Lebensfähigkeit gefährdet sei.

Die meisten dieser Ursachen von Abnehmermacht gelten für Konsumenten genauso wie für industrielle und kommerzielle Abnehmer – nur der Bezugsrahmen muß modifiziert werden. Beispielsweise verhalten sich Konsumenten recht preisempfindlich, wenn sie Produkte kaufen, die undifferenziert sind, teuer (gemessen an ihren Einkommen), oder bei denen sie keinen besonderen Wert auf Qualität legen.

Die gleichen Regeln bestimmen die Verhandlungsstärke von Groß- und Einzelhändlern, mit einem wichtigen Zusatz. Einzelhändler können eine starke Position gegenüber Herstellern erlangen, wenn es ihnen gelingt, die *Kaufentscheidungen der Konsumenten zu beeinflussen,* wie z.B. bei Hifi-Komponenten, Schmuck, Haushaltsgeräten, Sportartikeln usw. In gleicher Weise können Großhändler Verhandlungsstärke erringen, wenn sie die Einkaufsentscheidungen der Einzelhändler oder anderer Unternehmen, an die sie verkaufen, beeinflussen.

Veränderte Käufermacht

In dem Maße, wie sich die oben beschriebenen Faktoren mit der Zeit (oder als Ergebnis strategischer Entscheidungen von Unternehmen) ändern, wird die Macht der Abnehmer steigen oder fallen. So ist etwa die Freizeitbekleidungsindustrie unter zunehmenden Druck geraten und mußte sinkende Margen verzeichnen, weil die Konzentration unter ihren Abnehmern (Warenhäusern und Bekleidungsgeschäften) stieg und große Filialketten Kontrolle über die Branche errangen. Die Branche ist bislang nicht in der Lage gewesen, ihre Produkte zu differenzieren oder Umstellungskosten bei ihren Abnehmern aufzubauen (um sie an sich zu binden und damit den Konzentrationstrend zu neutralisieren); auch der Zustrom von Importen war nicht gerade hilfreich.

Ein Unternehmen sollte die Auswahl seiner Abnehmergruppen als wichtige strategische Entscheidung betrachten. Es kann seine strategische Lage verbessern, indem es Abnehmer findet, die die geringstmögliche Macht besitzen, es nachteilig zu beeinflussen – mit anderen Worten: indem es *Abnehmerauswahl* betreibt. Selten sind alle Abnehmergruppen, an die das Unternehmen verkauft, gleich mächtig. Selbst wenn es nur an eine einzige Branche verkauft, gibt es innerhalb dieser Branche wahrscheinlich Segmente, die weniger mächtig (und deshalb weniger preisempfindlich) sind als andere. Beispielsweise sind die Ersatzbedarf-Märkte bei den meisten Produkten weniger preisempfindlich als die Originalmärkte. (Die Strategien der Abnehmerauswahl werden in Kapitel 6 ausführlich beschrieben).

Die Verhandlungsstärke von Lieferanten

Lieferanten können ihre Verhandlungsstärke ausspielen, indem sie damit drohen, die Preise zu erhöhen oder die Qualität zu senken. Mächtige Lieferanten können dadurch die Rentabilität von Branchen drücken, die nicht in der Lage sind, Kostensteigerungen in ihren eigenen Preisen weiterzugeben. Beispielsweise haben Chemieunternehmen durch die Erhöhung der Preise dazu beigetragen, die Rentabilität der Vertragshersteller von Aerosolverpackungen zu untergraben, weil die Verpacker, die sich intensiver Konkurrenz in Form der Eigenproduktion ihrer Abnehmer gegenübersehen, nur entsprechend begrenzte Preiserhöhungsspielräume haben.

Die Bedingungen, die den Lieferanten Macht verleihen, sind meist die Spiegelbilder jener Bedingungen, die die Macht von Abnehmern begründen. Eine Lieferantengruppe ist stark, wenn die folgenden Voraussetzungen gegeben sind:

Die Lieferantengruppe wird von wenigen Unternehmen beherrscht und ist stärker konzentriert als die Branche, an die sie verkauft. Lieferanten, die an relativ zersplitterte Abnehmer verkaufen, werden meist einen beträchtlichen Einfluß auf Preise, Qualität und Lieferbedingungen ausüben können.

Ihre Verkäufe an die Branche werden nicht durch Ersatzprodukte streitig gemacht. Selbst die Macht großer, einflußreicher Lieferanten kann im Zaum gehalten werden, wenn sie mit Ersatzprodukten im Wettbewerb stehen. Beispielsweise liefern sich Anbieter konkurrierender Süßstoffe einen harten Kampf um zahlreiche Anwendungsgebiete, obwohl die einzelnen Unternehmen größer sind als ihre Abnehmer.

Die Branche ist als Kunde für die Lieferanten relativ unwichtig. Wenn die Lieferanten an mehrere Branchen verkaufen, aber keine der Branchen einen signifikanten Anteil der Verkäufe auf sich vereinigt, werden die Lieferanten leicht geneigt sein, ihre Macht auszuüben. Ist die Branche aber ein wichtiger Kunde, und ist das Abschneiden der Lieferanten eng an das Geschäft mit ihr gebunden, so sind die Lieferanten daran interessiert, die Branche zu schützen, etwa durch vernünftige Preise, Unterstützung bei Aktivitäten wie F&E, öffentlicher Interessenvertretung usw.

Das Produkt der Lieferanten ist ein wichtiger Input für das Geschäft des Abnehmers. Ein bestimmter Input kann für den reibungslosen Produktionsprozeß eines Abnehmers oder für die Qualität seines Produkts entscheidend sein, was die Macht des Lieferanten erhöht. Das trifft vor allem dann zu, wenn der Input nicht lagerfähig ist und der Abnehmer keine Bestände aufbauen kann.

Die Lieferantengruppe hat ihre Produkte differenziert oder bei den Abnehmern Umstellungskosten aufgebaut. Wenn die Abnehmer sich differenzierten Produkten und Umstellungskosten beim Wechsel zu anderen Lieferanten gegenübersehen, wird ihre Möglichkeit beschnitten, die Lieferanten gegeneinander auszuspielen. Umgekehrt verhält es sich, wenn Umstellungskosten beim Lieferanten vorliegen.

Die Lieferantengruppe kann glaubwürdig mit Vorwärtsintegration drohen. Dadurch wird die Fähigkeit der Branche eingeschränkt, ihre Einkaufsbedingungen zu verbessern.

Unter »Lieferanten« verstehen wir meist andere Unternehmen, doch sollten wir auch die *Arbeitskräfte* als Lieferanten betrachten, die übrigens in vielen Branchen über beträchtliche Macht verfügen. Zahlreiche empirische Belege zeigen, daß knappe, hochqualifizierte Beschäftigte und/oder gewerkschaftlich gut organisierte Arbeitskräfte in der Lage sind, die möglichen Gewinne einer Branche in Tarifverhandlungen deutlich zu schmälern. Die Prinzipien, nach denen die potentielle Macht von Arbeitskräften (als »Lieferanten«) zu bestimmen ist, ähneln den bereits diskutierten; die entscheidenden Zusatzfragen, die zu stellen sind, betreffen den *Organisationsgrad* der Arbeitskräfte und die Möglichkeit, Engpässe bei bestimmten Qualifikationen zu *überwinden.* Wenn die Arbeitskräfte gut organisiert und die Engpässe nicht zu überwinden sind, kann die Macht der Arbeitskräfte erheblich sein.

Die Bedingungen, die der Macht von Lieferanten zugrundeliegen, sind nicht nur der Veränderung unterworfen, sie liegen oft auch außerhalb der Kontrolle des Unternehmens. Wie im Falle der Käufermacht ist es aber manchmal möglich, die Situation des Unternehmens durch strategische Maßnahmen zu verbessern. Das Unternehmen kann stärker mit Rückwärtsintegration drohen, Umstellungskosten abzubauen versuchen u. dgl. (Kapitel 6 wird einige der Folgerungen, die sich aus der Macht von Lieferanten für die Einkaufsstrategie ergeben, näher untersuchen).

Der Staat als Faktor im Branchenwettbewerb

Im Blick auf den Staat haben wir uns bisher auf die Frage beschränkt, inwieweit er Eintrittsbarrieren zu beeinflussen vermag; tatsächlich aber muß der Staat - und zwar auf allen Ebenen - in den siebziger und achtziger Jahren als Faktor angesehen werden, der sowohl direkt als auch indirekt viele, wenn nicht alle Aspekte der Branchenstruktur potentiell beeinflußt. In vielen Branchen *ist* der Staat Abnehmer oder Lieferant und kann den Wettbewerb durch die Maßnahmen, die er ergreift, mitbestimmen. So ist etwa in den USA der Staat der entscheidende Abnehmer von Rüstungsgütern und der wichtigste Lieferant von Holz (durch die Kontrolle der Forstaufsicht über die riesigen Holzreserven im Westen der USA). In vielen Fällen wird die Rolle des Staates als Lieferant oder Abnehmer eher durch politische als durch ökonomische Faktoren geprägt - daran ist wohl nichts zu ändern. Im übrigen kann der Staat das Verhalten von Lieferanten und Käufern auch durch gesetzliche Vorschriften einengen.

Auch die Position einer Branche gegenüber Ersatzprodukten kann vom Staat beeinflußt werden - durch Vorschriften, Subventionen und andere Instrumente. Beispielsweise fördert die Regierung der USA intensiv die Solarenergie, indem sie Steueranreize und Forschungszuschüsse gewährt. Nachdem in den USA die gesetzlichen Beschränkungen für Erdgas aufgehoben worden waren, wurde Azetylen als chemisches Rohmaterial schnell verdrängt. Sicherheits- und Umweltschutzvorschriften beeinflussen relative Kosten und Qualität von Ersatzprodukten. Zuguterletzt kann der Staat auf die *Rivalität* unter den Wettbewerbern einwirken, indem er durch Vorschriften das Branchenwachstum oder die Kostenstruktur verändert.

Keine Strukturanalyse ist deshalb vollständig, wenn sie nicht diagnostiziert, wie die gegenwärtigen und zukünftigen staatlichen Maßnahmen - auf allen Ebenen - sich auf die strukturellen Bedingungen niederschlagen werden. Für die Zwecke der Strukturanalyse ist es meist aufschlußreicher, zu untersuchen, wie der Staat *durch* die fünf Wettbewerbskräfte auf den Wettbewerb einwirkt, statt den Staat als eigenständigen Faktor zu betrachten. Hingegen kann eine Strategie den Staat durchaus als Akteur beeinhalten, der beeinflußt werden soll.

Strukturanalyse und Wettbewerbsstrategie

Nachdem wir die auf den Branchenwettbewerb einwirkenden Kräfte und ihre Ursachen diagnostiziert haben, sind wir in der Lage, die Stärken und Schwächen des Unternehmens im Verhältnis zur Branche zu bestimmen. Sie ergeben sich, strategisch betrachtet, aus der Position des Unternehmens gegenüber den Faktoren, die den einzelnen Wettbewerbskräften zugrundeliegen. Wo steht das Unternehmen in der Auseinandersetzung mit Ersatzprodukten? Mit Konkurrenten? Mit potentiellen neuen Konkurrenten?

Eine effektive Wettbewerbsstrategie ergreift offensive oder defensive Maßnahmen, um eine verteidigungsfähige Position gegenüber den fünf Wettbewerbskräften aufzubauen. Ganz allgemein ergeben sich daraus die folgenden Ansätze:

- Das Unternehmen so zu plazieren, daß seine Fähigkeiten die bestmögliche Abwehr gegen das existierende Bündel von Wettbewerbskräften bieten;
- das Kräftegleichgewicht durch strategische Maßnahmen so zu beeinflussen, daß die Position des Unternehmens verbessert wird; oder
- Veränderungen der Wettbewerbsgrundlagen vorherzusehen, frühzeitig auf sie zu reagieren und den Wandel auszunutzen, indem eine dem neuen Wettbewerbsgleichgewicht angepaßte Strategie ausgewählt wird, bevor die Konkurrenten sie entdecken.

Plazierung

Der erste Ansatz betrachtet die Branchenstruktur als gegeben und paßt das Unternehmen entsprechend seinen Stärken und Schwächen daran an. Diese Strategie kann als Methode verstanden werden, einen Schutz vor den Wettbewerbskräften zu errichten und Positionen zu finden, in denen die Kräfte am schwächsten sind.

Die Kenntnis der Fähigkeiten des Unternehmens und der Ursachen der Wettbewerbskräfte zeigt die Bereiche auf, in denen sich das Unternehmen dem Wettbewerb stellen und wo es ihm aus dem Weg gehen sollte. Wenn das Unternehmen beispielsweise ein Billigproduzent ist, wird es vielleicht an mächtige Abnehmer verkaufen und darauf achten, ihnen nur solche Produkte zu verkaufen, die keiner Konkurrenz durch Ersatzprodukte ausgesetzt sind.

Einflußnahme auf das Gleichgewicht

Ein Unternehmen kann eine Strategie entwickeln, die in die Offensive geht. Diese Einstellung begnügt sich nicht damit, mit den Kräften fertig zu werden; sie will ihre Ursachen angehen.

Marketinginnovationen können die Identifikation mit einer Marke stärken oder auf andere Weise das Produkt differenzieren. Kapitalinvestitionen in Großanlagen oder vertikale Integration erhöhen die Eintrittsbarrieren. Das Kräftegleichgewicht ist teils das Ergebnis externer Faktoren, teils unterliegt es der Kontrolle des Unternehmens. Die Strukturanalyse kann verwandt werden, um die Haupttriebkräfte des Wettbewerbs in einer gegebenen Branche zu identifizieren und die Gebiete ausfindig zu machen, auf denen offensive, das Gleichgewicht verändernde strategische Maßnahmen den größten Erfolg bringen.

Ausnutzen des Wandels

Die Branchenentwicklung ist strategisch von Interesse, weil sich in ihrem Verlauf die strukturellen Fundamente des Wettbewerbs wandeln. Im Rahmen des bekannten Produktlebenszyklus-Modells der Branchenentwicklung verändern sich beispielsweise die Wachstumsraten, die Werbung geht mit fortschreitender Reife zurück, und die Unternehmen neigen dazu, sich vertikal zu integrieren.

Diese Trends sind nicht um ihrer selbst willen von Bedeutung; entscheidend ist, ob sie die strukturellen Fundamente des Wettbewerbs berühren. Betrachten wir die vertikale Integration. In der reifenden Kleincomputerindustrie sind ausgedehnte vertikale Integrationsprozesse zu beobachten, sowohl in der Produktion als auch bei der Entwicklung von Software. Dieser äußerst bedeutsame Trend vergrößert beträchtlich die Betriebsgrößenersparnisse sowie die Menge des branchennotwendigen Kapitals. Dadurch erhöhen sich wiederum die Eintrittsbarrieren, und kleinere Wettbewerber werden, wenn das Wachstum abflacht, möglicherweise die Branche verlassen müssen.

Unter strategischen Gesichtspunkten sind natürlich diejenigen Trends von besonderem Gewicht, die die wichtigsten Fundamente des Branchenwettbewerbs berühren und/oder neue strukturelle Faktoren hervorbringen. Bei Vertrags-Aerosolverpackern ist beispielsweise der Trend zu geringerer Produktdifferenzierung mittlerweile vorherrschend. Dieser Trend hat die Macht der Abnehmer gestärkt, die Eintrittsbarrieren gesenkt und die Rivalität intensiviert.

Die Strukturanalyse kann dazu dienen, die mögliche Rentabilität einer Branche vorherzusagen. Bei der langfristigen Planung kommt es darauf an, jede einzelne Wettbewerbskraft zu untersuchen, die Stärke ihrer Triebkräfte zu prognostizieren und danach ein integriertes Bild des voraussichtlichen Gewinnpotentials der Branche zu skizzieren.

Das Ergebnis einer solchen Überlegung kann vom Bild der existierenden Branchenstruktur erheblich abweichen. So ist etwa die heutige Solarenergiebranche von Dutzenden und vielleicht Hunderten von Unternehmen bevölkert, von denen keines eine größere Marktstellung besitzt. Der Eintritt ist einfach, und die Wettbewerber kämpfen darum, die Solarenergie als überlegenen Ersatz für konventionelle Heizmethoden zu etablieren.

Die Gewinnchancen der Solarenergiebranche hängen im wesentlichen von der Stärke der zukünftigen Eintrittsbarrieren ab, von der Verbesserung der Branchenposition gegenüber Ersatzprodukten, der langfristigen Wettbewerbsintensität und der Macht von Käufern und Lieferanten. Die Ausprägung dieser Merkmale wird ihrerseits davon beeinflußt, inwieweit es gelingt, Marken aufzubauen, ob der technologische Wandel signifikante Betriebsgrößenersparnisse oder Erfahrungskurven in der Fertigung hervorbringt, wie hoch letztendlich die mit dem Eintritt verbundenen Kapitalkosten sein werden, welches Ausmaß die Fixkosten der Produktionsanlagen annehmen werden usw. (Der Prozeß der strukturellen Branchenentwicklung und seine Triebkräfte werden ausführlich in Kapitel 8 untersucht).

Diversifikationsstrategie

Unser System zur Branchenanalyse können wir auch verwenden, um eine Diversifikationsstrategie zu entwerfen. Es hilft uns, die äußerst schwierige, in Diversifikationsentscheidungen enthaltene Frage zu beantworten: »Wie sind die Chancen dieser Branche?« Das System eröffnet einem Unternehmen die Chance, eine zukunftsträchtige Branche ausfindig zu machen, bevor sich ihre guten Aussichten in den Preisen der Akquisitionskandidaten niederschlagen.

Im übrigen kann das System dazu beitragen, besonders wertvolle Typen verwandter Diversifikation zu identifizieren. Ein fruchtbarer Ausgangspunkt für Diversifikation ist beispielsweise, verwandte Funktionen und Vertriebskanäle gemeinsam zu nutzen und dadurch wichtige Eintrittsbarrieren zu überwinden. All diese Themen werden wir in Kapitel 16 ausführlich behandeln.

Strukturanalyse und Branchendefinition

Der Definition der relevanten Branche, einem entscheidenden Schritt bei der Formulierung der Wettbewerbsstrategie, ist viel Aufmerksamkeit gewidmet worden. Zahlreiche Autoren haben außerdem die Notwendigkeit betont, Funktionen statt Produkte zu betrachten, auf den potentiellen weltweiten Wettbewerb zu blicken statt innerhalb nationaler Grenzen zu denken, und nach möglichen Konkurrenten der Zukunft Ausschau zu halten statt bei den existierenden Konkurrenten stehenzubleiben. Das hat dazu geführt, daß über die korrekte Definition der Branche(n) eines Unternehmens endlose Debatten geführt wurden. Ein wichtiges Motiv in dieser Debatte ist die Angst, latente Quellen des Wettbewerbs zu übersehen, die der Branche eines Tages gefährlich werden könnten.

Die Strukturanalyse sollte solche Debatten vermeiden helfen, indem sie den Wettbewerb als ein weites Phänomen ansieht, das über die bestehenden Konkurrenten in der Branche hinausgeht. Jede Definition einer Branche ist im Grunde eine Entscheidung darüber, wo die Grenze zwischen herkömmlichen Konkurrenten und Herstellern von Ersatzprodukten, zwischen etablierten Unternehmen und potentiellen neuen Konkurrenten, und zwischen den Wettbewerbern der Branche und ihren Lieferanten und Abnehmern gezogen werden sollte. Diese Grenzen zu ziehen, ist im wesentlichen eine graduelle Frage, die wenig mit der Strategieauswahl zu tun hat.

Hat man diese vielfältigen Quellen des Wettbewerbs aber erst einmal erkannt und ihre jeweilige Relevanz bestimmt, so wird die Frage nach dem genauen Verlauf der Grenzen mehr oder weniger unerheblich für die Strategieformulierung. Weder werden dann die latenten Quellen des Wettbewerbs noch seine Schlüsseldimensionen übersehen.

Allerdings ist die Definition einer Branche *nicht* dasselbe wie die Entscheidung für den konkreten Bereich, in dem das Unternehmen konkurrieren will (die Definition *seines* Geschäfts). Aus der weiten Definition einer Branche folgt beispielsweise nicht unbedingt, daß das Unternehmen auf breiter Linie konkurrieren kann oder soll; auf der anderen Seite kann es sehr vorteilhaft sein, in einer Reihe verwandter, aber gleichwohl verschiedener Branchen zu konkurrieren, wie wir gesehen haben. Die Trennung zwischen der Branchendefinition einerseits und der Entscheidung über den Geschäftsbereich des Unternehmens andererseits dürfte ein wichtiger Beitrag sein, um unnötige Verwirrung über Branchengrenzen zu vermeiden.

Die Verwendung der Strukturanalyse

Dieses Kapitel hat eine Vielzahl von Faktoren identifiziert, die sich auf den Branchenwettbewerb auswirken können. (Anhang B erörtert die Quellen, aus denen Daten über diese Faktoren gewonnen werden können). Nicht alle von ihnen sind in jeder Branche gleich wichtig. Der Rahmen der Strukturanalyse kann vielmehr verwandt werden, um auszuloten, wo die entscheidenden strukturellen Merkmale liegen, die den Charakter des Wettbewerbs in einer Branche bestimmen. Hier liegt der Schwerpunkt, auf den die analytische und strategische Aufmerksamkeit gerichtet werden sollte.

Kapitel 2
Typen von Wettbewerbsstrategien

Kapitel 1 beschrieb Wettbewerbsstrategie als die Wahl offensiver oder defensiver Maßnahmen, um eine gefestigte Branchenposition zu schaffen, d.h. erfolgreich mit den fünf Wettbewerbskräften fertig zu werden und somit einen höheren Ertrag auf das investierte Kapital zu erzielen. Viele verschiedene Ansätze sind von Unternehmen dafür entdeckt worden, und die beste Strategie für ein bestimmtes Unternehmen ist letzlich eine einmalige Konstruktion, die seine besonderen Bedingungen widerspiegelt. Trotzdem können wir auf der allgemeinsten Ebene drei in sich geschlossene Strategiegruppen bestimmen, die getrennt oder kombiniert verwandt werden können, um langfristig solch eine gefestigte Position zu erreichen und Konkurrenten den Rang abzulaufen. Dieses Kapitel beschreibt die Strategiegruppen und untersucht einige ihrer jeweiligen Erfordernisse und Risiken. Ziel ist die Entwicklung einführender Konzepte, auf denen die spätere Analyse aufbauen kann. Die Überführung dieser allgemeinen Strategietypen in gezielte Strategien für bestimmte Arten von Branchensituationen wird ausführlicher in den nachfolgenden Kapiteln behandelt.

Drei Strategietypen

In der Auseinandersetzung mit den fünf Wettbewerbskräften gibt es drei erfolgversprechende Typen strategischer Ansätze, um andere Unternehmen in einer Branche zu übertreffen:

1. Umfassende Kostenführerschaft
2. Differenzierung
3. Konzentration auf Schwerpunkte

Gelegentlich kann ein Unternehmen Erfolg dabei haben, mehr als einen Ansatz als Hauptziel zu verfolgen, wenngleich dies selten möglich ist, wie wir später diskutieren werden. Die effektive Umsetzung irgendeiner dieser Strategietypen erfordert in der Regel vollen Einsatz wie auch unterstützende organisatorische Maßnahmen, die leicht verwässert werden, wenn es mehr als *ein* Hauptziel gibt. Die Strategietypen sind Ansätze dazu, Branchenkonkurrenten zu überbieten; in einigen Branchen wird die Struktur dazu führen, daß alle Unternehmen hohe Erträge erwirtschaften können, während in anderen die erfolgreiche Ausführung einer der drei Strategietypen gerade ausreichen kann, um annehmbare Erträge im absoluten Sinn zu erzielen.

Umfassende Kostenführerschaft

Die erste Strategie, aufgrund der Verbreitung des Erfahrungskurven-Konzepts in den siebziger Jahren zunehmend angewandt, besteht darin, einen umfassenden Kostenvorsprung innerhalb einer Branche durch eine Reihe von Maßnahmen zu erlangen. Kostenführerschaft erfordert den aggressiven Aufbau von Produktionsanlagen effizienter Größe, energisches Ausnutzen erfahrungsbedingter Kostensenkungen, strenge Kontrolle von variablen Kosten und Gemeinkosten, Vermeidung von marginalen Kunden, und Kostenminimierung in Bereichen wie Forschung und Entwicklung, Service, Vertreterstab, Werbung usw.

Niedrigere Kosten im Verhältnis zu den Konkurrenten werden zum roten Faden der gesamten Strategie, obwohl Qualität, Service und andere Bereiche nicht außer Acht gelassen werden dürfen. Eine günstige Kostenposition erbringt einem Unternehmen selbst dann überdurchschnittliche Erträge, wenn in seiner Branche die Wettbewerbskräfte stark sind. Seine Kostenposition verleiht ihm Schutz gegen die Rivalität der Konkurrenten, weil ihm seine niedrigeren Kosten auch dann noch Erträge ermöglichen, wenn seine Konkurrenten ihre Gewinne durch Rivalität untereinander wegkonkurriert haben. Ein Kostenvorsprung schützt das Unternehmen gegen mächtige Abnehmer, weil diese die Preise nur bis auf das Niveau des zweiteffizientesten Konkurrenten drücken können. Niedrige Kosten schützen vor mächtigen Lieferanten, indem sie größere Flexibilität im Umgang mit Kostensteigerungen bei Inputs erlauben. Die Faktoren, die zu einem Kostenvorsprung führen, schaffen in der Regel zugleich erhebliche Eintrittsbarrieren in Form von Betriebsgrößenersparnissen oder Kostenvorteilen. Zuguterletzt kann ein Unternehmen mit niedrigen Kosten besser mit Ersatzprodukten fertig werden als seine Branchenkonkurrenten. Somit schützt ein Kostenvorsprung gegen alle fünf Wettbewerbskräfte, weil die Gewinne nur so lange durch Marktverhandlungen gedrückt werden können, bis jene des zweiteffizientesten Konkurrenten verschwinden, und weil die weniger effizienten Konkurrenten als erste unter dem Wettbewerbsdruck leiden werden.

Um einen umfassenden Kostenvorsprung zu erzielen, sind oft ein hoher Marktanteil oder andere Vorteile erforderlich, z.B. günstiger Zugang zu Rohstoffen. Es kann durchaus notwendig sein, das Produktdesign einem möglichst einfachen Herstellungsprozeß anzupassen, ein breites Sortiment von gleichartigen Produkten beizubehalten (zum Zweck der Kostenverteilung), oder alle bedeutenden Abnehmergruppen zu bedienen (um hohe Mengen zu erzielen). Soll der Marktanteil gesteigert werden, so kann die Implementierung der Kostenvorsprungsstrategie massive Einstiegsinvestitionen in die branchenüblichen Ausrüstungen, aggressive Preissetzung und Anfangsverluste erfordern. Hohe Marktanteile können ihrerseits Einsparungen im Einkauf ermöglichen, die die Kosten noch weiter senken. Wenn sie einmal erreicht ist, erbringt die Kostenführerschaft hohe Ertragsspannen, die in neuen Ausrüstungen und modernen Anlagen wiederangelegt werden können, um die Position aufrechtzuerhalten.

Die Strategie der Kostenführerschaft scheint der Eckpfeiler von Briggs and Stratton's Erfolg mit kleinen Benzinmotoren zu sein, bei denen dieses Unternehmen einen weltweiten Marktanteil von 50 Prozent hält, ebenso von Lincoln-Electric's Erfolg mit Lichtbogenschweißgeräten und -teilen. Weitere Unternehmen, die für ihre erfolgreiche Anwendung der Kostenführerschafts-Strategie in einer Reihe von Branchen bekannt sind, sind Emerson Electric, Texas Instruments, Black and Decker und Du Pont.

Die Strategie des Kostenvorsprungs kann unter Umständen eine Branche revolutionieren, in der die historischen Grundlagen des Wettbewerbs anders gelagert waren und deren Wettbewerber geistig oder ökonomisch nicht darauf vorbereitet sind, die erforderlichen

Schritte zur Kostenminimierung vorzunehmen. Harnischfeger war zur Zeit dieser Niederschrift (1979) mitten in dem gewagten Versuch, das Geschäft mit Geländekränen zu revolutionieren. Ausgehend von einem 15 %igen Marktanteil baute Harnischfeger seine Kräne zum Zweck leichterer Herstellung und Kundenbetreuung um, und zwar durch Verwendung von Modulteilen, Änderungen der äußeren Gestalt sowie reduzierten Materialgehalt. Teilmontagefunktionen wurden ausgelagert und Fließbandmontage eingeführt, eine bemerkenswerte Abkehr von Branchennormen.

Um Kosten zu sparen, wurden Einzelteile in großen Mengen bestellt. All dies gestattete dem Unternehmen, ein akzeptables Qualitätsprodukt anzubieten und die Preise um 15 Prozent zu senken. Harnischfegers Marktanteil ist seitdem schnell auf 25 Prozent gestiegen und steigt weiter. Der Generaldirektor von Harnischfegers Hydraulikausrüstungs-Abteilung, Willis Fisher, meint dazu:

> »Wir beabsichtigten nicht, eine wesentlich bessere Maschine als alle Anderen zu entwickeln, sondern wir wollten eine entwickeln, die wirklich einfach herzustellen und bewußt als kostengünstige Maschine anzubieten war.« (»Harnischfeger's Dramatic Pickup in Cranes«, *Business Week*, 13. Aug. 1979).

Konkurrenten murren, Harnischfeger habe Marktanteile mittels geringer Ertragsspannen »gekauft«, ein Vorwurf, den das Unternehmen bestreitet.

Differenzierung

Der zweite Strategietyp besteht darin, das Produkt oder die Dienstleistung des Unternehmens zu differenzieren und damit etwas zu schaffen, das *in der ganzen Branche* als einzigartig angesehen wird. Ansätze zur Differenzierung können viele Formen annehmen: Design oder Markenname (Fieldcrest bei hochwertigen Leinenhandtüchern und Wäsche; Mercedes bei PKW's), Technologie (Hyster bei Elektrohubwagen; MacIntosh bei Stereo-Teilen; Coleman bei Campingausrüstung), werbewirksame Aufhänger (Jenn-Air bei Elektroherden), Kundendienst (Crown Cork and Seal bei Metalldosen), Händlernetz (Caterpillar Tractor bei Bauausrüstung), oder andere Dimensionen. Im Idealfall differenziert sich das Unternehmen auf mehreren Ebenen. So ist z.B. Caterpillar Tractor nicht nur für sein Händlernetz und seinen hervorragenden Ersatzteilnachschub bekannt, sondern auch für die extrem lange Haltbarkeit seiner Spitzenprodukte, was bei den kostspieligen Ausfallzeiten solch schwerer Maschinen von großer Bedeutung ist. Es muß betont werden, daß die Differenzierungsstrategie dem Unternehmen nicht erlaubt, die Kostenseite zu ignorieren, nur sind die Kosten nicht das primäre strategische Ziel.

Differenzierung, wenn sie erreicht ist, ist eine überlebensfähige Strategie mit dem Ziel überdurchschnittlicher Erträge, weil sie eine gefestigte Position in der Auseinandersetzung mit den fünf Wettbewerbskräften schafft, allerdings auf andere Art als die Kostenführerschaft. Die Differenzierung schirmt gegen den Wettbewerb ab, indem sie Abnehmer an die Marke bindet und die Preisempfindlichkeit verringert. Sie erhöht außerdem die Ertragsspannen und macht dadurch einen Kostenvorsprung überflüssig. Die entstehende Kundenloyalität und der Zwang für die Konkurrenten, die »Einzigartigkeit« des Produktes zu überwinden, schaffen Eintrittsbarrieren. Da die Differenzierung höhere Ertragsspannen erbringt, erleichtert sie den Umgang mit der Macht der Zulieferer; gleiches gilt für die Abnehmermacht, die durch fehlende Alternativen und geringere Preisempfindlichkeit gemildert wird. Zuguterletzt sollte ein Unternehmen, das sich zum Zweck des Aufbaus von Kundenloyalität differenziert hat, gegenüber Ersatzprodukten besser gestellt sein als seine Konkurrenten.

Differenzierung kann unter Umständen einen hohen Marktanteil ausschließen. Sie setzt häufig einen exklusiven Ruf voraus, der mit einem hohen Marktanteil unvereinbar ist. Häufiger wird die Differenzierung jedoch die Kostenposition beeinträchtigen, wenn nämlich die zur Differenzierung nötigen Maßnahmen teuer sind, wie z.B. ausgedehnte Forschung, Produktdesign, Materialien von hoher Qualität, oder intensive Kundentreuung.

Selbst wenn alle Branchenkunden die Überlegenheit des Unternehmens anerkennen, werden einige nicht bereit oder fähig sein, die verlangten höheren Preise zu zahlen. Hohe Preise sind jedoch am häufigsten in Branchen wie etwa der Bauausrüstungsindustrie anzutreffen, in der Caterpillar trotzdem über einen dominanten Marktanteil verfügt. In manchen Branchen ist die Differenzierung sogar vereinbar mit relativ niedrigen Kosten und Preisen, die denen der Konkurrenten vergleichbar sind.

Konzentration auf Schwerpunkte

Der letzte Strategietyp besteht in der Konzentration auf Marktnischen, also auf eine bestimmte Abnehmergruppe, einen bestimmten Teil des Produktprogramms, oder einen geographisch abgegrenzten Markt. Wie die Differenzierung kann auch die Konzentration viele Formen annehmen. Während die Kostenvorsprungs- und Differenzierungsstrategien auf branchenweite Umsetzung ihrer Ziele abstellen, geht es bei der Konzentrationsstrategie nur darum, ein bestimmtes Ziel bevorzugt zu bedienen, und jedes Instrument wird im Hinblick darauf entwickelt. Die Strategie beruht auf der Prämisse, daß das Unternehmen sein eng begrenztes strategisches Ziel wirkungsvoller oder effizienter erreichen kann als Konkurrenten, die sich im breiteren Wettbewerb befinden. Im Ergebnis erzielt das Unternehmen entweder eine Differenzierung (weil es die Anforderungen des besonderen Zielobjekts besser erfüllen kann) oder niedrigere Kosten bei der Verfolgung des Ziels – oder beides zusammen. Auch wenn die Konzentrationsstrategie nicht auf dem gesamten Markt niedrige Kosten oder Differenzierung erzielt, so erreicht sie doch eine dieser Positionen oder beide im Hinblick auf ihr enges Branchenziel. Die Unterschiede unter den drei Strategietypen sind in Abbildung 2 – 1 dargestellt.

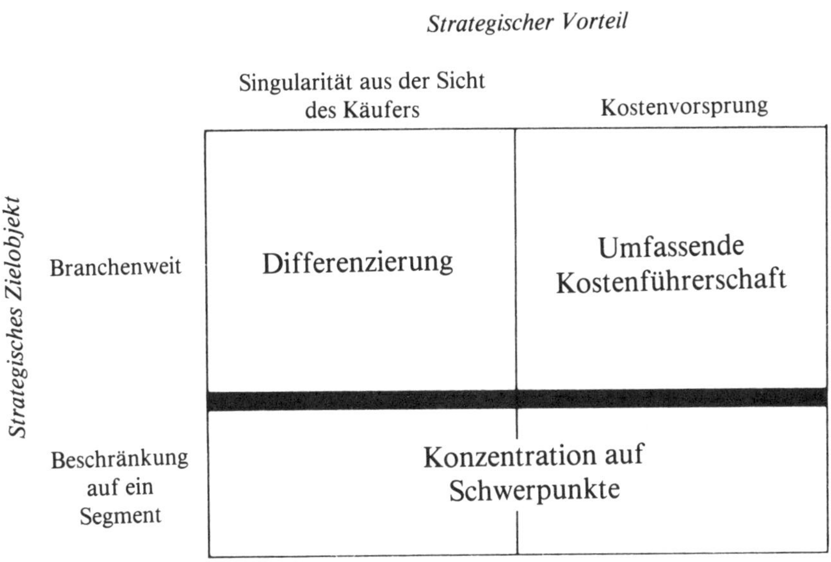

Abbildung 2 – 1: Drei Strategien

Auch die Konzentration auf Schwerpunkte kann es einem Unternehmen ermöglichen, überdurchschnittliche Erträge in seiner Branche zu erzielen. Seine Konzentration führt dazu, daß es entweder einen Kostenvorsprung in Bezug auf sein Zielobjekt oder einen hohen Differenzierungsgrad besitzt, oder beides zusammen. Wie wir im Zusammenhang mit Kostenführerschaft und Differenzierung diskutiert haben, verleihen diese Positionen Schutz gegen jede einzelne Wettbewerbskraft. Die Konzentration kann außerdem dazu verwandt werden, Zielobjekte auszumachen, die am wenigsten durch Ersatzprodukte verwundbar sind, oder bei denen die Konkurrenten am schwächsten sind.

Beispielsweise hat Illinois Tool Works sich auf Spezialmärkte für Befestiger konzentriert, wo es Produkte für bestimmte Abnehmererfordernisse entwerfen und für Kunden Umstellungskosten schaffen kann. Wenn auch viele Käufer an diesen Leistungen nicht interessiert sind, einige sind es doch. Fort Howard Paper konzentriert sich auf ein enges Sortiment von Papier für Industriezwecke, wodurch es Konsumgüter umgeht, die durch Werbekampagnen und schnelle Einführung neuer Produkte verwundbar sind. Porter Paint konzentriert sich auf Weißbinder statt auf den Hobbymarkt, indem es für diese Gruppe Leistungen bereitstellt wie etwa kostenloses Kombinieren von Farben, schnelle Anlieferung auch geringer Farbmengen (etwa eine Gallone) an den Arbeitsplatz, oder kostenlose Aufenthaltsräume für Weißbinder in den Verkaufsfilialen. Ein Beispiel für eine Konzentrationsstrategie, die eine Niedrigkostenposition bei der Bedienung ihres Zielobjekts erreicht, ist Martin-Brower, der drittgrößte Lieferant von Lebensmitteln in den USA. Martin-Brower hat seine Kundenliste auf nur acht führende Schnellrestaurant-Ketten reduziert. Die gesamte Strategie dieses Unternehmens beruht darauf, den speziellen Erfordernissen seiner Kunden dadurch zu entsprechen, daß es nur ihre engen Produktlinien auffüllt, seine Bestellaufnahmeverfahren nach ihren Einkaufszyklen ausrichtet, Lagerhäuser entsprechend ihren Standorten plaziert, und intensives Controlling und EDV anwendet. Martin-Brower ist nicht der Niedrigkostenlieferant für den gesamten Markt, aber sehr wohl in seinem Marktsegment. Martin-Brower ist mit schnellem Wachstum und überdurchschnittlicher Rendite belohnt worden.

Die Konzentrationsstrategie beinhaltet immer bestimmte Begrenzungen des auf dem Gesamtmarkt erzielbaren Marktanteils. Sie bringt notwendigerweise einen Zielkonflikt zwischen Rentabilität und maximalem Umsatz mit sich. Ob die Kostenposition beeinträchtigt wird, muß – wie bei der Differenzierungsstrategie – von Fall zu Fall untersucht werden.

Weitere Anforderungen der Strategietypen

Abgesehen von den oben genannten funktionalen Unterschieden weisen die drei Strategietypen auch in anderen Bereichen Unterschiede auf. Zum einen erfordert ihre erfolgreiche Umsetzung verschiedene Mittel und Fähigkeiten. Zum anderen setzen sie unterschiedliche organisatorische Vorkehrungen, Kontrollverfahren und Anreizsysteme voraus. Deshalb ist es meist notwendig, sich dauerhaft auf eine der Strategien als Hauptziel zu konzentrieren. Einige der üblichen Voraussetzungen der Strategietypen sind nachfolgend aufgeführt:

Strategietyp	Gewöhnlich erforderliche Fähigkeiten und Mittel	Übliche organisatorische Anforderungen
Umfassende Kostenführerschaft	– Hohe Investitionen und Zugang zu Kapital – Verfahrensinnovationen u. -verbesserung – Intensive Beaufsichtigung der Arbeitskräfte – Produkte, die im Hinblick auf einfache Herstellung entworfen sind – Kostengünstiges Vertriebssystem	– Intensive Kostenkontrolle – Häufige detaillierte Kontrollberichte – Klar gegliederte Organisation und Verantwortlichkeiten – Anreizsystem, das auf der strikten Erfüllung quantitativer Ziele beruht

Strategietyp	Gewöhnlich erforderliche Fähigkeiten und Mittel	Übliche organisatorische Anforderungen
Differenzierung	– Gute Marketingfähigkeiten – Produktengineering – Kreativität – Stärken in der Grundlagenforschung – Guter Ruf in Sachen Qualität und technologische Spitzenstellung – Lange Branchentradition oder einmalige Kombination von Fähigkeiten, die aus anderen Branchen stammen – Enge Kooperation mit Beschaffungs- und Vertriebskanälen	– Strenge Koordination von Tätigkeiten in den Bereichen F&E, Produktentwicklung und Marketing – Subjektive Bewertungen und Anreize anstelle von quantitativen Kriterien – Annehmlichkeiten, um hochqualifizierte Arbeitskräfte, Wissenschaftler, oder kreative Menschen anzuziehen
Konzentration	– Kombination der oben genannten Maßnahmen, gerichtet auf das bestimmte strategische Zielobjekt	– Kombination der oben genannten Maßnahmen, gerichtet auf das bestimmte strategische Zielobjekt

Die Strategietypen können zudem unterschiedliche Führungsstile erfordern und zu ganz verschiedenen »Unternehmenskulturen« und -atmosphären führen. Sie werden verschiedene Menschentypen anlocken.

Zwischen den Stühlen

Die drei Strategietypen sind alternative, gangbare Möglichkeiten, um mit den Wettbewerbskräften fertigzuwerden. Das bedeutet umgekehrt, daß ein Unternehmen, dem es nicht gelingt, seine Strategie zumindest in eine dieser drei Richtungen zu entwickeln – das also »zwischen den Stühlen sitzt« – in einer äußerst schlechten strategischen Situation ist. Für die Kostenführerschaft fehlen diesem Unternehmen der Marktanteil, Kapitalinvestitionen und zudem die nötige Entschlossenheit; um aber die Notwendigkeit niedriger Kosten zu umgehen, mangelt es ihm an der branchenweiten Differenzierung; und um einen Kostenvorsprung oder Differenzierung im Hinblick auf ein begrenztes Marktsegment zu schaffen, fehlt ihm die nötige Konzentration.

Einem Unternehmen zwischen den Stühlen ist eine niedrige Rentabilität fast sicher. Es verliert entweder die großen Mengenabnehmer, die niedrige Preise fordern, oder es muß auf seine Gewinne verzichten, um diese Aufträge nicht an Billiganbieter zu verlieren. Es verliert aber zugleich die besonders profitablen Aufträge – die Crème – an diejenigen Unternehmen, die sich auf hochprofitable Objekte spezialisiert oder die sich insgesamt differenziert haben. Schließlich leidet das Unternehmen zwischen den Stühlen wahrscheinlich auch an einer verschwommenen Unternehmenskultur und an einem inkonsistenten Organisations- und Motivationssystem.

Es scheint so, als sei Clark Equipment in der Elektrohubwagenbranche, in der es in den USA und weltweit den größten (Gesamt-)Marktanteil hält, in einer solchen Position. Zwei japanische Hersteller, Toyota und Komatsu, haben sich Strategien zugelegt, mit denen sie nur mengenstarke Marktsegmente zu minimierten Herstellungskosten und absoluten Tiefstpreisen beliefern; dabei profitieren sie von den niedrigen japanischen Stahlpreisen, die die Transportkosten mehr als ausgleichen. Clark's größerer Weltmarktanteil (18 v.H.; in den USA 33 v.H.) verschafft ihm keinen klaren Kostenvorsprung angesichts seiner sehr breiten Produktlinie und des Fehlens einer Niedrigkostenorientierung. Zugleich aber ist Clark mit seiner breiten Produktlinie und seiner mangelnden technologischen Ausrichtung nicht in der Lage gewesen, den technologischen Ruf und die Produktdifferenzierung von Hyster zu erzielen, das sich auf größere Hubwagen konzentriert und aggressiv in F&E investiert hat. Folgerichtig scheinen Clark's Erträge wesentlich geringer zu sein als Hyster's, und Clark hat an Boden verloren (Siehe Wertheim, 1977).

Das Unternehmen zwischen den Stühlen muß eine fundamentale strategische Entscheidung treffen. Es muß entweder die notwendigen Schritte einleiten, um Kostenführerschaft oder zumindest Kostenparität zu erreichen, was meistens erhebliche Modernisierungsinvestitionen verlangt und gegebenenfalls die Notwendigkeit, Marktanteile zu »kaufen«; oder es muß sich auf ein bestimmtes Zielobjekt richten (Konzentration) oder irgendeine Einmaligkeit schaffen (Differenzierung). Die beiden letztgenannten Optionen können durchaus schrumpfende Marktanteile und sogar absolut sinkende Umsätze erfordern. Die Entscheidung für eine dieser Optionen richtet sich notwendigerweise nach den Fähigkeiten und Grenzen des Unternehmens. Die erfolgreiche Umsetzung jedes dieser Strategietypen verlangt verschiedene Mittel, Stärken, organisatorische Vorkehrungen und Führungsstile, wie bereits erörtert wurde. Selten ist ein Unternehmen für alle drei gleichermaßen geeignet.

Einmal zwischen den Stühlen, bedarf es in der Regel Zeit und kontinuierlicher Anstrengung, um das Unternehmen aus dieser wenig beneidenswerten Position zu befreien. Gerade bei Unternehmen, die sich in Schwierigkeiten befinden, gibt es aber offenkundig die Tendenz, zwischen den Strategietypen hin- und herzuwechseln. Angesichts der potentiellen Widersprüche, die das Verfolgen dieser drei Strategien beinhaltet, ist ein solches Verhalten fast immer zum Scheitern verurteilt.

Die oben geschilderten Konzepte legen eine Reihe von möglichen Beziehungen zwischen dem Marktanteil und der Rentabilität nahe. In einigen Branchen kann das zwischen-den-Stühlen-sitzen bedeuten, daß die kleineren Unternehmen (die sich konzentriert oder differenziert haben) und die größeren Unternehmen (mit Kostenführerschaft) die rentabelsten sind, während sich die Unternehmen mittlerer Größe am wenigsten rentieren. Dies führt zu einer U-förmigen Beziehung zwischen Rentabilität und Marktanteil, wie in Abbildung 2 – 2 dargestellt. Der in 2 – 2 abgebildete Zusammenhang scheint auf die Klein-Elektromotorenbranche der USA zuzutreffen. Dort besitzen General Electric und Emerson große Marktanteile und starke Kostenpositionen, General Electric hat zusätzlich einen guten technologischen Ruf. Von beiden wird gsagt, daß sie hohe Erträge bei Motoren erwirtschaften. Baldor und Gould (Century) haben sich Konzentrationsstrategien zu eigen gemacht, wobei Baldor sich auf den Vertriebskanal und Gould sich auf bestimmte Kundensegmente ausrichtet. Die Rentabilität von beiden wird ebenfalls als gut eingeschätzt. Franklin befindet sich dagegen in einer mittleren Position, weder mit niedrigen Kosten noch mit Konzentration; seine Ergebnisse werden entsprechend schwach eingeschätzt. Ein solcher U-förmiger Zusammenhang trifft in etwa wahrscheinlich auch auf die Automobilbranche zu, in der grob gesehen Unternehmen wie General Motors (niedrige Kosten) und Mercedes (Differenzierung) an der Spitze der Gewinne stehen. Chrysler, British Leyland und Fiat haben weder eine günstige Kostenposition noch Differenzierung noch Konzentration – sie sitzen zwischen den Stühlen.

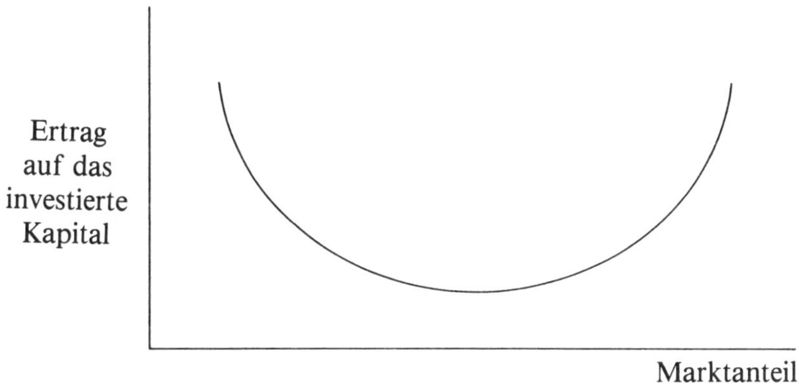

Abbildung 2-2: Rentabilität und Marktànteil

Allerdings gilt der in Abbildung 2 – 2 dargestellte Zusammenhang nicht für jede Branche. In manchen Branchen gibt es keine Möglichkeiten der Differenzierung oder Konzentration, weil der Wettbewerb sich nur um die Kosten dreht; dies trifft auf mehrere Massenartikel zu. In anderen sind die Kosten relativ unwichtig aufgrund von Käufer- und Produkteigenschaften. In solchen Branchen besteht oft eine inverse Beziehung zwischen Marktanteil und Rentabilität. In wieder anderen Branchen ist der Wettbewerb so intensiv, daß ein überdurchschnittlicher Ertrag nur durch Konzentration oder Differenzierung zu erzielen ist – dies scheint in der Stahlindustrie der USA der Fall zu sein. Schließlich braucht ein Kostenvorsprung nicht immer unvereinbar mit Differenzierung oder Konzentration zu sein, oder niedrige Kosten können ohne hohen Marktanteil erreichbar sein. Als Beispiel für die vielfältigen möglichen Kombinationen kann Hyster dienen, das Nummer zwei bei Hubwagen ist, aber rentabler arbeitet als viele der kleineren Branchenanbieter (Allis-Chalmers, Eaton), deren Marktanteil nicht ausreicht, um entweder niedrige Kosten zu erzielen oder eine ausreichende Produktdifferenzierung (zum Ausgleich ihres Kostennachteils) zu schaffen.

Es gibt *keine eindeutige Beziehung* zwischen Rentabilität und Marktanteil, es sei denn, man definiert den Markt einfach derart, daß konzentrierten oder differenzierten Unternehmen hohe Marktanteile in einigen eng definierten Branchen zugeordnet werden, während man die Branchendefinition bei den Unternehmen mit Kostenvorsprung breit läßt (dies ist erforderlich, weil diese nicht in jedem Teilmarkt den größten Marktanteil haben). Selbst das Wechseln der Branchendefinition kann jedoch nicht die hohen Erträge von Unternehmen erklären, die sich branchenweit differenziert haben und kleinere Marktanteile als der Branchenführer halten.

Entscheidend ist, daß eine von Unternehmen zu Unternehmen unterschiedliche Branchendefinition die Frage nach der Entscheidung über den jeweils besten Strategietyp für ein Unternehmen verlangt. Diese Entscheidung beruht auf der Auswahl derjenigen Strategie, die am besten auf die Stärken des Unternehmens zugeschnitten ist und am wenigsten von Konkurrenten gekontert werden kann. Die Prinzipien der Strukturanalyse sollten die Wahl erleichtern und es dem Analytiker ermöglichen, den Zusammenhang zwischen Marktanteil und Rentabilität in jeder gegebenen Branche zu erklären oder vorherzusagen. Ich werden dieses Thema weiter in Kapitel 7 diskutieren, in dem die Strukturanalyse erweitert wird, um die unterschiedlichen Positionen von Unternehmen innerhalb einer bestimmten Branche zu berücksichtigen.

Risiken der Strategietypen

Grundsätzlich gibt es zwei Risiken bei der Verfolgung der Strategietypen. Erstens: die Umsetzung der Strategie oder ihr Durchhalten kann mißlingen; zweitens: die Entwicklung der Branche kann den strategischen Vorteil, den die Strategie liefern soll, zunichte machen. Genauer betrachtet sollen die drei Strategien auf unterschiedliche Weise gegen die Wettbewerbskräfte schützen; es überrascht daher nicht, daß sie unterschiedliche Arten von Risiken beinhalten. Um die Entscheidung eines Unternehmens für eine der drei Strategien zu verbessern, ist es wichtig, diese Risiken zu verdeutlichen.

Risiken der umfassenden Kostenführerschaft

Die Kostenführerschaft verlangt einem Unternehmen schwere Anstrengungen ab, wenn es seine Position aufrechterhalten will: in moderne Ausrüstung investieren, veraltete Anlagen rücksichtslos hinauswerfen, die Verbreitung der Produktlinie vermeiden und wachsam für technologische Verbesserungen sein. Kostensenkungen erfolgen keineswegs automatisch mit kumulierten Mengen, und das Ausnutzen von Betriebsgrößenersparnissen erfordert erhebliche Aufmerksamkeit.

Der Kostenvorsprung unterliegt denselben, in Kapitel 1 bestimmten Risiken wie das Vertrauen auf Größe oder Erfahrung als Eintrittsbarrieren. Einige dieser Risiken sind:

- technologische Veränderungen, die vergangene Investitionen oder Lernprozesse zunichte machen;
- »Erlernen« niedriger Kosten auf Seiten von Branchenneulingen oder -nachfolgern (durch Nachahmung) oder ihre Fähigkeit, in adäquate Anlagen zu investieren;
- Unfähigkeit, notwendige Produkt- oder Marketingänderungen zu erkennen, da die Aufmerksamkeit ganz auf die Kosten gerichtet ist;
- Kostensteigerungen, die die Fähigkeit des Unternehmens schmälern, einen ausreichend großen Preisunterschied aufrechtzuerhalten, um den Markenruf oder andere Differenzierungsformen der Konkurrenten auszugleichen.

Das klassische Beispiel für die Risiken der Kostenführerschaft ist die Ford Motor Company in den zwanziger Jahren. Ford hatte den unangefochtenen Kostenvorsprung erreicht, durch die Begrenzung von Modell- und Ausstattungsvielfalt, aggressive Rückwärtsintegration, hochautomatisierte Anlagen und aggressives Verfolgen niedriger Kosten durch Lernen. Das Lernen wurde durch ausbleibende Modelländerungen erleichtert. Je mehr jedoch die Einkommen stiegen und Viele den Kauf eines Zweitwagens erwogen, desto stärker legte der Markt Wert auf Styling, Modelländerungen, Komfort und geschlossene statt offener Wagen. Die Kunden waren bereit, einen Preiszuschlag für solche Eigenschaften zu zahlen. General Motors stand bereit, von dieser Entwicklung mit einer ganzen Palette von Modellen zu profitieren. Hingegen sah sich Ford mit den enormen Kosten der strategischen Umorientierung konfrontiert, die durch die umfangreichen Investitionen in die Kostenminimierung eines veralteten Modells erschwert wurde.

Ein weiteres Beispiel für die Risiken des Kostenvorsprungs als einzigem Schwerpunkt bietet Sharp bei Unterhaltungselektronik. Sharp, das seit langem eine Kostenführerschaftsstrategie verfolgt, ist gezwungen worden, eine aggressive Kampagne zu seiner Markenanerkennung zu starten. Sharps Fähigkeit, die Preise von Sony und Panasonic ausreichend zu unterbieten, wurde aufgrund von Kostensteigerungen und der Anti-Dumping-Gesetzgebung der USA unterhöhlt, und seine strategische Position verschlechterte sich durch die ausschließliche Fixierung auf den Kostenvorsprung.

Risiken der Differenzierung

Auch die Differenzierung beinhaltet eine Reihe von Risiken:

- der Kostenunterschied zwischen Billiganbietern und differenzierten Unternehmen wird so groß, daß die Differenzierung die Markenloyalität nicht mehr aufrechterhalten kann. Die Abnehmer opfern somit etwas von den Eigenschaften, Diensten oder dem Image des differenzierten Unternehmens zugunsten von großen Kostenersparnissen;
- der Bedarf der Abnehmer an dem differenzierenden Faktor sinkt. Dies kann passieren, wenn die Käufer gebildeter und/oder anspruchsvoller werden;
- Nachahmung vermindert die erkennbare Differenzierung, eine häufige Erscheinung in älter werdenden Branchen.

Das erste Risiko ist so schwerwiegend, daß es weiterer Ausführungen bedarf. Ein Unternehmen mag eine Differenzierung erzielen, aber sie wird meistens nur einen Teil des Preisunterschieds kompensieren. Wenn ein differenziertes Unternehmen daher bei den Kosten zu stark in Rückstand gerät (aufgrund von technologischen Veränderungen oder einfach aus Unachtsamkeit), kann dem Billiganbieter ein bedeutender Einbruch gelingen. Beispielsweise konnten Kawasaki und andere japanische Motorradhersteller die differenzierten Anbieter großer Maschinen (Harley-Davidson, Triumph) erfolgreich attackieren, weil sie den Käufern große Kostenersparnisse anboten.

Risiken der Konzentration

Die Konzentration beinhaltet wiederum einen anderen Katalog von Risiken:

- der Kostenunterschied zwischen breiten Anbietern und dem konzentrierten Unternehmen weitet sich so stark aus, daß er die Kostenvorteile aus der Belieferung eines begrenzten Ziels aufhebt oder die daraus erzielte Differenzierung aufwiegt;
- die Unterschiede zwischen den Produkten oder Leistungen, die einerseits vom strategischen Zielobjekt und andererseits vom Markt als Ganzem gewünscht werden, verringern sich;
- Konkurrenten finden Untermärkte *innerhalb* des strategischen Zielobjekts und spezialisieren sich noch gezielter als das Unternehmen, das diese Strategie schon vorher verfolgt hat.

Kapitel 3
Ein System zur Konkurrentenanalyse

Die Wettbewerbsstrategie verlangt, ein Unternehmen so zu plazieren, daß es den Wert *der* Fähigkeiten maximiert, die es den Konkurrenten voraus hat. Daraus folgt, daß ein zentraler Aspekt der Strategieformulierung die erkenntnisorientierte Konkurrentenanalyse ist. Das Ziel dieser Analyse besteht in der Herausarbeitung a) der Inhalte und Erfolgsschancen der voraussichtlichen strategischen Schritte eines jeden Wettbewerbers; b) der zu erwartenden Reaktion jedes Wettbewerbers auf das Bündel möglicher strategischer Schritte, die andere Unternehmen initiieren könnten; c) der wahrscheinlichen Reaktion jedes Wettbewerbers auf die Vielzahl der möglichen Veränderungen der Branche und des weiteren Umfelds. Eine genaue Konkurrentenanalyse ist notwendig, um Fragen zu beantworten wie »Mit wem sollten wir uns in unserer Branche anlegen, und in welcher Reihenfolge von Maßnahmen?«, »Welche Bedeutung hat dieser strategische Schritt eines Konkurrenten, und wie ernst sollten wir ihn nehmen?«, und »Welche Gebiete sollten wir meiden, weil der Konkurrent entweder emotional oder verzweifelt reagieren wird?«

Trotz der klaren Notwendigkeit, eine genaue Konkurrentenanalyse zum Zweck der Strategieformulierung vorzunehmen, wird eine solche Analyse in der Praxis oft nur unbewußt oder lückenhaft durchgeführt. Gefährliche Vermutungen können sich in die Überlegungen des Managements einschleichen: »Konkurrenten können nicht systematisch analysiert werden«; »Wir wissen alles über unsere Konkurrenten, weil wir jeden Tag mit ihnen im Wettbewerb stehen«. Keine dieser Vermutungen trifft gewöhnlich zu. Eine weitere Schwierigkeit besteht darin, daß eine tiefgehende Konkurrentenanalyse eine Menge Daten voraussetzt, von denen viele nur unter beträchtlichen Anstrengungen zu erlangen sind.

Viele Unternehmen versäumen es, systematisch Informationen über Konkurrenten zu sammeln, und handeln stattdessen auf der Basis von informellen Eindrücken, Vermutungen und Intuition, die durch Informationsbrocken über Konkurrenten entstehen, wie sie jedem Manager fortwährend zugehen. Der Mangel an fundierten Informationen erschwert eine genaue Konkurrentenanalyse jedoch ungemein.

Eine Konkurrentenanalyse zerfällt in vier diagnostizierende Elemente (siehe Abbildung 3 – 1): zukünftige *Ziele*, gegenwärtige *Strategie, Annahmen* und *Fähigkeiten.* (Obwohl wir zukünftige Ziele sonst als Teil der Strategie behandeln, ist es analytisch zweckmäßig, Ziele und gegenwärtige Strategie in der Konkurrentenanalyse zu trennen). Das Verständnis dieser vier Elemente erlaubt eine begründete Vorhersage des Reaktionsprofils des Konkurrenten, wie es in den Schlüsselfragen in Abbildung 3 – 1 zum Ausdruck kommt. Die meisten Unternehmen entwickeln zumindest ein intuitives Gespür für die aktuellen Strategien ihrer Konkurrenten, ihre Stärken und Schwächen (dargestellt auf der rechten Seite in Abbildung 3 – 1). Weit weniger Aufmerksamkeit wird gewöhnlich der linken Seite gewidmet, also dem Verständnis dessen, was das Verhalten eines Konkurrenten wirklich bestimmt: seinen Zielen und Annahmen, unter denen er seine eigene Situation und die seiner Branche betrachtet. Diese Motivationsfaktoren sind viel schwieriger zu beobachten als das tatsächliche Verhalten eines Unternehmens, aber sie bestimmen oft, wie sich ein Konkurrent in der Zukunft verhalten wird.

Dieses Kapitel präsentiert ein elementares System zur Konkurrentenanalyse, das in späteren Kapiteln erweitert oder angereichert werden wird. Jedes der in Abbildung 3 – 1 dargestellten Elemente der Konkurrentenanalyse wird in den nachfolgenden Abschnitten einzeln behandelt, indem ein Katalog von Fragen über Konkurrenten entwickelt wird; dabei wird besonderer Wert auf die Diagnose von Zielen und Annahmen der Konkurrenten gelegt. In diesen etwas subtileren Bereichen kommt es darauf an, über bloße Klassifizierungen hinauszugehen, um Methoden und Hinweise für die Identifizierung der wirklichen Ziele und Annahmen eines bestimmten Konkurrenten vorzuschlagen. Nachdem wir jedes Element der Konkurrentenanalyse diskutiert haben, werden wir untersuchen, wie die Elemente zusammengefügt werden können, um die in Abbildung 3 – 1 gestellten Fragen zu beantworten. Abschließend werden in Anbetracht der Bedeutung, die der Datensammlung bei der Konkurrentenanalyse zukommt, kurz einige Konzepte zur Sammlung und Analyse von Konkurrentendaten erörtert.

Was den Konkurrenten motiviert

Ziele für die Zukunft

Auf allen Managementebenen und für verschiedene Gebiete

Wie sich der Konkurrent verhält und verhalten kann

Gegenwärtige Strategie

Wie der Konkurrent zur Zeit den Wettbewerb führt

Reaktionsprofil des Konkurrenten

Ist der Konkurrent mit seiner gegenwärtigen Situation zufrieden?

Welche voraussichtlichen Schritte oder strategischen Veränderungen wird der Konkurrent vornehmen?

Wo ist der Konkurrent verwundbar?

Was wird die größte und wirkungsvollste Reaktion des Konkurrenten hervorrufen?

Annahmen

Über sich selbst und über die Branche

Fähigkeiten

Sowohl Stärken als auch Schwächen

Abbildung 3-1: Die Elemente einer Konkurrentenanalyse

Obwohl sich der hier dargestellte Rahmen und die Fragen auf Konkurrenten beziehen, können sie genauso auch dazu dienen, das eigene Unternehmen zu analysieren und Anhaltspunkte für die Sondierung seiner eigenen Position innerhalb seines Umfelds zu liefern. Darüberhinaus kann eine solche Überlegung einem Unternehmen verstehen helfen, welche Schlußfolgerungen *seine Konkurrenten aus seinem eigenen Verhalten voraussichtlich ableiten.* Darin liegt ein Bestandteil der fortgeschrittenen Konkurrentenanalyse, weil diese Schlußfolgerungen die Annahmen und somit auch das Verhalten eines Konkurrenten prägen; sie sind somit entscheidend für die Wahl strategischer Maßnahmen (siehe Kapitel 5).

Die Elemente der Konkurrentenanalyse

Bevor wir jedes einzelne Element der Konkurrentenanalyse diskutieren, ist es wichtig festzulegen, welche Wettbewerber untersucht werden sollten. Es ist klar, daß alle bedeutenden *existierenden Wettbewerber* analysiert werden müssen. Es kann aber auch erforderlich sein, die *potentiellen Wettbewerber* zu analysieren, die die Bühne betreten könnten. Potentielle Konkurrenten zu bestimmen ist keine leichte Aufgabe, aber oft können sie aus den folgenden Gruppen heraus identifiziert werden:

- Unternehmen außerhalb der Branche, die Eintrittsbarrieren leicht überspringen könnten;
- Unternehmen, für die der Eintritt in die Branche offensichtlich ein erhebliches Stimulans bedeuten würde;
- Unternehmen, für die die Teilnahme am Wettbewerb in der Branche eine offensichtliche Erweiterung ihrer Unternehmensstrategie darstellt;
- Abnehmer oder Zulieferer, die vielleicht rückwärts oder vorwärts integrieren wollen.

Eine weitere Aufgabe, die sich als lohnend erweisen könnte, ist der Versuch, mögliche *Fusionen* oder *Beteiligungen* vorherzusagen, entweder unter bestehenden Wettbewerbern oder unter Einschluß Außenstehender. Eine Fusion kann einen schwachen Wettbewerber plötzlich nach vorne bringen, oder einen, der bereits zu beachten ist, noch weiter stärken. Die Identifizierung von Unternehmen, die nach Beteiligungen Ausschau halten, folgt der gleichen Logik wie die Bestimmung potentieller neuer Konkurrenten. Die Bestimmung von möglichen Beteiligungsobjekten innerhalb der Branche kann sich auf viele Faktoren gründen, darunter ihre Eigentümersituation, ihre Fähigkeit, mit zukünftigen Branchenentwicklungen fertig zu werden, sowie ihre Attraktivität als Operationsbasis in der Branche.

Ziele für die Zukunft

Die Diagnose der Ziele von Wettbewerbern (und der Art, wie sie diese verfolgen), das erste Element der Konkurrentenanalyse, ist aus einer Reihe von Gründen wichtig. Die Kenntnis der Ziele erlaubt eine Aussage darüber, ob ein bestimmter Wettbewerber mit seiner gegenwärtigen Position und seinen finanziellen Ergebnisen zufrieden ist oder nicht; dies wiederum ermöglicht vorherzusagen, wie wahrscheinlich ein Strategiewechsel ist, und mit welcher Intensität der Wettbewerber auf äußere Ereignisse (wie z.B. den Konjunkturzyklus) oder auf Maßnahmen anderer Unternehmen reagieren wird. Beispielsweise wird ein Unternehmen, das kontinuierlichem Umsatzwachstum einen hohen Stellenwert beimißt, ganz anders auf einen Abschwung oder auf Marktanteilsgewinne anderer Unternehmen reagieren als ein Wettbewerber, der vorrangig an der Aufrechterhaltung seiner Rendite interessiert ist.

Die Kenntnis der Ziele eines Konkurrenten hilft daneben bei der Vorhersage seiner Reaktionen auf Strategieänderungen. Aufgrund seiner Ziele und vor dem Hintergrund möglicher Zwänge, denen er von seiten seines Konzerns ausgesetzt sein kann, wird ein Wettbewerber von bestimmten Strategieveränderungen stark betroffen sein, von anderen weniger. Das Ausmaß der Bedrohung wird die Wahrscheinlichkeit der Reaktion beeinflussen. Zuguterletzt hilft die Zieldiagnose bei der Beantwortung der Frage, wie ernst die Initiative eines Konkurrenten einzuschätzen ist. Eine strategische Maßnahme eines Wettbewerbers, die sich auf eines seiner zentralen Ziele richtet oder seine Leistungsfähigkeit in einem Schlüsselbereich wiederherstellen soll, ist keine beiläufige Angelegenheit. Auf ähnliche Weise erleichtert die Zieldiagnose die Vorhersage, ob ein Gesamtunternehmen die Initiative einer seiner Töchter bzw. Vergeltungsmaßnahmen gegen Schritte ihrer Konkurrenten unterstützen wird.

Wenngleich man meist an finanzielle Ziele denkt, wird eine vollständige Diagnose der Ziele eines Wettbewerbers in der Regel weit mehr qualitative Faktoren einschließen, wie z.B. Marktführerschaft, technologische Position, soziale Leistungen, usw.. Die Zieldiagnose sollte sich außerdem auf die verschiedensten Ebenen des Managements beziehen. Es gibt Konzernziele, Ziele einzelner Geschäftseinheiten, und sogar Ziele, die für einzelne Funktionsbereiche und wichtige Manager abgeleitet werden können. Die Ziele der höheren Ebenen spielen eine Rolle bei den Zielen weiter unten, aber bestimmen sie nicht vollständig.

Die folgenden diagnostizierenden Fragen helfen bei der Bestimmung der aktuellen und zukunftsbezogenen Ziele eines Konkurrenten. Wir beginnen mit der Betrachtung von Geschäftseinheiten bzw. Tochterunternehmen, die in einigen Fällen die ganze Unternehmenseinheit des Wettbewerbers umfassen werden. Sodann untersuchen wir den Einfluß des Gesamtunternehmens auf die Zukunftsziele der Geschäftseinheit in einem diversifizierten Konzern.

Ziele der Unternehmenseinheit

1. Worin bestehen die offenen oder unausgesprochenen *finanziellen Ziele* des Wettbewerbers? Wie verhält sich der Konkurrent gegenüber den Zielkonflikten, die bei der Aufstellung von Zielen auftauchen, wie z.B. dem Zielkonflikt zwischen kurzfristigem und langfristigem Erfolg? Zwischen Gewinnen und Umsatzwachstum? Zwischen Wachstum und der Fähigkeit, regelmäßig Dividenden auszuzahlen?

2. Wie ist die *Risikoeinstellung* des Wettbewerbers? Wenn sich finanzielle Ziele im wesentlichen aus der Rentabilität, der Marktposition (bzw. dem -anteil), der Wachstumsrate und dem gewünschten Risikograd zusammensetzen, wie versucht der Konkurrent dann, diese Ziele untereinander auszubalancieren?

3. Hat der Wettbewerber ökonomische oder nichtökonomische, organisatorische *Werte* oder *Überzeugungen,* vom höheren Management entweder getragen oder zumindest weitgehend geteilt, die seine Ziele wesentlich beeinflussen? Möchte er der Marktführer sein (Texas Instruments)? Der »Staatsmann« der Branche (Coca Cola)? Der Einzelgänger? Der technologische Führer? Existiert eine Tradition oder Gepflogenheit, wonach eine bestimmte Strategie oder Maßnahme verfolgt bzw. angewandt worden ist, die sich mittlerweile als Ziel verselbständigt hat? Feste Ansichten über Produktdesign oder -qualität? Standortpräferenzen?

4. Wie sieht die *organisatorische Struktur* des Wettbewerbers aus (funktionaler Aufbau, Einsatz von Produktmanagern ja/nein, eigenständiges F+E-Labor, usw.)? Wie werden Verantwortlichkeiten und Befugnisse für Schlüsselentscheidungen wie Mittelverwendung, Preissetzung und Produktänderungen durch die Struktur verteilt? Die Organisationsstruktur des Wettbewerbers liefert einige Hinweise auf die relative Bedeutung der verschiedenen Funktionsbereiche sowie auf die Koordination und Gewichtung, die als strategisch bedeutsam angesehen wird. Wenn beispielsweise die Verkaufsabteilung von einem höhergestellten Manager geleitet wird und dieser dem Vorsitzenden unmittelbar verant-

wortlich ist, so ist dies ein Anzeichen dafür, daß der Verkaufsbereich einflußreicher ist als der Herstellungsbereich, wenn letzterer durch einen nicht so hoch gestellten Manager geführt wird. Wohin die Verantwortlichkeit für Entscheidungen delegiert wird, erlaubt Schlußfolgerungen über das Gewicht, das ihnen das Spitzenmanagement verleihen will.

5. Welche *Kontroll- und Anreizsysteme* gibt es? Wie werden Leiter, wie Vertreter entschädigt? Halten Manager Anteile? Gibt es zeitlich verlagerte Gewinnvergütungen? Welche Leistungskriterien werden regelmäßig erfaßt? Wie oft? All diese Dinge, wenngleich oft schwer in Erfahrung zu bringen, liefern wichtige Hinweise auf die Schwerpunkte des Konkurrenten und über die Art, wie Manager angesichts ihrer finanziellen Anreize auf Ereignisse reagieren werden.

6. Welche *Rechnungssysteme* und -gewohnheiten gibt es? Wie bewertet der Konkurrent sein Inventar? Wie schlüsselt er Kosten auf, wie berücksichtigt er Inflation? Diese Fragen des Unternehmensrechnungswesens können einen starken Einfluß auf die Art ausüben, wie der Wettbewerber seinen Erfolg und seine Kosten mißt, seine Preise setzt usw.

7. Aus welcher Art von *Managern* setzt sich die Führung des Konkurrenten zusammen, und wie ist der Posten des Vorstandsvorsitzenden besetzt? Wie sehen ihre Hintergründe und Erfahrungen aus? (Einige Fragen, die für diesen Zweck aufschlußreich sein könnten, werden weiter unten vorgestellt). Welche Arten von jüngeren Managern werden offenbar belohnt, und worin scheinen ihre Schwerpunkte zu liegen? Gibt es irgendwelche Muster, nach denen Außenstehende ins Unternehmen geholt werden (z.B. Branchen, Unternehmenstypen, o.ä.), die als Hinweis auf die künftige Unternehmensausrichtung dienen könnten? Beispielsweise verfolgte Bic Pen ausdrücklich die Politik, Branchenfremde einzustellen, weil es glaubte, eine unkonventionelle Strategie ergreifen zu müssen. Stehen Pensionierungen unmittelbar bevor?

8. Wieviel offenkundige *Einigkeit* besteht unter den Managern im Hinblick auf den künftigen Kurs? Gibt es Fraktionen, die unterschiedliche Ziele bevorzugen? Wenn dies der Fall ist, können Machtwechsel plötzliche Strategieänderungen zur Folge haben. Umgekehrt kann Einstimmigkeit zu großem Durchhaltevermögen und sogar zu Sturheit in Krisenfällen führen.

9. Wie setzt sich der *Aufsichtsrat* zusammen? Umfaßt er genug

Außenstehende, um eine wirkungsvolle Kontrolle von außen zu leisten? Welche Arten von Außenstehenden befinden sich im Aufsichtsrat, und wie sehen ihre Hintergründe und Beziehungen zum Unternehmen aus? Wie leiten sie ihre eigenen Unternehmen, und welche Interessen repräsentieren sie (Banken? Rechtsanwälte?)? Die Zusammensetzung des Aufsichtsrats kann Hinweise liefern auf die Unternehmensausrichtung, auf die Risikobereitschaft, und sogar auf die bevorzugten strategischen Ansätze.

10. Welche *vertraglichen Verpflichtungen* können die Alternativen begrenzen? Gibt es irgendwelche Schuldverträge, die die Menge der möglichen Ziele einschränken können? Einschränkungen aufgrund von Lizenzen oder Vereinbarungen über joint ventures?

11. Gibt es irgendwelche *Vorschriften, wettbewerbspolitischen oder sonstigen staatlichen bzw. gesellschaftlich-sozialen Einschränkungen* des Unternehmensverhaltens, die solche Dinge beeinflussen wie seine Reaktion auf Maßnahmen kleinerer Konkurrenten oder die Wahrscheinlichkeit, daß es versuchen wird, einen höheren Marktanteil zu erreichen? Hat der Wettbewerber früher Probleme mit dem Kartellamt gehabt? Aus welchen Gründen? Hat das Unternehmen einen diesbezüglichen Schiedsspruch anerkannt? Solche Beschränkungen oder auch nur eine derartige Firmengeschichte können ein Unternehmen so vorsichtig machen, daß es darauf verzichtet, auf strategische Ereignisse zu reagieren, sofern nicht ein wesentlicher Bestandteil seines Geschäfts bedroht ist. Auf diese Weise kann ein Unternehmen, das dem Branchenführer einen kleinen Teil des Marktes abzujagen versucht, einen gewissen Schutz als Ergebnis solcher Beschränkungen genießen.

Der Konzern und die Ziele der Geschäftseinheit

Ist der Wettbewerber Teil eines größeren Unternehmens bzw. Konzerns, so wird letzterer der Geschäftseinheit wahrscheinlich bestimmte Restriktionen oder Anforderungen auferlegen, die bei der Vorhersage seines Verhaltens entscheidend sein werden. In diesem Fall müssen zusätzlich die folgenden Fragen gestellt werden:

1. Wie sehen die gegenwärtigen *Ergebnisse* (Umsatzwachstum, Rendite usw.) *des Gesamtunternehmens* aus? Als eine erste Annäherung können daraus Rückschlüsse auf die Ziele gezogen werden, die der Konzern der Geschäftseinheit vorgibt, übersetzt in Marktanteilsziele, Preisentscheidungen, Drängen auf neue Produkte usw. Eine

Geschäftseinheit, die schlechtere Ergebnisse als der Konzern in seiner Gesamtheit erzielt, bekommt den Druck gewöhnlich zu spüren. Eine Geschäftseinheit, deren Konzern eine lange Kette finanzieller Fortschritte aufweist, wird kaum Maßnahmen ergreifen, die diesen Verlauf gefährden können.

2. Worin bestehen die *allgemeinen Ziele des Konzerns?* Welches sind die wahrscheinlichen Anforderungen, die angesichts dieser Ziele an die Geschäftseinheit gestellt werden?

3. Welche *strategische Bedeutung* mißt der Konzern der Geschäftseinheit im Hinblick auf die übergreifende Konzernstrategie bei? Betrachtet der Konzern die Tochter als Eckpfeiler seines Geschäfts oder eher als Randgeschäft? Wie paßt sich das Tochtergeschäft in das Portfolio des Konzerns ein? Wird dieses Geschäft als Wachstumsbereich und als Schlüssel für die Zukunft des Konzerns angesehen, oder gilt es als ausgereift, stabil und als Liquiditätsquelle? Die strategische Bedeutung einer Geschäftseinheit ist wichtig für die Ziele, die sie erreichen soll; wie die strategische Bedeutung eingestuft werden soll, wird weiter unten diskutiert.

4. Warum ist der Konzern in dieses Geschäft eingestiegen (wegen Überkapazitäten, Zwang zu vertikaler Integration, um Vertriebskanäle auszunutzen, wegen Marketing-Stärke)? Dieser Faktor wird weiter erhellen, wie der Konzern den Beitrag des Geschäfts einschätzt, und welchen Druck er auf die strategische Stellung und das Verhalten der Tochter wahrscheinlich ausüben wird.

5. Welche *ökonomische Beziehung* besteht zwischen der betrachteten Geschäftseinheit und anderen, im Portfolio des Konzerns vorhandenen (vertikale Integration, Ergänzung mit anderen Geschäftsteilen, gemeinsam betriebene F + E)? Welche besonderen Anforderungen an die Geschäftseinheit folgen aus dieser Beziehung, verglichen mit der Art, wie sie sich als unabhängiges Unternehmen verhalten würde? Beispielsweise können gemeinsam genutzte Einrichtungen eine Geschäftseinheit zwingen, Gemeinkosten zu decken oder Überschußkapazitäten zu absorbieren, die durch ein Schwesterunternehmen erzeugt wurden. Andererseits, wenn die Geschäftseinheit sich mit einem anderen Konzernteil ergänzt, kann der Konzern sich entschließen, Gewinnabführungen an anderen Stellen durchzuführen. Zwischenverbindungen zu anderen Unternehmensteilen können außerdem Quersubventionen in die eine oder andere Richtung zur Folge haben.

6. Wie sehen die konzerninternen *Wertvorstellungen oder Beweggründe* des Spitzenmanagements aus? Wird Technologieführer-

schaft in allen Geschäftszweigen angestrebt? Wird eine möglichst stetige, gleichmäßige Produktion angestrebt, um Entlassungen zu vermeiden und somit die Gewerkschaften im Konzern zu schwächen? (Eine Politik zur Vermeidung von Entlassungen würde beispielsweise den Aufbau großer Lagerbestände in Abschwungphasen und evtl. die Bereitschaft zum Verzicht auf Marktanteile in Aufschwungphasen erfordern. Eine Reihe von US-Konzernen betreiben solche Politiken). Diese Art konzerninterner Werte und Überzeugungen werden meistens eine Wirkung auf die Geschäftseinheit ausüben.

7. Gibt es einen *Strategietyp*, den der Konzern in einer Reihe von Geschäftszweigen angewandt hat und auch in diesem ausprobieren könnte? Beispielsweise hat Bic Pen eine Strategie mit billigen, standardisierten, in großen Mengen hergestellten Einweg-Produkten und umfangreicher Werbung verwendet, um in den Bereichen Schreibutensilien, Feuerzeuge, Strumpfhosen und jetzt Rasierklingen zu konkurrieren. Haynes Corporation ist gerade dabei, die L'eggs-Strategie bei Strumpfhosen auf so verschiedene Geschäftszweige anzuwenden wie Kosmetika, Herrenunterwäsche und Strümpfe.

8. Welche Arten von Umsatzzielen, Rentabilitätshindernissen und Kapitalbeschränkungen können dem Konkurrenten aus den Ergebnissen und Bedürfnissen der anderen Unternehmensbereiche und aus der übergreifenden Konzernstrategie erwachsen? Wird er den Wettbewerb mit den anderen Geschäftseinheiten um das Konzernkapital erfolgreich bestehen, angesichts seines relativen Abschneidens und der Ziele, die der Konzern für ihn setzt? Ist die Geschäftseinheit tatsächlich oder potentiell groß genug, um Aufmerksamkeit und Unterstützung des Konzerns auf sich zu ziehen, oder wird sie sich selbst überlassen bleiben, mit niedriger Priorität in den Augen des Managements? Wieviel wird von den nach Zahlung der Dividenden verbleibenden Mitteln für die Geschäftseinheit übrigbleiben, wenn man alle Hinweise auf die Prioritäten berücksichtigt, die der Konzern seinen Teilen beimißt?

9. Wie sehen die Diversifizierungspläne des Konzerns aus? Plant der Konzern, in andere Bereiche zu diversifizieren, die Kapital in Anspruch nehmen werden oder die einen Anhaltspunkt für den langfristigen Stellenwert der Geschäftseinheit ergeben? Bewegt sich der Konzern in Bereiche, die die Geschäftseinheit ergänzen und ihr dadurch besonderen Auftrieb verleihen könnten? Beispielsweise kaufte Reynolds unlängst Del Monte, was wegen Del Montes Vertriebssy-

stem eine Spritze für Reynolds' Lebensmittelgeschäft bedeuten dürfte.

10. Welche Hinweise liefert die *Organisationsstruktur* des Konzerns auf den Stellenwert, die Position und die Ziele der Geschäftseinheit aus der Sicht des Konzerns? Ist die Geschäftseinheit unmittelbar dem Vorstandsvorsitzenden oder einem einflußreichen Vorstandsmitglied verantwortlich, oder ist sie nur ein kleiner Teil einer größeren Organisationseinheit? Ist ein »Senkrechtstarter« in der Organisation mit der Leitung beauftragt worden, oder ein Manager, der den Konzern bald verläßt? Organisatorische Beziehungen lassen außerdem tatsächliche oder wahrscheinliche Strategien erkennen. Wenn beispielsweise ein Block von Abteilungen für Elektroprodukte unter einem Generalmanager für diese Gruppe zusammengefaßt wird, so ist eine koordinierte Strategie zwischen ihnen wahrscheinlicher, als wenn sie unabhängig blieben –besonders, wenn der Generalmanager über weitreichenden Einfluß verfügt. Festzuhalten bleibt, daß Hinweise, die aus solchen Kontroll- und Berichts-Strukturen stammen, erst mit weiteren Anhaltspunkten kombiniert werden müssen, bevor sie vertrauenswürdig sind; organisatorische Strukturen können rein kosmetischer Natur sein.

11. Wie wird das Management der Geschäftseinheit *kontrolliert und bezahlt* (im Gesamtzusammenhang des Konzerns)? Wie oft wird berichtet? Wie hoch ist der Anteil von Prämien am Gehalt? Worauf basieren die Prämien? Besteht Eigentum an Aktien? Diese Fragen beinhalten klare Konsequenzen für die Ziele der Geschäftseinheit und ihr Verhalten.

12. Welche Arten von *Geschäftsführern* werden vom Gesamtunternehmen gefördert – ein Hinweis auf die strategischen Verhaltensweisen, die vom etablierten Management unterstützt werden, und somit auch auf die Ziele des Tochtermanagements. Wie schnell wechseln Manager gewöhnlich von einem Konzernteil in den anderen? Die Antwort liefert Hinweise auf den Zeithorizont der Manager und auf die Art, wie sie riskante gegen sichere Strategien abwägen.

13. *Woraus rekrutiert sich* der Konzern? Ist das gegenwärtige Management aus internem Aufstieg hervorgegangen – was bedeuten kann, daß die bisherige Strategie fortgesetzt wird – , oder kommt es von außerhalb der Geschäftseinheit oder sogar des Konzerns? Aus welchem Tätigkeitsbereich stammt der derzeitige Vorstandsvorsitzende (ein Anhaltspunkt für den strategischen Schwerpunkt, den das Spitzenmanagement vielleicht durchsetzen möchte).

14. *Ist der Konzern in seiner Gesamtheit empfindlich gegenüber Kartellvorschriften oder sonstigen Beschränkungen seines Handlungsspielraums*, was sich auf die Geschäftseinheit auswirken könnte?

15. Haben der Konzern oder bestimmte Spitzenmanager eine *emotionale Bindung* an die Geschäftseinheit? Gehört die Geschäftseinheit zu einem der ersten Geschäftszweige des Konzerns? Sind irgendwelche früheren Leiter der Geschäftseinheit mittlerweile in Spitzenpositionen des Konzerns? Wurde die Entscheidung, den Konzernteil zu erwerben oder zu entwickeln, vom gegenwärtigen Spitzenmanagement getroffen? Wurden irgendwelche Programme oder Maßnahmen des Konzernteils unter der Regie eines der gegenwärtigen Spitzenmanager begonnen? Solche Beziehungsformen können signalisieren, daß der Geschäftseinheit überdurchschnittliche Aufmerksamkeit und Unterstützung gewidmet wird. Außerdem können sie auf Austrittsbarrieren hindeuten. (Austrittsbarrieren werden in den Kapiteln 1 und 12 diskutiert).

Portfolio-Analyse und die Ziele des Konkurrenten

Wenn der Konkurrent Teil eines diversifizierten Unternehmens ist, kann die Analyse des Branchenprofils seines Gesamtunternehmens die Beantwortung der gerade gestellten Fragen erleichtern. Sämtliche Techniken zur Analyse von Geschäftsportfolios können herangezogen werden, um die Aufgaben des Wettbewerbers aus der Sicht seines Konzerns herauszufinden. (Anhang A beschreibt kurz einige der gängigen Kriterien, nach denen Konzerne ihr Portfolio einordnen). Die aufschlußreichste Methode für eine Portfolioanalyse ist diejenige, die der Wettbewerber selbst anwendet.

- Nach welchen Kriterien ordnet der Konzern die Geschäftszweige ein (sofern ein Klassifikationsschema benutzt wird)? Wie wird jeder einzelne Geschäftszweig eingestuft?
- Von welchen Geschäftszweigen wird erwartet, daß sie »Cash-Kühe« sind?
- Welche Geschäftszweige sind angesichts ihrer Stellung im Portfolio Kandidaten für Finanzrückflüsse (Abschöpfung)?
- Welche Geschäftszweige dienen gewöhnlich der Stabilisierung, indem sie Fluktuationen innerhalb des Portfolios ausgleichen?

- Welche Geschäftszweige sind Ausdruck defensiver Schritte zur Verteidigung anderer wichtiger Geschäftszweige?
- Welche Geschäftszweige sind die vielversprechendsten, die der Konzern hat, um dort Mittel zu investieren und eine Marktposition aufzubauen?
- Welche Geschäftszweige haben großes Gewicht im Portfolio? Erfolgsänderungen dieser Geschäftszweige beeinflussen wesentlich den Erfolg des Gesamtunternehmens, ausgedrückt in Stabilität, Erträgen, Cash-flow, Umsatzwachstum, oder Kosten. Solche Geschäftszweige werden energisch verteidigt werden.

Die Portfolioanalyse des Konzerns liefert Hinweise auf die Ziele der Geschäftseinheit, auf die Energie, mit der sie ihre Position und Leistungsfähigkeit (Rendite, Marktanteil, Cash-flow, usw.) verteidigen wird, und auf die Wahrscheinlichkeit, daß sie versuchen wird, ihre strategische Position zu ändern.

Ziele der Konkurrenten und strategische Plazierung

Ein weiterer Ansatz bei der Strategieformulierung besteht darin, nach Marktpositionen Ausschau zu halten, in denen ein Unternehmen seine Ziele erfüllen kann, ohne seine Konkurrenten zu bedrohen. Wenn die Ziele der Konkurrenten richtig verstanden sind, kann eine Lage eintreten, in der alle relativ zufrieden sind. Natürlich gibt es solche Positionen nicht immer, besonders wenn man berücksichtigt, daß eine Branche, in der es allen existierenden Unternehmen gut geht, neue Konkurrenten anlockt. Meistens muß ein Unternehmen seine Konkurrenten zwingen, ihre Ziele einzuschränken, wenn es seine eigenen Ziele erreichen will. Zu diesem Zweck benötigt es eine Strategie, die mit Hilfe irgendwelcher besonderen Vorteile gegen bestehende Konkurrenten bzw. Neuanbieter verteidigt werden kann.

Eine Analyse von Kokurrentenzielen hilft strategische Schritte zu vermeiden, die die Fähigkeit von Konkurrenten, ihre Schlüsselziele zu erreichen, bedrohen würden und somit einen verbitterten Wettbewerbskrieg zur Folge hätten; darum ist die Zielanalyse so entscheidend. Beispielsweise kann die Portfolioanalyse »Cash-Kühe« oder Abschöpfungsgeschäfte von denen trennen, die der Konzern erst als solche aufbauen will. Oft ist es durchaus möglich, gegenüber einer »Cash-Kuh« an Boden zu gewinnen, sofern ihre Gewinnablieferung an den Konzern nicht gefährdet wird; aber der Versuch, Geschäfte an sich zu ziehen, die der Konzern des Konkurrenten gerade aufzubauen versucht (oder an die er eine emotionale Bindung hat), ist potentiell explosiv. Ähnlich kann ein Unternehmen, von dem stabile Umsätze erwartet werden, seine Umsätze aggressiv verteidigen (selbst auf Kosten von Gewinnen), während es viel gelassener auf einen Konkurrenten reagieren wird, der seine Gewinne zu steigern versucht und dabei die Marktanteile unangetastet läßt. Dies sind nur einige Beispiele, wie die Zielanalyse als erster Schritt dazu dient, die in Abbildung 3 – 1 gestellten Fragen über das Konkurrentenverhalten zu beantworten.

Annahmen

Das zweite entscheidende Element der Konkurrentenanalyse ist die Identifizierung der Annahmen eines jeden Konkurrenten. Sie lassen sich in zwei Hauptgruppen aufteilen:

- Die Annahmen des Wettbewerbers über *sich selbst.*
- Die Annahmen des Wettbewerbers über *die Branche und die anderen Unternehmen darin.*

Jedes Unternehmen arbeitet auf der Grundlage von Annahmen über seine eigene Situation. Es kann sich beispielsweise als sozialbewußtes Unternehmen betrachten, als Branchenführer, als Billigproduzent, oder es kann sich im Besitz des besten Vertreterstabs sehen, usw. Diese Annahmen über die eigene Situation lenken das Verhalten des Unternehmens und seine Reaktionen auf Ereignisse. Wenn sich ein Unternehmen als Billigproduzent betrachtet, wird es einen Preisbrecher möglicherweise durch eigene Preissenkungen zu disziplinieren versuchen.

Die Annahmen eines Wettbewerbers über seine Situation können zutreffen oder auch nicht. Treffen sie nicht zu, so steht ein mächtiger strategischer Hebel zur Verfügung. Glaubt ein Konkurrent z.B., er besitze die größte Kundenloyalität im Markt, und trifft dies nicht zu, so kann eine provokative Preissenkung geeignet sein, Positionsgewinne zu erzielen. Im Glauben, diese Preissenkung habe wenig Einfluß auf seinen Marktanteil, wird der Konkurrent sich weigern, die Preissenkung zu parieren – und schließlich feststellen, daß er erheblich an Marktposition verloren hat, noch bevor er den Fehler in seiner Annahme bemerkt.

So wie jeder Wettbewerber Annahmen über sich selbst trifft, so wird jedes Unternehmen sein Verhalten an Annahmen über die Branche und Konkurrenten ausrichten, die wiederum richtig oder falsch sein können.

Die Untersuchung aller möglichen Annahmen kann Verzerrungen oder *blinde Flecken* zutage fördern, die sich bei Managern in der Wahrnehmung ihres Umfelds festsetzen können. Blinde Flecken sind Bereiche, in denen ein Wettbewerber die Bedeutung von Ereignissen (z.B. eines strategischen Schrittes) überhaupt nicht erkennt, sie falsch auffaßt, oder sie nur sehr langsam wahrnimmt. Wenn das Unternehmen diese blinden Flecke erkennt, vermag es Maßnahmen herauszufinden, bei denen die Wahrscheinlichkeit sofortiger Vergeltung gering ist oder die Vergeltung, wenn sie einsetzt, wirkungslos ist.

Die folgenden Fragen zielen darauf ab, die Annahmen von Konkurrenten herauszufinden und Bereiche zu orten, wo die Konkurrenten *nicht* völlig rational oder realistisch sind:

1. Was scheint der Konkurrent über *seine relative Position* zu glauben – im Hinblick auf Kosten, Produktqualität, technologisches Niveau und andere Schlüsselaspekte seines Geschäfts –, wenn man seine offiziellen Mitteilungen, Behauptungen von Management und Vertreterstab und andere Hinweise zugrundelegt? Was sieht er als seine Stärken und Schwächen an? Treffen sie zu?

2. Hat der Konkurrent starke *historische oder emotionale Bindungen* an bestimmte Produkte oder Instrumente, wie etwa einen Produktdesign- oder Verkaufsansatz, Streben nach Produktqualität, Produktionsstandorte, Vertriebsformen, usw., an die er sich klammern wird?

3. Gibt es *kulturelle, regionale oder nationale Unterschiede*, die Einfluß darauf haben, wie ein Wettbewerber bestimmte Ereignisse wahrnimmt oder einschätzt? Um eines von vielen Beispielen zu nennen: westdeutsche Unternehmen orientieren sich zuweilen sehr stark an Produktion und Produktqualität, auf Kosten von Stückkosten und Marketing.

4. Gibt es *organisatorische Werte oder Regeln*, die sich institutionell verfestigt haben und die Sicht von Ereignissen beeinflussen werden? Gibt es Instrumente oder Strategien, an die der Unternehmensgründer fest glaubte, die vielleicht noch nachklingen?

5. Wie scheint der Wettbewerber die *künftige Nachfrage* nach dem Produkt und die *Bedeutung von Branchentrends* einzuschätzen? Wird er Kapazitätserweiterungen scheuen, weil er (unbegründete) Zweifel an den Nachfrageaussichten hegt, oder wird er aus dem umgekehrten Grund zu Überkapazitäten tendieren? Neigt er dazu, die Wichtigkeit bestimmter Trends falsch einzuschätzen? Glaubt er beispielsweise, die Branche werde sich konzentrieren, obwohl dies unter Umständen gar nicht zutrifft? Dies alles sind Eckpfeiler, um die herum Strategien aufgebaut werden können.

6. Was scheint der Wettbewerber über die Ziele und Tätigkeiten seiner Konkurrenten zu glauben? Wird er irgendwelche über- oder unterschätzen?

7. Glaubt der Wettbewerber dem Anschein nach an »*konventionelle Branchenweisheiten*« oder an überlieferte Daumenregeln und branchenübliche Ansätze, die neue Marktbedingungen außer acht lassen? Beispiele für solche konventionellen Weisheiten sind »Jeder muß ein volles Sortiment haben«, »Käufer verlangen Qualität«, »In diesem Geschäft muß man die Rohmaterialquellen kontrollieren«, »Dezentralisierte Fabriken sind die effizientesten Herstellungssysteme«, »Man braucht eine große Zahl von Vertretern«, usw. Wer Situationen erkennt, in denen konventionelle Weisheiten ungeeignet sind oder modifiziert werden können, der kann daraus Vorteile beziehen, weil die Vergeltungsmaßnahmen seiner Konkurrenten entweder zu spät kommen oder ineffektiv sind.

8. Die *derzeitige Strategie* eines Wettbewerbers kann seine Annahmen sowohl unmerklich beeinflussen als auch widerspiegeln. Die vorhergehende und derzeitige Situation eines Unternehmens kann einen Filter bilden, durch den es die Ereignisse in der Branche betrachtet, und die Objektivität kann darunter leiden.

Die Wichtigkeit, blinde Flecken oder konventionelle Weisheiten zu erkennen

Der jüngste Wiederaufstieg von Miller Breweries bietet ein Beispiel für die Vorteile, die aus der Kenntnis blinder Flecken resultieren. Miller, das von Philip Morris aufgekauft worden war und im Gegensatz zu vielen Familienbrauereien nicht durch konventionelle Weisheiten eingeengt war, hat Lite Bier auf den Markt gebracht, eine 0,4 l-Flasche, und ein in den USA hergestelltes Löwenbrau-Bier, – zu einem Preis, der um 25 Prozent über dem von Michelob lag, dem führenden in den USA hergestellten Qualitätsbier. Berichten zufolge lachten die meisten Brauereien über Millers Schritte; mittlerweile sind aber viele seinem Beispiel gefolgt, nachdem Miller seinen Marktanteil kräftig ausgeweitet hatte. (Solche Konzepte sind besonders häufig in Branchen anzutreffen, die sich aus alteingesessenen Anbietern zusammensetzen).

Der Schwenk von Paramount Pictures ist eine weitere Situation, in der die Kenntnis überholter Weisheiten großzügig belohnt wurde. Zwei neue Leiter, die aus dem Fernseh-Management kamen, verstießen gegen viele Regeln der Filmbranche - Vorverkauf von Filmen, gleichzeitiger Verleih an eine Vielzahl von Kinos, usw. - und verbuchten erhebliche Marktanteilsgewinne. (Eine kurze Beschreibung findet sich in *Business Week* vom 27.11.1979).

Geschichte als Anhaltspunkt für Ziele und Annahmen

Einen der oftmals aussagekräftigen Anhaltspunkte für die Ziele und Annahmen eines Wettbewerbers bildet seine Geschichte im betreffenden Geschäftszweig. Die folgenden Fragen zeigen einige Wege auf, um diese Bereiche zu untersuchen:

1. Wie steht es um den derzeitigen finanziellen Erfolg und den Marktanteil des Wettbewerbers, *verglichen mit* dem der jüngeren Vergangenheit? Darin kann nicht nur ein erster guter Hinweis auf die Ziele für die Zukunft liegen, sondern auch ein greifbarer und unangenehm sichtbarer Indikator für das Potential des Wettbewerbers, besonders wenn die Ergebnisse in der »erinnerbaren« Vergangenheit besser waren. Der Wettbewerber wird fast immer bestrebt sein, die Ergebnisse der jüngsten Vergangenheit wieder zu erreichen.

2. Wie sieht die *Geschichte* des Wettbewerbers *auf dem Markt* aus? Wo ist er gescheitert oder geschlagen worden und darum vielleicht nicht geneigt, es wieder zu versuchen? Die Erinnerung an frühere Mißerfolge und die daraus entstehenden Hemmnisse für weitere Schritte in diesen Bereichen können sehr lang anhalten und mit unangemessenem Gewicht versehen werden. Das trifft besonders auf generell erfolgreiche Organisationen zu. Beispielsweise wird behauptet, ein früherer Mißerfolg mit Discountläden habe den Wiederein-

tritt von Federated Department Stores in diesen Einzelhandelsbereich um sieben Jahre verzögert.

3. Auf welchen Gebieten hat der Wettbewerber *Spitzenleistungen oder Erfolge* hervorgebracht? In der Einführung neuer Produkte? Bei Marketinginnovationen? Sonstigen? Auf solchen Gebieten wird sich der Wettbewerber sicher genug fühlen, um einen neuen Schritt zu tun oder Herausforderungen anzunehmen.

4. Wie hat der Wettbewerber in der Vergangenheit auf bestimmte strategische Schritte oder Branchenereignisse reagiert? Rational? Emotional? Langsam? Schnell? Welche Methoden wurden angewandt? Auf welche Arten von Ereignissen hat der Wettbewerber schlecht reagiert, und warum?

Hintergründe des Managements und Beratungsverhältnisse

Ein weiterer Schlüssel zu den Zielen, Annahmen und voraussehbaren Maßnahmen eines Wettbewerbers besteht in der Herkunft seiner Führung und in den Laufbahnen der Manager mit ihren persönlichen Erfolgen und Mißerfolgen.

1. Der *funktionale Hintergrund* des Spitzenmanagements ist ein entscheidender Indikator für seine Orientierung, Geschäftsauffassung und für die Ziele, die es für angemessen hält. Führungskräfte aus dem Finanzbereich bevorzugen oft, gestützt auf die ihnen vertrauten Bereiche, andere Strategierichtungen als Führungskräfte aus den Bereichen Marketing oder Produktion. Aktuelle Beispiele sind vielleicht Edwin Lands Vorliebe für radikale Innovationen als Lösung der strategischen Probleme von Polaroid, und McGees Strategie der Einschränkung von energieverwandten Aktivitäten bei Gulf Oil.

2. Ein zweiter Hinweis auf die Annahmen, Ziele und zu erwartenden Maßnahmen der Spitzenmanager sind die *Strategietypen*, die für sie persönlich in ihren Karrieren funktioniert oder nicht funktioniert haben. Wenn beispielsweise – aus der Sicht des Vorstandsvorsitzenden – ein früheres Problem durch Kostensenkungen gelöst werden konnte, so wird dieses Mittel möglicherweise erneut verwandt, wenn wieder eine Lösung gesucht wird.

3. Die *anderen Geschäftszweige*, in denen Spitzenmanager gearbeitet haben, bzw. die dort charakteristischen Spielregeln und strate-

gischen Ansätze sind ein weiterer potentiell wichtiger Teil der Hintergründe von Spitzenmanagern. Beispielsweise hat Marc Roijtman eine Verkaufsstrategie, die bei Industrieausrüstungen erfolgreich angewandt worden war, auf die Agrarausrüstungsbranche übertragen, als er Mitte der sechziger Jahre Präsident von J.I. Case wurde. R.J. Reynolds hat unlängst neue Führungskräfte aus Nahrungsmittel-und Toilettenartikelunternehmen übernommen, die viel vom Produktmanagement und anderen, für diese Geschäftszweige typischen Praktiken einführten. Das jüngst pensionierte Spitzenmanagement der Household Finance Corporation (HFC) kam aus der Einzelhandelsbranche; statt die starke Stellung von HFC bei Konsumentenkrediten auszubauen, verwandte das Unternehmen seine Mittel zur Diversifizierung in den Einzelhandel. Ein neuer Vorstandsvorsitzender, unterstützt von der Konsumentenkredit-Abteilung, hat diese Ausrichtung revidiert. Die Neigung, früher erfolgreiche Konzepte wiederzuverwenden, ist zu beobachten bei Führungskräften, die aus Rechts- und Beratungsfirmen oder auch aus der Branche selbst kommen. Alle können dem Wettbewerber Perspektiven und Patentrezepte liefern, die zum Teil ihre eigene Vergangenheit widerspiegeln.

4. Topmanager können stark beeinflußt sein durch *wichtige Ereignisse*, die sie erlebt haben, wie z.B. eine tiefe Rezession, Energieknappheit, große Verluste durch Währungsschwankungen, usw. Die Sichtweisen eines Managers in vielerlei Bereichen werden durch solche Ereignisse manchmal grundlegend berührt, und entsprechend können strategische Entscheidungen beeinflußt werden.

5. Hinweise auf die Sichtweisen von Spitzenmanagern können weiterhin ihren *Schreiben und Reden* entnommen werden, ihrem *technischen Hintergrund* (z.B. Erfahrungen mit Patenten) - soweit anwendbar - , *anderen Unternehmen*, mit denen sie oft zu tun haben (z.B. durch Aufsichtsräte, in denen sie sitzen), ihren sonstigen Aktivitäten außerhalb des Unternehmens, und einer Menge weiterer denkbarer Anhaltspunkte.

6. Unternehmensberatungen, Werbeagenturen, Effektenbanken, und weitere *Berater*, die vom Wettbewerber konsultiert werden, können zusätzliche Anhaltspunkte bieten. Welche anderen Unternehmen suchen diese Berater auf, und was haben sie unternommen? Für welche Konzepte und Techniken sind die Berater bekannt? Die Identität der Berater eines Konkurrenten und deren gründliche Analyse können auf zukünftige strategische Änderungen hinweisen.

Gegenwärtige Strategie

Das dritte Element der Konkurrentenanalyse ist die Entwicklung von Aussagen über die gegenwärtige Strategie eines Konkurrenten. Die Strategie eines Konkurrenten stellt man sich am besten vor als Kombination seiner wichtigsten Instrumente in jedem Funktionsbereich mit der besonderen Art, wie er die Funktionsbereiche untereinander zu verbinden sucht. Diese Strategie kann explizit oder implizit sein – sie existiert immer in der einen oder anderen Form. Die Prinzipien der Identifizierung von Strategien sind in der Einleitung diskutiert worden.

Fähigkeiten

Die realistische Einschätzung der Fähigkeiten eines jeden Wettbewerbers bildet den Abschluß der Konkurrentenanalyse. Ziele, Annahmen und gegenwärtige Strategie eines Wettbewerbers beeinflussen die *Wahrscheinlichkeit, Wahl des Zeitpunkts, Art* und *Intensität* seiner Reaktionen. Die Stärken und Schwächen eines Wettbewerbers sind ausschlaggebend für seine *Fähigkeit*, strategische Schritte zu ergreifen oder zu beantworten, bzw. mit Ereignissen in der Branche oder im Umfeld fertig zu werden. Da der Begriff der Stärken und Schwächen eines Wettbewerbers relativ klar ist, werde ich hier nicht näher darauf eingehen. Generell können Stärken und Schwächen beurteilt werden, indem man die Position eines Wettbewerbers im Hinblick auf die fünf Wettbewerbsdeterminanten untersucht, wie sie in Kapitel 1 dargelegt wurden und in Kapitel 7 noch weiter analysiert werden. Unter einem engeren Blickwinkel liefert die Übersicht 3 – 1 einen zusammenfassenden Rahmen zur Betrachtung der Stärken und Schwächen eines Konkurrenten in jedem Kernbereich des Geschäfts.[1] Eine solche Liste kann durch die zusätzlichen verbindenden Fragen noch verbessert werden, die sich an Übersicht 3 – 1 anschließen.

---

1 Weitere Kriterien zur Bestimmung der Fähigkeiten von Unternehmen finden sich bei Robert Buchele, »How to Evaluate a Firm«, *California Management Review*, Fall 1962, S. 5–16; »Checklist for Competitive and Competence Profiles«, in: H.J. Ansoff, *Corporate Strategy* (New York: Mc Graw-Hill, 1965), S. 98–99; Kapitel 2 in W.H. Newman/J.P. Logan, *Strategy, Policy and Central Management*, 6. Aufl. (Cincinnatti: South-Western Publishing, 1971); Kapitel 5 in W.E. Rothschild, *Putting It All Together* (New York: AMACOM, 1979).

Übersicht 3 – 1: Die Stärken und Schwächen des Konkurrenten

Produkte
- Ruf der Produkte (aus Abnehmersicht) in jedem einzelnen Marktsegment
- Breite und Tiefe des Produktprogramms

Händler/Vertrieb
- Abdeckung und Qualität der Vertriebskanäle
- Stärke der Beziehungen zu den Kanälen
- Fähigkeit, die Kanäle zu bedienen und zu pflegen

Marketing und Verkauf
- Fähigkeiten in jedem Aspekt des Marketing-Mix
- Fähigkeiten in Marktforschung und Produktentwicklung
- Ausbildung und Fähigkeiten des Verkaufsstabs

Verfahren
- Kostensituation (Betriebsgrößenersparnisse, Erfahrungskurve, Neuheitsgrad der Ausrüstungen, usw.)
- Technologisches Niveau von Anlagen und Ausrüstungen
- Flexibilität von Anlagen und Ausrüstungen
- Alleinbesitz von Know-how und exklusive Patent- oder Kostenvorteile
- Fähigkeiten bei Kapazitätserweiterungen, Qualitätskontrolle, Werkzeugbeschaffung usw.
- Standort (einschl. Arbeits- und Transportkosten)
- Geschäfts- und Arbeitsklima; gewerkschaftlicher Organisationsgrad
- Zugang zu und Kosten von Rohstoffen
- Grad der vertikalen Integration

Forschung und Technik
- Patente und Urheberrechte
- Fähigkeit zur Selbsterstellung des Forschungs- und Entwicklungsprozesses (Produktforschung, Verfahrensforschung, Grundlagenforschung, Entwickung, Nachahmung, usw.)
- Zugang zu externen Quellen von Forschung und Technik (z.B. Lieferanten, Kunden, Kooperationspartner)

Gesamtkosten
- Relative Gesamtkostensituation
- Mit anderen Geschäftseinheiten aufgeteilte Kosten bzw. gemeinsam betriebene Aktivitäten
- Bereiche, in denen der Wettbewerber Größenvorteile oder andere Faktoren hervorbringt, die für seine Kostenposition entscheidend sind

Finanzielle Stärke

Cash-flow

Kurz- und langfristige Kreditlinie (relativer Fremdfinanzierungsanteil)

Zusätzliche Eigenkapitalkapazitäten in absehbarer Zukunft

Fähigkeiten des Finanzmanagements (z.B. in Bezug auf Verhandlungsführung, Kapitalerhöhung, Kredit, Waren- und Forderungsbestand)

Organisation

Einheitlichkeit von Werten und Klarheit über die Unternehmenszwecke

Organisatorische Belastungen aufgrund von jüngst erfolgten neuen Anforderungen

Übereinstimmung organisatorischer Strukturen mit der Strategie

Allgemeine Managementfähigkeit

Führungsqualitäten des Managements; seine Fähigkeit, andere zu motivieren

Fähigkeit, einzelne Funktionen oder Funktionsgruppen zu koordinieren (z.B. Fertigung mit Forschung)

Alter, Ausbildung und funktionale Ausrichtung des Managements

Gründlichkeit des Managements

Flexibilität und Anpassungsfähigkeit des Managements

Konzernportfolio

Fähigkeit des Konzerns, geplante Änderungen in allen Unternehmensbereichen mit finanziellen und sonstigen Mitteln zu unterstützen

Fähigkeit des Konzerns, die Stärken von Geschäftseinheiten zu ergänzen oder zu vertiefen

Andere

Besondere Behandlung durch bzw. Zugang zu Behörden

Personalfluktuation

Kernfähigkeiten

- Welche Fähigkeiten besitzt der Wettbewerber in jedem der Funktionsbereiche? Worin ist er am besten, worin am schlechtesten?
- Wie schneidet der Konkurrent beim Test auf die Konsistenz seiner Strategie ab (vgl. die Einleitung)?
- Zeichnen sich mit wachsender Erfahrung des Wettbewerbers irgendwelche Änderungen dieser Fähigkeiten ab? Werden sie mit der Zeit zunehmen oder abnehmen?

Wachstumsfähigkeiten

- Werden die Fähigkeiten des Wettbewerbers im Zuge seiner Expansion zu- oder abnehmen? Auf welchen Gebieten?
- Wie hoch ist die Wachstumsfähigkeit des Konkurrenten in Bezug auf Personal, Fertigkeiten und Betriebskapazität?
- Welches *dauerhafte Wachstum* kann der Wettbewerber in finanzieller Hinsicht erreichen? Kann er, ausgehend von einer Du-Pont-Analyse, mit dem Wachstum der Branche Schritt halten?[2] Kann er seinen Marktanteil steigern? Wie stark wirkt sich die Hereinnahme von Fremdkapital auf das dauerhaft mögliche Wachstum aus? Auf die Möglichkeit guter kurzfristiger Ergebnisse?

Fähigkeit zur schnellen Reaktion

- Inwieweit ist der Wettbewerber in der Lage, auf Maßnahmen anderer Anbieter schnell zu reagieren oder eine plötzliche Offensive zu starten? Diese Fähigkeit hängt z.B. von folgenden Faktoren ab:
- freie Liquiditätsreserven
- offene Kreditlinien
- überschüssige Produktionskapazitäten
- noch nicht eingeführte, aber sofort anbietbare neue Produkte

Anpassungsfähigkeit

- Wie sieht das Verhältnis von fixen zu variablen Kosten aus? Wie hoch sind die Kosten ungenutzter Kapazitäten? Die wahrscheinliche Reaktion des Wettbewerbers auf Veränderungen wird dadurch beeinflußt werden.
- Wie gut kann sich der Konkurrent an veränderte Bedingungen in jedem einzelnen Funktionsbereich anpassen bzw. darauf reagieren? Kann sich der Wettbewerber z.B. einstellen auf

---

2 Dauerhaft mögliches Wachstum =

$$\left(\begin{matrix}\text{Umschlag}\\ \text{der Aktiva}\end{matrix}\right) \text{x} \left(\begin{matrix}\text{Umsatzrendite}\\ \text{nach Steuern}\end{matrix}\right) \text{x} \left(\frac{\text{Aktiva}}{\text{Verschuldung}}\right) \text{x} \left(\frac{\text{Verschuldung}}{\text{Firmenwert}}\right) \text{x} \left(\begin{matrix}\text{Tesaurie-}\\ \text{rungsquote}\end{matrix}\right)$$

  - Kostenwettbewerb?
  - Bewältigung komplexer Produktlinien?
  - Einführung neuer Produkte?
  - Servicewettbewerb?
  - Eskalation der Marketing-Anstrengungen?
- Kann der Konkurrent auf mögliche exogene Ereignisse reagieren, wie z.B. auf
  - eine anhaltend hohe Inflationsrate?
  - technologische Veränderungen, die eine bestehende Produktionsstätte veralten lassen?
  - eine Rezession?
  - Lohnerhöhungen?
  - die Formen behördlicher Vorschriften, die für die Branche zu erwarten sind?
- Ist der Wettbewerber durch *Austrittsbarrieren* daran gehindert, Kapazitäten abzubauen oder sich ganz aus dem Geschäftszweig zurückzuziehen?
- Werden bestimmte Anlagen (z.B. in der Produktion) oder Personalteile (z.B. der Vertreterstab) gemeinsam mit anderen Teilen des Gesamtunternehmens betrieben bzw. genutzt? Dadurch kann die Anpassungsfähigkeit eingeschränkt und die Kostenkontrolle behindert werden.

Durchhaltevermögen

- Inwieweit ist der Wettbewerber in der Lage, eine längere »Schlacht« zu führen, in deren Verlauf Erträge oder Cash-flow unter Druck geraten können? Diese Fähigkeit wird abhängen von Faktoren wie
  - Liquiditätsreserven
  - Einstimmigkeit im Management
  - Langzeit-Perspektive bei den finanziellen Zielen
  - Börsendruck

Die Synthese der vier Elemente – das Reaktionsprofil des Konkurrenten

Nach der Analyse der Ziele, Annahmen, gegenwärtigen Strategien und Fähigkeiten eines Wettbewerbers können wir nun beginnen, die entscheidenden Fragen zu stellen, die zu einem Profil der voraussichtlichen Reaktionen eines Konkurrenten führen werden.

Offensive Schritte

Der erste Schritt ist, die strategischen Veränderungen vorherzusagen, die der Wettbewerber vornehmen könnte.

1. *Zufriedenheit mit der gegenwärtigen Position.* Sind strategische Initiativen durch den Wettbewerber zu erwarten, wenn man seine Ziele (und die seines Konzerns) mit seiner gegenwärtigen Position vergleicht?

2. *Wahrscheinliche Schritte.* Welche strategischen Änderungen des Wettbewerbers sind am wahrscheinlichsten, wenn man seine Ziele, Annahmen und Fähigkeiten – im Verhältnis zu seiner bestehenden Position – zugrundelegt? Diese Änderungen reflektieren, wie der Wettbewerber die Zukunft sieht, worin er seine Stärken erblickt, welche(n) seiner Rivalen er als verwundbar betrachtet, wie er den Wettbewerb führen möchte, welche Präferenzen sein Management ins Geschäft einbringt, und weitere in der vorangegangenen Analyse vorgebrachte Überlegungen.

3. *Intensität und Ernsthaftigkeit von Schritten.* Die Analyse der Ziele und Fähigkeiten eines Wettbewerbers kann dazu dienen, die voraussehbare Intensität der zu erwartenden Schritte einzuschätzen. Außerdem ist es wichtig zu klären, was der Schritt dem Wettbewerber *einbringen* kann. So wird etwa eine Maßnahme, die es ihm ermöglicht, Kosten mit einer anderen Abteilung aufzuteilen und somit seine relative Kostenposition zu verbessern, wesentlich wichtiger sein als eine Maßnahme, die die Effektivität des Marketing geringfügig steigert. Eine Analyse des aus der Maßnahme zu erwartenden Gewinns, verbunden mit der Kenntnis der Ziele des Konkurrenten, liefert Aufschluß darüber, wie ernsthaft der Wettbewerber die Maßnahme trotz Widerständen verfolgen wird.

Verteidigungsfähigkeit

Der nächste Schritt in der Erstellung eines Reaktionsprofils besteht darin, eine Liste der realistischen strategischen Schritte aufzustellen, die unser Unternehmen ergreifen könnte, und eine Liste der möglichen Veränderungen in Branche und Umfeld. Um die Verteidigungsfähigkeit eines Konkurrenten zu bestimmen, werden nun diese Auflistungen anhand der folgenden Kriterien überprüft (das Material zur Beantwortung der Fragen wurde in den vorangegangenen Abschnitten erstellt).

1. *Verwundbarkeit.* Welche strategischen Schritte und behördlichen, gesamtwirtschaftlichen oder branchenbezogenen Ereignisse würden den Konkurrenten am meisten treffen? Welche Ereignisse haben asymmetrische Folgen für den Gewinn, beeinflussen also die Gewinne eines Wettbewerbers stärker (oder auch weniger!) als die des initiierenden Unternehmens? Welche Maßnahmen würden so viel Kapital zur Vergeltung oder Nachahmung erfordern, daß der Wettbewerber sie nicht riskieren kann?

2. *Provokation.* Welche Maßnahmen oder Ereignisse werden den Wettbewerber zur Vergeltung veranlassen, selbst wenn die Vergeltung kostspielig ist und zu mageren finanziellen Ergebnissen führt? Anders ausgedrückt: welche Schritte bedrohen die Ziele oder Position eines Konkurrenten so sehr, daß er zur Vergeltung gezwungen ist, ob er will oder nicht? Die meisten Wettbewerber haben »heiße Knöpfe«; das sind Geschäftsbereiche, in denen eine Bedrohung zu überproportionalen Reaktionen führt. Heiße Knöpfe sind Ausdruck stark ausgeprägter Ziele, emotionaler Bindungen, usw. Sie sollten soweit als möglich umgangen werden.

3. *Wirksamkeit der Vergeltung.* Bei welchen Maßnahmen oder Ereignissen wird der Wettbewerber durch seine Ziele, Strategie, Fähigkeiten oder Annahmen an schnellen und/oder wirksamen Reaktionen gehindert? Welche Aktionsverläufe könnten gewählt werden, die der Wettbewerber nicht wirkungsvoll parieren oder nachvollziehen könnte?

Übersicht 3 – 2 liefert ein einfaches schematisches Diagramm zur Analyse der Verteidigungsfähigkeit eines Wettbewerbers. Die linke Spalte zeigt oben die denkbaren strategischen Schritte, die unser Unternehmen verwirklichen könnte, und unten die Umfeld- und Branchenveränderungen, die stattfinden könnten (einschließlich absehbarer Schritte von anderen Wettbewerbern). Diese Ereignisse kön-

Übersicht 3-2: Ein Schema zur Bestimmung der Verteidigungsfähigkeit eines Konkurrenten

Ereignisse	*Verwundbarkeit des Konkurrenten durch das Ereignis*	*Ausmaß, in dem das Ereignis den Konkurrenten zur Vergeltung provozieren wird*	*Wirsamkeit der Vergeltungsmaßnahmen des Konkurrenten*
Mögliche strategische Schritte unseres Unternehmens			
Zählen Sie alle Alternativen auf, wie z.B. - Produktprogramm erweitern - Produktqualität und Service verbessern - Preise senken und Kostenwettbewerb führen			
Denkbare Veränderungen des Umfelds			
Zählen Sie alle Veränderungen auf, wie z.B. - Bedeutende Rohstoffverteuerungen - Umsatzrückgang - Steigendes Kostenbewußtsein der Käufer			

nen dann den oben aufgelisteten Fragen unterzogen werden. Die entstehende Matrix soll die Auswahl der wirkungsvollsten Strategie erleichtern (unter Berücksichtigung der Reaktionen der Konkurrenten) bzw. schnelle Reaktionen auf Ereignisse in Branche und Umfeld ermöglichen, die die Schwächen eines Wettbewerbers aufzeigen (in Kapitel 5 wird näher diskutiert, wie Wettbewerbsmaßnahmen ergriffen werden können).

Die Wahl des »Schlachtfelds«

Wenn ein Unternehmen, das einen strategischen Schritt initiieren will, mit Vergeltungsmaßnahmen seiner Konkurrenten rechnen muß, besteht seine erste strategische Aufgabe in der Wahl des *besten »Schlachtfelds«* für die Auseinandersetzung. Darunter sind die

Marktsegmente oder Strategiebereiche zu verstehen, in denen die Konkurrenten schlecht vorbereitet bzw. am wenigsten motiviert oder wettbewerbsbereit sind. Das beste Schlachtfeld kann z.B. der Kostenwettbewerb – im oberen oder unteren Bereich der Produktlinie – sein, aber auch andere Gebiete sind denkbar.

Optimal ist eine Strategie, bei der die Konkurrenten durch ihre gegebene Situation so inflexibel sind, daß sie nicht reagieren können. Ihre früheren und gegenwärtigen Strategien können so schwer auf ihnen lasten, daß es ihnen sehr hohe Kosten bereitet, auf bestimmte Maßnahmen zu reagieren, während das initiierende Unternehmen wesentlich weniger Schwierigkeiten und Kosten damit hat. Als beispielsweise Folger's Coffee mittels Preissenkungen die Hochburgen von Maxwell House im Osten der USA stürmte, mußte Maxwell House wegen seines hohen Marktanteils enorme Kosten aufwenden, um diese Preissenkungen zu parieren.

Ein weiteres wichtiges strategisches Konzept, das sich aus der Konkurrentenanalyse ableitet, besteht darin, dem Konkurrenten »gemischte Gefühle« zu bereiten oder ihn vor widerstreitende Ziele zu stellen. Im Rahmen dieser Strategie werden Maßnahmen gesucht, die der Konkurrent zwar wirkungsvoll vergelten könnte, aber nur um den Preis der Schädigung seiner eigenen Gesamtposition. Beispielsweise wird IBM, indem es auf die Herausforderung durch Kleincomputer mit einem eigenen Modell reagiert, die Wachstumsschwäche seiner Großcomputer möglicherweise noch verstärken und den Wechsel zu Kleincomputern beschleunigen. Konkurrenten vor widerstreitende Ziele zu stellen, kann ein sehr wirksamer Ansatzpunkt zum Angriff auf etablierte Unternehmen sein, die bisher auf ihren Märkten erfolgreich gewesen sind. Kleine und neu eingetretene Unternehmen sind durch die gängigen Branchenstrategien oft sehr wenig geprägt; wenn sie Strategien finden, die die Konkurrenten für ihr Engagement in den gängigen Strategien bestrafen, können sie beachtliche Belohnungen kassieren.

Realistisich betrachtet wird es nicht oft vorkommen, daß Wettbewerber sich von uneinheitlichen Motiven hin- und herreißen oder sogar völlig lähmen lassen. In diesem Fall sollten die oben gestellten Fragen dazu dienen, diejenigen strategischen Schritte herauszufinden, die dem initiierenden Unternehmen die beste Position in der Wettbewerbsschlacht verschaffen, sobald sie losbricht. Das bedeutet, die Kenntnis der Ziele und Annahmen des Konkurrenten so auszunutzen, daß man eine wirksame Vergeltung soweit wie möglich umgeht, während man die Wahl des Schlachtfelds an den besonderen Stärken des eigenen Unternehmens ausrichtet.

Konkurrentenanalyse und Branchenprognosen

Die Analyse jedes wichtigen bestehenden und potentiellen Wettbewerbers kann als wichtiger Baustein zur Prognose der zukünftigen Branchenbedingungen verwandt werden. Die Kenntnis der vorhersehbaren Schritte und der Reaktionsfähigkeit jedes einzelnen Konkurrenten kann in dieser Prognose zusammengefaßt werden. Auf einer simulierten Grundlage werden die Wettbewerber in ihrer Interaktion untereinander betrachtet, um Fragen wie die folgenden zu beantworten:

- Welche Folgen hat es, wenn die voraussehbaren strategischen Maßnahmen der verschiedenen Wettbewerber zusammenwirken?
- Konvergieren die Unternehmensstrategien – mit der Wahrscheinlichkeit, daß sie aneinandergeraten?
- Reichen die Wachstumskapazitäten der Wettbewerber aus, um mit dem prognostizierten Marktwachstum Schritt zu halten, oder wird eine Lücke entstehen, die zum Eintritt einlädt?
- Werden absehbare Maßnahmen so zusammenwirken, daß Konsequenzen für die Branchenstruktur entstehen?

Die Notwendigkeit eines Nachrichtensystems über Konkurrenten

Die Beantwortung dieser Fragen über Konkurrenten schafft einen enormen Datenbedarf. Nachrichten über Konkurrenten können vielen Quellen entstammen: veröffentlichten Geschäftsberichten, Reden des Managements (z.B. vor Effektenberatern), der Wirtschaftspresse, Vertretern, gemeinsamen Kunden oder Lieferanten, der Untersuchung von Konkurrenzprodukten, Schätzungen des Ingenieurstabs, Informationen von Managern oder anderem Personal, das früher beim Konkurrenten beschäftigt war, usw. Detailliertere Datenquellen werden im Anhang B beschrieben. Die für eine vollständige Konkurrentenanalyse benötigten Daten können kaum in einem einmaligen Kraftakt beschafft werden. Die Daten, die für die subtilen Beurteilungen der oben gestellten Fragen erforderlich sind, kommen in der Regel nicht auf einmal, sondern tröpfchenweise, und sie müssen über einen gewissen Zeitraum zusammengestellt werden, um ein vollständiges Bild der Situation des Konkurrenten zu erhalten.

Um die Daten für eine hochwertige Konkurrentenanalyse zu sammeln, reicht harte Arbeit allein nicht aus. Ein organisierter Mechanismus - irgendeine Art von Nachrichten*system* über Konkurrenten - ist notwendig, damit die Effektivität des Prozesses garantiert ist. Die Bestandteile eines Nachrichtensystems über Konkurrenten können je nach den Erfordernissen des jeweiligen Unternehmens variieren, d.h. sie gründen sich auf seine Branche, auf die Fähigkeiten seines Personals, und auf die Interessen und Begabungen seines Managements. Abbildung 3 - 2 zeigt die Schritte, die bei der Entwicklung der Daten für eine hochwertige Konkurrentenanalyse ausgeführt werden müssen und liefert zugleich einige Vorschläge zu ihrer Bewältigung. Es gibt vielerlei Quellen von Felddaten und gedrucktem Material, und gewöhnlich können viele im Unternehmen zu ihrer Sammlung beitragen. Außerdem wird ein einzelner mit der effektiven Sammlung, Katalogisierung, Verarbeitung und Mitteilung dieser Daten in der Regel überfordert sein.

In der Praxis beobachtet man eine Vielzahl organisatorischer Formen. Sie reichen von (a) einer Konkurrentenanalyse-Gruppe, die Teil der Planungsabteilung ist und alle Aufgaben übernimmt (wobei sie zur Sammlung von Felddaten möglicherweise auf andere Unternehmensangehörige zurückgreift), über (b) einen Koordinator für Konkurrenteninformationen, der die Daten sammelt, katalogisiert und weitergibt, bis hin zu (c) einem System, in dem der Strategiebeauftragte alles informell übernimmt. Allzuoft ist jedoch überhaupt niemand für die Konkurrentenanalyse verantwortlich. Wenn es auch keinen einzig korrekten Weg der Sammlung von Konkurrentendaten geben mag, so ist doch klar, daß irgendjemand sich ihrer annehmen muß, wenn wertvolle Informationen nicht verloren gehen sollen. Das Spitzenmanagement kann zur Verstärkung der Anstrengungen beitragen, indem es ausgefeilte Konkurrentenprofile im Zuge des Planungsprozesses verlangt. Zumindest sollte einem bestimmten Manager die Verantwortung übertragen werden, als Anlaufstelle für die Sammlung von Konkurrenteninformationen zu fungieren.

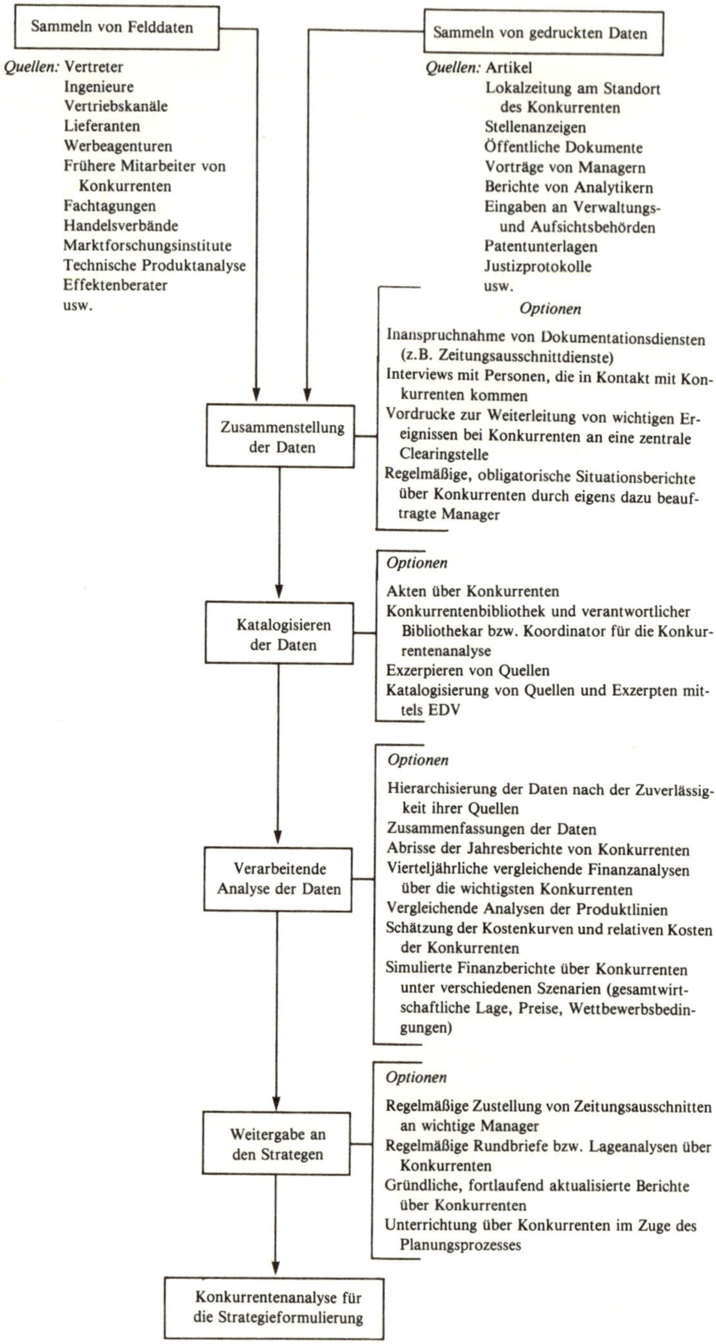

Abbildung 3-2: Der Aufbau eines Nachrichtensystems über Konkurrenten

Jeder der Schritte kann auf verschiedenartige Weise bewältigt werden, wie Abbildung 3 – 2 zeigt. Die aufgeführten Optionen umfassen ganz verschiedene Grade der Komplexität und Vollständigkeit. Ein kleines Unternehmen wird vielleicht nicht über die Mittel oder das Personal verfügen, um einen der schwierigen Ansätze in Angriff zu nehmen; ein Unternehmen aber, das ein großes Interesse an der erfolgreichen Analyse einiger wichtiger Konkurrenten hat, sollte am besten alle Optionen wahrnehmen. Egal wie hoch der Schwierigkeitsgrad ist, kann die Wichtigkeit der Weitergabe-Funktion gar nicht genug hervorgehoben werden. Das Sammeln der Daten ist Zeitverschwendung, wenn sie nicht zur Strategieformulierung herangezogen werden; es müssen kreative Wege geschaffen werden, um die Daten in prägnanter und brauchbarer Form an das Spitzenmanagement weiterzugeben.

Die Vorteile eines Nachrichtensystems über Konkurrenten, gleich welches Verfahren gewählt wird, entstehen aus der Formalisierung und Dokumentation. Allzuleicht gehen Datensplitter verloren – und damit die Vorteile, die sich nur aus der Kombination dieser Datensplitter ergeben. Die Analyse von Konkurrenten ist zu wichtig, um beiläufig behandelt zu werden.

Kapitel 4
Marktsignale

Als Marktsignal ist jede Handlung eines Wettbewerbers zu verstehen, die einen direkten oder indirekten Hinweis auf seine Vorhaben, Motive, Ziele oder interne Situation liefert. Das Verhalten eines Konkurrenten erzeugt in vielfältiger Weise Signale. Manche sind Bluffs, andere sind Warnungen, wieder andere sind verbindliche Hinweise auf zukünftige Handlungsverläufe.[1] Marktsignale sind indirekte Kommunikationsmittel auf dem Markt, und das Verhalten eines Konkurrenten kann – teilweise oder sogar vollständig – Träger von Informationen sein, die bei der Konkurrentenanalyse und Strategieformulierung behilflich sein können.

Marktsignale wahrzunehmen und richtig zu interpretieren ist folglich von großer Bedeutung für die Entwicklung der Wettbewerbsstrategie, und Signale aus dem Verhalten von Wettbewerbern herauszulesen ist eine notwendige Ergänzung der Konkurrentenanalyse (Kapitel 3). Außerdem ist die Kenntnis der Signalgebung wichtig für wirksame Wettbewerbsmaßnahmen, worauf wir in Kapitel 5 noch eingehen. Um Signale von Konkurrenten richtig verstehen zu können, bedarf es des Leitfadens der Konkurrentenanalyse: des Verständnisses ihrer zukünftigen Ziele, Annahmen (über den Markt und sich selbst), gegenwärtigen Strategien und Fähigkeiten. Das »Lesen« von Marktsignalen – eine Unterform der Konkurrentenanalyse –, beruht auf subtilen Urteilen über Konkurrenten; diese Urteile entstehen aus dem Vergleich ihrer Lage (soweit wir sie kennen) mit ihrem Verhalten. Wie wir sehen werden, erfordern die vielen Feinheiten bei

---

1 Im Rahmen der spieltheoretischen Literatur über Oligopole und gelegentlicher Beobachtungen von Wettbewerbsverhalten liegen umfangreiche Belege für die Signalgebung auf Märkten vor. Eine interessante theoretische Studie, die die Bedeutung der Signalgebung untermauert, findet sich bei Fouraker/Siegel (1960).

der Interpretation von Signalen fortwährende Vergleiche zwischen dem Konkurrentenverhalten und der Art von Konkurrentenanalyse aus Kapitel 3.

Arten von Marktsignalen

Marktsignale können zwei grundlegend verschiedene Funktionen erfüllen: sie können echte Hinweise auf die Motive, Vorhaben oder Ziele eines Konkurrenten sein, oder sie können Bluffs sein. Bluffs sind Signale, die andere Unternehmen in die Irre führen sollen, sodaß sie bestimmte Maßnahmen zum Vorteil des Signalgebers durchführen oder Maßnahmen zu seinem Nachteil unterlassen. Die Unterscheidung zwischen Bluffs und echten Signalen ist oft mit schwierigen Beurteilungen verbunden.

Marktsignale nehmen verschiedene Formen an, je nach dem betreffenden Konkurrentenverhalten und dem gewählten Medium. Bei der nun folgenden Diskussion der verschiedenen Formen von Signalen soll vor allem gezeigt werden, wie diese als Bluffs verwandt werden können, und wie ein Bluff von einem echten Signal unterschieden werden kann.

Die wichtigen Formen von Marktsignalen sind die folgenden:

Ankündigung von Maßnahmen

Form, Charakter und zeitliche Plazierung einer Ankündigung können aufschlußreiche Signale sein. Eine Ankündigung ist die formale Mitteilung eines Konkurrenten, daß er eine bestimmte Handlung entweder *durchführen* oder *nicht durchführen* wird, wie z.B. den Bau einer Fabrik, eine Preisänderung usw. Eine solche Ankündigung garantiert nicht unbedingt, daß die Handlung vollzogen werden wird; es gibt Ankündigungen, denen keine Handlungen folgen, entweder weil nichts zu ihrer Ausführung unternommen wurde, oder weil eine spätere Bekanntgabe die Absicht widerrief. Diese Eigenschaft von Ankündigungen erhöht ihren Signalwert, wie wir noch sehen werden.

Im allgemeinen können Ankündigungen eine Vielzahl von Signalfunktionen erfüllen, die sich nicht gegenseitig ausschließen. Erstens kann die Verpflichtung auf eine bestimmte Handlung den Versuch beinhalten, Konkurrenten *zuvorzukommen*. Kündigt ein Wettbewerber beispielsweise eine Kapazitätserweiterung an, die ausreicht, um das gesamte erwartete Marktwachstum abzudecken, so versucht er damit möglicherweise, seine Konkurrenten von Kapazitätserweiterungen abzubringen, die zur Überkapazität in der Branche führen würden. Oder ein Wettbewerber kann, wie für IBM typisch, ein neues Produkt noch vor seiner Marktreife ankündigen, damit die Kunden auf sein neues Produkt warten und nicht inzwischen das seiner Konkurrenten kaufen (Siehe Brock, 1975). So hat Berkey in seiner Kartellklage Kodak vorgeworfen, es habe neue Kameras lange vor ihrer Produktionsreife vorgestellt, um den Absatz konkurrierender Produkte zu schwächen.

Zum zweiten können Ankündigungen *Drohungen* sein, bestimmte Maßnahmen zu ergreifen, falls ein Konkurrent ein geplantes Vorhaben realisieren sollte. Wenn z.B. das Unternehmen *A* von der Absicht des Unternehmens *B* erfährt, die Preise für bestimmte Posten seiner Produktlinie zu senken (oder *B* gibt dieses Vorhaben bekannt), wird *A* möglicherweise ankündigen, seine Preise erheblich unter die von *B* zu senken. Dadurch kann *B* unter Umständen von der Preisänderung abgehalten werden, weil er nun weiß, daß *A* mit dem niedrigeren Preis unzufrieden wäre und sogar bereit ist, einen Preiskrieg zu beginnen.

Ankündigungen können drittens *Test der Empfindungen von Konkurrenten* sein und dabei den Vorteil nutzen, daß sie nicht unbedingt wahrgemacht werden müssen. Unternehmen *A* könnte z.B. ein neues Garantieprogramm bekanntgeben, um die Reaktionen seiner Konkurrenten zu testen. Wenn sie wie vorgesehen reagieren, wird *A* die Änderung wie geplant vornehmen. Signalisieren die Konkurrenten ihr Mißfallen, oder kündigen sie andere Garantieprogramme an als das von *A* vorgeschlagene, so wird *A* die geplante Maßnahme möglicherweise zurückziehen oder ein modifiziertes Garantieprogramm bekanntgeben, um die seiner Konkurrenten zu parieren.

Dieser Handlungsablauf legt eine vierte Rolle von Ankündigungen nahe, die mit ihrer Rolle als Drohung verwandt ist. Ankündigungen können als *Mitteilungen über Zufriedenheit oder Unzufrie-*

denheit mit Wettbewerbsentwicklungen in der Branche dienen.[2] Die Ankündigung einer Maßnahme, die mit der eines Konkurrenten übereinstimmt, kann Zufriedenheit anzeigen, während die Ankündigung einer »Strafmaßnahme« oder eines substantiell anderen (aber auf das gleiche Ziel gerichteten) Ansatzes der Ausdruck von Unzufriedenheit sein kann.

Eine fünfte, weitverbreitete Funktion von Ankündigungen ist die eines versöhnenden Schrittes, der darauf abzielt, die *provokative Wirkung* einer anstehenden strategischen Anpassung zu *minimieren.* Die Ankündigung soll vermeiden helfen, daß es im Anschluß an die strategische Anpassung zu einer Runde unerwünschter Vergeltung und Kriegführung kommt. Beispielsweise könnte Unternehmen *A* befinden, daß das Preisniveau in der Branche nach unten korrigiert werden sollte. Kündigt *A* diesen Schritt frühzeitig an, und rechtfertigt es ihn unter Hinweis auf spezifische Kostenänderungen, so kann *B* davon abgehalten werden, die Preisänderung als Angriff auf Markanteile aufzufassen und energisch zurückzuschlagen. Diese Rolle von Ankündigungen ist dort besonders verbreitet, wo eine notwendige strategische Anpassung nicht aggressiv gemeint ist. Allerdings können derartige Ankündigungen auch dazu dienen, Konkurrenten in Sicherheit zu wiegen, um die Implementierung einer aggressiven Maßnahme zu erleichtern. Dies ist einer der vielen Fälle, in denen ein Signal ein zweischneidiges Schwert sein kann.

Eine sechste Funktion von Ankündigungen ist es, *kostspielige, sich überschneidende Maßnahmen* zu vermeiden, wie z.B. bei Kapazitätserweiterungen, wo die geballte Entstehung neuer Produktionsanlagen zu Überkapazitäten führen würde. Kündigen die Wettbewerber ihre Expansionspläne rechtzeitig an, so wird es jedem erleich-

---

2 Ihre Zufriedenheit oder Unzufriedenheit können Wettbewerber außerdem *direkt* aussprechen, durch Interviews, Reden vor Effektenberatern usw. Aber die Ankündigung, als Reaktion auf den Schritt eines Konkurrenten etwas Konkretes zu unternehmen, beinhaltet meist eine verbindlichere Festlegung als die bloße Äußerung von Zufriedenheit oder Unzufriedenheit. Denn eine Ankündigung zurückzunehmen bringt einen größeren Verlust an Glaubwürdigkeit mit sich, als eine Maßnahme zu ergreifen, die dem Inhalt irgendeines Interviews oder Vortrages widerspricht. Interviews oder Vorträge werden manchmal dazu verwandt, Unzufriedenheit zu signalisieren und damit ein anderes Unternehmen zur Änderung seiner Meinung zu bewegen; ist diese Taktik aber erfolglos, so gibt man zu erkennen, daß man dem Schritt folgen werde.

tert, die Kapazitätserweiterungen der anderen schrittweise einzuplanen und Überkapazitäten möglichst gering zu halten. Solch ein Prozeß bricht nicht selten zusammen; siehe dazu Kapitel 15 (Kapazitätserweiterung).

Eine letzte Funktion von Ankündigungen kann die *Kommunikation* mit der Finanzwelt sein, um den Aktienkurs zu stärken oder den Ruf des Unternehmens zu verbessern. Diese verbreitete Praxis zeigt, daß oft Public Relations im Spiel sind, wenn Unternehmen ihre Situation im bestmöglichen Licht darstellen. Ankündigungen dieser Art können aber Probleme verursachen, indem sie falsche Signale an Konkurrenten senden.

Daneben können Ankündigungen auch dazu dienen, *interne Unterstützung* für eine Maßnahme zusammenzubringen. Die öffentliche Festlegung des Unternehmens auf eine bestimmte Maßnahme kann ein Mittel sein, interne Debatten über ihre Wünschbarkeit abzuwürgen. Ankündigungen von Finanzzielen dienen nicht selten dieser Funktion der Mobilisierung von Unterstützung.

Aus der obigen Diskussion sollte klargeworden sein, daß eine ganze Wettbewerbsschlacht mittels Ankündigungen geführt werden kann, ehe eine einzige Mark ausgegeben worden ist. Eine unlängst abgelaufene Serie von Ankündigungen unter Produzenten von Computerspeichern bietet eine Veranschaulichung dieses Vorgangs. Texas Instruments kündigte einen Preis für Direktzugriffsspeicher an, die zwei Jahre später erhältlich sein sollten. Eine Woche später kündigte Bowmar einen niedrigeren Preis an. Drei Wochen später kündigte Motorola einen noch niedrigeren Preis an. Schließlich, zwei Wochen nach dieser Bekanntgabe, kündigte Texas Instruments den halben Preis von Motorola an, worauf die beiden anderen Unternehmen darauf verzichteten, das Produkt herzustellen. Somit hatte Texas Instruments die Schlacht gewonnen, noch bevor irgendwelche größeren Investitionen getätigt wurden.[3] Auf ähnliche Weise kann der »Handel« mit Ankündigungen etwa die Höhe einer Preisänderung oder die Form eines neuen Händlerrabattsystems regeln, ohne daß dabei der Markt zerrüttet werden muß oder eine Schlacht ris-

---

3 Damit dieser Ausgang zustandekam, mußte Texas Instruments – durch andere Maßnahmen – glaubwürdig seine Entschlossenheit demonstrieren, die Speicher *tatsächlich* zu den niedrigeren Preisen anzubieten; sonst hätte der Eintritt von Konkurrenten in dieses Geschäft nicht verhindert werden können (siehe Kapitel 5).

kiert wird, in deren Verlauf ein System eingeführt wird und später geändert oder zurückgezogen werden muß.

Die Unterscheidung, ob eine Ankündigung dazu dient, anderen zuvorzukommen, oder ob sie einen versöhnlichen Schritt darstellt, ist offenkundig von entscheidender Bedeutung. Eine solche Unterscheidung kann man beginnen, indem man die dauerhaften Vorteile untersucht, die der Wettbewerber erzielen könnte, wenn er seinen Konkurrenten zuvorkommt. (Kapitel 15 diskutiert die Umstände, die es erleichtern, Konkurrenten zuvorzukommen). Bestehen solche dauerhaften Vorteile, so muß mit diesem Motiv ernsthaft gerechnet werden. Bringt das Zuvorkommen jedoch kaum Vorteile, oder wäre den Interessen des Konkurrenten mit einem Überraschungsschritt besser gedient, so kann eher Versöhnung angezeigt sein. Die Bekanntgabe einer Maßnahme, die angesichts der Fähigkeiten des Wettbewerbers unter seinen Möglichkeiten bleibt, andere zu schädigen, kann normalerweise als versöhnlich angesehen werden. Ein weiterer Hinweis auf Motive ist das Timing der Ankündigungen, verglichen mit dem geplanten Zeitpunkt der Handlung. Ankündigungen, die sehr frühzeitig erfolgen, sind – für sich genommen – tendenziell versöhnlich, obgleich eine völlige Verallgemeinerung problematisch ist.

Es sollte klar festgehalten werden, daß Ankündigungen *Bluffs* sein können, da sie nicht immer ausgeführt werden müssen. Wie beschrieben, kann eine Ankündigung die Entschlossenheit eines Unternehmens ausdrücken, eine Drohung wahrzumachen, um einen Konkurrenten dazu zu bringen, eine geplante Maßnahme zu unterlassen, abzuschwächen oder nicht als erster durchzuführen. Ein Unternehmen kann beispielsweise die Errichtung einer großen Fabrik zur Aufrechterhaltung seines Anteils an der Branchenkapazität ankündigen (angesichts von Expansionsplänen anderer Unternehmen, die es lieber nicht verwirklicht sähe), wobei seine Fabrik zu großen Überkapazitäten in der Branche führen würde. Wenn ein solcher Bluff seine beabsichtigte Wirkung verfehlt, wird der Bluffer wenig geneigt sein, die Drohung wahrzumachen. Ob aber eine Drohung oder eine andere Festlegung verwirklicht wird, beeinflußt entscheidend die Glaubwürdigkeit zukünftiger Verpflichtungen und Ankündigungen. In extremen Fällen kann eine Ankündigung ein Täuschungsmanöver sein, um Konkurrenten dazu zu bringen, Mittel in den Aufbau von Verteidigungsmaßnahmen zu stecken, obwohl ein Angriff gar nicht geplant ist.

Ankündigungen können stattfinden und finden statt in einer Vielzahl von Medien: offiziellen Pressemitteilungen, Vorträgen des Managements vor Effektenberatern, Presseinterviews und anderen Formen. Das für die Ankündigung gewählte Medium ist ein Anhaltspunkt für die zugrundeliegenden Motive. Je formeller die Ankündigung, desto mehr will das Unternehmen sicherstellen, daß seine Botschaft gehört wird, und desto breiter ist das Publikum, das es sucht. Das benutzte Medium hat auch einen Einfluß darauf, wer die Ankündigung wahrnimmt. Eine Bekanntgabe in einer spezialisierten Handelszeitung wird wahrscheinlich nur von Konkurrenten und anderen Branchenteilnehmern wahrgenommen. Eine Ankündigung vor einem breiten Publikum von Effektenberatern oder an die nationale Wirtschaftspresse kann dagegen von ganz anderem Gewicht sein. Die Ankündigung vor einem breiten Publikum kann eine »öffentliche« Verpflichtung herstellen, die die Konkurrenten als bindend auffassen und einen entsprechend hohen Abschreckungswert hat. (Eine Diskussion der Bedeutung von Verpflichtung und Abschreckung in Wettbewerbssituationen erfolgt in Kapitel 5).

Nachträgliche Bekanntgaben von Resultaten oder Maßnahmen

Fabrikerweiterungen, Umsatzzahlen und andere Maßnahmen oder Resultate werden von Unternehmen oft nachträglich bekanntgegeben bzw. bestätigt. Solche Bekanntgaben tragen in dem Maße Signalcharakter, als sie Daten offenbaren, die sonst schlecht erhältlich wären und/oder deren Veröffentlichung durch das Unternehmen überraschend ist. Die nachträgliche Bekanntgabe soll sicherstellen, daß andere Unternehmen die veröffentlichten Daten zur Kenntnis nehmen – wodurch ihr Verhalten beeinflußt werden kann.

Wie jede Verlautbarung kann eine nachträgliche Bekanntgabe falsch oder – was wahrscheinlicher ist – irreführend sein, obwohl dieser Fall nicht verbreitet zu sein scheint. Viele solcher Bekanntgaben beziehen sich auf Daten wie z.B. Marktanteile, die weder der Rechnungsprüfung unterliegen noch durch die Börsenaufsicht überprüft werden.

Irreführende Daten werden manchmal veröffentlicht, wenn man glaubt, mittels solcher Daten anderen zuvorzukommen oder Entschlossenheit demonstrieren zu können. Ein Beispiel für diese Taktik ist die Bekanntgabe von Umsatzzahlen, die den Absatz einiger zwar verwandter, aber im engeren Sinne nicht dazugehöriger Produkte miteinschließen, wodurch der angebliche Marktanteil aufgebläht wird. Eine andere Taktik besteht darin, die endgültige Kapazität für eine neue Fabrik anzugeben, obwohl diese Kapazität erst nach einer weiteren Ausbauphase erreicht wird, und somit die endgültige Kapazität als die anfängliche auszugeben. (Diese Handlung sollte klar unterschieden werden von der korrekten Bekanntgabe vorhandener Kapazitäten und der gleichzeitigen Bekanntgabe von Plänen für künftige Expansion). Wenn es einem Unternehmen gelingt, solche irreführenden Praktiken eines Konkurrenten zu erkennen und zu verstehen, so kann es wichtige Signale über seine Ziele und tatsächliche Wettbewerbsstärke darin entdecken.

Öffentliche Diskussion über die Branche seitens der Wettbewerber

Es ist nicht unüblich, daß Wettbewerber öffentlich die Branchensituation kommentieren, z.B. in Form von Prognosen über Nachfrage, Preise und künftige Kapazitäten, oder Kommentare zur Bedeutung externer Faktoren (z.B. Materialkostensteigerungen) abgeben. Solche Äußerungen sind beladen mit Signalen, weil sie die Annahmen des kommentierenden Unternehmens offenlegen können, auf denen es seine eigene Strategie aufbaut. Insofern kann diese Diskussion der bewußte oder unbewußte Versuch sein, andere Unternehmen zur Übernahme der eigenen Annahmen zu bewegen und dadurch die Wahrscheinlichkeit von Mißverständnissen und »Kriegführung« zu minimieren. Solche Kommentare können auch unausgesprochene Bitten um Preisdisziplin beinhalten: »Der Preiswettbewerb ist immer noch sehr hart. Der Branche gelingt es nicht, steigende Kosten an den Verbraucher weiterzugeben.« (Der Präsident der Sherwin-Williams Coating Group in einem Kommentar über die Farbenbranche in: »A Thin Coating of Profit for Paint Makers«, *Business Week*, 14.8.1977). »Das Problem dieser Branche besteht in der mangelnden Einsicht einiger Unternehmen, daß die gegenwärtigen Preise unsere Fähigkeit untergraben, zu expandieren und langfristig ein Qualitätsprodukt herzustellen.« (Der Direktor eines führenden Gebrauchsgüterproduzenten in einer Rede vor Effektenberatern). Branchendiskussionen können auch unausgesprochene Bitten enthalten, die anderen Unternehmen mögen ihre Kapazitätserweiterungen begrenzen, keinen exzessiven Werbewettbewerb starten, die Geflogenheiten im Umgang mit Großkunden nicht unterlaufen, usw. – genauso aber unausgesprochene Kooperationsangebote, falls die anderen sich »korrekt« verhalten.

Natürlich kann das kommentierende Unternehmen versuchen, die Branchensituation so zu interpretieren, daß es seine eigene Position verbessert. Sähe es beispielsweise lieber niedrigere Preise, so kann es die Branchensituation auf eine Weise beschreiben, daß die Preise seiner Konkurrenten zu hoch erscheinen, obwohl die Konkurrenten möglicherweise besser damit fahren, ihre Preise zu halten. Diese Möglichkeit schließt ein, daß Unternehmen, die die Kommentare ihrer Konkurrenten auf Signale hin abklopfen, ihrerseits die Branchensituation überprüfen und herausfinden müssen, ob der Kommentierende seine eigene Position durch seine Deutung der Tatsachen verbessern könnte – und dadurch seine Absichten bloßlegt.

Über allgemeine Kommentare zur Branchensituation hinaus kommt es vor, daß Wettbewerber die Maßnahmen ihrer Rivalen direkt kommentieren. »Die jüngste Erweiterung des Händlerkredits war aus diesen und jenen Gründen unangemessen.« Ein solcher Kommentar kann dazu dienen, Zufriedenheit oder Unzufriedenheit mit einer Maßnahme zu signalisieren, aber wie bei jeder anderen Verlautbarung sind verschiedene Interpretationen seines Zwecks denkbar. Er kann beispielsweise dem Eigeninteresse dienen, indem er die öffentliche Beurteilung der Maßnahme in eine Richtung lenkt, die die eigene Position verbessert.

Gelegentlich loben Unternehmen ihre Konkurrenten namentlich oder die Branche allgemein. Ein solches Lob ist meist eine versöhnliche Geste, die Spannungen abbauen oder schädliche Praktiken beenden soll. Es kommt am häufigsten in Branchen vor, in denen alle Unternehmen vom kollektiven Ruf der Branche bei Verbrauchern oder in der Finanzwelt abhängig sind.

Diskussion und Erläuterung eigener Maßnahmen

Wettbewerber diskutieren oft ihre eigenen Maßnahmen in der Öffentlichkeit oder auf Foren, deren Diskussionen wahrscheinlich andere Unternehmen erreichen. Ein verbreitetes Beispiel dafür ist die Diskussion einer Maßnahme mit wichtigen Kunden oder Händlern, die danach mit fast hundertprozentiger Sicherheit in der gesamten Branche die Runde macht.

Die Erläuterung oder Diskussion einer eigenen Maßnahme kann, bewußt oder unbewußt, mindestens drei Zwecken dienen. Erstens kann sie den Versuch darstellen, anderen Unternehmen die Logik einer Maßnahme sichtbar zu machen und sie somit zur Nachahmung zu bewegen, oder ihnen mitzuteilen, daß die Maßnahme nicht als Provokation zu verstehen ist. Zweitens können Erläuterungen oder Diskussionen abschreckende Gesten sein bzw. dazu dienen, anderen zuvorzukommen. Unternehmen, die ein neues Produkt einführen oder in einen neuen Markt eintreten, füllen manchmal die Presse mit Berichten darüber, wie kostspielig und schwierig der Schritt war. Dadurch können andere Unternehmen abgeschreckt werden, gleiches zu versuchen. Schließlich können solche Diskussionen auch den Versuch darstellen, die Ernsthaftigkeit von Maßnahmen zu verdeutlichen. Der Wettbewerber kann auf die Höhe der ausgegebenen Mittel hinweisen und sein langfristiges Engagement auf einem neuen Gebiet betonen, um Rivalen davon zu überzeugen, daß er zu bleiben gedenkt und sie nicht versuchen sollten, ihn zu verdrängen.

Die Taktiken der Wettbewerber im Vergleich zu ihren Möglichkeiten

Der Vergleich dessen, was ein Wettbewerber aufgrund seiner Fähigkeiten hätte tun können, mit den tatsächlich getroffenen Entscheidungen (z.B. in Bezug auf Preishöhe, Werbeanstrengungen, Umfang von Kapazitätserweiterungen, gewählte Produkteigenschaften usw.) fördert wichtige Signale zutage, die auf Motive hinweisen. Wählt ein Wettbewerber gerade diejenigen strategischen Variablen unter seinen Optionen aus, die andere Unternehmen am schlimmsten schädigen, so ist dies ein starkes aggressives Signal. Gibt es hingegen unter seinen verfügbaren Alternativen noch Strategien, die seine Konkurrenten stärker geschädigt hätten als die tatsächlich gewählte (z.B. könnte die Kostensituation dem Wettbewerber auch einen niedrigeren Preis erlauben), dann weist dies möglicherweise auf Konzilianz hin. Auch ein Wettbewerber, der sich nicht gemäß seinem engdefinierten Eigeninteresse verhält, könnte unausgesprochen Versöhnung signalisieren.

Die anfängliche Implementierungsweise einer strategischen Änderung

Ein Wettbewerber kann sein neues Produkt anfänglich in einem weniger wichtigen Markt einführen, oder er kann es sofort aggressiv an die Hauptkunden seiner Rivalen verkaufen. Eine Preisänderung kann zunächst bei Produkten oder Marktsegmenten vorgenommen werden, an denen ein anderes Unternehmen kein großes Interesse hat, oder sie kann direkt bei Produkten im Zentrum seiner Produktlinie erfolgen. Eine Maßnahme kann zu einer Jahreszeit vorgenommen werden, in der Anpassungen ihrer Art gängig sind, oder sie kann zu einem ungewöhnlichen Zeitpunkt erfolgen. Dies sind bloß Beispiele dafür, wie die Art, in der fast jede strategische Änderung durchgeführt wird, die Unterscheidung erleichtern kann, ob ein Wettbewerber »bestrafen« will oder ob er im wohlverstandenen Interesse der gesamten Branche handeln will. Wie üblich bei solchen Motiven besteht jedoch die Gefahr des Bluffs.

Abweichung von früheren Zielen

Hat ein Wettbewerber traditionell nur solche Produkte hergestellt, die am oberen Ende des Produktspektrums angesiedelt waren, so ist seine Einführung eines deutlich minderwertigen Produkts möglicherweise ein Zeichen für eine bedeutende Neuordnung seiner Ziele oder Annahmen. Ähnliche Botschaften vermitteln Abweichungen von früheren Zielen in jedem anderen Strategiebereich. Solche Abweichungen sollten Anlaß sein, den Wettbewerber intensiv zu analysieren und auf solche Signale zu achten.

Abweichungen von Branchengewohnheiten

Eine Maßnahme, die von Branchennormen abweicht, ist meist ein aggressives Signal. Beispiele dafür sind Rabatte auf Produkte, für die noch nie Rabatt gewährt wurde, oder der Bau von Produktionsanlagen in einem bisher ausgesparten geographischen Gebiet oder Land.

Die Quer-Parade

Initiiert ein Unternehmen einen Schritt auf einem bestimmten Gebiet, und reagiert ein Konkurrent darauf mit einer Gegenmaßnahme, die den Initiator auf einem anderen Gebiet trifft, dann kann diese Situation als *Quer-Parade* bezeichnet werden. Sie tritt vor allem auf, wenn Unternehmen in unterschiedlichen geographischen Gebieten operieren oder mehrere Produktlinien haben, die sich nicht vollständig decken. Beispielsweise kann es einem Unternehmen mit Sitz an der Ostküste der USA passieren, daß nach seinem Eintritt in den westlichen Markt ein dort beheimatetes Unternehmen seinerseits in den östlichen Markt eindringt. Ein ähnlicher Fall ereignete sich z.B. in der Röstkaffeebranche. Die Stärke von Maxwell House lag traditionell im Osten, während Folger's im Westen stark ist. Folger's begann nach seinem Erwerb durch Procter and Gamble damit, die östlichen Märkte mittels aggressivem Marketing verstärkt zu durchdringen. Maxwell konterte seinerseits mit Preissenkungen und höheren Marketing-Ausgaben auf einigen von Folger's Schlüsselmärkten im Westen. Ein anderes Beispiel könnte sich im Ausrüstungsektor ereignen. Ende der fünfziger Jahre betrat Deere die Baubranche mit einer ähnlichen Strategie wie Caterpillar. Deere hat unlängst noch stärker versucht, einige der für Caterpillar wichtigen Märkte zu durchdringen. Es gehen nun Gerüchte um, Caterpillar beabsichtige, in die Agrarausrüstungsbranche einzutreten, wo Deere stark ist (Ein Gerücht kann ebenso wie eine wirkliche Maßnahme eine Form der Querparade sein).

Die Quer-Parade als Reaktion bedeutet, daß das angegriffene Unternehmen sich entschließt, den Initialschritt *nicht* direkt, sondern indirekt zu kontern. Durch die indirekte Reaktion will das angegriffene Unternehmen möglicherweise vermeiden, daß es zu einer destruktiven Aufeinanderfolge von Maßnahmen und Gegenmaßnahmen auf dem umkämpften Markt kommt, aber zugleich seine Unzufriedenheit deutlich signalisieren und die Drohung späterer ernsthafter Vergeltung aussprechen.

Wenn das Querparieren auf einen für den Initiator lebensnotwendigen Markt zielt, wird es unter Umständen als ernsthafte Warnung aufgefaßt. Zielt es auf einen weniger wichtigen Markt, kann es zwar ebenfalls eine Warnung signalisieren, aber gleichzeitig die Hoffnung aussprechen, der Initiator möge auf destabilisierende oder voreilige Gegenmaßnahmen verzichten. Die Antwort auf einem Nebenmarkt kann außerdem signalisieren, daß der Verteidiger sich bedrohlichere Querparaden vorbehält, falls der Initiator nicht den Rückzug antritt.

Die Querparade vermag einen Konkurrenten besonders wirkungsvoll zu disziplinieren, wenn die Marktanteile stark voneinander abweichen. Wenn beispielsweise die Querparade eine Preissenkung einschließt, können dem Unternehmen mit dem höheren Marktanteil weit höhere Kosten entstehen als dem signalisierenden Unternehmen. Das kann den Druck auf den ursprünglichen Anstifter, sich zurückzuziehen, verstärken.

Aus der ganzen Analyse folgt, daß es eine potentiell nützliche Abschreckung ist, auf solchen Kreuzmärkten eine kleinere Position aufrechtzuerhalten.

Die Kampfmarke

Ein mit der Querparade verwandtes Signal ist die Kampfmarke. Ein potentiell oder tatsächlich bedrohtes Unternehmen kann eine Marke einführen, die die Quelle der Bedrohung (potentiell oder tatsächlich) »bestraft« – wenngleich darin nicht die einzige Motivation für die Einführung der Marke liegen muß. Bespielsweise führte Coca-Cola Mitte der siebziger Jahre eine neue Marke namens Mr. Pibb ein, die ganz ähnlich schmeckte wie Dr. Pepper, eine Marke, die zu dieser Zeit dabei war, Marktanteile zu gewinnen. Maxwell House brachte eine Kaffeemarke namens Horizon auf den Markt, die ähnliche Eigenschaften aufwies und verpackt war wie Folger's – und zwar auf Märkten, wo Folger's gerade versuchte, seine Position zu verbessern. Kampfmarken können gemeint sein als Warnungen, Abschreckungen, oder als »Stoßtruppen«, die die volle Wucht des Angriffs von Konkurrenten abwehren sollen. Oft werden sie ohne großen Nachdruck oder Einsatz auf den Markt gebracht, *solange nicht* irgendein ernsthafter Angriff stattfindet; sie dienen damit der Warnung. Kampfmarken können außerdem als Angriffswaffen im Rahmen einer größeren Kampagne verwandt werden.

Private Wettbewerbsklagen

Erhebt ein Unternehmen eine Wettbewerbsklage gegen einen Konkurrenten, so kann dies als ein Signal von Unzufriedenheit verstanden werden, in manchen Fällen auch als Belästigung oder Verzögerungstaktik. Privatklagen sind Querparaden deshalb sehr ähnlich. Da eine Privatklage vom Kläger jederzeit zurückgezogen werden kann, ist sie ein potentiell mildes Signal der Unzufriedenheit, verglichen z.B. mit einer strategischen Preissenkung. Die Klage könnte bedeuten: »Ihr seid dieses Mal zu weit gegangen und solltet besser den Rückzug antreten«, sie vermeidet aber die Risiken einer direkten Konfrontation auf dem Markt. Klagt ein schwächeres Unternehmen ein stärkeres an, so wird das stärkere Unternehmen möglicherweise vorsichtig und verzichtet auf aggressive Aktionen, solange die Klage läuft. Wenn sich das starke Unternehmen von der Justiz beobachtet fühlt, kann seine Macht wirkungsvoll neutralisiert werden.

Wenn umgekehrt große Unternehmen kleinere anklagen, können private Wettbewerbsklagen kaum verhüllte Bestrafungsmaßnahmen darstellen. Klagen zwingen das schwächere Unternehmen, ausgesprochen hohe Rechtskosten über einen langen Zeitraum zu tragen und lenken außerdem seine Aufmerksamkeit vom Marktgeschehen weg. Entsprechend dem obigen Argument kann eine Klage aber auch ein risikoloser Weg sein, dem schwächeren Unternehmen mitzuteilen, daß es einen zu großen Marktanteil beansprucht. Das laufende Verfahren kann durch juristische Manöver in der Schwebe gehalten und wahlweise aktiviert werden (mit den entsprechenden Kosten für das schwächere Unternehmen), wenn das schwächere Unternehmen das Signal mißzuverstehen scheint.

Hinweise aus der Vergangenheit

Die Fähigkeit, Signale richtig zu lesen, kann wesentlich verbessert werden, indem man betrachtet, wie in der Vergangenheit das Verhältnis zwischen den Ankündigungen eines Unternehmens und seinen Maßnahmen ausgesehen hat, oder welche Beziehungen zwischen anderen potentiellen Signalen und den darauffolgenden Ergebnissen bestanden haben. Die Suche nach Zeichen, die ein Wettbewerber unbeabsichtigt ausgegeben hat, kann außerdem helfen, neue, für den Wettbewerber spezifische unbewußte Signale aufzudecken. Werden Produktänderungen immer durch bestimmte Aktivitäten des Absatzstabs eingeleitet? Finden Einführungen von Produkten immer nach zentralen Vertreterversammlungen bzw. -schulungen statt? Gehen Preisänderungen in der existierenden Produktlinie immer der Einführung eines neuen Produkts voraus? Gibt der Wettbewerber Kapazitätserweiterungen immer dann bekannt, wenn seine Kapazitätsauslastung einen bestimmten Grad erreicht hat?

Natürlich ist bei der Interpretation solcher Signale immer die Möglichkeit der Abweichung vom früheren Verhalten gegeben; im Idealfall deckt eine vollständige Konkurrentenanalyse im voraus die ökonomischen und organisatorischen Gründe auf, die eine solche Abweichung hervorrufen könnten.

Kann die Aufmerksamkeit für Marktsignale das Unternehmen ablenken?

Angesichts der Schwierigkeit der Interpretation von Marktsignalen kann man die Meinung vertreten, daß es eine schädliche Ablenkung sei, sich zu eingehend mit ihnen zu beschäftigen. Nach dieser Auffassung sollten Unternehmen ihre Zeit und Energie auf den Wettbewerb konzentrieren, anstatt sich im Hinterfragen von Worten und Taten der Konkurrenten zu verzetteln.

Wenngleich Situationen denkbar sind, in denen das Spitzenmanagement so sehr mit Signalen beschäftigt ist, daß es die wichtigen Aufgaben der Unternehmensführung und des Aufbaus einer starken strategischen Position vernachlässigt, so läßt sich dennoch die Preisgabe dieser potentiell wertvollen Informationsquelle kaum rechtfertigen. Die Strategieformulierung beinhaltet immer einige offene oder versteckte Annahmen über Konkurrenten und ihre Motive. Marktsignale können den Informationsstock des Unternehmens im Blick auf seine Konkurrenten beträchtlich erweitern und damit die Qualität dieser Annahmen verbessern. Marktsignale zu ignorieren heißt soviel wie die Konkurrenten selbst zu ignorieren.

Kapitel 5
Wettbewerbsmaßnahmen

Der Wettbewerb ist in den meisten Branchen durch die zentrale Eigenschaft gekennzeichnet, daß die Unternehmen gegenseitig abhängig sind: Jedes Unternehmen spürt die Auswirkungen der Maßnahmen seiner Konkurrenten und fühlt sich gedrängt, darauf zu reagieren. In dieser Situation, die die Wirtschaftswissenschaft als Oligopol bezeichnet, ist der Ausgang der Wettbewerbsmaßnahme eines Unternehmens zumindest teilweise von den Reaktionen seiner Rivalen abhängig.[1] »Schlechte« oder »irrationale« Reaktionen seitens der Konkurrenten (selbst schwächerer Konkurrenten) können »gute« strategische Schritte oft erfolglos machen. Der Erfolg kann also nur garantiert werden, wenn die Konkurrenten sich für eine nicht-destruktive Reaktion entscheiden bzw. dahingehend beeinflußt werden.

Im Oligopol steht das Unternehmen oft vor einem Dilemma. Es kann die Interessen (Rentabilität) der gesamten Branche (oder einiger Unternehmen in ihr) verfolgen und deshalb auf die Auslösung von Wettbewerbsreaktionen verzichten, oder es kann seinem engdefinierten Eigeninteresse folgen und dabei das Risiko eingehen, Vergeltung zu provozieren und den Branchenwettbewerb zur Schlacht zu eskalieren. Das Dilemma entsteht, weil die Wahl von Strategien oder Gegenmaßnahmen, die das Risiko der »Kriegführung« vermeiden und die Branche insgesamt besser stellen (solche Strategien können als *kooperativ* bezeichnet werden), für das einzelne Unternehmen den Verzicht auf mögliche Gewinne und Marktanteile bedeuten kann.

---

1 Ein Oligopol ist einzuordnen zwischen einem Monopol, in dem es nur ein Unternehmen gibt, und der Branche mit vollkommenem Wettbewerb, in der so viele Unternehmen existieren und der Eintritt so einfach ist, daß die Unternehmen nicht wirklich aufeinander Einfluß ausüben, sondern nur auf die allgemeinen Marktbedingungen reagieren.

Die Situation gleicht dem klassischen Gefangenendilemma in der Spieltheorie, von dem eine Version wie folgt lautet. Zwei Häftlinge sitzen im Gefängnis, und jeder hat die Wahl, entweder den anderen zu verraten oder stillzuhalten. Wenn keiner den anderen verrät, werden beide freigelassen. Wenn sie sich gegenseitig verraten, werden beide gehängt. Wenn jedoch der eine Gefangene plaudert und der andere nicht, kommt der Verräter nicht nur frei, sondern erhält außerdem eine Belohnung. Beide Häftlinge zusammengenommen schneiden besser ab, wenn keiner von ihnen plaudert. Aber vom Standpunkt des Eigeninteresses hat jeder Gefangene einen noch größeren Anreiz zu plaudern – vorausgesetzt, der andere kommt nicht auf dieselbe Idee. Auf die Oligopolsituation übertragen heißt das: bei kooperativem Verhalten können alle Unternehmen einen angemessenen Gewinn ernten. Führt ein Unternehmen einen eigennützigen strategischen Schritt durch und schlagen die anderen nicht wirkungsvoll zurück, so kann es noch höhere Gewinne erzielen. Antworten seine Konkurrenten jedoch mit energischen Vergeltungsmaßnahmen, so kann am Ende jeder schlechter dastehen, als wenn alle kooperativ gewesen wären.

Dieses Kapitel zeigt einige Grundsätze auf, wie Wettbewerbsmaßnahmen in einer solchen Situation ergriffen werden sollten. Es berücksichtigt sowohl offensive Schritte zur Positionsverbesserung als auch defensive Schritte, die Konkurrenten von unerwünschten Aktionen abhalten sollen. Zunächst greift dieser Abschnitt auf Kapitel 1 zurück, um die allgemeine Wahrscheinlichkeit von Wettbewerbs»ausbrüchen« in einer Branche zu untersuchen; dies liefert den Kontext, in dem jeder offensive oder defensive Schritt vorgenommen werden muß. Es schließen sich wichtige Überlegungen zu verschiedenen Arten von Wettbewerbsmaßnahmen an, wie etwa nichtaggressiven (kooperativen) Maßnahmen, aggressiven Maßnahmen und solchen, die abschrecken sollen. Die Diskussion wird die entscheidende Rolle der *Verpflichtung*, bestimmte Maßnahmen zu ergreifen, veranschaulichen und einzelne Methoden untersuchen, um eine Verpflichtung zu signalisieren. Schließlich werden einige Ansätze kurz diskutiert, die Unternehmen verwenden, um die Branchenkooperation zu fördern.

Über Kapitel 1 hinaus stützt sich dieses Kapitel notwendigerweise auf die grundlegenden Prinzipien der Konkurrentenanalyse (Kapitel 3) und auf die Diskussion von Marktsignalen (Kapitel 4). Die Konkurrentenanalyse ist eine offenkundige Voraussetzung für offensive oder defensive Schritte, und Marktsignale sind Instrumente, die sowohl dem Verständnis von Konkurrenten als auch der tatsächlichen Implementierung von Wettbewerbsmaßnahmen dienen.

Bracheninstabilität: die Wahrscheinlichkeit von Wettbewerbskriegen

Die erste Überlegung, die ein Unternehmen bei der Erwägung offensiver oder defensiver Maßnahmen anstellen sollte, betrifft den allgemeinen Grad der Instabilität in der Branche bzw. die branchenweiten Bedingungen, die dazu führen könnten, daß eine Maßnahme ausgedehnte Kämpfe auslöst. Manche Branchen erfordern eine viel sanftere Gangart als andere. Die einer Branche zugrundeliegende *Struktur* (vgl. Kapitel 1) bestimmt, wie intensiv die Konkurrenz ist und wie einfach oder schwierig es ist, kooperative (bzw. einen Wettbewerbskrieg vermeidende) Resultate zu finden. Je höher die Zahl der Wettbewerber, je gleichmäßiger ihre relative Stärke, je standardisierter ihre Produkte, je höher ihre fixen Kosten (und andere Bedingungen, die sie zur Verbesserung ihrer Kapazitätsauslastung anreizen) und je langsamer das Branchenwachstum, desto wahrscheinlicher ist es, daß Unternehmen wiederholt versuchen werden, ihre eigennützigen Interessen zu verfolgen. Sie werden zu Maßnahmen greifen (z.B. versteckte, kleinere Preissenkungen), bei denen die fast sicher darauffolgende Vergeltung wiederholte Vergeltungsrunden auslösen wird, die die Gewinne niedrig halten. Auf ähnliche Weise wird es umso schwieriger sein, die gegenseitigen Maßnahmen richtig zu verstehen und ein kooperatives Ergebnis aufrechtzuerhalten, je verschiedener bzw. asymmetrischer die Ziele und Perspektiven der Wettbewerber sind, je stärker sie in der Branche strategisch engagiert sind und je weniger segmentiert der Markt ist. Grob gesprochen sind sowohl offensive wie defensive Maßnahmen umso riskanter, je stärker die Bedingungen der Branche eine intensive Konkurrenz fördern.

Einige weitere Bedingungen in einer Branche können Rivalitätsausbrüche mehr oder weniger wahrscheinlich machen. Eine Wettbewerbstradition oder *Kontinuität des Zusammenspiels* unter den Teilnehmern kann die Stabilität fördern, indem der Aufbau von Vertrauen erleichtert wird (der Glauben, daß die Wettbewerber nicht beabsichtigen, sich gegenseitig in den Konkurs zu treiben) und genauere Vorhersagen über die Reaktionsweisen der Wettbewerber ermöglicht werden. Umgekehrt erhöht ein Mangel an Kontinuität die Aussicht auf Wettbewerbsausbrüche. Die Kontinuität des Zusammenspiels beruht nicht nur auf einer stabilen Gruppe von Wettbewerbern, sondern auch auf der personellen Kontinuität ihrer Spitzenmanager.

Multiple Verhandlungsgebiete, d.h. Situationen, in denen Unternehmen auf mehr als nur einer Wettbewerbsbühne zusammentreffen, können ebenso einen stabilen Ausgang in einer Branche erleichtern. Wenn beispielsweise zwei Unternehmen sowohl auf dem amerikanischen als auch auf dem europäischen Markt konkurrieren, könnte der Gewinn des einen Unternehmens auf dem amerikanischen Markt durch den Gewinn des anderen auf dem europäischen Markt ausgeglichen werden – Gewinne, die kein Unternehmen für sich genommen tolerieren würde. Multiple Märkte bieten einen Weg, durch den ein Unternehmen ein anderes dafür belohnen kann, daß es von ihm nicht angegriffen wird (»Nebenzahlungen« in der Sprache der Spieltheorie)- oder umgekehrt eine Möglichkeit, Abweichler zu bestrafen. *Querverbindungen* durch joint ventures oder gemeinsame Beteiligungen können ein übriges zur Förderung der Branchenstabilität tun, indem sie eine kooperative Orientierung begünstigen und den Teilnehmern fast lückenlose Informationen voneinander verschaffen. Vollständige Information wirkt gewöhnlich stabilisierend, weil sie Unternehmen hilft, falsche Reaktionen zu vermeiden und sie davon abhält, schlecht konzipierte strategische Initiativen auszuprobieren.

Die Branchenstruktur beeinflußt die Position der Wettbewerber, den Druck, dem sie in Richtung auf aggressive Maßnahmen ausgesetzt sind und die Wahrscheinlichkeit, mit der ihre Interessen in Konflikt geraten. Die Struktur setzt somit die grundlegenden Parameter, innerhalb derer Wettbewerbsmaßnahmen durchgeführt werden. Allerdings bestimmt die Struktur nicht vollständig die Ereignisse, die auf einem Markt stattfinden. Die Rivalität hängt daneben von der besonderen Situation der einzelnen Wettbewerber ab. Ein weiterer Schritt zur Bestimmung der Branchenstabilität und des allgemeinen Rahmens der Ergreifung von Maßnahmen ist daher die *Konkurrentenanalyse.* Unter Verwendung der in Kapitel 3 beschriebenen Methoden muß untersucht werden, welche Maßnahmen ein Konkurrent wahrscheinlich ergreift, wie stark ihn die Maßnahmen seiner Rivalen bedrohen und welche Fähigkeit jeder einzelne Wettbewerber besitzt, sich wirkungsvoll gegen solche Maßnahmen zu verteidigen. Diese Analyse ist Voraussetzung, um Abschreckungsstrategien zu entwickeln oder um zu entscheiden, wo und wie offensive Maßnahmen ergriffen werden sollen. Wir werden an dieser Stelle davon ausgehen, daß eine solche Analyse bereits durchgeführt worden ist.

Die Einschätzung der Branchenstabilität wird abgeschlossen, indem wir die Art des Informationsflusses unter den Marktteilnehmern untersuchen, also etwa den Grad ihrer gemeinsamen Kenntnis der Branchenbedingungen und ihre Fähigkeit, ihre Absichten durch Signalgebung effektiv mitzuteilen. Dieser Informationsfluß wird einer der Schwerpunkte des Kapitels sein.

Wettbewerbsmaßnahmen

Da ein Unternehmen bei oligopolistischer Situation teilweise vom Verhalten seiner Rivalen abhängig ist, muß eine strategische Maßnahme gefunden werden, deren Ausgang schnell bestimmt wird (d.h. es findet kein ausgedehnter oder ernsthafter Wettbewerbskrieg statt), die aber zugleich so nah wie möglich an den eigenen Interessen ausgerichtet ist. Ziel des Unternehmens ist es also, einen destabilisierenden und kostspieligen Wettbewerbskrieg zu vermeiden (der zu schlechten Ergebnissen für alle Beteiligten führen würde), aber dennoch andere Unternehmen zu übertreffen.

Eine generelle Möglichkeit besteht darin, durch den Einsatz der überlegenen Mittel und Fähigkeiten ein Ergebnis zu *erzwingen,* das den Interessen des Unternehmens entspricht, und Vergeltungsmaßnahmen zu überwinden bzw. zu überdauern. Wir könnten dies den »Brecheisen«-Ansatz nennen. Er ist nur dann möglich, wenn das Unternehmen in mehrfacher Hinsicht klar überlegen ist, und er ist nur so lange stabil, als das Unternehmern diese Überlegenheit beibehält und die Konkurrenten sie anerkennen (und nicht fälschlich versuchen, ihre Positionen zu verändern).

Manche Unternehmen scheinen Wettbewerbsmaßnahmen ausschließlich als ein Spiel mit dem Brecheisen anzusehen: der Angriff auf einen Rivalen erfolgt unter Einsatz massiver Mittel. Sicherlich helfen die Stärken und Schwächen eines Unternehmens (vgl. Kapitel 3) bei der Bestimmung der Möglichkeiten und der Gefahren, denen es sich gegenübersteht. Indes erreichen selbst massierte Mittel oft nicht das gewünschte Ergebnis – wenn nämlich die Konkurrenten hart (oder schlimmer: verzweifelt bzw. irrational) zurückschlagen oder ganz andere Ziele verfolgen. Darüberhinaus ist realistisch betrachtet nicht jedes Unternehmen, das seine strategische Position zu verbessern sucht, im Besitz klarer, eindeutiger Stärken. Und schließlich ist ein Zermürbungskrieg – selbst bei eindeutigen Stärken – für Sieger und Besiegte gleichermaßen teuer und sollte am besten vermieden werden.

Wettbewerbsmaßnahmen sind im übrigen ein Spiel der Finesse. Das Spiel kann so strukturiert, die Schritte können so ausgewählt und durchgeführt werden, daß sein Ausgang optimiert wird – ganz gleich welche Mittel dem Unternehmen zur Verfügung stehen. Im Idealfall kommt es überhaupt nie zu einer Vergeltungsschlacht. Die Durchführung von Wettbewerbsmaßnahmen im Oligopol stellt man sich am besten vor als die mit Finesse eingesetzte Kombination aller geballten Kräfte, die ein Unternehmen aufbringen kann.

Kooperative oder nicht-aggressive Maßnahmen

Die Suche nach Möglichkeiten zur Positionsverbesserung kann bei Maßnahmen ansetzen, die die Ziele der Konkurrenten nicht gefährden. Auf der Basis einer gründlichen Analyse der Ziele und Annahmen von Wettbewerbern und unter Benutzung des in Kapitel 3 erstellten Rahmens können Maßnahmen gefunden werden, die die Gewinne (oder sogar den Anteil) eines Unternehmens steigern, ohne die Ergebnisse seiner relevanten Konkurrenten zu schmälern oder ihre Ziele ungebührlich zu gefährden. Drei Kategorien solcher Maßnahmen können sinnvollerweise unterschieden werden:

- Maßnahmen, die die Position des Unternehmens verbessern und die Position der Konkurrenten *selbst dann verbessern,* wenn diese sich nicht anschließen;
- Maßnahmen, die die Position des Unternehmens verbessern und die Position der Konkurrenten *nur dann verbessern,* wenn sich ein größerer Teil von ihnen anschließt;

- Maßnahmen, die die Position des Unternehmens verbessern, weil die Konkurrenten sich *nicht* anschließen werden.

Der erste Fall beinhaltet das geringste Risiko, sofern solche Maßnahmen identifiziert werden können. Ein Unternehmen könnte beispielsweise Praktiken aufgeben, die nicht nur seine eigene Leistung schmälern, sondern, indem sie auf andere übergreifen, auch deren Ergebnisse in Mitleidenschaft ziehen - wie etwa eine unangebrachte Werbekampagne oder eine schlechte Preisstruktur, die mit der Branche nicht konform geht. Liegen solche Möglichkeiten vor, so weisen sie auf eine schwache vorhergehende Strategie hin.

Der zweite Fall ist verbreiteter. In den meisten Branchen gibt es Maßnahmen, die jedermanns Situation verbessern würden, *wenn* alle Unternehmen ihnen folgten. Wenn beispielsweise jedes Unternehmen seine Garantiedauer von zwei Jahren auf eines herabsetzte, würden die Kosten aller Unternehmen sinken und ihre Rentabilität steigen (vorausgesetzt, daß die Gesamtnachfrage auf dem Markt nicht empfindlich auf Garantiebedingungen reagiert). Ein weiteres Beispiel ist eine Kostenänderung, die eine Preisanpassung verlangt. Die Problematik solcher Maßnahmen liegt darin, daß einzelne Unternehmen möglicherweise ausscheren, weil die Maßnahme ihre Position zwar absolut gesehen verbessert, aber nicht optimal für sie ist. So wird etwa das Unternehmen mit der höchsten Produktzuverlässigkeit einen Wettbewerbsvorteil verlieren, wenn die Garantiedauer verringert wird. Zum Ausscheren kann es auch dann kommen, wenn ein oder mehrere Unternehmen darin die Chance sehen, ihre relative Position zu verbessern - in der Annahme, daß die anderen sich der ursprünglichen Maßnahme anschließen.

Bei der Wahl einer Maßnahme dieses zweiten Typs sind die entscheidenden Schritte: (a) ihre Wirkung auf jeden einzelnen wichtigen Konkurrenten zu bestimmen und (b) die Versuchung jedes Konkurrenten einzuschätzen, auf die Vorteile der Kooperation zu verzichten und stattdessen die möglichen Vorteile des Ausscherens zu nutzen. Diese Einschätzung ist ein Problem der Konkurrentenanalyse. Bei Maßnahmen, deren Erfolg vom Nachziehen der Konkurrenten abhängt, gibt es das Risiko, daß Konkurrenten ausscheren. Dieses Risiko ist geringfügig, wenn die ausgewählte Maßnahme einfach zurückzunehmen ist, oder wenn Verschiebungen im Gefüge der Unternehmenspositionen entweder langsam vor sich gehen oder leicht wiedergutzumachen sind. Eine solche Maßnahme ist allerdings sehr riskant, wenn die möglichen Positionsgewinne der ausscherenden Unternehmen signifikant sind und nur schwer zurückgewonnen werden können.

Die Identifizierung der dritten Kategorie nicht-aggressiver Maßnahmen - solche, denen sich die Konkurrenten nicht anschließen werden - beruht auf der exakten Erfassung der Möglichkeiten, die die besonderen Ziele und Annahmen eines Konkurrenten bieten. Sie beinhaltet, Maßnahmen zu finden, auf die ein Konkurrent nicht reagieren wird, weil er keine Notwendigkeit dazu sieht. Beispielsweise mag ein Konkurrent den lateinamerikanischen Markt für wenig bedeutend halten und sich stattdessen auf Kanada als Exportmöglichkeit konzentrieren. Einbrüche in Lateinamerika auf Kosten dort ansässiger Unternehmen können diesem Wettbewerber völlig gleichgültig sein.

Maßnahmen werden als nicht-aggressiv wahrgenommen, wenn

- Wettbewerber kaum Notiz davon nehmen, weil sich die Anpassungen weitgehend auf den internen Bereich des agierenden Unternehmens beschränken;
- Wettbewerber sich nicht davon betroffen fühlen (z.B. aufgrund ihres Selbstverständnisses, ihrer Annahmen über die Branche oder ihres Wettbewerbsverständnisses);
- die Ergebnisse der Konkurrenten, gemessen an *ihren eigenen Kriterien,* kaum beeinträchtigt werden.

Ein Beispiel für eine Maßnahme, die mehrere dieser Eigenschaften kombinierte, war Timex' Eintritt in die Uhrenbranche Anfang der fünfziger Jahre. (Zum Hintergrund siehe: »*Note on the Watch Industries in Switzerland, Japan and the United States*«, Intercollegiate Case Clearinghouse 9–373–090; sowie *Timex (A),* Intercollegiate Case Clearinghouse 6–373–080). Timex' Eintrittsstrategie bestand darin, eine sehr preiswerte Armbanduhr herzustellen (ohne Edelstein-Bestandteile), die so billig war, daß es sich nicht lohnte, sie reparieren zu lassen. Diese Uhr wurde nicht über Schmuckgeschäfte verkauft, sondern über Drogerien und andere, für dieses Produkt unkonventionelle Vertriebswege. Zu dieser Zeit beherrschte die Schweiz die internationale Uhrenbranche mit teuren Uhren hoher Qualität, die über Schmuckgeschäfte vertrieben und als Präzisionsinstrumente angeboten wurden. Die Schweizer Uhrenbranche verzeichnete in den frühen fünfziger Jahren ein schnelles Wachstum. Die Timex-Uhr war so viel anders als die Schweizer Uhr, daß sie in der Schweiz offenbar gar nicht als Konkurrenz empfunden wurde. Weder bedrohte sie ihr Qualitätsimage, noch stellte sie ihre Position gegenüber Juwelieren oder als führender Produzent von hochwertigen und teuren Uhren in Frage. Wahrscheinlich schuf die Timex-Uhr anfänglich einen originären Erstbedarf und ließ die Schweizer Umsätze daher unangetastet. Außerdem waren die Schweizer im Wachstum begriffen, und Timex bedrohte ihre Ergebnisse in keiner Weise., Daher gelang es Timex, am unteren Ende des Marktes sicher Fuß zu fassen, ohne überhaupt die Aufmerksamkeit der Schweizer zu erregen.

Maßnahmen so auszuführen, daß sie jedermanns Position verbessern, verlangt, daß die Wettbewerber ihre Ungefährlichkeit *verstehen.* Alle drei Kategorien nichtaggressiver Maßnahmen unterliegen nämlich dem Risiko, als Aggression fehlgedeutet zu werden. Diese Gefahr besteht selbst bei gewöhnlichen und wiederkehrenden Anpassungen, die aus veränderten Branchenbedingungen resultieren.

Um Mißinterpretationen in solchen Situationen zu vermeiden, stehen dem Unternehmen eine Vielzahl von Instrumenten zur Verfügung – obwohl keines »idiotensicher« ist. Die aktive Aussendung von Marktsignalen (vgl. Kapitel 4) in Form von Ankündigungen, öffentlicher Kommentierung des eigenen Schrittes und dgl. ist eine der Möglichkeiten, freundliche Absichten anzuzeigen. Die mit einer Preisänderung verbundenen Absichten können beispielsweise klargemacht werden, indem man Kostensteigerungen ausführlich in der Presse erörtert. Wettbewerber, die sich der Maßnahme nicht anschließen, kann das initiierende Unternehmen im übrigen disziplinieren, indem es selektive Werbekampagnen oder Verkaufsanstrengungen einleitet, die sich gezielt an die Kunden der Abweichler richten. Ein weiterer Ansatz zur Minderung des Risikos von Mißinterpretationen besteht darin, sich auf einen traditionellen Branchenführer zu verlassen. In einigen Branchen nimmt gewohnheitsgemäß ein bestimmtes Unternehmen die Führungsrolle bei der Anpassung an neue Bedingungen ein; die anderen Unternehmen warten, bis es den Anfang macht und ziehen dann nach. Eine Möglichkeit ist auch, Preise oder andere Entscheidungsvariablen an irgendeinen klar erkennbaren Index anzubinden (z.B. den der Lebenshaltungskosten), um Anpassungen zu erleichtern. Orientierungspunkte (die weiter unten diskutiert werden) sind ein Koordinierungsmechanismus, der ebenfalls verwendet werden kann.

Aggressive Maßnahmen

Viele Maßnahmen, die die Position des Unternehmens erheblich verbessern würden, bedrohen unweigerlich seine Konkurrenten – darin liegt das Wesen des Oligopols. Ein Schlüssel zum Erfolg solcher Maßnahmen ist folglich die Vorhersage und Beeinflussung der Vergeltung. Erfolgt die Vergeltung schnell und wirkungsvoll, so steht der Initiatior möglicherweise nicht besser da als vorher (oder sogar schlechter). Ist die Vergeltung aber besonders erbittert, kann der Initiator am Ende tatsächlich *wesentlich* schlechter dastehen als zu Beginn.

Wenn aggressive Maßnahmen erwogen werden, lauten die Schlüsselfragen wie folgt:

1. Wie *wahrscheinlich* ist die Vergeltung?
2. Wie *früh* wird die Vergeltung einsetzen?
3, Wie *effektiv* kann die Vergeltung sein?
4. Wie *hart* wird die Vergeltung sein (»hart« bezieht sich auf die Bereitschaft des Konkurrenten, *selbst zu seinen Ungunsten* Vergeltung zu üben)?
5. Kann die Vergeltung beeinflußt werden?

Da der in Kapitel 3 erstellte Rahmen der Konkurrentenanalyse die Mehrzahl dieser Fragen abdeckt, konzentrieren wir uns hier auf die Vorhersage von Zeitverzögerungen bei der Vergeltung offensiver Maßnahmen. Viele dieser Überlegungen können umgedreht werden, um bei der Entwicklung defensiver Strategien zu helfen. Die Beeinflussung der Vergeltung werden wir im Zusammenhang mit der Diskussion um die Verpflichtung behandeln (vgl. S. 141–148).

Verzögerungen bei der Vergeltung

Unter sonst gleichen Umständen wird ein Unternehmen diejenige Maßnahme durchführen wollen, die ihm die meiste Zeit läßt, bis seine Konkurrenten effektiv zurückschlagen können. In einem defensiven Zusammenhang wird das Unternehmen seine Konkurrenten glauben machen wollen, es werde ihre Maßnahmen schnell und wirksam kontern. Verzögerungen bei der Vergeltung rühren aus vier Hauptquellen:

- Verzögerungen in der Wahrnehmung;
- Verzögerungen beim Aufbau einer Vergeltungsstrategie;
- Unfähigkeit, die Vergeltung genau auf ihr Ziel zu konzentrieren (wodurch ihre kurzfristigen Kosten steigen);
- Verzögerungen infolge von Zielkonflikten oder uneinheitlichen Motiven.

Die erste Quelle, *Verzögerungen in der Wahrnehmung,* beinhaltet den Verzug, mit dem Wettbewerber die ursprüngliche strategische Maßnahme zur Kenntnis nehmen - sei es, weil der Schritt geheimgehalten worden war oder weil er jenseits der Aufmerksamkeit der Wettbewerber eingeleitet wurde (z.B. bei kleinen oder ausländischen Kunden). Manchmal gelingt es einem Unternehmen durch Verschwiegenheit und Zurückhaltung, eine Maßnahme durchzuführen oder eine neue Fähigkeit aufzubauen, bevor seine Konkurrenten wirksam zurückschlagen können. Die Wettbewerber mögen außerdem die Bedeutung einer Maßnahme zunächst unterschätzen – aufgrund ihrer Ziele, Marktauffassungen usw. Die Uhr von Timex dient auch hier als Beispiel. Als Timex schon längst begonnen hatte, in die Umsätze der schweizer und amerikanischen Hersteller einzubrechen, betrachteten diese die Timex-Uhr noch immer als minderwertigen Ramsch, der keine Vergeltung erforderte.

Wahrnehmungsverzögerungen gründen sich zum Teil auf die Mechanismen, deren sich Unternehmen bei der Beobachtung des Marktgeschehens bedienen, und diese Verzögerungen können beeinflußt werden. Wenn Wettbewerber etwa zur Berechnung der Marktanteile auf externe statistische Quellen (z.B. Handelsverbände) angewiesen sind, können sie Maßnahmen unter Umständen erst dann registrieren, wenn die Basisdaten der Branche veröffentlicht werden. Wahrnehmungsverzögerungen können manchmal durch *ablenkende Taktiken* verlängert werden, wie z.B. die Einführung eines Produkts (oder irgendeine andere Maßnahme) auf einem anderen Gebiet als dem, das für die entscheidende Initiative vorgesehen ist. Aus defensiver Sicht können Verzögerungen verringert werden, indem man ein Beobachtungssystem für Konkurrenten betreibt, das fortlaufend Informationen der Vertreter, Händler usw. zusammenstellt. Bei sorgfältiger Beobachtung können Wettbewerber sogar im voraus Maßnahmen erkennen, da der Initiator Vorbestellungen für Werberaum, Lieferung von Ausrüstungsgegenständen u.ä. aufgeben muß. Wenn die Beobachtungssysteme den Wettbewerbern gegenseitig bekannt sind, so wirkt sich dies auf die Abschreckung umso günstiger aus.

Verzögerungen beim Aufbau einer Vergeltungskampagne variieren mit der Art der zu konternden Maßnahme. Die Vergeltung gegen eine Preissenkung kann sofort erfolgen, aber es kann Jahre dauern, bis eine defensive Forschungsanstrengung eine Produktveränderung wettmacht oder bis bestehende Anlagen auf den Stand der neuen Fabrik eines Konkurrenten gebracht werden. Beispielsweie braucht ein neues PKW-Modell von der Planung bis zur Einführung drei Jahre. Ein großer, moderner Hochofen zur Herstellung von Roheisen oder eine integrierte Papierfabrik brauchen drei bis fünf Jahre für den Aufbau.

Diese Verzögerungen bei der Vergeltung kann ein Unternehmen selbst beeinflussen. Es kann offensive Maßnahmen auswählen, gegen die seine Konkurrenten nur im Zuge eines langsamen Prozesses eine wirkungsvolle Vergeltung aufbauen können – wegen ihres natürlichen Zeitrückstands und aufgrund interner Schwächen. Vom defensiven Standpunkt aus betrachtet, kann die Vergeltungszeit durch den Aufbau eines Vergeltungspotentials verkürzt werden (das unter Umständen niemals beansprucht wird). Beispielsweise können neue Produktvorschläge zwar entwickelt, aber in Reserve gehalten werden, oder Anlagen können zum Risiko geringfügiger Rücktrittskosten bestellt werden, usw.

Verzögerungen, die durch die *Unfähigkeit* entstehen, *die Vergeltung zielgenau zu konzentrieren,* sind mit dem Problem vergleichbar, daß man ein ganzes Fernsehgerät auseinanderbauen muß, um einen defekten Transistor zu ersetzen. Vergeltungsmaßnahmen müssen manchmal auf alle Kunden ausgedehnt werden, anstatt sich auf die umkämpften Kunden oder Marktsignale zu beschränken – besonders dann, wenn große Unternehmen auf Maßnahmen kleinerer reagieren. Um die Preissenkung eines kleinen Konkurrenten wettzumachen, kann ein großes Unternehmen beispielsweise gezwungen sein, allen seinen Kunden einen Preisnachlaß zu gewähren – zu enormen Kosten. Wenn ein Unternehmen Maßnahmen ausfindig machen kann, die billiger durchzuführen als zu kontern sind, kann es Vergeltungsverzögerungen schaffen und manchmal von Vergeltung überhaupt abschrecken.

Vergeltungsverzögerungen infolge von Zielkonflikten oder *widerstreitenden Motiven* bilden einen letzten wichtigen Fall, der sich beim Studium von Wettbewerbsabläufen oft als relevant erweist. Darunter ist die in Kapitel 3 skizzierte Situation zu verstehen, in der ein Unternehmen Teile des Geschäfts eines Konkurrenten durch eine bestimmte Maßnahme bedroht; schlägt der Konkurrent aber schnell und energisch zurück, so schädigt er auch sein eigenes Geschäft. Dieser Effekt kann die Vergeltung verzögern (und ihre Effektivität vermindern) oder sie sogar ganz verhindern. Ein Teil der Verzögerung kann durch die Austragung interner Konflikte entstehen.

Die Erfolgsgeschichte vieler Unternehmen besteht im Kern darin, daß man den oder die wichtigsten Konkurrenten in einer Situation konfligierender Ziele erwischte. Die langsame schweizer Reaktion auf die Timex-Uhr liefert dafür ein Beispiel. Timex verkaufte seine Uhren über Drogerien (anstatt über die traditionellen Schmuckgeschäftskanäle) und betonte in seiner Werbung die niedrigen Kosten, den fehlenden Reparaturbedarf und die Tatsache, daß eine Uhr kein Statussymbol, sondern ein funktionales Teil der Garderobe ist. Der große Verkaufserfolg der Timex-Uhr bedrohte potentiell die Finanz- und Wachstumsziele der Schweizer, aber er stellte sie vor ein wichtiges Dilemma für den Fall, daß sie direkt gegen Timex vorgehen wollten. Die Schweizer hatten auf das Schmuckgeschäft als Absatzkanal gesetzt und viel in das Image der Schweizer Uhr als eines hochwertigen Präzisionsschmuckstückes investiert. Aggressive Vergeltung gegen Timex hätte zur Legitimation des Timex-Konzepts beigetragen, die notwendige Kooperation der Juweliere beim Verkauf der Schweizer Uhren in Frage gestellt und das schweizer Produktimage geschädigt. Deshalb kam die schweizer Vergeltung gegen Timex nie richtig zustande.

Es gibt viele weitere Beispiele für das Funktionieren dieses Prinzips. Die frühen Strategien von Volkswagen und American Motors, ein schlichtes Fahrzeug mit seltenen Stiländerungen zu produzieren, schuf ein ähnliches Dilemma für die drei großen PKW-Hersteller, deren Strategie auf immer besserer Qualität und häufigen Modellwechseln beruhte. Bic's jüngste Einführung von Einweg-Rasierern hat Gillette in eine schwierige Situation gebracht: Wenn Gillette reagiert, werden möglicherweise die Umsätze eines anderen Produkts in seiner breiten Produktlinie von Rasierern geschmälert – ein Dilemma, dem Bic nicht gegenübersteht. (Bic's Schritt wird näher beschrieben in »Gilette: After the Diversification That Failed«, *Business Week*, 28.2.1977). Ebenso ist IBM zurückhaltend gewesen, ins Geschäft mit Kleincomputern einzusteigen, weil dieser Schritt seinen Absatz von Groß-EDV-Anlagen gefährden wird.

Strategische Maßnahmen zu finden, die eine Vergeltungsverzögerung ausnutzen, oder Maßnahmen so durchzuführen, daß die Verzögerungsdauer maximiert wird, sind Schlüsselprinzipien der Interaktion unter Wettbewerbern. Die Vergeltung hinauszuschieben, kann allerdings nicht ohne Einschränkung zum strategischen Prinzip erhoben werden. Eine späte, aber harte Vergeltung kann dem initiierenden Unternehmen mehr Schaden zufügen als eine schnelle, aber wenig effektive. Insoweit also mit der Verzögerungsdauer auch die Härte der Vergeltung steigt, muß bei der Auswahl einer Maßnahme abgewogen werden.

Defensive Maßnahmen

Bislang haben wir über offensive Maßnahmen gesprochen, aber die Notwendigkeit, Konkurrenten vor Maßnahmen abzuschrecken oder sich dagegen zu verteidigen, kann genauso dringend sein. Das Problem der Verteidigung stellt sich natürlich gerade umgekehrt wie beim Angriff. Gute Verteidigung schafft eine Situation, in der Konkurrenten eine Maßnahme verwerfen, nachdem sie die oben beschriebene Analyse durchgeführt oder tatsächlich eine Maßnahme ausprobiert haben. Wie bei offensiven Schritten kann die Verteidigung dadurch erreicht werden, daß Konkurrenten nach einer Schlacht den Rückzug antreten müssen. Die wirksamste Verteidigung besteht jedoch darin, *die Schlacht überhaupt zu verhindern.*

Wenn eine Maßnahme verhindert werden soll, müssen die Konkurrenten von der Wahrscheinlichkeit und Wirksamkeit der Vergeltung überzeugt sein. Einige der Ansätze, die zu diesem Ziel führen, sind bereits diskutiert worden; andere werden wir im Rahmen des allgemeinen Konzepts der *Verpflichtung* vorstellen (vgl. S. 141–148).

Selbst für den Fall, daß eine Maßnahme nicht verhindert werden kann, gibt es jedoch noch weitere Ansätze zur Verteidigung.

Disziplinierung als eine Form der Verteidigung

Ergreift ein Konkurrent eine Maßnahme, und schlägt unser Unternehmen sofort und mit Bestimmtheit zurück, so kann diese disziplinierende Handlung den Aggressor zu der Erwartung führen, daß die Vergeltung immer stattfinden wird. Je besser das strafende Unternehmen seine Vergeltung speziell gegen den Initiator richten kann, und je klarer es vermitteln kann, daß seine Vergeltung ausschließlich dem Initiator (und keinem anderen Unternehmen) gilt, desto wahrscheinlicher wird eine solche Disziplinierung ihr Ziel erreichen. So ist z.B. eine Kampfmarke, die ein bestimmtes Produkt eines Konkurrenten imitiert, eine wirksamere Disziplinierung als ein eher unspezifisches neues Produkt. (Beispiele für Kampfmarken finden sich in Kapitel 4). Umgekehrt wird die Vergeltung wahrscheinlich umso teurer und ineffektiver sein, je breiter die Vergeltung angesetzt werden muß und je ungenauer sie auf das initiierende Unternehmen gezielt werden kann (z.B. eine Preissenkung, die sich auf alle Kunden erstreckt und nicht nur auf die gemeinsamen Kunden beider Unternehmen). In diesem Fall erhöht sich außerdem die Gefahr, daß die Vergeltung eine Kettenreaktion von Maßnahmen und Gegenmaßnahmen auslöst – was die Disziplinierung riskanter macht.

Verweigerung einer Basis

Hat ein Wettbewerber eine Maßnahme vollzogen, so kann die Verweigerung einer ausreichenden Basis, von der aus er seine Ziele erreichen kann, den Wettbewerber zum Rückzug bewegen (vorausgesetzt, er betrachtet diese Situation als Dauerzustand). Beispielsweise haben neue Konkurrenten in der Regel gewisse Ziele in Bezug auf Wachstum, Marktanteil und Rendite, die sie in einem bestimmten Zeitraum erreichen wollen. Stoßen sie mit diesen Zielen auf Widerstand und werden sie davon überzeugt, daß ihre Verwirklichung lange dauern würde, so werden sie möglicherweise aufgeben oder ihre Ziele abschwächen. Zu den Taktiken für die Verweigerung einer Basis gehören z.B. harter Preiswettbewerb oder aufwendige Forschung. Der Angriff auf neue Produkte in der *Markterprobungsphase* kann die künftige Kampfbereitschaft eines Wettbewerbers wirksam ankündigen und billiger sein als das Warten auf die endgültige Einführung. Eine weitere Taktik besteht darin, Sonderabschlüsse auszunutzen, um den Bedarf von Kunden zu decken und dadurch den Markt für dieses Produkt zu sättigen – sodaß die kurzfristigen Eintrittskosten steigen. Für ein Unternehmen, dessen Marktposition bedroht ist, kann es sich lohnen, kurzfristig erhebliche Mittel aufzuwenden, um neuen Konkurrenten die Basis zu entziehen. Voraussetzung für eine solche Strategie ist jedoch, daß man verläßliche Annahmen über die Ziele und den Zeithorizont des Konkurrenten besitzt.

Gillette's Rückzug aus dem Digitaluhren-Geschäft könnte ein Beispiel für eine solche Situation sein. Gillette zog sich unter Hinweis auf hohe Entwicklungskosten und niedrige Gewinnspannen (im Vergleich zu seinen anderen Geschäftsteilen) zurück, obwohl es behauptete, auf Testmärkten erhebliche Marktanteile errungen zu haben. Wahrscheinlich hatte Texas Instruments' Strategie der aggressiven Preise und der schnellen technologischen Entwicklung bei Digitaluhren einen wichtigen Einfluß auf diese Entscheidung.

Verpflichtung

Das vielleicht wichtigste Einzelkonzept bei der Planung und Durchführung offensiver oder defensiver Maßnahmen ist das der Verpflichtung (commitment). Eine Verpflichtung kann z.B. die Wahrscheinlichkeit, Geschwindigkeit und Härte der Vergeltung gegen Offensivmaßnahmen festlegen und den Eckpfeiler einer Defensivstrategie bilden. Verpflichtungen beeinflussen die Art, wie Wettbewerber ihre eigene Position und die ihrer Rivalen wahrnehmen. Eine Verpflichtung ist im wesentlichen eine Form der eindeutigen Mitteilung über Mittel und Absichten eines Unternehmens.[2] Während sonst die Wettbewerber über Vorhaben und Mittelausstattung des Unternehmens im unklaren sind, vermindert die Verpflichtung diese Unsicherheit und veranlaßt die »Spieler«, ihre rationalen Strategien auf der Grundlage neuer Annahmen zu revidieren – wodurch ein Wettbewerbskrieg vermieden wird. Kann sich beispielsweise ein Unternehmen eindeutig darauf verpflichten, eine bestimmte Maßnahme rigoros zu vergelten, werden seine Konkurrenten diese Reaktion möglicherweise als sicher (und nicht nur als wahrscheinlich) einstufen, wenn sie ihre eigenen Strategien formulieren. Die Wahrscheinlichkeit, daß sie als erste handeln, wird dadurch geringer. Der Trick

2 Es muß betont werden, daß der Begriff *Mitteilung* nicht wörtlich zu verstehen ist. Trotzdem beargwöhnen z.B. die amerikanischen Kartellbehörden bestimmte Arten von Signalen und Verpflichtungen, weil sie befürchten, dadurch könnte einem stillschweigenden Einverständnis in der betreffenden Branche Vorschub geleistet werden. Obwohl diese Interpretation ungewöhnlich und unbewiesen ist, sollten Manager sich ihrer Existenz bewußt sein.

im Wettbewerbsspiel besteht darin, Verpflichtungen so auszusprechen, daß die eigene Marktposition optimiert wird.

Es gibt drei Haupttypen der Verpflichtung in der Konkurrenzsituation, von denen jede eine eigene Art der Abschreckung erzielen soll;

- die Verpflichtung, eindeutig an einer eigenen Maßnahme festzuhalten;
- die Verpflichtung, Vergeltungsmaßnahmen zu starten und auch aufrechtzuerhalten, falls ein Konkurrent bestimmte Schritte ergreift;
- die Verpflichtung, auf eine bestimmte Aktion zu verzichten.

Wenn ein Unternehmen seine Rivalen davon überzeugen kann, daß es sich auf einen bestimmten (aktuellen oder geplanten) strategischen Schritt festgelegt hat, erhöht es seine Chancen, daß die Rivalen sich mit der neuen Position abfinden und darauf verzichten werden, Mittel für Vergeltung oder für das Zurückdrängen des Unternehmens einzusetzen. Somit kann die Verpflichtung *von Vergeltung abschrecken.* Dieser Ausgang ist umso wahrscheinlicher, je eingefleischter und hartnäckiger das Unternehmen in seiner Absicht erscheint, eine Maßnahme auszuführen. Wenn die Konkurrenten einen grimmig entschlossenen Wettbewerber vor sich sehen, können sie überzeugt werden, daß er ihre Vergeltung seinerseits mit Gegenmaßnahmen beantworten würde, um seine neue Position aufrechtzuerhalten – und sich somit eine abschüssige Spiralbewegung ergäbe.

Die zweite Art der Verpflichtung ist ähnlich, aber sie bezieht sich auf die Reaktion eines Unternehmens auf mögliche Initiativen von Konkurrenten. Wenn das Unternehmen seine Rivalen davon überzeugen kann, daß es mit Sicherheit hart zurückschlagen wird, werden sie unter Umständen den Schluß ziehen, daß sich die Durchführung der Maßnahme überhaupt nicht lohnt. Hier ist die Aufgabe der Verpflichtung, *von bedrohlichen (Erst-)Maßnahmen abzuschrecken.* Je mehr die Konkurrenten mit verbissener und erbitterter Vergeltung rechnen -- bis zu dem Punkt, wo jedermanns Gewinne empfindlich geschädigt werden –, desto weniger werden sie geneigt sein, die Kettenreaktion selbst in Gang zu setzen. Der Fall ähnelt der Situation, in der der Dieb sagt »Hände hoch, ich will Ihr Geld«, und das verstört aussehende Opfer darauf antwortet »Wenn Sie es nehmen, lasse ich diese Bombe explodieren, und wir kommen beide um!«

Die dritte Form der Verpflichtung – keine schädliche Handlung vorzunehmen – könnte als *vertrauensbildend* bezeichnet werden. Diese Art der Verpflichtung kann wichtig sein, um Wettbewerbskriege zu entschärfen. Wenn beispielsweise ein Unternehmen seine Rivalen davon überzeugen kann, daß es sich einer Preiserhöhung anschließen wird (statt sie zu unterbieten), kann es einen Preiskrieg stoppen helfen.

Die Überzeugungskraft einer Verpflichtung hängt mit dem Grad zusammen, in dem sie *bindend und irreversibel* erscheint. Der Wert einer Verpflichtung liegt in ihrer Abschreckungswirkung, und dieser Wert steigt mit der Gewißheit der Konkurrenten, daß die Verpflichtung eingehalten wird. Die Ironie besteht darin, daß wenn die Abschreckung scheitert, das Unternehmen möglicherweise bedauern wird, die Verpflichtung eingegangen zu sein (das Opfer möchte sich eigentlich nicht selbst in die Luft sprengen). Das Unternehmen sieht sich mit der schwierigen Wahl konfrontiert, seine Verpflichtung zurückzunehmen und dadurch seine Glaubwürdigkeit in späteren Situationen zu schmälern, oder den Preis der Erfüllung seiner Verpflichtung zu zahlen.

Sowohl die Tatsache einer Verpflichtung als auch die Wahl ihres Zeitpunkts sind entscheidend. Dem Unternehmen, das sich als *erstes* verpflichten kann, gelingt es möglicherweise, sein Verhalten den anderen als Datum in ihrer Entscheidungsfindung vorzugeben – und dadurch den Ausgang zu seinen Gunsten zu beeinflussen. Ein solcher Schritt kann besonders dann effektiv sein, wenn Unternehmen an sich auf ein stabiles Ergebnis bedacht sind, aber über dessen konkrete Ausgestaltung uneins sind. Sind jedoch zwei Unternehmen in einen heftigen Positionskampf verwickelt und liegen ihre Interessen weit auseinander, so dürfte eine frühzeitige Verpflichtung weniger hilfreich sein. (Ein experimenteller Beleg für diese Schlußfolgerung findet sich bei Deutsch, 1960).

Die Mitteilung einer Verpflichtung

Die Mitteilung einer Verpflichtung – entweder einen eigenen Schritt zu initiieren oder den eines Konkurrenten zu vergelten – kann mit Hilfe einer Vielzahl von Mechanismen und Signalen erfolgen. Die Bausteine einer glaubwürdigen Verpflichtung sind die folgenden:

- Aktivposten, finanzielle und sonstige Mittel, um der Verpflichtung schnell nachkommen zu können;
- die klare Absicht, die Verplichtung einzuhalten, einschließlich einer Tradition der Einhaltung früherer Verpflichtungen;
- die Unfähigkeit nachzugeben bzw. die augenscheinliche Entschlossenheit, nicht nachzugeben;
- die Fähigkeit, bei den Konkurrenten die Bereitschaft zur Einwilligung in die Bedingungen aufzuspüren, auf die sich die Verpflichtung bezieht.

Es liegt auf der Hand, daß *Mittel* zur Einhaltung einer Verpflichtung notwendig sind, um ihre Ernsthaftigkeit mitzuteilen. Wenn ein Unternehmen unbesiegbar erscheint, ist eine Schlacht wenig wahrscheinlich. Besonders gut sichtbare Aktivposten, die sich zur Erfüllung einer Verpflichtung eignen, sind überschüssige Liquiditätsreserven, ungenutzte Kapazitäten (Spence, 1977, diskutiert den verwandten Fall, daß unausgelastete Kapazitäten vom Eintritt abschrecken können), ein großes Verkaufspersonal, ausgedehnte Forschungseinrichtungen, kleinere Positionen auf den anderen Märkten eines Konkurrenten (die zur Vergeltung genutzt werden können) sowie Kampfmarken. Weniger gut sichtbare Aktivposten sind z.B. abrufbereite, aber noch nicht eingeführte Produkte, die direkt gegen den Hauptmarkt eines Wettbewerbers gerichtet sind. Aktivposten oder Ressourcen, die einen Konkurrenten bestrafen sollen, falls er einen aus der Sicht des Unternehmens unerwünschten Schritt vollzieht, können wir als *Disziplinierungsmittel* bezeichnen. Viele der oben aufgezählten Aktiva können wirksame Disziplinierungsmittel sein.

Der Aufbau solcher Aktivposten zur Erfüllung einer Verpflichtung kann eine wichtige Rolle beim Eingehen der Verpflichtung spielen. Ihr bloßer Besitz reicht jedoch nicht aus. Damit sie einen Abschreckungswert haben, müssen die Konkurrenten von ihrer Existenz wissen. Um sicherzustellen, daß die übrigen Wettbewerber von diesen Aktivposten Kenntnis nehmen, benötigt man gelegentlich öffentliche Ankündigungen, Diskussionen mit Kunden, die in der Branche auf ein breites Echo stoßen werden, oder auch die Kooperation mit der Wirtschaftspresse – bis hin zum Schreiben von Artikeln, die die Existenz solcher Aktiva vermerken. Deutlich sichtbare Ressourcen sind besonders effektive Abschreckungsmittel, weil sie das Risiko vermindern, falsch verstanden oder ignoriert zu werden.

Die klare Absicht, eine Verpflichtung einzuhalten, muß ebenso mitgeteilt werden, wenn die Verpflichtung glaubhaft sein soll. Das kann beispielsweise durch Kontinuität und Standfestigkeit im Verhalten erreicht werden. Gewöhnlich verwenden Wettbewerber die Vergangenheit als Anhaltspunkt für die voraussichtliche Zuverlässigkeit und Härte der Reaktionen eines Unternehmens, und eine gut eingestimmte Serie früherer Reaktionen (selbst wenn sie sich auf weniger wichtige oder sogar triviale Sachverhalte erstrecken) kann ein überzeugendes Signal für künftige Absichten sein. Die klare Absicht, eine Verpflichtung einzuhalten, kann auch durch erkennbare Aktionen betont werden, die die Vergeltungsverzögerung verringern, wie z.B. die Einleitung defensiver F+E-Programme, von deren Existenz die Konkurrenten wissen. Ankündigungen oder das »Durchsickern« der Absicht, sich an eine Verpflichtung zu halten, sind weitere Mitteilungsformen, wenngleich ihre Seriosität gewöhnlich nicht an die Glaubwürdigkeit durch früheres Verhalten heranreicht.

Äußerst wirksam bei der Mitteilung von Verpflichtungen sind allgemein bekannte Faktoren, die es *dem Unternehmen schwer und kostspielig, wenn nicht sogar unmöglich machen, nachzugeben.* Beispielsweise weist ein publik gemachter langfristiger Vertrag mit einem Lieferanten oder Kunden auf ein dauerhaftes Engagement bei dem Versuch hin, in einen Markt einzutreten und darin zu bleiben. Dieselbe Wirkung wird erzielt, wenn eine Produktionsanlage gekauft (statt durch Leasing erworben) wird, oder wenn man in den Markt als voll integrierter Hersteller eintritt und nicht nur die Montage übernimmt. Die Verpflichtung, Maßnahmen eines Konkurrenten zu vergelten, kann durch schriftliche oder verbale Vereinbarungen mit Händlern oder Kunden irreversibel gemacht werden, z.B. durch die erklärte Bereitschaft, Preissenkungen zu folgen, durch Garantien für eine bestimmte äquivalente Produktqualität, oder durch Unterstützung gemeinsamer Werbung zur Abwehr von Aktionen Dritter. Die Übernahme von Verpflichtungen vor der Branche oder der Finanzwelt durch öffentliche Erklärungen, die Publikmachung von Marktanteilszielen, und eine Vielzahl weiterer Methoden können die übrigen Wettbewerber darauf hinweisen, daß das Unternehmen sich blamieren würde, wenn es den Rückzug antreten müßte. Dieses Wissen wird sie tendenziell vom Versuch abhalten, es dazu zu zwingen.

Verfolgt man diese Denkweise weiter, so werden die Wettbewerber umso mehr vor einer Konfrontation mit dem Unternehmen zurückscheuen, je mehr sie davon ausgehen, daß das Unternehmen sich bei der Einhaltung seiner Verpflichtung am Rande der Irrationalität bewegt. Ein Verhalten, das den Wettbewerbern die Ernsthaftigkeit eines Unternehmens mitteilt, kann sich in allen Bereichen einer Branche zeigen. Was gegenüber Lieferanten, Kunden, Vertriebskanälen und der Öffentlichkeit gesagt wird – all das kann mehr oder weniger die Ernsthaftigkeit des geschäftlichen Engagements oder die Dauerhaftigkeit einer Verpflichtung mitteilen.

Es ist wichtig festzuhalten, daß die Verbreitung einer Verpflichtung nicht immer massive Mittel voraussetzt. Wie wir bereits diskutiert haben, hat ein Unternehmen mit großem Marktanteil oder breiter Produktlinie gespaltene Interessen bei der Vergeltung bestimmter Maßnahmen. Das kleine Unternehmen kann hingegen viel zu gewinnen und wenig zu verlieren haben, wenn es einen Schritt vollzieht oder den eines anderen vergeltet. Eine Preissenkung, die dieses Unternehmen initiiert, kann angesichts des höheren Outputs eines größeren Konkurrenten eine enorme Wirkung auf diesen ausüben. Außerdem vermag der kleinere Wettbewerber – obwohl ihm weniger Mittel zur Verfügung stehen, um seine Drohung wahrzumachen – durch Härte oder Irrationalität einen Teil dieses Nachteils auszugleichen.

Schließlich ist *die Fähigkeit eines Unternehmens, Einverständnis aufzuspüren,* für die Wirksamkeit seiner Vergeltungsverpflichtung besonders wichtig. Wenn ein Wettbewerber glaubt, er könne »mogeln« ohne erwischt zu werden, kann er zu einem solchen Versuch neigen. Aber wenn ein Unternehmen seine Fähigkeit *demonstrieren* kann, sofort von jeder versteckten kleineren Preissenkung, Qualitätsanpassung oder jedem neuen Produkt Kenntnis zu erlangen, wird seine Verpflichtung zu vergelten glaubwürdiger. *Bekannte* Systeme der Umsatzüberwachung, der Kommunikation mit Kunden oder der Händlerbefragung sind Möglichkeiten, den Konkurrenten klarzumachen, daß ihre Chance gering ist, unentdeckt zu bleiben. Wir müssen uns bewußt sein, daß Abnehmer versucht sein können, kleinere Preissenkungen zu »erfinden«, die es in Wirklichkeit gar nicht gibt, um weitere Rabatte zu fördern. Dadurch kann die Stabilität eines Marktes untergraben werden, auf dem der Informationsfluß schlecht ist oder Hersteller die Behauptungen von Käufern nicht nachprüfen können.

Ein heraufziehender Wettbewerbskrieg bei Infusionslösungen, Blutbehältern und ähnlichen Einweg-Gesundheitsprodukten bietet ein interessantes Beispiel für einige der Ideen, die mit dem Konzept der Verpflichtung verknüpft sind. (Eine Beschreibung findet sich in

»A Miracle of Sorts«, *Forbes,* 15.11.1977). Baxter Travenol Laboratories (Jahresumsatz 800 Mio. US-Dollar), die sich in einer starken Marktposition befanden, wurden konfrontiert mit dem McGaw-Zweig der American Hospital Supply Corporation (Jahresumsatz 1,5 Mrd. US-Dollar), die einen neuen Behälter für Infusionslösungen entwickelt hatte. Obwohl die Nahrungs- und Gesundheitsaufsicht bis November 1977 das neue Produkt noch nicht genehmigt hatte, hatte Baxter dem Vernehmen nach bereits begonnen, Aktionen vorzubereiten, die seine Verpflichtung zur Abwehr des Eintritts demonstrieren sollten. Krankenhauseinkäufer berichteten von verstärktem Preiswettbewerb. Es wurde weiter berichtet, daß Baxter hohe Rabatte auf zahlreiche Produktlinien anbot und sich besonders um Mc-Gaw-Kunden bemühte. Außerdem hatte Baxter viel für Forschung ausgegeben und Berichten zufolge schon »bösartige« Preissenkungen vorgenommen, als Anfang der siebziger Jahre ein neuer Konkurrent in den Markt eingetreten war. Baxter hat seine Härte und Entschlossenheit bei der Abwehr dieser Herausforderung augenscheinlich gut mitgeteilt.

Vertrauen als Verpflichtung

Unsere Diskussion hat sich auf die Frage konzentriert, wie man die Verpflichtung mitteilt, an eigenen Maßnahmen festzuhalten oder die Maßnahmen Anderer zu vergelten; in manchen Situationen wollen sich Unternehmen aber verpflichten, keine schädliche Aktion zu vollziehen oder eine Aggression zu beenden. Mag dieser Kurs auch einfach aussehen, so sind Wettbewerber gegenüber versöhnlichen Gesten eines Unternehmens meist zurückhaltend, besonders wenn sie vorher von diesem Unternehmen attackiert worden sind. Sie werden auch dann vorsichtig sein, wenn der Abbau ihres Schutzes dem initiierenden Unternehmen einen Vorsprung ermöglicht, der dann nur schwer wettzumachen ist. Wie signalisieren Wettbewerber in diesem Fall Konzilianz, wie bauen sie Vertrauen auf?

Wieder einmal beobachtet man eine Vielzahl praktizierter Möglichkeiten, und die bereits beschriebenen Regeln gelten auch hier. Ein überzeugender Weg, Vertrauen zu erwerben, besteht im *demonstrativen* Verzicht auf eigene Vorteile zugunsten anderer. Es liegen beispielsweise zahlreiche Belege vor, daß General Electric bei Konjunkturabschwüngen einen Teil seines Marktanteils im Turbinengeneratoren-Geschäft abgab, um einen scharfen Preisverfall zu verhindern, und diesen Anteil in Aufschwüngen wieder einholte. (Sultan, 1974, Bd. 1).

Orientierungspunkte

Eines der Probleme, die zur Instabilität im Oligopol führen, ist, die Erwartungen der Wettbewerber im Hinblick auf das mögliche Marktergebnis zu koordinieren. Je weiter die Erwartungen der Wettbewerber auseinanderklaffen, desto länger werden die Positionskämpfe andauern und desto näher rückt die Aussicht auf einen Wettbewerbskrieg. Thomas Schellings Arbeit über die Spieltheorie (Schelling, 1960) zeigt, daß das Finden eines *Orientierungspunkts* – d.h. eines deutlich sichtbaren Ruhepunktes, auf den der Wettbewerbsprozeß seine Erwartungen bündelt – eine wichtige Rolle beim Erreichen eines (stabilen) Ergebnisses im oligopolistischen Szenarium spielt. Der Einfluß von Orientierungspunkten beruht auf dem Bedürfnis der Wettbewerber, gemeinsam irgendein stabiles Ergebnis zu erzielen, um schwierige und destabilisierende Maßnahmen und Gegenmaßnahmen zu vermeiden. Orientierungspunkte können verschiedene Formen annehmen, so z.B. logische Preisziele, prozentuale Aufschlagskalkulations-Regeln, grobe Aufteilungen der Marktanteile, informelle Aufteilungen des Marktes auf der Basis bestimmter Kriterien (z.B. geographischer Gebiete oder Kunden) usw. Die Theorie der Orientierungspunkte besagt, daß wettbewerbliche Anpassungen am Ende auf einem solchen Punkt zur Ruhe kommen, der dann als natürlicher Bezugspunkt dient.

Das Konzept der Orientierungspunkte wirft drei Implikationen für die Konkurrenz unter den Wettbewerbern auf. Erstens sollten die Unternehmen so früh wie möglich versuchen, einen wünschenswerten Orientierungspunkt zu finden. Je schneller der Orientierungspunkt erreicht werden kann, desto geringer sind wahrscheinlich die bei den Positionskämpfen entstehenden »Suchkosten«. Zweitens könnten die Branchenpreise oder andere Entscheidungsvariablen vereinfacht werden, damit ein Orientierungspunkt identifiziert werden kann. Das kann beispielsweise bedeuten, daß standardisierte

Güteklassen oder Produkte eingeführt werden, um eine komplizierte Liste der Posten einer Produktlinie zu ersetzen. Drittens liegt es im Interesse des Unternehmens zu versuchen, das »Spiel« so zu arrangieren, daß der erreichte Orientierungspunkt für das Unternehmen optimal ist. Das kann geschehen, indem man etwa eine Terminologie in die Branche einführt, die zu einem erwünschten Orientierungspunkt führt (z.B. indem man über Preise pro Quadratmeter spricht statt über absolute Preise). Denkbar ist auch, daß die *Reihenfolge* strategischer Maßnahmen so strukturiert wird, daß ein (aus der Sicht des Unternehmens) zufriedenstellender Orientierungspunkt sich auf (scheinbar) natürliche Weise ergibt.

Eine Bemerkung über Information und Geheimhaltung

Unternehmen veröffentlichen immer mehr Informationen über sich selbst, was teilweise auf die Verbreitung der Wirtschaftspresse und auf verstärkte Erfordernisse öffentlicher Dokumentation zurückzuführen ist. Wenngleich manches davon gesetzlich vorgeschrieben ist, so ist längst nicht alles, was in Jahresberichten niedergeschrieben, in Interviews und Reden gesagt oder auf andere Arten verbreitet wird, durch Vorschriften erzwungen. Solche Verlautbarungen rühren eher aus Besorgnis über die Börse, aus Managerstolz, aus der Unfähigkeit, Äußerungen von Mitarbeitern zu kontrollieren oder schlichtweg aus mangelnder Aufmerksamkeit.

Die Diskussion in diesem Kapitel sollte verdeutlicht haben, daß Information für offensive wie für defensive Maßnahmen entscheidend ist. Die selektive Freigabe von Informationen kann manchmal sehr nützlichen Zwecken dienen, z.B. der Aussendung von Marktsignalen, der Bekanntgabe einer Verpflichtung u.ä.; aber allzuhäufig erleichtern Informationen über Pläne und Absichten den Konkurrenten, ihre Strategien zu formulieren. Wenn beispielsweise ein ausstehendes neues Produkt in allen Einzelheiten enthüllt wird, können die Konkurrenten beim Entwurf einer Vergeltung ihre Mittel gezielt einsetzen. Vergleichen Sie diese Situation mit jener, in der die Art des neuen Produkts nur sehr vage beschrieben wird; die Konkurrenten sind dann gezwungen, eine ganze Reihe defensiver Strategien vorzubereiten, je nach der Gestalt, die das Produkt schließlich annehmen wird

Selektive Herausgabe von Informationen über sich selbst ist ein wichtiges Mittel, über das ein Unternehmen verfügt, um Wettbewerbsmaßnahmen durchzuführen. Die Veröffentlichung jeglicher Informationen sollte nur als integraler Bestandteil der Wettbewerbsstrategie erfolgen.

Kapitel 6
Die Strategie gegenüber Abnehmern und Lieferanten

Dieses Kapitel entwickelt einige der Folgerungen aus der Strukturanalyse für die Auswahl von Abnehmern oder für die Wahl von Zielkunden bzw. Gruppen von Zielkunden. Außerdem werden die Implikationen der Strukturanalyse für die Einkaufsstrategie untersucht. Strategien gegenüber Abnehmern *und* Lieferanten werden oft zu eng betrachtet, indem man den Schwerpunkt auf Verfahrensprobleme legt. Die Aufmerksamkeit für die vielfältigen Strategiefragen gegenüber Abnehmern und Lieferanten kann es einem Unternehmen ermöglichen, seine Wettbewerbsposition zu verbessern und seine Verwundbarkeit ihnen gegenüber zu verringern.

Die Auswahl der Abnehmer

Die meisten Branchen verkaufen ihre Produkte nicht an einen einzigen, sondern an eine Reihe verschiedener Abnehmer. Die zusammengefaßte Verhandlungsstärke dieser Abnehmergruppe ist eine der entscheidenden Wettbewerbskräfte, die die potentielle Rentabilität in einer Branche bestimmen. Kapitel 1 hat einige der strukturellen Bedingungen untersucht, die der Abnehmergruppe einer Branche mehr oder weniger Macht verleihen.

Es kommt jedoch selten vor, daß die der Branche gegenüberstehende Abnehmergruppe strukturell homogen ist. Viele Produktionsgüterindustrien verkaufen ihre Produkte an Unternehmen aus ganz verschiedenen Geschäftszweigen mit entsprechend unterschiedlichen Verwendungszwecken. Diese Unternehmen können sich erheblich unterscheiden in Bezug auf ihre Einkaufsmengen, den Stellenwert des Produkts als Input in ihren Produktionsprozessen usw. Auch die Käufer von Konsumgütern können sich deutlich unterscheiden im Hinblick auf die von ihnen gekaufte Menge, ihr Einkommen, ihre Ausbildung u.v.m.

Ebenso können die Kaufbedürfnisse der Abnehmer einer Branche differieren: das verlangte Niveau des Kundendienstes, die erwünschte Qualität oder Lebensdauer des Produkts, die benötigte Information bei Verkaufsvorführungen usw. Diese unterschiedlichen Kaufbedürfnisse sind einer der Gründe, weshalb Abnehmer verschieden große strukturelle Verhandlungsmacht besitzen.

Nicht nur die strukturellen Positionen der Abnehmer sind ungleich, sondern auch ihre Wachstumspotentiale und somit das voraussichtliche Wachstum ihre Einkaufsmengen. Eine Elektronik-Komponente an ein Unternehmen wie Digital Equipment zu verkaufen, das in der schnell wachsenden Kleincomputer-Branche operiert, bietet größere Wachstumsaussichten als der Verkauf derselben Komponente an einen Hersteller von Schwarz-Weiß-Fernsehgeräten.

Schließlich gibt es eine Reihe von Gründen, weshalb die Kosten der Bedienung individueller Abnehmer variieren. Beispielsweise ist es beim Vertrieb von Elektronik-Komponenten erheblich teurer (in v.H. des Umsatzes gemessen), Kleinabnehmer zu beliefern als Großkunden, weil die Lieferkosten weitgehend fix in Bezug auf die transportierte Menge sind. Die Hauptkosten entstehen durch Büroarbeiten, Verarbeitung und Abwicklung, die durch die jeweilige Anzahl der Komponenten wenig beeinflußt werden.

Aufgrund dieser Heterogenität wird die *Auswahl der Abnehmer* – die Wahl der Zielkunden – zur wichtigen strategischen Variablen. Grob gesagt sollte das Unternehmen an die vorteilhaftesten Abnehmer verkaufen, die in Frage kommen (soweit es die Wahlmöglichkeit besitzt). Die Auswahl der Abnehmer kann die Wachstumsrate maßgeblich beeinflussen und das Stärkepotential der Abnehmer so gering wie möglich halten. Die Auswahl der Abnehmer unter strukturellen Gesichtspunkten ist eine besonders wichtige strategische Variable in reifen Branchen und solchen, wo die durch Produktdifferenzierung oder technologische Innovation errichteten Barrieren schwer aufrechtzuerhalten sind.

Wir wollen in diesem Abschnitt Konzepte für die Auswahl von Abnehmern entwickeln. Nachdem wir zunächst die Eigenschaften von vorteilhaften (oder »guten«) Abnehmern untersucht haben, werden wir einige strategische Implikationen der Abnehmerauswahl diskutieren. Eine der wichtigsten Implikationen besagt, daß ein Unternehmen gute Abnehmer nicht nur finden, sondern auch *schaffen* kann.

Ein Rahmen zur Abnehmerauswahl und -strategie

Aus der vorangegangenen Diskussionen ergeben sich vier allgemeine Kriterien, die die »Qualität« von Abnehmern aus strategischer Sicht bestimmen:

- Kaufbedürfnisse, verglichen mit den Fähigkeiten unseres Unternehmens
- Wachstumspotential
- Strukturelle Position
  - potentielle Verhandlungsstärke
  - Neigung, diese Verhandlungsstärke auszuspielen, um niedrigere Preise zu fordern.
- Bedienungskosten

Die unterschiedlichen Kaufbedürfnisse der Abnehmer werfen strategische Konsequenzen auf, wenn ein Unternehmen andere Fähigkeiten besitzt, diese Bedürfnisse zu erfüllen, als seine Konkurrenten. Unter sonst gleichen Bedingungen wird ein Unternehmen seinen Wettbewerbsvorteil vergrößern, wenn es seine Anstrengungen auf solche Abnehmer richtet, deren spezifische Bedürfnisse es (verglichen mit anderen) am besten befriedigen kann. Die strategische Relevanz des Wachstumspotentials der Abnehmer ist offenkundig: je höher das Wachstumspotential eines Käufers, desto größer ist die Aussicht, daß seine Nachfrage nach dem Inputprodukt mit der Zeit steigt.

Für die Zwecke der Strategieanalyse unterteilt man die strukturelle Position der Abnehmer am besten in zwei Kategorien. Die potentielle Verhandlungsmacht ist der Druck, den die Abnehmer aufgrund ihrer Stärke und ihrer alternativen Bezugsquellen auf die Verkäufer ausüben können. *Ob sie davon Gebrauch machen,* hängt jedoch von ihrer unterschiedlichen Neigung ab, ihre Verhandlungsmacht einzusetzen, um die Gewinnspanne eines Verkäufers herabzudrücken. Manche Abnehmer sind nicht besonders preisempfindlich, selbst wenn sie große Mengen kaufen. Oder sie sind bereit, den Preis gegen andere Produkteigenschaften so »einzutauschen«, daß die Gewinnspannen der Verkäufer beibehalten werden. Sowohl die potentielle Verhandlungsstärke als auch die Neigung, sie einzusetzen, sind strategisch wichtig, weil das Drohpotential durch die Entwicklung der Branche aktiviert werden kann. Abnehmer können sehr schnell preisempfindlich werden, z.B. wenn ihre Branchen ausreifen oder wenn Ersatzprodukte auf ihre Gewinnspannen zu drücken beginnen.

Das aus strategischer Sicht letzte Hauptmerkmal von Abnehmern sind die bei ihrer Bedienung entstehenden Kosten. Sind diese Kosten hoch, so können in anderer Hinsicht »gute Abnehmer« ihre Attraktivität verlieren, weil die Kosten etwaige höhere Gewinnspannen oder geringere Belieferungsrisiken mehr als wettmachen.

Diese vier Kriterien zielen *nicht* unbedingt alle in die gleiche Richtung. Die Abnehmer mit dem größten Wachstumspotential können (müssen aber nicht) gleichzeitig die mächtigsten und/oder die rücksichtslosesten bei der Ausnutzung ihrer Stärke sein. Oder die Käufer mit geringer Verhandlungsstärke und schwacher Preisempfindlichkeit sind so teuer zu bedienen, daß die Vorteile höherer Preise zunichtegemacht werden. Zuguterletzt können die Abnehmer, die das Unternehmen aufgrund seiner Stärken am besten beliefern könnte, bei allen anderen Tests durchfallen. Darum ist die Endauswahl der besten Zielkunden oft ein Prozeß des Gewichtens und Balancierens dieser Faktoren sowie ihres Abwägens gegen die Ziele des Unternehmens.

Um zu bestimmen, wo ein bestimmter Abnehmer gemäß den vier Kriterien einzuordnen ist, müssen wir die Konzepte der Struktur- und Konkurrentenanalyse auf seine Situation anwenden. Einige dieser Aspekte werden nachfolgend diskutiert.

Kaufbedürfnisse im Vergleich zu den Fähigkeiten eines Unternehmens

Es liegt auf der Hand, daß die besonderen Kaufbedürfnisse eines Abnehmers mit den relativen Fähigkeiten unseres Unternehmens übereinstimmen müssen. Eine solche Parallelität erlaubt es dem Unternehmen, den höchsten Grad an Produktdifferenzierung und die niedrigsten Bedienungskosten gegenüber seinen Abnehmern zu erzielen (jeweils im Vergleich zu den übrigen Wettbewerbern). Verfügt ein Unternehmen z.B. in der Technik und Produktentwicklung über ausgeprägte Fähigkeiten, so wird sein größter relativer Vorteil darin liegen, jene Käufer zu bedienen, die den größten Wert auf Auftragsfertigung legen. Verfügt das Unternehmen hingegen über ein effizienteres Vertriebssystem als seine Konkurrenten, so wird es diesen Vorteil am besten ausnutzen, indem es Abnehmer bedient, die ihre Kosten als entscheidend ansehen oder vor besonders schwierigen logistischen Problemen stehen.

Die Diagnose der Kaufbedürfnisse bestimmter Abnehmer verlangt, alle Faktoren zu identifizieren, die in die Kaufentscheidungen der Abnehmer eingehen und bei der Realisierung des Kaufs eine Rolle spielen (Versand, Lieferung, Auftragsbearbeitung). Für einzelne Abnehmer oder Abnehmergruppen innerhalb des gesamten Käuferpublikums können diese Faktoren dann in eine Rangfolge gebracht werden. Die eigenen relativen Fähigkeiten können identifiziert werden, indem man auf die in Kapitel 3 dargestellten Instrumente der Konkurrentenanalyse zurückgreift.

Das Wachstumspotential des Abnehmers

Das Wachstumspotential eines industriellen Abnehmers wird durch drei Bedingungen bestimmt:

- die Wachstumsrate seiner Branche;
- die Wachstumsrate des Marktksegments (bzw. der -segmente), in dem (denen) der Abnehmer operiert;
- das Ausmaß, in dem sich sein Marktanteil in der Branche (bzw. in ihren Hauptsegmenten) ändert.

Die Wachstumsrate der Branche des Abnehmers hängt von einer Vielzahl von Faktoren ab, wie z.B. ihrer Position gegenüber Ersatzprodukten, dem Wachstum der Abnehmergruppe, an die sie ihrerseits verkauft usw. Die allgemeinen Faktoren, die das langfristige Wachstum einer Branche bestimmen, werden in Kapitel 8 (Branchenentwicklung) beschrieben.

Einige Marktsegmente innerhalb einer Branche werden gewöhnlich schneller wachsen als andere. Deshalb hängt das Wachstumspotential des Abnehmers zum Teil auch davon ab, welche Segmente er vorrangig bedient oder bedienen könnte. Das Wachstumspotential bestimmter Segmente zu bestimmen, erfordert im Prinzip die gleiche Analyse wie für die Gesamtbranche, allerdings auf einem niedrigeren Aggregationsniveau.

Der Marktanteil eines Abnehmers in seiner Branche und in einzelnen Marktsegmenten ist das dritte Element der Wachstumsanalyse. Sowohl die Höhe seines bestehenden Anteils als auch die Wahrscheinlichkeit, daß der Anteil steigt oder fällt, hängen von der Wettbewerbssituation des Abnehmers ab. Sie zu erfassen, bedarf gleichermaßen einer Konkurrentenanalyse wie einer Diagnose der gegenwärtigen und künftigen Branchenstruktur, wie sie in anderen Kapiteln umrissen wurden.

Alle drei Elemente bestimmen gemeinsam das Wachstumspotential des Abnehmers. Wenn beispielsweise ein bestimmter Abnehmer gute Chancen hat, seinen Marktanteil zu erhöhen, kann er Aussichten auf substantielles Wachstum eröffnen, selbst wenn er sich in einer reifen oder schrumpfenden Branche befindet.

Das Wachstumspotential eines Abnehmers von Konsumgütern wird durch entsprechende Faktoren bestimmt:

- die Bevölkerungsentwicklung;
- die Menge der Käufe.

Der erste Faktor, die Bevölkerungsentwicklung, determiniert die zukünftige Größe eines bestimmten Konsumentensegments. Beispielsweise wird die Zahl der gebildeten Konsumenten über 25 schnell wachsen. Alle denkbaren Schichten in Bezug auf Einkommen, Bildung, Familienstand, Alter usw. können auf analoge Weise mittels demographischer Techniken analysiert werden.

Die andere Hauptdeterminante des Wachstumspotentials eines bestimmten Konsumentensegments ist die Menge der gekauften Güter oder Dienstleistungen. Sie hängt ab von Faktoren wie etwa der Existenz von Ersatzgütern, sozialen Trends, die die zugrundeliegenden Bedürfnisse verschieben usw. Die Faktoren, die sowohl die Nachfrage nach Konsumgütern als auch nach Produktionsgütern bestimmen, werden in Kapitel 8 diskutiert.

Die potentielle Verhandlungsmacht der Abnehmer

Die Faktoren, die die potentielle Verhandlungsstärke einzelner Abnehmer (-segmente) bestimmen, ähneln den in Kapitel 1 beschriebenen Determinanten der Abnehmermacht einer Branche als Ganzer, müssen jedoch hier etwas erweitert werden. Ich beschränke mich hier auf die Kriterien, die Abnehmer mit *geringer* potentieller Verhandlungsstärke (im Vergleich mit anderen) kennzeichnen, weil sie die »guten« Käufer im Sinne der Abnehmerauswahl sind:

Ihr Anteil an den Umsätzen der Verkäufer ist gering. Kleinabnehmer verfügen kaum über das nötige Gewicht, um Preiszugeständnisse, Frachtnachlaß und andere Anliegen durchzusetzen. Die Einkaufsmenge eines Abnehmers übt den größten Druck in Verhandlungen aus, wenn der Verkäufer hohe Fixkosten hat.

Sie verfügen nicht über qualifizierte alternative Bezugsquellen. Wenn die Bedürfnisse eines bestimmten Abnehmers nur durch wenige alternative Produkte befriedigt werden können, wird seine Verhandlungsstärke begrenzt sein. Wenn beispielsweise ein Käufer aufgrund des Endprodukt-Designs ein Teil von ungewöhnlich hoher Präzision benötigt, gibt es möglicherweise nur wenige Verkäufer, die das Produkt liefern können. Ein guter Abnehmer ist nach diesem Kriterium einer, der Bedarf an Produkt- oder Dienstleistungseigenschaften hat, die nur ein bestimmter Hersteller anbietet. Qualifizierte alternative Quellen können außerdem begrenzt werden durch Bedarf an ausgiebigen Tests und Feldversuchen, die sicherstellen sollen, daß der Hersteller die erforderlichen Spezifikationen einhält; dieser Fall ist z.B. bei Ausrüstungen für Bildkommunikation weitverbreitet.

Sie stehen hohen Einkaufs-, Transaktions- oder Verhandlungskosten gegenüber. Abnehmer, denen es besonders schwer fällt, alternative Angebote einzuholen, zu verhandeln oder überhaupt Transaktionen zu bewerkstelligen, verfügen über geringe potentielle Macht. Bei der Suche nach einer neuen Marke oder einem neuen Lieferanten entstehen ihnen hohe Kosten, und sie müssen sich mit ihren bisherigen Lieferanten begnügen. So können z.B. Käufer in abgelegenen geographischen Gebieten mit solchen Schwierigkeiten konfrontiert sein.

Sie können nicht glaubwürdig mit Rückwärtsintegration drohen. Abnehmer, die zur Rückwärtsintegration kaum in der Lage sind, verlieren einen wichtigen Verhandlungshebel. Die Käufer eines Produkts unterscheiden sich meist erheblich in dieser Fähigkeit. Beispielsweise sind unter den zahlreichen Abnehmern von Schwefelsäure nur die großen Verarbeiter – Düngemittelhersteller oder Mineralölkonzerne – wirklich in dieser Position; die übrigen Abnehmer von Schwefelsäure haben weit weniger Verhandlungsmacht. Die Faktoren, die einem einzelnen Abnehmer die Rückwärtsintegration erlauben oder unmöglich machen, werden in Kapitel 14 (»Die strategische Analyse der vertikalen Integration«) diskutiert.

Sie sehen sich mit hohen Fixkosten beim Wechsel ihrer Lieferanten konfrontiert. Manche Abnehmer haben besonders hohe Umstellungskosten, z.B. weil sie die Spezifikation ihres Produkts an einen bestimmten Input gekoppelt haben oder weil sie viel investiert haben, um mit den Ausrüstungen eines bestimmten Lieferanten umgehen zu können.

Die Hauptursachen von Umstellungskosten sind die folgenden:

- Kosten der Modifikation von Produkten, damit sie mit einem neuen Input kompatibel sind;
- die Notwendigkeit, zu überprüfen, ob der neue Input den alten ersetzen kann;
- Investitionen in die Umschulung der Mitarbeiter;
- Erforderliche Investitionen in neue Zusatzgeräte für den Einsatz des neuen Inputs;
- Kosten des Aufbaus neuer logistischer Vorkehrungen;
- psychische Kosten des Abbruchs einer Geschäftsbeziehung.

Die Bedeutung jedes einzelnen Kostenelements kann unter den Abnehmern variieren.

Umstellungskosten können auch dem Verkäufer Sorge bereiten, dem beim Wechsel der Abnehmer Fixkosten enstehen können. Umstellungskosten der Verkäufer stärken die Verhandlungsmacht der Abnehmer.

Die Preisempfindlichkeit der Abnehmer

Die Neigung einzelner Abnehmer, jede ihnen zur Verfügung stehende Verhandlungsstärke auszunutzen, um die Margen der Verkäufer herunterzuhandeln, kann ebenfalls sehr verschieden ausgeprägt sein. Abnehmer, die überhaupt nicht preisempfindlich sind oder Bereitschaft zeigen, den Preis gegen Leistungseigenschaften des Produkts zu »tauschen«, sind gewöhnlich gute Abnehmer. Wieder sind die Determinanten der Preisempfindlichkeit einzelner Käufer denen der gesamten Käufergruppe (vgl. Kapitel 1) ähnlich (mit einigen Erweiterungen.)

Abnehmer, die *nicht* preisempfindlich sind, fallen tendenziell in eine oder mehrere der folgenden Kategorien:

Die Kosten des Produkts sind ein kleiner Teil der Produktionskosten und/oder des Einkaufsbudgets des Abnehmers. Handelt es sich um ein relativ billiges Produkt, so sind die Vorteile aus Preisvergleichen und Verhandlungen eher gering. Beachten Sie, daß die relevanten Kosten die gesamten Kosten für das Produkt pro Zeiteinheit sind, nicht aber die Kosten pro Stück! Letztere können gering sein, aber die Anzahl der gekauften Einheiten kann einen bedeutenden Posten entstehen lassen. Die Aufmerksamkeit des Einkäufers wird sich eher auf die größeren Posten richten. Bei industriellen Abnehmern hat das oft zur Folge, daß höhergestellte, spezialisierte Einkäufer und leitendes Personal für große Posten zuständig sind, während rangniedere, weniger spezialisierte Einkäufer die kleinen Posten zusammengefaßt bearbeiten. Für Käufer von Konsumgütern lohnt ein billiges Produkt nicht die hohen Kosten von Preis- und Produktvergleichen. Folglich kann die Bequemlichkeit eine wichtige Rolle beim Kauf spielen, und der Kauf wird auf weniger »objektiven« Kriterien beruhen.

Die »Strafe« für das Versagen des Produkts ist (im Vergleich zu seinem Preis) hoch. Wenn ein Produkt versagt oder die Erwartungen nicht erfüllt und seinem Käufer dadurch hohe Kosten aufgebürdet werden, wird der Käufer kaum preisempfindlich sein. Er wird eher auf die Qualität achten (und sogar bereit sein, einen Zuschlag dafür zu zahlen) und dazu neigen, an den Produkten festzuhalten, die sich in der Vergangenheit bewährt haben. Ein gutes Beispiel für diese Produkteigenschaft findet sich in der Elektrobranche. Hier begegnen elektrische Kontrollelemente, die in Fertigungsmaschinen eingesetzt werden, einer geringeren Preisempfindlichkeit bei ihren Käufern als Kontrollelemente, die zu anspruchsloseren Zwecken verwandt werden.

Das Versagen eines Kontrollelements in einer teuren Produktionsanlage kann nicht nur die Anlage selbst und eine Reihe von Arbeitern zur Untätigkeit verdammen, sondern unter Umständen sogar eine ganze Produktlinie blockieren. Auch Produkte, die in wechselseitig abhängigen Systemen verwandt werden, können besonders hohe Ausfallkosten verursachen, da das Scheitern des Produkts das ganze System zum Erliegen bringen kann.

Es können beträchtliche Kosten eingespart oder Leistungen erhöht werden, wenn das Produkt effektiv ist. Man kann die letztgenannte Bedingungen auch umkehren: wenn das Produkt oder die Dienstleistung ihrem Käufer durch gutes Funktionieren Zeit und Geld ersparen oder wenn sie die Leistungsfähigkeit seines Produkts erhöhen, dann wird der Käufer wenig preisempfindlich sein. So können etwa die Dienste einer Effektenbank oder eines Unternehmensberaters wesentliche Einsparungen »produzieren«, z.B. indem neue Aktien zum richtigen Preis ausgegeben, Beteiligungskandidaten sorgsam evaluiert oder Ansätze zur Lösung von Unternehmensproblemen entwickelt werden. Abnehmer, die vor besonders schwierigen Preisentscheidungen oder Problemen außergewöhnlicher Tragweite stehen, werden bereit sein, eine Prämie für den besten Rat zu zahlen. Ein weiteres Beispiel bietet das Ausloten von Ölfeldern. Unternehmen wie Schlumberger setzen hochwertige elektronische Techniken ein, um die Möglichkeit von Ölvorkommen in Gesteinsformationen zu erkunden. Richtige Meßergebnisse können erhebliche Einsparungen bei den Bohrkosten erbringen; Ölbohrungsunternehmen bezahlen gern hohe Summen für diese Leistung, besonders diejenigen, die es mit sehr schwierigen und teuren Bohrungen (wegen großer Tiefe oder auf See) zu tun haben. Damit verwandt sind solche Einsparungen, die dem Abnehmer durch pünktliche Lieferung, schnellen Kundendienst im Falle von Schäden u. dgl. entstehen. Manche Käufer sind bereit, Zuschläge an Unternehmen zu zahlen, die auf solchen Gebieten gute Leistungen aufweisen. Produkte, die ihrem Käufer Leistungssteigerungen ermöglichen, sind z.B. Arzneimittel oder Elektronikausrüstungen.

Die Strategie des Abnehmers basiert auf hoher Qualität, zu der das gekaufte Produkt beitragen soll. Die Abnehmer, die mit Hilfe einer auf Spitzenqualität ausgerichteten Strategie konkurrieren, legen oft großen Wert auf ihre Inputs. Wenn sie der Meinung sind, daß der Input die Leistung ihres Produkts verbessert, oder wenn die Marke des Inputs einen Prestigewert besitzt, der ihre auf Qualität angelegte Strategie unterstützt, dann werden sie eher unempfindlich gegenüber dem Preis des Inputs sein. Deshalb werden Hersteller teurer Maschinen oft einen Zuschlag für die Elektromotoren oder -generatoren des Prestigelieferanten zahlen.

Der Abnehmer ist an Auftragsfertigung interessiert. Wenn der Abnehmer ein speziell gestaltetes Produkt wünscht, wird er oft (aber nicht immer) bereit sein, einen Zuschlag dafür zu zahlen. Diese Situation kann den Abnehmer an einen bestimmen Lieferanten (oder an eine Gruppe von Lieferanten) binden, und er wird unter Umständen einen Zuschlag zahlen, um diese Lieferanten zufriedenzustellen. Er ist vielleicht auch der Meinung, Leistungen dieser Art sollten belohnt werden. Ein gutes Beispiel für ein Unternehmen, das auf einer solchen Strategie aufbaut, bietet Illinois Tool Works, das enorme Anstrengungen auf sich nimmt, um Befestiger nach den Bedürfnissen seiner Kunden zu gestalten. Diese Politik hat zu hohen Gewinnspannen und großer Kundenloyalität geführt.

Ein Abnehmer mit hoher potentieller Verhandlungsmacht kann jedoch Sonder- oder Auftragsanfertigungen verlangen, ohne daß er bereit ist, extra dafür zu zahlen. Solche Käufer zu bedienen, bringt den Verkäufer in die denkbar schlechteste Situation, da sie die Kosten erhöht, aber nicht die Spannen.

Der Abnehmer arbeitet sehr rentabel und/oder kann die Inputkosten leicht überwälzen. Sehr rentable Abnehmer neigen dazu, weniger preisempfindlich zu sein als solche, die finanziell auf der Kippe stehen – es sei denn, das gekaufte Produkt ist ein Hauptkostenfaktor. Diese Haltung mag zum Teil darauf zurückzuführen sein, daß hochrentable Abnehmer in eine der oben aufgeführten Kategorien fallen, zum Teil auch auf eine höhere Bereitschaft, dem Verkäufer eine faire Gegenleistung zu sichern. Man könnte zwar argumentieren, Abnehmer mit hohen Renditen seien gerade deshalb so gewinnträchtig, weil sie gut verhandeln können; in der Praxis scheinen die Prioritäten solcher Abnehmer aber weniger auf aggressiven Preisverhandlungen als auf anderen Gebieten zu liegen.

Der Abnehmer ist über das Produkt schlecht informiert und/oder kauft auf der Basis unklarer Vorstellungen. Abnehmer, die schlecht informiert sind über die Kosten eines Inputs, über die Nachfragesituation oder die Kriterien, nach denen sie alternative Marken bewerten sollen, sind gewöhnlich weniger preissensibel als gutinformierte Käufer. Umgekehrt können Abnehmer, die über Nachfragesituation und Herstellungskosten gut Bescheid wissen, unbarmherzig die Preise herunterhandeln. Darunter fallen z.B. viele Großabnehmer von Gebrauchsgütern. Schlecht informierte Käufer hingegen neigen dazu, sich durch subjektive Faktoren leiten zu lassen und darüber im unklaren zu sein, ob sie die Spannen der Lieferanten drücken können. Das besagt aber nicht, daß sie die Unterschiede zwischen den konkurrierenden Produkten übersehen.

Die Motivation des wirklichen Entscheiders ist nicht auf die Inputkosten beschränkt. Die Preisempfindlichkeit eines Abnehmers hängt teilweise ab von der Motivation des wirklichen Einkäufers oder Entscheiders in der Organisation des Abnehmers, und diese Motivation kann unter den Abnehmern sehr unterschiedlich sein. Einkäufer werden beispielsweise oft für Kosteneinsparungen belohnt, was sie veranlaßt, sich eng am Preis zu orientieren, während Fabrikmanager sich längerfristig eher an der Produktivität ausrichten. (Dieser Punkt wird diskutiert bei Corey, 1976).

Je nach Größe des Unternehmens (und vielen anderen Faktoren) ist zu beobachten, daß Einkäufer, Fabrikmanager oder sogar Vorstandsvorsitzende tatsächlich die Entscheidung fällen. Bei Konsumgütern liegt die Entscheidung über verschiedene Produkte bei jeweils anderen Familienmitgliedern, deren Motivationssysteme sich unterscheiden. Je weniger die Motivation des Entscheiders auf die Minimierung der Inputkosten beschränkt ist, desto weniger preisempfindlich wird der Abnehmer voraussichtlich sein.

Die Faktoren, die die Unempfindlichkeit gegen Preise fördern, können zusammenwirken. Beispielsweise bilden Architekten und Gebrauchs- bzw. Werbegraphiker den Großteil der Kunden von Letraset, einem Schnellübertragungsverfahren zur Beschriftung von Graphiken und Zeichnungen. Verglichen mit den Kosten ihrer Arbeitszeit sind die Kosten der Beschriftung für diese Kunden gering, und die attraktive Beschriftung übt einen starken Einfluß auf den Gesamteindruck aus, den ihre Arbeiten hinterlassen. Architekten und Graphiker sind sehr darauf bedacht, über eine große Auswahl verschiedener Schriftbilder zu verfügen. Deshalb neigen die Kunden von Letraset dazu, extrem preisindifferent zu sein, und sie haben es Letraset erlaubt, sehr hohe Gewinnspannen zu verdienen.

Die soeben diskutierten Faktoren bedeuten außerdem, daß *Großabnehmer nicht immer am preisempfindlichsten sind.* So nutzen etwa Großabnehmer von Baumaschinen ihre Ausrüstungen sehr intensiv, und sie kaufen meist ein breites Spektrum von Maschinen, vorzugsweise von nur einem Lieferanten. Sich auf nur einen Lieferanten zu beschränken, hat den Vorteil, daß die Teile auswechselbar sind und man es nur mit einem einzigen Kundendienst zu tun hat. Die Abnehmer sind bereit, für einen zuverlässigen, dauerhaft nutzbaren Maschinenpark und für Produkte mit niedrigen Wartungskosten einen Zuschlag zu zahlen. Auf der anderen Seite kaufen kleinere Unternehmen nur wenige Baumaschinentypen und nutzen sie oft weniger intensiv. Sie sind wesentlich preisempfindlicher, weil die Kosten der Ausrüstungen ein wichtiger Faktor für sie sind.

Die Kosten der Bedienung von Abnehmern

Die Kosten der Bedienung von verschiedenen Abnehmern eines Produkts können stark variieren, meist aus einem der folgenden Gründe:

- Auftragsumfang;
- direkter Verkauf vs. Verkauf über Händler;
- benötigte Lieferzeit;
- Stetigkeit des Auftragsflusses für die Zwecke der Planung und Logistik;
- Frachtkosten;
- Vertriebskosten;
- Zwang zur Auftragsfertigung oder Modifizierung.

Bedienungskosten sind oft versteckt und manchmal schwer zu identifizieren. Sie können durch die Umlage der Gemeinkosten verdeckt werden. Meist muß eine spezielle Studie durchgeführt werden, um die Kosten der Bedienung verschiedener Arten von Abnehmern festzustellen, da die üblichen Betriebsabrechnungen selten ausreichend detaillierte Daten enthalten.

Abnehmerauswahl und Strategie

Die These, wonach sich Abnehmer im Blick auf die oben diskutierten vier Bedingungen unterscheiden, impliziert, daß die Auswahl von Abnehmern eine entscheidende strategische Variable sein kann. Nicht alle Unternehmen verfügen über den Luxus, ihre Abnehmer auszuwählen, und nicht in allen Branchen unterscheiden sich die Abnehmer erkennbar nach diesen Bedingungen. In vielen Fällen ist die Option der Abnehmerauswahl jedoch gegeben.

Das grundlegende strategische Prinzip bei der Auswahl von Abnehmern besteht darin, gemäß den obengenannten Kriterien *die gün-*

stigsten erreichbaren Abnehmer auszuwählen und zu versuchen, an sie zu verkaufen. Wie wir bereits anmerkten, können die vier Kriterien widersprüchliche Implikationen für die Attraktivität eines Abnehmers beinhalten. Beispielsweise kann der Käufer mit dem größten Wachstumspotential die meiste Macht besitzen oder gegenüber dem Preis am empfindlichsten sein. Deshalb müssen bei der Auswahl des besten Abnehmers alle vier Kriterien gegen die (an den Konkurrenten gemessenen) Fähigkeiten des Unternehmens abgewogen werden.

Nicht jedes Unternehmen ist gleichermaßen in der Lage, Abnehmer auszuwählen. So kann etwa ein Unternehmen mit ausgeprägter Produktdifferenzierung unter Umständen an gute Käufer herankommen, die für viele seiner Konkurrenten nicht erreichbar sind. Auch die potentielle Macht von Abnehmern ist nicht für alle Unternehmen dieselbe. Ein sehr großes Unternehmen oder eines mit besonderer Produktvielfalt wird durch die Größe des Abnehmers möglicherweise weniger betroffen als ein kleineres Unternehmen, um nur eine der Möglichkeiten zu nennen. Zuguterletzt unterscheiden sich die Unternehmen in ihren Fähigkeiten, besondere Käuferbedürfnisse zu erfüllen. Deshalb werden *die günstigsten Abnehmer* in vielerlei Hinsicht *von der Position des einzelnen Unternehmens bestimmt.*

Es gibt eine Reihe weiterer strategischer Implikationen der Abnehmerauswahl:

Das Unternehmen mit einem Kostenvorsprung kann an mächtige und preisempfindliche Abnehmer verkaufen und trotzdem erfolgreich sein. Wenn ein Unternehmen der Billigproduzent ist, wird es – egal wie mächtig oder preisempfindlich der Abnehmer ist – überdurchschnittliche Gewinnspannen (gemessen an seiner Branche) erzielen, weil es die Preise seiner Konkurrenten unterbieten und trotzdem höhere Erträge als die anderen verdienen kann. In manchen Branchen besitzt diese Aussage jedoch eine gewisse Zirkularität: der Verkäufer wird manchmal an schlechte Kunden verkaufen *müssen,* da er ausreichende Mengen braucht, um einen Kostenvorsprung zu erzielen.

Das Unternehmen ohne Kostenvorsprung oder Differenzierung muß bei seinen Abnehmern wählerisch sein, wenn es überdurchschnittliche Erträge erreichen will. Ohne einen Kostenvorsprung muß das Unternehmen seine Anstrengungen auf weniger preisempfindliche Abnehmer richten, wenn seine Ergebnisse über dem Branchendurchschnitt liegen sollen. Diese Notwendigkeit kann auch einschließen, daß ein Unternehmen absichtlich einen Teil seines Umsatzvolumens aufgibt, um eine solche Konzentration aufrechtzuerhalten. Ohne einen Kostenvorsprung ist es unsinnig, das Volumen um seiner selbst willen zu steigern, weil dadurch das Unternehmen immer ungünstigeren Abnehmern ausgesetzt wird. Dieses Prinzip unterstreicht die in Kapitel 2 beschriebene Idee der Strategietypen. Wenn das Unternehmen keinen Kostenvorsprung erlangen kann, muß es aufpassen, daß es durch den Verkauf an mächtige Abnehmer nicht zwischen die Stühle gerät.

Durch strategische Maßnahmen können gute Abnehmer geschaffen (bzw. ihre Qualität verbessert) werden. Einige der erwünschten Käufereigenschaften kann das Unternehmen selbst beeinflussen. Eine wichtige Strategie ist z.B., *Umstellungskosten aufzubauen* – dadurch, daß der Kunde überredet wird, das Produkt des Unternehmens in die Konstruktion oder Gestaltung seines eigenen Produkts einzubauen, daß Auftragsfertigung entwickelt wird, daß Hilfestellungen bei der Instruktion des Kundenpersonals in den Umgang mit dem Produkt gegeben werden usw. Darüberhinaus kann geschickter Verkauf die *Entscheidungsbefugnis* für das Produkt von einer preisempfindlichen Person auf eine weniger preisempfindliche *verlagern.* Das Produkt oder die Dienstleistung können verbessert werden, um bei bestimmten Abnehmertypen Kosten zu sparen; es gibt eine Vielzahl von Maßnahmen, die die Qualität des Abnehmers aus Unternehmenssicht verbessern, indem die oben identifizierten Charakteristika guter Abnehmer beeinflußt werden.

Die Analyse zeigt, daß man die Strategieformulierung unter anderem als Möglichkeit verstehen kann, günstige Abnehmer zu schaffen. Strategisch gesehen ist es offenkundig besser, gute Abnehmer zu schaffen, die an das Unternehmen gebunden sind, als solche, die für jeden Konkurrenten gute Abnehmer sind.

Die Entscheidungsgrundlagen der Abnehmer können erweitert werden. Ein besonders wichtiger Ansatz, der eine gesonderte Diskussion rechtfertigt, besteht darin, gute Abnehmer zu schaffen, indem man ihre Entscheidungsgrundlagen erweitert. Im Idealfall kann diese Grundlage vom Kaufpreis in Richtung auf Faktoren verlagert werden, wo das Unternehmen besondere Fähigkeiten hat oder Umstellungskosten geschaffen werden können.

Es gibt zwei fundamentale Möglichkeiten, die Entscheidungen der Abnehmer zu erweitern. Die erste ist, *den Wertgewinn zu erhöhen,* den das Unternehmen dem Käufer bietet (Theodore Levitt würde dies als Verkauf eines »erweiterten« Produkts an den Käufer bezeichnen: siehe Levitt, 1969), indem man z.B.

- einen jederzeit ansprechbaren Kundendienst bereitstellt;
- technische Unterstützung bietet;
- Kredit gewährt oder für rasche Lieferung sorgt;
- neue Produkteigenschaften entwickelt.

Die Überlegung ist einfach: indem man den Wertgewinn des Abnehmers erhöht, erweitert man die Attribute, die seiner Entscheidung potentiell zugrundeliegen. Dadurch kann das Produkt von einem einfachen Gebrauchsartikel in ein differenzierbares Produkt umgewandelt werden.

Eine zwar verwandte, aber gesonderte Möglichkeit, die Entscheidungsgrundlage des Abnehmers zu erweitern, besteht darin, seine *Auffassung* über die Funktion des Produkts neu zu definieren, selbst wenn das Produkt- oder Leistungsangebot gleichbleibt. Hier weist man den Abnehmer darauf hin, daß Kosten oder Wert des Produkts sich nicht nur im ursprünglichen Kaufpreis ausdrücken, sondern noch weitere Faktoren umfassen (diese Überlegung wurde von McKinsey im Begriff des »ökonomischen Werts für den Kunden« sorgfältig ausgearbeitet. Siehe Forbis und Mehta, 1979.), wie etwa:

- Wiederverkaufswert;
- Wartungskosten und Ausfallzeiten über die Lebensdauer des Produkts hinweg;
- Energiekosten;
- Ertragskraft;
- Installationskosten.

Wenn der Abnehmer überzeugt werden kann, daß Faktoren wie diese in die tatsächlichen Gesamtkosten oder den Wert des Produkts eingehen, dann hat das Unternehmen die Möglichkeit, zu demonstrieren, daß sein Produkt nach diesen Kriterien überlegen ist und einen Preiszuschlag bzw. die Loyalität des Käufers rechtfertigt. Natürlich muß das Unternehmen einlösen können, was es im Blick auf die Überlegenheit des Produkts zugesichert hat; darüberhinaus müssen sich seine Behauptungen zu einem gewissen Grad von denen seiner Konkurrenten abheben, wenn die potentiell höheren Gewinnspannen Bestand haben sollen. Die Entscheidungsgrundlagen der Abnehmer zu erweitern, verlangt ein darauf gerichtetes, effektives Marketing, kombiniert mit Produktentwicklung, die dessen Aussagen glaubhaft unterstützt. General Electric hat diese Strategie jahrzehntelang sehr erfolgreich bei Groß-Turbinengeneratoren praktiziert.

Kostenintensive Abnehmer können gestrichen werden. Eine gebräuchliche, die Rentabilität steigernde Strategie ist es, kostenintensive Abnehmer von der Kundenliste zu streichen. Diese Taktik ist oft recht wirksam, da insbesondere in Wachstumsphasen der Branchenentwicklung die Zahl »marginaler« Kunden häufig steigt. Kostenintensive Abnehmer zu streichen, lohnt sich oft allein schon deshalb, weil die Kosten der Bedienung einzelner Abnehmer viel zu selten unter die Lupe genommen werden. Allerdings muß man sich klarmachen, daß die Attraktivität von Käufern nicht allein durch den Aspekt ihrer Belieferungskosten bestimmt wird. Kostenintensive Abnehmer können z.B. sehr unempfindlich gegen Preise sein und Preiserhöhungen hinnehmen, die ihre realen Bedienungskosten (sobald sie festgestellt worden sind) mehr als decken. Es ist auch denkbar, daß kostenintensive Abnehmer signifikante Beiträge zum Unternehmenswachstum erbringen, die wichtig sind, um Betriebsgrößenersparnisse oder andere strategische Ziele zu erreichen. Deshalb sollten alle vier Elemente der Attraktivität von Abnehmern untersucht werden, bevor man entscheidet, ob kostenintensive Abnehmer gestrichen werden sollen.

Die Qualität von Abnehmern kann sich mit der Zeit ändern. Viele der Faktoren, die die Qualität eines Abnehmers bestimmen, unterliegen der Veränderung. So neigen Abnehmer etwa dazu, mit zunehmender Reife ihrer Branche bei vielen Geschäften preisempfindlicher zu werden, weil ihre eigenen Gewinnspannen gedrückt werden und sie sich beim Kauf besser auskennen. Aus strategischer Sicht ist es deshalb notwendig, eine Strategie nicht auf Abnehmern aufzubauen, deren Qualität abnehmen wird. Umgekehrt liegt eine wichtige strategische Chance darin, Abnehmergruppen frühzeitig zu identifizieren, die sich voraussichtlich besonders günstig entwickeln werden. Solche Abnehmer können leicht zu gewinnen sein, wenn sie niedrige Umstellungskosten haben und nur wenige Konkurrenten an ihnen interessiert sind. Einmal gewonnen, können ihre Umstellungskosten durch strategische Maßnahmen erhöht werden.

Beim Ergreifen strategischer Maßnahmen sollten Umstellungskosten berücksichtigt werden. Angesichts ihres potentiellen Stellenwerts sollten alle strategischen Maßnahmen darauf untersucht werden, welchen Einfluß sie auf Umstellungskosten ausüben. Beispielsweise führen Umstellungskosten oft dazu, daß es wesentlich günstiger für einen Kunden ist, seine Nachfrage nach einem Produkt, das er früher schon einmal gekauft hat, qualitativ und quantitativ zu steigern, als das Produkt ganz durch eine neue Marke zu ersetzen. Diese Überlegung kann es einem Unternehmen erlauben, durch die Qualitätssteigerung seiner bereits auf dem Markt befindlichen Produkte hohe Ertragsspannen zu erzielen, solange die Qualitätssteigerung einen Preis erzielt, der mit den Preisen neuer Produkte von Konkurrenten mithält.

Einkaufsstrategie

Die in Kapitel 1 vorgenommene Analyse der Stärke von Lieferanten, verbunden mit der spiegelbildlichen Anwendung der Prinzipien der Abnehmerauswahl, können einem Unternehmen helfen, seine Einkaufsstrategie zu formulieren. Wenngleich viele Aspekte von Einkaufsstrategie, -verfahren und -organisation den Rahmen dieses Buches sprengen, können wir einige Fragen nutzbringend untersuchen, wenn wir uns des Rahmens der Branchenstruktur bedienen. Kernprobleme der Einkaufsstrategie aus struktureller Sicht sind die folgenden:

- Stabilität und Wettbewerbsfähigkeit der Lieferanten;
- otpimaler Grad der vertikalen Integration;
- Aufteilung der Käufe auf qualifizierte Lieferanten;
- Aufbau maximaler Verhandlungsstärke gegenüber den ausgewählten Lieferanten.

Die erste Frage ist die nach der Stabilität und Wettbewerbsfähigkeit der Lieferanten. Strategisch gesehen ist es wünschenswert, bei Lieferanten zu kaufen, die ihre Wettbewerbsposition im Blick auf ihre Produkte und Leistungen beibehalten oder verbessern werden. Dieser Faktor garantiert, daß das Unternehmen Inputs von ausreichender oder überdurschnittlicher Nutzen/Kosten-Relation kaufen wird, um seine eigene Wettbewerbsfähigkeit zu sichern. Die Auswahl von Lieferanten, die auch in Zukunft in der Lage sein werden, die Bedürfnisse des Unternehmens zu erfüllen, sorgt ebenso dafür, die Kosten des Wechsels von Lieferanten so gering wie möglich zu halten. Struktur- und Konkurrentenanalyse können dazu dienen, festzustellen, wie die Lieferanten eines Unternehmens gemäß dieser Kriterien abschneiden werden. Das zweite Problem – die vertikale Integration – werden wir erst in Kapitel 14 diskutieren. An dieser Stelle gehe ich davon aus, daß das Unternehmen entschieden hat, welche Posten es von außen beziehen wird; die Frage ist dann, *wie sie gekauft werden sollen*, damit die bestmögliche strukturelle Verhandlungsposition erzielt wird.

Bei der Aufteilung von Käufen auf die Lieferanten und beim Aufbau von Verhandlungsstärke, dem dritten und vierten Problem, können wir uns der Strukturanalyse zuwenden. In Kapitel 1 haben wir die Bedingungen untersucht, die die Macht der Lieferanten eines bestimmten Inputs verstärken:

- der Konzentrationsgrad unter den Lieferanten ist hoch;
- der Großteil der Umsätze ist nicht vom Verkauf an einen bestimmten Kunden abhängig;
- der Kunde sieht sich Umstellungskosten gegenüber;
- das Produkt ist singulär oder differenziert (es gibt wenige alternative Quellen);
- es besteht die Gefahr der Vorwärtsintegration.

Die Analyse der Abnehmerauswahl an früherer Stelle in diesem Kapitel erbrachte eine Reihe weiterer Bedingungen, in denen der Lieferant dem Käufer überlegen ist:

- der Abnehmer kann nicht glaubwürdig mit Rückwärtsintegration drohen;
- der Abnehmer sieht sich hohen Informations-, Einkaufs- oder Verhandlungskosten gegenüber.

Der Einkauf ist also nach Möglichkeit so zu gestalten, daß die oben angeführten Ursachen von Lieferantenmacht neutralisiert oder überwunden werden. In manchen Fällen ist diese Macht ein Teil der Branchenstruktur und entzieht sich der Kontrolle des Unternehmens. In vielen Fällen kann sie aber durch strategische Maßnahmen gemildert werden.

Streuen Sie die Einkäufe. Die Käufe eines Postens können so gestreut werden, daß die Verhandlungsposition des Unternehmens verbessert wird. Der Umfang des Geschäfts mit jedem einzelnen Lieferanten muß so groß sein, daß der Lieferant bemüht ist, das Geschäft aufrechtzuerhalten; eine zu breite Streuung der Käufe schöpft den Vorteil der strukturellen Verhandlungsposition nicht aus. Hingegen kann die Konzentration aller Käufe auf einen einzigen Lieferanten dazu führen, daß dieser die Möglichkeit erhält, extensiv Macht auszuüben oder Umstellungskosten aufzubauen. Diesen Überlegungen steht die Fähigkeit des Käufers gegenüber, Mengenrabatte auszuhandeln, was zum einen Teil eine Frage der Verhandlungsstärke, zum anderen eine Frage der Ökonomie des Lieferanten ist. Bei der Abwägung dieser Faktoren sollte der Käufer versuchen, die Lieferanten so stark abhängig wie möglich von seinem Geschäft zu machen und dabei die maximalen Mengenrabatte zu erzielen, ohne sich einem allzugroßen Risiko im Blick auf die Umstellungskosten auszuliefern.

Vermeiden Sie Umstellungskosten. Eine gute Einkaufsstrategie aus struktureller Sicht verlangt, Umstellungskosten zu vermeiden. Die üblichen Ursachen von Umstellungskosten wurden bereits genannt; daneben gibt es aber noch weitere subtile Ursachenbereiche. Umstellungskosten vermeiden heißt, der Versuchung zu widerstehen, sich von der technischen Unterstützung eines Lieferanten zu stark abhängig zu machen; sicherzustellen, daß Mitarbeiter nicht von Lieferanten kooptiert werden; den Angeboten der Lieferanten zu widerstehen, Auftragsfertigungen durchzuführen, solange nicht Kostenaspekte sie rechtfertigen und die Gefahren zukünftiger Abhängigkeit überwiegen; usw. Diese Politik kann unter anderem beinhalten, daß das Produkt eines anderen Lieferanten eine Zeitlang verwandt wird, daß Investitionen in Zusatzausrüstungen, die an einen bestimmten Lieferanten gebunden sind, abgelehnt werden, und daß man Produkten widersteht, die spezialisierte Schulungsmaßnahmen für die Mitarbeiter erfordern.

Unterstützen Sie die Qualifikation zusätzlicher Quellen. Es kann notwendig sein, zusätzliche Bezugsquellen zum Eintritt in die Branche zu ermutigen, z.B. durch Finanzierung von Entwicklungsverträgen und durch Verträge über die Abnahme kleinerer Mengen. Manche Käufer haben tatsächlich dazu beigetragen, neue Quellen zu kapitalisieren, oder sie sind ins Ausland gegangen, um dort ansässige Unternehmen zum Eintritt in das Geschäft zu bewegen. Es kann auch wünschenswert sein, neuen Lieferanten bei der Senkung ihrer Qualifizierungskosten zu helfen. Die Mittel reichen also von äußerster Aufmerksamkeit bei der Suche nach neuen Lieferanten seitens des Beschaffungsstabs bis hin zur Beteiligung an den Erprobungskosten von Produkten neuer Lieferanten.

Fördern Sie die Standardisierung. Alle Unternehmen einer Branche können gut beraten sein, die Standardisierung technischer Spezifikationen in den Branchen zu fördern, von denen sie ihre Inputs kaufen. Diese Politik hilft, die Produktdifferenzierung der Lieferanten abzubauen und den Aufbau von Umstellungskosten zu untergraben.

Drohen Sie mit Rückwärtsintegration. Die Verhandlungsposition eines Abnehmers wird gestärkt, wenn er glaubwürdig mit Rückwärtsintegration droht, ganz gleich, ob er die Maßnahme wirklich erwägt oder nicht. Diese Drohung kann aufgebaut werden, indem man z.B. Stellungnahmen verbreitet, interne Studien über die Realisierbarkeit der Integration »durchsickern« läßt, Notfallpläne für die Integration gemeinsam mit Unternehmensberatern und Ingenieurunternehmen ausarbeitet usw.

Machen Sie von partieller Integration Gebrauch. Wenn es das Kaufvolumen zuläßt, kann die Verhandlungsstärke durch partielle Integration wesentlich erhöht werden, also durch partielle Integration bei einem bestimmten Posten, von dem ein Teil (unter Umständen sogar der größere) weiterhin von externen Lieferanten gekauft wird. Dieses Vorgehen wurde in Kapitel 1 kurz erörtert und wird in Kapitel 14 weiter untersucht.

Das Ziel all dieser Ansätze ist offenkundig, die langfristigen Gesamt-Beschaffungskosten zu senken. Man sollte sich klarmachen, daß manche dieser Ansätze in der Tat dazu führen können, daß *bestimmte* (eng definierte) Einkaufskosten sich erhöhen. So können etwa die Beibehaltung alternativer Quellen oder der Kampf gegen Umstellungskosten Ausgaben mit sich bringen, die kurzfristig vermeidbar wären. Der Zweck solcher Ausgaben besteht jedoch letztendlich darin, die Verhandlungsposition des Unternehmens zu verbessern und damit seine langfristigen Inputkosten zusenken.

Eine Reihe von Punkten wird sichtbar. Erstens kommt es darauf an, sich nicht zu eng an kurzfristigen Kostensenkungen zu orientieren, damit potentiell gewinnbringende Einkaufsstrategien wie die oben beschriebenen nicht untergraben werden. Zweitens müssen die Zusatzkosten einer solchen Einkaufsstrategie gegen ihren langfristigen Nutzen (Schwächung der Verhandlungsstärke der Lieferanten) abgewogen werden. Zuguterletzt sollte das Unternehmen, da die Bezugskosten unterschiedlicher Lieferanten variieren können, bei Billiglieferanten kaufen, sofern keine Nachteile im Blick auf die langfristige Verhandlungsposition überwiegen.

Kapitel 7
Die mbrancheninterne Strukturanalyse

Die in Kapitel 1 dargelegte Branchenstrukturanalyse beruht auf der Identifizierung von Ursachen und Stärke der fünf Wettbewerbskräfte, die den Wettbewerbscharakter der Branche und das ihr zugrundeliegende Gewinnpotential bestimmen. Die Analyse konzentrierte sich bisher auf die Branche als Ganze, und auf dieser Ebene wirft die Analyse zahlreiche Schlußfolgerungen für die Wettbewerbsstrategie auf; einige davon sind in den vorangehenden Kapiteln beschrieben worden. Es ist jedoch klar, daß eine tiefere Analyse möglich ist als nur die der Branche als Ganzer. In vielen, wenn nicht den meisten Branchen gibt es Unternehmen, die sich sehr verschiedener Wettbewerbsstrategien bedienen (etwa im Blick auf die Breite der Produktlinie, den Grad der vertikalen Integration usw.) und verschieden große Marktanteile erreicht haben. Außerdem gibt es einige Unternehmen, deren Kapitalertragsrate dauerhaft über denen ihrer Konkurrenten liegt. Beispielsweise hat IBM deutlich höhere Erträge erzielt als andere Hersteller von Großcomputern. (IBM's durchschnittliche Ertragsrate auf das Aktienkapital lag im Zeitraum 1970–75 bei 19,4 Prozent, trotz einer großen Menge ungenutzter Liquidität; im Vergleich dazu erzielten Burroughs 13,7 Prozent, Honeywell 9,3 Prozent, und Control Data 4,7 Prozent; siehe dazu die jährliche Januarausgabe von *Forbes*, die auch weitere Rentabilitätsvergleiche enthält). General Motors war ständig besser als Ford, Chrysler und AMC. In anderen Branchen erbringen kleinere Unternehmen wie Crown Cork and Seal und National Can (Metallbehälterindustrie) oder Estee Lauder (Kosmetika) bessere Ergebnisse als größere Wettbewerber.

Die fünf allgemeinen Wettbewerbskräfte stecken den Rahmen ab, in dem alle Unternehmen einer Branche konkurrieren. Aber wir müssen erklären, warum manche Unternehmen ständig rentabler sind als andere und wie dies mit ihren strategischen Positionen zusammenhängt. Wir müssen weiterhin verstehen, welche Zusammenhänge zwischen den unterschiedlichen Fähigkeiten von Unternehmen (in Bezug auf Marketing, Kostensenkung, Management, Organisation usw.) und ihren strategischen Positionen bzw. ihrem letztlichen Abschneiden bestehen.

Dieses Kapitel erweitert die Konzepte der Strukturanalyse, um Leistungsdifferenzen von Unternehmen der gleichen Branche zu erklären, und es liefert gleichzeitig eine Anleitung zur Wahl der Wettbewerbsstrategie. Es stützt sich außerdem auf das in Kapitel 2 beschriebene Konzept der Strategietypen und erweitert es. Die Strukturanalyse, sowohl intern als auch auf die Branche als Ganze angewandt, wird sich als nützliches analytisches Instrument bei der Strategieformulierung erweisen.

Die Dimensionen der Wettbewerbsstrategie

Die Wettbewerbsstrategien der Unternehmen einer Branche können sich auf vielfältige Weise unterscheiden. Die möglichen Unterschiede unter den strategischen Optionen eines Unternehmens lassen sich jedoch meist durch die folgenden strategischen Dimensionen erfassen:

- *Spezialisierung:* Die Intensität, mit der das Unternehmen seine Anstrengungen konzentriert (in Bezug auf die Breite seiner Produktlinie, die angepeilten Kundensegmente und die belieferten geographischen Märkte);
- *Markenidentifikation:* Der Grad, in dem es auf Markenidentifikation statt auf den Preis oder andere Wettbewerbsvariablen setzt. Die Markenidentifikation kann durch Werbung, Vertreter oder eine Vielzahl anderer Mittel erreicht werden;
- *Druck oder Sog:* Das Ausmaß, in dem man versucht, die Markenidentifikation direkt beim Konsumenten zu entwickeln, statt die Vertriebskanäle beim Verkauf des Produkts zu unterstützen;
- *Wahl des Vertriebswegs:* Die Wahl des Vertriebswegs reicht von unternehmenseigenen Vertriebsorganisationen über Spezialkanäle bis hin zu Massenkanälen;

- *Produktqualität:* Das Qualitätsniveau des Produkts in Bezug auf Rohmaterialien, technische Spezifikationen, Einhaltung von Toleranzwerten, Gestaltung usw.;
- *Technologievorsprung:* Das Ausmaß, in dem man einen Technologievorsprung statt Übernahme oder Imitation anstrebt. Beachten Sie, daß ein Unternehmen der Technologieführer sein kann, aber bewußt auf die Herstellung des qualitativ besten Produkts im Markt verzichten kann; Qualität und Technologievorsprung gehen nicht unbedingt Hand in Hand;
- *Vertikale Intergration:* Das Niveau der Vorwärts- und Rückwärtsintegration, das sich in dem vom Unternehmen hinzugefügten Mehrwert (Wertschöpfung) widerspiegelt; also etwa, ob man den Vertrieb selbst vornimmt, eigene oder exklusive Einzelhandelsfilialen besitzt, einen eigenen Kundendienst betreibt usw.;
- *Kostenposition:* Die Intensität, mit der man einen Kostenvorsprung in Produktion und Vertrieb anstrebt, und zwar durch Investition in kostensenkende Anlagen und Ausrüstungen;
- *Dienstleistungen:* Das Ausmaß, in dem man Neben- und Zusatzleistungen zu seiner Produktlinie anbietet, wie etwa technische Hilfe, ein eigenes Servicenetz, Kredit usw. Dieser Aspekt der Strategie könnte als Teil der vertikalen Integration angesehen werden, aber für analytische Zwecke ist es nützlich, ihn gesondert zu betrachten;
- *Preispolitik:* Meist hängt die Preisposition eines Unternehmens auf dem Markt mit Variablen wie Kostenposition und Produktqualität zusammen, aber der Preis ist eine gesonderte strategische Variable, die getrennt behandelt werden muß;
- *Macht* (sowohl finanzieller als auch operativer Art);
- *Beziehung zum Gesamtunternehmen:* Anforderungen an das Verhalten der Geschäftseinheit, die auf ihr Verhältnis zum Konzern zurückgehen. Das Unternehmen kann Teil eines hochdiversifizierten Konzerns sein, Teil einer vertikalen Geschäftskette, Teil eines Blocks verwandter Unternehmen in einem Geschäftsteil, Tochtergesellschaft eines ausländischen Unternehmens usw. Die Art der Beziehung zum Konzern beeinflußt die Ziele, mit denen das Unternehmen geführt wird, bestimmt die ihm zur Verfügung stehenden Mittel und verlangt möglicherweise, bestimmte Funk-

tionen oder Operationen mit anderen Geschäftseinheiten gemeinsam zu betreiben (mit den daraus entstehenden Kostenimplikationen), wie wir in Kapitel 1 erörtert haben;

- *Beziehungen zu einheimischen und zu ausländischen (Gast-)Regierungen:* Die Beziehungen, die das Unternehmen in einer weltweiten Branche zur eigenen Regierung oder zu den Regierungen der Gastländer, in denen es operiert, geknüpft hat (bzw. denen es unterworfen ist). Regierungen können Ressourcen und andere Unterstützungsformen zur Verfügung stellen oder umgekehrt das Unternehmen einengen und seine Ziele beeinflussen.

Jede dieser strategischen Dimensionen kann für ein Unternehmen mehr oder weniger detailliert untersucht werden, und zusätzliche Dimensionen können die Analyse vervollständigen; wichtig ist, daß diese Dimensionen ein Gesamtbild der Position des Unternehmens liefern.

Der Spielraum für strategische Unterschiede in Bezug auf eine bestimmte Dimension hängt natürlich von der betreffenden Branche ab. So besitzt etwa in der Ammoniumdüngerindustrie keines der Unternehmen einen besonderen Markenruf, und die Produktqualität ist im wesentlichen einheitlich. Die Unternehmen unterscheiden sich aber stark in Bezug auf Rückwärtsintegration, das Ausmaß ihrer Zusatzlieferungen, Vorwärtsintegration in den Handel, die relativen Kostenpositionen und die Beziehungen zu ihren Konzernen.

Die strategischen Dimensionen hängen eng zusammen. Unternehmen mit einem relativ niedrigen Preis (wie z.B. Texas Instruments bei Halbleitern) haben gewöhnlich niedrige Kosten und eine gute, wenngleich nicht überragende Produktqualität. Um seine niedrigen Kosten zu erreichen, braucht ein solches Unternehmen wahrscheinlich einen hohen Grad vertikaler Integration. Wie in diesem Beispiel bilden die strategischen Dimensionen für ein gegebenes Unternehmen meist ein zusammenhängendes logisches Ganzes. Die Unternehmen einer Branche weisen normalerweise verschiedene, aber in sich logische Kombinationen dieser Dimensionen auf.

Strategische Gruppen

Der erste Schritt der brancheninternen Strukturanalyse ist die Beschreibung der Strategien aller wichtigen Wettbewerber gemäß den oben genannten Dimensionen. Wir können dann die Branche in *strategische Gruppen* einteilen. Eine strategische Gruppe ist die Gruppe der Unternehmen in einer Branche, die dieselbe oder eine ähnliche Strategie (entsprechend den strategischen Dimensionen) verfolgen. Eine Branche könnte eine einzige strategische Gruppe sein, wenn alle Unternehmen im wesentlichen dieselbe Strategie verfolgten. Im anderen Extremfall könnte jedes Unternehmen eine eigene strategische »Gruppe« bilden. Gewöhnlich gibt es jedoch eine kleine Zahl strategischer Gruppen, die die grundlegenden strategischen Unterschiede unter den Wettbewerbern erfassen. Eine der strategischen Gruppen in der Haushaltsgeräteindustrie, deren Prototyp General Electric ist, läßt sich z.B. charakterisieren durch breite Produktlinien, intensive landesweite Werbung, ausgedehnte Integration und eigenen Vertrieb und Kundendienst. Eine andere Gruppe besteht aus Spezialherstellern, die sich auf das qualitativ hochwertige, teure Segment mittels selektivem Vertrieb konzentrieren. Eine wieder andere Gruppe produziert für Händlermarken und betreibt keine eigene Werbung. Eventuell können noch ein oder zwei zusätzliche Gruppen identifiziert werden.

Beachten Sie, daß es unerläßlich ist, das Verhältnis eines Unternehmens zum Gesamtunternehmen in die Analyse der strategischen Gruppen einzubeziehen. In der Ammoniumdünger-Branche sind beispielsweise einige Unternehmen Töchter von Ölkonzernen, andere sind Töchter von Chemiekonzernen, wieder andere gehören zu landwirtschaftlichen Genossenschaften, und die restlichen sind unabhängig. Jeder dieser verschiedenen Unternehmenstypen wird mit etwas anderen Zielen geführt. Oft führen die Beziehungen zum Konzern auch zu Unterschieden in den anderen Strategiedimensionen – so verfolgen etwa alle Nitrogendünger-Abteilungen von Ölkonzernen recht ähnliche Strategien –, weil diese Beziehungen mit den Ressourcen und Stärken des Unternehmens, aber auch mit der »Unternehmensphilosophie« eng zusammenhängen. Das Gleiche gilt für die unterschiedlichen Beziehungen zur eigenen Regierung wie zu denen der Gastländer; sie sind ebenso in die Bestimmung strategischer Gruppen einzubeziehen.

Oft unterscheiden sich strategische Gruppen in ihren Produkt- oder Marketingkonzepten, aber nicht immer. Manchmal - wie bei Getreidemühlen und der Herstellung von Chemikalien oder Zucker - sind die Produkte der Gruppen identisch, aber die Ansätze zur Herstellung, Logistik und vertikalen Integration variieren. Selbst bei sonst gleichen Strategien können aufgrund unterschiedlicher Beziehungen zu Konzernen und Gastregierungen die Ziele voneinander abweichen. Strategische Gruppen sind *nicht* dasselbe wie Marktsegmente oder Segmentstrategien, sondern basieren auf einer breiten Konzeption strategischer Plazierung.

Strategische Gruppen entstehen aus mehreren Gründen, so z.B. den unterschiedlichen anfänglichen Stärken und Schwächen der Unternehmen, ungleichen Zeitpunkten des Brancheneintritts oder historischen Zufällen. (Ich werde auf diesen Punkt an späterer Stelle in diesem Kapitel näher eingehen). Sobald sich die Gruppen aber gebildet haben, ähneln sich die Unternehmen einer jeden strategischen Gruppe in mehrfacher Weise, nicht nur in ihren allgemeinen Strategien. Ihre Marktanteile nähern sich an, und aufgrund ihrer gemeinsamen Strategien werden sie von externen Ereignissen oder Wettbewerbsmaßnahmen in der Branche tendenziell in gleicher Weise betroffen und zu ähnlichen Reaktionen veranlaßt. Diese letztgenannte Eigenschaft ist wichtig bei der Verwendung eines analytischen Instruments: Der Karte der strategischen Gruppen.

Die strategischen Gruppen in einer Branche können in einer Karte dargestellt werden; Abbildung 7 – 1 zeigt ein hypothetisches Beispiel. Die Zahl der Achsen ist durch den zweidimensionalen Charakter einer gedruckten Seite natürlich begrenzt, sodaß der Analytiker zwei besonders wichtige strategische Dimensionen auswählen muß, anhand derer er die Karte konstruiert. (Die weiter unten diskutierten Konzepte werden ihm dabei helfen). Für die nachfolgende Analyse ist es nützlich, den zusammengefaßten Marktanteil einer strategischen Gruppe durch die Größe der Symbole zu kennzeichnen.

Die strategische Gruppe ist ein analytisches Hilfswerkzeug der Strukturanalyse. Sie ist ein Bezugsrahmen, der zwischen die Analyse der Gesamtbranche und die Berücksichtigung jedes einzelnen Unternehmens geschaltet ist. Kein Unternehmen gleicht völlig einem anderen, und deshalb muß bei der Einteilung in strategische Gruppen unweigerlich entschieden werden, wo der zentrale strategische Unter-

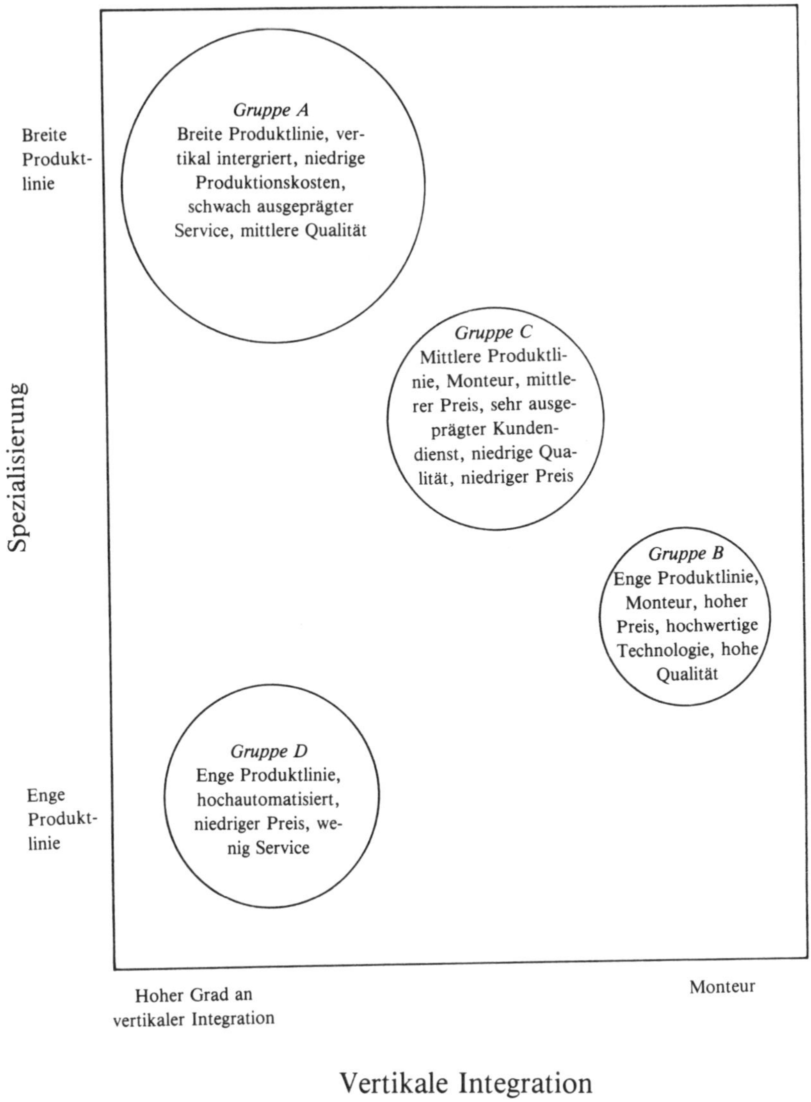

Abbildung 7-1: Eine Karte der strategischen Gruppen in einer hypothetischen Branche

schied liegt. Diese Entscheidungen müssen sich in jedem Fall auf die Strukturanalyse beziehen: Strategieunterschiede zwischen Unternehmen sind bei der Bestimmung strategischer Gruppen dann zu berücksichtigen, wenn sie die strukturellen Positionen der Unternehmen deutlich beeinflussen. Auf praktische Überlegungen, worauf bei der graphischen Erfassung strategischer Gruppen zu achten und wie die Karte als analytisches Instrument zu verwenden ist, werde ich später zurückkommen.

Für den seltenen Fall, daß eine Branche nur aus einer einzigen strategischen Gruppe besteht, reichen die Kapitel 1 dargestellten Techniken der Strukturanalyse aus. Die Branchenstruktur gewährt dann jedem Wettbewerber dieselbe potentielle langfristige Rentabilität. Die tatsächliche Rentabilität der einzelnen Wettbewerber dürfte sich auf lange Sicht nur insoweit unterscheiden, als die *Fähigkeit*, die gemeinsame Strategie zu realisieren, variiert. Die Analyse ist jedoch komplizierter, wenn mehrere strategische Gruppen in einer Branche existieren. Das Gewinnpotential von Unternehmen verschiedener strategischer Gruppen ist oft ungleich verteilt, weil – ganz abgesehen von ihren Realisierungsfähigkeiten – die fünf allgemeinen Wettbewerbskräfte einen *ungleichmäßigen Einfluß auf die verschiedenen strategischen Gruppen ausüben.*

Strategische Gruppen und Mobilitätsbarrieren

Eintrittsbarrieren wurden bisher als Eigenschaften betrachtet, die neuen Unternehmen den Zugang zur Branche erschweren. Als Hauptursachen für Eintrittsbarrieren identifizierten wir Betriebsgrößenersparnisse, Produktdifferenzierung, Umstellungskosten, Kostenvorteile, Zugang zu Vertriebskanälen, hohen Kapitalbedarf und staatliche Maßnahmen. Obwohl jedoch einige der Eintrittsbarrieren allen Wettbewerbern Schutz bieten, ist klar, daß *die Eintrittsbarrieren von der besonderen strategischen Gruppe abhängen, der sich der neue Konkurrent anschließen will.* Wenn beispielsweise ein Wettbewerber beabsichtigt, mit landesweiter Marke, breiter Produktlinie und vertikal integriert in die Haushaltsgeräteindustrie einzusteigen, wird er es viel schwerer haben als einer, der als Monteur einer begrenzten Produktlinie und Lieferant für Eigenmarkenanbieter einzutreten beabsichtigt. Strategieunterschiede können zu Unterschieden bei der Produktdifferenzierung, den Betriebsgrößenersparnissen, dem Kapitalbedarf und allen anderen Ursachen von Eintrittsbarrieren führen. Wenn beispielsweise Betriebsgrößenersparnisse in der

Produktion vorliegen, dann wird der Schutzeffekt für diejenige strategische Gruppe am größten sein, deren Unternehmen über große Produktionsstätten und ausgedehnte vertikale Integration verfügen. Liegen in einer Branche Betriebsgrößenersparnisse beim Vertrieb vor, so wird der Eintritt in strategische Gruppen erschwert, in denen eigene Vertriebsorganisationen bestehen. Wenn Kostenvorteile aus kumulierter Erfahrung eine wichtige Rolle in der Branche spielen, werden Gruppen geschützt, die aus besonders erfahrenen Unternehmen bestehen. Ähnliches gilt für jede andere Ursache von Eintrittsbarrieren.

Ebenso können unterschiedliche Beziehungen der Wettbewerber zu ihren Gesamtunternehmen die Eintrittsbarrieren beeinflussen. So kann etwa eine strategische Gruppe, deren Mitglieder in einer vertikalen Beziehung zu ihren Gesamtunternehmen stehen, über einen besseren Zugang zu Rohstoffen oder Finanzmitteln (zur Vergeltung gegen mögliche neue Konkurrenten) verfügen als eine strategische Gruppe aus unabhängigen Wettbewerbern. Denkbar ist auch, daß gemeinsam mit anderen Teilen des Konzerns genutzte Vertriebskanäle zu Betriebsgrößenersparnissen führen, die die Konkurrenten nicht wettmachen können und dadurch vom Eintritt abschrecken.

Die These, wonach Eintrittsbarrieren von der angestrebten strategischen Gruppe abhängen, enthält eine weitere wichtige Schlußfolgerung. Eintrittsbarrieren schützen die Mitglieder einer strategischen Gruppe nicht nur vor dem Eintritt branchenfremder Unternehmen, sondern sie *be- oder verhindern auch den Wechsel der strategischen Position von einer strategischen Gruppe in die andere.* So wird etwa der oben beschriebene Monteur von Haushaltsgeräten ohne Marke und mit enger Produktlinie es kaum leichter haben als ein absoluter Neuling, in die strategische Gruppe einzutreten, die aus integrierten Unternehmen mit landesweiten Marken und breiten Produktlinien besteht. Wenn eine bestimmte Strategie Eintrittsbarrieren erzeugt – indem sie Betriebsgrößenersparnisse, Produktdifferenzierung, Umstellungskosten, Kapitalbedarf, absolute Kostenvorteile oder Vertriebswege beeinflußt –, erhöhen sich die Kosten ihrer Übernahme für andere Unternehmen. Diese Übernahmekosten der neuen Strategie können die aus dem Wechsel erwarteten Gewinne zunichtemachen.

Die ökonomischen Faktoren, die zur Bildung von Eintrittsbarrieren führen, können wir somit allgemein als *Mobilitätsbarrieren* auffassen, d.h. als Faktoren, die den Wechsel eines Unternehmens von einer strategischen Position zu einer anderen verhindern. Verwendet man dieses allgemeine Konzept der Barrieren, so erscheint es nur als *eine* Möglichkeit von vielen auf einer kontinuierlichen Linie, wenn ein Unternehmen sich von außerhalb der Branche in eine strategische Gruppe innerhalb der Branche bewegt (also in die Branche eintritt).

Mobilitätsbarrieren liefern den ersten wichtigen Grund, warum einige Unternehmen in einer Branche ständig rentabler arbeiten als andere. Unterschiedliche strategische Gruppen bringen verschieden hohe Mobilitätsbarrieren mit sich, die bestimmten Unternehmen dauerhafte Vorteile über andere verschaffen. Die Mitglieder einer strategischen Gruppe mit hohen Mobilitätsbarrieren haben ein größeres Gewinnpotential als Unternehmen, deren strategische Gruppe geringere Mobilitätsbarrieren aufweist. Diese Barrieren erklären außerdem, warum Unternehmen ihre jeweiligen Strategien weiterverfolgen, obwohl andere Strategien erfolgreicher sind. Warum werden erfolgreiche Strategien nicht schnell nachgeahmt? Ohne Mobilitätsbarrieren würden Unternehmen mit erfolgreichen Strategien schnell von anderen imitiert, und die Rentabilität der Unternehmen würde sich annähern (bis auf Unterschiede, die aus ihren unterschiedlichen Fähigkeiten resultieren, die beste Strategie umzusetzen). Ohne »Abschreckung« würden z.B. Computerhersteller wie Control Data und Honeywell sich auf die Gelegenheit stürzen, IBM's Strategie der niedrigen Kosten und des überlegenen Service- und Vertriebsnetzes zu übernehmen. Die Existenz von Mobilitätsbarrieren verschafft Unternehmen wie IBM systematische Vorteile über andere – durch Betriebsgrößenersparnisse, absolute Kostenvorteile usw. –, die nicht überwunden werden können, indem man die bisherige Strategie besser realisiert, sondern nur, indem man strategische Durchbrüche erzielt, die die Branche strukturell verändern. Zuguterletzt führen Mobilitätsbarrieren auch dazu, daß die Marktanteile von Unternehmen in bestimmten strategischen Gruppen sehr stabil sein können, während die Fluktuation in anderen strategischen Gruppen der Branche sehr hoch ist.

Mobilitätsbarrieren können sich – genauso wie Eintrittsbarrieren – verändern; im Zuge dieses Prozesses (wenn etwa die Produktion kapitalintensiver wird) geben Unternehmen oft bestimmte strategische Gruppen auf und bewegen sich in neue, wodurch sie das Muster der strategischen Gruppen verändern. Mobilitätsbarrieren können aber auch durch die Strategieentscheidung der Unternehmen beeinflußt werden. So kann etwa ein Unternehmen in einer Branche, deren Produkt nicht differenziert ist, eine neue strategische Gruppe (mit höheren Mobilitätsbarrieren) aufzubauen versuchen, indem es ausgiebig in Werbung investiert, um Markenidentifikation aufzubauen (wie z.B. Perdue bei Frischgeflügel). Oder es kann versuchen, einen neuen Herstellungsprozeß mit größeren Betriebsgrößenersparnissen einzuführen (Castle & Cooke und Ralston Purina in der Pilzzucht). (Siehe »Mushrooming Business«, *Forbes,* 15. Juli 1977). Investitionen in den Aufbau von Mobilitätsbarrieren sind jedoch generell riskant, und in gewissem Ausmaß tauschen sie kurzfristige gegen langfristige Rentabilität ein.

Bei der Überwindung bestimmter Mobilitätsbarrieren sehen sich manche Unternehmen geringeren Kosten gegenüber als andere, je nach ihren strategischen Ausgangspositionen, Fähigkeiten und Mitteln. Insbesondere für diversifizierte Unternehmen sind die Mobilitätsbarrieren unter Umständen niedriger, weil sie über Möglichkeiten verfügen, Operationen oder Funktionen gemeinsam zu betreiben. Welche Schlußfolgerungen sich für den Eintritt in neue Branchen aus diesen Faktoren ergeben, wird in Kapitel 16 diskutiert.

Nach der graphischen Erfassung der strategischen Gruppen besteht der zweite Schritt der brancheninternen Strukturanalyse darin, die Stärke und Zusammensetzung der Mobilitätsbarrieren festzustellen, die jede einzelne Gruppe schützen.

Mobilitätsbarrieren und Gruppenbildung

Strategische Gruppen in einer Branche bilden und verändern sich aus einer Vielzahl von Gründen. Erstens differenzieren sich früher oder später die Fähigkeiten oder Mittel der Unternehmen, und entsprechend unterschiedliche Strategien werden gewählt. Im Verlauf der Branchenentwicklung entscheiden die gutgestellten Unternehmen das Rennen um die durch hohe Mobilitätsbarrieren geschützten strategischen Gruppen für sich. Zweitens unterscheiden sich Unternehmen in ihren Zielen oder Risikoneigungen. Manche Unternehmen sind eher als andere bereit, riskante Investitionen in den Aufbau von

Mobilitätsbarrieren vorzunehmen. Geschäftseinheiten mit unterschiedlichen Beziehungen zu ihrem jeweiligen Konzern (z.B. vertikal verknüpft, unverknüpft oder völlig selbständig) können so stark in ihren Zielen abweichen, daß sich Strategieunterschiede daraus ergeben; derselbe Fall kann bei weltweiten Anbietern vorliegen, die auf ihren sonstigen Märkten andere Bedingungen vorfinden als einheimische Unternehmen.

Die historische Entwicklung einer Branche liefert eine weitere Erklärung, warum sich Unternehmen in ihren Strategien unterscheiden. In manchen Branchen eröffnet früher Eintritt den Zugang zu Strategien, die für später Hinzutretende teurer sind. Außerdem können sich Mobilitätsbarrieren verändern, die auf Betriebsgrößenersparnissen, Produktdifferenzierung und anderen Faktoren beruhen – entweder als Resultat von Investitionen der Wettbewerber oder aufgrund exogener Ursachen. Sich verändernde Mobilitätsbarrieren können dazu führen, daß früh eingetretene Unternehmen ganz andere Strategien verfolgen als später hinzugetretene, denen bestimmte Strategien unter Umständen gar nicht mehr zur Auswahl stehen. Die Irreversibilität vieler Arten von Investitionsentscheidungen macht es für ältere Wettbewerber manchmal unmöglich, die Strategien von Neulingen zu übernehmen, die den Vorteil besitzen, in der »Hinterhand« zu sein.

Damit verwandt ist die Tendenz, nach der die Auswahl verschiedener Typen von Branchenneulingen »automatisch« durch den jeweiligen historischen Entwicklungsstand einer Branche erfolgt. Unter den später hinzutretenden Wettbewerbern befinden sich möglicherweise finanzstärkere Unternehmen, die sich erlauben können abzuwarten, bis einige der Unsicherheiten in der Branche beseitigt sind. Hingegen sind Unternehmen mit geringen Ressourcen unter Umständen gezwungen gewesen, früh einzutreten, als die Kapitalkosten des Eintritts noch gering waren.

Veränderungen der Branchenstruktur erleichtern die Bildung neuer strategischer Gruppen oder fördern die Homogenisierung der bestehenden. So kann es etwa im Zuge der Branchenexpansion für aggressive Unternehmen immer leichter werden, Strategien zu übernehmen, die auf vertikaler Integration, eigenen Vertriebskanälen und eigenem Service aufbauen – was die Bildung neuer strategischer Gruppen fördert. Gleichermaßen können Veränderungen der Technologie und des Käuferverhaltens die Grenzen innerhalb einer Branche verschieben und völlig neue strategische Gruppen ins Spiel bringen. (Veränderungen der Technologie oder des Käuferverhaltens können die Ersetzbarkeit beeinflussen und die Branchengrenzen verschieben). Umgekehrt wird die Zahl der strategischen Gruppen möglicherweise verringert, wenn in einer reifen Branche das Käuferinteresse an bestimmten strategischen Dimensionen (wie z.B. der Leistungsfähigkeit oder der vollen Produktlinie des Herstellers) zurückgeht und die entsprechenden Mobilitätsbarrieren abgebaut werden. Als Ergebnis all dieser Faktoren dürfen wir erwarten, daß sich das Aufgebot an strategischen Gruppen und die Verteilung der Ertragsraten unter den Unternehmen mit der Zeit ändern werden.

Strategische Gruppen und Verhandlungsstärke

Genauso wie verschiedenartige strategische Gruppen durch unterschiedliche Mobilitätsbarrieren geschützt werden, genießen sie unterschiedliche Grade an Verhandlungsstärke gegenüber Lieferanten oder Abnehmern. Wenn wir die in Kapitel 1 diskutierten Faktoren untersuchen, die zum Vorliegen oder Fehlen von Verhandlungsstärke führen, so wird deutlich, daß sie zu einem gewissen Grad mit der vom Unternehmen angewandten Strategie zusammenhängen. Was beispielsweise die Verhandlungsstärke gegenüber Käufern angeht, so ist Hewlett-Packard (HP) bei Taschenrechnern in einer strategischen Gruppe, die auf hohe Qualität und technologischen Vorsprung Wert legt und sich auf den anspruchsvollen Verbraucher konzentriert. Wenngleich diese Strategie HP's potentiellen Marktanteil begrenzen mag, sieht sich HP weniger preisempfindlichen und weniger mächtigen Abnehmern ausgesetzt als die Unternehmen, die mit größtenteils standardisierten Produkten auf den Massenmarkt gehen, wo die Käufer kein großes Bedürfnis nach hochwertigen Produktmerkmalen haben. In der Terminologie von Kapitel 1 ausgedrückt heißt das: HP's Produkte sind stärker differenziert als die der Teilnehmer am Massenmarkt, seine Käufer sind stärker qualitätsorientiert, und der Preis des Rechners ist geringer im Verhältnis zu den Budgets der Käufer und zum Wert der Leistung, die sie von dem Rechner erwarten. Beispiele für die unterschiedliche Verhandlungsstärke strategischer Gruppen gegenüber *Lieferanten* liefern große, breitgefächerte nationale Kaufhausketten wie Sears, die mit ihren viel größeren

Kaufvolumen und ihrer Drohung der Rückwärtsintegration über weit mächtigere Verhandlungshebel verfügen als örtliche Einzelkaufhäuser.

Die angeführten Beispiele verdeutlichen, daß die unterschiedlichen Marktpositionen strategischer Gruppen gegenüber Lieferanten und Abnehmern sich auf zwei Arten von Ursachen zurückführen lassen: Ihre Verwundbarkeit gegenüber *gemeinsamen* Lieferanten oder Abnehmern kann aufgrund ihrer Strategien verschieden hoch sein; oder sie können es entsprechend ihrer Strategien mit *verschiedenen* Lieferanten oder Abnehmern zu tun haben, die über entsprechend unterschiedliche Grade an Verhandlungsstärke verfügen. Das Ausmaß, in dem die Machtposition variieren kann, hängt von der Branche ab; in manchen Branchen könnten alle strategischen Gruppen gegenüber Lieferanten und Abnehmern im wesentlichen gleich gestellt sein.

Somit besteht der dritte Schritt der brancheninternen Strukturanalyse in der Bestimmung der relativen Verhandlungsstärke jeder einzelnen strategischen Gruppe gegenüber ihren jeweiligen Lieferanten und Abnehmern.

Strategische Gruppen und die Gefahr von Substitutionsprodukten

Strategische Gruppen können in unterschiedlichem Ausmaß der Konkurrenz durch Ersatzprodukte ausgesetzt sein, wenn sie sich auf jeweils andere Teile der Produktlinie konzentrieren, verschiedene Kunden bedienen, im Niveau der Qualität oder Technologie voneinander abweichen, unterschiedliche Kostenpositionen einnehmen usw. Solche Unterschiede können sie mehr oder weniger verwundbar für Ersatzprodukte machen, obwohl alle strategischen Gruppen zur selben Branche gehören.

So wird z.B. eine Kleincomputerfirma, die sich auf gewerbliche Kunden konzentriert und vielfältig verwendbare Maschinen (einschließlich software) verkauft, weniger anfällig für den Ersatz durch Kleinstcomputer sein als ein Unternehmen, das repetierende Prozeßsteuerungssysteme an industrielle Abnehmer verkauft. Ein Ersatzmaterial, dessen Vorteil allein auf seinem Preis beruht, wird ein Bergbauunternehmen mit kostengünstigem Erzabbau weniger treffen können als eines, das kostenintensiv Erz abbaut und seine Strategie auf hochwertigem Service aufgebaut hat.

Der vierte Schritt der brancheninternen Strukturanalyse besteht deshalb darin, die Position jeder einzelnen strategischen Gruppe gegenüber Ersatzprodukten zu bestimmen.

Strategische Gruppen und die Rivalität unter den Wettbewerbern

Existieren mehrere strategische Gruppen in einer Branche, so entstehen daraus Konsequenzen für die in ihr herrschende Rivalität – für den Wettbewerb bei Preisen, Werbung, Service und sonstigen Variablen. Einige der strukturenen Merkmale, die die Intensität der Konkurrenz bestimmen (vgl. Kapitel 1), können auf alle Wettbewerber zutreffen und deshalb den Rahmen für die Interaktion der strategischen Gruppen bilden. Im allgemeinen bedeutet die Existenz mehrerer strategischer Gruppen jedoch, daß nicht alle Wettbewerber in gleichem Maße den Wettbewerbskräften ausgesetzt sind.

Zunächst ist festzuhalten, daß das Vorliegen mehrerer strategischer Gruppen oft den allgemeinen Grad der Rivalität in der Branche beeinflußt. Da strategische Gruppen die Ungleichheit und Asymmetrie unter den Wettbewerbern (im Sinne der Definition in Kapitel 1) erhöhen, vertiefen sie in der Regel die Rivalität. Unterschiede der Strategie und der äußeren Bedingungen führen dazu, daß die Unternehmen unterschiedliche Präferenzen im Hinblick auf Risikobereitschaft, Zeithorizont, Preis- und Qualitätsniveau usw. haben. Das erschwert es den Unternehmen, die Absichten ihrer Konkurrenten zu verstehen und sich darauf einzustellen, wodurch die Wahrscheinlichkeit wiederholter Wettbewerbskriege erhöht wird. Die Konkurrenz in einer Branche, die eine komplizierte Karte strategischer Gruppen aufweist, ist insgesamt eher intensiver als in einer Branche mit wenigen Gruppen. Die jüngste Forschung hat diesen Sachverhalt in einer Vielzahl von Zusammenhängen bestätigt. (Siehe Hunt, 1972; Newman, 1978; Porter, 1976, Kapitel 4 und 7).

Nicht alle Strategieunterschiede beeinflussen die Branchenrivalität jedoch gleich stark, und der Konkurrenzprozeß verläuft nicht symmetrisch. Preissenkungen und sonstige Konkurrenzformen seitens anderer strategischer Gruppen schädigen manche Unternehmen stark, manche weniger. Die Stärke, mit der die strategischen Gruppen bei der Konkurrenz um Kunden aneinandergeraten, wird von vier Faktoren bestimmt:

- der Marktinterdependenz unter den Gruppen bzw. dem Ausmaß, in dem sich ihre Zielkunden überschneiden;
- der von den Gruppen erreichten Produktdifferenzierungen;
- der Zahl der strategischen Gruppen und ihrer relativen Größe;
- der strategischen Distanz unter den Gruppen bzw. dem Grad der Verschiedenheit ihrer Strategien.

Den größten Einfluß auf die Rivalität unter strategischen Gruppen übt ihre Marktinterdependenz aus, also das Ausmaß, in dem verschiedene strategische Gruppen um die gleichen Kunden konkurrieren oder aber Kunden in deutlich verschiedenen Marktsegmenten umwerben. Ist die Marktinterdependenz unter den strategischen Gruppen hoch, so führen Strategieunterschiede zu heftigster Rivalität – wie z.B. bei Düngemitteln, wo der Kunde (der Landwirt) für alle Gruppen der Gleiche ist. Wenn die strategischen Gruppen jedoch auf sehr verschiedene Segmente abzielen, ist ihr Interesse aneinander und ihre Wirkung aufeinander sehr viel geringer. Je klarer sich die Kunden, an die sie verkaufen, voneinander abgrenzen lassen, desto vergleichbarer (aber nicht identisch) wird die Rivalität mit einer Situation, in der die Gruppen sich in verschiedenen Branchen befinden.

Der zweite Hauptfaktor, der die Rivalität beeinflußt, ist der durch die Gruppenstrategien geschaffene Grad der Produktdifferenzierung. Wenn voneinander abweichende Strategien zu deutlich unterschiedlichen Markenpräferenzen der Kunden führen, wird die Rivalität unter den Gruppen tendenziell wesentlich geringer sein, als wenn die Produktangebote als austauschbar angesehen werden.

Je mehr Gruppen es gibt und je geringer ihre Größenunterschiede (in Marktanteilen) sind, desto stärker schlägt ihre strategische Asymmetrie (unter sonst gleichen Umständen) auf die Konkurrenz durch. Die Existenz zahlreicher Gruppen beinhaltet eine ausgeprägte Vielfalt sowie die hohe Wahrscheinlichkeit, daß eine der Gruppen einen Wettbewerbskrieg anzetteln wird, indem sie die Position anderer Gruppen durch Preissenkung oder andere Taktiken angreift. Wenn umgekehrt die Gruppen sehr unterschiedlich in ihrer Größe sind – wenn etwa die eine strategische Gruppe einen kleinen, die andere einen sehr großen Anteil an der Branche ausmacht –, werden ihre

Strategieunterschiede wahrscheinlich nur geringen Einfluß auf ihre gegenseitige Konkurrenz ausüben, da die Macht der kleinen Gruppe voraussichtlich nicht ausreicht, um die große Gruppe durch Wettbewerbsmaßnahmen zu treffen.

Der letzte Faktor, die strategische Distanz, bezieht sich auf den Grad, in dem sich die Strategien verschiedener Gruppen unterscheiden, und zwar im Hinblick auf ihre Hauptmerkmale (wie etwa Markenidentifikation, Kostenposition und technologischen Vorsprung) genauso wie im Hinblick auf externe Bedingungen (wie z.B. die Beziehungen zum Gesamtunternehmen und zu Regierungen). Unter sonst gleichen Umständen gilt: je größer die strategische Distanz unter den Gruppen, desto härter werden die Wettbewerbsgefechte unter den Unternehmen in der Regel ausfallen. Unternehmen, die stark voneinander abweichende strategische Ansätze verfolgen, neigen zu sehr unterschiedlichen Vorstellungen über die Art des Wettbewerbs. Es fällt ihnen schwer, ihre Verhaltensweisen gegenseitig zu verstehen und falsche Reaktionen sowie das Ausbrechen von Wettbewerbskriegen zu vermeiden. So haben etwa im Fall von Ammoniumdünger die teilnehmenden Mineralölkonzerne, Chemiekonzerne, Genossenschaften und Unabhängigen ganz verschiedene Ziele und Zwänge. Beispielsweise haben Steuervorteile und atypische Motive die Genossenschaften veranlaßt zu expandieren, als die Branchensituation insgesamt eher schlecht war. Dasselbe taten die Ölkonzerne aus anderen Gründen in den sechziger Jahren.

Alle vier Faktoren zusammengenommen bestimmen das Muster des Kundenwettbewerbs unter den strategischen Gruppen einer Branche. Beispielsweise ist die explosivste, meist mit intensivem Wettbewerb verbundene Situation die, in der mehrere, gleichgewichtige strategische Gruppen mit jeweils deutlich verschiedenen Strategien um denselben Kundenstamm konkurrieren. Umgekehrt dürfte eine stabilere (und profitablere) Situation vorliegen, wenn es nur wenige große strategische Gruppen gibt, von denen jede ein »eigenes« Kundensegment hat, und deren Strategien sich nur in wenigen Dimensionen unterscheiden.

Die Rivalität, der sich eine *bestimmte* strategische Gruppe durch andere Gruppen ausgesetzt sieht, basiert auf den gerade diskutierten Faktoren. Sie wird die Rivalität jener strategischen Gruppen am meisten zu spüren bekommen, mit denen sie marktinterdependent ist. Die Instabilität dieser Rivalität wird von den anderen, oben identifizierten Bedingungen abhängen: Z.B. wird sich eine bestimmte Gruppe der größten Rivalität seitens anderer strategischer Gruppen gegenübersehen, wenn der Wettbewerb (um identische Marktsegmente) mit Hilfe stark unterschiedlicher strategischer Vermarktungskonzepte geführt wird (also bei großer strategischer Distanz), wenn die Gruppen in ihrer Größe relativ ausgeglichen sind, und wenn die Produkte als gleichartig angesehen werden. Für eine solche strategische Gruppe wird Stabilität außerordentlich schwer zu erzielen sein, und wiederholte Wettbewerbskriege werden wahrscheinlich für niedrige Gewinne sorgen. Meist kann sich eine strategische Gruppe aber von der Rivalität zwischen den Gruppen abschirmen, wenn sie a) einen großen (zusammengefaßten) Marktanteil hat und/oder b) ihre Anstrengungen auf abgegrenzte, von anderen strategischen Gruppen nicht bediente Marktsegmente richtet, und c) wenn sie eine ausgeprägte Produktdifferenzierung erreicht. Die sicheren strategischen Gruppen, die am besten vor der Rivalität abgeschirmt sind, werden jedoch nur dann ihre Rentabilität aufrechterhalten können, wenn sie durch Mobilitätsbarrieren vor strategischen Positionswechseln anderer Unternehmen geschützt sind.

Somit beeinflussen strategische Gruppen das Rivalitätsmuster *innerhalb* der Branche. Dieser Prozeß wird durch die in Abbildung 7 –2 dargestellte Karte der strategischen Gruppen schematisch veranschaulicht; sie ähnelt der Abbildung 7 – 1 mit der Ausnahme, daß die horizontale Achse hier aus den Zielkundensegmenten der strategischen Gruppen besteht, um die Marktinterdependenz zu messen. Die vertikale Achse wird durch irgendeine andere wichtige Strategiedimension in der Branche gebildet. Die mit Buchstaben versehenen Symbole sind strategische Gruppen, deren zusammengefaßter Marktanteil der Größe des Symbols entspricht. Die für die Gruppen verwandten Symbole stehen für ihre allgemeine strategische Ausrichtung, d.h. Unterschiede in der Symbolik weisen auf strategische Distanz hin. Wenn wir uns an unsere obige Analyse erinnern, wird deutlich, daß Gruppe *D* weit weniger von der Branchenrivalität betroffen ist als Gruppe *A*. Gruppe *A* konkurriert mit den ähnlich großen Gruppen *B* und *C*, die sehr unterschiedliche Strategien verfolgen, um das gleiche zugrundeliegende Kundensegment zu erreichen. Die Unternehmen in diesen drei Gruppen befinden sich in dauerhaftem »Kriegszustand«. Gruppe *D* hingegen konkurriert um ein anderes Segment und kommt dabei am stärksten mit den Gruppen *E* und *F* in Berührung, die kleiner sind und ähnliche Strategien verfolgen (sie könnten als »Spezial«hersteller betrachtet werden, die die »runde« Strategie oder eng angelehnte Varianten verfolgen).

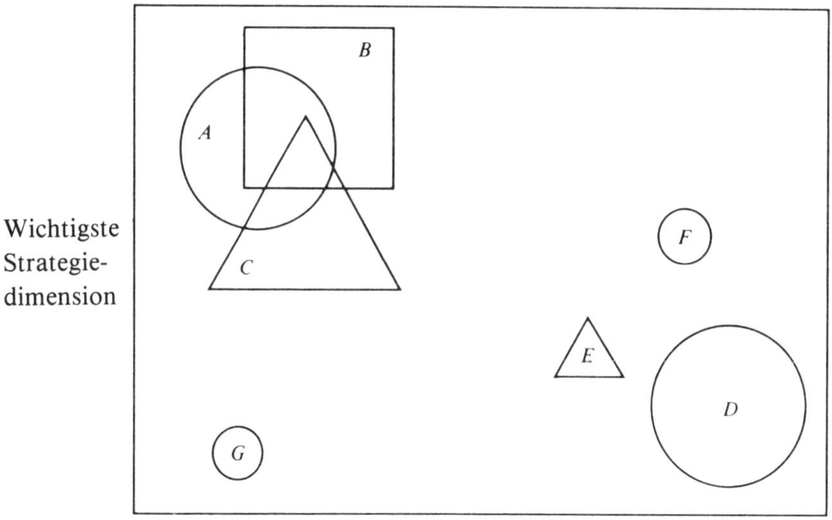

Abbildung 7-2: Eine Karte strategischer Gruppen und ihrer Rivalität untereinander

Im fünften Schritt der brancheninternen Strukturanalyse müssen wir folglich bestimmen, wie stark die Marktinterdependenz unter den strategischen Gruppen ist und wie anfällig sie für Wettbewerbskriege sind, die von anderen Gruppen ausgelöst werden.

Strategische Gruppen und die Rentabilität eines Unternehmens

Wir haben gesehen, daß sich unterschiedliche strategische Gruppen gegenüber jeder einzelnen Wettbewerbskraft, die auf eine Branche einwirkt, in einer anderen Position befinden können. Wir sind nun in der Lage, die früher gestellte Frage zu beantworten: welche Faktoren bestimmen die Marktmacht und somit das Gewinnpotential einzelner Unternehmen in einer Branche, und wie hängen diese Faktoren mit ihren strategischen Entscheidungen zusammen?

Aus den bereits vorgestellten Konzepten ergeben sich die folgenden grundlegenden Determinanten der Rentabilität eines Unternehmens:

Allgemeine Branchenmerkmale

1. Branchenweite Strukturelemente, die die Stärke der fünf Wettbewerbskräfte bestimmen und gleichermaßen auf alle Unternehmen zutreffen; zu diesen Merkmalen gehören Faktoren wie die Wachstumsrate der Marktnachfrage, das allgemeine Potential für Produktdifferenzierung, die Struktur der Zulieferbranchen, technologische Aspekte usw., die den umfassenden Rahmen für alle Unternehmen in der Branche abstecken.

Merkmale der strategischen Gruppe

2. Die Höhe der *Mobilitätsbarrieren,* die die strategische Gruppe des Unternehmens schützen.
3. Die *Verhandlungsstärke* der strategischen Gruppe des Unternehmens gegenüber Kunden und Lieferanten.
4. Die Verwundbarkeit der strategischen Gruppe für *Ersatzprodukte.*
5. Das Ausmaß, in dem die strategische Gruppe des Unternehmens der *Rivalität* durch andere Gruppen ausgesetzt ist.

Die Position des Unternehmens innerhalb seiner strategischen Gruppe

6. Der Wettbewerbsgrad *innerhalb* der strategischen Gruppe.
7. Die *Größe* des Unternehmens im Vergleich zu anderen in seiner Gruppe.
8. Die *Kosten des Eintritts* in die Gruppe.
9. Die Fähigkeit des Unternehmens, die von ihm ausgewählte Strategie in operativer Hinsicht durchzuführen bzw. *umzusetzen.*

Branchenweite Merkmale der Marktstruktur erhöhen oder senken das Gewinnpotential für alle Wettbewerber, aber nicht alle Strategien in der Branche bergen dasselbe Gewinnpotential. Das durchschnittliche Gewinnpotential der Unternehmen in einer strategischen Gruppe ist umso höher, je stärker die Gruppe durch Mobilitätsbarrieren abgeschirmt ist, je stärker ihre Verhandlungsposition gegenüber Lieferanten und Kunden ist, je geringer ihre Verwundbarkeit für Ersatzprodukte ist und je weniger sie der Rivalität durch andere Gruppen ausgesetzt ist. Deshalb besteht ein zweiter entscheidender Block von Determinanten des Unternehmenserfolgs in der Position der strategischen Gruppe innerhalb der Branche; wir haben diesen Punkt ausführlich erörtert.

Die dritte Kategorie der Bestimmungsfaktoren für die Lage eines Unternehmens ist seine Position *innerhalb* seiner strategischen Gruppe. Eine Reihe von Faktoren sind dafür ausschlaggebend. Erstens kommt es auf den Wettbewerbsgrad innerhalb der Gruppe an, weil die Unternehmen ihre potentiellen Gewinne untereinander »wegkonkurrieren« können. Dieser Effekt ist umso wahrscheinlicher, je mehr Unternehmen die strategische Gruppe umfaßt.

Zweitens sind nicht alle Unternehmen, die dieselbe Strategie verfolgen, in struktureller Hinsicht unbedingt gleichgestellt. Die strukturelle Position eines Unternehmens kann insbesondere durch seine *Größe* im Vergleich zu anderen in seiner strategischen Gruppe beeinflußt werden. Wenn Betriebsgrößenersparnisse so weit wirken, daß im Bereich der von den Unternehmen gehaltenen Marktanteile die (Stück-) Kosten immer noch sinken, dann werden die Unternehmen mit relativ kleinen Anteilen geringere Gewinnpotentiale haben. Obwohl beispielsweise Ford und General Motors recht ähnliche Strategien verfolgen und derselben strategischen Gruppe zugerechnet werden könnten, ist GM aufgrund seiner überlegenen Größe in der Lage, einige der in der Strategie angelegten Vorteile zu realisieren, die für Ford unerreichbar sind, z.B. in Forschung und Entwicklung und bei den Modellwechselkosten. Unternehmen wie Ford haben größenbedingte Mobilitätsbarrieren überwunden und den Eintritt in die strategische Gruppe geschafft, aber im Vergleich zu einem größeren Unternehmen in der Gruppe sehen sie sich immer noch gewissen Kostennachteilen gegenüber.

Die Position des Unternehmens in seiner strategischen Gruppe hängt außerdem von seinen *Eintrittskosten* zur Gruppe ab. Die Fähigkeiten und Mittel, die dem Unternehmen beim Eintritt in eine Gruppe zur Verfügung stehen, verleihen ihm Vorteile oder Nachteile im Vergleich zu den anderen Gruppenmitgliedern. Einige dieser verfügbaren Fähigkeiten oder Mittel gründen sich auf die Position des Unternehmens in anderen Branchen oder auf seinen vorhergehenden Erfolg in anderen strategischen Gruppen derselben Branche. So könnte z.B. John Deere in fast jede Gruppe der Bauausrüstungsbranche aufgrund seiner starken Position bei Agrarausrüstungen kostengünstiger eintreten als die meisten anderen Unternehmen. Ebenso könnte Charmin von Procter und Gamble in die Gruppe der landesweiten Marken-Toilettenpapierhersteller kostengünstig eintreten, aufgrund der Kombination von Charmins früheren technologischen Errungenschaften mit der Stärke von Procter and Gamble beim Vertrieb.

Die Kosten des Eintritts in eine Gruppe können durch die *Wahl des Zeitpunkts* vom Unternehmen beeinflußt werden. In manchen Branchen ist es für spät Hinzukommende schwieriger (und teurer), sich ihre Position zu erkämpfen (höhere Kosten des Aufbaus eines gleichwertigen Markennamens; höhere Kosten, um qualifizierte Vertriebswege zu stabilisieren, weil andere Unternehmen sie bereits belegt haben). Andererseits kann sich die Situation umkehren, wenn später Hinzutretende die modernsten Ausrüstungen kaufen und neue Technologien anwenden können. Ungleiche Eintrittszeitpunkte schlagen sich manchmal auch in Unterschieden der kumulierten Erfahrung (und somit der Kosten) nieder. Deshalb können divergierende Eintrittszeitpunkte zu Unterschieden in der dauerhaft erreichbaren Rentabilität unter den Mitgliedern derselben strategischen Gruppe führen.

Der letzte Faktor, der in die Analyse der Position eines Unternehmens innerhalb seiner strategischen Gruppe einfließt, ist seine Fähigkeit, die von ihm gewählte Strategie umzusetzen (implementation ability). Nicht alle Unternehmen, die dieselbe Strategie verfolgen (also in derselben strategischen Gruppe sind), werden unbedingt gleich rentabel arbeiten, selbst wenn die anderen oben beschriebenen Bedingungen identisch sind. Manche Unternehmen sind überlegen, wenn es gilt, Operationen zu organisieren und zu leiten, kreative Werbeideen bei gleichem Budget zu entwickeln, technologische Durchbrüche mit den gleichen Ausgaben für F & E zu erzielen usw. Diese Fähigkeiten sind keine strukturellen Vorteile von der Art, wie sie durch Mobilitätsbarrieren und die anderen oben diskutierten Faktoren geschaffen werden, aber sie können durchaus relativ stabil sein. Die Unternehmen mit überlegenen Umsetzungsfähigkeiten werden in ihrer Gruppe überdurchschnittliche Renditen erzielen.

Diese abgestuft angeordneten Faktoren bestimmen gemeinsam die Gewinnaussichten des einzelnen Unternehmens und gleichzeitig seine Marktanteilschancen. Das Unternehmen wird am rentabelsten sein, wenn es sich in einer günstigen Branche befindet, in einer günstigen strategischen Gruppe innerhalb jener Branche plaziert ist, und eine starke Position in seiner Gruppe innehat. Eintrittsbarrieren verhindern, daß hinzutretende Unternehmen die Attraktivität der *Branche* zerstören; die Attraktivität einer *strategischen Gruppe* wird durch Mobilitätsbarrieren aufrechterhalten. Die Position eines Unternehmens innerhalb seiner Gruppe ist das Ergebnis seiner Geschichte und der Fähigkeiten und Mittel, die ihm zur Verfügung stehen.

Diese Analyse verdeutlicht, daß es *viele verschiedene Arten potentiell ertragbringender Strategien gibt.* Erfolgreiche Strategien können auf einer Vielzahl von Mobilitätsbarrieren und sonstigen Konzepten, die Wettbewerbskräfte zu bewältigen, aufgebaut werden. Die in Kapitel 2 vorgestellten drei Strategietypen beschreiben die konzeptionellen Unterschiede auf allgemeinster Ebene; sie sind auf vielfältige Weise variierbar. In letzter Zeit ist die Kostenposition als *die* Determinante der strategischen Position hervorgehoben worden. Wenngleich die Kosten einen Ansatzpunkt zur Errichtung von Barrieren bilden, sollte deutlich geworden sein, daß es daneben noch viele andere gibt.

Weil die Faktoren, die die Unternehmensrentabilität bestimmen, wechselseitig verflochten sind, wird das Gewinnpotential eines Unternehmens stark vom Wettbewerbsergebnis in jenen strategischen Gruppen beeinflußt, die marktinterdependent sind und *höhere* Mobilitätsbarrieren aufweisen. Die strategischen Gruppen mit höheren Mobilitätsbarrieren haben ein größeres Gewinnpotential als die weniger geschützten, sofern ihr *interner* Wettbewerb nicht zu hart ist. Wenn dies dennoch aus irgendeinem Grund der Fall ist und ihre Preise und Gewinne dadurch gesenkt werden, kann auch die Rentabilität der Unternehmen in interdependenten, durch Mobilitätsbarrieren weniger geschützten Gruppen in Mitleidenschaft gezogen werden. Durch die Marktinterdependenz schwappen niedrigere Preise (oder höhere Kosten, die auf Werbung oder andere Formen des außerpreislichen Wettbewerbs zurückgehen) über, sodaß weniger geschützte Gruppen reagieren müssen und dabei ihre eigenen Gewinne herunterdrücken. Darin liegt ein Risiko, das bei der Wahl einer strategischen Gruppe eingeschätzt werden muß.

Ein anschauliches Beispiel für diesen Prozeß bietet die nichtalkoholische Getränkeindustrie. Wenn Coca Cola und Pepsi in einen Preiskrieg oder eine Wettbewerbsschlacht verwickelt werden, gehen ihre Gewinne zurück, aber längst nicht so stark wie die der regionalen und örtlichen Marken, die unvermeidlich betroffen werden, weil ihre Produkte um die gleichen Kunden konkurrieren. Die Konkurrenz unter Coca Cola, Pepsi und den anderen großen Marken, die durch erhebliche Mobilitätsbarrieren geschützt sind, senkt den »Gewinnschirm« über den regionalen und örtlichen Marken. Letztere verlieren tendenziell nicht nur Gewinne, sondern auch Marktanteile.

Sind große Unternehmen rentabler als kleine?

In der Strategiediskussion der letzten Zeit ist vielfach die Ansicht vertreten worden, das Unternehmen mit dem größten Marktanteil werde zugleich das rentabelste sein (Siehe z.B. Buzzell et al., 1975). Die vorangegangene Analyse legt den Schluß nahe, daß es von den Umständen abhängt, ob diese These zutrifft. Wenn die großen Unternehmen einer Branche in strategischen Gruppen konkurrieren, die stärker durch Mobilitätsbarrieren geschützt sind als die kleinerer Unternehmen, gegenüber Kunden und Lieferanten in besseren Positionen sind, stärker von der Rivalität anderer Gruppen abgeschirmt sind usw., dann werden die größeren Unternehmen tatsächlich rentabler als die kleineren sein. Dasselbe wird der Fall sein in Branchen wie z.B. Brauerei, Kosmetika und Fernsehgeräte, wo umfangreiche Betriebsgrößenersparnisse in der Fertigung, im Vertrieb, in der Betreuung einer vollen Produktlinie und in der nationalen Werbung anfallen. *Wenn* aber Betriebsgrößenersparnisse in Produktion, Vertrieb oder anderen Funktionen nicht allzu bedeutend sind, dann werden kleinere Unternehmen mit spezialisierten Strategien unter Umständen ausgeprägtere Produktdifferenzierung, fortgeschrittenere Technologie oder überlegenen Service in ihren besonderen Produktnischen erzielen als größere Unternehmen. In solchen Branchen (wie z.B. Damenbekleidung und Teppiche) können kleinere Unternehmen durchaus rentabler arbeiten als große Unternehmen mit breiten Produktlinien.

Es wird gelegentlich argumentiert, daß eine fehlerhafte Branchendefinition vorliege, wenn Unternehmen mit kleinen Anteilen rentabler arbeiten als solche mit großen Anteilen. Protagonisten der dominanten Rolle von Marktanteilen argumentieren, wir sollten den Markt enger definieren: Dann würden »kleine« Unternehmen in der Tat einen größeren Anteil an einem spezialisierten Segment besitzen als ein Unternehmen mit breiter Linie. – Wenn wir aber eine enge Marktdefinition verwenden, sollten wir den Markt auch in solchen Branchen eng definieren, wo Unternehmen mit breiten Linien die rentabelsten sind. In solchen Fällen würden wir oft feststellen, daß große Unternehmen nicht unbedingt in jedem Segment den höchsten Anteil haben, sondern Vorteile aus ihrer generellen Größe ziehen. Wenn man – wie oben – die höheren Gewinne spezialisierter Unternehmen mit kleinen Anteilen auf eine »spezialisierte« Marktdefinition zurückführt, wirft das die Frage auf, die wir zu beantworten versuchen, nämlich: unter welchen Branchenbedingungen kann ein Unternehmen eine spezialisierte Strategie auswählen (um nur eine der strategischen Optionen zu nennen), ohne verwundbar zu sein für die Betriebsgrößenersparnisse oder Produktdifferenzierung, die Unternehmen mit breiteren Linien erzielt haben? Oder: unter welchen Bedingungen ist der Gesamtanteil in der Branche unwichtig? Die Antwort wird von Branche zu Branche verschieden sein, je nach dem Aufgebot an Mobilitätsbarrieren und den anderen unternehmensspezifischen und strukturellen Merkmalen, die ich umrissen habe.

Empirische Belege deuten an, daß das Verhältnis zwischen der Rentabilität größerer und kleinerer Marktanteile von der Branche abhängt. Übersicht 7 – 1 vergleicht die Ertragsraten auf Aktien der größten, mindestens 30 % der Branchenumsätze auf sich vereinigenden Unternehmen (Anführer) mit den Ertragsraten auf Aktien der mittleren Unternehmen derselben Branche (Verfolger). In dieser Rechnung wurden kleine Unternehmen mit Aktiva im Wert von weniger als 500.000 US-Dollar ausgelassen. Obwohl einige der in der Auswahl erfaßten Branchen recht weit gefaßt sind, ist es erstaunlich, daß die Verfolger in 15 von 38 Branchen rentabler waren als die Anführer. Die Branchen, in denen die Ertragsraten der Verfolger höher waren, scheinen im allgemeinen keine allzugroßen oder gar keine Betriebsgrößenersparnisse aufzuweisen (Bekleidung, Schuhe, Keramik, Fleischprodukte, Teppiche) und/oder stark segmentiert zu sein (Optik, Augenoptik, medizinische Geräte, Spirituosen, Zeitschriften, Teppiche, Spiel- und Sportartikel). Die Branchen, in denen die Ertragsraten der Anführer höher sind, scheinen im allgemeinen hohe Werbungsausgaben (Seife, Parfüme, alkoholfreie Getränke, Getreideprodukte wie z.B. Frühstücksnahrung, Bestecke) und/oder Forschungsausgaben sowie Betriebsgrößenersparnisse in der Produktion aufzuweisen (Radio- und Fernsehgeräte, Medikamente, Fotoausrüstungen). Dieses Ergebnis entspricht unseren Erwartungen.

*Übersicht 7-1: Vergleich der Rentabilität von Branchenanführern und -verfolgern**

Ertragsrate des Verfolgers *viel* höher (4 Prozent oder mehr) als die des Anführers	Ertragsrate des Verfolgers 0,5 bis 4.0 Prozent höher als die des Anführers	Ertragsrate des Anführers 2,5 bis 4,0 Prozent höher als die des Verfolgers	Ertragsrate des Anführers *viel* höher (4 Prozent oder mehr) als die des Verfolgers
Fleischprodukte Spirituosen Zeitschriften Teppiche Lederwaren Optik, Augenoptik, und medizinische Geräte	Zucker Tabak (außer Zigaretten) Strickwaren Damenbekleidung Herrenbekleidung Schuhe Keramik und verwandte Produkte Beleuchtungsausrüstungen Spiel- und Sportartikel	Milchprodukte Getreideprodukte Bier Medikamente Schmuck	Wein Alkoholfreie Getränke Seife Parfüme, Kosmetika und Toilettenartikel Farbe Bestecke, Handwerkzeuge und allgemeine Eisenwaren Haushaltsgeräte Radio- und Fernsehgeräte Fotoausrüstungen und -ersatzbedarf

Quelle: Porter (1979)

* Enthält 26 von 38 Konsumgüterbranchen aus einer umfassenden Auswahl für die Jahre 1963–65. In den zwölf anderen, nicht aufgeführten Branchen überstieg die durchschnittliche Ertragsrate der Anführergruppe meist die der Verfolgergruppe; in einigen Fällen waren sie gleich.

Strategische Gruppen und Kostenposition

Eine weitere, relativ neue These im Zusammenhang mit der Strategieformulierung lautet, die Kostenposition sei der einzige dauerhafte Faktor, auf dem eine Wettbewerbsstrategie aufgebaut werden sollte. Nach dieser Auffassung wird das Unternehmen mit den niedrigsten Kosten immer in der Lage sein, in die anderen Strategiebereiche vorzustoßen (wie etwa Differenzierung, Technologie oder Service), auf denen die übrigen strategischen Gruppen beruhen.

Diese Auffassung ist in starkem Maße irreführend, selbst wenn man die Tatsache beiseite läßt, daß ein Kostenvorsprung keineswegs leicht aufrechtzuerhalten ist. Wie in Kapitel 2 ausführlich erörtert wurde, gibt es in den meisten Branchen zahlreiche Möglichkeiten, Mobilitätsbarrieren zu schaffen oder auf andere Weise eine solide strukturelle Position aufzubauen. Diese unterschiedlichen Strategien umfassen nicht nur verschiedene, sondern oft auch *sich ausschließende* Kombinationen von Instrumenten. Ein Unternehmen, das die optimale Effektivität in einer Strategie anstrebt, wird selten zugleich die Anforderungen anderer Strategien am besten erfüllen. Der Kostenvorsprung *innerhalb der strategischen Gruppe* kann durchaus entscheidend sein, aber der *absolute* Kostenvorsprung (in der Branche) ist nicht in jedem Fall wichtig oder gar die einzige Art zu konkurrieren. Der absolute Kostenvorsprung wird oft durch Opfer in sonstigen Strategiebereichen erkauft, auf denen andere strategische Gruppen aufbauen (etwa Diffenzierung, Technologie oder Service).

Richtig ist jedoch, daß strategische Gruppen, die auf anderen Grundlagen als niedrigen Kosten konkurrieren, ständig die Differenz zwischen ihren eigenen Kosten und den Kosten jener Gruppen im Auge behalten müssen, die über die absolut niedrigsten Kosten verfügen. Wird diese Differenz zu groß, so können Kunden veranlaßt werden, zu den Gruppen mit niedrigeren Kosten überzuwechseln, obwohl sie in Punkten wie Qualität, Service, technologischer Reife usw. Abstriche hinnehmen müssen. In dieser Beziehung ist das Kostengefüge unter den Gruppen eine wichtige strategische Variable.

Schlußfolgerungen für die Strategieformulierung

Die Formulierung einer Wettbewerbsstrategie für eine bestimmte Branche kann als *die Entscheidung, in welcher strategischen Gruppe man konkurrieren will,* verstanden werden. Das kann bedeuten, daß man unter den bestehenden Gruppen diejenige aussucht, in der das Verhältnis zwischen dem Gewinnpotential und den Eintrittskosten des Unternehmens am günstigsten ist, oder daß man eine ganz neue strategische Gruppe schafft. Die brancheninterne Strukturanalyse weist auf die Faktoren hin, die den Erfolg einer bestimmten strategischen Plazierung für das Unternehmen bestimmen.

Wie in der Einleitung beschrieben wurde, besteht das Leitprinzip der Strategieformulierung darin, die Stärken und Schwächen eines Unternehmens, besonders seine spezifische Leistungsfähigkeit, den Chancen und Risiken seines Umfelds gegenüberzustellen. Die Aussagen der brancheninternen Strukturanalyse erlauben uns, die Stärken, Schwächen und spezifische Leistungsfähigkeit eines Unternehmens wie auch die Chancen und Risiken der Branche wesentlich konkreter und genauer zu benennen. Die Stärken und Schwächen eines Unternehmens können wie folgt gegenübergestellt werden:

Stärken

- Faktoren, die Mobilitätsbarrieren aufbauen und dadurch die strategische Gruppe des Unternehmens schützen;
- Faktoren, die die Verhandlungsstärke seiner Gruppe gegenüber Abnehmern und Lieferanten erhöhen;
- Faktoren, die seine Gruppe von der Rivalität anderer Unternehmen abschirmen;
- Überlegene Größe gegenüber den anderen Mitgliedern der Gruppe;
- Faktoren, die es dem Unternehmen erlauben, zu geringeren Kosten in die anvisierte Gruppe einzutreten als in andere;
- Ausgeprägte Fähigkeit, seine Strategie umzusetzen (im Vergleich zu den Konkurrenten);
- Mittel und Fähigkeiten, die es dem Unternehmen erlauben, Mobilitätsbarrieren zu überwinden und in noch attraktivere stratgische Gruppen einzutreten.

Schwächen

- Faktoren, die Mobilitätsbarrieren abbauen und dadurch den Schutz der strategischen Gruppe des Unternehmens verringern;
- Faktoren, die die Verhandlungsstärke seiner Gruppe gegenüber Abnehmern und Lieferanten vermindern;
- Faktoren, die seine Gruppe der Rivalität anderer Unternehmen aussetzen;
- Unterlegene Größe gegenüber den anderen Mitgliedern der Gruppe;
- Faktoren, die dem Unternehmen den Eintritt in die anvisierte Gruppe nur zu höheren Kosten erlauben als in andere;
- Geringere Fähigkeit, seine Strategie umzusetzen (im Vergleich zu den Konkurrenten);
- Mangel an Mitteln und Fähigkeiten, die es dem Unternehmen erlauben würden, Mobilitätsbarrieren zu überwinden und in attraktivere strategische Gruppen einzutreten.

Wenn die entscheidenden Mobilitätsbarrieren der strategischen Gruppe eines Unternehmens auf ihrer breiten Produktlinie, ihrer eigenen Technologie oder auf ihrem erfahrungsbedingten absoluten Kostenvorteil beruhen, dann bezeichnen diese Ursachen von Mobilitätsbarrieren einige der wichtigsten Stärken des Unternehmens. Wenn andererseits die attraktivste strategische Gruppe durch Mobilitätsbarrieren geschützt wird, die auf Betriebsgrößenersparnissen durch eigene Vertriebs- und Serviceorganisation beruhen, wird der Mangel an einem solchen Faktor zu einer der entscheidenden Schwächen des Unternehmens. Die Strukturanalyse liefert uns einen Rahmen, um die Hauptstärken und -schwächen eines Unternehmens, verglichen mit denen seiner Konkurrenten, systematisch zu identifizieren. Diese Stärken und Schwächen sind nicht in Beton gegossen; sie können sich vielmehr in dem Maße ändern, als dic Branchenentwicklung das Gefüge der strategischen Gruppen neu ordnet oder Unternehmen ihre strategische Position durch Innovationen oder Investitionen zu verändern suchen.

Unser Ansatz verdeutlicht, daß wir Stärken und Schwächen in zwei fundamental verschiedene Typen einteilen können: *strukturelle* und *organisatorische.* Strukturelle Stärken und Schwächen beruhen auf den elementaren Eigenschaften der Branchenstruktur, so etwa Mobilitätsbarrieren, Determinanten der Verhandlungsposition usw. Sie sind deshalb relativ stabil und schwer zu überwinden. Organisatorische Stärken und Schwächen, die dadurch entstehen, daß ein Unternehmen nicht alle denkbaren Strategien gleich gut in die Tat umsetzen kann, beruhen auf Personen und Führungsqualitäten. Als solche können sie kurzlebiger sein (müssen es aber nicht). In jedem Fall ist es wichtig, bei der Strategieanalyse zwischen beiden zu unterscheiden.

Diese Konzepte können uns auch helfen, die *strategischen Optionen,* denen sich das Unternehmen in seiner Branche gegenübersieht, zu konkretisieren. Wir können die Optionen wie folgt kategorisieren:

- eine neue strategische Gruppe schaffen;
- in eine günstiger gelagerte strategische Gruppe wechseln;
- die strukturelle Position der bestehenden Gruppe festigen oder die Position des Unternehmens in der Gruppe stärken;
- in eine neue Gruppe wechseln und deren strukturelle Position stärken.

Der profitabelste Optionstyp ist wahrscheinlich, eine *neue* strategische Gruppe zu schaffen. Technologische Veränderungen oder die

Entwicklung der Branchenstruktur eröffnen oft Möglichkeiten für völlig neue strategische Gruppen. Selbst ohne solche Anlässe kann ein weitblickendes Unternehmen unter Umständen eine neue, günstig gelagerte strategische Gruppe ausfindig machen, die seine Konkurrenten übersehen. Beispielsweise konzipierte American Motors Mitte der fünfziger Jahre einen Kompakt-PKW, dessen Sonderstellung auf dem Markt American Motors eine Zeitlang dazu verhalf, schwerwiegende Nachteile gegenüber den »Großen Drei« zu überwinden. Timex konzipierte eine neue, preiswerte und zuverlässige Armbanduhr, indem moderne Produktionstechniken mit einem neuartigen Vertriebs- und Marketingansatz verknüpft wurden. In jüngerer Zeit hat Hanes bei Strumpfwaren mit seiner L'eggs-Strategie eine völlig neue Gruppe aufgebaut. Obwohl Inspiration ein seltenes Gut ist, kann die Strukturanalyse helfen, die Überlegungen in die Bereiche zu lenken, in denen Veränderungen sich am meisten auszahlen.

Einen weiteren strategischen Optionstyp bilden die günstiger gelegenen strategischen Gruppen der Branche, in die das Unternehmen hinüberwechseln könnte.

Ein dritter strategischer Optionstyp besteht darin, durch Investitionen oder Anpassungen die strukturelle Position der strategischen Gruppe des Unternehmens (oder seine Position innerhalb der Gruppe) zu verbessern – indem man etwa Mobilitätsbarrieren verstärkt, die Position gegenüber Ersatzprodukten verbessert, die Marketingfähigkeiten erhöht usw. Solche Investitionen und Anpassungen kann man auch so verstehen, daß sie eine neue und bessere strategische Gruppe schaffen.

Der letzte strategische Optionstyp ist der, in andere strategische Gruppen einzutreten und gleichzeitig ihre Mobilitätsbarrieren zu verstärken (oder auf andere Weise ihre Position zu verbessern). Die strukturelle Entwicklung einer Branche schafft ständig Gelegenheiten, solche Wechsel zu vollziehen, wie auch die Position des Unternehmens in seiner existierenden Gruppe zu verbessern.

Die *Gefahren*, denen sich ein Unternehmen gegenübersieht, können mit Hilfe derselben Grundkonzepte identifiziert werden:

- die Gefahr des Eintritts fremder Unternehmen in die eigene strategische Gruppe;
- die Gefahr, daß bestimmte Faktoren die Mobilitätsbarrieren der eigenen strategischen Gruppe verringern, ihre Macht gegenüber Kunden oder Lieferanten schwächen, ihre Position im Hinblick

auf Ersatzprodukte verschlechtern oder sie größerer Rivalität aussetzen;
- die Risiken von Investitionen, die die eigene Position (durch Stärkung von Mobilitätsbarrieren) verbessern sollen;
- die Risiken des Versuchs, Mobilitätsbarrieren zu überwinden, um in attraktivere strategische Gruppen oder völlig neue Gruppen überzuwechseln.

Die ersten beiden können wir als Gefahren für die bestehende Position des Unternehmens oder als Risiken der Inaktivität betrachten, wohingegen die beiden letzten entstehen, wenn Handlungsoptionen ergriffen werden.

Die Entscheidung des Unternehmens für eine Strategie (bzw. für die strategische Gruppe, in der es konkurrieren will), ist ein Prozeß, bei dem all diese Faktoren aufeinander bezogen werden. Viele, wenn nicht die meisten wichtigen strategischen Durchbrüche beruhen auf strukturellen Veränderungen. Die Strukturanalyse zeigt auf, wie sich die bestehende strategische Position eines Unternehmens, zusammen mit der bestehenden Branchenstruktur, auf die Marktergebnisse niederschlägt. Wenn die Branchenstruktur unverändert bleibt, können die Kosten des Wechsels in eine bereits von anderen Unternehmen besetzte strategische Gruppe (also die Kosten, um Mobilitätsbarrieren zu überwinden) so hoch ausfallen, daß sie die Vorteile aufheben. Wenn aber das Unternehmen eine völlig neue, strukturell günstige strategische Gruppe entdecken kann, oder wenn es den Wechsel zu einem Zeitpunkt vollzieht, in dem die Branchenentwicklung die Kosten des Wechsels senkt, dann kann der Erfolg des Unternehmens wirklich signifikant verbessert werden. Das hier erstellte System sollte Anhaltspunkte dafür liefern, wonach man bei einem solchen strategischen Wechsel Ausschau halten sollte.

Die drei in Kapitel 2 beschriebenen Strategietypen waren allgemeine und konsistente Ansätze, um sich strategisch erfolgreich zu plazieren. Im Rahmen dieses Kapitels kennzeichnen sie verschiedene Grobtypen strategischer Gruppen, deren Erfolg jeweils von den ökonomischen Bedingungen der betreffenden Branche abhängt. Wir haben damit die Analyse der Strategietypen mit Leben erfüllt: Es ist nun klar, daß die drei Strategietypen darauf beruhen, (auf unterschiedliche Weise) Mobilitätsbarrieren zu schaffen, sich von Rivalität abzuschirmen und eine günstige Position gegenüber Abnehmern, Lieferanten und Ersatzprodukten aufzubauen. Unser erweitertes

Konzept der Strukturanalyse verdeutlicht daher die Idee der Strategietypen und erhöht ihre praktische Anwendbarkeit.

Die Karte der strategischen Gruppen als analytisches Instrument

Wir sind nun in der Lage, die Karte der strategischen Gruppen als analytisches Instrument noch einmal zu diskutieren. Die Karte ist ein äußerst wertvolles Hilfsmittel, um den Wettbewerb in einer Branche zu veranschaulichen und um zu sehen, wie Veränderungen der Branche oder Trends ihn beeinflussen können. Statt des üblichen Preis/Mengen-Diagramms ist sie ein Diagramm des »strategischen Raumes«.

Um strategische Gruppen graphisch darzustellen, muß der Analytiker zunächst die wenigen strategischen Variablen aussuchen, die die Achsen des Diagramm bilden sollen. Eine Reihe von Grundsätzen sind dabei von Nutzen. Erstens: als Achsen eignen sich jene strategischen Variablen am besten, die die *entscheidenden Mobilitätsbarrieren* in der Branche *bestimmen.* So sind z.B. bei alkoholfreien Getränken Markenidentifikation und Vertriebswege die wichtigsten Barrieren, also auch die günstigsten Achsen für die Karte der strategischen Gruppen. Zweitens: Es ist wichtig, darauf zu achten, daß als Achsen nur strategische Variablen gewählt werden, die nicht gleichgerichtet sind. Wenn etwa alle Unternehmen mit hoher Produktdifferenzierung zugleich breite Produktlinien haben, dann sollten nicht beide als Achsen dienen.

Stattdessen sollten Variablen ausgewählt werden, die die Vielfalt der strategischen Kombinationen in der Branche widerspiegeln. Drittens müssen die Achsen nicht unbedingt aus durchgehenden oder monotonen Variablen bestehen. Um ein Beispiel zu nennen: die Zielkanäle der Kettensägen-Branche sind Vertrags-Servicehändler, Großhändler und Anbieter von Eigen- bzw. Händlermarken. Manche Unternehmen konzentrieren sich auf einen von diesen, während andere versuchen, die ganze Bandbreite abzudecken. Im Blick auf die erforderliche Strategie ist der Unterschied zwischen Vertragshändlern und Anbietern von Eigenmarken am größten; Großhändler liegen irgendwo in der Mitte. Um die Branche graphisch darzustellen, ist es vielleicht am günstigsten, die Unternehmen wie in Abbildung 7 – 3 zu gruppieren. Die Unternehmen werden so angeordnet, daß die jeweilige Zusammensetzung ihrer Vertriebskanäle sichtbar wird.

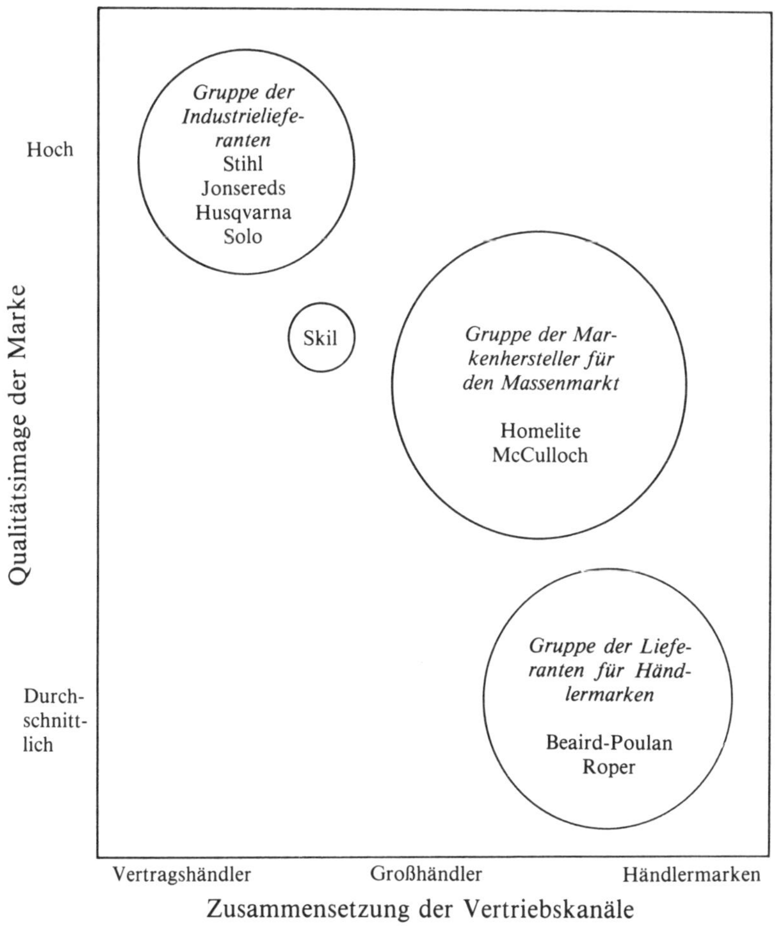

Abbildung 7-3: Schaubild der Kettensägen-Industrie in den USA

Ein letztes Prinzip ist, eine Branche mehrere Male mit jeweils wechselnden Kombinationen strategischer Dimensionen abzubilden, damit der Analytiker die entscheidenden Aspekte des Wettbewerbs erkennt. Die graphische Erfassung ist ein Instrument, um Wettbewerbsbeziehungen diagnostizieren zu helfen, und es gibt keinen allein richtigen Ansatz.

Nachdem wir die Karte der strategischen Gruppen einer Branche erstellt haben, kann eine Reihe weiterer analytischer Schritte hilfreich sein:

Identifikation von Mobilitätsbarrieren. Die Mobilitätsbarrieren, die jede einzelne Gruppe vor Angriffen anderer schützen, können genau bestimmt werden. So wird die auf Qualität und Vertragshändler ausgerichtete Gruppe in Abbildung 7 – 3 in erster Linie durch Barrieren wie Technologie, Markenimage und das ausgebaute Netz ihrer Vertragshändler geschützt. Hingegen sind die entscheidenden Barrieren, die die Gruppe der Händlermarken-Lieferanten beschützen, in Betriebsgrößenersparnissen, kumulierter Erfahrung und (zu einem gewissen Grad) in den Beziehungen zu ihren Eigenmarken-Kunden zu sehen. Eine solche Überlegung kann wesentlich die Frage klären helfen, welche Gefahren den verschiedenen Gruppen drohen und welche Positionswechsel unter den Unternehmen zu erwarten sind.

Identifikation von marginalen Gruppen. Eine Strukturanalyse wie die oben beschriebene kann Gruppen identifizieren, deren Position brüchig oder marginal ist. Sie sind Kandidaten für den Austritt aus der Branche oder für Versuche, in eine andere Gruppe einzutreten.

Aufzeigen der Richtungen strategischer Trends. Ein äußerst wichtiger Gebrauch der Karte der strategischen Gruppen besteht darin, die Richtungen aufzuzeigen, in die sich die Strategien der Unternehmen aus branchenweiter Sicht bewegen oder bewegen könnten. Diese Aufgabe löst man am einfachsten, indem man Pfeile einzeichnet, die von jeder strategischen Gruppe ausgehen und die Richtung anzeigen, in die sich die Gruppe (oder ein Unternehmen in ihr) im strategischen Raum offenbar bewegt. Für alle Gruppen durchgeführt, könnte die Analyse ergeben, daß sich die Unternehmen strategisch auseinanderentwickeln. Dadurch kann der Wettbewerb in der Branche stabilisiert werden, besonders wenn sich gleichzeitig die Zielkunden-Segmente entzerren. Das Ergebnis könnte aber auch sein, daß sich die strategischen Positionen einander annähern, wodurch sich eine explosive Situation ergeben kann.

Analyse von Trends. Es kann sehr aufschlußreich sein, die Implikationen, die sich aus jedem einzelnen Branchentrend für die Karte der strategischen Gruppen ergeben, gedanklich durchzuspielen. Stellt der Trend die Lebensfähigkeit irgendwelcher Gruppen infrage? Wohin werden die Unternehmen dieser Gruppe wechseln? Verstärkt der Trend die Barrieren, über die einzelne Gruppen verfügen? Wird der Trend die Fähigkeit der Gruppen verringern, sich gemäß irgendeiner Dimension voneinander abzusetzen? All diese Faktoren können in Prognosen der Branchenentwicklung einmünden.

Vorhersage von Reaktionen. Die Karte kann verwandt werden, um die Reaktionen der Branche auf ein Ereignis vorherzusagen. Die Unternehmen einer gemeinsamen Gruppe neigen dazu, aufgrund der Ähnlichkeit ihrer Strategien auf Störungen in gleicher Weise zu reagieren.

Kapitel 8
Branchenentwicklung

Die Strukturanalyse liefert uns ein System zum besseren Verständnis der in einer Branche wirksamen Wettbewerbskräfte, die für die Entwicklung einer Wettbewerbsstrategie entscheidend sind. Es ist jedoch klar, daß sich Branchenstrukturen oft in fundamentaler Weise ändern. So sind z.B. Eintrittsbarrieren und Konzentration in der amerikanischen Brauereiindustrie erheblich gestiegen; die Hersteller von Acetylen sehen sich wachsendem, schwerem Druck durch Ersatzprodukte gegenüber usw.

Die Entwicklung einer Branche ist von besonderem Gewicht, wenn man eine Strategie formulieren will. Sie kann die grundlegende Attraktivität einer Branche (als Investitionsgelegenheit) erhöhen oder verringern, und sie zwingt das Unternehmen oft dazu, sich strategisch anzupassen. Das Verständnis für den Prozeß der Branchenentwicklung und die Fähigkeit, Veränderungen zu prognostizieren, sind deshalb wichtig, weil die Kosten strategischer Reaktionen meist in dem Maße steigen, als der Bedarf an Veränderungen dringender wird; der Vorteil aus der besten Strategie ist für dasjenige Unternehmen am größten, das sie als erste ergreift. Beispielsweise erhöhten in der frühen Nachkriegszeit strukturelle Veränderungen in der Agrarausrüstungsbranche die Notwendigkeit, ein starkes eigenes Händlernetz aufzubauen und ihm durch unterstützende Maßnahmen und Kredite den Rücken zu stärken. Die Unternehmen, die als erste diesen Wandel vollzogen, konnten sich ihre Händler frei aussuchen.

Dieses Kapitel stellt analytische Intrumente vor, um den Evolutionsprozeß einer Branche vorhersagen und sein Gewicht für die Strategieformulierung verstehen zu können. Zunächst werden einige grundlegende Konzepte zur Analyse der Branchenentwicklung vorgestellt. Anschließend werde ich die Triebkräfte untersuchen, die den Veränderungen von Branchen zugrundeliegen. Abschließend werden einige ökonomische Beziehungen im Entwicklungsprozeß beschrieben und ihre strategischen Implikationen untersucht.

Grundkonzepte der Branchenentwicklung

Der Ausgangspunkt der Analyse von Branchenentwicklungen ist das in Kapitel 1 vorgestellte System der Strukturanalyse. Branchenveränderungen sind strategisch wichtig, wenn sich absehen läßt, daß sie die Fundamente berühren werden, auf denen die fünf Wettbewerbskräfte aufbauen; ansonsten sind Veränderungen nur in taktischer Hinsicht wichtig. Die einfachste Herangehensweise an die Entwicklungsanalyse ist, zu fragen: Finden irgendwelche Veränderungen in der Branche statt, die auf eines oder mehrere ihrer Strukturelemente einwirken werden? Führt beispielsweise der eine oder andere Trend dazu, daß Mobilitätsbarrieren verstärkt oder abgebaut werden, oder daß sich die Machtpositionen von Abnehmern oder Lieferanten verändern? Wenn diese Frage für jede Wettbewerbskraft und ihre jeweiligen ökonomischen Ursachen gestellt wird, ergibt sich ein Profil der wichtigsten Themen, die die Entwicklung der Branche aufwirft.

Obwohl dieser branchenspezifische Ansatz den Ausgangspunkt bilden kann, reicht er unter Umständen nicht aus, da es nicht immer klar ist, welche Veränderungen gegenwärtig (und erst recht in der Zukunft) stattfinden bzw. stattfinden könnten. Angesichts der Notwendigkeit, Branchenentwicklungen vorhersagen zu können, sollten wir über einige analytische Techniken verfügen, die uns helfen, das Muster von Branchenveränderungen zu prognostizieren.

Der Produkt-Lebenszyklus

Der Stammvater aller Konzepte, die den Verlauf der Branchenentwicklung zu prognostizieren versuchen, ist der bekannte Produkt-Lebenszyklus. Die Hypothese besagt, daß eine Branche[1] eine Reihe

---

1 Es ist umstritten, ob der Produktlebenszyklus sich nur auf einzelne Produkte bezieht oder auf ganze Branchen. Wir gehen hier davon aus, daß er sich auf Branchen erstreckt.

von Phasen oder Etappen durchläuft – Einführung, Wachstum, Reife und Rückgang –, die in Abbildung 8 – 1 dargestellt sind. Diese Etappen sind durch die Wendepunkte der Wachstumsrate von Branchenumsätzen definiert. Im Prozeß der Innovation und Ausbreitung eines neuen Produkts folgt das Branchenwachstum einem S-förmigen Verlauf. (Siehe dazu Kotler, 1972, S. 432–433, sowie Polli und Cook, 1969, S. 385–387). Die flache Einführungsphase des Branchenwachstums spiegelt die Schwierigkeit wider, die Trägheit der Käufer zu überwinden und sie zu bewegen, das Produkt auszuprobieren. Schnelles Wachstum setzt ein, sobald sich das Produkt als erfolgreich erwiesen hat und zahlreiche neue Käufer in den Markt eintreten. Nachdem des Käuferpotential des Produkts ausgeschöpft ist, wird das schnelle Wachstum gestoppt und flacht ab auf das Niveau der Wachstumsrate, die aus der (voll erschlossenen) Käufergruppe hervorgeht. Zum Schluß sinken die Umsätze in dem Maße, als Ersatzprodukte auf dem Markt erscheinen.

Im Verlauf des Lebenszyklus' der Branche verändert sich der Charakter des Wettbewerbs. Ich habe in Übersicht 8 – 1 zusammengefaßt, welche Veränderungen eine Branche – den gängigen Prognosen zufolge – im Verlauf ihres Lebenszyklus durchläuft, und welche Folgerungen für die Strategie sich daraus ergeben.

Die Produkt-Lebenszyklus-Hypothese hat berechtigte Kritik erfahren:

1. Die Dauer der Etappen variiert stark von Branche zu Branche, und es ist oft unklar, in welcher Etappe des Lebenszyklus eine Branche sich befindet. Dadurch wird die Verwendbarkeit des Konzepts als Planungsinstrument vermindert.
2. Das Branchenwachstum folgt keineswegs immer dem S-förmigen Muster. Manche Branchen »überspringen« die Reife und gehen direkt von der Wachstums- in die Rückgangsphase über. In manchen Fällen belebt sich das Branchenwachstum nach einer Phase des Rückgangs, wie z.B. bei Motorrädern und Fahrrädern, und neuerdings auch im Rundfunk. Wieder andere Branchen scheinen den langsamen Start der Einführungsphase glattweg zu überspringen.
3. Unternehmen können die Form der Wachstumskurve *beeinflussen* – z.B. durch Produktinnovation oder strategische Umorientierung – und sie auf vielfältige Weise verschieben und erweitern. (Eine Diskussion dieser Methoden findet sich bei Levitt, 1965).

Übersicht 8-1: Strategie, Wettbewerb und Unternehmenserfolg nach den Prognosen der Produkt-Lebenszyklustheorie

	Einführung	*Wachstum*	*Reife*	*Rückgang*
Käufer und Käuferverhalten	Käufer verfügen über hohe Einkommen (j, k, l) Käufer sind träge und müssen überredet werden, das Produkt zu testen (a, j)	Käufergruppe erweitert sich (j) Kunde akzeptiert ungleiche Qualitätsniveaus (i)	Massenmarkt (l) Befriedigter Erstbedarf (a) Wiederholungskäufe (a, j) Auswahl unter Marken ist die Regel (a)	Kunden sind erfahren und anspruchsvoll beim Kauf des Produkts (i)
Produkte und Produktveränderungen	Schlechte Qualität (l) Produktdesign und -entwicklung sind entscheidend (g) Zahlreiche Produktvarianten; keine Standards (k) Elementare Produktdesigns (l) Häufige Designwechsel (j, k)	Produkte sind unterschiedlich in Technik und Leistung (h) Zuverlässigkeit bei komplexen Produkten entscheidend (g) Gute Qualität (l) Wettbewerb um Qualitätsverbesserungen (k)	Höchte Qualität (l) Weniger Produktdifferenzierung (b, f, i) Standardisierung (f, k) Produktveränderungen seltener; kleinere jährl. Modelländerungen (i, j) Ältere Modelle oft in Zahlung gegeben (j)	Kaum Produktdifferenzierung (h, i) Einheitliche Produktqualität (l)
Marketing	Sehr hoher Anteil der Werbungsausgaben an den Umsätzen (b, h) Hoher Marketingaufwand (j) Preisdifferenzierung nach Tragfähigkeit der Käufer (creaming) (k)	Immer noch hohe Werbungsausgaben, aber geringerer Anteil an Umsätzen als bei Einführung (b, h) Werbung und Vertrieb bei nichttechnischen Produkten entscheidend (g)	Marktsegmentierung (a, j, l) Bemühung, Produktzyklus zu verlängern (d, i) Produktlinie verbreitert sich (j) Service und Rabatte wichtiger (a, j) Verpackung wichtig (a) Werbungswettbewerb (a) Werbeanteil an Umsätzen weiter sinkend (a, b)	Niedriger Anteil von Werbung und sonstigen Marketingausgaben an den Umsätzen (b, j)

Übersicht 8-1 (Fortsetzung)

	Einführung	*Wachstum*	*Reife*	*Rückgang*
Produktion und Vertrieb	Überkapazität (l) Kleine Serien (j, k) Hoher Anteil qualitfizierter Arbeitskräfte (k) Hohe Produktionskosten (j) Spezialisierte Vertriebskanäle (l)	Mangel an Kapazitäten (l) Wechsel zur Massenproduktion (j, k) Gerangel um Vertriebskanäle (j) Massenkanäle (l)	Geringe Überkapazität (l) Optimale Größe (l) Produktionsprozeß stabiler (e) Geringere Qualifikation der Arbeitskräfte (k) Große Serien mit stabilen Verfahren (k) Vertriebskanäle dünnen Sortimente aus, um Margen zu erhöhen (j) Hohe Vertriebskosten wegen breiter Produktlinien (j) Massenkanäle (l)	Beträchtliche Überkapazität (a, l) Massenproduktion (h) Sonderkanäle (l)
F & E	Produktionsmethoden verändern sich (k)			
Außenhandel	Wenige Exporte (k)	Umfangreiche Exporte (b, j, l) Wenige Importe (k)	Fallende Exporte (k) Umfangreiche Importe (k)	Keine Exporte (k) Umfangreiche Importe (k)
Allgemeine Strategie	Beste Phase, um Marktanteil auszudehnen (e) F & E und Technik Schlüsselfunktionen (i)	Gelegenheit, Preis oder Qualitätsimage zu verändern (i) Marketing ist Schlüsselfunktion (i)	Schlechte Phase, um Marktanteil auszudehnen (e), insb. für kleine Unternehmen (e) Konkurrenzfähige Kosten wichtiger (j) Schlechte Phase, um Preis oder Qualitätsimage zu verändern (i) Effektivität des Marketing	Kostenkontrolle entscheidend (g, i)

Übersicht 8-1 (Fortsetzung)

	Einführung	*Wachstum*	*Reife*	*Rückgang*
Wettbewerb	Wenige Unternehmen (a, j, k, l)	Eintritt (a) Viele Wettbewerber (a, d, j, l) Zahlreiche Fusionen und Konkurse (l)	Preiswettbewerb (a, i, j, k) Abstoßen von Kapazitäten (j, k) Zuwachs an Händlermarken (d, e)	Austritte (e) Weniger Wettbewerber (j, l)
Risiko	Hohes Risiko (a)	Risiken tragbar, da Wachstum sie abdeckt (i)	Beginnende Konjunkturanfälligkeit (k)	
Ertragsspannen und Gewinne	Hohe Preise und Ertragsspannen (b, j, l) Niedrige Gewinne (g, i) Preiselastizität für den einzelnen Anbieter geringer als in der Reifephase (k)	Hohe (b, j, l) und zugleich höchste Gewinne (h) Relativ hohe Preise (b) Preise niedriger als bei Einführung (j) Gewinne unempfindlich gegen Rezession (j) Hohe Aktienrendite (j) Gutes Klima für Beteiligung und Erwerb (j)	Fallende Preise (b, i) Niedrigere Gewinne (l) Niedrigere Spannen (b, i) Niedrigere Händlerspannen (i, j) Höhere Stabilität von Marktanteilen und Preisstrukturen (e) Schlechtes Akquisitionsklima; schwierig, Unternehmen zu verkaufen (j) Niedrigste Preise und Spannen (l)	Niedrige Preise und Ertragsspannen (a) Fallende Preise (b, j) Preise können sich in der Spätphase evtl. etwas erholen (j, l)

a Levitt (1965)
b Buzzel (1969)
c Cox (1967)
d Buzzell et al. (1972)
e Catry und Chevalier (1974)
f Dean (1950)
g Clifford (1965)
h Forrester (1959)
i Patton (1959)
j Staudt, Taylor und Bowersox (1976)
k Wells (1972)
l Smallwood (1973)

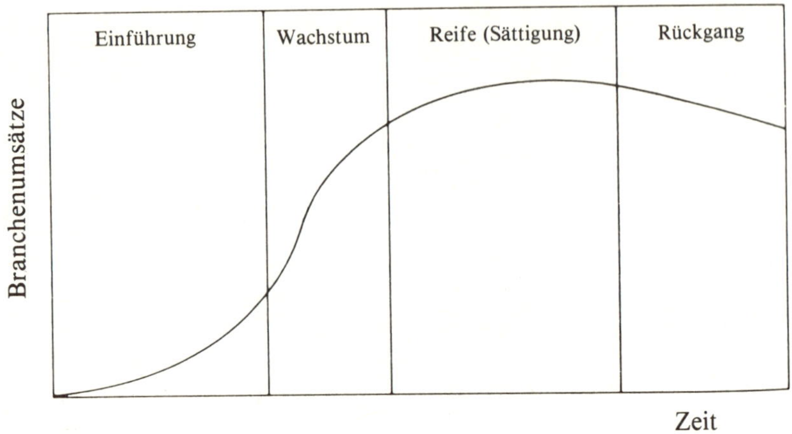

Abbildung 8-1: Die Phasen des Produkt-Lebenszyklus

Wenn ein Unternehmen den Lebenszyklus als gegeben hinnimmt, wird er leicht zur unerwünschten, sich selbst erfüllenden Prophezeiung.

4. Der Charakter des Wettbewerbs in jeder Etappe des Lebenszyklus ist *nicht für alle Branchen gleich.* Beispielsweise starten manche Branchen auf hohem Konzentrationsniveau und verbleiben in diesem Zustand. Andere, wie etwa die Geldautomatenbranche, sind zuerst längere Zeit konzentriert, später aber setzt eine gewisse Fragmentierung ein. Wieder andere starten hochfragmentiert; danach konsolidieren sich einige von ihnen (PKW's), andere nicht (Vertrieb von Elektronik-Komponenten). Ähnlich divergierende Muster finden sich auch bei den meisten anderen Branchenmerkmalen wie Werbung, F&E-Ausgaben, Intensität des Preiswettbewerbs usw. Dadurch werden die aus dem Produktzyklus abgeleiteten strategischen Schlußfolgerungen ernsthaft infragegestellt.

Das eigentliche Problem des Produkt-Lebenszyklus ist, daß er versucht, *ein einziges* Entwicklungsmuster zu beschreiben, das sich unweigerlich ergeben soll. Aber von der Wachstumsrate der Branche abgesehen, gibt es kaum überzeugende Gründe, weshalb sich aus dem Produktzyklus zwingend bestimmte Wettbewerbsveränderungen ergeben sollen. Auch wenn der Produkt-Lebenszyklus ein häufiges oder sogar das häufigste Muster der Branchenentwicklung darstellt, gibt es in der Realität zahlreiche Ausnahmen, die die Allgemeingültigkeit des Konzepts widerlegen. Das Konzept enthält aber keinerlei Hinweise, die uns die Vorhersage erlauben, wann es zutrifft und wann nicht.

Ein System zur Prognose der Branchenentwicklung

Fruchtbarer als der Versuch, die Branchenentwicklung zu beschreiben, ist es, nach den Triebkräften zu suchen, die dem Prozeß zugrundeliegen. Wie bei jeder Evolution entwickeln sich Branchen deshalb, weil Kräfte am Werk sind, die – durch Anreize oder Druck – Veränderungen herbeiführen. Diese Veränderungen können wir als *evolutionäre Prozesse* bezeichnen.

Jede Branche startet mit einer bestimmten *Initialstruktur* – den Eintrittsbarrieren, der Abnehmer- und Lieferantenmacht usw., die bei Entstehung der Branche existieren. Diese Struktur ist meist (aber nicht immer) grundverschieden von der Gestalt der Branche in späteren Entwicklungsstadien. Die Initialstruktur resultiert aus einer Kombination der grundlegenden technisch-ökonomischen Merkmale der Branche, der anfänglichen Restriktionen durch die unzureichende Branchengröße, und der Fähigkeiten und Mittel der Pionierunternehmen. So begann selbst die Automobilindustrie, die ein ungeheures Potential an Betriebsgrößenersparnissen aufwies, mit arbeitsintensiver Werkstattfertigung, da in den ersten Jahren nur kleine Mengen produziert wurden.

Die evolutionären Prozesse treiben die Branche auf ihre *potentielle Struktur* zu, die in der Entstehungsphase noch kaum vollständig absehbar ist. In der zugrundeliegenden Technologie, den Produktmerkmalen und den Charakteristika gegebener und potentieller Abnehmer ist jedoch eine Reihe von Strukturen angelegt, die die Branche je nach Richtung und Erfolg von F&E, Marketinginnovation u.ä. annehmen kann.

Wir müssen uns vor Augen führen, daß Investitionsentscheidungen – sowohl von seiten etablierter Unternehmen als auch von später hinzutretenden – die Branchenentwicklung zu einem Großteil mitbestimmen. Die Unternehmen reagieren auf die Zwänge oder Anreize, die der evolutionäre Prozeß schafft, indem sie investieren (z.B. um neue Marketingkonzepte oder Produktionsverfahren auszunutzen); sie verschieben dadurch Eintrittsbarrieren, verändern die Machtposition gegenüber Abnehmern und Lieferanten usw. usf. Glück, Fähigkeiten, Mittel und Orientierung der Wettbewerber können somit den Entwicklungspfad beeinflussen, den die Branche einschlägt. Andererseits kann eine Branche trotz vorhandenen strukturellen Entwicklungspotentials auf ihrem Stand verharren, wenn z.B. keines der Unternehmen ein erfolgversprechendes neues Marketingkonzept entwickelt; potentielle Betriebsgrößenersparnisse bleiben möglicherweise ungenutzt, weil keines der Unternehmen die Finanzmittel besitzt, um eine vollintegrierte Produktionsanlage zu errichten, oder weil schlichtweg die Bereitschaft fehlt, über Kosten nachzudenken. Da Innovationen, technologische Entwicklungen, Mittel und Eigenarten der (etablierten und den Eintritt erwägenden) Wettbewerber so stark auf den Evolutionsprozeß einwirken, ist die Branchenentwicklung nicht nur schwer zu prognostizieren; die Branche kann sich zudem auf vielfältige Weise und verschieden schnell entwickeln, je nach Zufall.

Evolutionäre Prozesse

Obwohl die Initialstruktur, das Strukturpotential und die Investitionsentscheidungen bestimmter Unternehmen branchenspezifisch sind, können wir einige der wichtigen evolutionären Prozesse verallgemeinern. Es gibt eine Reihe voraussehbarer (und zusammenwirkender) dynamischer Prozesse, die sich in jeder Branche in der einen oder anderen Form vollziehen, obwohl sich ihre Geschwindigkeit und Richtung von Branche zu Branche unterscheiden:

- langfristige Veränderungen des Wachstums;
- Wechsel der bedienten Abnehmersegmente;
- Lernprozesse bei den Abnehmern;
- Abnahme der Unsicherheit;
- Verbreitung von Know-how;
- Sammeln von Erfahrung;
- Ausdehnung (oder Rückgang) der Größe;
- Veränderungen der Inputkosten und Wechselkurse;
- Produktinnovation;
- Marketinginnovation;
- Verfahrensinnovation;

- strukturelle Veränderungen in benachbarten Branchen;
- Veränderungen der staatlichen Politik;
- Eintritte und Austritte.

Wir wollen nun jeden einzelnen evolutionären Prozeß untersuchen und dabei besonders seine Bestimmungsfaktoren, seine Beziehungen zu anderen Prozessen und seine strategischen Schlußfolgerungen unter die Lupe nehmen.

Langfristige Veränderungen des Wachstums

Die wohl umfassendste, strukturellen Wandel herbeiführende Kraft ist die Veränderung der langfristigen Wachstumsrate einer Branche. Das Branchenwachstum übt einen entscheidenden Einfluß auf die Wettbewerbsintensität der Branche aus, und sie schreibt dem einzelnen Unternehmen vor, wie stark es expandieren muß, wenn es seinen Anteil halten will; dadurch beeinflußt das Branchenwachstum das Angebots- und Nachfragegleichgewicht sowie den Anreiz zum Eintritt, den die Branche bietet. Es gibt fünf wichtige *externe* Gründe, warum das langfristige Branchenwachstum schwankt:

Bevölkerungsentwicklung

Bei *Konsumgütern* wird die Größe des Käuferpotentials und somit das Wachstum der Nachfrage maßgeblich von demographischen Veränderungen bestimmt. Die potentielle Kundengruppe eines Produkts umfaßt im Extremfall alle Haushalte, gewöhnlich besteht sie aber aus Käufern, die durch bestimmte Altersgruppen, Einkommen, Bildungsniveaus oder geopraphische Lagen gekennzeichnet sind. Änderungen in der Wachstumsrate der Bevölkerung, ihrer Altersstruktur, der Einkommensverteilung und demographischer Faktoren schlagen sich unmittelbar in Verschiebungen der Nachfrage nieder. Ein besonders anschauliches Beispiel aus der jüngsten Zeit bietet die nachteilige Wirkung, die die rückläufige Geburtenrate in den USA auf die Nachfrage nach Babyprodukten aller Art ausübte, während Produkte, deren Zielgruppe die der 25 bis 35 jährigen ist, gegenwärtig von den Wirkungen des »Babybooms« der Nachkriegszeit profitieren. Demographische Faktoren stellen auch die Schallplatten- und Süßwarenindustrie vor potentielle Probleme, da die Altersgruppe unter 20, die bisher ihr Hauptabnehmer war, gegenwärtig schrumpft.

Ein Teil der Effekte demographischer Verschiebungen wird durch die *Einkommenselastizität* hervorgerufen, also die Veränderung der Produktnachfrage eines Käufers beim Anstieg seines Einkommens. Die Nachfrage nach manchen Produkten (z.B. Golfschlägerüberzüge aus Nerz) steigt überproportional mit dem Einkommen der Käufer. Für andere steigt sie unterproportional oder fällt sogar. Aus strategischer Sicht ist es wichtig, den Standort eines Produkts in diesem Spektrum zu identifizieren, weil er entscheidend für die Vorhersage des langfristigen Wachstums bei veränderten Einkommenshöhen ist, sowohl im Blick auf einheimische Märkte als auch auf potentielle internationale Märkte. Manchmal sind die Branchen jedoch in der Lage, ihre Produkte mittels Produktinnovation auf der Skala der Einkommenselastizität zu verschieben, sodaß ihre Wirkungen nicht unbedingt von vornherein feststehen.

Für *industrielle Produkte* ist die Wirkung demographischer Veränderungen auf die Nachfrage durch den Lebenszyklus von Konsumgüterbranchen vermittelt. Die Bevölkerungsentwicklung beeinflußt die Endnachfrage der Konsumenten, und diese wirkt wiederum auf jene Branchen zurück, die Inputs für die Endprodukte bereitstellen.

Die Unternehmen können versuchen, mit ungünstigen demographischen Entwicklungen fertig zu werden, indem sie die Käufergruppe ihres Produkts durch Produktinnovation, neue Marketingansätze, zusätzliche Serviceangebote usw. ausweiten. Diese Ansätze können wiederum die Branchenstruktur berühren, indem Betriebsgrößenersparnisse geschaffen werden, die Branche mit völlig neuen Käufergruppen (mit unterschiedlicher Verhandlungsstärke) konfrontiert wird usw.

Bedürfnistrends

Die Nachfrage nach dem Produkt einer Branche wird durch Veränderungen des Lebensstils, des Geschmacks, der Philosophien und sozialen Verhältnisse des Käuferpublikums beeinflußt, die jede Gesellschaft mit der Zeit erfährt. In den späten sechziger und frühen siebziger Jahren verzeichneten etwa die USA Trends wie Rückkehr zur »Natur«, mehr Freizeit, lässigere Kleidung und Nostalgie. Diese Trends erhöhten die Nachfrage nach Rucksäcken, Blue Jeans und anderen Produkten. Die jüngste »zurück-zu-den-Grundlagen«-Bewegung im Bildungswesen der USA schafft neue Nachfrage nach standardisierten Lese- und Schreibtests, um ein weiteres Beispiel zu nennen. Es gab außerdem gesellschaftliche Trends wie die Zunahme der Kriminalität, das gesteigerte Gesundheitsbewußtsein oder die veränderte Rolle der Frau, die die Nachfrage nach manchen Produkten erhöht (Fahrräder, Tagescreme) und nach anderen gesenkt haben.

Bedürfnistrends wie diese wirken nicht nur direkt auf die Nachfrage, sondern auch indirekt, indem sie die Nachfrage nach industriellen Produkten zwischengelagerter Branchen beeinflussen. Sie berühren die Nachfrage in bestimmten Branchensegmenten genauso wie die auf die gesamte Branche bezogene. Gesellschaftliche Trends können Bedürfnisse neu schaffen oder auch nur verstärken. Beispielsweise ist der Eigentumsdiebstahl in den letzten zwanzig Jahren dramatisch angestiegen, was die Nachfrage nach Schutzkräften, Schlössern, Geldschränken und Alarmsystemen erheblich hat anwachsen lassen. Die steigenden erwarteten Verluste durch Diebstahl haben größere Ausgaben für Sicherheit gerechtfertigt.

Zuguterletzt können Änderungen staatlicher Vorschriften die Bedürfnisse nach Produkten steigern oder verringern. So steigt z.B. in den USA die Nachfrage nach Flipper- und Spielautomaten aufgrund bevorstehender und bereits verabschiedeter Gesetze, die das Glücksspiel legalisieren. (Siehe *Dun's, Februar 1977).*

Veränderte Position von Ersatzprodukten

Die Nachfrage nach einem Produkt wird durch die (breit definierten) Kosten und die Qualität von Ersatzprodukten beeinflußt. Wenn die relativen Kosten eines Ersatzproduktes fallen, oder wenn seine Fähigkeit steigt, die Bedürfnisse der Käufer zu befriedigen, wird das Wachstum der Branche negativ beeinflußt (und umgekehrt). Ein Beispiel dafür sind die Einbrüche, die Fernsehen und Radio in die Nachfrage nach Live-Konzerten von Sinfonieorchestern und anderen darbietenden Gruppen erzielt haben; nachdem in den USA der Raum für Fernsehwerbung zur Hauptsendezeit knapp geworden und die Sätze für Werbespots scharf angestiegen waren, erhöhte sich die Nachfrage nach Werberaum in Zeitschriften; die im Vergleich zu ihren Ersatzprodukten steigenden Preise von Genußmitteln wie Schokoladensüßwaren und alkoholfreien Getränken haben die Nachfrage nach diesen Produkten stark gedrückt; usw.

Bei der Vorhersage langfristiger Veränderungen des Wachstums muß ein Unternehmen sämtliche Produkte ausfindig machen, die dasselbe Bedürfnis erfüllen können wie sein eigenes. Daraufhin sollten technologische und andere Entwicklungen erfaßt werden, die Kosten oder Qualität der Ersatzprodukte beeinflussen werden. Der Vergleich mit dem entsprechenden Trend der Branche wird Prognosen für das zukünftige Wachstum der Branche liefern und »kritische« Vorteile von Ersatzprodukten aufzeigen, woraus sich Hinweise auf strategische Maßnahmen ergeben. (Im übrigen kann auch die Politik des Staates die Position eines Produkts gegenüber Ersatzprodukten berühren, etwa durch kostenintensive Sicherheitsvorschriften, Subventionen usw.).

Veränderte Position komplementärer Produkte

Bei vielen Produkten hängen Kosten und Qualität für den Käufer davon ab, wie die Preise, Qualität und Verfügbarkeit von komplementären Produkten – also von Produkten, die zusammen mit ihnen verwandt werden – beschaffen sind. Beispielsweise sind Wohnwagen in vielen Gebieten der USA hauptsächlich auf eigens dafür bereitgestellten Plätzen geparkt. In den siebziger Jahren hat es an diesen Plätzen chronisch gemangelt, wodurch die Nachfrage nach Wohnwagen begrenzt wurde. Ähnlich wurde die Nachfrage nach Stereoplatten wesentlich von der Verbreitung von Stereo-Anlagen bestimmt, die ihrerseits davon abhing, wie teuer und zuverlässig diese Anlagen waren.

Komplementäre Produkte lückenlos zu identifizieren, ist nicht weniger wichtig, als Ersatzprodukte ausfindig zu machen; sie sollten nicht zu eng betrachtet werden. So ist etwa beim Kauf langlebiger Produkte ein Kredit zum herrschenden Zinssatz eine notwendige Ergänzung. Spezialisiertes Personal ist ein Komplement vieler technisch ausgerichteter Produkte (z.B. Programmierer bei Computern und Bergbauingenieure bei der Kohleförderung). Die Erfassung von Trends bei Kosten, Qualität und Verfügbarkeit komplementärer

Produkte liefert uns Prognosen über das langfristige Wachstum des Produkts unserer Branche.

Ausgeschöpftes Kundenpotential

Überdurchschnittlich hohe Wachtumsraten sind meist das Resultat eines erweiterten Kundenkreises, also von Verkäufen an neue Kunden statt an Wiederholungskunden. Irgendwann wird eine Branche aber unweigerlich den Punkt erreichen, wo sie ihr Kundenpotential voll ausgeschöpft hat. Ihre Wachstumsrate hängt dann von der Ersatznachfrage ab. Wiederholte Phasen, in denen neue Kunden hinzukommen, können unter Umständen durch Produkt- oder Marketingänderungen hervorgerufen werden, die den Kundenkreis erweitern oder schnellen Ersatz stimulieren. Alle besonders hohen Wachstumsraten kommen aber irgendwann an ihr Ende.

Sobald die Käufergruppe ausgeschöpft ist, verkauft die Branche hauptsächlich an Wiederholungskäufer. Zwischen dem Verkauf an Erst- und an Wiederholungskäufer können Unterschiede bestehen, die wichtige Konsequenzen für die Branchenstruktur bergen. Wenn die Branche ihr Kundenpotential ausgeschöpft hat und weiter wachsen soll, liegt der Schlüssel entweder darin, schnellen Ersatz zu stimulieren oder den Pro-Kopf-Konsum zu fördern. Da das Ersatzverhalten durch den Verschleiß des Produkts in Bezug auf Mechanik, Technologie oder auch Design bestimmt wird, müssen sich Strategien, die das Branchenwachstum aufrechterhalten wollen, auf diese Faktoren stützen. So wird etwa die Ersatznachfrage nach Kleidung durch jährliche oder sogar saisonale Veränderungen der Mode angeregt. Und die klassische Geschichte von General Motor's Überlegenheit über Ford ist ein Beispiel dafür, wie Modellwechsel die Nachfrage anregten, nachdem der Markt für das einfache, schwarzfarbige Modell gesättigt war.

Während ausgeschöpfte Kundenpotentiale meist bedeuten, daß die Branchennachfrage abflacht, können sie bei *langlebigen Konsumgütern* dazu führen, daß die Branchennachfrage abrupt sinkt. Nachdem die meisten potentiellen Kunden das Produkt gekauft haben, hat dessen Langlebigkeit zur Folge, daß in den darauffolgenen Jahren nur wenige Ersatzkäufe stattfinden. Wenn das Kundenpotential in sehr kurzer Zeit ausgeschöpft wurde, können äußerst magere Jahre im Blick auf die Branchennachfrage anbrechen. So fielen beispielsweise in den USA die Verkäufe von Schneemobilen, die einen sehr schnellen Vormarsch erlebt hatten, von 425.000 Stück im (Spitzen-)Jahr 1970/71 auf 125.000 bzw. 200.000 in den jahren 76 und 77 (siehe dazu: »A smoother Trail for Snowmobile Makers«, *Business Week*, 13. Dez. 1976). Freizeitfahrzeuge erlebten einen ähnlichen, wenngleich weniger dramatischen Rückgang. Das Verhältnis zwischen der Wachstumsrate vor Ausschöpfung des Kundenpotentials und danach hängt vom Tempo ab, mit dem der Kundenkreis erschlossen wurde, und von der Frist, die durchschnittlich bis zum Wiederholungskauf verstreicht (diese Zeitspanne läßt sich berechnen).

Der Rückgang der Branchenumsätze bei langlebigen Produkten führt dazu, daß die Produktions- und Vertriebskapazitäten die Nachfrage übersteigen. Das hat meist zur Folge, daß die Ertragsspannen beträchtlich sinken und einige Produzenten die Branche verlassen. Außerdem kann Wachstum, das sich aus der Erweiterung des Kundenkreises speist, den Konjunkturzyklus überdecken, auch wenn das Produkt an sich konjunkturempfindlich ist. Eine stark wachsende Branche wird also erst dann ihren ersten Abschwung verzeichnen, wenn sie ihr Kundenpotential fast völlig ausgeschöpft hat – wodurch das Problem der strukturellen Überkapazität sich noch verschlimmert.

Produktveränderungen

Bei den fünf externen Ursachen des Branchenwachstums haben wir unterstellt, daß sich die von der Branche angebotenen Produkte nicht verändern. Produktinnovationen können es der Branche jedoch erlauben, neue Bedürfnisse zu befriedigen, ihre Position gegenüber Ersatzprodukten zu verbessern und den Bedarf an teuren oder knappen Komplementärprodukten zu vermindern oder auszuschalten. Produktinnovation kann somit die Lage einer Branche im Hinblick auf die fünf externen Wachstumsursachen verbessern und ihre Wachstumsrate in die Höhe treiben. Zum schnellen Wachstum bei Motorrädern, Fahrrädern, Kettensägen usw. haben Produktinnovationen wesentlich beigetragen.

Wechsel der bedienten Abnehmersegmente

Der zweite wichtige evolutionäre Prozeß ist der Wechsel der Abnehmersegmente, die von der Branche bedient werden. Beispielsweise wurden die ersten Taschenrechner an Wissenschaftler und Ingenieure verkauft, später dann an Studenten und an das Kleingewerbe. Kleinflugzeuge wurden zuerst ans Militär verkauft, danach an private und kommerzielle Nutzer. Eng damit verbunden ist die Möglichkeit, *bestehende* Käufersegmente zusätzlich zu segmentieren, indem man unterschiedliche »Produkte« (im weiteren Sinne) und Marketingmethoden für sie entwickelt. Schließlich besteht auch die Möglichkeit, daß bestimmte Käufersegmente nicht mehr bedient werden.

Die Relevanz neuer Kundensegmente für die Branchenentwicklung liegt darin, daß sie veränderte Anforderungen an die Unternehmen stellen und dadurch die Branchenstruktur fundamental beeinflussen können. Spätere Käufer mögen beispielsweise Kredit und vor-Ort-Service verlangen, während die früheren weniger anspruchsvoll waren. Wenn aber die Bereitstellung von Kredit und vor-Ort-Service Betriebsgrößenersparnisse ermöglicht und den Kapitalbedarf erhöht, werden die Eintrittsbarrieren erheblich verstärkt.

Ein gutes Beispiel bieten die Veränderungen bei optischen Lesegeräten in den späten siebziger Jahren. Die Branche und ihr Anführer, Recognition Equipment, haben große, kostspielige Lesegeräte produziert, die Schecks, Kreditkarten und Post sortieren sollten. Alle Geräte wurden auftragsgefertigt und erforderten spezielle Technik und Werkstattfertigung. In den letzten Jahren sind jedoch kleine Handleser (scanner) entwickelt worden, die im Rahmen des EDV-gestützten »neuen Warenwirtschaftssystems« zusammen mit point-of-sale-Terminals benutzt werden. Diese Handleser eröffnen nicht nur einen weiten potentiellen Markt (im Einzelhandel); sie sind darüberhinaus auch für standardisierte Massenproduktion geeignet und werden vom einzelnen Abnehmer in großen Mengen gekauft. Die Entwicklung verspricht, Betriebsgrößenersparnisse, Kapitalbedarf, Marketingmethoden und viele Aspekte der Branchenstruktur grundlegend zu verändern.

Die Analyse der Branchenentwicklung sollte deshalb alle potentiellen neuen Käufersegmente und ihre Merkmale identifizieren.

Lernprozesse bei den Abnehmern

Durch wiederholten Kauf sammeln die Abnehmer eines Produkts Wissen und Erfahrung über seine Eigenschaften, seinen Gebrauch und die Merkmale konkurrierender Marken. Wenn die Abnehmer kritischer werden und ihre Käufe auf besseren Informationen beruhen, werden die betreffenden Produkte mit der Zeit immer mehr zu *einfachen Gebrauchsgütern*. Es gibt somit eine natürliche Kraft, die die Produktdifferenzierung in einer Branche mit der Zeit verringert. Wenn die Käufer Erfahrung und Wissen über das Produkt ansammeln, steigt unter Umständen ihre Nachfrage nach Garantieschutz, Service, verbesserter Leistung usw.

Ein Beispiel bietet die Aerosol-Verpackungsindustrie. Verpackungen aus Aerosol wurden bei Konsumgütern in den fünfziger Jahren eingeführt. Die Verpackung, ein außerordentlich wichtiger Teil des Marketings vieler Konsumgüter, stellt oft einen gewichtigen Kostenfaktor für den Händler dar. In den Anfangsjahren der Aerosolverpackung wußten die Verbrauchshändler oft nicht, wie sie Aerosolverpackungen gestalten, füllen und vermarkten sollten. Eine Vertrags-Verpackungsbranche entstand, um Aerosolverpackungen zusammenzusetzen und zu füllen; daneben spielte die Branche eine große Rolle für die Händler, indem sie ihnen half, neue Anwendungen für Aerosol zu entwickeln, Herstellungsprobleme zu lösen usw. Mit der Zeit lernten die Händler jedoch eine ganze Menge über Aerosol und begannen, eigene Anwendungsformen und Marketingprogramme zu entwickeln; in einigen Fällen griffen sie sogar zur Rückwärtsintegration. Den Vertragsverpackern fiel es zunehmend schwer, ihre Leistungen zu differenzieren, und ihre Rolle beschränkte sich immer mehr darauf, einfache Aerosolteile zu liefern. Als Folge gerieten die Ertragsspannen der Vertragsverpacker schwer unter Druck, und viele verließen die Branche.

Die Lernprozesse eines Abnehmers laufen bei unterschiedlichen Produkten meist verschieden schnell ab, je nach dem Gewicht des Kaufs und der technischen Sachkenntnis des Abnehmers. Intelligente oder – weil das Produkt wichtig ist – interessierte Käufer lernen in der Regel schneller.

Die Erfahrung eines Abnehmers kann neutralisiert werden, indem man das Produkt oder die Art, in der es gekauft bzw. gebraucht wird, verändert – z.B. durch neue Gestaltungsmerkmale, neue Zusätze (Hexachlorophin), Stiländerungen, neue Werbethemen usw.

Eine solche Entwicklung setzt einen Teil des vom Abnehmer gesammelten Wissens außer Kraft und fördert damit die Möglichkeit kontinuierlicher Produktdifferenzierung. Denselben Effekt erzielt man, indem man den Kundenkreis um solche Käufer erweitert, die mit dem Produkt nicht vertraut sind oder deren Kaufgewohnheiten sie nur langsam lernen lassen.

Abnahme der Unsicherheit

Eine andere Art des Lernens, die Einfluß auf die Branchenstruktur ausübt, ist die Verringerung der Unsicherheit. Die meisten Branchen sind anfänglich durch starke Unsicherheit geprägt, z.B. über Faktoren wie die potentielle Marktgröße, optimale Produktgestaltung, Eigenschaften möglicher Abnehmer (und wie diese am besten zu erreichen sind) und die Möglichkeit, technologische Probleme zu überwinden. Diese Unsicherheit läßt Unternehmen in starkem Maße experimentieren, und die vielen verschiedenen Strategien, die sie sich aneignen, stellen unterschiedliche »Wetten« auf die Zukunft dar. Schnelles Wachstum erhöht den Spielraum und erlaubt den Strategien, für längere Zeit nebeneinander zu existieren.

Ein kontinuierlicher Prozeß sorgt jedoch mit der Zeit dafür, daß Unsicherheiten beigelegt werden. Technologien bewähren sich oder scheitern, Kunden werden identifiziert, und aus dem Wachstum der Branche lassen sich Hinweise auf ihre potentielle Größe ableiten. Hand in Hand mit einer solchen Abnahme der Unsicherheit läuft der Prozeß der *Nachahmung* erfolgreicher Strategien und der Aufgabe schlechter Strategien.

Die verringerte Unsicherheit kann außerdem neue Typen hinzutretender Unternehmen in die Branche locken. Das ebenfalls verringerte Risiko zieht möglicherweise größere, etablierte Unternehmen an, deren Risikoneigung geringer ist als die der neu gegründeten Unternehmen, die in entstehenden Branchen so häufig zu finden sind. Sobald deutlich wird, daß das Potential einer Branche groß ist und technologische Hürden überwunden werden können, werden größere Unternehmen den Eintritt vielleicht als lohnenswert ansehen, so wie es bei Freizeitfahrzeugen, Videospielen, Solarheizung und vielen anderen Branchen der Fall war. Natürlich können bestimmte Ereignisse neue Unsicherheiten für die Branche aufwerfen, aber genauso wie beim Lernprozeß der Abnehmer wirkt die Verringerung von Unsicherheit kontinuierlich darauf hin, bestehende Zweifel zu beseitigen.

Strategisch betrachtet kann ein Unternehmen nicht darauf bauen, daß die bloße Unsicherheit ihm längere Zeit Schutz vor bestehenden oder potentiellen Rivalen bieten wird – da die Unsicherheit nicht von Dauer ist und seine Strategie nachgeahmt werden kann. Je nach Stärke der Mobilitätsbarrieren ist die Nachahmung erfolgreicher Strategien mehr oder weniger schwierig. Um seine Position zu schützen, muß sich ein Unternehmen strategisch darauf vorbereiten, entweder seine Position gegen Nachahmer und neue Konkurrenten zu verteidigen, oder sein Konzept zu ändern, falls sich seine früheren Annahmen über die Zukunft als falsch erweisen sollten.

Verbreitung von Know-how

Produkt- und Verfahrenstechnologien, die von bestimmten Unternehmen entwickelt wurden, lassen sich langfristig kaum im Besitz ihrer Urheber halten. Eine Technologie etabliert sich mit der Zeit, und das Wissen über sie verbreitet sich. Die Verbreitung findet über eine Vielzahl von Mechanismen statt. Erstens können Unternehmen aus der physischen Untersuchung von Konkurrenzprodukten lernen, genauso wie aus Informationen über Größe, Lage, Organisation und andere Merkmale des Konkurrenten, die sie aus vielerlei Quellen beziehen können. Lieferanten, Vertreter und Kunden sind allesamt Quellen solcher Informationen; oft liegt die Verbreitung sogar in ihrem eigenen Interesse (z.B. Aufbau eines weiteren leistungsfähigen Lieferanten). Zweitens wird unternehmenseigenes Know-how in dem Maße verbreitet, als es in Inputs einfließt, die von externen Lieferanten produziert werden. Die Technologie kann von den Konkurrenten »gekauft« werden, es sei denn, das Unternehmen produziert seine Inputs selbst oder schützt die Informationen, die es an seine Lieferanten weitergibt. Drittens erhöht die Personalfluktuation die Zahl der Personen, die über die benötigten Informationen verfügen und als direkte Quelle für die Verbreitung fungieren können. Unternehmen, die von technischem Personal gegründet wurden, das vorher bei Pionierunternehmen gearbeitet hatte, sind ebenso häufig anzutreffen wie die Praxis, Personal abzuwerben. Zuguterletzt erhöht sich die Zahl der Experten für bestimmte Technologien aus Quellen wie Beratungsunternehmen, Lieferanten, Kunden, technischen Hochschulen usw. zwangsläufig.

Ohne Patentschutz haben Vorteile aus dem Besitz bestimmter Kenntnisse keinen Bestand – so schwer es auch für manche Unternehmen ist, diese Tatsache zu akzeptieren. Somit werden auch alle Mobilitätsbarrieren, die sich auf Besitz von Know-how oder auf unternehmensspezifische Technologien gründen, mit der Zeit verschwinden, genauso wie Engpässe bei qualifiziertem, spezialisiertem Personal nicht von Dauer sind. Solche Veränderungen erleichtern es nicht nur neuen Konkurrenten aufzuspringen, sondern auch Abnehmern und Lieferanten, in die Branche vertikal zu integrieren.

Kehren wir zu unserem oben diskutierten Aerosol-Beispiel zurück. Die neue Aerosol-Technologie wurde mehr und mehr bekannt. Da das größeneffiziente Produktionsvolumen relativ gering war, konnten es sich viele der großen Verbrauchshändler leisten, ihre Verpackungsoperationen selbst durchzuführen; mit fortschreitender Verbreitung der Technologie und des Spezialpersonals integrierten sich viele von ihnen vertikal in die Aerosolverpackung oder drohten glaubwürdig damit. Diese Entwicklung beließ den Vertrags-Verpackern gerade noch die Bedienung der Notfall-Nachfrage und versetzte sie außerdem in eine äußerst ungünstige Verhandlungssituation. Die Antwort vieler Vertrags-Verpacker bestand darin, in die Verbesserung der Verpackungstechnologien zu investieren und neue Anwendungen für Aerosol zu erfinden, um den technologischen Vorsprung wiederherzustellen. Diese Strategie erwies sich als zunehmend problematisch, und die Position des Vertragsverpacker verschlechterte sich mit der Zeit erheblich.

Die Geschwindigkeit, mit der sich unternehmenseigene Technologien verbreiten, hängt von der jeweiligen Branche ab. Je komplexer die Technologie, je spezialisierter das erforderliche technische Personal, je größer der erforderliche Forschungsaufwand und je größer die Betriebsgrößenersparnisse in der Forschungsfunktion, desto langsamer wird sich die Technologie verbreiten. Wenn Nachahmer sich umfangreichem Kapitalbedarf und Betriebsgrößenersparnissen in F&E gegenübersehen, können unternehmenseigene Technologien dauerhafte Mobilitätsbarrieren erzeugen.

Der Patentschutz ist eine der entscheidenden Kräfte, die der Verbreitung eigener Technologien entgegenwirken, und zwar, indem er die Verbreitung gesetzlich hemmt. Er verhindert die Verbreitung jedoch nicht zuverlässig, da Patente durch verwandte Erfindungen umgangen werden können. Eine andere Kraft, die die Verbreitung wettmacht, ist die fortlaufende Erzeugung neuer unternehmenseigener Technologien durch Forschung und Entwicklung. Neues Wissen verschafft dem Unternehmen zusätzliche Perioden, in denen es Vorteile aus dem Alleinbesitz ziehen kann. Aber selbst kontinuierliche Innovation zahlt sich nicht aus, wenn der Verbreitungszeitraum kurz und die Kundenloyalität gegenüber den Pionierunternehmen schwach ist.

Zwei der denkbaren Verläufe von Mobilitätsbarrieren, die aus unternehmenseigener Technologie entstehen, sind in Abbildung 8 –2 veranschaulicht. In beiden Branchen sind Betriebsgrößenersparnisse in der Forschung ursprünglich schwach ausgeprägt, weil die anfänglichen, einfachen und bahnbrechenden Innovationen, die das Produkt schaffen, von kleinen Forschungsgruppen hervorgebracht werden können. Diese Situation ist recht verbreitet; sie war z.B. bei Kleincomputern und Halbleitern zu beobachten. In unserer Abbildung bietet die unternehmenseigene Technologie eine bescheidene anfängliche Mobilitätsbarriere, die aber bald durch Verbreitung abgebaut wird. In der einen Branche führt die komplexe Technologie dann aber zu wachsenden Betriebsgrößenersparnissen in der Forschungsfunktion, während es in der anderen kaum Möglichkeiten für fortgesetzte technologische Innovationen gibt und entsprechend wenig Bedarf an weiterer ausgedehnter Forschung existiert. In der ersten Branche steigen deshalb die Mobilitätsbarrieren aus dem Be-

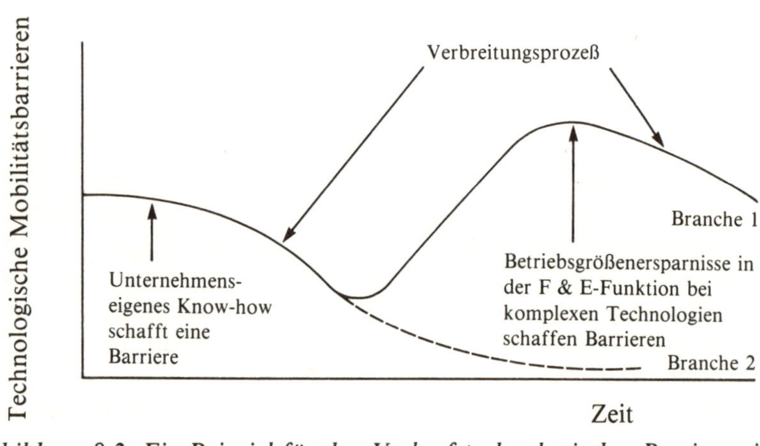

Abbildung 8-2: Ein Beispiel für den Verlauf technologischer Barrieren im Zuge der Branchenentwicklung

sitz an Technologie schnell wieder an, und zwar auf eine Höhe, die über der anfänglichen liegt. Wenn die Möglichkeiten für weitere Innovationen zurückgehen und die Verbreitung einsetzt, werden sie erneut abgebaut. In der anderen Branche sinken die Mobilitätsbarrieren aus eigener Technologie schnell auf ein niedriges Niveau. Die erste Branche erlebt somit eine gewinnträchtige Reifephase, während die zweite sich auf andere Mobilitätsbarrieren stützen muß, wenn sie verhindern will, daß ihre Gewinne auf das Wettbewerbsniveau sinken. In unserem Aerosol-Beispiel erlaubte es die Art der Technologie nicht, zum zweiten Mal Mobilitätsbarrieren zu errichten.

Strategisch betrachtet hat die Verbreitung technologischen Wissens zur Folge, daß, um die Position aufrechtzuerhalten, a) das existierende Know-how und spezialisiertes Personal geschützt werden müssen, was in der Praxis äußerst schwierig ist;[2] b) technologische Entwicklungen stattfinden müssen, um den Vorsprung aufrechtzuerhalten; oder c) die strategische Position auf anderen Gebieten gestützt werden muß. Wenn die gegebene Position eines Unternehmens stark von technologischen Barrieren abhängig ist, kommt ihrer Verteidigung gegen die technologische Verbreitung höchste Priorität zu.

Sammeln von Erfahrung

In einigen Branchen, deren Eigenschaften wir in Kapitel 1 beschrieben haben, gehen die Stückkosten zurück, wenn die Erfahrung in Produktion, Vertrieb und Marketing steigt. Die Relevanz der Erfahrungskurve für den Branchenwettbewerb hängt davon ab, ob die erfahreneren Unternehmen deutliche und haltbare Vorsprünge gegenüber anderen erzielen können. Wenn diese Vorsprünge Bestand haben sollen, dürfen rückständige Unternehmen nicht in der Lage sein,

2 Manche Unternehmen haben mit defensiver Innovation und Patentierung Erfolg gehabt. Wenn das Unternehmen in der Lage ist, die besten alternativen Technologien zu entwickeln und patentieren zu lassen (genauso wie die von ihm verwandte), so werden die Schwierigkeiten für Hinzutretende beträchtlich erhöht. Solche Strategien haben Bulova bei der Accutron-Uhr und Xerox bei der Xerographie verfolgt.

den Vorsprung aufzuholen, indem sie z.B. die Methoden der Anführer nachahmen oder neue und effizientere Maschinen kaufen, die die Anführer entwickelt haben. Wenn die rückständigen Wettbewerber aber »bockspringen« können, sehen sich die Anführer möglicherweise einem Nachteil gegenüber, weil sie als die Pioniere die Kosten für Forschung, Tests, neue Methoden und Ausrüstungen tragen mußten. Die Tendenz unternehmenseigener Technologien, sich zu verbreiten, wirkt in gewisser Hinsicht der Erfahrungskurve entgegen.

Wenn Erfahrung in den eigenen Händen gehalten werden kann, ist sie unter Umständen eine mächtige Kraft in der Branchenentwicklung. Sammelt ein Unternehmen nur relativ langsam Erfahrung an, so muß es sich strategisch darauf vorbereiten, entweder schnell nachzuahmen oder strategische Vorteile auf anderen Gebieten als den Kosten aufzubauen. Letzteres erfordert, daß das Unternehmen die Strategietypen »Differenzierung« oder »Konzentration auf Schwerpunkte« übernimmt.

Ausdehnung (oder Rückgang) der Größe

Definitionsgemäß erweitert eine wachsende Branche ihre Gesamtgröße. In der Regel wird dieses Wachstum von steigenden absoluten Größen der führenden Wettbewerber begleitet sein, und Unternehmen, die ihren Marktanteil steigern wollen, müssen ihre Größe noch schneller ausdehnen. Wachsende Größe von Branche und Unternehmen hat eine Reihe von Auswirkungen auf die Branchenstruktur. Erstens weitet sie das Angebot verfügbarer Strategien dergestalt aus, daß sich oft höhere Betriebsgrößenersparnisse und Kapitalbedarfsmengen in der Branche ergeben. Sie kann es beispielsweise größeren Unternehmen erlauben, Arbeit durch Kapital zu ersetzen, Produktionsmethoden einzuführen, die größere Betriebsgrößenersparnisse beinhalten, eigene Vertriebs- und Serviceorganisationen aufzubauen oder landesweite Werbung zu betreiben. Das Größenwachstum kann es außerdem einem Außenstehenden erlauben, mit umfangreichen Wettbewerbsvorteilen einzutreten, weil er als erster von den oben beschriebenen Möglichkeiten Gebrauch machen kann. (Der Rückgang der Branchengröße hat den umgekehrten Effekt).

Die Art, wie das Größenwachstum auf die Branchenstruktur einwirkt, läßt sich anhand von Kleinflugzeugen in den sechziger und frühen siebziger Jahren zeigen. In dieser Industrie wurde es Cessna (dem Branchenführer) durch das Größenwachstum ermöglicht, seinen Produktionsprozeß von Werkstattfertigung auf quasi-Massenproduktion umzustellen. Diese Veränderung führte zu einem Kostenvorteil für Cessna, weil in der Massenproduktion Betriebsgrößenersparnisse zu erzielen waren, die für seine Hauptkonkurrenten zu dieser Zeit noch in weiter Ferne lagen. Wenn es auch den beiden Hauptkonkurrenten von Cessna gelingt, die notwendige Größe für kapitalintensivere Massenproduktion zu erreichen, werden die Eintrittsbarrieren für Außenstehende deutlich steigen.

Eine andere Konsequenz des Branchenwachstums ist, daß Strategien vertikaler Integration leichter zu realisieren sind, was die Barrieren in der Regel weiter erhöht. Die Ausdehnung der Branchengröße bedeutet weiterhin, daß Lieferanten größere Produktmengen an die Branche verkaufen und die Kunden (insgesamt) größere Mengen von der Branche beziehen. In dem Maße, wie *einzelne* Lieferanten oder Abnehmer ihre Verkäufe bzw. Käufe erhöhen, können sie versucht sein, sich vorwärts oder rückwärts in die Branche zu integrieren. Die Verhandlungsstärke von Abnehmern und Lieferanten wird auf jeden Fall steigen, ganz gleich, ob die Integration erfolgt oder nicht.

Es kann außerdem die Tendenz bestehen, daß die wachsende Branchengröße neue Konkurrenten anzieht, die den eingesessenen Anführern das Leben schwer machen – besonders wenn es sich bei den Hinzutretenden um große, etablierte Unternehmen handelt. Viele große Unternehmen treten erst dann in einen Markt ein, wenn er eine gewisse Mindestgröße erreicht hat – um die Fixkosten des Eintritts zu rechtfertigen und einen relevanten Beitrag zu ihren Gesamtumsätzen zu erzielen –, obwohl sie aufgrund ihrer Fähigkeiten oder Aktiva, die sie aus ihren Stammbranchen mitbringen, von Beginn an Kandidaten für den Eintritt in die Branche waren. Beispielsweise waren die ersten Anbieter in der Freizeitfahrzeugindustrie neue Unternehmen, die von Null anfingen, sowie Wohnwagenhersteller, deren Produktionsprozeß dem von Freizeitfahrzeugen ähnelte. Nachdem die Branche groß genug worden war, begannen große Agrarausrüstungs- und Automobilunternehmen einzutreten. Diese Unternehmen verfügten über genügend Mittel aus ihren Stammoperationen, um bei Freizeitfahrzeugen zu konkurrieren, aber sie überließen es den kleineren Unternehmen, den Markt zu entwickeln und zu beweisen, daß ein relevanter Markt existierte, bevor sie eintraten.

Veränderungen der Inputkosten und Wechselkurse

Jede Branche verwendet eine Vielzahl von Inputs für ihren Produktions-, Vertriebs- und Marketingprozeß. Veränderungen der Kosten oder Qualität dieser Inputs können die Branchenstruktur beeinflussen. Die wichtigen Kategorien von Inputkosten, die Veränderungen unterliegen, sind die folgenden:

- Lohnsätze (einschließlich der gesamten Lohnnebenkosten);
- Materialkosten;
- Kapitalkosten;
- Kommunikationskosten (einschließlich Werbeträgern);
- Transportkosten.

Die direkte Wirkung veränderter Inputkosten besteht darin, daß sie die Kosten des Produkts (und den Preis) erhöhen oder senken und dadurch auf die Nachfrage einwirken. Beispielsweise sind in den letzten Jahren die Produktionskosten von Kinofilmen deutlich gestiegen. Diese Erhöhung setzt unabhängige Produzenten stärker unter Druck als die finanzstarken Filmgesellschaften, besonders seit 1976 in den USA bestimmte Steuervorteile abgeschafft wurden; eine der Hauptfinanzierungsquellen für unabhängige Produzenten wurde dadurch ausgeschaltet.

Veränderungen der Lohn- und Kapitalkosten können den Kostenverlauf in einer Branche verändern und dadurch Betriebsgrößenersparnisse beeinflussen oder den Ersatz von Arbeit durch Kapital vorantreiben. Eskalierende Arbeitskosten bei Kundendienst und Auslieferungen berühren die Strategie in vielen Branchen auf fundamentale Weise. Veränderungen der Kosten von Kommunikation und Transport können die Neuorganisation der Produktion fördern, was sich auch auf die Eintrittsbarrieren niederschlägt. Veränderte Kommunikationskosten führen oft zum Wechsel der Werbeträger (und damit zu Veränderungen im Grad der Produktdifferenzierung), zu veränderten Vertriebsvereinbarungen usw. Außerdem sind Veränderungen der Transportkosten in der Lage, geographische Marktgrenzen zu verschieben, wodurch sich die optimale Zahl der Wettbewerber verändert.

Auch *Wechselkursschwankungen* können einen tiefgreifenden Einfluß auf den Branchenwettbewerb ausüben. Die Abwertung des Dollar gegenüber dem Yen und vielen europäischen Währungen im Jahr 1971 hat seitdem zu erheblichen Positionsverschiebungen in zahlreichen Branchen geführt.

Produktinnovation

Eine der Hauptursachen für Verschiebungen der Branchenstruktur sind technologische Innovationen verschiedener Arten und Ursprünge; Produktinnovationen sind eine davon. Sie können den Markt erweitern und dadurch das Branchenwachstum fördern und/oder die Produktdifferenzierung vertiefen. Außerdem sind sie in der Lage, indirekte Effekte auszulösen; beispielsweise reichen die schnelle Einführung von Produkten und die damit verbundenen hohen Marketingkosten manchmal allein schon aus, um Mobilitätsbarrieren zu schaffen. Innovationen erfordern in der Regel neue Marketing-, Vertriebs- oder Produktionsmethoden, die auf Betriebsgrößenersparnisse oder andere Mobilitätsbarrieren einwirken. Wenn Produktänderungen weit genug gehen, wird möglicherweise auch Abnehmererfahrung zunichtegemacht und das Kaufverhalten entsprechend geändert.

Der Ursprung von Produktinnovation kann außerhalb oder innerhalb der Branche liegen. Ein Wegbereiter für das Farbfernsehen war RCA, damals der Branchenführer bei Schwarzweiß-Fernsehgeräten. Hingegen wurden Taschenrechner von Elektronikunternehmen und nicht von den Herstellern mechanischer Rechenmaschinen und Rechenschiebern eingeführt. Die Vorhersage von Produktinnovation schließt also auch die Untersuchung möglicher externer Quellen ein. Viele Innovationen werden von Abnehmern oder Lieferanten geschaffen und pflanzen sich vertikal fort, sofern die Branche ein wichtiger Kunde oder Inputlieferant ist.

Ein Beispiel für den Einfluß von Produktinnovation auf die Struktur bietet die Einführung der Digitaluhr. Bei der Produktion von Digitaluhren fallen größere Betriebsgrößenersparnisse an als bei den meisten konventionellen Uhrentypen. Der Wettbewerb bei Digitaluhren erfordert außerdem umfangreiche Kapitalinvestitionen und eine völlig neue technologische Basis, verglichen mit konventionellen Uhren. Die Mobilitätsbarrieren und andere strukturelle Aspekte der Uhrenindustrie unterliegen somit schnellen Veränderungen.

Marketinginnovation

Genauso wie Produktinnovation können Innovationen im Bereich des Marketing die Branchenstruktur unmittelbar beeinflussen, indem sie die Nachfrage erhöhen. Durchbrüche in der Nutzung von Werbeträgern, neue Marketingthemen oder -kanäle usw. sind geeignet, neue Konsumenten zu gewinnen, die Preisempfindlichkeit zu senken und die Produktdifferenzierung zu verstärken. Beispielsweise haben Filmgesellschaften den Kinobesuch gesteigert, indem sie im Fernsehen Reklame betrieben. Die Entdeckung neuer Vertriebskanäle kann auf ähnliche Weise die Nachfrage erhöhen und die Produktdifferenzierung vertiefen; Innovationen, die das Marketing effektiver gestalten, senken überdies die Kosten des Produkts.

Innovationen in Marketing und Vertrieb schlagen sich auch auf andere Elemente der Branchenstruktur nieder. Neue Marketingformen können veränderten Betriebsgrößenersparnissen unterliegen und dadurch auf Mobilitätsbarrieren einwirken. Beispielsweise hat in den USA die Fernsehreklame für Wein die Mobilitätsbarrieren in der Weinbranche erhöht, nachdem man vorher nur in wenig beachteten Zeitschriften geworben hatte. Im übrigen können Marketinginnovationen die Macht gegenüber Käufern verschieben und das Verhältnis der fixen zu den variablen Kosten verändern, wodurch die Intensivität des Wettbewerbs berührt wird.

Verfahrensinnovation

Der letzte Typ von Innovation, der die Branchenstruktur verändern kann, tritt im Bereich der Produktionsverfahren und -methoden auf. Innovationen können den Prozeß kapital- oder arbeitsintensiver gestalten, Betriebsgrößenersparnisse erhöhen oder senken, den Anteil der Fixkosten verändern, vertikale Integration vertiefen oder abbauen, den Prozeß des Sammelns von Erfahrung beeinflussen usw. – all diese Faktoren schlagen sich auf die Branchenstruktur nieder. Innovationen, die Größenvorteile verstärken und die Erfahrungskurve über die Größe nationaler Märkte hinaus erweitern, können zur internationalen Ausbreitung der Branche führen (siehe Kapitel 13).

Ein Beispiel für die Art, in der zusammenwirkende evolutionäre Prozesse Veränderungen in der Produktion hervorrufen, findet sich in den Wandlungen, denen die Computerdienste in den USA seit 1977 ausgesetzt sind. Computerdienste bieten die Leistungen von Computern zusammen mit einer Auswahl von Programmen für eine Vielzahl von Nutzern an, etwa aus gewerblichen, pädagogischen oder finanziellen Institutionen. Traditionell waren die Computerdienste lokal oder regional organisiert und bedienten hauptsächlich kleinere Betriebe mit einfachen Computerpaketen auf Gebieten wie Buchhaltung und Gehaltsabrechnung. Indes führte das Aufkommen von Kleincomputern, einem Ersatzprodukt, dazu, daß die Leistungen von Computern auch kleinen Organisationen billig zugänglich wurden. Dadurch wurden Kräfte in Bewegung gesetzt, die auf die Entwicklung überregionaler, landesweiter Computerdienstnetze hinauslaufen. Erstens werden variantenreichere Programme entwickelt (um den Computerdienst vom Kleincomputer abzuheben), dic umfangreiche Investitionen erfordern. Die bei der Verteilung solcher Investitionen auf eine Vielzahl von Nutzern anfallenden Betriebsgrößenersparnisse fördern den Konzentrationsprozeß. Zweitens erfordert der Druck, die Computerleistungen billig anzubieten, die höchstmögliche Effizienz bei der Nutzung der Computeranlagen. Hier spielt der Anreiz eine Rolle, durch landesweite Computerdienste die Zeitzonenunterschiede innerhalb der USA zu nutzen, sodaß keine unausgelasteten Kapazitäten durch arbeitsfreie Zeit entstehen. Drittens wird die Computerindustrie nach wie vor immer komplexer, was die technologischen Barrieren für den Aufbau eines Computerdienstes zumindest kurzfristig erhöht. – Auf diese Weise haben die im Entwicklungsprozeß der Branche auftauchenden Kräfte eine Veränderung des Produktionsprozesses der führenden Computerdienste bewirkt.

Auch der Ursprung von Innovationen in der Fertigung kann sowohl innerhalb als auch außerhalb der Branche liegen. Beispielsweise wird die Entwicklung computergesteuerter Werkzeugmaschinen und anderer Produktionsausrüstungen in vielen Branchen die Betriebsgrößenersparnisse in der Fertigung erhöhen. Die Innovationen durch Glaswolleproduzenten, die in den fünfziger Jahren zur Verwendung von Glaswolle beim Bootsbau führten, haben die Probleme beim Design und Bau von Freizeitbooten erheblich reduziert. Dieser Abbau von Mobilitätsbarrieren löste eine Vielzahl von Eintritten neuer Unternehmen in die Branche aus; die Konsequenzen für die Gewinne waren verheerend, und viele Wettbewerber verließen die Branche, als sie sich zwischen 1960 und 1962 gesundschrumpfte.

In der Metallbehälterindustrie wandten Stahllieferanten erhebliche Mittel auf, um Stahldosen gegen die Einbrüche durch Aluminiumdosen zu verteidigen; sie brachten Innovationen hervor, die den Stahlverbrauch und die Produktionskosten von Stahldosen senkten. Diese Beispiele zeigen, daß ein Unternehmen auch über die Grenzen seiner Branche hinaus nach technologischen Veränderungen Ausschau halten muß.

Strukturwandel in benachbarten Branchen

Da die Struktur der Branchen von Lieferanten und Kunden ihre Verhandlungsstärke gegenüber anderen Branchen beeinflußt, bergen Veränderungen ihrer Struktur auch für Evolutionsprozesse anderer Branchen wichtige Konsequenzen. Beispielsweise haben sich in den sechziger und siebziger Jahren Einzelhandelsketten in den Bereichen Kleidung und Eisenwaren kräftig entwickelt. Als Folge der konzentrierten Einzelhandelsstruktur ist die Verhandlungsstärke der Einzelhändler gegenüber ihren Zuliefererbranchen gewachsen. Bekleidungshersteller werden von Einzelhändlern unter Druck gesetzt, die ihre Bestellungen immer später aufgeben – erst kurz vor der Verkaufssaison – und weitere Konzessionen fordern. Die Marketing- und Verkaufsförderungs-Strategien der Hersteller mußten sich anpassen, und laut Vorhersagen wird sich das Konzentrationsniveau in der Bekleidungsindustrie erhöhen. Die Massenwaren-Revolution im Einzelhandel hat im großen und ganzen ähnliche Auswirkungen auf zahlreiche andere Branchen gehabt (Uhren, kleine Haushaltsgeräte, Toilettenartikel).

Während Veränderungen im Konzentrationsniveau oder in der vertikalen Integration die meiste Aufmerksamkeit auf sich ziehen, sind subtilere Veränderungen der Wettbewerbsmethoden benachbarter Branchen oft genauso wichtig für die Branchenentwicklung. So ließ etwa in den fünziger und frühen sechziger Jahren der Schallplatteneinzelhandel der USA nicht mehr zu, daß Kunden in den Geschäften Platten abspielen konnten. Die Auswirkungen dieser Maßnahme auf die Schallplattenindustrie stellten sich als enorm heraus. Da der Konsument im Geschäft keine Gelegenheit mehr hatte, die Platten zu testen, wurde das, was die Radiosender spielten, entscheidend für die Plattenumsätze. Da aber die Werbesätze zunehmend an dauerhaft hohe Einschaltquoten gekoppelt wurden, wechselten die Radiosender zum »Top 40«-Format über, d.h. sie spielten nur noch wiederholt die gängigen Songs. Es wurde extrem schwierig, eine neue, unbekannte Platte im Radio spielen zu lassen. Die Veränderung im Einzelhandel schuf ein mächtiges neues Element für die Schallplattenindustrie – Radiosender –, das die strategischen Erfolgsbedigungen veränderte. Es zwang die Plattenindustrie außerdem, Werbezeit für neue Platten bei den Radiosendern zu kaufen, um sicherzustellen, daß die neuen Aufnahmen gespielt wurden. Darüberhinaus erhöhten sich allgemein die Eintrittsbarrieren der Schallplattenindustrie.

Der Einfluß von Strukturwandlungen in benachbarten Branchen weist auf die Notwendigkeit hin, strukturelle Verschiebungen in Abnehmer- und Lieferantenbranchen genauso zu diagnostizieren und sich ebenso darauf vorzubereiten wie Veränderungen in der eigenen Branche.

Änderungen der staatlichen Politik

Staatliche Einflüsse können eine signifikante und greifbare Wirkung auf den Strukturwandel einer Branche ausüben, am unmittelbarsten durch die direkte Regulierung von Schlüsselvariablen wie Brancheneintritt, Wettbewerbspraktiken und Rentabilität. Beispielsweise berührt die in den USA durchgeführte nationale Krankenversicherungs-Gesetzgebung, die die Gestehungskosten (plus festem Zuschlag) zur Grundlage der Vergütungssätze erhebt, fundamental das Gewinnpotential der privaten Krankenhäuser und Laborkliniken. Lizenzerfordernisse, eine mittlere Form von staatlicher Regulierung, schränken den Eintritt tendenziell ein und schaffen dadurch eine Eintrittsbarriere, die existierende Unternehmen schützt. Änderungen staatlicher Preisregulierung sind ebenso in der Lage, tiefe Eingriffe in die Branchenstruktur vorzunehmen. Ein aktuelles Beispiel liefert der Wechsel von staatlich festgesetzten Gebühren bei Wertpapiertransaktionen zu solchen auf Verhandlungsbasis in den USA. Gesetzlich festgesetzte Gebühren erzeugten einen »Preisschirm« für Effektenhändler und verlagerten den Wettbewerb vom Preis weg in Richtung auf Service und Marktforschung. Das Ende der gesetzlichen Gebühren hat den Wettbewerb auf den Preis verlagert und durch offene Konkurse oder Fusionen zu Massenaustritten aus der Branche geführt. Die Mobilitätsbarrieren sind unter den neuen Bedingungen dramatisch angestiegen. Auch die Wahrscheinlichkeit des weltweiten Wettbewerbs kann durch staatliche Maßnahmen grundlegend erhöht oder verringert werden (siehe Kapitel 13).

Weniger direkte Formen des staatlichen Einflusses auf die Branchenstruktur ergeben sich aus Vorschriften über Produktqualität und -sicherheit, Umweltschutzbestimmungen, Zöllen und Regulierungen von Auslandsinvestitionen. Zwar dienen viele neue Vorschriften über Produktqualität und Umweltschutz zweifellos wünschenswerten gesellschaftlichen Zielen, aber ihre Wirkung besteht darin, daß sie den Kapitalbedarf erhöhen, Betriebsgrößenersparnisse hochschrauben (durch Forschungs- und Testvorschriften) und auf andere Weise die Position kleinerer Unternehmen verschlechtern und die Barrieren für neue Unternehmen erhöhen.

Ein Beispiel für den Einfluß von Qualitätsvorschriften bieten Wach- und Schutzdienste. Es wurde Kritik laut, die Schutzkräfte seien nicht genügend ausgebildet, im Blick auf Waffengebrauch, Festnahmetechniken usw.; nunmehr sind Gesetze in Aussicht, die eine Mindest-Schulungsdauer verbindlich machen. Eine solche Auflage kann von den großen Unternehmen leicht eingehalten werden, aber viele kleinere werden durch die steigenden Gemeinkosten und die Notwendigkeit, um besser qualifizierte Mitarbeiter zu konkurrieren, möglicherweise hart betroffen.

Eintritt und Austritt

Es ist klar, daß der Eintritt eine Wirkung auf die Branchenstruktur ausübt, besonders wenn etablierte Unternehmen aus anderen Branchen eintreten. Unternehmen treten in eine Branche ein, weil sie Wachstums- und Gewinnmöglichkeiten sehen, die die Kosten des Eintritts, d.h. der Überwindung von Mobilitätsbarrieren, übersteigen. (Die Entscheidung, in eine neue Branche einzutreten, werden wir noch ausführlich in Kapitel 16 diskutieren). Fallstudien in zahlreichen Branchen zufolge ist das Branchenwachstum das wichtigste Signal für Außenstehende, daß Gewinne erwirtschaftet werden können – auch wenn diese Annahme unter Umständen problematisch ist. Der Eintritt folgt auch besonders sichtbaren Hinweisen auf künftiges Wachstum, wie etwa veränderten staatlichen Vorschriften, Produktinnovationen usw. Beispielsweise haben die Energiekrise und der jüngst eingebrachte Vorschlag, Subventionen für die Solarenergieentwicklung bereitzustellen, zu raschem Eintritt in die Branche geführt, obwohl die Nachfrage nach Solarenergien noch ziemlich gering ist.

Der Eintritt (entweder durch Akquisition oder durch interne Entwicklung) eines etablierten Unternehmens ist oft eine wichtige Triebkraft für Veränderungen der Branchenstruktur. (Auch der Eintritt ausländischer Unternehmen, die in anderen Ländern bereits in der Branche vertreten sind, kann schwerwiegende strukturelle Folgen haben: die Wettbewerbsregeln auf ausländischen Märkten können sich von denen des einheimischen Marktes stark unterscheiden, genauso wie die strategischen Konzepte). Unternehmen, die auf anderen Märkten etabliert sind, verfügen gewöhnlich über Fähigkeiten und Mittel, die den Wettbewerb in der neuen Branche verändern; genau darin liegt oft eines ihrer Hauptmotive für den Eintritt. Meistens unterscheiden sich ihre Fähigkeiten und Mittel von denen der angestammten Wettbewerber und verändern dadurch die Struktur der Branche. Außerdem ist denkbar, daß Unternehmen in anderen Märkten ein besseres Gespür für Gelegenheiten zur Veränderung haben als die angestammten Unternehmen, weil sie als Außenstehende nicht an historisch gewachsene Strategien gebunden sind und in der Lage sind, technologische Veränderungen außerhalb der Branche wahrzunehmen und auf sie zu übertragen.

Ein Beispiel soll dies verdeutlichen. Um 1960 bestand die amerikanische Weinbranche hauptsächlich aus kleinen Familienunternehmen, die Qualitätsweine herstellten und auf regionalen Märkten verkauften. Es gab wenig Werbung und Verkaufsförderung, nur wenige Unternehmen verfügten über einen landesweiten Vertrieb, und der Wettbewerbsschwerpunkt der meisten Unternehmen lag eindeutig auf der Herstellung von Qualitätsweinen. (Die einzige Ausnahme bildete Gallo, und dieses Unternehmen sollte im weiteren Verlauf eine wichtige Rolle spielen). Die Gewinne der Branche hielten sich in Grenzen. Mitte der sechziger Jahre trat jedoch eine Reihe von großen Verbraucherhändlern (z.B. Heublein, United Brands) in die Branche ein, indem sie selbst die Produktion aufnahmen oder bestehende Weinhersteller aufkauften. Sie begannen mit umfangreichen Investitionen in Werbung und Verkaufsförderung, sowohl für Billig- als auch für Qualitätsmarken. Da einige der Unternehmen noch weitere alkoholische Getränke produzierten, verfügten sie bereits über ein landesweites Vertriebsnetz in Form von Spirituosengeschäften, das ihnen die schnelle Verbreitung ihrer Marken auf nationaler Ebene ermöglichte. Die Einführung neuer Marken in rascher Folge wurde in der Branche zur Regel; insbesondere am unteren Ende des Qualitätsspektrums, das die traditionellen Unternehmen heruntergespielt hatten, um dem amerikanischen Wein einen Namen zu verschaffen, wurden zahlreiche neue Weine eingeführt. Die Rentabilität der Branchenführer war ausgezeichnet. Auf diese Weise hat der Eintritt eines neuen Unternehmenstyps in die amerikanische Weinbranche einen bedeutenden Wandel in der Branche verursacht oder zumindest beschleunigt - einen Wandel, den die traditionellen Familienunternehmen mangels Fähigkeiten, Mitteln und Neigung nicht hätten zustandebringen können.

Branchen*austritte* verändern die Struktur, indem sie die Zahl der Wettbewerber verringern und dadurch die Dominanz der Branchenführer möglicherweise verstärken. Unternehmen verlassen die Branche, weil sie nicht länger die Möglichkeit sehen, Erträge aus ihren Investitionen zu erzielen, die die Erträge aus alternativen Anlageformen übersteigen. Das Verlassen der Branche wird durch Austrittsbarrieren behindert (vgl. Kapitel 1), die die Position der verbleibenden, gesünderen Unternehmen verschlechtern und zu Preiskriegen oder anderen Wettbewerbsausbrüchen führen können. Austrittsbarrieren behindern außerdem die Erhöhung des Konzentrationsniveaus und verbauen die Möglichkeit, daß die Branche Strukturwandlungen nutzt, um ihre Rentabilität zu verbessern.

Die evolutionären Prozesse sind ein Instrument zur Vorhersage von Branchenveränderungen. Jeder evolutionäre Prozeß ist die Grundlage einer wichtigen strategischen Fragestellung. So müssen etwa die potentiellen Auswirkungen von Änderungen staatlicher Vorschriften ein Unternehmen veranlassen, zu fragen: »Sind irgendwelche staatlichen Maßnahmen in Sicht, die das eine oder andere Strukturelement meiner Branche beeinflussen könnten? Wenn ja, wie wirkt sich die Veränderung auf meine strategische Position aus, und wie kann ich mich jetzt wirksam auf die Auseinandersetzung mit ihr vorbereiten?« Ähnliche Fragen können für jeden der oben diskutierten evolutionären Prozesse gestellt werden. Der daraus resultierende Fragenkatalog sollte wiederholt durchgegangen werden, unter Umständen sogar formal durch den strategischen Planungsprozeß.

Darüberhinaus zeigt jeder evolutionäre Prozeß eine Reihe von Schlüssel*signalen* auf, d.h. Teile wichtiger strategischer Informationen, nach denen ein Unternehmen sein Umfeld fortwährend absuchen muß. Der Eintritt eines etablierten Unternehmens aus einer anderen Branche, wichtige Trends bei Ersatzprodukten u. dgl. sollten ein rotes Licht in den Köpfen der Führungskräfte aufleuchten lassen, die für die strategische Gesundheit des Unternehmens verantwortlich sind. Es sollte eine Kette von Analysen auslösen, um herauszufinden, wie wichtig die Veränderung für das Unternehmen ist und wie die beste Reaktion darauf aussieht.

Zuguterletzt sollten wir uns bewußt sein, daß Lernprozesse, Erfahrung, wachsender Marktumfang und viele weitere der oben beschriebenen Prozesse ihre Wirkung ausüben, *selbst wenn keine spektakulären, wichtigen Ereignisse stattfinden, die sie signalisieren.* Daraus folgt, daß wir auch solchen strukturellen Veränderungen regelmäßige Aufmerksamkeit widmen sollten, die aus versteckten Prozessen hervorgehen können.

Schlüsselbeziehungen im Prozeß der Branchenentwicklung

Wie verändern sich Branchen im Kontext unserer Analyse? Sie verändern sich nicht stückweise, da eine Branche ein *vernetztes System* ist. Die Veränderung eines ihrer Strukturelemente zieht in der Regel Veränderungen in anderen Bereichen nach sich. Eine Innovation im Marketing möge beispielsweise ein neues Abnehmersegment entwickeln, dessen Bedienung aber Veränderungen der Produktionsmethoden nach sich zieht, die ihrerseits zu höheren Betriebsgrößenersparnissen führen. Die Unternehmen, denen es als erste gelingt, sie zu realisieren, mögen daraufhin in der Lage sein, Rückwärtsintegration zu betreiben, wodurch die Machtposition gegenüber Lieferanten berührt wird usw. Eine einzige Veränderung löst somit oft eine Kettenreaktion aus, die zu vielen anderen Veränderungen in der Branche führt.

Die vorangegangene Diskussion sollte gezeigt haben, daß Branchenentwicklungen zwar ständig in fast jedem Geschäft stattfinden und strategische Antworten erfordern, daß Branchen sich aber auf vielfältige Weise entwickeln können. Jedes Modell, das Ausschließlichkeit beansprucht (wie etwa der Produktlebenszyklus) sollte zurückgewiesen werden. Es gibt jedoch einige besonders wichtige Beziehungen im Entwicklungsprozeß, die ich nachfolgend untersuchen möchte. (Der Entwicklungsprozeß wirft außerdem Konsequenzen für den optimalen Zeitpunkt des Eintritts in eine Branche auf; wir werden darauf in Kapitel 10 zurückkommen).

Wird sich die Branche konsolidieren?

Es scheint eine anerkannte Tatsache zu sein, daß Branchen mit der Zeit dazu neigen, sich zu konsolidieren, aber als allgemeine Aussage ist diese Behauptung schlicht falsch. In einer umfangreichen Auswahl von 151 Branchen des produzierenden Gewerbes der USA nahm der Konzentrationsgrad (gemessen als Anteil der vier größten Unternehmen am Gesamtumsatz einer Branche) von 1963 bis 1972 in 69 Branchen um mehr als zwei Prozent zu, während im gleichen Zeitraum die Konzentration in 52 Branchen um mehr als zwei Prozent abnahm. Die Frage, ob sich eine Branche konsolidieren wird, weist auf die vielleicht wichtigste Wechselbeziehung zwischen Elementen der Branchenstruktur hin: jene zwischen Wettbewerbsintensität, Mobilitätsbarrieren und Austrittsbarrieren.

Branchenkonzentration und Mobilitätsbarrieren laufen parallel. Wenn die Mobilitätsbarrieren hoch sind und besonders, wenn sie sich noch weiter erhöhen, nimmt die Konzentration fast immer zu. Beispielsweise hat die Konzentration in der amerikanischen Weinbranche zugenommen; im Standardqualitäts-Segment des Marktes, auf das ein Großteil des Umsatzes entfällt, haben die in diesem Kapitel bereits beschriebenen strategischen Veränderungen die Mobilitätsbarrieren erheblich ausgeweitet (umfangreiche Werbung, landesweiter Vertrieb, häufige Markeninnovationen usw.). Als Folge konnten die größeren Unternehmen ihren Vorsprung gegenüber den kleinen ausbauen, und nur wenige neue Unternehmen haben den Eintritt gewagt.

Wenn die Mobilitätsbarrieren niedrig oder rückläufig sind, findet kein Konzentrationsprozeß statt. Wo die Barrieren niedrig sind, werden erfolglose Unternehmen, die die Branche verlassen, durch neue ersetzt. Zwar kann die Konzentration vorübergehend ansteigen, wenn als Folge eines wirtschaftlichen Abschwungs oder sonstiger ungünstiger Faktoren eine Austrittswelle einsetzt; aber bei den ersten Anzeichen, daß Gewinne und Umsätze der Branche wieder steigen, werden neue Konkurrenten erscheinen. Deshalb weist es nicht unbedingt auf eine langfristige Konsolidierung hin, wenn eine Branche, die sich der Reife nähert, Kapital abstößt.

Austrittsbarrieren verhindern die Konsolidierung. Austrittsbarrieren veranlassen Unternehmen zum Verbleib in der Branche, auch wenn sie unterdurchschnittliche Renditen erzielen. Selbst in einer Branche mit relativ hohen Mobilitätsbarrieren können die führenden Unternehmen nicht damit rechnen, daß sie in den Genuß einer Konsolidierung kommen, solange hohe Austrittsbarrien erfolglose Unternehmen in der Branche festhalten.

Das langfristige Gewinnpotential hängt von der zukünftigen Struktur ab. In der Periode des sehr schnellen Wachstums im Leben einer Branche (insbesondere nachdem das Produkt anerkannt worden ist), sind die Gewinne meistens hoch. So betrug z.B. in den späten sechziger Jahren das jährliche Umsatzwachstum bei Skiausrüstungen über 20 Prozent, und fast alle Anbieter erfreuten sich guter finanzieller Ergebnisse. Wenn das Wachstum in einer Branche aber abflacht, schließt sich eine Periode der Unruhe an, weil die intensivierte Rivalität die schwächeren Unternehmen verdrängt. Während dieser Anpassungsperiode müssen unter Umständen alle Wettbewerber leiden. Ob die verbleibenden Unternehmen wieder in den Genuß überdurchschnittlicher Renditen kommen oder nicht, hängt von der Stärke der Mobilitätsbarrieren und den anderen Strukturmerkmalen der Branche ab. Wenn die Mobilitätsbarrieren hoch sind oder sich während des Reifeprozesses der Branche verstärkt haben, erzielen die verbleibenden Unternehmen möglicherweise auch in der Ära langsameren Wachstums gesunde Ergebnisse. Sind die Mobilitätsbarrieren aber niedrig, so wird langsameres Wachstum wahrscheinlich das Ende überdurchschnittlicher Gewinne für die Branche bedeuten. Die Rentabilität einer Branche, die sich im reifen Stadium befindet, kann somit unter jener der Entwicklungsphase liegen, muß es aber nicht.

Veränderungen von Branchengrenzen

Der Strukturwandel in einer Branche wird oft von Veränderungen der Branchengrenzen begleitet. Wie in Kapitel 1 diskutiert wurde, sind Branchengrenzen der Ort, wo man je nach persönlichem Urteil die in Abbildung 8 – 3 dargestellte gestrichelte Linie zieht.

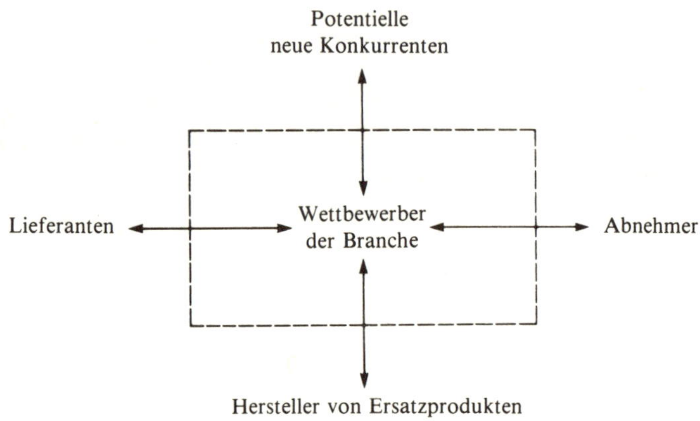

Abbildung 8-3: Branchengrenzen

Der Branchenentwicklung wohnt in starkem Maße die Tendenz inne, Branchengrenzen zu verschieben. Innovationen in der Branche oder bei Ersatzprodukten können die Branche effektiv vergrößern, indem sie die Zahl der Konkurrenten, die in direktem Wettbewerb miteinander stehen, erhöhen. Beispielsweise haben die im Vergleich zum Rohstoffpreis gesunkenen Transportkosten für Holz den Markt für dieses Produkt von einem kontinentalen zu einem weltweiten Markt werden lassen. Innovationen, die die Zuverlässigkeit von elektronischen Überwachungsanlagen erhöht und ihre Kosten gesenkt haben, sind ausschlaggebend dafür gewesen, daß elektronische Systeme zu einer ernsten Konkurrenz für Wach- und Schutzdienste herangereift sind. Strukturelle Veränderungen, die es Lieferanten erleichtern, vorwärtsgerichtet in die Branche zu integrieren, können aus Lieferanten wirksame Konkurrenten werden lassen. Genauso können Anbieter von Händlermarken, die große Mengen von der Branche beziehen und in der Lage sind, die Produktgestaltung zu diktieren, zu effektiven »Konkurrenten« in der produzierenden Branche werden (Sears-Roebuck). Zur Analyse des strategischen Gewichts von Branchenentwicklungen gehört somit auch, zu klären, inwieweit die Branchengrenzen verschoben werden könnten.

Unternehmen können die Branchenstruktur beeinflussen

Wie in Kapitel 1 kurz beschrieben und in diesem Kapitel näher beleuchtet wurde, kann das strategische Verhalten der Unternehmen den Strukturwandel beeinflussen. Wenn das Unternehmen die Bedeutung der strukturellen Veränderungen für seine Position versteht, kann es versuchen, die Branchenentwicklung zu seinen Gunsten zu beeinflussen, und zwar entweder durch seine Reaktion auf strategische Änderungen seitens der Konkurrenten, oder durch eigene strategische Schritte.

Eine weitere Möglichkeit für das Unternehmen, auf den Strukturwandel einzuwirken, besteht darin, sehr genau auf externe Kräfte zu achten, die Veränderungen in der Branche hervorrufen können. Ein zeitlicher Vorsprung ermöglicht es einem Unternehmen oft, solche externen Kräfte in seinem Sinne zu lenken. Beispielsweise sind die konkreten Formen, in denen staatliche Vorschriften geändert werden, beeinflußbar; die Verbreitung von Innovationen, die von außerhalb der Branche kommen, kann durch die Ausgestaltung von Lizenzen oder anderen Vereinbarungen mit den innovierenden Unternehmen modifiziert werden; positive Maßnahmen sind möglich, die die Kosten oder Verfügbarkeit von komplementären Produkten verbessern, indem man z.B. Anstrengungen unterstützt, Handelsverbände zu gründen und ihre Anliegen gegenüber staatlichen Stellen zu artikulieren u. dgl.; entsprechende Überlegungen können auch für die übrigen wichtigen Kräfte angestellt werden, die strukturelle Veränderungen hervorrufen. Die Branchenentwicklung sollte nicht als beschlossene Sache angesehen werden, sondern als Chance.

Teil II

Typische Branchensituationen

Nachdem wir in Teil 1 die Grundlage der Formulierung von Wettbewerbsstrategie erarbeitet haben, untersucht Teil II, auf Teil I aufbauend, die eher spezifische Strategieanalyse in wichtigen Branchensituationen. Branchentypen unterscheiden sich am stärksten in ihren fundamentalen strategischen Implikationen, die sich aus den Schlüsseldimensionen

- Branchenkonzentration
- Reifegrad der Branche
- Grad des internationalen Wettbewerbs

ergeben. Eine Reihe ausgewählter Branchensituationen, die auf diesen Dimensionen beruhen, werde ich in Teil II vertiefend diskutieren. Für jeden dieser Typen werden die entscheidenden Aspekte der Branchenstruktur, seine strategischen Hauptfragen sowie seine speziellen strategischen Alternativen und Sackgassen identifiziert.

Im einzelnen diskutiert Teil II fünf wichtige Branchensituationen. Kapitel 9 untersucht die Wettbewerbsstrategie in zersplitterten, d.h. wenig konzentrierten Branchen. Die Kapitel 10, 11 und 12 betrachten die Strategieformulierung in Branchen mit fundamental verschiedenen Reifegraden: Kapitel 10 untersucht die entstehende oder junge Branche, Kapitel 11 die Branche, die den schwierigen Übergang vom schnellen Wachstum zur Reife vollzieht, und Kapitel 12 die besonderen Probleme schrumpfender Branchen. Zuletzt untersucht Kapitel 13 die Strategieformulierung in weltweiten Branchen, einem Branchentyp, der in den achtziger Jahren zunehmend häufig auftreten wird.

Die in Teil II erörterten Situationen beruhen jeweils auf *einer* strukturellen Schlüsseldimension der Branche, und jedes Kapitel entwickelt die Schlußfolgerungen für die Wettbewerbsstrategie aus dieser einen Dimension. Einige der in den Kapiteln untersuchten Typen schließen sich gegenseitig aus (eine Branche kann nicht gleichzeitig entstehen und schrumpfen), andere nicht. Beispielsweise kann eine weltweite Branche zugleich zersplittert sein oder den Übergang zur Reife vollziehen.

Der Leser sollte zunächst den Branchentyp, mit dem er sich befaßt, in den Rahmen von Teil II einordnen. Bei Bereichen, die in mehrere der untersuchten Typen passen, besteht die Aufgabe darin, die strategischen Schlußfolgerungen miteinander zu vereinbaren, die sich aus den verschiedenen Schlüsseldimensionen ergeben.

Kapitel 9
Wettbewerbsstrategie in zersplitterten Branchen

Ein wichtiger Strukturtyp für viele Unternehmen ist die zersplitterte (fragmentierte) Branche, in der die Wettbewerber weder signifikante Marktanteile besitzen noch das Branchenergebnis wesentlich beeinflussen können. Zersplitterte Branchen sind gewöhnlich durch eine Vielzahl kleiner und mittelgroßer Unternehmen gekennzeichnet; viele davon sind im Besitz von Privatunternehmern. Es gibt keinen strengen quantitativen Maßstab, nach dem eine Branche als zersplittert einzustufen ist, und eine solche Definition ist für die Diskussion der strategischen Fragen dieses wichtigen Branchentyps wohl auch unwichtig.

Was das Wesen fragmentierter Branchen letztlich ausmacht, ist das Fehlen von Branchenführern, die die Macht besitzen, die Ereignisse in der Branche zu steuern.

Zersplitterte Branchen findet man in vielen Bereichen einer Volkswirtschaft – ob in den USA oder in anderen Ländern – , am häufigsten in Bereichen wie

- Dienstleistungen;
- Einzelhandel;
- Vertrieb;
- Holz- und Metallverarbeitung;
- Landwirtschaftliche Erzeugnisse;
- »kreative« Geschäftszweige.

Manche zersplitterten Branchen, wie z.B. Computer-software oder lokale Fernsehnetze, bieten differenzierte Produkte oder Leistungen an, während andere (wie etwa Öltransport, Vertrieb von Elektronik-Komponenten, Aluminiumverarbeitung) im wesentlichen undifferenzierte Produkte umfassen. Daneben unterscheiden sie sich erheblich im technologischen Niveau, das von hochqualifizierten Geschäftszweigen wie der Sonnenenergie, bis hin zur Abfallbeseitigung und zum Spirituosenhandel reicht.

Dieses Kapitel untersucht die besonderen Probleme, die bei der Formulierung von Wettbewerbsstrategie in fragmentierten Branchen auftreten. Das Kapitel ist nicht als erschöpfende Anleitung für den Wettbewerb in einer *bestimmten* (zersplitterten) Branche gedacht, genausowenig wie die anderen Kapitel des Teil II. Vielmehr sollte die ganze Breite der in diesem Buch präsentierten Methoden und Konzepte mit den Überlegungen dieses Kapitels kombiniert werden, um Schlußfolgerungen über Wettbewerbsstrategien für eine bestimmte Branche abzuleiten.

Das Kapitel ist in eine Reihe von Abschnitten unterteilt. Zuerst werde ich untersuchen, warum Branchen zersplittert sind; das Verständnis der Ursachen ist entscheidend für die Strategieformulierung. Zweitens werde ich einige Ansätze diskutieren, deren Ziel es ist, den Strukturwandel so zu beschleunigen, daß die Zersplitterung der Branche überwunden wird. Dort, wo die Fragmentierung nicht überwunden werden kann, werde ich drittens einige der Alternativen diskutieren, die für den Umgang mit zersplitterten Branchen bereitstehen. Im Zusammenhang mit dieser Diskussion werden wir einige Irrtümer besprechen, die Unternehmen beim Wettbewerb in zersplitterten Branchen begehen. Zuletzt werde ich einen grundlegenden analytischen Rahmen für die Formulierung von Wettbewerbsstrategien in fragmentierten Branchen vorstellen, wobei ich außerdem auf die vorangehenden Teile dieses Kapitels zurückgreife.

Was führt zur Zersplitterung einer Branche?

Branchen sind aus einer Vielzahl von Gründen fragmentiert, deren Implikationen für den Wettbewerb stark voneinander abweichen. Manche Branchen sind aus historischen Gründen zersplittert – aufgrund der Mittel oder Fähigkeiten ihrer traditionellen Wettbewerber – und die Fragmentierung in ihnen ist ohne zwingende ökonomische Grundlage. In vielen Branchen existieren jedoch grundlegende ökonomische Ursachen, deren wichtigste offenbar die folgenden sind:

Niedriges allgemeines Niveau der Eintrittsbarrieren. Fast alle zersplitterten Branchen weisen allgemein niedrige Eintrittsbarrieren auf – andernfalls wären sie nicht durch so viele kleine Unternehmen bevölkert. Niedrige Eintrittsbarrieren sind eine notwendige, aber noch nicht hinreichende Bedingung für die Zersplitterung. Sie geht fast immer mit einer oder mehreren der nachfolgend diskutierten Ursachen einher.

Fehlen von Betriebsgrößenersparnissen oder Erfahrungskurven. Den meisten zersplitterten Branchen fehlen signifikante Größeneinsparungen oder Erfahrungskurven in sämtlichen Bereichen, sei es Produktion, Marketing, Vertrieb oder Forschung. Die Produktionsprozesse vieler zersplitterter Branchen erlauben nur geringe oder gar keine Kostendegressionen durch Größe oder Erfahrung, weil der Prozeß aus einer einfachen Verarbeitung oder Montage besteht (Glaswolle oder Polyurethan-Formung), eine schlichte Lagerhausoperation ist (Vertrieb von Elektronikkomponenten), naturgemäß sehr arbeitsintensiv ist (Wach- und Schutzdienste), einen hohen Anteil persönlicher Dienste aufweist, oder prinzipiell schwer zu mechanisieren bzw. zu standardisieren ist. In einer Branche wie z.B. dem Hummerfang besteht die Produktionseinheit aus dem einzelnen Boot. Durch den Besitz mehrerer Boote sind die Fangkosten kaum zu senken, da alle Boote im wesentlichen in denselben Gewässern fischen und die gleichen Aussichten auf einen guten Fang haben. Deshalb gibt es eine Unmenge kleiner Unternehmen mit ungefähr gleichen Kosten. Auch die Pilzzucht war bis vor kurzem unzugänglich für Kosteneinsparungen durch Größe oder Lernen. Bestimmte anspruchsvolle Pilzsorten wurden in Höhlen gezüchtet, von vielen Kleinunternehmen, die die erforderliche »schwarze Kunst« kannten. Seit einiger Zeit ist jedoch Bewegung in die Szenerie gekommen, wie wir später noch erörtern werden.

Hohe Transportkosten. Hohe Transportkosten begrenzen die effiziente Größe einer Fabrik oder eines Produktionsstandortes, auch wenn Betriebsgrößenersparnisse vorliegen. Transportkosten müssen gegen Betriebsgrößenersparnisse abgewogen werden, um die Fläche zu bestimmen, die eine Fabrik kostenoptimal bedienen kann. Hohe Transportkosten finden wir in Branchen wie Zement, Frischmilch und stark ätzenden Chemikalien; hohe quasi-Transportkosten weisen viele Dienstleistungsbranchen auf, weil die Leistung am Ort des Kunden erstellt wird oder der Kunde sich an den »Produktions«-ort der Dienstleistung begeben muß.

Hohe Lagerkosten oder unberechenbare Umsatzschwankungen. Selbst wenn der Produktionsprozeß an sich Betriebsgrößenersparnisse enthält, können hohe Lagerkosten und Umsatzschwankungen verhindern, daß sie realisiert werden. Die Produktion muß dann auf- und abgebaut werden, was den Aufbau von großen kapitalintensiven Einrichtungen und ihre kontinuierliche Auslastung erschwert. Sind die Umsatzschwankungen ganz besonders unberechenbar und heftig, so wird das kleinere, flexiblere Unternehmen gegenüber dem Unternehmen mit den Großanlagen möglicherweise im Vorteil sein, auch wenn die Operationen des größeren bei Vollauslastung effizienter sind. Kleine, weniger spezialisierte Produktions- oder Vertriebssysteme sind gegenüber Ausstoßschwankungen meist anpassungsfähiger als große, spezialisierte Systeme, auch wenn ihre Operationskosten bei stetiger Auslastung höher sind.

Keine Größenvorteile im Umgang mit Abnehmern oder Lieferanten. Die Struktur der Abnehmergruppen und Zuliefererbranchen ist so beschaffen, daß die Größe des Unternehmens keinen signifikanten Einfluß auf die Verhandlungsstärke gegenüber diesen anliegenden Branchen ausübt. Die Abnehmer können beispielsweise so groß sein, daß selbst ein großes Unternehmen der Branche kaum besser als ein kleines abschneiden würde, wenn es mit ihnen verhandelt. Unter Umständen sind die Abnehmer oder Lieferanten sogar groß genug, um die Unternehmen der Branche klein zu halten, indem sie absichtlich ihr Geschäft verteilen oder den Eintritt fördern.

Betriebsgrößennachteile bzw. -verluste in einem wichtigen Bereich. Betriebsgrößenverluste können aus einer Vielzahl von Faktoren herrühren. Häufige Produkt- oder Stilveränderungen verlangen schnelle Reaktionen und enge Koordinierung der einzelnen Funktionen. Wo die häufige Einführung neuer Produkte und Stile ein wesentlicher Bestandteil des Wettbewerbs ist und nur kurze zeitliche Vorsprünge zuläßt, ist ein großes Unternehmen möglicherweise weniger effizient als ein kleineres; das scheint besonders bei Damenbekleidung und allgemein in Branchen der Fall zu sein, in denen der Stil eine wichtige Rolle im Wettbewerb spielt.

Wenn der Unternehmenserfolg daran gebunden ist, die *Gemeinkosten niedrig* zu halten, kann dieser Faktor das kleine Unternehmen begünstigen, das sich in der harten Hand eines Eigentümer-Unternehmers befindet, unbeschwert von Pensionsplänen und anderem Konzernschmuck und weniger unter staatlicher Aufsicht als das größere Unternehmen.

Eine stark *diversifizierte Produktlinie*, die Zuschnitte auf den individuellen Nutzer erfordert, verlangt engen Kontakt zwischen Nutzer und Hersteller bei kleineren Herstellungsmengen, wodurch das kleine Unternehmen einen Vorteil gegenüber dem großen erlangen kann. Die Produktion von Geschäftsformularen könnte als Beispiel dafür dienen, wie eine solche Produktdiversität zur Zersplitterung führt. Die beiden größten nordamerikanischen Hersteller von Geschäftsformularen halten zusammen nur einen Marktanteil von etwa 35 Prozent.

Ist ein hohes Maß an Kreativität erforderlich, so ist es in sehr großen Unternehmen oft schwierig, die Produktivität des kreativen Personals aufrechtzuerhalten (wenngleich es Ausnahmen gibt). In Branchen wie Werbung und Innenausstattung sind keine dominanten Unternehmen zu beobachten.

Wo der Unternehmenserfolg an *enge örtliche Kontrolle* und Überwachung von Operationen gebunden ist, kann das kleine Unternehmen einen Vorsprung besitzen. In manchen Branchen, besonders bei Dienstleistungen wie Nachtlokalen und Restaurants, scheint eine intensive persönliche Aufsicht erforderlich zu sein. Im allgemeinen arbeitet ein nicht ortsansässiges Management in solchen Geschäftszweigen weniger effektiv als ein Eigentümer-Unternehmer, der eine enge Kontrolle über eine relative kleine Operation ausübt.[1]

Kleinere Unternehmen sind oft effizienter, wenn *persönliche Dienstleistungen* im Mittelpunkt des Geschäfts stehen. Die Qualität der persönlichen Dienstleistung und das Empfinden des Kunden, eine individuelle, an seinen Bedürfnissen orientierte Leistung zu empfangen, werden oft beeinträchtigt, sobald die Unternehmensgröße eine bestimmte Schwelle überschreitet. Dieser Faktor scheint für die Fragmentierung in Branchen wie Schönheitspflege und Unternehmensberatung verantwortlich zu sein.

Wo ein *lokales Image und örtliche Kontakte* besonderes Gewicht haben, ist das große Unternehmen oft im Nachteil. In manchen Branchen wie Aluminiumverarbeitung, Baugewerbe und vielen Ver-

---

1 Eine ähnliche Situation liegt vor, wenn die Branche lange oder ungewöhnliche Arbeitszeiten verlangt, wie etwa bei Händlern von landwirtschaftlichen Vorratsprodukten, die einen Großteil der jährlichen Düngemittel- oder Saatgutproduktion innerhalb weniger hektischer Wochen verkaufen. Es ist schwer, irgendjemand anderen als den Eigentümer dazu zu bewegen, die erforderlichen Opfer aufzubringen.

triebssparten ist die Präsenz vor Ort entscheidend für den Erfolg. Intensive Geschäftsbeziehungen, Kontaktpflege und Verkaufsanstrengungen auf örtlicher Ebene sind erforderlich, um konkurrenzfähig zu sein. In solchen Branchen kann ein ortsansässiges oder regionales Unternehmen ein größeres übertreffen, vorausgesetzt, es hat keine signifikanten Kostennachteile.

Differenzierte Marktbedürfnisse. In manchen Branchen ist der Geschmack der Abnehmer »zersplittert«: die Abnehmer verlangen jeweils spezielle Varianten oder Ausführungen des Produkts und sind bereit (und fähig), lieber einen Zuschlag dafür zu zahlen, als eine standardisierte Version zu akzeptieren. Die Nachfrage nach irgendeiner bestimmten Produktvariante ist daher gering, wodurch diejenigen Produktions-, Vertriebs- oder Marketingstrategien ausgeschlossen werden, die einem großen Unternehmen Vorteile bringen. Gelegentlich entsteht fragmentierter Käufergeschmack aus regional oder lokal unterschiedlichen Marktbedürfnissen. Ein Beispiel dafür liefern Feuerlöschfahrzeuge. Jede örtliche Feuerwehr will ein nach eigenen Wünschen gestaltetes Löschfahrzeug mit vielen teuren Ausstattungen wie Glocken, Hupen usw. Deshalb gleicht kaum ein verkauftes Löschfahrzeug einem anderen. Die Produktion besteht aus Werkstattfertigung und beschränkt sich fast ausschließlich auf Montage; es gibt buchstäblich Dutzende von Löschfahrzeugherstellern, von denen keiner einen großen Marktanteil hat.

Ausgeprägte, hauptsächlich image-gebundene Produktdifferenzierung. Wenn die Produktdifferenzierung sehr vertieft ist und auf dem Image beruht, kann sie die Unternehmensgröße begrenzen und einen »Schirm« über ineffizienten Unternehmen ausbreiten, der ihnen erlaubt, zu überleben. Ab einem bestimmten Punkt kann die Größe in Widerspruch zum Image der Exklusivität geraten, oder auch zum Wunsch des Abnehmers, eine Marke »für sich« zu haben. Eng verwandt mit dieser Situation ist es, wenn wichtige Lieferanten der Branche besonderen Wert auf die Exklusivität oder das Image des Vertriebskanals legen, durch den sie ihre Produkte oder Leistungen verkaufen. Beispielsweise mögen es Künstler vorziehen, mit einem kleinen Verlag oder Schallplatten-Label zusammenzuarbeiten, der das Image repräsentiert, das sie kultivieren wollen.

Austrittsbarrieren. Wenn Austrittsbarrieren existieren, werden Grenzanbieter veranlaßt, in der Branche zu bleiben, wodurch die

Konsolidierung beeinträchtigt wird. Neben ökonomischen Austrittsbarrieren scheint in manchen zersplitterten Branchen auch das Verhalten der Manager den Austritt zu behindern. Es kann Wettbewerber geben, deren Ziele nicht unbedingt am Gewinn orientiert sind. Bestimmte Branchen haben möglicherweise einen romantischen Appeal oder Reiz, der Wettbewerber anzieht, die trotz niedriger oder nicht vorhandener Rentabilität in der Branche sein wollen. Dieser Faktor scheint in Branchen wie z.B. Fischerei oder Talentagenturen weitverbreitet zu sein.

Lokale Vorschriften. Selbst wenn keine der übrigen Bedingungen vorliegt, können lokale Vorschriften und Regeln, die durch Partikularismus oder örtliche politische Konstellationen bedingt sind, zur Zersplitterung einer Branche führen. Lokale Vorschriften haben wahrscheinlich zur Fragmentierung in Branchen wie dem Spirituoseneinzelhandel, chemische Reinigungen und Optikern beigetragen.

Staatliche Konzentrationsverbote. Gesetzliche Bestimmungen verbieten die Konsolidierung in Branchen wie Elektrizität, Fernseh- und Radiosendern u.ä.; in den USA verhindert der McFadden Act über Filialbanksysteme, die sich über die Grenzen der Bundesstaaten hinaus erstrecken, die Konsolidierung von elektronischen Banküberweisungssystemen.

Neuheit. Eine Branche kann zersplittert sein, weil sie neu ist und es noch keine Unternehmen gibt, die ausreichende Mittel oder Fähigkeiten aufgebaut haben, um einen signifikanten Marktanteil zu erobern – auch wenn es sonst keine Hindernisse für eine Konsolidierung gibt.

Es braucht nur eines dieser Merkmale vorzuliegen, um die Konsolidierung einer Branche zu blockieren. Weist aber eine zersplitterte Branche keines dieser Merkmale auf, so ergibt sich daraus eine interessante Schlußfolgerung, die wir später diskutieren werden.

Wie kann die Zersplitterung überwunden werden?

Es kann eine äußerst bedeutsame strategische Chance darin liegen, Zersplitterung zu überwinden. Der potentielle Ertrag einer solchen Strategie ist deshalb so hoch, weil die Kosten des Eintritts in fragmentierte Branchen ex definitione niedrig sind und es meist nur kleine, relativ schwache Konkurrenten gibt, deren Vergeltungspotential gering ist.

Ich habe an früherer Stelle bereits betont, daß eine Branche als vernetztes System betrachtet werden muß, und dies trifft auch für zersplitterte Branchen zu. Eine Branche kann allein schon aufgrund *einer* der oben aufgezählten Faktoren zersplittert sein. Wenn diese grundlegende Hürde auf irgendeine Art überwunden werden kann, wird oft ein Prozeß ausgelöst, in dessen Verlauf sich die gesamte Branchenstruktur verändert.

Die Rinderzucht liefert ein gutes Beispiel, wie sich die Struktur einer zersplitterten Branche verändern kann. Die Branche bestand traditionell aus einer großen Zahl kleiner Züchter, die ihr Vieh auf Weiden grasen ließen und es zu den Fleischverarbeitern transportierten. Die Rinderzucht wies kaum Betriebsgrößenersparnisse auf, im Gegenteil: Es konnte sogar Größenverlust mit sich bringen, wenn sehr große Herden kontrolliert und von einem Ort zum anderen getrieben werden mußten. Technologische Entwicklungen haben jedoch in jüngster Zeit zum verstärkten Einsatz des »Feedlot« geführt, einem alternativen Prozeß der Rindermast. Unter sorgfältig kontrollierten Bedingungen haben sich Feedlots als weit billigere Mastmethode erwiesen. Allerdings verursacht der Aufbau von Feedlots hohen Kapitalaufwand, und sie scheinen umfangreiche Betriebsgrößenersparnisse zu beinhalten. Diese Entwicklung verhalf großen Rinderzüchtern wie Iowa Beef und Monfort zum Aufstieg, und sie leitete einen Konzentrationsprozeß in der Branche ein. Die Großzüchter werden langsam groß genug, um rückwärts (in die Verarbeitung von Futter) und vorwärts (in die Verarbeitung und den Vertrieb von Fleisch) zu integrieren. Letzteres hat zur Entwicklung von Markennamen geführt. In dieser Branche lag die fundamentale Ursache der Zersplitterung in der für die Rindermast angewandten Produktionstechnologie. Nachdem dieses Hindernis für die Konsolidierung aus dem Weg geräumt worden war, wurde ein Prozeß des Strukturwandels in Gang gesetzt, der viele Strukturelemente der Branche, weit über Feedlots hinaus, erfaßt hat.

Gängige Ansätze zur Konsolidierung

Die Fragmentierung kann überwunden werden, wenn es gelingt, die fundamentalen ökonomischen Barrieren, die dem Konzentrationsprozeß im Wege stehen, zu überwinden. Einige der hierzu verwandten gängigen Ansätze sind die folgenden:

Schaffen Sie Betriebsgrößenersparnisse oder Erfahrungskurven. Wie anhand der Rinderbranche beschrieben, kann die Konsolidierung erfolgen, wenn der technologische Wandel zu Betriebsgrößenersparnissen oder zu einer signifikanten Erfahrungskurve führt. Größeneinsparungen im einen Bereich des Geschäfts können Grössenverluste in anderen überwiegen.

Im Bereich der Produktion haben Innovationen, die den Mechanisierungsgrad und die Kapitalintensität erhöht haben, zur Konsolidierung bei der Zucht von Versuchstieren für die medizinische Forschung und, wie bereits angedeutet, bei der Pilzzucht geführt. Bei Versuchstieren haben Charles River Breeding Laboratories als erste den Einsatz von großen, teuren Bruteinrichtungen durchgeführt, in denen alle Aspekte der Tierhaltung und -fütterung sorgfältig kontrolliert werden. Solche Einrichtungen erhöhen den Wert der Tiere für die Forschung und beseitigen außerdem die grundlegende Ursache für die Zersplitterung der Branche. Bei der Pilzzucht sind einige große Unternehmen in die Branche eingetreten und haben als erste hochwertige Prozesse für ein kontrolliertes Pilzwachstum eingeführt, indem sie Förderbänder, Klimakontrollen und andere Methoden eingesetzt haben, um die Arbeitskosten zu senken und die Ernten zu erhöhen. Diese Prozesse beinhalten umfangreiche Betriebsgrößenersparnisse, hohe Kapitalausgaben und ein fortgeschrittenes technologisches Niveau; sie schufen die Basis für die Konsolidierung der Branche.

Denselben Effekt können Innovationen nach sich ziehen, die Betriebsgrößenersparnisse im Marketing schaffen. Beispielsweise hat die verbreitete Nutzung des Fernsehens als Hauptinstrument für das Marketing von Spielzeug eine bedeutende Konsolidierung der Branche mit sich gebracht. Das Aufkommen von Händlern, die breite Sortimente führen und gleichzeitig Finanzierung und Service anbieten, hat zur Konsolidierung unter den Herstellern von Bauausrüstungen geführt, wobei Caterpillar Tractor der Hauptnutznießer war.

Dieselben Kernargumente gelten für den Aufbau von Betriebsgrößenersparnissen in anderen Bereichen, wie etwa in Vertrieb, Service u. dgl.

Standardisieren Sie differenzierte Marktbedürfnisse. Produkt- oder Marketinginnovationen können Marktbedürfnisse standardisieren, die bis dahin differenziert und heterogen waren. Beispielsweise wird der Käufergeschmack möglicherweise homogenisiert, wenn ein neues Produkt auf den Markt gebracht wird; eine Designänderung kann die Kosten einer standardisierten Produktvariante unter Umständen so stark senken, daß die Käufer sie der teureren, auftragsgefertigten Variante vorziehen. Die Modularisierung eines Produkts erlaubt vielleicht, die Komponenten in großen Mengen zu produzieren und dadurch größen- oder erfahrungsbedingte Einsparungen zu erzielen, während die Heterogenität der Endprodukte aufrechterhalten wird. Das Potential für solche Innovationen wird natürlich von den zugrundeliegenden ökonomischen Charakteristika der Branche begrenzt, aber in vielen Branchen scheint es eher der Mangel an Einfallsreichtum und Kreativität gewesen zu sein, der die Entwicklung von Methoden, die Zersplitterung zu überwinden, begrenzt hat.

Neutralisieren Sie die Effekte (oder spalten Sie sie ab), die für die Zersplitterung verantwortlich sind. Manchmal sind die Ursachen der Fragmentierung auf einen oder zwei Bereiche begrenzt, z.B. auf Größenverluste in der Produktion oder auf heterogenen Käufergeschmack. Eine der Möglichkeiten, die Zersplitterung zu überwinden, ist, diese Aspekte auf irgendeine Weise vom Rest des Geschäfts zu trennen. Zwei hervorstechende Beispiele dafür sind Campingplätze und Schnellrestaurants (»fast food«). Beide Geschäfte beruhen auf enger Kontrolle vor Ort und auf der Beibehaltung eines guten Dienstleistungsniveaus. Außerdem sind die einzelnen lokalen Standorte naturgemäß klein, weil jegliche potentiellen Betriebsgrößenersparnisse bei Campingplätzen oder Schnellrestaurants durch die Notwendigkeit zunichtegemacht werden, sich nahe beim Kunden bzw. nahe der vielen Autobahnen und Ferienorte niederzulassen. Beide Branchen waren traditionell zersplittert gewesen, mit Tausenden und Abertausenden von kleinen Einrichtungen, die jeweils vom Besitzer geführt wurden. In beiden Branchen gibt es jedoch substantielle Betriebsgrößenersparnisse in Einkauf und Marketing, besonders wenn eine landesweite Abdeckung erreicht werden kann, die den Gebrauch nationaler Werbemedien erlaubt. Sowohl bei Campingplätzen als auch bei Schnellrestaurants wurde die Zersplitterung überwunden, indem Konzessionen für die einzelnen Einheiten an Eigentümer-Unternehmer vergeben wurden, die unter dem Dach einer nationalen Organisation arbeiteten (Franchising); die Aufgabe der Zentrale bestand darin, den Markennamen aufzubauen und zu pflegen, den zentralen Einkauf durchzuführen und weitere Dienste bereitzustellen. Enge Kontrolle und Aufrechterhaltung des Serviceniveaus sind garantiert, genauso wie die Vorteile der Betriebsgrößenersparnisse. Dieses Konzept hat solche Riesen hervorgebracht wie KOA bei Campingplätzen und McDonald's, Pizza Hut und viele andere bei Schnellrestaurants. Eine andere Branche, in der das Franchising gerade dabei ist, die Fragmentierung aufzubrechen, ist das Immobiliengeschäft. Century 21 befindet sich in einem rapiden Expansionsprozeß in dieser hochfragmentierten Branche, indem man Konzesssionen an ortsansässige Unternehmen vergibt und ihnen erlaubt, autonom mit ihrem lokalen Namen weiterzuarbeiten, sofern sie unter dem Dach des national vermarkteten Namens von Century 21 operieren.

Wenn wie in den obigen Beispielen die Ursachen der Zersplitterung im Produktions- bzw. Bedienungsbereich konzentriert sind, dann muß die Produktion vom Rest des Geschäfts abgekoppelt werden, um die Zersplitterung zu überwinden. Existieren zahlreiche Abnehmersegmente oder führt extreme Produktdifferenzierung zur Vorliebe für Exklusivität, so können die dem Marktanteil auferlegten Restriktionen möglicherweise überwunden werden, indem man mehrere, sorgfältig auseinandergehaltene Markennamen und Verpackungsformen verwendet. Ich erwähnte auch schon den Fall, daß ein Lieferant oder Kunde – z.B. ein Künstler – mit einer kleineren, persönlicheren Organisation arbeiten will, die ein bestimmtes Image oder einen besonderen Ruf hat. Die Schallplattenindustrie hat diesem Wunsch entsprochen, indem man mehrere hauseigene Labels einrichtete und Verträge mit assoziierten Labels abschloß, die alle dieselben Einrichtungen für Plattenpressung, Marketing, Promotion und Vertrieb benutzen. Jedes Label ist unabhängig aufgebaut und bestrebt, eine persönliche Note für seine Künstler zu schaffen. Gleichwohl kann der zusammengefaßte Marktanteil des Gesamtunternehmens beträchtlich sein, wie im Falle von CBS und Warner Brothers, die jeweils etwa 20 Prozent des Marktes beherrschen.

Dieser grundlegende Ansatz zur Überwindung von Fragmentierung berücksichtigt, daß die letztendliche Ursache der Zersplitterung nicht beseitigt werden kann. Stattdessen neutralisiert die Strategie diejenigen Geschäftsbereiche, die der Fragmentierung unterliegen, damit die Vorteile der Konsolidierung in anderen Bereichen zum Tragen kommen.

»Kaufen« Sie Marktanteile, damit sie in den Besitz eines Schwellenanteils kommen. In manchen Branchen ist es aufgrund der fragmentierenden Faktoren extrem schwierig, den Marktanteil schrittweise zu steigern, obwohl der Besitz eines größeren Marktanteils durchaus gewisse Vorteile brächte. Wenn z.B. lokale Kontakte für den Verkauf wichtig sind, ist es schwierig, in das Gebiet anderer Unternehmen einzudringen, um zu expandieren. Aber wenn es dem Unternehmen gelingt, einen bestimmten Schwellenanteil zu erzielen, kann es in die Zone signifikanter Betriebsgrößenersparnisse kommen. In solchen Fällen besteht eine erfolgversprechende Strategie darin, zahlreiche lokale Unternehmen zu erwerben – vorausgesetzt, die erworbenen Einheiten können integriert und effizient geführt werden.

Erkennen Sie Branchentrends frühzeitig. Manchmal konsolidieren sich Branchen auf natürliche Weise im Zuge ihres Reifungsprozesses, besonders wenn die Neuheit der Branche die Hauptursache der Zersplitterung war; auch exogen bedingte Branchentrends können zur Konsolidierung führen, indem sie die Ursachen der Fragmentierung beeinflussen. Beispielsweise sehen sich Computerdienste verstärktem Wettbewerb durch Klein- und Mikrocomputer ausgesetzt. Diese neue Technologie führt dazu, daß selbst kleine und mittelständische Unternehmen sich einen eigenen Computer leisten können. Um weiter expandieren zu können, mußten die Computerdienste dazu übergehen, größere Unternehmen mit zahlreichen Niederlassungen zu bedienen und/oder hochwertige Programme sowie weitere, über die bloße Computerbenutzung hinausgehende Dienste anzubieten. Diese Entwicklung hat die Betriebsgrößenersparnisse bei den Computerdiensten erhöht und führt derzeit zur Konsolidierung.

Im Beispiel der Computerdienste löste die Herausforderung durch Ersatzprodukte eine Konsolidierung aus, indem sie die Kundenbedürfnisse verschob und dadurch Angebotsveränderungen hervorrief, die zunehmend Betriebsgrößenersparnissen unterlagen. In anderen Branchen mögen Veränderungen des Kundengeschmacks, der Struktur der Vertriebskanäle und unzählige weitere Branchentrends direkt oder indirekt auf die Ursachen der Zersplitterung einwirken. Änderungen staatlicher Vorschriften können die Konsolidierung vorantreiben, wenn sie Produkt- oder Herstellungsnormen so weit verschärfen, daß für kleinere Unternehmen die durch sie geschaffenen Betriebsgrößenersparnisse außer Reichweite geraten. Eine wichtige Chance, Fragmentierung zu überwinden, besteht darin, die späteren Auswirkungen solcher Trends frühzeitig zu erkennen und das Unternehmen in eine Position zu bringen, in der es sich die Trends zunutze machen kann.

»Festgefahrene Branchen«

Bislang habe ich mich auf Branchen beschränkt, deren Zersplitterung in der Branchenökonomie wurzelte, und ich habe den Ursachen entsprechende Möglichkeiten erörtert, sie zu überwinden. Für die Strategieformulierung müssen wir uns aber bewußt sein, daß viele Branchen nicht aufgrund fundamentaler ökonomischer Ursachen zersplittert sind, sondern weil sie in diesem Zustand »festgefahren« sind. Es gibt eine Reihe von Gründen, warum Branchen sich festfahren.

Den existierenden Unternehmen mangelt es an Mitteln oder Fähigkeiten. Manchmal liegen die erforderlichen Schritte zur Überwindung der fragmentierten Struktur offen zutage, aber den existierenden Unternehmen fehlen die Mittel, um die erforderlichen strategischen Investitionen durchzuführen. Die Produktion mag beispielsweise potentielle Betriebsgrößenersparnisse enthalten, aber den Wettbewerbern mangelt es an Kapital oder Know-how, um Großanlagen zu bauen oder die nötigen Investitionen in vertikaler Integration vorzunehmen. Es können auch zuwenig Mittel oder Fähigkeiten vorhanden sein, um hauseigene Vertriebskanäle und Serviceorganisationen aufbauen, ein spezialisiertes Logistiksystem einzurichten oder Markenlizenzen zu vergeben, die die Konsolidierung der Branche fördern würden.

Die existierenden Unternehmen sind kurzsichtig oder selbstgefällig. Selbst wenn Unternehmen über die Mittel verfügen, um die Konsolidierung voranzutreiben, klammern sie sich manchmal an herkömmliche Branchenpraktiken (die die zersplitterte Struktur zementieren) oder verstellen sich sonstwie den Blick für Veränderungsmöglichkeiten. Diese Tatsache, möglicherweise kombiniert mit einem Mangel an Mitteln, könnte die frühere Zersplitterung der amerikanischen Weinbranche zum Teil erklären. Die Hersteller hatten ihre Aufmerksamkeit lange Zeit nur der Produktion gewidmet und offensichtlich wenig Anstrengungen unternommen, landesweiten Vertrieb oder anerkannnte Marken zu entwickeln. Mitte der sechziger Jahre kauften sich einige große Verbraucher- und Spirituosenhändler in die Branche ein und kehrten diese Orientierung um.

Mangelnde Aufmerksamkeit außenstehender Unternehmen. Wenn die beiden obengenannten Bedingungen vorliegen, verharren manche Branchen – obwohl sie reif für die Konsolidierung wären – noch lange Zeit im fragmentierten Zustand, weil außenstehende Unternehmen sie nicht genügend beachten. Die Außenstehenden übersehen die Möglichkeit, der Branche Ressourcen und neue Perspektiven zu injizieren, die die Konsolidierung vorantreiben würden. Branchen, die der Aufmerksamkeit entgehen (und günstige Eintrittsmöglichkeiten bieten), liegen meist etwas abseits der eingefahrenen Wege (Herstellung von Etiketten, Pilzzucht), oder es fehlt ihnen an Glanz oder Reiz (Fertigung von Luftfiltern und Fettfiltern). Möglicherweise sind sie auch zu jung oder zu klein, um für große etablierte Unternehmen, mit deren Mitteln die Zersplitterung zu überwinden wäre, von Interesse zu sein.

Wenn ein Unternehmen eine Branche entdecken kann, in der die fragmentierte Struktur *nicht* Ausdruck der zugrundeliegenden ökonomischen Wettbewerbsverhältnisse ist, dann liegt darin unter Umständen eine äußerst bedeutsame strategische Chance. Die Initialstruktur dieser Branche erlaubt es dem Unternehmen, zu geringen Kosten einzutreten. Da die Zersplitterung nicht ökonomisch erzwungen ist, entstehen keine Innovationsrisiken oder Investitionskosten, die man sonst auf sich nehmen müßte, um die zugrundeliegende ökonomische Struktur zu verändern.

Mit der Zersplitterung fertig werden

In vielen Fällen wird die Zersplitterung tatsächlich durch die zugrundeliegende Branchenökonomie hervorgerufen, die nicht überwunden werden kann. Fragmentierte Branchen weisen nicht nur zahlreiche Wettbewerber auf, sondern auch eine allgemein schwache Verhandlungsposition gegenüber Lieferanten und Abnehmern. Eine schlechte Rentabilität kann daraus folgen. Unter solchen Umständen ist die strategische *Plazierung* ganz besonders entscheidend. Die strategische Herausforderung besteht darin, mit der Zersplitterung fertig zu werden, indem man eines der erfolgreichsten Unternehmen wird – auch wenn man nur einen bescheidenden Marktanteil erzielen kann.

Da keine Branche letztlich der anderen gleicht, gibt es keine allgemeine Methode, wie man in einer zersplitterten Branche am effektivsten konkurriert. Es gibt jedoch eine Reihe denkbarer strategischer Ansätze für den Umgang mit einer fragmentierten Struktur, die bei der Analyse einer bestimmten Situation berücksichtigt werden sollten. Es sind spezifische, auf die besondere Situation zersplitterter Branchen zugeschnittene Ansätze, die aus den in Kapitel 2 beschriebenen Strategietypen (Kostenführerschaft, Differenzierung, Konzentration auf Schwerpunkte) abgeleitet sind. Jeder der Ansätze zielt darauf ab, entweder die strategische Lage des Unternehmens an den spezifischen Wettbewerbscharakter zersplitterter Branchen anzupassen oder die in solchen Branchen meist sehr starken Wettbewerbskräfte zu neutralisieren.

Straff geleitete Dezentralisierung. Da fragmentierte Branchen oft durch die Notwendigkeit intensiver Koordination, durch lokale Orientierung des Managements, hohen Anteil persönlicher Dienstleistung und enge örtliche Kontrolle charakterisiert sind, stellt die straff geleitete Dezentralisierung eine wichtige Wettbewerbsalternative dar. Statt die Größenordnung der Operation an einem oder wenigen Standorten zu steigern, sollen nach dieser Strategie die einzelnen Operationen bewußt klein und so autonom wie möglich gehalten werden. Zum Gerüst dieses Ansatzes gehören enge zentrale Kontrolle und erfolgsorientierte Bezahlung für die örtlichen Manager. Diese Strategie wird von einigen Unternehmen mit großem Erfolg betrieben, z.B. von Indal bei der Aluminiumförderung und -verarbeitung in Kanada, von mehreren expandierenden Ketten kleiner und mittelgroßer Zeitungen, die sich in den siebziger Jahren in den USA gebildet haben, und von den sehr erfolgreichen Dillon Companies im Lebensmitteleinzelhandel, um nur ein paar Beispiele zu nennen. Dillons Strategie besteht z.B. darin, eine Gruppe kleiner, regionaler Lebensmittelketten zu erwerben und sie autonom zu belassen, jede mit ihrem eigenen Namen, ihrer eigenen Käufergruppe usw. Dieses System wird durch zentrale Kontrolle und intensiv betriebene interne Verkaufsförderung gestärkt. Die Strategie hat es zu vermeiden gewußt, daß die einzelnen Einheiten homogenisiert und entsprechend inflexibel gegenüber den örtlichen Bedingungen wurden, und sie hat als Nebenprodukt den gewerkschaftlichen Organisationsgrad niedrig gehalten.

Die Grundidee dieses Strategietyps ist es, die Ursachen der Zersplitterung zu erkennen und ihnen Rechnung zu tragen, aber zugleich die Operationen der örtlichen Manager um ein bestimmtes Maß an Professionalität zu ergänzen.

Standardisierte Einheiten. Eine Alternative, die mit der vorhergehenden verwandt ist, betrachtet den Aufbau effizienter, kostengünstig arbeitender Einheiten an mehreren Standorten als die strategische Schlüsselvariable des Geschäfts. Im Rahmen dieser Strategie wird eine Standardisierung entworfen – sei es eine Fabrik oder eine Dienstleistungseinrichtung –, deren Konstruktion und Betrieb zu den geringstmöglichen Kosten die oberste Unternehmensphilosophie wird. Dadurch senkt das Unternehmen seine Investitionskosten im Vergleich zu seinen Konkurrenten und/oder erhöht die Attraktivität und Effizienz seiner geschäftlichen Standorte. Einige der erfolgreichsten Wohnwagenhersteller, wie etwa Fleetwood, Inc., haben diese Strategie verfolgt.

Erhöhung des hinzugefügten Mehrwerts (d.h. der Wertschöpfung). Viele zersplitterte Branchen erstellen Produkte oder Leistungen, die aufgrund ihres Gebrauchsgutcharakters schwer zu differenzieren sind; beispielsweise stellen viele Vertriebsgeschäfte ähnliche Sortimente auf wie ihre Konkurrenten, wenn nicht sogar identische. In solchen Fällen kann eine effektive Strategie darin bestehen, den durch das Unternehmen hinzugefügten Mehrwert (die Wertschöpfung) zu erhöhen, indem man z.B. den Verkauf mit erweitertem Service koppelt, sich in irgendeiner Endverarbeitung des Produkts engagiert (z.B. Zurechtschneiden oder Löcher stanzen), oder indem man (Teil-) Montageoperationen von Komponenten durchführt, bevor sie an den Kunden weiterverkauft werden. Durch solche Aktivitäten kann die Produktdifferenzierung und mit ihr die Ertragsspanne ausgeweitet werden, was bei dem einfachen Produkt oder der Dienstleistung nicht möglich gewesen wäre. Dieses Konzept ist von einigen Metallhändlern erfolgreich in die Tat umgesetzt worden, die sich als »Metallservicezentren« etabliert haben: Sie engagieren sich in einfachen Verarbeitungsoperationen und in intensiver Kundenberatung – in einer Branche, die vorher ein einfaches Durchlaufsgeschäft gewesen war. Einige Händler von Elektronikkomponenten sind ähnlich erfolgreich gewesen bei der Vormontage von Schaltungen aus Einzelteilen oder bei Montagesätzen.

Manchmal kann die Wertschöpfung auch ausgeweitet werden, indem der Hersteller Vorwärtsintegration in Vertrieb oder Einzelhandel betreibt. Dadurch werden die Verkaufskonditionen besser kontrollierbar; die Macht der Abnehmer kann möglicherweise neutralisiert und die Produktdifferenzierung vertieft werden

Spezialisierung auf Produkttypen oder -segmente. Wenn die Zersplitterung einer Branche von einer Vielzahl von Posten in der Produktlinie hervorgerufen oder begleitet wird, kann die Strategie, sich auf eine eng begrenzte Produktgruppe zu spezialisieren, überdurchschnittliche Ergebnisse erbringen. Dieser Ansatz ist eine Variante der in Kapitel 2 beschriebenen Strategie der Konzentration auf Schwerpunkte. Er kann die Verhandlungsstärke eines Unternehmens gegenüber Lieferanten erhöhen, indem er es zu einem wichtigen Abnehmer ihrer Produkte macht. Auch die Produktdifferenzierung wird möglicherweise vertieft, wenn das Unternehmen für seine Produktgruppe des Image eines Experten entwickeln kann. Die Schwerpunktstrategie ermöglicht es dem Unternehmen, besser als andere für den Produktbereich Bescheid zu wissen, intensivierte Kundenberatung durchzuführen und auf den betreffenden Produktbereich zugeschnittenen Service anzubieten. Allerdings können als Folge einer solchen Spezialisierungsstrategie die Wachstumsaussichten des Unternehmens begrenzt werden.

Ein interessantes Beispiel für Produktspezialisierung, die mit gesteigerter Wertschöpfung gekoppelt ist, liefert Ethan Allen, ein sehr erfolgreicher Anbieter in der zersplitterten amerikanischen Möbelindustrie. Ethan Allen spezialisierte sich auf frühe amerikanische Möbel und bot eine Linie an, die es dem Kunden erlaubte, Kombinationen aus einzelnen Möbelstücken unter professionaler Anleitung zusammenzustellen:

»Wir verkaufen nicht das Produkt selbst, sondern das, was man mit dem Produkt anfangen kann. Wir bieten der Mittelschicht einen Service, den sich vorher nur die Reichen leisten konnten«.
(»Nat Ancell's Unique Selling Proposition«, *Forbes* 25. Dez. 1978)

Das integrierte Konzept erlaubt Ethan Allen einen Zuschlag auf seine Produkte in Höhe von 20 Prozent, der in umfangreiche Fernsehwerbung fließt. Außerdem verkauft das Unternehmen ausschließlich über ein einzigartiges Netz von unabhängigen, exclusiven Einzelhandelskanälen, wodurch es seine Produktdifferenzierung erhöhen und den schweren Verhandlungen mit Warenhäusern und Möbel-Discountmärkten aus dem Weg gehen kann. Obwohl der Marktanteil des Unternehmens nur bei 3 Prozent liegt, ist seine Rentabilität weit überdurchschnittlich.

Spezialisierung auf Kundentypen. Wenn der Wettbewerb infolge einer fragmentierten Struktur intensiv ist, kann die Spezialisierung auf eine bestimmte Kategorie von Kunden dem Unternehmen Vorteile bringen – z.B. bei denjenigen Kunden, die aufgrund kleiner jährlicher Einkaufsmengen oder niedriger absoluter Größe die geringste Verhandlungsstärke besitzen. Ein anderer Ansatz wäre, daß sich das Unternehmen auf die am wenigsten preisempfindlichen Kunden spezialisiert[2] oder auf jene, die neben dem Grundprodukt (bzw. -service) ganz besonders auf die zusätzliche Leistung angewiesen sind, die ihnen das Unternehmen offeriert. Wie bei der Produktspezialisierung kann auch die Kundenspezialisierung die Wachstumsaussichten des Unternhmens begrenzen und dafür eine höhere Rentabilität ermöglichen.

Spezialisierung auf Auftragstypen. Unabhängig vom Kunden kann sich das Unternehmen auf einen bestimmten Auftragstyp spezialisieren, um mit dem intensiven Wettbewerbsdruck in einer zersplitterten Branche besser fertig zu werden. Ein Ansatz ist beispiels-

---

2 Die Merkmale, die die Verhandlungsstärke und Preisempfindlichkeit von Abnehmern beeinflussen, werden in den Kapiteln 1 und 6 erörtert.

weise, nur kleine Aufträge anzunehmen, bei denen der Kunde sofortige Ausführung verlangt und dafür nicht sonderlich preisempfindlich ist. Oder das Unternehmen führt nur Auftragsfertigungen aus, um von der geringeren Preisempfindlichkeit zu profitieren, oder um Umstellungskosten beim Abnehmer aufzubauen. Wieder einmal gilt, daß der Preis einer solchen Spezialisierung in der Begrenzung der Menge bestehen kann.

Konzentration auf ein geographisches Gebiet. Selbst wenn ein größerer Anteil an der Gesamtbranche außer Reichweite ist und keine landesweiten Betriebsgrößenersparnisse (oder sogar -verluste) bestehen, kann es erhebliche Einsparungen erbringen, ein bestimmtes geographisches Gebiet abzudecken, auf das man Fertigungs- oder Serviceeinrichtungen, Marketing und Verkaufsmaßnahmen konzentriert. Diese Strategie erlaubt es, den Vertreterstab ökonomischer einzusetzen, die Werbung wirksamer zu gestalten, sich auf eine zentrale Vertriebsstelle zu beschränken usw. Hingegen werden die Probleme, die der Wettbewerb in einer fragmentierten Branche aufwirft, noch verschärft, wenn das Geschäft geographisch zersplittert ist. Die Abdeckungsstrategie ist bei Lebensmittelgeschäften recht effektiv gewesen, die trotz einiger großer, nationaler Ketten nach wie vor eine zersplitterte Branche bilden.

»Blanke Knochen – keine Extras«. Angesichts der Intensität des Wettbewerbs und der niedrigen Ertragsspannen in vielen zersplitterten Branchen besteht ein einfacher, aber machtvoller strategischer Ansatz darin, intensiv eine »Blanke Knochen – keine Extras« – Strategie zu betreiben – d.h. niedrige Gemeinkosten, Beschäftigte mit geringer Qualifikation, straffe Kostenkontrolle und Aufmerksamkeit für Details. Diese Politik versetzt das Unternehmen in die beste Lage, den Preiswettbewerb zu führen und zugleich überdurchschnittliche Erträge zu erzielen.

Rückwärtsintegration. Auch wenn die Ursachen der Zersplitterung einen großen Marktanteil unter Umständen verhindern, kann eine selektive Rückwärtsintergration die Kosten senken und diejenigen Konkurrenten unter Druck setzen, die sich eine solche Integration nicht leisten können. Natürlich sollte der Entscheidung zur Integration eine vollständige Analyse vorausgehen, wie wir sie in Kapitel 14 diskutieren werden.

Strategische Fallen

Die besondere Struktur der zersplitterten Branche birgt eine Reihe charakteristischer strategischer Fallen. Einige der gängigen Fallen, die als rote Warnlampen bei der Analyse strategischer Alternativen in einer fragmentierten Branche dienen sollten, sind die folgenden:

Streben nach Dominanz. Die einer zersplitterten Branche zugrundeliegende Struktur macht das Streben nach Dominanz sinnlos, solange die Struktur nicht grundlegend verändert werden kann. Kann sie es nicht, so ist ein Unternehmen, das in einer fragmentierten Branche nach einem dominanten Anteil strebt, meistens zum Scheitern verurteilt. Die der Fragmentierung zugrundeliegenden ökonomischen Ursachen führen in der Regel dazu, daß sich das Unternehmen, je weiter es seinen Marktanteil ausdehnt, zunehmende Ineffizienz einhandelt, an Produktdifferenzierung verliert und sich der Willkür von Kunden und Lieferanten aussetzt. Während der Versuch, es allen recht zu machen, in Branchen mit Betriebsgrößenersparnissen in Produktion und anderen Bereichen eine äußerst erfolgreiche Strategie sein kann, führt dieser Versuch in zersplitterten Branchen gewöhnlich dazu, daß die Verwundbarkeit gegenüber den Wettbewerbskräften steigt.

Ein Unternehmen, das diese Lektion auf schmerzhafte Weise lernen mußte, war Prelude Corporation, dessen erklärtes Ziel es war, »General Motors des Hummerfangs« zu werden. (Eine ausführliche Beschreibung erfolgte in *»Prelude Corporation«,* Harvard Business School, ICCH // 4-373-052, 1968). Prelude Corporation baute eine große Flotte teurer, hochmoderner Hummerfangboote auf, errichtete eigene Wartungs- und Hafenanlagen und integrierte vertikal in LKW-Transport und Restaurants. Leider waren die ökonomischen Verhältnisse so, daß Preludes Boote keine wesentlich besseren Fangchancen hatten als die Boote anderer Fischer, und Preludes hohe Gemein- und Fixkosten erhöhten die Verwundbarkeit des Unternehmens für die natürlichen Fluktuationen der Fangmenge. Ein weiterer Effekt der hohen Fixkosten war, daß der Preis durch kleine Fischer unterboten werden konnte, die sich offenbar mit weit niedrigeren Kapitalertragszielen begnügten als eine großes Unternehmen. Diese Umstände mündeten in eine finanzielle Krise, und schließlich stellte man die Operationen ein. Preludes Strategie trug den Ursachen der Fragmentierung in keiner Weise Rechnung, und daher war die Strategie der Dominanz sinnlos.

Fehlende strategische Disziplin. Effektiver Wettbewerb in zersplitterten Branchen verlangt fast immer äußerste strategische Disziplin. Wenn die Ursache der Zersplitterung nicht überwunden werden kann, erfordert die Wettbewerbsstruktur in zersplitterten Branchen meistens die Konzentration bzw. Spezialisierung auf irgendein straffes strategisches Konzept (z.B. eines der oben beschriebenen). Um solche Konzepte in die Tat umzusetzen, bedarf es der Bereitschaft, bestimmte Geschäfte abzulehnen und sich gegebenenfalls gegen den Strom der konventionellen Weisheiten und Verhaltensregeln einer Branche zu stellen. Undisziplinierte oder opportunistische Strategien mögen kurzfristig funktionieren, aber auf lange Sicht setzen sie das Unternehmen umso stärker den intensiven Wettbewerbskräften fragmentierter Branchen aus.

Überzentralisierung. Das Wesen des Wettbewerbs in vielen fragmentierten Branchen besteht aus persönlicher Dienstleistung, lokalen Kontakten, enger Kontrolle der Operationen, Fähigkeit zu schneller Reaktion auf Fluktuationen oder Stilveränderungen usw. Eine zentralisierte Organisationsstruktur ist in den meisten Fällen konterproduktiv, weil sie die Reaktionsgeschwindigkeit senkt, die Anreize der örtlichen Mitarbeiter verringert und möglicherweise qualifizierte Beschäftigte vertreibt, die für viele persönliche Leistungen gebraucht werden. Während die zentralisierte *Kontrolle* in einer zersplitterten Branche oft nützlich und sogar entscheidend für die Führung eines Unternehmens mit vielen Einheiten ist, kann eine zentralisierte *Struktur* eine Katastrophe sein.

Auch eine zentralisierte Produktion oder Marketingorganisation unterliegt in fragmentierten Branchen nicht unbedingt Betriebsgrößenersparnissen – oft bringen sie im Gegenteil sogar Größenverluste mit sich. Deshalb wird das Unternehmen durch Zentralisierung in solchen Bereichen eher geschwächt als gestärkt.

Annahme, daß die Konkurrenten gleich hohe Gemeinkosten und Kapitalertragsziele haben. Es gehört zu den besonderen Bedingungen in zersplitterten Branchen, daß sie viele kleine Privatunternehmen enthalten. Eigentümer-Unternehmer sind oft aufgrund nichtökonomischer Motive im Geschäft. Unter solchen Voraussetzungen wäre es ein fataler Irrtum, davon auszugehen, daß diese Konkurrenten die Gemeinkostenstruktur oder Ziele einer Publikumsgesellschaft haben. Sie arbeiten oft zu Hause, beschäftigen Familienarbeitskräfte und umgehen Kosten, die aus Vorschriften und Sozialleistungsgesetzen entstehen. Auch wenn solche Konkurrenten ineffizient arbeiten mögen, liegen ihre relativen Kosten nicht unbedingt über denen der Großunternehmen. Oft sind sie mit weit niedrigeren Renditen zufrieden als eine Publikumsgesellschaft und weit mehr daran interessiert, ihre Produktionsmenge aufrechtzuerhalten und ihren Angestellten Arbeit zu verschaffen - statt an Rentabilität per se. Deshalb können ihre Reaktionen auf Preisänderungen und andere Branchenereignisse ganz anders ausfallen als die der »normalen« Unternehmen.

Überreaktionen auf neue Produkte. In einer zersplitterten Branche sorgt die große Wettbewerberzahl fast immer dafür, daß der Käufer eine erhebliche Macht ausüben und die Konkurrenten gegeneinander ausspielen kann. In einer solchen, durch intensiven Wettbewerb gekennzeichneten Situation, erscheinen neue Produkte oft als Erlösung. Wenn die Nachfrage schnell wächst und die Käufer noch wenig Erfahrung mit dem Produkt haben, ist der Preiswettbewerb möglicherweise schwach, und die Käufer drängen sich nach Instruktion und Service des Unternehmens. In einer zersplitterten Branche ist dies eine so willkommene Erleichterung, daß die Unternehmen große Investitionen vornehmen, um auf das neue Produkt zu reagieren. Mit den ersten Anzeichen der Reife holt die fragmentierte Struktur die Nachfrage jedoch ein, und die Ertragsspannen, die die Investitionen absichern sollten, verschwinden. Wenn ein Unternehmen zu heftig auf neue Produkte reagiert, besteht somit die Gefahr, daß es seine Einzel- und Gemeinkosten zu stark erhöht, sodaß es beim Preiswettbewerb, der aus vielen zersplitterten Branchen nicht wegzudenken ist, in einen Nachteil gerät. Es ist in allen Branchen schwierig, mit neuen Produkten fertig zu werden, aber auf zersplitterte Branchen trifft dies ganz besonders zu.

Strategieformulierung

Wenn wir die bisher erörterten Konzepte zusammenfassen, können wir einen allgemeinen analytischen Rahmen zur Formulierung von Wettbewerbsstrategien in zersplitterten Branchen entwerfen (siehe Übersicht 9 – 1). Der *erste Schritt* besteht darin, eine vollständige Branchen- und Konkurrentenanalyse durchzuführen, um die Ursachen der Wettbewerbskräfte, die Struktur innerhalb der Branche und die Positionen der wichtigsten Konkurrenten zu bestimmen. Auf der Grundlage dieser Analyse werden im *zweiten Schritt* die Ursachen der Fragmentierung in der Branche identifiziert. Es kommt darauf an, die Ursachen vollständig aufzulisten und ihre Beziehung zu den ökonomischen Bedingungen der Branche festzustellen. Wie wir bereits diskutierten, liegt eine wichtige Schlußfolgerung vor, wenn der Fragmentierung kein ökonomisches Fundament zugrundeliegt.

Im *dritten Schritt* werden die Ursachen der Zersplitterung nacheinander untersucht, und zwar im Kontext der (im ersten Schritt erstellten) Branchen- und Konkurrentenanalyse. Können irgendwelche dieser Ursachen durch Innovationen oder strategische Änderungen überwunden werden? Ist eine Ressourcenspritze oder neue Perspektive alles, was gebraucht wird? Wird die eine oder andere Fragmentierungsursache direkt oder indirekt durch Branchentrends verändert?

Übersicht 9-1: Die Schritte zur Formulierung von Wettbewerbsstrategien in zersplitterten Branchen

Erster Schritt	Wie ist die Branchenstruktur beschaffen, und welche Positionen nehmen die Konkurrenten ein?
Zweiter Schritt	Warum ist die Branche zersplittert?
Dritter Schritt	Kann die Zersplitterung überwunden werden? Wie?
Vierter Schritt	Lohnt es sich, die Zersplitterung der Branche zu überwinden? Von welcher Position aus sollte der Versuch unternommen werden?
Fünfter Schritt	Wenn die Zersplitterung unvermeidlich ist, wie kann man am besten mit ihr fertig werden?

Der *vierte Schritt* hängt davon ab, ob die Zersplitterung überwunden werden kann. Wenn ja, muß das Unternehmen überlegen, ob die daraus resultierende zukünftige Branchenstruktur attraktive Erträge erbringen wird oder nicht. Um diese Frage zu beantworten, muß das Unternehmen das neue strukturelle Gleichgewicht nach erfolgter Konsolidierung vorhersagen und dann zum zweiten Mal eine Strukturanalyse durchführen. Wenn die konsolidierte Branche tatsächlich höhere Erträge verspricht, lautet die letzte Frage: Welche dauerhaft haltbare Position sollte das Unternehmen einnehmen, um aus der Konsolidierung zu profitieren?

Sind die im dritten Schritt analysierten Chancen, die Zersplitterung zu überwinden, schlecht, so sollte im *fünften Schritt* das beste Konzept ausgewählt werden, um mit der fragmentierten Struktur fertig zu werden. Dabei sollten neben den oben dargestellten allgemeinen Konzepten auch solche berücksichtigt werden, die im Lichte der besonderen Mittel und Fähigkeiten des Unternehmens für die jeweilige Branche geeignet sein könnten.

Diese Schritte stellen nicht nur eine Reihenfolge analytischer Prozesse auf, die in regelmäßigen Abständen durchgegangen werden sollten; sie lenken darüberhinaus die Aufmerksamkeit auf die entscheidenden Daten, die für die Analyse des Wettbewerbs in zersplitterten Branchen und für den Wettbewerb selbst benötigt werden. Die Kenntnis der Fragmentierungsursachen sowie Prognosen über die Auswirkungen von Innovationen und Branchentrends auf diese Ursachen sind wesentliche Voraussetzungen, um das Umfeld zu untersuchen und technologische Vorhersagen zu ermöglichen.

Kapitel 10
Wettbewerbsstrategie in jungen Branchen

Junge Branchen sind neu- oder wiederformierte Branchen, die aus technologischen Innovationen, Verschiebungen der relativen Kosten oder neucn Konsumentenbedürfnissen resultieren – oder allgemein aus ökonomischen und soziologischen Veränderungen, die ein neues Produkt oder eine neue Dienstleistung in den Rang einer potentiell lebensfähigen Geschäftsgelegenheit erheben. Junge Branchen werden laufend geschaffen; zu den vielen Schöpfungen der siebziger Jahre gehören Solarheizungen, Videospiele, Glasfaseroptik, Textverarbeitung, biologische Trennverfahren, Personalcomputer und Rauchalarmsysteme. Strategisch betrachtet haben wir es auch dann mit einer jungen Branche zu tun, wenn ein alter Geschäftszweig fundamentale Veränderungen seiner Wettbewerbsregeln und Größendimensionen erfährt, die durch die eben beschriebenen Verschiebungen in seinem Umfeld verursacht werden. Beispielsweise gibt es Mineralwasser schon seit vielen Jahren, aber der Höhenflug von Perrier ist symptomatisch für das Wachstum und die fundamentale Neubestimmung in diesem Geschäft. Wenn solche Wachstums- und Neubestimmungsprozesse stattgefunden haben, muß sich eine Branche strategischer Probleme annehmen, die sich nicht substantiell von denen einer neu entstehenden Branche unterscheiden.

Strategisch betrachtet besteht die wesentliche Eigenschaft einer jungen Branche darin, daß es keine Spielregeln gibt. Das Wettbewerbsproblem in einer jungen Branche lautet, die Regeln so festzulegen, daß das Unternehmen mit ihnen fertig werden und gedeihen kann. Das Fehlen von Regeln birgt sowohl Risiken als auch Chancen; in jedem Fall muß die Situation gemeistert werden.

Im folgenden Kapitel werden wir die Probleme der Wettbewerbsstrategie in diesem wichtigen Strukturtyp untersuchen, wobei wir auf der in Teil I entwickelten analytischen Grundlage aufbauen. Zunächst werden die Eigenschaften der Branchenstruktur und der Wettbewerber umrissen, um die Wettbewerbsgrundlagen junger Branchen zu verdeutlichen. Daraufhin werde ich die charakteristischen Entwicklungsprobleme neuer Branchen untersuchen, die ihr Wachstum begrenzen und im Zentrum der Plazierungskämpfe unter den Konkurrenten stehen. Wir werden die Faktoren identifizieren, nach denen sich die ersten Abnehmer bzw. Abnehmersegmente des Produkts einer neuen Branche bestimmen. Die Identifizierung dieser Abnehmer ist nicht nur für die unmittelbare Formulierung einer Wettbewerbsstrategie wichtig, sondern auch für die Prognose von Branchenentwicklungen; das liegt daran, daß frühe Abnehmer oft einen wesentlichen Einfluß darauf ausüben, wie eine Branche ihr Produkt gestaltet, produziert, liefert und vermarktet.

Nachdem wir eine Reihe von Schlüsselaspekten junger Branchen identifiziert haben, werde ich einige wichtige strategische Entscheidungen betrachten, denen sich Unternehmen in jungen Branchen gegenübersehen, sowie eine Reihe strategischer Konzepte, um erfolgreich in ihnen zu konkurrieren. Abschließend werden analytische Instrumente für die Prognose der weiteren Entwicklung junger Branchen vorgestellt, zusammen mit Auswahlkriterien für junge Branchen, die für Eintrittskandidaten günstige Aussichten bieten.

Die Struktur junger Branchen

Wenngleich die Strukturen junger Branchen erheblich voneinander abweichen können, gibt es doch eine Reihe gemeinsamer struktureller Faktoren, die für diese Phase der Branchenentwicklung offenbar typisch sind. Die meisten von ihnen beziehen sich entweder auf das Fehlen anerkannter Wettbewerbsgrundlagen und Spielregeln, oder auf die ursprünglich unterentwickelte Größe und auf die Neuheit der Branche.

Gemeinsame strukturelle Merkmale

Technologische Unsicherheit. Die Technologie in einer entstehenden Branche ist fast immer durch erhebliche Unsicherheit gekennzeichnet: Welche Produktgestaltung wird sich letztlich als die beste erweisen? Welche Produktionstechnologie wird sich als die effizienteste herausstellen? Beispielsweise besteht bei Rauchalarmsystemen immer noch Unsicherheit darüber, ob sich photoelektrische oder ionisierende Indikationsverfahren als beste Alternative durchsetzen werden; beide werden gegenwärtig von verschiedenen Unternehmen hergestellt. (Abernathy spricht einprägsam vom Fehlen einer »dominanten Gestalt« des Produkts bzw. der Dienstleistung; siehe Abernathy, 1978). Bei der Bildplatten-Technologie konkurrieren die Ansätze von Philips und RCA um die Anerkennung als Branchenstandard, genauso wie die alternativen Fernsehsysteme in den vierziger Jahren. Im übrigen können mehrere Produktionstechnologien existieren, von denen keine auf größerer Ebene ausprobiert wurde. Bei der Herstellung von Glasfasern gibt es mindestens fünf verschiedene Prozesse, die von verschiedenen Branchenteilnehmern bevorzugt werden.

Strategische Unsicherheit. Mit der technologischen Unsicherheit verknüpft, aber in ihren Ursachen weitergehend, ist die breite Vielfalt der von den Branchenteilnehmern ausprobierten strategischen Ansätze. Noch keine der Strategien hat sich als »richtig« herausgestellt, und die Unternehmen tasten unterschiedliche Ansätze im Blick auf Produkt/Markt-Plazierung, Marketing, Service usw. ab, genauso wie sie auf unterschiedliche Produktgestaltung oder Herstellungstechnologien setzen. Beispielsweise ist unter den Anbietern von Solarheizungen eine breite Vielfalt von Ansätzen zu beobachten, etwa in Bezug auf die Wahl der Vertriebskanäle, die Form der Marktsegmentierung, oder die Frage, ob Komponenten oder fertige Systeme angeboten werden sollen. Mit diesem Problem ist die Tatsache eng verwandt, daß die Wettbewerber in der Entstehungsphase oft nur spärliche Informationen über ihre Konkurrenten, über die Eigenschaften der Abnehmer und allgemein über die Branchenverhältnisse haben. Beispielsweise besitzt niemand die vollständige Kenntnis aller Wettbewerber, und zuverlässige Daten über Branchenumsatz und Marktanteil sind oft schlichtweg nicht verfügbar.

Anfänglich hohe Kosten, aber steiler Kostenrückgang. Kleine Produktionsmengen und die Neuheit der Branche zusammengenommen ergeben in der Regel hohe Kosten, verglichen mit denen, die die Branche potentiell erreichen könnte. Selbst bei Technologien, deren Erfahrungskurve bald abflacht, gibt es meistens noch steile Kostenrückgänge durch Lernen. Die Beschäftigten erzielen bedeutsame Produktivitätsfortschritte, je vertrauter sie mit ihrer Arbeit werden, und in rascher Folge werden Ideen für effizienteren Produktionsablauf, Fabrikaufbau usw. entwickelt. Höhere Verkäufe erlauben die Ausdehnung der Größe und der kumulierten Produktionsmenge. Diese Faktoren werden in ihrer Wirkung noch verstärkt, wenn – wie in den meisten Fällen – die Technologie in der Entstehungsphase arbeitsintensiver ist als in späteren Phasen.

Als Ergebnis einer steilen Erfahrungskurve nehmen die anfänglich hohen Kosten mit einer sehr hohen Rate ab. Die Kostendegression verläuft noch schneller, wenn die lernbedingten Einsparungen sich im Zuge des Branchenwachstums mit vermehrten Gelegenheiten verbinden, Betriebsgrößenersparnisse zu erzielen.

Neu gegründete Unternehmen und »Spin-offs«. Zu keiner Phase der Branchenentwicklung ist der Anteil neu gegründeter Unternehmen (nicht zu verwechseln mit neu gebildeten Einheiten etablierter Unternehmen) so hoch wie in der Entstehungsphase. Man denke an die zahlreichen neuen Unternehmen in den gegenwärtig entstehenden Branchen wie Personalcomputer und Solarzellen, in der frühen Automobilindustrie (Packard, Hudson, Nash und Dutzende andere) und in der frühen Kleincomputerindustrie (z.B. Digital Equipment, Data General, Computer Automation). Ohne anerkannte Spielregeln oder Größenvorteile, die als Abschreckung dienen, ist es neu gebildeten Unternehmen leicht möglich, in junge Branchen einzutreten – eine Situation, die wir später noch diskutieren werden.

Dem Phänomen der neu gebildeten Unternehmen sind die vielen »spin-off«-Unternehmen verwandt, d.h. Unternehmen, die dadurch entstehen, daß Angestellte die Branchenunternehmen verlassen, um ihre eigenen neuen Unternehmen zu gründen. Digital Equipment ermöglichte eine Reihe von spin-offs bei Kleincomputern (z.B. Data General), das gleiche gilt für Varian Associates (z.B. General Automation) und Honeywell – wir könnten viele weitere Branchen anführen, in denen es zahlreiche spin-offs gab. Das Phänomen der spin-offs hängt mit einer Reihe von Faktoren zusammen. Erstens kann es in einem Klima schnellen Wachstums attraktiver sein, die Gelegenheit einer Kapitalbeteiligung wahrzunehmen, als sich mit dem Gehalt bei einem etablierten Unternehmen zu begnügen. Zweitens sind die Angestellten existierender Unternehmen aufgrund des Flusses von Technologie und Strategie in der Entstehungsphase oft in einer guten Position, um neue und bessere Ideen zu entwickeln, wobei sie die Nähe zur Branche ausnutzen können. Manchmal kündigen sie eines potentiell höheren Einkommens wegen, aber nicht selten finden spin-offs statt, weil der Angestellte seinen Chef nicht von einer neuen Idee überzeugen kann – vielleicht, weil sie einen Großteil der früheren Investitionen des Unternehmens hinfällig macht. Data General wurde Branchenbeobachtern zufolge gegründet, nachdem es Edson de Castro und einer Handvoll weiterer Angestellter von Digital Equipment nicht gelungen war, Digital von einer neuen Produktidee zu überzeugen, der sie ein großes Potential zutrauten. Sofern die Branchenstruktur nicht wesentliche Eintrittsbarrieren für neu gegründete Unternehmen aufstellt, können spin-offs ein verbreitetes Phänomen in jungen Branchen sein.

Erstkäufer. Käufer des Produkts oder der Dienstleistung der jungen Branche sind naturgemäß Erstkäufer. Die Marketingaufgabe besteht somit darin, den Ersatz zu stimulieren, d.h. den Abnehmer dazu zu bewegen, das neue Produkt anstelle eines älteren zu kaufen. Der Abnehmer muß über die grundlegende Art und Funkion des neuen Produkts informiert werden; er muß davon überzeugt werden, daß es diese Funktion tatsächlich erfüllen kann; und er muß zu der Auffassung gebracht werden, daß die potentiellen Vorteile des Produkts die Risiken seines Kaufs übersteigen. Beispielsweise kämpfen die Solarheizungsanbieter gegenwärtig darum, Hauseigentümer und -käufer davon zu überzeugen, daß die Kosteneinsparungen durch Solarheizungen evident sind, daß die Systeme zuverlässig arbeiten, und daß sie nicht auf weitere steuerliche Anreize warten müssen, um sich für die neue Technologie zu entscheiden. Auf die Faktoren, die einen Käufer dazu bewegen, sich frühzeitig für ein neues Produkt oder eine neue Dienstleistung zu entscheiden, werde ich später noch ausführlich zu sprechen kommen.

Kurzer Zeithorizont. In vielen jungen Branchen ist der Druck, Kunden »aufzubauen« oder geeignete Produkte zur Befriedigung der Nachfrage zu entwickeln, so groß, daß Engpässe und Probleme eher nach der kurzfristigen Zweckmäßigkeit bewältigt werden statt nach dem Ergebnis einer Analyse der zukünftigen Bedingungen. Gleichzeitig kommen Branchenkonventionen oft rein zufällig zustande: Wenn z.B. ein Unternehmen eine Kalkulationstabelle aufstellen muß, übernimmt der Marketing-Manager vielleicht einen gespaltenen Preis, den er bei seinem vorherigen Unternehmen verwendet hat, und die anderen Wettbewerber ziehen nach – mangels einer greifbaren Alternative. In beiden Fällen wird »konventionelle Weisheit« geschaffen, wie wir sie in Kapitel 3 diskutiert haben.

Subvention. In vielen jungen Branchen werden frühe Anbieter subventioniert, besonders wenn es sich um radikal neue Technologien handelt oder Bereiche des gesellschaftlichen Interesses berührt werden. Subventionen können aus einer Vielzahl staatlicher und nichtstaatlicher Quellen herrühren; besonders bekannte Beispiele aus den frühen achtziger Jahren sind die umfangreichen Subventionen für Sonnenenergie und Kohlevergasung. Subventionen können direkt in Form von Zuschüssen an die Unternehmen vergeben werden, oder indirekt in Form von steuerlichern Anreizen, Subventionierung der Abnehmer usw. Oft tragen Subventionen erheblich zur Instabilität einer Branche bei, weil die Branche in die Abhängigkeit von politischen Entscheidungen gerät, die in kürzester Zeit zurückgenommen oder abgeändert werden können. Zwar sind Subventionen in mancher Hinsicht für die Branchenentwicklung nützlich, aber oft bringen sie tiefgreifende staatliche Interventionsmöglichkeiten mit sich – ein zweischneidiges Schwert. Dennoch veranlaßte die Notwendigkeit, Anfangsschwierigkeiten zu überwinden, viele junge Branchen dazu, Subventionen zu fordern; zu diesem Zweck haben z.B. die amerikanischen Meeresfarmer 1980 mit regem Lobbyismus begonnen.

Frühe Mobilitätsbarrieren

Oft lassen sich die Unterschiede zwischen den Mobilitätsbarrieren in der Entstehungsphase der Branche und in späteren Entwicklungsphasen vorherbestimmen. Verbreitete frühe Mobilitätsbarrieren sind:

- Unternehmenseigene Technologien;
- Zugang zu Vertriebskanälen;
- Zugang zu Rohstoffen und anderen Inputs (z.B. qualifizierter Arbeit) von angemessenem Preis und geeigneter Qualität;
- erfahrungsbedingte Kostenvorteile, die durch die Unsicherheit in Bezug auf Technologie und Wettbewerb noch verstärkt werden;
- das hohe Risiko, das die effektiven Opportunitätskosten des Kapitals (also den relativen Ertrag alternativer Anlagemöglicheiten) erhöht und dadurch die Kapitalbarrieren verstärkt.

Wie wir in Kapitel 8 gesehen haben, weisen einige dieser Barrieren – wie etwa unternehmenseigene Technologie, Zugang zum Vertrieb, Lerneffekte und Risiko – die starke Tendenz auf, im Zuge der Branchenentwicklung schwächer zu werden oder zu verschwinden. Von Ausnahmen abgesehen, bestehen die typischen frühen Mobilitätsbarrieren *nicht* in Markenidentifikationen (sie werden gerade erst geschaffen), Betriebsgrößenersparnissen (die Branche ist dafür noch zu klein) oder Kapital (die Großunternehmen können heutzutage erhebliche Kapitalmengen für Investitionen mit geringem Risiko aufbringen).

Die Art der frühen Mobilitätsbarrieren ist ein wichtiger Grund, warum neu gegründete Unternehmen vor allem in jungen Branchen zu beobachten sind. Die typischen frühen Barrieren rühren weniger aus dem Bedarf an massiven Mitteln als aus der Fähigkeit, Risiko zu übernehmen, technologisch kreativ zu sein und vorwärtsweisende Entscheidungen zu treffen, um Inputlieferanten und Vertriebskanäle zu sichern. Dieselben Barrieren tragen auch dazu bei, die Tatsache zu erklären, daß etablierte Konzerne selten zu den ersten Wettbewerbern junger Branchen gehören – selbst wenn sie über offensichtliche Fähigkeiten verfügen –, sondern erst später hinzutreten. Etablierte Unternehmen setzen ihre Opportunitätskosten des Kapitals möglicherweise höher an und sind oft schlecht vorbereitet, die Technologie- und Produktrisiken auf sich zu nehmen, die in den Frühphasen der Branchenentwicklung notwendig sind. Beispielsweise traten die Spielzeughersteller relativ spät bei Videospielen ein, trotz offensichtlicher Stärken wie Kundenkenntnis, Markennamen und Vertriebsmöglichkeiten. Offenbar hatte sie der schwindelerregende technologische Wandel verschreckt. Genauso ließen sich die traditionellen Hersteller von Vakuumröhren Zeit beim Eintritt in die Halbleiterproduktion, und die Hersteller von elektrischen Filtermaschinen zogen bei automatischen Kaffeemaschinen gegenüber neuen Unternehmen wie Mr. Coffee den kürzeren. Auch der späte Eintritt kann jedoch Vorteile bergen, die wir später diskutieren werden.

Hindernisse für die Branchenentwicklung

Junge Branchen werden in ihrem Bestreben, sich zu etablieren, meist mit Problemen und Hindernissen verschiedener Größenordnung konfrontiert. Diese ergeben sich aus der Neuheit der Branche, der Abhängigkeit ihres Wachstums von außenstehenden ökonomischen Einheiten und aus weiteren externen Entwicklungsfaktoren, die aus der Notwendigkeit resultieren, die Käufer zum Produktionswechsel zu bewegen.

Unfähigkeit, Rohstoffe und Einzelteile zu beschaffen. Im Zuge der Entwicklung einer jungen Branche müssen neue Lieferanten gefunden werden, oder die bestehenden Lieferanten müssen ihren Output an Rohstoffen und Einzelteilen so erweitern bzw. verändern, daß der Bedarf der Branche gedeckt wird. Schwerwiegende Engpässe bei Rohstoffen und Einzelteilen sind in jungen Branchen sehr häufig. Beispielsweise wurde die Fernsehgeräteindustrie Mitte der sechziger Jahre von einer akuten Knappheit an Farbfernsehröhren betroffen, für die Wettbewerber damals ein wichtiges strategisches Problem. Chips für Videospiele, besonders für die von General Instrument hervorgebrachten Ein-Chip-Spiele, waren ein Jahr nach ihrer Einführung sehr knapp und für neue Anbieter so gut wie nicht verfügbar.

Explodierende Rohstoffpreise. Angesichts verstärkter Nachfrage und unzureichendem Angebot schießen die Preise für wichtige Rohmaterialien in den Frühphasen junger Branchen oft explosionsartig in die Höhe. Diese Situation beruht zum Teil auf schlichter Angebots/Nachfrage-Ökonomie, zum Teil aber auch darauf, daß die Lieferanten den Wert ihrer Produkte für die Branche erkennen. Wenn die Lieferanten expandieren (oder die Branchenteilnehmer sich rückwärts integrieren, um den Engpaß zu überwinden), können die Rohstoffpreise ebenso steil wieder abfallen. Dazu kommt es aber nicht, wenn das Angebot schwer auszuweiten ist, wie etwa beim Bergbau oder auch bei qualifizierter Arbeit.

Fehlende industrielle Infrastruktur. Junge Branchen sind oft mit Problemen (z.B. bei der Materialversorgung) konfrontiert, die aus der unausgereiften industriellen Infrastruktur resultieren: Fehlen von Vertriebskanälen, Serviceeinrichtungen, ausgebildeten Mechanikern, Komplementärprodukten (z.B. geeignete Campingplätze für Freizeitfahrzeuge, Kohlevorräte für die Kohlevergasung) und dergleichen.

Fehlende Standardisierung von Produkten oder Technologie. Die Unfähigkeit, sich auf Produkt- oder Technologiestandards zu einigen, verschärft die Probleme der Versorgung mit Rohstoffen und Komplementärprodukten und kann zudem Kostensenkungen behindern. Die fehlende Übereinkunft ist meist das Resultat der starken Unsicherheit über Produkte und Technologien, die in jungen Branchen immer herrscht.

Erwartete Wahrscheinlichkeit der Veralterung. Das Wachstum einer jungen Branche wird beeinträchtigt, wenn die Käufer die Erwartung hegen, daß die Technologien der zweiten und dritten Generation die gegenwärtig angebotenen Produkte veralten lassen werden. In diesem Fall werden die Käufer darauf warten, daß die Geschwindigkeit des technischen Fortschritts und der Preissenkungen abnimmt. Dieses Phänomen war bei Digitaluhren und Taschenrechnern zu beobachten.

Verwirrung der Kunden. Junge Branchen werden oft von der Verwirrung der Kunden geplagt, die aus der Vielzahl von Produktkonzepten, technologischen Variationen und sich widersprechenden Behauptungen der Wettbewerber resultiert. Dieses Wirrwarr ist symptomatisch für die technologische Unsicherheit und den daraus entstehenden Mangel an Standardisierung und allgemeiner technischer Übereinkunft unter den Branchenteilnehmern. Derartige Konfusion kann die Umsätze der Branche begrenzen, weil sie bei den Käufern die Einschätzung des Kaufrisikos erhöht. Manche Beobachter sind etwa der Meinung, daß die widersprüchlichen Aussagen der Hersteller von ionisierenden bzw. photoelektrischen Rauchalarmsystemen die Abnehmer dazu bewegen, ihre Käufe zu verschieben. Ein ähnliches Problem in der Solarheizungsbranche faßt ein Artikel aus dem Jahr 1978 zusammen:

»Genauso wichtig für das zukünftige Wohlergehen der Branche wird aber sein, inwieweit es ihr gelingt, die Leistungsfähigkeit ihrer Anlagen auf den Stand der Kundenerwartungen zu bringen. Der erfolgreiche Einsatz einer großen Energiequelle zum Nutzen der USA wird durch Euphorie, Unwissenheit und eigennützige Interessen gefährdet, sagte Loff auf der Solarkonferenz in Denver. Während Loff betonte, daß unzureichende Steueranreize eine der Hauptursachen der Branchenmalaise seien, machte er außerdem Solarpropheten, Probleme und Fehlschläge bei Solarheizungssytemen sowie ...unverantwortliche Behauptungen der Hersteller dafür verantwortlich«. (»The Coming Boom in Solar Energy«, *Business Week,* 9. Okt. 1978).

Schwankende Produktqualität. Angesichts der vielen neu gegründeten Unternehmen, dem Mangel an Standards und der technologischen Unsicherheit, ist die Produktqualität in jungen Branchen oft schwankend. Dadurch können Image und Glaubwürdigkeit der *gesamten Branche* geschädigt werden, selbst wenn nur wenige Unternehmen für die schwankende Qualität verantwortlich sind. Defekte bei Videospielen (z.B. das Ausbrennen von Fernsehröhren) haben das frühe Wachstum zurückgeworfen; ebenso haben die schwankenden Leistungen von Digitaluhren oder von neuen KFZ-Inspektionszentren auf Franchising-Basis zum Mißtrauen bei den Kunden geführt.

Image und Glaubwürdigkeit in der Finanzwelt. Das Image einer jungen Branche und ihre Glaubwürdigkeit in der Finanzwelt sind aufgrund der Neuheit, der großen Unsicherheit, Kundenverwirrung und schwankenden Qualität möglicherweise schlecht. Dadurch wird der Zugang der Unternehmen zu günstigen Finanzierungsmitteln erschwert, und auch für die Abnehmer wird es schwieriger, Kredite zu bekommen. Aber obwohl Finanzierungsschwierigkeiten wahrscheinlich die Regel sind, bilden einige Branchen (gewöhnlich hochtechnologisierte Geschäftszweige oder »Konzept«unternehmen) offenbar Ausnahmen. In Branchen wie Kleincomputern und Datenübermittlung gehören selbst neu gegründete Unternehmen zu den Lieblingskindern der Börse, mit sehr hohen Kurs-Ertragsmultiplikatoren und ausreichend billigem Geld. (Weitere Beispiele finden sich bei Fruhan, 1979).

Staatliche Anerkennung. Wenn eine junge Branche neue Ansätze zur Befriedigung von Bedürfnissen anbietet, die bis dahin anderweitig befriedigt wurden und der staatlichen Aufsicht unterlagen, dann muß sie mit Verzögerungen und Bürokratie bei dem Versuch rechnen, die Aufmerksamkeit und Anerkennung der Aufsichtsbehörden zu erlangen. Beispielsweise wurden Fertighäuser durch die Starrheit der Baunormen schwerwiegend behindert, und derzeit sehen sich neue medizinische Produkte langen Testzeiträumen gegenüber, bevor sie freigegeben werden. Andererseits kann eine Branche durch staatliche Maßnahmen fast über Nacht in die Welt gesetzt werden, wie z.B. bei der Freigabe von Rauchalarmsystemen.

Wenn die junge Branche außerhalb einer traditionell regulierten Sphäre liegt, kommen Vorschriften manchmal abrupt und verlangsamen unter Umständen den Fortschritt der Branche. So blieb etwa Mineralwasser jahrelang von den Behörden unbeachtet, bis die Branche Mitte der siebziger Jahre kräftig expandierte. Nachdem die Mineralwasseranbieter nun aber eine signifikante Größe erreicht haben, werden sie von Etikettierungs- und Gesundheitsvorschriften schier erdrückt. (Siehe dazu »Mineral Water Could Drown in Regulation« *Business Week*, 11. Juni 1979). Dasselbe Phänomen war bei Fahrrädern und Kettensägen zu beobachten; nachdem ein Wachstumsschub die Branchengröße ausgedehnt hatte, nahmen die Behörden von ihr Kenntnis.

Hohe Kosten. Aufgrund der zahlreichen, bereits beschriebenen strukturellen Bedingungen sieht sich die junge Branche oft Stückkosten gegenüber, die weit über dem voraussichtlichen späteren Niveau liegen. Diese Situation zwingt die Unternehmen manchmal dazu, ihre Preise anfänglich unter den Kosten anzusetzen, wenn sie die Branchenentwicklung nicht schwerwiegend hemmen wollen. Das Problem besteht darin, den Kosten-Mengen-Zyklus in Gang zu setzen.

Reaktionen bedrohter Wirtschaftsteilnehmer. Irgendein Wirtschaftsteilnehmer sieht sich durch den Aufstieg einer jungen Branche fast immer bedroht – z.B. eine Branche, die ein Ersatzprodukt herstellt, Gewerkschaften, Vertriebskanäle, die mit dem alten Produkt verbunden sind und gerne weiter damit handeln möchten usw. Beispielsweise laufen die meisten Stromversorgungsunternehmen gegen die Subventionen für Sonnenenergie Sturm, weil sie glauben, daß die Sonnenenergie den Strombedarf zu Spitzenzeiten nicht wird decken können. Die Baugewerkschaften kämpfen erbittert gegen Fertighäuser.

Bedrohte Wirtschaftsteilnehmer können die junge Branche auf vielfältige Weise bekämpfen, etwa mit regulatorischen bzw. politischen Mitteln oder am kollektiven Verhandlungstisch. Eine Branche, die durch Ersatz bedroht ist, kann auf Gewinne verzichten (indem sie die Preise senkt), ihren Marketingaufwand erhöhen, oder in F & E investieren, um ihr bedrohtes Produkt konkurrenzfähig zu machen. Abbildung 10 – 1 illustriert die letztgenannte Alternative. (Das Diagramm wurde von John Forbus von McKinsey & Company vorgeschlagen). Wenn die bedrohte Branche sich zu Investitionen entschließt, um ihre (um Qualitätsunterschiede bereinigten) Kosten zu senken, muß sich die junge Branche im klaren sein, daß ihre Ziele im Blick auf erfahrungs- und größenbedingte Kostensenkungen nicht starr bleiben dürfen, sondern sich mitverändern müssen.

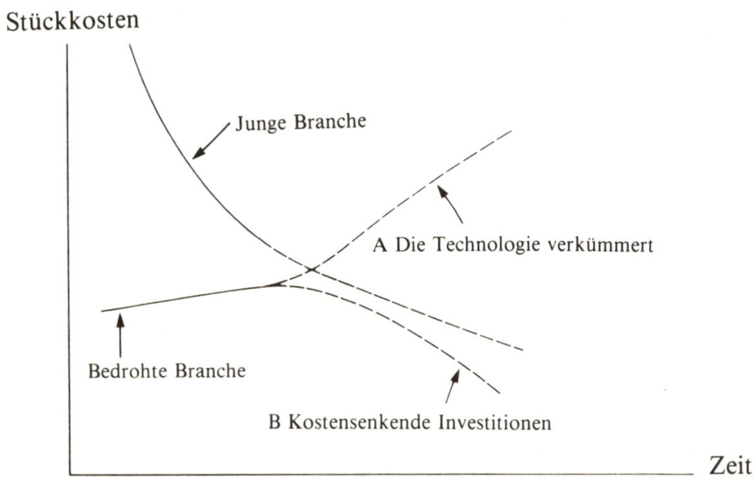

Abbildung 10-1: Die Reaktion einer durch Ersatz bedrohten Branche

Die Neigung der bedrohten Branche, bei ihren Preisen auf Gewinne zu verzichten oder aggressiv zu investieren, um ihre Kosten zu senken und ihre Mengen aufrechtzuerhalten, hängt unmittelbar von ihren Austrittsbarrieren ab (siehe die Kapitel 1 und 12). Wenn die Austrittsbarrieren hoch sind – aufgrund spezialisierter Aktiva, hoch veranschlagter strategischer Bedeutung, emotionaler Bindungen oder anderer Ursachen –, muß die entstehende Branche damit rechnen, daß die bedrohte Branche energische und sogar verzweifelte Maßnahmen ergreifen wird, um das Wachstum der entstehenden Branche zu stoppen.

Frühe und späte Märkte[1]

Eine der entscheidenden strategischen Fragen in jungen Branchen lautet, welche Märkte sich für das Produkt der neuen Branche früh öffnen werden, und welche spät. Die Beantwortung dieser Frage erleichtert es nicht nur, Produktentwicklung und Marketing besser zu konzentrieren, sie ist außerdem von zentraler Bedeutung für die Vorhersage struktureller Entwicklungen, weil die frühen Märkte oft einen wichtigen Einfluß auf die Branchenentwicklung ausüben.

Märkte, Marktsegmente und sogar bestimmte Abnehmer innerhalb von Marktsegmenten können in ganz unterschiedlichem Maße für ein neues Produkt aufgeschlossen sein. Für den Grad dieser Aufgeschlossenheit sind offenbar eine Reihe von Merkmalen entscheidend, von denen einige durch die Unternehmen der jungen Branche beeinflußt oder überwunden werden können. (Dieselben Merkmale eignen sich auch, um die frühen Märkte einer neuen Produktvariante in einer *etablierten* Branche vorherzubestimmen).

Art des Nutzens. Die Art des vom Käufer erwarteten Nutzens übt den vielleicht wichtigsten Einfluß auf dessen Aufgeschlossenheit für das neue Produkt aus. Wir können uns eine fortlaufende Linie von Nutzenkombinationen vorstellen: Am einen Ende liegt ein neues Produkt, das eine reine *Leistungsverbesserung* ermöglicht (die auf andere Art nicht zu erreichen wäre); am anderen Ende liegt ein Produkt, das nur eine *Kostensenkung* ermöglicht. Dazwischen liegen die Produkte, die eine Leistungsverbesserung ermöglichen, die zwar auch auf andere Art zu erreichen wäre, aber nur zu höheren Kosten.

Unter sonst gleichen Umständen sind gewöhnlich jene Märkte die frühesten Produktabnehmer, denen das Produkt eine Leistungs-

1 Die in diesem Teil dargestellten Ideen haben erheblich von der Arbeit von Margaret O. Lawrence profitiert, die damals wissenschaftliche Mitarbeiterin in Unternehmenspolitik an der Harvard Business School war.

verbesserung bietet. Der Grund liegt darin, daß die Abnehmer gegenüber der *tatsächlichen* Kostensenkung durch das Produkt skeptisch sind – in Anbetracht der Neuheit, Unsicherheit, oft schwankenden Leistung des neuen Produkts und anderer noch zu diskutierender Faktoren. Unabhängig davon, ob der Nutzen eines Produkts eher auf dem Feld der Kosten oder der Leistung liegt, hängt die Aufgeschlossenheit des potentiellen Abnehmers jedoch von einer Reihe weiterer Aspekte des Nutzentyps ab:

Leistungsverbesserung

- Wie groß ist die Leistungsverbesserung für den jeweiligen Abnehmer?
- Wie offensichtlich ist die Verbesserung?
- Wie stark ist der Druck auf den Abnehmer, sich in dem vom neuen Produkt abgedeckten Bereich zu verbessern?
- Stärkt die Leistungsverbesserung die Wettbewerbsposition des Abnehmers?
- Wie stark ist der Konkurrenzdruck, den Wechsel zum neuen Produkt zu vollziehen? Leistungsverbesserungen, die von ihrer Art her *defensiv* sind (indem sie z.B. eine Gefahr für das Geschäft abwehren helfen), tragen meist zur früheren Übernahme eines Produkts bei als Leistungsverbesserungen, die eine *offensive* Gelegenheit zur Stärkung der Wettbewerbsposition bieten.
- Wie preis- und/oder kostenempfindlich ist der Abnehmer, wenn die zusätzliche Leistung höhere Kosten mit sich bringt?

Kostensenkung

- Wie groß ist die Kostensenkung für den jeweiligen Abnehmer?
- Wie offensichtlich ist die Senkung?
- Kann ein bleibender Wettbewerbsvorteil durch die Kostensenkung erzielt werden?
- Wie stark muß der Konkurrenzdruck sein, damit der Wechsel zum neuen Produkt vollzogen wird?
- In welchem Maße ist die Geschäftsstrategie des potentiellen Abnehmers kostenorientiert?

In manchen Fällen werden die Kunden durch gesetzliche Vorschriften (oder durch Vorschriften von Wirtschaftsteilnehmern, z.B.

Qualifikationsforderungen von Versicherungsunternehmen) gezwungen, ein *neues* Produkt zu kaufen, wenn sie eine bestimmte Leistung erwerben wollen. In solchen Fällen werden die Abnehmer meist dasjenige Produkt kaufen, das am billigsten ist und gerade noch den technischen Anforderungen entspricht.

Produktanforderungen, um signifikante Vorteile erzielen zu können. Ein zweiter wichtiger Faktor, der den Zeitpunkt beeinflußt, zu dem die Abnehmer ein neues Produkt übernehmen, ist die für die Anwendung erforderliche technische Leistung des Produkts. Einige Abnehmer sind möglichweise schon mit rudimentären Varianten des neuen Produkts in der Lage, wertvolle Vorteile zu erzielen, während andere höherwertige Varianten verlangen. Beispielsweise waren Laborforscher mit relativ teuren und langsamen Kleincomputern zufrieden, da sie keine echten Alternativen hatten, um ihre Datenverarbeitungsprobleme zu lösen. Hingegen erforderten Buchhaltungs-und Controlling-Anwendungen kostengünstigere und höherwertige Varianten, und folglich kamen diese Marktsegmente erst später hinzu.

Kosten des Produktversagens. Abnehmer, bei denen Produktversagen relativ hohe Kosten verursacht, übernehmen ein neues Produkt meist später als jene, deren Risiko geringer ist. Wenn ein Abnehmer das neue Produkt als Teil eines integrierten Systems verwendet, oder wenn er aus irgendeinem Grund besonders hohe Strafen bei Leistungsunterbrechungen seines Produkts zahlen muß, dann sind seine Kosten bei Produktversagen äußerst hoch. Bei Konsumgütern hängt die Höhe der Ausfallkosten außerdem von den Mitteln der Konsumenten ab. Reiche Personen werden wahrscheinlich weniger besorgt sein, wenn ihr neu gekauftes Schneemobil nicht funktioniert oder die behaupteten Vorteile nicht bringt, als Personen, für die der Kauf alle übrigen Möglichkeiten, Freizeitprodukte anzuschaffen, ausschließt.

Einführungs- oder Wechselkosten. Die Kosten, die bei der Einführung eines neuen Produkts oder beim Wechsel von einem bestehenden Produkt zu einem neuen anfallen, variieren unter den Abnehmern. Diese Kosten sind den Umstellungskosten analog, die wir in den Kapiteln 1 und 6 diskutiert haben, und sie umfassen:

- Kosten der Umschulung von Beschäftigten;
- Kosten des Erwerbs neuer Zusatzausrüstungen;
- Sonderabschreibungen technologisch veralteter Anlagen;
- Kapitalbedarf der Umstellung;
- Kosten für technisches Personal oder F&E;
- Kosten der Anpassung verbundener Produktionsstufen oder verwandter Geschäftsbereiche.

Kosten beim Wechsel zu neuen Produkten können subtile Formen annehmen. Beispielsweise muß ein potentieller Abnehmer, der die neue Kohlevergasungstechnologie übernimmt, statt das Gas von einem Versorgungsunternehmen zu beziehen, oft mit Veränderungen der chemischen Eigenschaften des Gases fertig werden. Für einige Abnehmer wird dadurch die Leistung des Gases in ihren nachgelagerten Produktionsprozessen beeinflußt, und sie müssen Investitionen aufwenden, um die unerwünschten Effekte auszuräumen.

Wechselkosten werden oft durch das Tempo des Wechsels beeinflußt - sofern es frei gewählt werden kann -, sowie durch weitere Faktoren wie etwa,

- ob das neue Produkt eine *neue Funktion* erfüllt oder ein bestehendes Produkt ersetzt (der Ersatz bringt oft zusätzliche Umschulungskosten, Sonderabschreibungen u.ä. mit sich);
- die Länge von Neuentwurfs-Zyklen; es ist meist einfacher, ein neues Produkt während eines normalen Neuentwurfs-Zeitraumes zu ersetzen, als wenn der Ersatz einen unvorgesehenen Neuentwurf erfordert.

Unterstützende Dienste. Ähnlich wie die Wechselkosten beeinflußt auch der Bedarf des Abnehmers an unterstützenden Diensten (z.B. technische Hilfe, Reparaturen), um mit dem neuen Produkt zu Rande zu kommen, den Zeitpunkt der Übernahme eines neuen Produkts. Wenn das neue Produkt etwa qualifizierte Maschinisten oder Servicetechniker erfordert, wird es wahrscheinlich zuerst von Käufern übernommen, die bereits über solche Ressourcen verfügen oder Erfahrung im Umgang mit ihnen haben.

Kosten der Veralterung. Das Ausmaß der Veralterung früher Produktvarianten, hervorgerufen durch die aufeinanderfolgenden technologischen »Generationen« in der jungen Branche, ist nicht für alle Abnehmer gleich. Manche Abnehmer können sämtliche Vorteile, die sie wirklich benötigen, aus der ersten Generation beziehen, während andere gezwungen sind, die jeweils jüngste Generation des neuen Produkts zu erwerben. Wie früh die letztgenannten Abnehmer in das Produkt einsteigen, hängt von ihren Wechselkosten ab, die wir bereits diskutiert haben.

Ungleich verteilte staatliche oder tarifvertragliche Vorschriften und Hindernisse. Das Ausmaß, in dem die Übernahme eines neuen Produkts durch Vorschriften behindert wird, kann unter den Abnehmern unterschiedlich sein. So werden etwa Lebensmittel- und Arzneimittelhersteller bei jeder Veränderung ihre Produktion streng überwacht, während Unternehmen in vielen anderen Branchen ihre Operationen frei verändern können. Dieselbe Asymmetrie kann bei Tarifverträgen und der durch sie hervorgerufenen Lähmung herrschen.

Ressourcen für den Wechsel. Die Abnehmer unterscheiden sich im Blick auf die Ressourcen, die ihnen für den Wechsel zum neuen Produkt zur Verfügung stehen (wie etwa Kapital, technische Fähigkeiten, F & E-Personal).

Bewertung des technologischen Wandels. Eine weitere Dimension, in der sich die Abnehmer unterscheiden können, ist die Erfahrung und Vertrautheit mit dem technologischen Wandel. In Geschäftszweigen, die durch schnellen technischen Fortschritt und hohes technologisches Niveau charakterisiert sind, wird ein neues Produkt möglicherweise weit weniger als Gefahr empfunden als in einer sehr stabilen Branche mit niedrigem Technologieniveau. Damit hängt zusammen, daß der technologische Wandel in manchen Branchen als Gelegenheit, die strategische Position zu verbessern, betrachtet wird, während er in anderen traditionell eine Bedrohung darstellt. Unter sonst gleichen Umständen kommen die erstgenannten Käufer eher als frühe Abnehmer in Frage als die zuletzt genannten.

Persönliches Risiko des Entscheiders. Je größer das persönliche Risiko des verantwortlichen Entscheiders (für den Fall, daß sich die Entscheidung mittelfristig als falsch herausstellt), desto länger werden die betreffenden Unternehmen sich bei der Übernahme des neuen Produkts Zeit lassen. Das vom Entscheider empfundene Risiko kann stark variieren, je nach der Eigentums- oder Machtstruktur des Abnehmers.

Strategische Entscheidungen

Die Strategieformulierung in jungen Branchen muß mit der Unsicherheit und dem Risiko fertig werden, die in dieser Phase der Branchenentwicklung vorherrschen. Die Spielregeln des Wettbewerbs sind größtenteils ungeklärt, die Branchenstruktur ist im Fluß und wird sich wahrscheinlich noch ändern, und die Konkurrenten sind schwer zu diagnostizieren. In all diesen Faktoren liegt jedoch auch eine Chance: zu keiner Zeit ist der strategische Freiraum wohl so groß und der Einfluß guter strategischer Entscheidungen auf den späteren Erfolg so tiefgreifend wie in der Entstehungsphase der Branche.

Gestaltung der Branchenstruktur. Das herausragende strategische Thema in jungen Branchen ist die Fähigkeit des Unternehmens, die Branchenstruktur zu gestalten. In Bereichen wie Produktpolitik, Marketingkonzept und Preisstrategie kann das Unternehmen versuchen, durch seine Entscheidungen die Spielregeln zu bestimmen. Im Rahmen seiner Mittel und der zugrundeliegenden Branchenökonomie sollte das Unternehmen die Branchenregeln so zu definieren versuchen, daß sie ihm langfristig die bestmögliche Position verschaffen.

Äußere Rücksichten im Prozeß der Branchenentwicklung. Eine strategische Hauptaufgabe des Unternehmens in einer jungen Branche besteht darin, das Gleichgewicht zwischen seinen engdefinierten Eigeninteressen und seiner Rolle als Anwalt der Gesamtbranche zu finden. Aufgrund der in Teil II dieses Kapitels umrissenen potentiellen Probleme (Branchenimage, Glaubwürdigkeit, Verwirrung der Abnehmer) ist der Erfolg des Unternehmens in der Entstehungsphase zum Teil von anderen Branchenteilnehmern abhängig. Das vorrangige Problem für die Branche ist, den Ersatz in Gang zu bringen und Erstkäufer anzulocken; in dieser Phase liegt es meist im Interesse des Unternehmens, die Standardisierung zu fördern, auf schnellen Gewinn bedachte und mindere Qualität anbietende Hersteller auszugrenzen, und gegenüber Lieferanten, Kunden, dem Staat und der Finanzwelt eine möglichst geschlossene Front aufzubauen. Zu diesem Zweck kann es nützlich sein, Fachtagungen abzuhalten, Branchenverbände zu bilden, und auf aggressive Strategien zu verzichten. Beispielsweise sind in der Krankenhausverwaltung, die seit 1970 im

Wachstum begriffen ist, alle Teilnehmer hochgradig vom professionellen Ruf und der Glaubwürdigkeit bei Gläubigern abhängig. Die Unternehmen in dieser Branche sind sogar zeitweilig dazu übergegangen, die Branche und ihre Wettbewerber namentlich zu loben.

Dieser Zwang zur Kooperation während der Entstehungsphase scheint oft ein internes Dilemma für Unternehmen aufzuwerfen, die sich gedrängt fühlen, ihre eigene Marktposition auszubauen und dabei oft der Branchenentwicklung schaden. Ein Unternehmen mag sich etwa einer Produktstandardisierung widersetzen, die Reparaturen erleichtern und das Vertrauen der Kunden fördern würde, weil es seine Singularität beibehalten möchte oder seine eigene Produktvariante zum Branchenstandard erhoben sehen will. Es ist schwierig einzuschätzen, ob ein solcher Ansatz langfristig optimal ist. Beispielsweise propagieren einige der Hersteller von Rauchalarmsytemen gegenwärtig Branchenstandards, die andere Unternehmen schädigen würden. Gleichzeitig hält die Verwirrung unter den Käufern an, welches Alarmsystem das beste ist. Die Frage ist, ob die Branche schon so weit entwickelt ist, daß die anhaltende Verwirrung allmählich die Wachstumschancen beeinträchtigt.

Wir können wohl ganz allgemein feststellen, daß sich im Zuge der Branchenexpansion das Gleichgewicht zwischen Branchenorientierung und Unternehmensorientierung in Richtung auf das Unternehmen verschieben muß. Unternehmen, die sich als Branchensprecher hervorgetan und damit dem eigenen Interesse wie dem der Branche gedient haben, übersehen manchmal, daß sie sich umorientieren müssen. Im Zuge des Reifungsprozesses der Branche kann es daher passieren, daß sie zurückbleiben.

Äußere Rücksichten im Verlauf der Branchenentwicklung gebieten es auch manchmal, daß das Unternehmen zu Anfang mit einer Strategie in den Wettbewerb geht, die es langfristig gar nicht verfolgen will, oder daß es sich in Marktsegmenten engagiert, die es langfristig plant fallenzulassen. Diese »vorübergehenden« Maßnahmen sind unter Umständen notwendig, um die Branche zu entwickeln, aber sobald dieser Prozeß abgeschlossen ist, kann das Unternehmen frei seine optimale Position suchen. Beispielsweise sah sich Corning Glass Works gezwungen, Forschungsmittel in Anwendungen der Glasfaseroptik (Verbindungsstücke, Falztechniken, Lichtquellen) hineinzustecken – obwohl Corning langfristig offenbar nur Glasfaser bzw. Glasfaserkabel produzieren will –, weil die unzureichende Qualität der vorhandenen Ausrüstungen und Methoden ganz allgemein die Entwicklung der Glasfaseroptik behindert hat. Solche Investitionen außerhalb der idealen langfristigen Unternehmensposition sind Teil der »Pionierkosten«.

Veränderte Rolle von Lieferanten und Kanälen. Wenn die Branche wächst und sich bewährt, muß das Unternehmen in der jungen Branche darauf vorbereitet sein, daß die Lieferanten und Vertriebskanäle sich umorientieren. Die Bereitschaft der Lieferanten, auf die speziellen Bedürfnisse der Branche in Bezug auf Sonderausführungen, Service und Lieferung einzugehen, kann – freiwillig oder durch Zwang – steigen. Auf ähnliche Weise kann sich die Bereitschaft von Vertriebskanälen erhöhen, in Zusammenarbeit mit der Branche in geeignete Einrichtungen, Werbung usw. zu investieren. Diese Veränderungen in der Orientierung frühzeitig für sich auszunutzen, kann für das Unternehmen von erheblichem strategischem Wert sein.

Verschiebung der Mobilitätsbarrieren. Im Zuge des Branchenwachstums und der technologischen Reifung werden, wie wir in diesem Kapitel bereits erwähnt haben, die frühen Mobilitätsbarrieren einer jungen Branche oft schnell abgebaut und durch ganz andere ersetzt. Daraus ergeben sich eine Reihe von Implikationen. Die offensichtlichste ist, daß das Unternehmen darauf vorbereitet sein muß, neue Möglichkeiten zur Verteidigung seiner Position zu finden und sich nicht ausschließlich auf seine unternehmenseigene Technologie oder singuläre Produktvariante verlassen darf, mit denen es in der Vergangenheit gut gefahren ist. Die Reaktion auf Verschiebungen von Mobilitätsbarrieren erfordert unter Umständen weit mehr Kapital als in den frühen Phasen gebraucht wurde.

Eine weitere Schlußfolgerung lautet, daß sich die *Art der in die Branche Eintretenden* in Richtung auf größere Unternehmen verschieben kann, die von der größeren, bewährten (weniger riskanten) Branche angezogen werden und oft auf der Grundlage der neuen Mobilitätsbarrieren (Größe, Marketingkraft) konkurrieren. Das Unternehmen in einer jungen Branche muß die Art der potentiellen neuen Konkurrenten vorherbestimmen, und zwar auf der Grundlage seiner Einschätzung der gegenwärtigen und zukünftigen Barrieren, der Attraktivität der Branche für verschiedene Unternehmenstypen, und aufgrund der Fähigkeiten dieser Unternehmen, die Barrieren zu geringen Kosten zu überwinden.

Eine letzte Implikation, die mit der zunehmenden Größe und technologischen Reife der Branche zusammenhängt, besteht in der Möglichkeit, das sich Kunden oder Lieferanten in die Branche *integrieren* – was in der Aerosolverpackung, bei Freizeitfahrzeugen und Taschenrechnern zu beobachten war. Das Unternehmen muß darauf vorbereitet sein, seine Input- und Absatzmärkte im Fall der Integration zu sichern, oder es muß Integrationsschritten durch seine Wettbewerbsstrategie vorbeugen.

Die Wahl des Eintrittszeitpunkts

Die richtige Wahl des Eintrittszeitpunkts ist eine Frage von entscheidender Bedeutung für den Wettbewerb in jungen Branchen. Der frühe Eintritt (»Pioneering«) ist riskant, aber er kann andererseits auch niedrige Eintrittsbarrieren und hohe Erträge beinhalten. Der frühe Eintritt ist sinnvoll, wenn die folgenden allgemeinen Bedingungen vorliegen:

- Der Käufer legt großen Wert auf Image und Ruf des Unternehmens, und Pionierunternehmen genießen einen überdurchschnittlich guten Ruf.
- Früher Eintritt kann den Lernprozeß vorantreiben, da die Erfahrungskurve eine wichtige Rolle spielt; Erfahrung ist schwer nachzuahmen, und sie wird nicht durch nachfolgende technologische Generationen zunichte gemacht.
- Die Kundenloyalität ist stark, so daß demjenigen Unternehmen Vorteile zufallen, das als erstes an die Kunden verkauft.
- Das Unternehmen kann absolute Kostenvorteile erringen, indem es sich frühzeitig bestimmte Rohmaterialquellen, Vertriebskanäle usw. sichert.

Unter den folgenden Umständen ist der frühe Eintritt besonders riskant:

- Die Struktur des frühen Wettbewerbs und der frühen Marktsegmentierung unterscheidet sich von jener, die im späteren Verlauf der Branchenentwicklung an Bedeutung gewinnt. Das Unternehmen baut deshalb falsche Fähigkeiten auf und sieht sich möglicherweise hohen Umstellungskosten gegenüber.

- Die Kosten der Marktentfaltung sind hoch (man denke an die »Erziehung« der Kunden, behördliche Genehmigungen, die Rolle des technologischen Pioniers), und der Nutzen der Markterschließung fällt nicht allein den Vorreitern zu.
- Der frühe Wettbewerb mit kleinen, neugegründeten Unternehmen ist an sich schon kostspielig; zudem werden diese Unternehmen später durch stärkere Konkurrenz ersetzt.
- Der technologische Wandel läßt frühe Investitionen veralten und verschafft den später eintretenden Unternehmen Vorteile, wenn sie die neuesten Produkte und Verfahren besitzen.

Taktische Schritte. Die Hindernisse, die der Entwicklung einer jungen Branche im Wege stehen, legen eine Reihe von taktischen Schritten nahe, die die strategische Position des Unternehmens möglicherweise verbessern:

- Die frühzeitige Festlegung auf bestimmte Lieferanten von Rohmaterialien kann dazu beitragen, daß das Unternehmen in Engpaßsituationen bevorzugt behandelt wird.
- Die Finanzierung kann so terminiert werden, daß eine eventuell freundliche Börsenstimmung gegenüber der Branche ausgenutzt wird, selbst wenn der Finanzierungsbedarf in voller Höhe noch gar nicht gegeben ist. Dieser Schritt senkt die Kapitalkosten des Unternehmens.

Mit Konkurrenten fertig werden

Mit den Konkurrenten in einer jungen Branche fertig zu werden, kann besonders jenen Unternehmen Schwierigkeiten bereiten, die einst Pioniere waren und sich größerer Marktanteile erfreuten. Spinoffs und der Zustrom neuer Konkurrenten führen möglicherweise zu einem schlechen Branchenklima, und gleichzeitig muß das Unternehmen die oben beschriebenen externen Faktoren beachten, die es, wenn die Branche wachsen soll, zum Teil von seinen Konkurrenten abhängig machen.

Junge Branchen haben oft mit dem Problem zu kämpfen, daß Pionierunternehmen übertriebene Mittel für die Verteidigung ihrer hohen Marktanteile und für die Reaktion auf Konkurrenten ausgeben, die langfristig kaum die Chance haben, auf dem Markt eine wichtige Rolle zu spielen. Eine solche Reaktion kann zum Teil emotional bedingt sein. Obwohl es manchmal angebracht ist, in der Entstehungsphase energisch auf Konkurrenten zu reagieren, sollte sich das Unternehmen wohl besser darauf konzentrieren, seine eigenen Stärken aufzubauen und die Branche mitzuentwickeln. Es kann sogar ratsam sein, den Eintritt bestimmter Konkurrenten *zu fördern*, etwa durch Lizenzen oder andere Mittel. Angesichts der Eigenschaften der Entstehungsphase profitiert das Unternehmen oft davon, daß andere Unternehmen das Branchenprodukt auf aggressive Weise verkaufen und die technologische Entwicklung fördern helfen. Das Unternehmen kann auch an Konkurrenten interessiert sein, deren Größe sich in Grenzen hält, anstatt einen großen Marktanteil für sich zu behalten und dadurch im Zuge des Reifungsprozesses den Eintritt großer, etablierter Unternehmen zu provozieren. Allgemeingültige Aussagen über die richtige Strategie sind schwierig, aber nur in den seltensten Fällen wird es möglich und rentabel sein, einen monopolähnlichen Marktanteil bei schnellem Branchenwachstum aufrechtzuerhalten.

Prognosemethoden

Das herausragende Merkmal junger Branchen ist die große Unsicherheit, gepaart mit der Gewißheit, daß Veränderungen stattfinden werden. Keine Strategie kann formuliert werden, ohne daß eine offene oder unausgesprochene Prognose über die zukünftige Branchenstruktur einfließt. Leider ist jedoch die Zahl der Variablen, die bei einer solchen Prognose zu berücksichtigen sind, meist unüberschaubar. Deshalb brauchen wir dringend einen Ansatz, der die Komplexität des Prognoseprozesses verringert.

Szenarien sind ein besonders nützliches Instrument für junge Branchen. Szenarien sind abgegrenzte, in sich geschlossene Ausblicke auf den zukünftigen »Zustand der Welt«, die mit dem Ziel ausgewählt werden, die Zahl der möglichen Situationen zu begrenzen. Wie man Szenarien zur Prognose in jungen Branchen einsetzt, zeigt Abbildung 10 – 2. Den Ausgangspunkt des Prognoseprozesses bilden Schätzungen über die künftige Produkt- und Technologieentwicklung, im Hinblick auf Kosten, Produktvielfalt und Leistung.

Der Analytiker sollte wenige, in sich geschlossene Produkt/Technologie-Szenarien auswählen, die das Spektrum der möglichen Ergebnisse umfassen. Für jedes einzelne dieser Szenarien entwirft der Analytiker daraufhin ein weiteres Szenario über die Märkte, die sich ihnen eröffnen werden, ihre Eigenschaften und Größe. An dieser Stelle ist ein erster Rückschluß zu ziehen: Die Art der Märkte, *die sich als erste öffnen*, kann die Entwicklung von Produkt und Technologie prägen. Der Analytiker muß versuchen, diesen Zusammenhang schrittweise in die Szenarien einzubauen.

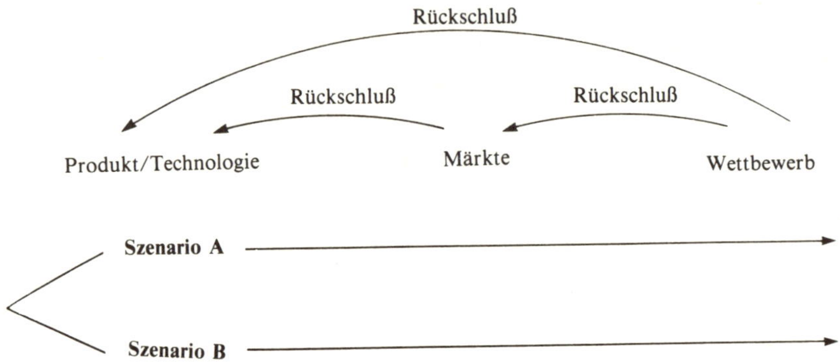

Abbildung 10-2: Das Prognoseverfahren für junge Branchen

Der nächste Schritt besteht darin, die aus jedem einzelnen Produkt/Technologie/Markt-Szenario resultierenden Implikationen für den Wettbewerb herauszufiltern und daraufhin den voraussichtlichen Erfolg verschiedener Wettbewerber vorauszusagen. Dazu können auch Prognosen über den Eintritt neuer Unternehmen gehören, und daraus ergeben sich weitere Rückschlüsse, weil Art und Ressourcen neuer Wettbewerber die Richtung der Branchenentwicklung beeinflussen können.

Wenn das Unternehmen die Szenarien wie beschrieben entwickelt hat, ist es in der Lage, seine eigene Position zu analysieren, indem es sich entscheidet, auf welches der Szenarien es setzt oder wie es sich unter verschiedenen Szenarien verhalten würde. Das Unternehmen mag sich, sofern es die Mittel dazu hat, entschließen, aktiv auf das vorteilhafteste Szenario *hinzuwirken*; oder es mag aufgrund begrenzter Mittel und großer Unsicherheit gezwungen sein, seine Flexibilität beizubehalten. Auf jeden Fall wird das Unternehmen davon profitieren, daß es die *Schlüsselereignisse* identifiziert, die ein bestimmtes Szenario ankündigen. Damit kann es eine Richtschnur für seine strategische Planung und ein Signalsystem für die technologische Entwicklung aufbauen.

Branchen, in die man eintreten sollte

Die Entscheidung, in welche junge Branche man eintreten sollte, hängt vom Ergebnis einer wie oben beschriebenen Prognose ab. Eine junge Branche ist attraktiv, wenn ihre spätere Struktur (*nicht* ihre *anfängliche* Struktur) überdurchschnittliche Erträge gestattet, und wenn das Unternehmen langfristig eine verteidigungsfähige Position in ihr aufbauen kann. Letzteres hängt von Mitteln ab, über die das Unternehmen, gemessen an den späteren Mobilitätsbarrieren, verfügt.

Allzu oft treten Unternehmen in junge Branchen ein, weil die Branche zu dieser Zeit schnell expandiert, die Wettbewerber gerade sehr rentabel arbeiten, oder weil die Branche einen großen Umfang verspricht. Darin können zwar zusätzliche Gründe liegen, aber die Entscheidung zum Eintritt muß letzlich von einer Strukturanalyse abhängen. In Kapitel 16 (Teil III dieses Buchs) wird die Entscheidung, in die Branche einzutreten, wesentlich ausführlicher diskutiert.

Kapitel 11
Der Übergang der Branche zur Reife

Als Teil ihres Entwicklungsprozesses durchlaufen viele Branchen Phasen schnellen Wachstums, um schließlich das bescheidene Wachstum der sogenannten reifen Branche zu erreichen. Schneemobile, Taschenrechner, Tennisplätze und -ausrüstungen sowie integrierte Schaltkreise sind nur ein paar Beispiele für Branchen, die Mitte und Ende der siebziger Jahre einen solchen Prozeß durchliefen. Wie wir in Kapitel 8 diskutiert haben, tritt die Reife nicht an einem fixen Punkt der Branchenentwicklung ein; sie kann vielmehr durch Innovationen oder andere Ereignisse hinausgezögert werden, die den Branchenteilnehmern fortgesetztes Wachstum ermöglichen. Darüberhinaus können strategische Durchbrüche dazu führen, daß reife Branchen ihr vormals schnelles Wachstum wieder erreichen und somit mehr als nur *einen* Übergang zur Reife durchlaufen. Lassen Sie uns jedoch, mit diesen wichtigen Einschränkungen im Kopf, den Fall betrachten, daß ein Übergang zur Reife gerade stattfindet und die Möglichkeiten, ihn hinauszuzögern, bereits erschöpft sind.

Der Übergang zur Reife ist fast immer eine kritische Phase für die Branchenteilnehmer. In dieser Zeit verändert sich das Wettbewerbsumfeld des Unternehmens oft fundamental, und schwierige strategische Reaktionen werden erforderlich. Den Unternehmen fällt es oft schwer, diese Veränderungen in ihrem Umfeld klar zu erkennen; aber selbst wenn sie erkannt werden, schreckt man vor den notwendigen strategischen Änderungen oft zurück. Zudem reichen die Wirkungen des Übergangs zur Reife weit über bloße strategische Überlegungen hinaus: Er wirft Konsequenzen für die Organisationsstruktur des Unternehmens und die Rolle seiner Führung auf. Auf diese administrativen Konsequenzen sind einige der Schwierigkeiten, die erforderlichen strategischen Anpassungsmaßnahmen vorzunehmen, zurückzuführen.

Auf der Grundlage von Teil I des Buches wird dieses Kapitel einige der angesprochenen Fragen untersuchen. Ich werde mich darauf konzentrieren, die durch den Übergang aufgeworfenen strategischen und administrativen Probleme zu identifizieren, anstatt den Übergangsprozeß zu analysieren. Die Branchenentwicklung als solche wurde in Kapitel 8 bereits ausführlich behandelt.

Der Branchenwandel während des Übergangs

Der Übergang zur Reife markiert oft eine Reihe wichtiger Veränderungen in der Wettbewerbsstruktur der Branche. Zu den häufigsten Veränderungstendenzen gehören:

1. *Langsameres Wachstum bedeutet stärkeren Wettbewerb um Marktanteile*. Wenn die Unternehmen nicht mehr in der Lage sind, ihre historischen Wachstumsraten einfach mittels konstanter Marktanteile beizubehalten, wendet sich die Aufmerksamkeit des Wettbewerbs nach innen, um die Anteile der anderen anzugreifen. Diese Situation war 1978 bei Spülmaschinen zu beobachten. Die Branche wies Sättigungstendenzen auf, als General Electric und Maytag begannen, Hobart auf aggressive Weise in den höheren Marktsegmenten anzugreifen. Der verstärkte Wettbewerb um Marktanteile zwingt ein Unternehmen, seine Perspektive fundamental zu ändern und ganz neue Annahmen über die Verhaltens- und Reaktionsweisen seiner Konkurrenten zu treffen. Die Konkurrentenanalyse, wie sie in den Kapiteln 3 und 4 beschrieben wurde, muß wiederholt werden. Kenntnisse über die Eigenschaften und Reaktionen der Konkurrenten, die in der Vergangenheit angesammelt wurden, müssen revidiert, wenn nicht sogar fallengelassen werden. Die Konkurrenten werden voraussichtlich nicht nur aggressiver, sondern auch anfälliger für Fehldeutungen und »irrationale« Vergeltung. Während des Übergangs zur Reife kommt es häufig zum Ausbruch von Preis-, Service- und Werbekriegen.

2. *Die Wettbewerber verkaufen zunehmend an erfahrene Wiederholungskäufer*. Das Produkt ist nicht mehr neu, sondern etabliert und legitimiert. Die Abnehmer haben es bereits einmal gekauft, manche sogar mehrfach, und ihre Kenntnisse und Erfahrungen haben sich meist erweitert. Die entscheidende Frage für den Abnehmer

ist nicht mehr, ob er das Produkt überhaupt erwerben, sondern welche Marke er kaufen soll. Um diese neu orientierten Abnehmer anzusprechen, ist eine fundamentale Überprüfung der Strategie notwendig.

3. *Der Wettbewerb konzentriert sich stärker auf Kosten und Service.* Wegen des langsameren Wachstums, der erfahreneren Abnehmer und der (meist) gestiegenen technologischen Reife tendiert der Wettbewerb dazu, sich stärker auf Kosten und Service auszurichten. Diese Entwicklung verändert die Erfolgsbedingungen in der Branche und zwingt ein Unternehmen unter Umständen, seinen »Lebensstil«, mit dem es auf anderen Gebieten bisher zu konkurrieren gewohnt war, dramatisch zu ändern. Außerdem kann der erhöhte Druck auf die Kosten den Kapitalbedarf erhöhen, indem er das Unternehmen zwingt, die modernsten Produktionsanlagen und -ausrüstungen anzuschaffen.

4. *Beim Ausbau von Kapazität und Personal ist Vorsicht geboten.* Wenn sich die Branche an langsameres Wachstum anpaßt, muß die Rate des Kapazitätsausbaus in gleichem Umfang sinken, sonst entstehen Überkapazitäten. Deshalb muß die Neigung der Unternehmen, Kapazitäten und Personal zu erweitern, grundlegend verändert und die Euphorie der Vergangenheit aufgegeben werden. Das Unternehmen muß die Kapazitätszuwächse seiner Konkurrenten genau überwachen und die Zeitpunkte seiner eigenen Kapazitätserweiterungen sorgfältig wählen. Im Gegensatz zu früher wird es kein schnelles Wachstum geben, das Überkapazitäten ausmerzt und dadurch Fehler überdeckt.

Allzu selten jedoch findet diese Neuorientierung in reifenden Branchen tatsächlich statt, und überschießende Branchenkapazitäten im Verhältnis zur Nachfrage sind häufig zu beobachten. Daraus entsteht eine Periode der Überkapazität, die die während des Übergangs vorhandene Tendenz zu Preiskriegen noch verstärkt. Je größer die effizienten (Mindest-)Kapazitätserweiterungen in der Branche sind, desto schärfer stellt sich das Anpassungsproblem. Es wird noch gravierender, wenn das zusätzlich eingestellte Personal hochqualifiziert ist und lange Zeiträume erforderlich sind, bis es eingewiesen und geschult ist.

5. *Produktions-, Marketing-, Vertriebs-, Verkaufs- und Forschungsmethoden werden oft Veränderungen unterworfen.* Diese Veränderungen werden durch den verstärkten Wettbewerb um Marktanteile, die technologische Reife und die Erfahrung der Ab-

nehmer verursacht. (Einige der möglichen Veränderungen wurden bereits in Kapitel 8 diskutiert). Das Unternehmen muß entweder seine Instrumente grundlegend neu ausrichten oder strategische Maßnahmen ergreifen, die eine Neuorientierung überflüssig machen. Wenn das Unternehmen die erste Alternative wählt, erhöht sich fast immer sein Bedarf an Kapital und neuen Fähigkeiten. Neue Produktionsmethoden können zusätzlich die oben diskutierten Überkapazitätsprobleme verschärfen.

6. *Es wird schwieriger, neue Produkte und Anwendungen zu entwickeln.* Während in der Wachstumsphase neue Produkte und Anwendungen schnell aufeinander gefolgt sein mögen, wird es bei zunehmender Branchenreife gemeinhin immer schwieriger (bzw. teurer und riskanter), den Produktwandel fortzusetzen. Diese veränderte Situation erfordert unter anderem eine neue Haltung gegenüber der Forschung und der Entwicklung neuer Produkte.

7. *Der weltweite Wettbewerb nimmt zu.* Als Ergebnis der technologischen Reife, oft auch der Produktstandardisierung und wachsenden Bedeutung der Kosten (bzw. des Preises), wird der Übergang zur Reife oft von einem wesentlich intensiveren weltweiten Wettbewerb begleitet. Die Kräfte, die zur »Internationalisierung« einer Branche führen, werden wir ausführlich in Kapitel 13 diskutieren, zusammen mit den wichtigsten Konsequenzen des weltweiten Wettbewerbs. Multinationale Konkurrenten haben oft eine andere Kostenstruktur als die einheimischen Unternehmen, und außerdem verfügen sie über den Markt ihres Stammlandes, der ihnen als Ausgangsbasis ihrer Operation dient. Dem Übergang zur Reife auf einem großen Markt wie den USA gehen meist umfangreiche Exporte oder Direktinvestitionen von US-Unternehmen in anderen Ländern voraus.

8. *In der Übergangsperiode sinken oft die Branchengewinne, und zwar manchmal vorübergehend, manchmal dauerhaft.* Langsameres Wachstum, erfahrene Abnehmer, stärkere Konzentration auf Marktanteile sowie die Ungewißheiten und Schwierigkeiten, die mit den notwendigen strategischen Änderungen verbunden sind, lassen die Branchengewinne kurzfristig meist fallen, verglichen mit der vorhergehenden Wachstumsphase. Manche Unternehmen werden stärker als andere in Mitleidenschaft gezogen; gewöhnlich trifft es Unternehmen mit kleinen Marktanteilen am härtesten. Sinkende Gewinne verringern den Cash-flow gerade zu einer Zeit, da er unter Umständen dringend benötigt wird. Darüberhinaus führen sie bei Publikumsunternehmen in der Regel zu sinkenden Aktienkursen und er-

schweren die Erhöhung der Fremdkapitalfinanzierung. Ob die Gewinne sich erhöhen oder nicht, hängt von der Stärke der Mobilitätsbarrieren und weiteren Elementen der Branchenstruktur ab, die wir in Kapitel 1 diskutiert haben.

9. *Die Gewinnspannen der Händler fallen, aber ihre Macht nimmt zu.* Dieselben Faktoren, die zu sinkenden Branchengewinnen führen, können auch auf die Händlerspannen drücken und viele Händler zur Aufgabe ihres Geschäfts zwingen – oft, *bevor* die Wirkung auf die Herstellergewinne spürbar wird. Dieses Phänomen war jüngst im Handel mit Fernsehgeräten und Freizeitfahrzeugen zu beobachten. Solche Trends verschärfen die Konkurrenz der Branchenteilnehmer um die Händler, die in der Wachstumsphase noch leicht zu finden und an die Unternehmen zu binden gewesen sein mögen, im Stadium der Reife aber nicht mehr. Die Macht der Händler kann deshalb steigen.

Strategische Konsequenzen des Übergangs

Die Veränderungen, die den Übergang zur Reife begleiten, sind Ausdruck möglicher Veränderungen der Grundstruktur der Branche. Jeder wichtige Bestandteil der Branchenstruktur ist fast beständig im Fluß: Das allgemeine Niveau der Mobilitätsbarrieren, ihre Zusammensetzung, die Wettbewerbsintensität (sie steigt gewöhnlich) usw. Der Strukturwandel zwingt die Unternehmen so gut wie immer zu strategischen Reaktionen, weil sich gleichzeitig der Wettbewerbscharakter der Branche verändert. Der Übergang wirft eine Reihe charakteristischer strategischer Themen auf. Wir behandeln sie hier als Problemstellungen statt als »Gesetze«, die auf alle Branchen zutreffen; wie bei den Menschen reift keine Branche genau wie die andere. Viele der nachfolgend diskutierten Konzepte können außerdem als Ausgangspunkte für neue Unternehmen dienen, die in die Branche eintreten wollen, obwohl sie reif ist.

Umfassende Kostenführerschaft oder Differenzierung oder Konzentration auf Schwerpunkte – der Reifungsprozeß zwingt zu einer strategischen Entscheidung

Schnelles Wachstum verdeckt oft strategische Irrtümer und erlaubt es den meisten, wenn nicht allen Unternehmen, in der Branche zu verbleiben und finanziell zu gedeihen. Es werden zahlreiche strategische Experimente gestartet, und eine breite Vielfalt von Strategien können nebeneinander existieren. Die Branchenreife fördert die strategische Nachlässigkeit jedoch meist zutage. Sie kann die Unternehmen zwingen, sich endlich für eine der drei (in Kapitel 2 diskutierten) Strategietypen zu entscheiden. Daraus wird eine Überlebensfrage.

Detaillierte Kostenanalyse

Die Kostenanalyse wird bei zunehmender Reife immer wichtiger, um a) das Produktionsprogramm zu rationalisieren und b) die Preise richtig zu kalkulieren.

Die Rationalisierung des Produktionsprogramms

Während der Wachstumsphase mögen breite Produktlinien sowie neue Produktvarianten und Optionen in rascher Folge möglich, ja sogar notwendig gewesen sein, um die Branchenentwicklung zu fördern. Im reifen Stadium ist diese Situation meist nicht mehr aufrechtzuerhalten – dazu wird das Unternehmen vom Kostenwettbewerb und vom Kampf um Marktanteile zu stark in Anspruch genommen. Deshalb ist eine deutliche Verbesserung der Kostenrechnung notwendig, damit unrentable Posten aus der Produktlinie gestrichen und alle Kräfte auf diejenigen Posten konzentriert werden können, die irgendeinen klaren Vorteil aufweisen (Technologie, Kosten, Image usw), oder deren Abnehmer »gute« Käufer sind (siehe dazu Kapitel 6). Die Durchschnittskostenrechnung für einzelne Produktgruppen oder die Umlage der Gemeinkosten auf Durchschnittsbasis reichen nicht mehr aus, um das Produktionsprogramm (oder mögliche Zugänge) zu evaluieren. Die Notwendigkeit, die Produktlinie zu rationalisieren, bringt manchmal den Bedarf an EDV-Kostenrechnungssystemen mit sich, die während der Entwicklungsjahre der Branche nicht unbedingt erforderlich waren. RCA's Erfolg mit Hertz bietet ein Beispiel, wie entscheidend es sein kann, das Produktionsprogramm auszudünnen.

Richtige Preiskalkulation

Mit der Rationalisierung der Produktlinie eng verwandt ist die Veränderung in den Methoden der Preiskalkulation, die bei zunehmender Reife oft notwendig wird. Die Durchschnittskosten-Kalkulation, d.h. die Kalkulation der Produktlinie als Ganzer anstelle einzelner Posten, mag in Wachstumszeiten ausgereicht haben – sie mag sogar nützlich gewesen sein, um die volle Produktlinie zu entwickeln und eine Marktposition zu etablieren –; aber die Reife verlangt oft zunehmend die Fähigkeit, den einzelnen Produkten Kosten zuzurechnen und ihre Preise entsprechend zu kalkulieren. Die versteckte Subventionierung einzelner Posten der Produktlinie durch andere (in Form von Durchschnittskosten-Preisen) verstellt den Blick auf Produkte, deren Märkte ihre Kosten nicht decken, und sie verschenkt Gewinne auf denjenigen Märkten, deren Abnehmer nicht preisempfindlich sind. Eine solche Subventionierung lädt außerdem die Konkurrenten ein, bei Produkten, deren Preise künstlich hochgehalten wurden, die Preise zu senken oder neue Produkte einzuführen. Wettbewerber, die unzureichende Kalkulationsverfahren anwenden und deshalb die Preisanpassung bei unrealistisch billigen Posten hinauszögern, sind manchmal ein Problem in reifen Branchen.

Es gibt noch weitere Aspekte der Preisstrategie, die bei Reife verändert werden können und sollten. Beispielsweise haben Mark Controls im äußerst schwierigen Ventilgeschäft großen Erfolg erzielt, indem sie unrentable Linien strichen und die Verträge mit ihren Abnehmern neu aushandelten, um Gleitklauseln für die Inflation einzubauen. Traditionell waren die Verträge in der Branche auf feste Preise abgeschlossen worden, und in der Wachstumsphase brauchte man nicht auf das Argument der Inflation zurückzugreifen, um die Preise zu erhöhen; kein anderes Unternehmen mußte jemals über Gleitklauseln verhandeln. Nichtsdestotrotz haben sie sich in der derzeitigen Reifephase als sehr nützlich erwiesen, da es zunehmend schwieriger geworden ist, Preiserhöhungen aufrechtzuerhalten.

Wir können die Aussagen dieses Abschnitts vielleicht so zusammenfassen, daß im Stadium der Reife oft ein ausgeprägteres »Finanzbewußtsein« im Blick auf vielerlei Aspekte notwendig ist, während zu Wachstumszeiten Bereiche wie Produktinnovation und Forschung zurecht im Mittelpunkt gestanden haben mögen. Wie einfach oder schwierig es ist, das Finanzbewußtsein zu stärken, hängt von der Schulung und Orientierung des Managements ab. Im Falle von Mark Controls bedurfte es beispielsweise eines finanziell orientierten Außenseiters, um Finanzinnovationen in der von etablierten Familienunternehmen dominierten Branche einzuleiten.

Verfahrensinnovation und Produktgestaltung

Im Zuge des Reifungsprozesses nimmt der Stellenwert von Verfahrensinnovationen gewöhnlich zu, und es lohnt sich immer mehr, das Produkt und sein Auslieferungssystem so zu gestalten, daß Herstellung und Kontrolle zu niedrigeren Kosten möglich werden. (Eine interessante Studie, die diese Situation dokumentiert, liefert Abernathy, 1978). Die japanische Industrie hat großen Wert auf diesen Faktor gelegt, und viele Beobachter führen ihren Erfolg in Branchen wie z.B. Fernsehgeräten darauf zurück. Auch für Canteen Corporation's Positionsverbesserung im reifenden Betriebskantinengeschäft ist die systematische Produktionsgestaltung entscheidend gewesen. Canteen ist davon abgekommen, den örtlichen Köchen Spielraum bei der Zubereitung der Speisen einzuräumen und hat jetzt landesweit die gleichen Rezepte. Diese Veränderung hat die qualitative Kontinuität der Speisen verbessert, den Wechsel der Köche von Ort zu Ort erleichtert, die Kontrolle der Operationen vereinfacht und zu weiteren Kosteneinsparungen und Produktivitätssteigerungen geführt. (Eine kurze Beschreibung findet sich in *Business Week*, 15. Aug. 1977).

Erweiterung des Spektrums der Verkäufe

Es kann günstiger sein, das Spektrum der Verkäufe an bestehende Abnehmer auszuweiten, als neue Kunden zu suchen (z.B., indem man Zusatzausrüstungen und -dienste anbietet, die Produktlinie qualitativ und quantitativ erweitert usw.). Eine solche Strategie führt das Unternehmen möglicherweise über die Branche hinaus in verwandte Branchen. Dieses Verfahren ist oft kostengünstiger als die Suche nach neuen Kunden. Um in reifen Branchen neue Kunden zu gewinnen, ist es meist unabdingbar, mit den Konkurrenten um Marktanteile zu kämpfen – und entsprechend teuer.

Diese Strategie wurde oder wird erfolgreich praktiziert von Unternehmen wie Southland Corp. (7-Eleven Stores), Household Finance Corporation (HFC) und Gerber Products. Southland bietet in seinen Warenhäusern zusätzlich Schnellessen, Selbstbedienungstankstellen, Flipperautomaten und andere Kategorien an, um einen größeren Anteil an den Dollars seiner Kunden zu erzielen, um das spontane Kaufen zu erhöhen, und um die Kosten für neue Filialen zu umgehen. Auf ähnliche Weise bietet HFC zusätzliche Dienste an, wie etwa Steuerberatung, größere Kredite und sogar Anlagegeschäfte, um die Produktlinie zu verbreitern, die HFC seinem äußerst großen Kundenstamm anbieten kann. Gerber's Strategie »Mehr Dollars pro Baby« ist eine weitere Variante des gleichen Ansatzes. Zusätzlich zu seinem Hauptgeschäft (Babynahrung) bietet Gerber Babybekleidung und weitere Baby-Produkte an.

Erwerb billiger Aktiva

Der Übergang zur Reife eröffnet manchmal die Gelegenheit, die Aktiva von Unternehmen, denen der Übergang arg zugesetzt hat, sehr preisgünstig zu erwerben. Eine Strategie, in deren Rahmen man aufgabebereite Unternehmen erwirbt oder liquidierte Aktiva kauft, kann die Ertragsspannen erhöhen und einen Kostenvorsprung schaffen, sofern das Tempo des technischen Fortschritts nicht zu hoch ist. Diese Strategie wurde in der Brauereiindustrie erfolgreich angewandt, und zwar von Heilmann, einem bis dahin wenig bekannten Unternehmen. Trotz zunehmender Konzentration in der Branchenspitze wuchs das Unternehmen von 1972 bis 1976 um jährlich 18

Prozent auf einen Jahresumsatz von 300 Millionen US-Dollar im Jahre 1976; der Ertrag auf das Aktienkapital lag bei über 20 Prozent. Heilman erwarb regionale Brauereien und gebrauchte Ausrüstungen zu Tiefstpreisen, während die Branchenanführer durch die Kartellgesetze am Erwerb gehindert und gezwungen wurden, große neue Fabriken zu den aktuellen Preisen zu bauen. Auch White Consolidated setzt auf eine Variante dieser Strategie: das Unternehmen konzentriert sich darauf, aufgabebereite Unternehmen (z.B. Sunstrand's Werkzeugmaschinengeschäft oder Westinghouse's Haushaltsgerätegeschäft) zu Preisen aufzukaufen, die unter den Buchwerten liegen, und dann die Gemeinkosten zu senken. In vielen Fällen führt diese Strategie zu einem rentabel arbeitenden Konzern.

Auswahl der Abnehmer

Nachdem die Abnehmer Kenntnisse angesammelt haben und der Wettbewerbsdruck in der Reifephase zugenommen hat, liegt eine Möglichkeit, die Rentabilität aufrechtzuerhalten, manchmal in der Auswahl der Abnehmer. Käufer, die ihre Verhandlungsstärke bisher nicht ausgenutzt haben oder aufgrund begrenzter Auswahlmöglichkeiten wenig Macht besaßen, werden in der Reifephase kaum zögern, ihre Macht auszuüben. Es kommt dann entscheidend darauf an, »gute« Abnehmer zu identifizieren und sie an das Unternehmen zu binden, wie wir in Kapitel 6 diskutiert haben.

Unterschiedliche Kostenfunktionen

Oft gibt es in einer Branche mehrere Kostenfunktionen. Ein Unternehmen, das *keinen* umfassenden Kostenvorsprung auf einem gesättigten Markt besitzt, kann manchmal neue Kostenfunktionen aufdecken, die ihm einen speziellen Kostenvorsprung bei bestimmten Abnehmern, Produktsorten oder Auftragsgrößen verschaffen. Dieser Schritt ist besonders wichtig, wenn man den in Kapitel 2 beschriebenen Strategietyp ,,Konzentration auf Schwerpunkte" verwirklichen will. Betrachten wir zum Beispiel Abbildung 11 – 1.

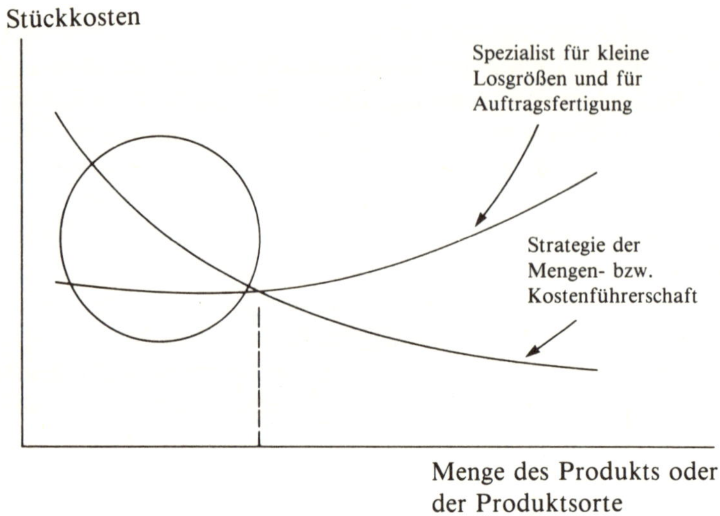

Abbildung 11-1: Mögliche Kostenfunktionen

Das Unternehmen, das seinen Produktionsprozeß bewußt nach Kriterien wie etwa hohe Flexibilität, kurze Rüstzeiten und kleine Losgrößen gestaltet (z.B. computergesteuerte, vielseitig verwendbare Maschinen), kann bei Auftragsfertigungen und kleinen Serien durchaus einen Kostenvorsprung gegenüber dem Massenproduzenten haben. In einer solchen Situation besteht eine verteidigungsfähige Strategie darin, sich auf Aufträge zu konzentrieren, die innerhalb des in Abbildung 11 – 1 umkreisten Gebiets liegen. Wickham Skinner hat im Rahmen seines Konzepts der »konzentrierten Fabrik« dargestellt, wie solche Herstellungsstrategien implementiert werden können. (Skinner, 1974).

Wettbewerb auf dem Weltmarkt

Ein Unternehmen kann der Reifephase möglicherweise entgehen, indem es in den Bereichen stärker auf den Weltmarkt tritt, wo die Branche einen Vorteil aufweist. Diese »Flucht nach vorn« wurde z.B. von Crown Cork and Seal bei Metallbehältern und -deckplatten sowie von Massey-Ferguson bei Agrarausrüstungen beschritten. Anlagen, die auf dem einheimischen Markt veraltet sind, können auf internationalen Märkten manchmal recht effektiv eingesetzt werden, was die Eintrittskosten für diese Märkte erheblich senkt. Außerdem ist die internationale Branchenstruktur unter Umständen wesentlich günstiger als die einheimische, mit weniger erfahrenen und mächtigen Abnehmern, weniger Konkurrenten usw. Allerdings liegen die Nachteile dieser Strategie in den bekannten Risiken des weltweiten Wettbewerbs und in der Möglichkeit, daß sie die Reifephase vielleicht nur hinauszögert statt sich bewußt mit ihr zu befassen.

Sollte der Übergang überhaupt in Angriff genommen werden?

Der Versuch, in einer reifen Branche zu bestehen und die erforderlichen strategischen Änderungen einzuleiten, ist keineswegs selbstverständlich, wenn man bedenkt, welche erheblichen und eventuell neuartigen Mittel und Fähigkeiten notwendig werden können. Die Entscheidung hängt nicht nur von den Mitteln ab, sondern auch von der Zahl der überlebensfähigen Konkurrenten, von der voraussichtlichen Dauer der Anpassungsprozesse und der mit ihnen verbundenen Verwirrung, sowie von den Ertragschancen (die ihrerseits von der zukünftigen Branchenstruktur abhängen).

Für manche Unternehmen wird eine Desinvestitions-Strategie möglicherweise vorteilhafter sein als weitere Reinvestitionen mit ungewisser Amortisation. Diesen Weg hat z.B. Deans Foods im Milchgeschäft beschritten: Deans legte den Schwerpunkt auf Kostensenkungen und stark selektive Investitionen in kostensparende Ausrüstungen, und nicht auf den Ausbau seiner Marktposition.

Den Branchenführern muß es nicht unbedingt am leichtesten fallen, die durch den Übergang erforderlichen Anpassungen vorzunehmen, wenn ihren Strategien ein starkes Trägheitsmoment innewohnt und sie starr an den strategischen Erfordernissen der früheren Wachstumsphase festhalten. Die Flexibilität eines kleineren Unternehmens kann sich im Übergang als Vorteil herausstellen, vorausgesetzt, die nötigen Mittel sind vorhanden. Außerdem ist es für ein kleines Unternehmen möglicherweise leichter, den Markt zu segmentieren. Ebenso sind *neue* Unternehmen, die während der Übergangsphase im Besitz finanzieller und anderer Mittel eintreten, aber durch die Vergangenheit nicht vorbelastet sind, oft in der Lage, eine starke Position aufzubauen. Der Schwebezustand der Übergangsphase schafft Gelegenheiten für neue Konkurrenten, sofern die langfristige Branchenstruktur günstig ist.

Strategische Sackgassen der Übergangsphase

Die Unternehmen sind nicht nur in Gefahr, die oben beschriebenen Konsequenzen des Übergangs zu übersehen, sie sind oft auch Opfer einer Reihe von charakteristischen strategischen Fallen:

1. *Das Selbstbild eines Unternehmens und sein Bild von der Branche.* Das Unternehmen entwickelt ein bestimmtes Bild oder Image von sich selbst und seinem Standort innerhalb der Branche (»Wir sind qualitativ führend«), das sich in den unausgesprochenen, seiner Strategie zugrundeliegenden Annahmen widerspiegelt (vgl. Kapitel 3). Diese Selbstbilder können sich bei voranschreitender Reife immer mehr von der Realität entfernen, je mehr sich die Prioritäten der Abnehmer verändern und die Konkurrenten auf die neuen Branchenbedingungen reagieren. Ebenso können auch die Annahmen des Unternehmens über die Branche, Wettbewerber, Abnehmer und Lieferanten durch den Übergangsprozeß entwertet werden. Annahmen, die aus früheren Erfahrungen kommen, sind jedoch manchmal sehr verwurzelt und schwer zu verändern.

2. *»Zwischen den Stühlen«.* Das in Kapitel 2 beschriebene Problem, keine klare Strategie zu verfolgen, wird besonders während des Übergangs zur Reife akut. Oft schränkt der Übergang den Spielraum ein, der es dem Unternehmen bis dahin ermöglichte, eine unklare Strategie zu verfolgen.

3. *Die Cash-Falle – Investitionen, die den Marktanteil in reifen Branchen erhöhen sollen.* Liquide Mittel sollen nur dann in einer Branche investiert werden, wenn die Erwartung besteht, daß sie später wieder hereingeholt werden können. In einer reifen, langsam wachsenden Branche ist es oft unrealistisch, davon auszugehen, durch die Investition neuer liquidider Mittel könne der Marktanteil signifikant ausgebaut werden. Die Reife einer Branche ist aber eine denkbar ungünstige Voraussetzung, um die Ertragsspannen so weit zu erhöhen oder lange beizubehalten, daß die Liquiditätszuflüsse (bzw. ihr Gegenwartswert) die Abflüsse wettmachen. Aus diesem Grund können reife Branchen Cash-Fallen sein, besonders, wenn ein

Unternehmen mit relativ schwacher Marktposition versucht, seinen Marktanteil beträchtlich zu erhöhen. Die Erfolgschancen dafür sind gering.

Eine ähnliche Sackgasse ist es, auf dem reifenden Markt den Erlösen größeres Gewicht beizumessen als der Rentabilität. Diese Strategie mag in der Wachstumsphase nützlich gewesen sein, mit zunehmender Reife verliert sie aber ihre Berechtigung. Darin mag eines der Probleme gelegen haben, denen sich Hertz in den sechziger Jahren gegenübersah, und die RCA ermöglichten, die Gewinnsituation des Unternehmens Mitte der siebziger Jahre entscheidend zu verbessern.

4. *Vorschneller Verzicht auf Marktanteile zugunsten kurzfristiger Gewinne.* Mit dem Druck auf die Gewinne in der Übergangsphase konfrontiert, versuchen einige Unternehmen offenbar, die Rentabilität, die sie in der jüngeren Vergangenheit erzielt haben, aufrechtzuerhalten – auf Kosten ihres Marktanteils oder ihrer Ausgaben für Marketing, F&E und anderer notwendiger Investitionen, wodurch sie wiederum ihre zukünftige Marktposition schädigen. Wenn Betriebsgrößenersparnisse in der reifen Branche eine wichtige Rolle spielen, kann es extrem kurzsichtig sein, niedrigere Gewinne in der Übergangsphase nicht zu akzeptieren. Während die Branche rationalisiert wird, sind niedrigere Gewinne möglicherweise unvermeidlich; ein klarer Kopf ist erforderlich, um Überreaktionen zu vermeiden.

5. *Abneigung gegen den Preiswettbewerb und irrationale Reaktion darauf (»Wir werden nicht im Preis konkurrieren«).* Oft fällt es Unternehmen schwer, die Notwendigkeit des Preiswettbewerbs zu akzeptieren, nachdem er lange Zeit nicht besonders wichtig war und es deshalb ein heiliges Gesetz für die Branchenteilnehmer war, sich nicht auf ihn einzulassen. Manche Unternehmensführungen sehen den Preiswettbewerb sogar als unpassend oder unter ihrer Würde an. Darin kann eine gefährliche Reaktion auf die Übergangsphase liegen, in deren Verlauf ein Konkurrent, der zu aggressiven Preisen entschlossen ist, möglicherweise Anteile auf sich zieht, die langfristig entscheidend sein werden, um einen Kostenvorsprung aufzubauen.

6. *Abneigung gegen Veränderungen der Branchengewohnheiten und irrationale Reaktionen darauf (»Sie schaden der Branche«).* Veränderungen in den Branchengewohnheiten wie etwa den Marketingmethoden, Produktionsverfahren und den Vertragsgrundsätzen gegenüber den Vertriebsunternehmen sind in der Übergangsphase oft unvermeidlich. Obvwohl sie für das langfristige Potential der

Branche wichtig sein können, wird ihnen oft Widerstand entgegengebracht. So wird z.B. der Ersatz manueller Methoden durch Maschinen in einigen Sportartikelzweigen abgelehnt, und die Unternehmen sind nicht bereit, aggressive Marketingmethoden für ihre Produkte einzuführen (»Marketing funktioniert in dieser Branche nicht; sie erfordert persönlichen Verkauf«) usw. Solche Widerstände gegen die Anpassung an das neue Wettbewerbsumfeld können ein Unternehmen ernsthaft ins Hintertreffen geraten lassen.

7. *Überbetonung »kreativer«, »neuer« Produkte, statt die existierenden zu verbessern und aggressiv zu verkaufen.* Der Erfolg zu Zeiten der Entstehungs- und Wachstumsphase mag auf Forschung und neuen Produkten gegründet gewesen sein, aber im Zuge der einsetzenden Reife lassen sich neue Produkte und Anwendungen oft nur schwer finden. In der Regel sollte sich der Schwerpunkt der innovativen Aktivität in dieser Phase verschieben: Weg von Neuheit und Feinabstimmung hin zur Standardisierung. Einige Unternehmen empfinden diese Entwicklung aber als unbefriedigend und setzen ihr Widerstand entgegen.

8. *Festhalten an »höherer Qualität« als Ausrede, um sich vor aggressivem Preiswettbewerb und intensivem Marketing zu drücken.* Hohe Qualität kann zwar eine entscheidende Stärke von Unternehmen sein, aber im Zuge des Reifungsprozesses der Branche werden Qualitätsunterschiede tendenziell abgebaut (vgl. Kap. 8). Aber selbst wenn sie bestehen bleiben, werden die erfahreneren (Wiederholungs-) Käufer möglicherweise dazu übergehen, niedrigere Preise der hohen Qualität vorzuziehen. Dennoch fällt es vielen Unternehmen schwer, zu akzeptieren, daß ihr Produkt nicht das beste ist oder daß seine Qualität höher als erforderlich ist.

9. *Überkapazität.* Manche Unternehmen in reifen Branchen weisen Überkapazitäten auf, oft aufgrund der notwendigen Fabrikmodernisierungen, die unweigerlich Kapazitätszuwächse mit sich bringen. Ihre bloße Existenz erzeugt subtilen wie handfesten Druck, sie zu nutzen, und diese Nutzung kann dem Unternehmen schaden. Beispielsweise können Überkapazitäten ein Unternehmen dazu verleiten, seine Schwerpunkt-Strategie zu verwässern, sodaß es sich plötzlich – in der Terminologie von Kapitel 2 – »zwischen den Stühlen« wiederfindet. Oder sie setzen das Management derart unter Druck, daß es in die Cash-Falle tappt. Es ist oft nützlicher, Überkapazitäten zu verkaufen oder zu verschrotten statt sie zu behalten. Es versteht sich jedoch, keine Kapazitäten an jemand zu verkaufen, der sie im selben Geschäft einsetzt.

Organisatorische Konsequenzen der Reifephase

Der Zwang zu organisatorischen Veränderungen resultiert gemeinhin aus größeren Strategieverschiebungen und aus der Entwicklung von Größe und Diversifikationsgrad des Unternehmens. Das Gebot, die Organisationsstruktur mit der Strategie des Unternehmens in Einklang zu bringen, gilt auch für die Reifephase, und der Übergangsprozeß kann zu den entscheidenden Punkten in der Entwicklung einer Organisationsstruktur und ihrer Systeme gehören. Insbesondere auf den Gebieten der Kontroll- und Anreizsysteme sind einige schwierige Anpassungen vorzunehmen.

Auf der *strategischen* Ebene haben wir bereits diskutiert, in welcher Weise die Prioritäten des Unternehmens an die veränderte Wettbewerbslandschaft angepaßt werden müssen: Erhöhte Aufmerksamkeit für Kosten, Kundenservice und echtes Marketing (im Gegensatz zum Verkauf); weniger neue Produkte, dafür Verbesserung der älteren; weniger »Kreativität«, dafür mehr Aufmerksamkeit für Details und stärkerer Pragmatismus usw.

Diese Verschiebungen der strategischen Schwerpunkte erfordern jedoch unterstützende Veränderungen auf der *organisatorischen* Ebene. Es werden Systeme benötigt, die bestimmte Geschäftsbereiche in den Vordergrund rücken und kontrollieren. Straffere Budgetierung, schärfere Kontrolle, neue leistungsorientierte Anreizsysteme und eine insgesamt stärkere Formalisierung können notwendig werden.[1] Die Kontrolle von Finanzaktiva (z.B. Forderungen) kann an Bedeutung gewinnen. Veränderungen dieser Art lagen der erfolgreichen Neuorientierung von Unternehmen zugrunde, die in jüngster Zeit die Übergangsphase durchliefen (z.B. Privatkliniken oder Freizeitfahrzeuge).

Um bei seinen Kosten konkurrenzfähig zu sein, muß ein Unternehmer seine Funktionen und Produktionsanlagen oft besser koor-

---

1 Im Zuge des Übergangs von Eigentümer-Unternehmer-Leitung zu einer professionelleren Leitung müssen die Organisationen und ihre Systeme rationalisiert, formalisiert und unpersönlicher werden. Schon dieser (formale) Übergang ist schwierig, aber darüberhinaus erfordern die Verschiebungen im Wettbewerbsumfeld des Unternehmens manchmal organisatorische Umstellungen, die – inhaltlich gesehen – *neue* Strukturen und Schwerpunkte für die wichtigsten Führungssysteme beinhalten. Wenn ein Unternehmen diese beiden Umstellungen gleichzeitig verkraften muß, kann darin eine schwere Herausforderung liegen.

dinieren. So kann es etwa erforderlich sein, regionale Produktionsstätten, die bis dahin unabhängig voneinander arbeiteten, zusammenzuschließen und enger zu koordinieren, was nicht nur neue Systeme und Verfahren verlangt, sondern auch einschneidende Veränderungen in der Arbeit der Fabrikmanager.

Derartigen Veränderungen wird oft Widerstand entgegengebracht. Dem Unternehmen, das bislang stolz auf seine Pioniertätigkeit und die Qualität seines Produkts war, mag es schwerfallen, in »unästhetischen« Preiswettbewerb und aggressives Marketing einzusteigen, wie wir bereits diskutiert haben. Eine tiefsitzende Abneigung gegen diese Art des Wettbewerbs ist oft im Unternehmensapparat verankert, bis hinunter zu den Arbeitern und Vertretern. Man wehrt sich dagegen, die Qualität zugunsten niedrigerer Kosten zu reduzieren und die Kosten enger zu überwachen. Außerdem werden Anforderungen an das Berichtswesen, neue Kontrollen, neue Organisationsbeziehungen u. dgl. gelegentlich als Verlust an persönlicher Autonomie und als Bedrohung empfunden. Ein Unternehmen muß beim Eintritt in die Reifephase darauf vorbereitet sein, das Personal auf allen Ebenen neu zu schulen und zu motivieren.

Die Unternehmensleitung muß sich außerdem bewußt sein, daß der Übergang zur Branchenreife von subtilen Veränderungen im Motivationsklima des Unternehmens begleitet sein kann. Während der Wachstumsphase, die dem Übergang vorausging, waren die Aufstiegschancen meist gut, die Begeisterung der Mitarbeiter angesichts des schnellen Wachstums relativ groß, und die Zufriedenheit mit der Arbeit machte es größtenteils überflüssig, die Loyalität zum Unternehmen durch formale Mechanismen zu fördern. Nun aber, im reifen Wettbewerbsumfeld, gibt es weniger Wachstum, weniger Glanz, weniger Begeisterung, und der Geist des Pionierdaseins und der Singularität verflüchtigt sich. Diese Entwicklung wirft eine Reihe extrem schwieriger Probleme für das Management auf:

1. *Heruntergeschraubte Erwartungen im Blick auf die finanziellen Ergebnisse.* Die Manager sehen sich oft mit der Notwendigkeit konfrontiert, das Anspruchsniveau im Blick auf Wachstum und Gewinne zu senken. Wenn sie versuchen, die alten Ansprüche zu erfüllen, führen sie möglicherweise Maßnahmen durch, die dem Unternehmen auf lange Sicht extrem schaden, es sei denn, es besitzt eine außerordentlich starke Marktposition. Die Erwartungen herunterzuschrauben, ist schwierig, da die früheren Erfolge eine starke Tradition begründet haben, bestimmte finanzielle Ergebnisse zu errei-

chen. Ich beeile mich hinzuzufügen, daß die Unternehmensleitung vor ähnlichen Problemen steht, wenn sie versucht, ihre eigenen Erwartungen zu revidieren.

2. *Mehr Disziplin im Unternehmen.* Sämtliche beschriebenen Veränderungen engen den Spielraum des Unternehmens ein und zwingen es zu erhöhter strategischer Disziplin. Davon sind alle Ebenen des Unternehmens mehr oder weniger handfest betroffen.

3. *Heruntergeschraubte Erwartungen im Blick auf den beruflichen Aufstieg.* Das Tempo des beruflichen Aufstiegs nimmt in der Reifephase gewöhnlich ab. Die Manager haben sich aber möglicherweise daran gewöhnt, ihren Erfolg in der Geschwindigkeit zu messen, mit der sie in der Vergangenheit aufgestiegen sind. Deshalb kann es sein, daß die Unternehmensleitung erheblich unter Druck gesetzt wird und viele Manager das Unternehmen verlassen. Die Herausforderung für die Unternehmensleitung liegt darin, neue Entlohnungsmethoden zu finden, die das Personal motivieren. Der Druck der Übergangsphase verleitet manche Unternehmen zur Diversifikation, um die Wachstums- und Aufstiegsmöglichkeiten der Vergangenheit aufrechtzuerhalten. *Allein* aus diesem Grund zu diversifizieren, kann ein schwerer Fehler sein.

4. *Erhöhte Aufmerksamkeit für den menschlichen Faktor.* Im Zuge der Anpassung an das neue Branchenklima und angesichts der entsprechend veränderten strategischen Prioritäten ist es meist notwendig, dem menschlichen Faktor erhöhte Aufmerksamkeit zu widmen. Organisatorische Maßnahmen sind erforderlich, um die Identifikation und Loyalität gegenüber dem Unternehmen zu stärken, und es müssen ausgefeiltere Anreizsysteme entwickelt werden als jene, die in der früheren Wachstumsphase ausgereicht haben. Interne Unterstützung und Ermutigung sollten die externen Stimuli und Belohnungen ersetzen und den Rückhalt für die schwierigen internen Anpassungen des organisatorischen Klimas bilden.

5. *Rezentralisierung.* Der Druck auf verbesserte Kostenkontrolle, den die Branchenreife ausübt, erfordert gelegentlich, daß frühere Entscheidungen, autonome Profit-Center auf der Ebene der Fabrik oder anderswo einzurichten, rückgängig gemacht werden müssen. Das gilt besonders, wenn das Profit-Center zu Wachstumszeiten die Einführung neuer Produkte erleichtern oder neue Märkte öffnen sollte.

Die Rückkehr zu einer stärker funktional ausgerichteten Organisation verstärkt die zentrale Kontrolle, kann die Gemeinkosten erheblich verringern und die Möglichkeiten der Kooperation zwischen den Einheiten verbessern. In reifen Geschäftszweigen ist die Koordination unter Umständen wichtiger als dynamisches Unternehmertum. Crown Cork and Seal schafften eine dramatische Wende mit diesem Ansatz, den sich zur Zeit auch das in Schwierigkeiten geratene Textilunternehmen Texfi (vgl. *Business Week*, 15. Aug. 1977) und Burger King (für seinen Angriff auf McDonald's) zunutze machen.

Der Übergang der Branche und der Unternehmensleiter

Der Übergang einer Branche zur Reife signalisiert einen neuen »Lebensstil« im Unternehmen, besonders wenn er viele der oben beschriebenen strategischen Anpassungen erfordert. Die Faszination des schnellen Wachstums und der Pioniertätigkeit werden durch die Notwendigkeit ersetzt, die Kosten zu kontrollieren, im Preis zu konkurrieren, aggressives Marketing zu betreiben usw. Dieser Wandel im Lebensstil hat wichtige Konsequenzen für den Unternehmensleiter.

Die *Atmosphäre* im Unternehmen kann sich in einer für ihn unangenehmen Weise ändern. Er kann nicht mehr die Menge an Chancen und Aufstiegsmöglichkeiten für die Mitarbeiter bereitstellen wie in der Vergangenheit und muß stattdessen strengere, detaillierte und formale Leistungsbewertungssysteme einführen. Der alte legere Stil und persönliche Freundschaften sind vielleicht nur schwer beizubehalten. Die dem Unternehmensleiter abverlangten *Fähigkeiten* verschieben sich in dem Maße, wie sich die Hauptanforderungen an das Unternehmen verschieben. Straffe Kostenkontrolle, engere Koordination der Funktionen, Marketing usw. sind meist ganz andere Aufgaben als jene, die sich dem Manager in der Phase schnellen Wachstums stellen. Die neuen Anforderungen sind sowohl strategischer als auch administrativer Natur, weshalb die Anpassung doppelt schwer ist. (Im klassischen Übergang vom persönlich zum professionell geleiteten Unternehmen werden vom Unternehmensleiter größtenteils nur organisatorische und administrative Anpassungen verlangt). Oft kommt es schließlich dazu, daß die Hochstimmung und die Begeisterung über die Pioniertätigkeit, die er in der Vergangenheit empfunden haben mag, zunehmendem Überlebensdruck und Existenzsorgen weichen. Oft tritt eine Krise ein.

Somit ist der Übergang zur Reife in vielen Fällen eine schwierige Phase für den Unternehmensleiter, besonders wenn er der Gründer des Unternehmens war (aber nicht nur dann). Leider sieht das Ergebnis dann oft so aus:

- Leugnen des Übergangs: Der Unternehmensleiter versäumt es, die erforderlichen Veränderungen zu erkennen und zu akzeptieren, oder er verfügt nicht über die notwendigen Fähigkeiten. Aus diesem Grund werden die überkommene Strategie und die organisatorischen Systeme stur weiterverfolgt. Diese Art von Rigidität ist nicht nur in der Übergangsphase, sondern auch in anderen widrigen Unternehmenssituationen eine häufige Reaktion auf strategische Schwierigkeiten. (Vgl. Porter, 1976 b).
- Rückzug aus dem aktiven Management: Der Unternehmensleiter erkennt, daß der neue Lebensstil nicht mehr befriedigend ist, oder daß seine Fähigkeiten dem neuen Umfeld nicht angemessen sind, und verzichtet auf den Markt.

Die Konsequenzen, die der Übergang der Branche für den Unternehmensleiter aufwirft, bergen einen wichtigen Hinweis, nicht nur für ihn selbst, sondern auch für den Konzern oder das diversifizierte Unternehmen. In der reifen Branche müssen sich die Bewertungsstandards für die Manager der einzelnen Geschäftseinheiten genauso verändern wie die Fähigkeiten und die Orientierung des Unternehmensleiters. Deshalb kann die Rotation der Manager sinnvoll sein, sobald eine Abteilung in die Reifephase eintritt. In diversifizierten Unternehmen besteht die Neigung, an alle Abteilungsleiter die gleichen Maßstäbe anzulegen – ohne ihre fundamental verschiedenen strategischen Situationen zu berücksichtigen – und zu erwarten, daß ein Manager, der in der einen Situation qualifiziert arbeitet, in anderen genauso gut zurechtkommt. Diese Schwierigkeiten können vermieden werden, wenn man den Konsequenzen des Übergangs für das Mangement genügend Beachtung schenkt.

Kapitel 12
Wettbewerbsstrategie in schrumpfenden Branchen

Für die Zwecke der Strategieanalyse wollen wir als schrumpfende Branchen diejenigen betrachten, die über einen längeren Zeitraum einen absoluten Rückgang in ihren verkauften Stückzahlen hinnehmen müssen.[1] So definiert, kann der Niedergang der Branche nicht auf den Konjunkturzyklus oder andere kurzfristige Unregelmäßigkeiten (wie etwa Streiks oder Materialengpässe) zurückgeführt werden; er ist vielmehr ein eigenständiges Phänomen, für das »Endspiel«-Strategien entwickelt werden müssen. Schrumpfende Branchen hat es schon immer gegeben, aber die Verbreitung dieses schwierigen strukturellen Phänomens hat wahrscheinlich zugenommen, seit das weltweite ökonomische Wachstum langsamer wurde, Produkte durch die schnelle Kosteninflation verdrängt wurden und der technische Fortschritt sich auf Gebieten wie Elektronik, Computer und Chemie kontinuierlich niederschlug.

Obwohl sie uns als Rückgangsphase im Produktlebenszyklus (fälschlicherweise) vertraut zu sein scheint, ist die schrumpfende Branche kaum studiert worden. Die Rückgangsphase einer Branche wird im Modell des Produktzyklus so beschrieben, daß in dieser Zeit die Ertragsspannen schrumpfen, die Produktlinien beschnitten werden, die F&E- und Werbungsausgaben sinken und die Zahl der Wettbewerber abnimmt. Das allgemein akzeptierte strategische Rezept für den Niedergang ist eine Abschöpfungsstrategie, d.h., keine Investitionen mehr vorzunehmen, den maximalen Cash-flow aus dem Geschäft zu holen, und es schließlich abzustoßen. Die gängigen

---

1 Wichtige Anregungen zu diesem Kapitel verdanke ich Kathryn Rudie Harrigan, die bei mir in Harvard studierte und jetzt in Dallas als Hochschulassistentin an der Universität von Texas tätig ist.

Produkt-Portfoliomodelle, die heutzutage in der Planung angewandt werden, erteilen denselben Rat für schrumpfende Branchen: Investieren Sie nicht in ungünstigen Branchen mit niedrigen oder negativen Wachstumsraten, sondern liquidieren Sie ihre Anteile.

Betrachtet man jedoch eingehend das breite Spektrum schrumpfender Branchen, so kommt man zu dem Ergebnis, daß sowohl der Wettbewerbscharakter als auch die verfügbaren strategischen Alternativen, mit dem Niedergang fertig zu werden, weit vielschichtiger sind. Die Art, wie der Wettbewerb auf den Niedergang reagiert, unterscheidet sich erheblich von Branche zu Branche: Manche altern dezent, andere sind durch verbitterte Wettbewerbskriege, langandauernde Überkapazität und hohe Verluste gekennzeichnet. Ebenso stark unterscheiden sich die erfolgreichen Strategien. Einige Unternehmen haben hohe Erträge erzielt, indem sie in schrumpfenden Branchen beträchtliche Mittel investierten, mit dem Ergebnis, daß diese Geschäftseinheiten später gute »Cash-Kühe« wurden. Andere haben im Gegensatz zu ihren Konkurrenten Verluste vermieden, indem sie aus dem Markt austraten, bevor der Niedergang allgemein wahrgenommen wurde, und auf die Abschöpfung verzichteten.

Dieses Kapitel wendet die analytischen Instrumente des Teils I auf die besondere Situation schrumpfender Branchen an, sofern der Niedergang von den Branchenteilnehmern nicht mehr zu beeinflussen ist.[2] Zunächst werde ich die strukturellen Bedingungen beschreiben, die den Wettbewerbscharakter in der Niedergangsphase und die Attraktivität der Branche für die verbleibenden Unternehmen bestimmen. Daraufhin werde ich ausführlich die strategischen Alternativen (Endspiel-Strategien) identifizieren, die dem Unternehmen im Niedergang zur Verfügung stehen. Das Kapitel schließt mit einigen Prinzipien für die Auswahl einer Strategie.

2 In bestimmten Fällen kann die Tendenz zum Niedergang durch Innovationen, Kostensenkungen und Verschiebungen anderer Bedingungen umgedreht werden – einige Möglichkeiten dazu wurden in Kapitel 8 diskutiert. In diesem Kapitel konzentrieren wir uns auf Branchen, in denen die vorhandenen Möglichkeiten ausgeschöpft sind und es deshalb darum geht, mit dem Niedergang fertig zu werden.

Die strukturellen Determinanten des Wettbewerbs in der Niedergangsphase

Wenn wir an die Analyse in Kapitel 1 denken, erscheinen einige Faktoren besonders wichtig, um den Wettbewerbscharakter in schrumpfenden Branchen zu bestimmen. Sinkende Branchenumsätze machen diese Phase potentiell explosiv. Wie stark aber der Wettbewerbsdruck die Rentabilität letztlich schmälert, hängt von einer Reihe wichtiger Bedingungen ab, die dafür verantwortlich sind, wie leicht Kapazitäten die Branche verlassen können, und wie erbittert die verbleibenden Unternehmen versuchen, die Flut ihrer sinkenden Umsätze aufzuhalten.

Nachfragebedingungen

Der Wettbewerb in den Niedergangsphasen wird stark davon beeinflußt, wie der Prozeß des Nachfragerückgangs verläuft und welche Eigenschaften die verbleibenden Marktsegmente aufweisen.

Unsicherheit

Die Unsicherheit unter den Konkurrenten, ob die Nachfrage weiter zurückgehen wird oder nicht, gehört zu den wichtigsten Faktoren, die den Wettbewerb im Endspiel beeinflussen. Wenn die Unternehmen (ob zu Recht oder zu Unrecht), glauben, daß die Nachfrage sich wieder erholen wird, werden sie wahrscheinlich versuchen, ihre Position zu halten und in der Branche zu bleiben. Wenn sie sich (trotz sinkender Verkäufe) tatsächlich so verhalten, wird sehr wahrscheinlich ein erbitterter Wettbewerbskrieg das Ergebnis sein. Diese Situation war in der Reyonindustrie (Kunstseide) zu beobachten, in der es lange Zeit berechtigte Hoffnungen gab, daß die Verluste der Branche zugunsten von Nylon und Stahl auf dem Reifengewebemarkt und die Verluste zugunsten anderer Fasern auf dem Textilmarkt wettgemacht werden könnten. Umgekehrt wird der Prozeß, Kapazitäten geordnet aus dem Markt abzuziehen, erleichtert, wenn alle Unternehmen glauben, die Nachfrage werde weiter sinken. Im Falle von

Azetylen wurde beispielsweise sehr schnell deutlich, daß die explodierenden Gaspreise Äthylen zu einem billigeren Ersatz für Azetylen in vielen chemischen Prozessen machen würden. Hier begannen die Grenzanbieter frühzeitig, Strategien für den Rückzug aus der Branche zu entwickeln.

Unternehmen können die zukünftige Nachfrage durchaus *unterschiedlich* einschätzen; manche Unternehmen werden eine Erholung für wahrscheinlicher halten als andere und deshalb in der Branche verbleiben wollen. Außerdem geht aus einer Reihe von Fallstudien über schrumpfende Branchen hervor, daß die Position eines Unternehmens in der Branche und seine Austrittsbarrieren einen Einfluß darauf ausüben, wie es die weitere Entwicklung einschätzt. Je stärker die Unternehmensposition oder je höher die Austrittsbarrieren, desto optimistischer scheinen seine Erwartungen auszufallen.

Geschwindigkeit und Muster des Niedergangs

Je langsamer sich der Niedergang vollzieht, desto mehr wird er, wenn die Unternehmen ihre Position analysieren, durch kurzfristige Faktoren überdeckt, und desto größer ist meist die Unsicherheit über den künftigen Niedergang. Die Unsicherheit erhöht noch die allgemeine Instabilität dieser Phase. Hingegen wird es den Unternehmen bei stark fallender Nachfrage schwer fallen, optimistische Vorhersagen zu treffen. Außerdem erhöhen große Verkaufseinbrüche die Wahrscheinlichkeit, daß ganze Fabriken aufgegeben oder ganze Geschäftseinheiten abgestoßen werden, was die Kapazität der Branche schnell nach unten anpassen kann. Inwieweit der Niedergang glatt verläuft, spielt für die Unsicherheit ebenfalls eine Rolle: Wenn die Verkäufe der Branche stark schwanken, wie etwa bei Reyon und Acetat, kann es schwierig sein, den Abwärtstrend der Verkäufe von der Unsicherheit zu trennen, die durch die periodischen Schwankungen entsteht.

Die Geschwindigkeit des Niedergangs hängt zum Teil von dem Muster ab, nach dem die Unternehmen sich letztendlich zur Aufgabe von Kapazitäten entschließen. In industriellen Geschäftszweigen, deren Produkt ein wichtiger Input für die Kunden ist, kann die Nachfrage steil abfallen, wenn nur ein oder zwei wichtige Hersteller sich zum Austritt entschließen. Die Kunden sind um die weitere Verfügbarkeit eines wichtigen Inputs besorgt und neigen deshalb schneller als sonst dazu, auf ein Ersatzprodukt umzusteigen. Aus diesem Grund können Unternehmen, die ihren Austritt frühzeitig bekanntgeben, die Geschwindigkeit des Niedergangs erheblich beeinflussen. Außerdem nimmt die Geschwindigkeit des Niedergangs im weiteren Verlauf tendenziell zu, weil die schrumpfenden Produktionsmengen zu höheren Kosten und vielleicht zu höheren Preisen führen.

Die Struktur der verbleibenden Nachfragenischen

Im Zuge des Nachfragerückgangs spielt die Art der verbleibenden Nachfragenischen eine wichtige Rolle für die Rentabilität der verbleibenden Wettbewerber. Um sie genauer zu bestimmen, ist eine vollständige Strukturanalyse (wie in Kapitel 1 beschrieben) notwendig. Beispielsweise ist in der Zigarrenindustrie das Auslese-Segment eine der wichtigsten dort verbliebenen Nachfragenischen. Das Segment ist ziemlich immun gegen Ersatz, seine Käufer sind nicht preisempfindlich, und es erlaubt eine starke Produktdifferenzierung. Die Unternehmen, die ihre Position in diesem Segment beibehalten können, haben selbst im Zuge des Niedergangs der Branche gute Aussichten auf überdurchschnittliche Erträge, weil sie ihre Position vor den Wettbewerbskräften abschirmen können. In der Lederindustrie sind Möbelüberzüge eine Nische geblieben, die in der Technologie und Differenzierung denselben Effekt wie oben haben. Hingegen sind im Fall von Azetylen diejenigen Marktsegmente, in denen es nicht durch Äthylen ersetzt wurde, wiederum durch andere Ersatzprodukte bedroht, und auf diesen Märkten ist Azetylen ein Produkt unter vielen, das wegen seiner hohen Fixkosten in der Produktion anfällig für den Preiswettbewerb ist. Infolgedessen ist das Gewinnpotential in den verbleibenden Nischen ziemlich mager.

Im allgemeinen kann ein Endspiel für die Überlebenden profitabel sein, wenn die Abnehmer in den verbleibenden Nachfragenischen nicht preisempfindlich sind oder nur geringe Verhandlungsstärke besitzen (z.B. aufgrund hoher Umstellungskosten oder anderer in Kapitel 6 diskutierter Eigenschaften). Die übrigbleibende Nachfrage ist meist dann preisunempfindlich, wenn sie Ersatznachfrage darstellt und es keine Nachfrage der Hersteller von Originalausrüstungen mehr gibt. Die Rentabilität des Endspiels hängt auch davon ab, wie verwundbar die restlichen Nachfragenischen für Ersatzprodukte und mächtige Lieferanten sind, und ob es Mobilitätsbarrieren gibt, die den Unternehmen in einem übriggebliebenen Segment Schutz vor Konkurrenten bieten, die nach einem Ersatz für ihre verlorengegangenen Segmente suchen.

Ursachen des Niedergangs

Der Rückgang der Branchennachfrage kann auf verschiedene Ursachen zurückgehen, die jeweils bestimmte Konsequenzen für den Wettbewerb in der Niedergangsphase aufwerfen:

Technologischer Ersatz. Eine der Ursachen des Niedergangs sind Ersatzprodukte, die durch technologische Innovationen geschaffen werden (Taschenrechner statt Rechenschiebern) oder durch Verschiebungen von relativen Kosten und Qualität in den Vordergrund treten (synthetische Stoffe statt Leder). Darin kann eine Gefahr für die Branchengewinne liegen, weil Ersatzprodukte die Gewinne meist in dem Moment herunterdrücken, in dem sie in die Verkäufe der Branche einbrechen. Die negative Wirkung auf die Gewinne wird gemildert, wenn es Nachfragenischen in der Branche gibt, die gegen das Ersatzprodukt immun oder widerstandsfähig sind und andere der oben beschriebenen Vorteile aufweisen. Es hängt von der betreffenden Branche ab, inwieweit Ersatzprodukte Unsicherheit über die künftige Nachfrage mit sich bringen.

Demographische Entwicklung. Eine weitere Ursache des Niedergangs ist ein Rückgang des Umfangs der Käufergruppe für das Produkt. Auf die Hersteller von Vorleistungen und Inputs wirkt sich die demographische Entwickung indirekt aus, indem sie die Nachfrage der nachgelagerten (näher am Endverbraucher gelegenen) Branchen verringert. Die demographische Entwicklung als Ursache des Niedergangs bringt einen geringeren Wettbewerbsdruck mit sich als ein Ersatzprodukt. Wenn daher die Branche ihre Kapazität geregelt abbauen kann, sind die Gewinnaussichten der überlebenden Unternehmen unter Umständen nicht schlechter als vor dem Niedergang. Allerdings unterliegen demographische Verschiebungen oft großer Unsicherheit, die, wie wir bereits diskutiert haben, destabilisierend auf den Wettbewerb in der Niedergangsphase wirkt.

Verschiebungen der Bedürfnisse. Die Nachfrage kann fallen, weil sich soziologische oder andere Faktoren verschoben haben, die den Bedürfnissen oder Präferenzen von Käufern zugrundeliegen. Beispielsweise ist der Konsum von Zigarren hauptsächlich deshalb zurückgegangen, weil die gesellschaftliche Akzeptanz von Zigarren gesunken ist. Wie demographische Entwicklungen führen auch Bedürfnisverschiebungen nicht unbedingt dazu, daß die verbleibende Nachfrage dem Druck von Ersatzprodukten ausgesetzt ist. Sie können aber mit großer Unsicherheit behaftet sein, was - wie etwa bei Zigarren - viele Unternehmen zu der Erwartung verleitet, die Nachfrage werde sich wiederbeleben. Diese Situation ist für die Rentabilität in der Niedergangsphase äußerst bedrohlich.

Die Ursache des Niedergangs liefert somit Hinweise auf den voraussichtlichen Grad an Unsicherheit, den die Unternehmen über die künftige Nachfrage hegen, und auf die Rentabilität der verbleibenden Segmente.

Austrittsbarrieren

Entscheidend für den Wettbewerb in schrumpfenden Branchen ist die Art, in der Kapazitäten den Markt verlassen. Ebenso wie Eintrittsbarrien gibt es jedoch auch *Austrittsbarrieren*, die ein Unternehmen selbst dann zum Verbleib in schrumpfenden Branchen veranlassen, wenn es unterdurchschnittliche Erträge erzielt. Je höher also die Austrittsbarrieren sind, desto unangenehmer wird der Niedergang für die verbleibenden Unternehmen. Austrittsbarrieren entstammen einer Reihe grundlegender Ursachen:

Langlebige und spezialisierte Aktiva

Wenn die Aktiva einer Geschäftseinheit (Anlage- und/oder Umlaufvermögen) speziell auf diese Geschäftseinheit, auf das betreffende Unternehmen oder den speziellen Standort zugeschnitten sind, wird der Liquidationswert der in dem Geschäft verkörperten Investitionen vermindert, und es entstehen Austrittsbarrieren. Spezialisierte Aktiva müssen entweder an jemand verkauft werden, der sie im selben Geschäft einzusetzen beabsichtigt (und evtl. sogar am selben

Standort, wenn sie entsprechend spezialisiert sind) oder ihr Wert sinkt so drastisch, daß sie meist verschrottet werden müssen. Die Zahl der Käufer, die die Aktiva im selben Geschäft einsetzen wollen, ist meist gering, weil sie wahrscheinlich durch die gleichen Gründe vom Kauf abgeschreckt werden, die das Unternehmen veranlassen, die Aktiva zum Kauf anzubieten. Beispielsweise sind die Anlagen eines Azetylenherstellungskomplexes oder einer Reyonfabrik derart stark spezialisiert, daß sie entweder an einen Käufer verkauft werden müssen, der sie für den gleichen Zweck einsetzt, oder verschrottet werden müssen. Im übrigen ist eine Azetylenfabrik so schwer in einzelne Teile zu zerlegen und zu transportieren, daß die dabei entstehenden Kosten den Schrottwert möglicherweise wettmachen oder sogar übersteigen. Als der Niedergang der Azetylen- und Reyonindustrie begann, gab es so gut wie keine Kandidaten, die bereit waren, die zum Verkauf angebotenen Fabriken weiterzubetreiben; die Fabriken, die einen Abnehmer fanden, wurden zu Preisen weit unter ihren Buchwerten verkauft, oft an Spekulanten oder verzweifelte Belegschaften. Auch der Wert von Lagerbeständen in einer schrumpfenden Branche ist möglicherweise sehr gering, besonders wenn sie sich normalerweise nur langsam umsetzen.

Wenn der Liquidationswert der Aktiva einer Geschäftseinheit gering ist, verhält sich das Unternehmen ökonomisch richtig, wenn es die Geschäftseinheit beibehält, auch wenn der Gegenwartswert des erwarteten Cash-flows niedrig ist. Sind die Aktiva langlebig, so übersteigt der Buchwert den Liquidationswert möglicherweise erheblich. Für das Unternehmen kann es daher trotz eines Buchverlustes ökonomisch sinnvoll sein, im Geschäft zu bleiben, weil der Gegenwartswert des zukünftigen Cash-flows noch immer höher ist als die Opportunitätskosten des Kapitals, das bei Aufgabe der Geschäftseinheit freigesetzt würde. Wann immer im Fall der Geschäftsaufgabe der Buchwert den Liquidationswert übersteigt, wird eine Abschreibung notwendig, die vor dem Verlassen der Branche abschreckt, wie wir später noch diskutieren werden.

Wenn wir einschätzen wollen, wie stark die durch spezialisierte Aktiva in einer bestimmten Branche geschaffenen Austrittsbarrieren sind, stellt sich die Frage, ob es irgendwelche Märkte gibt, die an den Aktiva als Teil eines bestehenden Konzerns interessiert wären. Manchmal ist es möglich, Aktiva, die auf dem einheimischen Markt nur noch geringen Wert haben, in Überseemärkte zu verkaufen, die ökonomisch weniger weit fortgeschritten sind. Dieser Schritt erhöht den Liquidationswert und senkt die Austrittsbarrieren. Unabhängig von eventuellen Überseemärkten nimmt jedoch der Wert spezialisierter Aktiva in dem Maße ab, wie deutlich wird, daß sich die Branche im Niedergang befindet. Beispielweise erzielte Raytheon beim Verkauf seiner Aktiva im Bereich der Vakuumröhrenproduktion zu einer Zeit (Mitte der sechziger Jahre), als die Nachfrage nach Röhren für Farbfernsehgeräte noch hoch war, einen weit höheren Liquidationserlös als die Unternehmen, die ihre Vakuumröhren-Anlagen erst in den frühen siebziger Jahren (als die Rückgangsphase der Branche bereits eingeläutet worden war) zu verkaufen versuchten. Zu diesem Zeitpunkt waren so gut wie keine amerikanischen Hersteller mehr am Kauf interessiert; die Hersteller von Vakuumröhren außerhalb der USA, die an weniger fortgeschrittene Volkswirtschaften verkauften, hatten entweder bereits Produktionsanlagen gekauft, oder sie waren, nachdem der amerikanische Niedergang offensichtlich geworden war, in einer viel stärkeren Verhandlungsposition als zuvor.

Fixe Austrittskosten

Die Austrittskosten einer Branche werden oft durch fixe Kosten der Geschäftsaufgabe erhöht, die den effektiven Liquidationswert eines Geschäfts senken. Oft sieht sich ein Unternehmen erheblichen Kosten für Sozialpläne und ähnliche Vereinbarungen gegenüber. In manchen Ländern, wie etwa Italien, sind die fixen Austrittskosten besonders hoch, weil die Regierung Arbeitsplatzverluste nicht akzeptiert. Im Zuge der Geschäftsaufgabe fallen meistens hohe Kosten für eine Vielzahl von qualifizierten Managern, Rechtsanwälten und Buchhaltern an. In bestimmten Fällen müssen Ersatzteile bereitgehalten werden, die später noch an ehemalige Kunden geliefert werden; der Gegenwartswert dieser Aufwendungen ist zu den Fixkosten des Austritts zu rechnen. Manager oder Beschäftigte müssen möglicherweise versetzt und/oder umgeschult werden. Der Bruch von langfristigen Kauf- oder Lieferungsverträgen kann zu hohen Konventionalstrafen führen, sofern die Verträge überhaupt aufgehoben werden können. Oft muß das Unternehmen die Kosten dafür übernehmen, daß ein anderes Unternehmen die vertraglich zugesagten Leistungen erfüllt.

In vielen Fällen ist außerdem mit versteckten Austrittskosten zu rechnen. Ist die Entscheidung, ein bestimmtes Geschäft nicht weiterzuführen, erst einmal bekannt geworden, so sinkt die Arbeitsproduktivität unter Umständen ab, und die finanziellen Ergebnisse verschlechtern sich. Kunden ziehen schnell ihre Aufträge zurück, und Lieferanten verlieren das Interesse, Zusagen einzuhalten. Diese Art von Problemen, die sich - wie wir später noch sehen werden - auch bei einer Abschöpfungsstrategie stellen, können die Verluste in den letzten Monaten noch beschleunigen und sich als erhebliche Austrittskosten erweisen.

Andererseits hilft der Austritt manchmal, Investitionen zu vermeiden, die das Unternehmen sonst hätte durchführen müssen, nur um in der Branche bleiben zu können (z.B. Investitionen, um bestimmte Umweltschutzvorschriften zu erfüllen). Solcherlei Investitionszwänge *fördern* den Rückzug aus der Branche - es sei denn, die Investitionen führen zu einem gleich hohen oder höheren Liquidationswert des Unternehmens, weil sie zwar die Menge des investierten Kapitals erhöhen, aber keine Gewinne abwerfen.

Strategische Austrittsbarrieren

Selbst wenn sich ein diversifiziertes Unternehmen keinerlei ökonomischen Austrittsbarrieren in einem bestimmten Geschäftszweig gegenübersieht, kann es mit Barrieren konfrontiert werden, weil das Geschäft aus einem übergeordneten strategischen Blickwinkel wichtig für das Unternehmen ist:

Wechselseitige Abhängigkeit. Das Geschäft kann Teil einer Gesamtstrategie sein, die eine Gruppe von Geschäftseinheiten umfaßt, sodaß der Austritt die Schlagkraft der Strategie schwächen würde. Das Geschäft ist vielleicht zentral für die Identität oder das Image des Gesamtunternehmens. Der Austritt mag die Beziehungen des Konzerns zu wichtigen Vertriebskanälen schädigen oder seine Einkaufsmacht beeinträchtigen. Oder er führt dazu, daß gemeinsam genutzte Anlagen oder sonstige Aktiva schlechter ausgelastet werden, sofern sie nicht auf andere Weise vom Unternehmen verwandt oder auf dem freien Markt vermietet werden können. Wenn ein Konzern die Lieferungen an einen Abnehmer beendet, gefährdet er möglicherweise nicht nur Verkäufe von anderen Produkten an diesen Kunden, sondern beeinträchtigt auch seine Chancen in anderen Geschäftszweigen, in denen ein verläßlicher Lieferant von wichtigen

Rohstoffen oder Materialien erwünscht ist. Von größter Bedeutung für die Höhe der Barrieren aus wechselseitiger Abhängigkeit ist die Fähigkeit des Unternehmens, freigesetzte Mittel aus dem schrumpfenden Geschäft in neue Märkte zu verschieben.

Zugang zu Kapitalmärkten. Der Austritt kann das Vertrauen der Kapitalmärkte in das Unternehmen schwächen oder seine Attraktivität für Akquisitionskandidaten oder Abnehmer verringern. Wenn die abgestoßene Geschäftseinheit relativ groß im Vergleich zum Gesamtunternehmen ist, leidet die Kreditwürdigkeit des Unternehmens möglicherweise stark darunter. Auch wenn der Rückzug aus dem Geschäft an sich ökonomisch gerechtfertigt sein mag, ist es nicht ausgeschlossen, daß das Ertragswachstum beeinträchtigt wird oder die Kapitalkosten steigen.[3] Vor diesem Hintergrund sind kleine Verluste (durch die Weiterführung des Geschäfts) unter Umständen vorteilhafter als ein einziger großer Verlust. Die Höhe der Abschreibung hängt offensichtlich davon ab, wie stark die Geschäftsaktiva relativ zu ihrem Liquidationswert bereits abgeschrieben sind, und ob das Unternehmen in der Lage ist, die Werte nach und nach abzustoßen (statt auf einen Schlag).

Vertikale Integration. Wenn die Geschäftseinheit Teil einer vertikalen Kette innerhalb des Konzerns ist, hängt die Wirkung auf die Austrittsbarrieren davon ab, ob die Ursache des Niedergangs die gesamte vertikale Kette betrifft oder nur ein einzelnes Glied. So hat etwa die Veralterung von Azetylen auch die nachgelagerten Geschäftseinheiten veralten lassen, die Azetylen als Rohmaterial zur chemischen Synthese verwendeten. Wenn ein Unternehmen sowohl in Azetylen als auch in einem oder mehreren der nachgelagerten Prozesse engagiert war, zwang die Schließung der Azetylenfabrik entweder dazu, auch die nachgelagerten Einrichtungen zu schließen oder externe Lieferanten zu finden. Obwohl es vielleicht angesichts der fallenden Nachfrage nach Azetylen einen günstigen Preis mit einem externen Lieferanten hätte aushandeln können, mußte das Un-

3 Ein diversifiziertes Unternehmen kann Buchverluste möglicherweise steuerwirksam geltend machen, sodaß der negative Einfluß der Austrittsentscheidung auf den Cash-flow gemildert wird. Negative Auswirkungen auf die Kapitalmärkte sind aber nicht auszuschließen.

ternehmen schließlich auch die nachgelagerten Operationen aufgeben. In solchen Fällen umschließt die Austrittsentscheidung die gesamte Kette.

Wenn aber umgekehrt eine vorgelagerte Einheit an die nachgelagerte einen Input lieferte, der durch ein Ersatzprodukt hinfällig gemacht worden war, so war die nachgelagerte Einheit lebhaft daran interessiert, einen externen Lieferanten für den Ersatzinput zu finden, um ihre Wettbewerbsposition nicht zu verschlechtern. Somit wurde der Austritt des Unternehmens möglicherweise beschleunigt, weil es vorwärts integriert, der strategische Wert der Geschäftseinheit geschwunden und das Geschäft zu einem strategischen Risiko für das gesamte Unternehmen geworden war.

Informationsbarrieren

Je mehr die Geschäftseinheiten innerhalb eines Konzerns untereinander verknüpft sind (vor allem durch gemeinsam genutzte Aktiva oder Käufer - Verkäufer - Beziehungen), desto schwieriger kann es sein, die wirkliche Leistung einer bestimmten Geschäftseinheit herauszufinden. Schlecht laufende Geschäfte können durch den Erfolg anderer überdeckt werden, sodaß das Unternehmen ökonomisch gerechtfertigte Austrittsentscheidungen vielleicht erst gar nicht in Betracht zieht.

Emotionale oder beim Management liegende Barrieren

Auch wenn die oben beschriebenen Austrittsbarrieren auf rationalen ökonomischen Kalkülen beruhen (bzw. darauf, daß Informationsmängel die Anwendung rationaler Kalküle verhindern), scheinen die Schwierigkeiten des Rückzugs aus einem Geschäft weit über die reine Ökonomie hinauszugehen.[4] Ein Faktor, der in Fallstudien immer wieder auftaucht, ist die emotionale Bindung und Verpflichtung, die

---

4 Wir setzen voraus, daß das Management gewisse Spielräume besitzt und nicht immer im optimalen Interesse der Anteilseigner handelt. Im Extremfall, in dem die Geschäftsführer zugleich die Anteilseigner sind, dürften Austrittsbarrieren am ehesten möglich und am wahrscheinlichsten sein.

das Management gegenüber einer Geschäftseinheit empfindet, gepaart mit Stolz auf die eigenen Fähigkeiten und Erfolge, und mit Sorge über die eigene Zukunft.

In einem Unternehmen, das nur in einem einzigen Geschäftszweig konkurriert, kostet der Austritt den Managern ihren Job, was aus ihrer persönlichen Sicht mit einigen sehr unangenehmen Konsequenzen verbunden sein kann:

- Ein Schlag für den persönlichen Stolz, und das Stigma, »aufgegeben« zu haben.
- Zusammenbruch einer (vielleicht jahrelangen) Identifikation mit dem Geschäft.
- Ein äußerliches Zeichen des Mißerfolgs, das die Arbeitsplatzmobilität reduziert.

Je länger die Geschichte und Tradition des Unternehmens und je geringer die voraussichtliche Flexibilität des oberen Managements im Blick auf andere Unternehmen und Karrieren, desto eher werden diese Überlegungen den Austritt behindern.

Umfangreiche Belege deuten darauf hin, daß persönliche und emotionale Barrieren sich bis in das Top-Management von Konzernen hinein erstrecken. Die Manager der kranken Abteilung sind etwa in der gleichen Lage wie die eines kranken Einzelunternehmens. Es fällt ihnen schwer, die Auflösung des Unternehmens vorzuschlagen, sodaß die Last der Entscheidung meist dem Konzernmanagement zufällt. Selbst auf dieser Ebene jedoch kann die Identifikation mit bestimmten Branchen stark ausgeprägt sein, besonders, wenn sie zu den ersten oder älteren Geschäftszweigen des Konzerns gehören – also Teil des historischen Kerns des Unternehmens sind –, oder wenn das derzeitige Management an ihrem Aufbau oder Erwerb direkt beteiligt war. Beispielsweise war es für General Mills sicher eine quälende Entscheidung, seinen ursprünglichen Geschäftszweig (Mehl) abzustoßen, und in der Tat hat es viele Jahre gedauert, bis sie gefällt wurde.

Manchmal gilt die besondere Sorge des Top-Managements – oder auch sein Stolz – dem äußeren Image des Konzerns, besonders dann, wenn das Konzernmanagement mit dem unrentablen Geschäftsteil auf die eine oder andere Weise persönlich verknüpft ist. Außerdem können es sich diversifizierte Unternehmen (im Gegensatz zu Einzelunternehmen) leisten, unrentable Geschäftsteile durch rentable zu finanzieren, gelegentlich sogar, ihr schlechtes Abschneiden versteckt zu halten. Dadurch wird emotionalen Faktoren bei Austrittsentscheidungen in diversifizierten Unternehmen die Tür geöffnet, obwohl paradoxerweise einer der Vorteile von diversifizierten Unternehmen eigentlich darin liegen sollte, daß sie eine distanziertere, objektivere Bewertung von Investitionen erlauben.

Die beim Management liegenden Austrittsbarrieren können so stark sein, daß einzelne Geschäftseinheiten selbst bei chronisch unbefriedigenden Ergebnissen erst abgestoßen werden, nachdem ein Wechsel des obersten Managements stattgefunden hat (dies geht aus einer Reihe von Fallstudien über Austrittsentscheidungen hervor, wie etwa Gilmour, 1973). Auch wenn dies ein Extremfall sein mag, so herrscht doch Einigkeit, daß die Frage der Geschäftsaufgabe zu den unangenehmsten Entscheidungen gehört, die eine Geschäftsleitung zu treffen hat. (Zur Diskussion von Möglichkeiten, mit dieser Art von Austrittsbarrieren fertig zu werden, siehe Porter, 1976).

Die beim Management liegenden Austrittsbarrieren können durch Erfahrung im Umgang mit Geschäftsaufgaben verringert werden. Sie scheinen z.B. im Chemiebereich, wo technologischer Mißerfolg und Produktersatz häufig vorkommen, weniger stark zu sein – oder ganz allgemein in Sektoren, deren Produktdauer traditionell kurz ist. Das Gleiche gilt für Unternehmen mit hoher Technologie, die eher die Möglichkeiten erkennen, alte Geschäfte durch neue zu ersetzen.

Staatliche und gesellschaftliche Barrieren

In bestimmten Situationen ist es aufgrund staatlicher Arbeitsplatzgarantien und der Auswirkungen auf die örtliche Gemeinde nahezu unmöglich, eine Geschäftseinheit zu schließen. Möglicherweise werden Gegenleistungen anderer Geschäftseinheiten des Unternehmens (oder sonstige inakzeptable Zugeständnisse) verlangt. Selbst wenn der Staat nicht offiziell beteiligt ist, kann der Druck der Gemeinde oder der inoffizielle politische Druck sehr stark sein, je nach der Situation, in der sich das Unternehmen befindet.

Damit eng verwandt ist die soziale Fürsorgepflicht, die viele Geschäftsleitungen für ihre Beschäftigten und Standortgemeinden empfinden; sie mag sich zwar nicht in Mark und Pfennig ausdrücken lassen, ist aber nichtsdestotrotz eine reale Größe. Unternehmensschließungen führen oft zu Arbeitslosigkeit und lähmen unter Umständen die ganze lokale Wirtschaft. Solche Bedenken gehen oft mit den oben diskutierten emotionalen Austrittsbarrien einher. Beispielsweise gibt es in Quebec enorme soziale Bedenken gegen die Schließung der Zellulosefabriken der darniederliegenden kanadischen Zelluloseverarbeitungsindustrie. Viele der Produktionsstätten sind die einzigen Arbeitgeber am Ort; die Verantwortlichen zerbrechen sich die Köpfe um die Belange der Gemeinden, und außerdem übt die Regierung offiziellen und inoffiziellen Druck aus. (Eine ausführliche Diskussion der Rolle der Regierung beim Niedergang dieser Industrie findet sich bei Mehta, 1978).

Austrittsbarrieren wie diese können ein Unternehmen veranlassen, ein Geschäft weiterzuführen, obwohl sein finanzielles Ergebnis unterdurchschnittlich ist. Obwohl der Markt schrumpft, unterbleibt der Abbau von Kapazitäten, und die Wettbewerber kämpfen erbittert ums Überleben. In einer schrumpfenden Branche mit hohen Austrittsbarrieren ist es selbst für die stärksten und gesündesten Unternehmen schwierig, den Niedergangsprozeß ungeschoren zu überstehen.

Methoden der Auflösung von Aktiva

Die Art, wie die Unternehmen Aktiva abstoßen, kann die Gewinnchancen einer Branche erheblich beeinflussen. So wurde etwa in der kanadischen Zelluloseverarbeitungsindustrie eine große Fabrik nicht stillgelegt, sondern an eine Gruppe von Unternehmen weit unter Buchwert verkauft. Auf der Grundlage einer niedrigen Investitionssumme konnten die Manager der neuen Einheit Entscheidungen über Preise und andere strategische Aspekte fällen, die zwar für sie selbst rational waren, aber die verbliebenen Unternehmen schwerwiegend lähmten. Derselbe Effekt kann auftreten, wenn die Aktiva mit einem Abschlag an die Beschäftigten verkauft werden. Wenn daher die Aktiva einer schrumpfenden Branche *innerhalb der Branche* abgestoßen, aber nicht stillgelegt werden, ist es für den weiteren Wettbewerb noch schlimmer, als wenn die ursprünglichen Eigentümer in der Branche geblieben wären.

Beinahe genauso schlimm ist es, wenn staatliche Subventionen kranke Unternehmen in schrumpfenden Branchen am Leben halten. Nicht nur wird der Abbau der Kapazitäten verhindert; darüberhinaus drückt das subventionierte Unternehmen das Gewinnpotential der Branche noch weiter nach unten, weil es seinen Entscheidungen andere Kostenverhältnisse zugrundelegt.

Die Instabilität des Wettbewerbs

Weil die Verkäufe rückläufig sind, werden Preiskämpfe unter den Wettbewerbern in der Niedergangsphase besonders häufig sein. Deshalb sind die in Kapitel 1 skizzierten Determinanten der Wettbewerbsintensität für die Branchenrentabilität in dieser Phase besonders wichtig. Die Wettbewerbskriege unter den verbliebenen Unternehmen werden unter den folgenden Voraussetzungen besonders heftig verlaufen:

- Das Produkt gilt als Gebrauchsartikel;
- das Fixkostenniveau ist hoch;
- viele Unternehmen werden durch Austrittsbarrieren in der Branche festgehalten;
- eine Reihe von Unternehmen messen ihrer Position in der Branche einen hohen strategischen Stellenwert bei;
- die Stärken der verbliebenen Unternehmen sind relativ gleichmäßig verteilt, sodaß Branchenführer sich nicht leicht finden lassen;
- die Unternehmen sind sich über ihre Wettbewerbsstärken im unklaren, und viele von ihnen unternehmen aussichtslose Versuche, ihre Position zu verändern.

Die Instabilität des Wettbewerbs in der Niedergangsphase kann durch Lieferanten und Vertriebskanäle noch erhöht werden. Im Verlauf ihres Niedergangs verliert die Branche als Kunde bei ihren Lieferanten an Gewicht, was sich auf Preise und Service auswirken kann. (Handelt es sich bei der Branche aber um einen besonders wichtigen Kunden für die Lieferanten, so werden sie möglicherweise versuchen, ihr bei der Abwehr des Niedergangs zu helfen). Auf vergleichbare Weise wird die Macht der Kanäle während des Branchenniedergangs zunehmen, sofern die Kanäle mehrere Unternehmen bedienen, Regalflächen und -plazierung kontrollieren, oder die Kaufentscheidung des Endverbrauchers beeinflussen können. So ist etwa bei Zigarren die Regalplazierung entscheidend für den Verkaufserfolg, da Zigarren spontan gekauft werden. Die Macht der Vertriebskanäle von Zigarren hat während des Niedergangs dieser

Branche erheblich zugenommen, und entsprechend sind die Ertragsspannen der Hersteller gesunken.

Die für die Branchenrivalität in der Rückgangsphase vielleicht schlimmste Situation ist gegeben, wenn ein oder zwei Unternehmen zwar eine relativ schwache strategische Position in der Branche einnehmen, ihre Konzerne den Verbleib in der Branche aber für strategisch besonders wichtig halten und ihre Tochterunternehmen deshalb mit umfangreichen Mitteln ausstatten. Ihre Schwächen zwingen sie dazu, ihre Position durch verzweifelte Maßnahmen zu verbessern (etwa durch Preissenkungen), wodurch sie die gesamte Branche gefährden.

Strategische Alternativen in der Niedergangsphase

Die strategische Diskussion in der Niedergangsphase dreht sich meist um die Frage »Liquidation oder Abschöpfung«, aber es gibt ein *Spektrum* strategischer Alternativen - obwohl nicht jede davon in einer bestimmten Branche gegeben sein muß. Das Spektrum der Strategien kann in Form von vier elementaren Ansätzen gerafft dargestellt werden (vgl. Übersicht 12 - 1), die das Unternehmen einzeln oder in manchen Fällen hintereinander verfolgen kann. In der Praxis sind die Strategien nur selten klar voneinander zu unterscheiden, aber es ist vorteilhaft, ihre Ziele und Konsequenzen getrennt zu diskutieren. Die Strategien weichen stark voneinander ab, nicht nur in ihren Zielen, sondern auch in ihren Konsequenzen für das Investitionsverhalten. In den Abschöpfungs- und Liquidationsstrategien wird das Geschäft unter dem Blickwinkel des Austritts aus dem Markt betrieben, dem klassischen Ziel von Strategien für die Niedergangsphase. In den Marktbeherrschung- und Nischen-Strategien hingegen wird das Unternehmen möglicherweise investieren wollen, um seine Position in der schrumpfenden Branche zu stärken.

Stellen wir zunächst die Frage zurück, wie die einzelnen Strategien jeweils an die Branche oder das Unternehmen anzupassen sind, und untersuchen wir stattdessen die Motive, die den strategischen Alternativen zugrundeliegen, und die taktischen Schritte, die zu ihrer Implementierung üblicherweise erforderlich sind.

Übersicht 12-1: Strategische Alternativen

Marktbeherrschung	*Nische*	*Abschöpfung*	*Frühzeitige Liquidation*
Versuchen Sie, eine beherrschende Position beim Marktanteil zu erreichen	Schaffen oder verteidigen Sie eine starke Position in einem bestimmten Segment	Führen Sie eine kontrollierte Desinvestition durch, und nutzen Sie dabei die Vorteile Ihres Unternehmens	Wenn die Niedergangsphase einsetzt, liquidieren Sie die Investitionen so früh wie möglich

Marktbeherrschung

Die Marktbeherrschungsstrategie zielt darauf ab, die Struktur jener schrumpfenden Branchen zu nutzen, die es einem oder einigen Unternehmen erlauben, einen Vorsprung vor den übrigen Konkurrenten und eine überdurchschnittliche Rentabilität zu erzielen. Das Unternehmen versucht, als einziges oder als eines von wenigen Unternehmen in der Branche zu verbleiben. Ist diese Position einmal erreicht, wird entweder versucht, sie zu halten, oder das Unternehmen leitet eine Strategie der kontrollierten Abschöpfung ein, je nach der weiteren Verkaufsentwicklung.[5] Dieser Strategie liegt die Annahme zugrunde, daß das Unternehmen, sobald es den Markt beherrscht, besser als sonst in der Lage ist, seine Position zu halten oder abzuschöpfen (unter Berücksichtigung der erforderlichen Investitionen).

Die folgenden taktischen Schritte können bei der Durchführung der Marktbeherrschung behilflich sein:

- Investitionen in aggressive Wettbewerbsmaßnahmen bei Preisen, Marketing und in anderen Bereichen, die den Marktanteil steigern

5 Investitionen in langsam wachsende oder schrumpende Märkte sind im allgemeinen riskant, weil das Kapital möglicherweise »eingefroren« wird und nicht wieder durch Gewinne oder Liquidationen herausgeholt werden kann. Die Annahme der Marktbeherrschungsstrategie besteht darin, daß Unternehmensposition und Branchenstruktur mehr erlauben, als nur den Wert der Reininvestition wiederzuerhalten, auch wenn sie erst in der Spätphase der Branche erfolgt.

und den schnellen Abzug von Kapazitäten anderer Unternehmen garantieren sollen;

- Kauf von Marktanteilen durch Erwerb von Konkurrenten bzw. ihrer Produktlinien zu Preisen, die ihre sonstige Verkaufsmöglichkeiten übersteigen; dadurch werden die Austrittsbarrieren der Konkurrenten gesenkt;
- Kauf und Stillegung der Kapazitäten von Konkurrenten, um wiederum die Austrittsbarrieren der Konkurrenten zu senken und gleichzeitig sicherzustellen, daß ihre Kapazitäten nicht innerhalb der Branche weiterverkauft werden; ein führender Produzent von mechanischen Meßfühlern unterbreitet z.B. den schwächsten Konkurrenten der Branche zu diesem Zweck wiederholte Kaufangebote;
- sonstige Maßnahmen zur Senkung der Austrittsbarrieren von Konkurrenten; etwa bereitwillige Herstellung von Ersatzteilen für ihre Produkte; Übernahme von langfristigen Verträgen; Lieferung markenloser Produkte an Konkurrenten, die sie unter Händlermarken weitervertreiben und dafür ihre eigene Produktion aufgeben;
- Demonstrationen der Entschlossenheit, in der Branche zu bleiben, durch öffentlichkeitswirksame Äußerungen und Maßnahmen;
- deutliche Demonstration der eigenen Überlegenheit, durch Wettbewerbsmaßnahmen, die den Konkurrenten den Appetit auf Wettbewerbskriege verderben sollen;
- Entwicklung und Weitergabe von glaubwürdigen Informationen, die die Unsicherheit über den weiteren Niedergang reduzieren und dadurch die Wahrscheinlichkeit verringern, daß die Konkurrenten die Aussichten der Branche überschätzen und in ihr bleiben;
- Maßnahmen, um das strategische Risiko des Weitermachens für die Konkurrenten zu erhöhen, z.B. durch zeitliche Vorverlegung des Bedarfs an Reinvestitionen in neue Produkte oder in Verfahrensverbesserungen.

Nische

Das Ziel dieser Strategie ist es, ein Segment (oder eine Nachfragenische) in der schrumpfenden Branche zu identifizieren, dessen Nachfrage nicht bloß stabil bleibt oder nur langsam schwindet, sondern außerdem die strukturellen Eigenschaften aufweist, die hohe Erträge erlauben. Das Unternehmen investiert dann in den Aufbau seiner Position in diesem Segment; möglicherweise ergreift es einige der unter der Marktbeherrschungsstrategie aufgeführten Maßnahmen, um die Austrittsbarrieren seiner Konkurrenten zu senken oder um ihre Unsicherheit im Blick auf das Segment zu reduzieren. Zuletzt kann das Unternehmen auf eine Abschöpfungs- oder Liquidationsstrategie umsteigen.

Abschöpfung

Mit der Abschöpfungsstrategie versucht das Unternehmen, den Cash-flow aus der Geschäftseinheit zu optimieren. Zu diesem Zweck werden Neuinvestitionen nicht mehr vorgenommen oder erheblich gekürzt, bestimmte Anlagen aufgegeben, und jedwede verbliebenen Stärken der Geschäftseinheit ausgeschöpft, um die Preise zu erhöhen oder die Vorteile des früheren goodwill für die weiteren Verkäufe zu nutzen, selbst wenn Werbung und Forschung gekürzt worden sind. Eine Reihe weiterer üblicher Abschöpfungstaktiken sind etwa:

- Reduktion der Zahl der Modelle;
- Verringerung der Zahl der genutzten Kanäle;
- Aussonderung unbedeutender Kunden;
- Einschränkung des Service im Blick auf Lieferzeit, Dauer von Reparaturen, oder Verkaufsunterstützung.

Zum Schluß wird die Geschäftseinheit verkauft oder liquidiert.

Die Abschöpfungsstrategie ist nicht bei allen Geschäften möglich. Sie setzt voraus, daß es echte frühere Stärken gibt, von denen das Unternehmen zehren kann, und daß die Branche in ihrer Niedergangsphase nicht in erbitterte Wettbewerbskriege verfällt. Ohne irgendwelche Stärken werden die Verkäufe des Unternehmens zurückgehen, sobald es die Preise erhöht, Qualität einschränkt, Werbung beendet oder sonstige Methoden anwendet. Wenn die Branchenstruktur im Niedergang zu explosivem Wettbewerb führt, werden sich die Unternehmen ihr geringes Investitionsvolumen zunutze machen wollen, indem sie Marktanteile an sich reißen oder die Preise heruntersetzen - wodurch sie die Vorteile aus den Ausgabenkürzungen eliminieren, die das Unternehmen durch die Abschöpfung eigentlich erzielen wollte. In manchen Geschäften ist es außerdem schwer abzuschöpfen, weil es kaum möglich ist, die Ausgaben schrittweise zu senken; als Extrembeispiel können wir uns eine Fabrik vorstellen, die nach kürzester Zeit funktionsunfähig wird, wenn sie nicht gewartet wird.

Die Taktiken der Abschöpfungsstrategie können grundlegend danach unterschieden werden, ob sie für die Kunden *sichtbar* sind (z.B. Preiserhöhungen, verringerte Werbung) oder nicht (z.B. hinausgeschobene Wartung, Aufgabe marginaler Kunden). Ein Unternehmen ohne relative Stärken wird sich wahrscheinlich auf unsichtbare Maßnahmen beschränken müssen, die je nach der Art des Geschäfts hohe oder weniger hohe Cash-flow-Zuwächse ergeben.

Von allen strategischen Alternativen für die Niedergangsphase bringt die Abschöpfungsstrategie wahrscheinlich die größten strategischen Anforderungen mit sich, die in der Literatur jedoch nur wenig untersucht wurden. Aufgrund von Problemen mit der Arbeitsmoral der Beschäftigten, dem Vertrauen von Lieferanten und Kunden, sowie der Motivation der Führungskräfte ist die kontrollierte, stufenweise Liquidation in der Praxis äußerst schwierig. Es erzeugt auch nicht gerade besondere Begeisterung, wenn Portfoliomethoden (wie die in Kapitel 3 beschriebenen) einer Geschäftseinheit den Rang eines »armen Hunds« zuweisen, der zum Schlachten freigegeben ist (vgl. auch S. 448). Unternehmen wie General Electric und Mead Corporation haben zwar Anstrengungen unternommen, die Anreize des Managements auf die besondern Bedingungen der Abschöpfung zuzuschneiden, aber die Ergebnisse lassen sich noch nicht absehen, und die übrigen administrativen Probleme der Abschöpfung bleiben dessen ungeachtet bestehen.

Schnelle Liquidation

Diese Strategie geht davon aus, daß das in der Geschäftseinheit angelegte Kapital am besten zurückgewonnen werden kann, indem man die Einheit in der Frühphase des Niedergangs verkauft, statt abzuschöpfen und später zu verkaufen oder eine der anderen Strategien zu verfolgen. Je früher die Einheit verkauft wird, desto höher ist gewöhnlich der Verkaufserlös, weil es bei frühem Verkauf noch nicht sicher ist, ob die Nachfrage tatsächlich schrumpfen wird, und weil eine größere Wahrscheinlichkeit besteht, daß die Ausweichmärkte für die Aktiva – wie etwa das Ausland – noch nicht gesättigt sind.

In bestimmten Fällen wird es vorteilhaft sein, das Geschäft *vor* dem Niedergang abzustoßen, also in der Reifephase. Ist der Niedergang erst einmal deutlich geworden, so werden die Käufer der Aktiva innerhalb und außerhalb der Branche in einer stärkeren Verhandlungsposition sein. Auf der anderen Seite ist der frühe Verkauf mit dem Risiko verbunden, daß sich die Prognose des Unternehmens über den Nachfrageverlauf als falsch herausstellt.

Bei schneller Liquidation sieht sich das Unternehmen möglicherweise mit Austrittsbarrieren wie Image und wechselseitiger Abhängigkeit konfrontiert, auch wenn der frühe Austritt diese Faktoren etwas mildert. Um einige der Probleme abzubauen, kann das Unternehmen auf Händlermarke umstellen oder einige Posten seiner Produktlinie an Konkurrenten abgeben.

Die Auswahl einer Strategie für die schrumpfende Branche

Die obige Diskussion liefert eine Reihe von analytischen Schritten, um die Position eines Unternehmens in einer schrumpfenden Branche zu bestimmen:

- Erlaubt die Branchenstruktur eine freundliche (potentiell rentable) Niedergangsphase, wenn wir die Bedingungen von Teil I des Buches zugrundelegen?
- Wie sehen die Austrittsbarrieren jedes einzelnen relevanten Konkurrenten aus? Wer wird früh aufgeben, wer wird bleiben?

- Welche relativen Stärken weisen die verbleibenden Wettbewerber auf, um in den restlichen Nachfragenischen der Branche zu konkurrieren? Wie stark muß ihre Position angesichts ihrer Austrittsbarrieren zerfallen, bis sie voraussichtlich den Markt verlassen werden?
- Welchen Austrittsbarrieren sieht sich das eigene Unternehmen gegenüber?
- Welche relativen Stärken besitzt das Unternehmen im Blick auf die verbleibenden Nachfragenischen?

Die Auswahl einer Strategie für die Niedergangsphase bedeutet, die Attraktivität des Verbleibs in der Branche mit der relativen Stärke des Unternehmens zu vergleichen. Die nun relevanten Stärken und Schwächen sind nicht unbedingt dieselben, die zu einem früheren Zeitpunkt der Branchenentwicklung wichtig waren; sie beziehen sich vielmehr auf die verbleibenden Segmente oder Nachfragenischen und auf den besonderen Wettbewerbscharakter der Niedergangsphase. Für die Marktbeherrschungs- und Nischestrategien ist außerdem entscheidend, inwieweit das Unternehmen seinen Konkurrenten glaubhaft demonstrieren kann, daß es sie zum Rückzug bewegen will. Die optimale Strategie für ein Unternehmen hängt von seiner strategischen Plazierung ab. Ein grobes Schema, das die Strategieentscheidung des Unternehmens veranschaulicht, ist in Abbildung 12 - 1 dargestellt. Wenn die Branchenstruktur aufgrund geringer Unsicherheit, niedriger Austrittsbarrieren usw. ein freundliches Branchenklima im Niedergang erlaubt, kann sich ein starkes Unternehmen entweder die Marktbeherrschung suchen oder eine Nische verteidigen – je nachdem, ob es strukturell gesehen attraktiver ist, in den meisten der verbliebenen Segmente zu konkurrieren oder sich auf ein oder zwei Segmente zu beschränken. Ein Unternehmen, das die geeigneten Stärken besitzt, hat die Macht, den Markt zu beherrschen – die Verlierer werden die Branche verlassen –, und die Branchenstruktur wird es ihm lohnen, sobald es die Position erreicht hat. Verfügt das Unternehmen über keine besonderen Stärken, so wird es weder allgemein noch in einer Nische eine beherrschende Position erringen können, aber sofern das Branchenklima günstig ist, kann es eine profitable Abschöpfung erzielen. Je nach den Abschöpfungsmöglichkeiten und den Verkaufsgelegenheiten der Geschäftseinheit wird es sich vielleicht auch dazu entschließen, frühzeitig zu liquidieren.

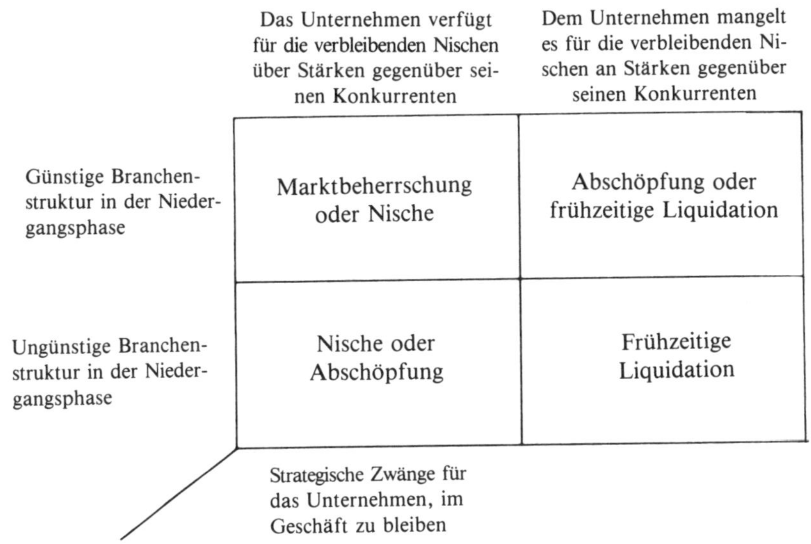

Abbildung 12-1

Wenn das Branchenklima der Rückgangsphase aufgrund starker Unsicherheit, hoher Austrittsbarrieren bei den Konkurrenten und explosivem Endspiel-Wettbewerb ungünstig ist, werden Investitionen in den Aufbau einer marktbeherrschenden Position voraussichtlich nicht besonders lohnend sein, möglicherweise auch eine Nischenposition nicht. Wenn das Unternehmen eine relativ starke Position hat, nutzt es sie in diesem Fall wohl am besten, indem es sich auf eine beschützte Nische zurückzieht und/oder abschöpft. Verfügt das Unternehmen über keinerlei besondere Stärken, so ist es gut beraten, so schnell zu liquidieren wie es ihm seine Austrittsbarrieren gestatten, weil andere Unternehmen, die durch hohe Austrittsbarrieren in der Branche festgehalten werden, wahrscheinlich bald erfolgreich seine Position angreifen werden.

Dieses einfache Schema ist aber um eine dritte Dimension zu erweitern, nämlich um die strategischen Zwänge für das Unternehmen, im Geschäft zu bleiben. Beispielsweise kann strategischer Bedarf an Cashflow die Entscheidung in Richtung auf Abschöpfung oder frühen Verkauf lenken, obwohl die übrigen Faktoren Marktbeherrschung nahelegen. In der Praxis muß das Unternehmen seine strategischen Zwänge bestimmen und sie mit den anderen Bedingungen des Niedergangs vereinbaren, um seine optimale Strategie herauszufinden.

Die *frühzeitige Verpflichtung* auf die eine oder andere Strategie kann Vorteile bringen. Die frühe Festlegung auf die Marktbeherrschungsstrategie dient vielleicht als Signal, das die Kokurrenten in ihren Austrittsabsichten bestärkt, und sie verschafft dem Unternehmen den Zeitvorteil, der für die Marktbeherrschung notwendig ist. Die Vorteile der frühen Verpflichtung auf die Liquidation haben wir bereits erörtert. Wenn das Unternehmen die Entscheidung über seine Strategie für die Niedergangsphase hinausschiebt, verbaut es sich die polaren Optionen (Marktbeherrschung, Liquidation) und zwingt sich selbst dazu, eine Nische- oder Abschöpfungsstrategie zu fahren.

Ein wichtiger strategischer Aspekt in schrumpfenden Branchen, besonders bei aggressiven Strategien, ist die Suche nach Möglichkeiten, bestimmte Konkurrenten zum Rückzug aus der Branche zu bewegen. Einige davon wurden bereits im Zusammenhang mit der Marktbeherrschungsoption diskutiert. Eine aggressive Strategie im Niedergang ist manchmal erst dann sinnvoll, wenn ein Konkurrent mit hohem Anteil (z.B. der Branchenführer) den Markt tatsächlich verläßt. In solchen Fällen entschließt sich das Unternehmen vielleicht, erst einmal abzuwarten und abzuschöpfen, bis der Konkurrent so oder so entscheidet. Entschließt er sich zum Austritt, so ist das Unternehmen bereit zu investieren; bleibt er, so mag das Unternehmen weiter abschöpfen oder sofort liquidieren.

Gefahren im Niedergang

Es erfordert eine umfassende und genaue Analyse, um die Position des Unternehmens in Abbildung 12 – 1 zu finden, und viele Unternehmen verletzen die grundlegende Übereinstimmung von Branchenstruktur und strategischer Entscheidung, wie sie dort aufgezeigt ist. Das Studium schrumpfender Branchen fördert noch weitere mögliche Gefahren zutage.

Der Niedergang wird nicht wahrgenommen. In nachhinein ist es allzu einfach, Unternehmen vorzuwerfen, sie hätten die Chancen, die Branche zu verjüngen, übertrieben optimistisch beurteilt. Aber selbst wenn man eine legitime Unsicherheit über die Zukunft einräumt, scheinen manche Unternehmen zu versagen, wenn es darum geht, die Aussichten der Banche objektiv zu diagnostizieren, sei es, weil sie sich seit langem mit der Branche identifizieren, sei es, weil sie nicht unvoreingenommen genug nach Ersatzprodukten Ausschau halten. Auch die Gegenwart von Austrittsbarrieren kann die Art, wie Manager ihr Umfeld wahrnehmen, subtil beeinflussen: Sie suchen nach optimistischen Signalen, weil pessimistische so unangenehm sind. Nach meiner Untersuchung scheinen jene Unternehmen am objektivsten an den Niedergangsprozeß heranzugehen, die gleichzeitig in der Branche des Ersatzprodukts konkurrieren. Sie verfügen über eine klare Wahrnehmung, was die Aussichten des Ersatzprodukts und die Gefahr des Niedergangs angeht.

Ein Zermürbungskrieg. Einen Wettbewerbskrieg gegen Konkurrenten zu führen, die hohe Austrittsbarrieren aufweisen, endet meist in einer Katastrophe. Solche Konkurrenten sind gezwungen, heftig auf Maßnahmen zu reagieren, und werden nur nach erheblichen Investitionen weichen.

Abschöpfen wollen, ohne klare Stärken zu haben. Sofern die Branchenstruktur für die Niedergangsphase nicht äußerst günstig ist, sind Abschöpfungsstrategien für Unternehmen ohne klare Stärken gewöhnlich zum Scheitern verurteilt. Die Kunden verlagern ihre Nachfrage schnell, sobald Marketing und Service sich verschlechtern oder die Preise erhöht werden. Außerdem kann sich der Wiederverkaufswert der Geschäftseinheit im Zuge der Abschöpfung erheblich vermindern. Ohne klare Rechtfertigung sollte die Abschöpfungsstrategie angesichts ihrer wettbewerblichen und administrativen Risiken nicht in Angriff genommen werden.

Vorbereitung auf den Niedergang

Wenn das Unternehmen in der Lage ist, die Branchenbedingungen in der Niedergangsphase vorherzusagen, so kann es seine Position verbessern, indem es schon in der Reifephase Schritte unternimmt, die seine Ausgangsposition für den Niedergang erheblich verbessern; gemessen an der strategischen Position in der Reifephase kosten diese Maßnahmen manchmal recht wenig.

- Vermeiden Sie soweit wie möglich alle Investitionen oder sonstigen Maßnahmen, die Ihre Austrittsbarrieren aus irgendeiner der oben genannten Ursachen erhöhen.
- Legen Sie besonderes strategisches Gewicht auf Marktsegmente, die unter den Bedingungen des Niedergangs günstig sein werden.
- Schaffen Sie Umstellungskosten in diesen Segmenten.

Kapitel 13
Wettbewerb in weltweiten Branchen

Als weltweite Branchen wollen wir jene verstehen, in denen die umfassende weltweite Position eines Wettbewerbes einen Einfluß darauf ausübt, welchc Position er auf wichtigen geographischen oder nationalen Märkten einnimmt.[1] Beispielsweise wird IBM's strategische Position im Wettbewerb um Computerverkäufe in Frankreich und Westdeutschland ganz entscheidend gestützt durch sein koordiniertes, weltweites Produktionssystem sowie durch die Technologie und Marketingfähigkeiten, die in anderen Teilen des Unternehmens entwickelt wurden. Um den Wettbewerb in einer weltweiten Branche zu analysieren, müssen die Konkurrenten und ökonomischen Branchenbedingungen auf den verschiedenen geographischen oder nationalen Märkten gemeinsam betrachtet werden, und nicht einzeln.

Weltweite Branchen zwingen ein Unternehmen, entweder auf internationaler, koordinierter Grundlage zu arbeiten oder aber strategische Nachteile zu akzeptieren. Bestimmte Branchen sind in dem Sinne international, daß multinationale Unternehmen in ihnen tätig sind, es fehlen ihnen aber die charakteristischen Eigenschaften einer weltweiten Branche. Bei Fertignahrung operierten Unternehmen wie Nestlé, Pet und CPC in vielen Ländern; bis auf ein begrenztes Ausmaß (im Bereich der Produktentwicklung) sind die Tochtergesellschaften jedoch autonom, und sie richten ihr Wettbewerbsverhalten nach den Bedingungen der jeweiligen Länder; ein Unternehmen muß hier also nicht international konkurrieren, um erfolgreich zu

---

1 Für dieses Kapitel habe ich wertvolle Unterstützung erhalten durch Thomas Hout, Eileen Rudden und Eric Vogt von der Boston Consulting Group, sowie durch Neal Bhadkamkar, graduierter wissenschaftlicher Mitarbeiter an der Harvard Business School (1979).

sein. Branchen mit multinationalen Konkurrenten sind deshalb nicht unbedingt weltweite Branchen. Allerdings bleibt festzustellen, daß die Definition einer weltweiten Branche naturgemäß gradueller Natur ist, denn das Ausmaß der strategischen Vorteile, die den international konkurrierenden Unternehmen zufallen, kann sich unter den Branchen stark unterscheiden.

Im Verlauf der siebziger Jahre ist die Zahl der weltweiten (oder sich in diese Richtung entwickelnden) Branchen gestiegen, und voraussichtlich wird dieser strukturelle Rahmen weiter an Bedeutung gewinnen. Handel und Auslandsinvestitionen haben stark zugenommen, und der Wandel hin zur weltweiten Branche wird von dramatischen und schnellen strategischen Verschiebungen begleitet. Fernsehgeräte, Motorräder, Nähmaschinen und Automobile sind einige besonders auffällige, typische Beispiele. Diese »Globalisierungs«tendenz ist mit der Entwicklung vom regionalen zum nationalen Wettbewerb im vorigen Jahrhundert zu vergleichen; wie wir sehen werden, sind viele der fundamentalen Ursachen gleich. Im übrigen wird die Entwicklung des weltweiten Wettbewerbs unter Umständen ähnlich weitreichende Konsequenzen mit sich bringen. Die Manager in fast allen Branchen müssen den weltweiten Wettbewerb als eine Möglichkeit, wenn nicht sogar bereits als Realität ansehen.

Zwischen dem Wettbewerb auf nationaler und internationaler Ebene gibt es zahlreiche Unterschiede, die bei der Formulierung von internationalen Wettbewerbsstrategien meist eine besondere Rolle spielen:

- Faktorkostenunterschiede zwischen den Ländern;
- unterschiedliche Bedingungen auf ausländischen Märkten;
- unterschiedliches Verhalten der ausländischen Regierungen;
- Unterschiede in den Zielen, Mitteln und der Fähigkeit, ausländische Konkurrenten zu kontrollieren.

Die in weltweiten Branchen wirksamen Strukturelemente und Marktkräfte sind jedoch die gleichen wie in einheimischen Branchen. Die Analyse der Struktur weltweiter Branchen muß ausländische Konkurrenten einbeziehen, einen größeren Kreis von Eintrittskandidaten erfassen, ein breiteres Spektrum potentieller Ersatzprodukte berücksichtigen, und die erhöhte Wahrscheinlichkeit ins Auge fassen, daß die Ziele, Profile und strategischen Prioritäten der Unternehmen voneinander abweichen. Dennoch sind die gleichen fünf

Wettbewerbskräfte am Werk wie in Kapitel 1 beschrieben, und die gleichen zugrundeliegenden strukturellen Faktoren bestimmen ihre Stärke. Wie wir sehen werden, beruhen die meisten erfolgreichen Globalstrategien darauf, daß sie diese Marktkräfte in ihrem leicht veränderten (und komplizierteren) Kontext anerkannten.

Wir werden uns in diesem Kapitel der konzeptionellen Grundlage aus Kapitel 1 bedienen, um einige der spezifischen ökonomischen und wettbewerbsbezogenen Probleme zu diskutieren, die in weltweiten Branchen auftauchen. Die zentrale Frage, um die es geht, kann positiv wie negativ formuliert werden. Erzielt das Unternehmen einen strategischen Vorteil, indem es in seiner Branche auf weltweiter Ebene konkurriert? Wie stark wird das Unternehmen durch den internationalen Wettbewerb bedroht werden? Um diese Frage zu beantworten, werde ich zunächst die strukturellen Bedingungen herausarbeiten, die den Wettbewerb auf weltweiter Ebene fördern oder behindern. Diese Analyse ist ein wesentlicher Baustein für das Verständnis der Entwicklung weltweiter Branchen, einschließlich der strategischen Innovationen von Unternehmen und Veränderungen ihres Umfelds, die den weltweiten Wettbewerb in Gang bringen können. In diesem Zusammenhang werde ich einige wichtige strategische Wettbewerbsprobleme und geeignete strategische Alternativen erörtern. Abschließend werden wir eine Reihe von Entwicklungen untersuchen, die den weltweiten Wettbewerb in der Zukunft beeinflussen könnten; unter anderem werfen wir einen Blick auf Faktoren, die die Konkurrenz aus Schwellenländern wie Korea und Singapur fördern oder bestimmen können. Diese Länder sind in der letzten Zeit zu immer wichtigeren Fixpunkten in weltweiten Branchen geworden.

Ursachen und Hindernisse für den weltweiten Wettbewerb

Ein Unternehmen kann auf drei grundlegende Arten an internationalen Aktivitäten teilnehmen: durch Lizenzvergabe, Export und Direktinvestitionen im Ausland. Gewöhnlich erstreckt sich der erste Vorstoß eines Unternehmens ins Ausland auf Exporte oder Lizenzvergabe, und erst nachdem es etwas internationale Erfahrung gesammelt hat, wird das Unternehmen Direktinvestitionen in Betracht ziehen. Branchen, deren Wettbewerb wirklich globalen Charakter hat, schließen Exporte oder Direktinvestitionen ein. Während größere Exportströme ein zuverlässiges Zeichen weltweiten Wettbewerbs sind, müssen es Direktinvestitionen im Ausland nicht unbedingt sein. Solche Investitionen können die Gründung von weitgehend unabhängigen Tochterunternehmen zum Ziel haben, deren Wettbewerbspositionen im wesentlichen von ihren eigenen Aktiva und den besonderen Bedingungen der Gastländer abhängen.

Letztlich wird eine Branche weltweit, weil es ökonomisch (oder in anderer Hinsicht) vorteilhaft für ein Unternehmen ist, auf mehreren nationalen Märkten koordiniert zu konkurrieren. Es gibt zahlreiche eigenständige Ursachen eines solchen weltweiten strategischen Vorteils und ebensoviele Hindernisse, die ihm im Weg stehen. (Sie entsprechen, wenn auch auf einer anderen Ebene, den in Kapitel 9 diskutierten Ursachen der Branchenzersplitterung und den Methoden, sie zu überwinden). Die Aufgabe des Analytikers ist es, den Stellenwert dieser Faktoren für die zu untersuchende Branche einzuschätzen, um zu verstehen, warum die Branche nicht weltweit ist, oder umgekehrt, welche globalen Vorteile die Nachteile übertroffen haben.

Ursachen des weltweiten Wettbewerbsvorteils

Der Vorteil des weltweiten Wettbewerbs entspringt im großen und ganzen vier Ursachen: Konventionellen komparativen Vorteilen; Betriebsgrößenersparnissen oder Erfahrungskurven, die über die Größenordnungen einzelner nationaler Märkte hinausreichen; Vorteilen aus Produktdifferenzierung; und dem Allgemeingutscharakter von Marktinformation und Technologie, die wiederholt und ohne Kostenaufwand in Anspruch genommen werden können, sobald die zugrundeliegende Investition getätigt worden ist; man spricht auch von »öffentlichen Gütern«.

Komparativer Vorteil. Die Existenz komparativer Vorteile ist eine klassische Determinante des weltweiten Wettbewerbs. Wenn ein Land oder eine Gruppe von Ländern bei der Herstellung eines Produkts über deutlich geringere Faktorkosten oder eine deutlich bessere Faktorqualität verfügt, dann werden diese Länder die Produktionsstandorte sein, von denen aus Exporte in andere Teile der Welt fließen. Für die Weltmarktposition eines globalen Unternehmens ist es entscheidend, welche strategische Position es in den Ländern mit komparativen Vorteilen hält.

Betriebsgrößenersparnisse in der Produktion. Wenn Betriebsgrößenersparnisse in der Produktion (oder in der Bereitstellung von Diensten) vorliegen, die über die Größe wichtiger nationaler Märkte hinausreichen, kann das Unternehmen durch zentralisierte Produktion und weltweiten Wettbewerb einen Kostenvorteil erzielen. Beispielsweise haben moderne hochtourige Stahlfabriken offenbar eine effiziente Mindestgröße, die bei bis zu 40 Prozent der weltweiten Nachfrage liegt. Manchmal sind die Vorteile der vertikalen Integration entscheidend für die weltweiten Produktionseinsparungen, weil die effiziente Größe des vertikal integrierten Systems die Größe von nationalen Märkten übersteigt. Die Ausnutzung von weltweiten Produktionseinsparungen führt notwendig zu Exportströmen zwischen Ländern.

Weltweite Erfahrung. Bei Technologien, die aufgrund von unternehmenseigener Erfahrung relevanten Kostendegressionen unterliegen, kann es Vorteile bringen, ähnliche Produktvarianten auf vielen nationalen Märkten zu verkaufen. Die kumulierte Produktionsmenge pro Modell ist größer, wenn das Modell auf mehreren nationalen Märkten verkauft wird, und es ergibt sich ein Kostenvorteil für den weltweiten Anbieter. Diese Situation ist wahrscheinlich in der Produktion von leichten Hubwagen gegeben, wo Toyota eine dominierende Position errungen hat. Selbst wenn die Erfahrungskurve schon bei kumulierten Mengen abflacht, die nach einiger Zeit auch auf einem *einzelnen* geographischen Markt zu erzielen wären, so ermöglicht der weltweite Wettbewerb doch oft *schnelleres* Lernen. Wenn ein Unternehmen Erfahrung ansammeln kann, indem es Verbesserungen unter seinen Fabriken austauscht und gemeinsam nutzt, dann bringt ihm der weltweite Wettbewerb unter Umständen auch Vorteile, wenn die Produktion nicht zentralisiert ist, sondern in jedem nationalen Markt einzeln betrieben wird.

Betriebsgrößenersparnisse in der Logistik. Wenn ein internationales Logistiksystem unvermeidliche Fixkosten beinhaltet, die durch Belieferung vieler nationaler Märkte verteilt werden können, verfügt ein weltweiter Wettbewerber über einen potentiellen Kostenvorteil.

Unter Umständen erlaubt der weltweite Wettbewerb auch Betriebsgrößenersparnisse in der Logistik, die aus der Möglichkeit resultieren, stärker spezialisierte Systeme zu verwenden, wie z.B. spezialisierte Frachtschiffe. So haben etwa japanische Unternehmen erhebliche Kosteneinsparungen durch spezialisierte Frachter für Rohmaterialien und verarbeitete Produkte (Automobile, Stahl) erzielt. Operationen im Weltmaßstab erlauben es einem Unternehmen meist, sein logistisches System völlig neu zu überdenken.

Betriebsgrößenersparnisse im Marketing. Wenngleich viele Aspekte des Marketing zwangsläufig auf die einzelnen nationalen Märkte beschränkt sind, kann es Betriebsgrößenersparnisse in dieser Funktion geben, die in manchen Branchen über die Größe nationaler Märkte hinausreichen. Am deutlichsten sichtbar sind sie, wo ein gemeinsamer Vertreterstab weltweit eingesetzt wird. Bei Großbauten und in der Produktion von Flugzeugen oder Turbinengeneratoren gibt es beispielswese relativ wenig Abnehmer, die Verkäufe sind entsprechend selten, und die Verkaufsaufgabe ist hochkompliziert. Somit kann das weltweite Unternehmen die Fixkosten einer Gruppe von hochqualifizierten und teuren Absatzfachleuten über viele nationale Märkte verteilen.

Vorteile im Marketing können auch durch die weltweite Nutzung von unternehmenseigenen Marketingmethoden entstehen. Das weltweite Unternehmen kann einen Kostenvorteil erzielen, da die auf einem Markt gesammelte Erfahrung kostenlos auf anderen Märkten anwendbar ist (bis auf die Anpassungskosten für die einzelnen geographischen Märkte, die wir weiter unten in diesem Kapitel diskutieren werden). So wurden z.B. die Marketingkampagnen von McDonald's (»Formel«) oder Timex (»Härtetest«) weltweit durchgeführt. Obwohl ein Unternehmen gewöhnlich auf jedem einzelnen Markt investieren muß, um seinen Markennamen zu etablieren, gibt es Markennamen, die »von selbst« über Marktgrenzen hinausreichen. Manche Marken verdanken ihre internationale Popularität der Wirtschaftspresse, technischer Literatur, kulturellem Stellenwert oder anderen Faktoren, die keine Investitionen erfordern.

Betriebsgrößenersparnisse im Einkauf. Ein weltweit operierendes Unternehmen verfügt über einen potentiellen Kostenvorteil, wenn Betriebsgrößenersparnisse im Einkauf zu erzielen sind, etwa durch erhöhte Verhandlungsstärke oder durch niedrigere Lieferantenkosten bei großen Serien, die über den Bedarf für einzelne Märkte hinausreichen. Beispielsweise scheinen die weltweiten Hersteller von Fernsehgeräten Transistoren und Dioden zu geringeren Kosten zu beziehen als ihre Konkurrenten. Der Spielraum für solche Einsparungen ist wahrscheinlich am größten, wenn die von der Branche gekauften Mengen (Rohmaterialien, Einzelteile) - bezogen auf die Größe der Zuliefererbranche - noch niedrig sind; bei umfangreichen Einkaufsmengen ist der Großteil des Verhandlungspotentials vielleicht schon ausgeschöpft. Der potentielle Vorteil ist ähnlich, wenn das Unternehmen rückwärts integriert ist, entweder beim Abbau von Rohstoffen oder in der Produktion (z.B. von landwirtschaftlichen Produkten). Liegt die effiziente Größe einer Erzgrube über dem Bedarf des Unternehmens für einen großen nationalen Markt, so wird es einen Kostenvorteil erzielen, wenn es international konkurriert. Die Notwendigkeit, weltweit zu konkurrieren, um diesen Vorteil auszuschöpfen, ist jedoch nur gegeben, wenn das überschüssige Erz (bei effizienter Größe) nicht an andere Unternehmen verkauft werden kann.

Produktdifferenzierung. In manchen Branchen, insbesondere in technologisch fortschrittlichen, verleiht die weltweite Präsenz dem Unternehmen einen Vorsprung im Hinblick auf den Ruf und Glaubwürdigkeit. So profitiert etwa im hochwertig-exklusiven Segment der Kosmetikbranche ein Unternehmen eindeutig von seiner Anwesenheit in Paris, London und New York, wenn es das erforderliche Image möchte, um erfolgreich in Japan zu konkurrieren.

Unternehmenseigene Produkttechnologie. Weltweite Branchen können aus der Fähigkeit entstehen, unternehmenseigene Technologien auf viele nationale Märkte anzuwenden. Diese Fähigkeit ist dann besonders wichtig, wenn ausgeprägte Betriebsgrößenersparnisse in der Forschung vorliegen, gemessen an den Verkaufsmöglichkeiten auf einzelnen nationalen Märkten. Computer, Halbleiter, Flugzeuge und Turbinen sind Industrien, in denen die technologischen Vorteile weltweiter Unternehmen offenbar besonders groß sind. Bestimmte technologische Fortschritte sind so kostenintensiv, daß wirklich weltweiter Verkauf erforderlich ist, um die Kosten wieder hereinzuholen. Durch den weltweiten Wettbewerb gewinnt das Unternehmen möglicherweise auch Anschluß an technologische Entwicklungen auf internationaler Ebene, die seine technologische Wettbewerbsfähigkeit verbessern.

Mobilität der Fertigung. Ein wichtiger Spezialfall von Einsparungen, die aus der Größe und aus der gemeinsamen Nutzung unternehmenseigener Technologie resultieren, liegt vor, wenn die Herstellung eines Produkts oder einer Dienstleistung mobil ist. Beispielsweise transportieren Bauunternehmen bei Großprojekten ihre Mannschaften von Land zu Land; Öltanker können Öl in jeden Hafen der Welt bringen; Seismologen, Ölbohrausrüstungen und technische Berater sind ebenfalls mobil. In solchen Industrien können die anfallenden Fixkosten, um mobile Organisationen aufzubauen, zu unterhalten, und um unternehmenseigene Technologien zu entwickeln, ohne weiteres über die Operationen auf mehreren nationalen Märkten verteilt werden. Ebenso kann das Unternehmen in qualifizierte Beschäftigte ober mobile Ausrüstungen investieren, deren Einsatz durch die Nachfrage auf nur einem nationalen Markt nicht gerechtfertigt wäre – wieder ein Beispiel, wie Betriebsgrößenersparnisse die Größe eines einzelnen Marktes übersteigen können.

Oft treten mehrere Ursachen für den Vorteil des weltweiten Wettbewerbs gemeinsam auf, und sie beeinflussen sich gegenseitig. Betriebsgrößenersparnisse in der Produktion mögen z.B. die Grundlage für den Vorstoß auf ausländische Märkte schaffen, woraus sich daraufhin Betriebsgrößenersparnisse in der Logistik oder im Einkauf ergeben.

Wie wichtig jede einzelne Ursache des internationalen Wettbewerbsvorteils ist, hängt von ein oder zwei Dingen ab. Erstens: Wie relevant ist der Teil des Geschäfts, der Einsparungen durch weltweite Operation unterliegt, für die *Gesamtkosten*? Zweitens: Wie wichtig ist der Teil des Geschäfts, in dem der weltweit operierende Anbieter einen Vorsprung hat, für den *Wettbewerb*? Ein Vorteil auf einem Gebiet, dessen Anteil an den Gesamtkosten gering ist (z.B. Vertreterstab), kann nichtsdestotrotz von großem Gewicht für den Erfolg oder Mißerfolg im Wettbewerb bestimmter Branchen sein. In einem solchen Fall kann selbst eine kleine Verbesserung der Kosten oder der Effizienz, die durch den weltweiten Wettbewerb verursacht wird, von Bedeutung sein.

Im übrigen müssen wir uns bewußt sein, daß alle genannten Ursachen zugleich die *Existenz von Mobilitätsbarrieren* für weltweite Unternehmen bedeuten. Dieser Umstand wird für unsere Erörterung von Wettbewerbsfragen in weltweiten Branchen wichtig sein.

Hindernisse für den weltweiten Wettbewerb

Den Vorteilen des weltweiten Wettbewerb steht eine Vielzahl von Hindernissen im Wege, die unter Umständen die Entwicklung zur weltweiten Branche völlig blockieren. Selbst wenn die Vorteile internationaler Operationen die Hindernisse insgesamt überwiegen, können die Hindernisse lebensfähige strategische Nischen für nationale Unternehmen bereitstellen, die nicht am weltweiten Wettbewerb teilnehmen. Einige dieser Hindernisse sind ökonomischer Natur und erhöhen die direkten Kosten des weltweiten Wettbewerbs. Andere müssen nicht unbedingt einen direkten Einfluß auf die Kosten ausüben, aber sie erhöhen die Komplexität der Aufgaben des Managements. (Im Extremfall können diese Hindernisse dazu führen, daß eine Branche nicht einmal national, sondern regional strukturiert ist). Eine dritte Kategorie bezieht sich auf die rein institutionellen oder behördlichen Restriktionen, die nichts mit ökonomischen Bedingungen zu tun haben. Zuguterletzt gibt es Hindernisse, die ausschließlich auf Grenzen der Wahrnehmung oder der Mittel von Branchenteilnehmern zurückgehen.

Die nachfolgende Diskussion befaßt sich mit den *spezifischen* Hindernissen des weltweiten Wettbewerbs. Ein Unternehmen, das in internationale Märkte eindringen will, muß natürlich die volle Breite der an anderer Stelle dieses Buches diskutierten Eintrittsbarrieren überwinden.

Ökonomische Hindernisse

Transport- und Lagerkosten. Transport- und Lagerkosten wirken den Vorteilen entgegen, die aus zentralisierten, effizienten und integrierten Herstellungssystemen, verbunden mit spezialisierten Fabriken in mehreren Ländern und mit Transfers zwischen den Standorten, zu erzielen sind. Bei Produkten wie Spannbeton, gefährlichen Chemikalien und Düngemitteln führen hohe Transportkosten dazu, daß Fabriken in jedem einzelnen Markt errichtet werden müssen, selbst wenn die Produktionskosten für sich betrachtet gesenkt werden könnten, indem man Fabriken errichtete, deren Kapazität die Marktnachfrage einzelner Länder übersteigt. Der Wettbewerb findet getrennt von Markt zu Markt statt.

Unterschiedliche Produktanforderungen. Der weltweite Wettbewerb wird behindert, wenn nationale Märkte stark unterschiedliche Produktvarianten nachfragen. Aufgrund von Unterschieden der Kultur, des ökonomischen Entwicklungsgrads, der Einkommenshöhe, des Klimas usw. verlangen nationale Märkte oft Produktvarianten, die sich in ihrer Betonung auf Kosten, Qualität, Leistung, Stil, Größe und andere Dimensionen unterscheiden. Während beispielsweise programmierbare Nähmaschinen in den USA und Westeuropa verkauft werden, reichen für die Bedürfnisse der Entwicklungsländer einfache, pedalbetriebene Ausführungen aus. Auch wenn die Produktanforderungen von der Sache her die gleichen sind, können länderspezifische gesetzliche Auflagen, Bauvorschriften oder technische Standards den Bedarf an Varianten für die einzelnen nationalen Märkte erzwingen. Der Zwang, mehrere Varianten herzustellen, ist ein Hindernis für weltweite Betriebsgrößenersparnisse und Lernprozesse. Er kann außerdem die Vorteile aus weltweitem Einkauf verbauen, wenn die verschiedenen Ausführungen unterschiedliche Rohmaterialien und Teile anfordern.

Die Barriere, die unterschiedliche Produktanforderungen für den weltweiten Wettbewerb aufrichten, hängt natürlich von den *Kosten* ab, um die Produkte den einzelnen Märkten anzupassen. Wenn die verlangten Produktunterschiede nur kosmetischer Natur sind oder anderweitig ohne großen Kostenaufwand in einen ansonsten standardisierten Produktionsprozeß eingebaut werden können, stehen die meisten der weltweiten Betriebsgrößenersparnisse dem Unternehmen immer noch offen.

Etablierte Vertriebskanäle. Der Zwang, auf jedem nationalen Markt Zugang zu Vertriebskanälen zu finden, kann den weltweiten Wettbewerb behindern. Wenn die Zahl der Kunden hoch, die einzelne Einkaufsmenge aber klein ist, so ist das Unternehmen möglicherweise auf bereits etablierte, unabhängige Vorratsvertriebsfirmen angewiesen, um erfolgreich konkurrieren zu können. Bei Elektroprodukten etwa reichen die Verkaufsmengen irgendwelcher Einzelteile (z.B. von Laststationen, Schaltern) nicht aus, um einen unternehmenseigenen Vertrieb zu rechtfertigen. In solchen Situationen kann es für ein ausländisches Unternehmen äußerst schwierig werden, in eingefahrene Vertriebskanäle einzudringen. Die Kanäle sind kaum daran interessiert, die Produktlinie eines einheimischen Unternehmens gegen die eines ausländischen einzutauschen, es sei denn, der

Bewerber bietet erhebliche (vielleicht sogar unvertretbare) Zugeständnisse an. Der Engpaß mag leichter zu überwinden sein, wenn die Branche neu oder im Fluß begriffen, also weniger etabliert ist. Wenn außerdem große Mengen nur wenige Kanäle durchlaufen, sind die Zugangschancen des ausländischen Unternehmens möglicherweise besser, als wenn es viele kleine Kanäle überreden muß, seine Linie zu übernehmen.

Vertreterstab. Wenn die Verkaufsbedingungen eines Produkts die nationalen Produzenten zwingen, eigene Vertreterstäbe zu unterhalten, sieht sich der internationale Anbieter unter Umständen seines potentiellen Größenvorteils beraubt – vor allem wenn die Vertreterstäbe der nationalen Anbieter ein breites Produktspektrum abdecken. Dieser Faktor gehört vielleicht zu den Ursachen, die eine Branche wie medizinische Produkte, in der kostspielige Detailinformationen für Ärzte erforderlich sind, daran hindern, sich stärker weltweit auszubreiten.

Standortgebundene Reparatur. Die Notwendigkeit, örtliche Reparaturen anzubieten, kann den internationalen Anbieter ähnlich behindern wie der Zwang, standortgebundene Vertreterstäbe zu unterhalten.

Empfindlichkeit gegenüber Lieferzeiten. Die durch kurze Modezyklen, schnell fortschreitende Technologie u.ä. bedingte Empfindlichkeit gegenüber Lieferzeiten arbeitet tendenziell gegen den weltweiten Wettbewerb. Die Entfernung zwischen dem nationalen Markt und der zentralisierten Herstellung, Produktentwicklung oder Marketingaktivität verursacht Verzögerungen in der Reaktion auf Marktbedürfnisse, die in Branchen wie Modebekleidung und -vertrieb inakzeptabel sein können. Das Problem wird noch verschärft, wenn die Produktanforderungen der einzelnen Märkte voneinander abweichen.

Ein ähnliches Problem ist die durch den weltweiten Transport entstehende Lieferzeit. Sie führt in der Regel zu Kosten, denn theoretisch könnte jedes Produkt per Luftfracht befördert werden, wenn auch vielleicht zu unvertretbar hohem Aufwand. Aber selbst wenn die Verschiffung von den Kosten her akzeptabel ist, sind die damit verbundenen Lieferzeiten möglicherweise zu hoch, um der vom Markt verlangten schnellen Reaktion zu genügen.

Komplexe Segmentierung innerhalb geographischer Märkte. Wenn die Käufer auf einem nationalen Markt sehr differenzierte Preis/Leistungs-Verhältnisse unter den konkurrierenden Marken wünschen, wird der weltweite Wettbewerb auf ähnliche Weise beeinträchtigt wie durch länderspezifische Produktvarianten (siehe oben). Komplexe Segmentierung verstärkt einmal mehr die Notwendigkeit von differenzierten Produktlinien und Auftragsfertigung. Je nach den Produktionskosten für zusätzliche Varianten können dadurch die Kostenvorteile zentralisierter, integrierter Produktionssysteme eliminiert werden. Das nationale Unternehmen wird besser in der Lage sein, die unterschiedlichen Segmente des dortigen Marktes zu erkennen und sich daran anzupassen.

Mangel an weltweiter Nachfrage. Weltweiter Wettbewerb setzt voraus, daß in mehreren wichtigen Ländern ein Nachfragepotential für das Produkt existiert. Diese Voraussetzung ist aber möglicherweise nicht gegeben, weil die Branche neu ist, oder weil das Produkt allein auf die Bedürfnisse einer atypischen Kundengruppe zugeschnitten ist, die nur auf wenigen Märkten anzutreffen ist.

Daß die Neuheit einer Branche einen Mangel an weltweiter Nachfrage mit sich bringt, ergibt sich aus dem sogenannten Produktzyklus des internationalen Handels. (Weitergehende Ausführungen zu diesem Konzept finden sich bei Vernon, 1966 und Wells, 1972). Das Konzept besagt, daß Produkte anfänglich in denjenigen Märkten eingeführt werden, wo ihre Eigenschaften am wertvollsten sind (z.B. arbeitssparende Innovationen in Ländern mit hohen Löhnen). Nach einiger Zeit führen Nachahmung und Verbreitung des Produkts zur Nachfrage in anderen Ländern, was den Pionierunternehmen die Möglichkeit von Exporten und schließlich von Direktinvestitionen eröffnet. Die Produktion durch ausländische Unternehmen kann einsetzen, sobald sich Nachfrage und Technologie im Ausland verbreiten. Im Stadium der Reife, wenn das Produkt standardisiert ist und der Preiswettbewerb vorherrscht, übernehmen ausländische Unternehmen möglicherweise die Spitzenposition in der Branche, weil sie niedrigere Kosten aufgrund ihres späten Eintritts oder aufgrund komparativer Vorteile aufweisen. Diese Überlegungen lassen den Schluß zu, daß der weltweite Wettbewerb einen gewissen Reifegrad voraussetzt; allerdings scheint es so, als sei weltweiter Wettbewerb heute schon bei geringerem Reifegrad möglich als vor zehn Jahren, weil erfahrene multinationale Anbieter entstanden sind, die neue

Produkte in kurzer Zeit weltweit verbreiten können. (Belege für diese Ansicht finden sich bei Vernon, 1979).

Hindernisse im Bereich der Unternehmensorganisation

Unterschiedliche Marketinganforderungen. Selbst wenn die weltweit verkauften Produktvarianten kaum voneinander abweichen, können sich die Anforderungen an das Marketing von Land zu Land unterscheiden. Die Art der Vertriebskanäle, Werbeträger und kosteneffektiven Wege, den Käufer zu erreichen, unterscheiden sich unter Umständen so stark, daß den weltweiten Anbietern nicht nur die Möglichkeit verbaut ist, Marketingerfahrungen aus anderen Märkten auszunutzen, sondern daß sie auch große Schwierigkeiten haben, im regionalen Marketing so wirksam zu arbeiten wie die ansässigen Konkurrenten. An sich gibt es keinen Grund, warum ein weltweiter Anbieter nicht zentralisierte Produktion und/oder F&E mit regionalem Marketing verbinden könnte, aber in der Praxis ist es oft schwer durchzuführen. Außerdem bevorzugen die Kunden in manchen Geschäftszweigen die einheimischen Unternehmen, aus vielerlei Gründen.

Intensive regionale Dienste. Wo Marketing, Service oder andere Formen der Interaktion mit dem Kunden intensiv auf regionaler Ebene betrieben werden müssen, um erfolgreich zu konkurrieren, kann einem weltweiten, integrierten Unternehmen der Wettbewerb mit seinen regionalen Konkurrenten sehr schwer fallen. Wenngleich das weltweite Unternehmen solche Aufgaben theoretisch durch dezentrale Einheiten abdecken könnte, ist die Durchführung in der Praxis so kompliziert, daß das regionale Unternehmen oft flexibler und anpassungsfähiger ist. Wo Marketing und Vertrieb intensive regionale Aktivitäten unbedingt erfordern, können die Vorteile aus den übrigen zentralisierten Aktivitäten des weltweiten Unternehmens durch den einheimischen Anbieter übertroffen werden.

Schnelle technologische Entwicklung. Das weltweite Unternehmen kann in seinen Operationen behindert werden, wenn die in schnellem Wandel begriffene Technologie häufige Umstellungen bei Produkten und Verfahren entsprechend der regionalen Marktnachfrage erforderlich macht. Das bescheidenere nationale Unternehmen ist vielleicht besser in der Lage, sich an solche Bedingungen anzupassen.

Institutionelle Hindernisse

Staatliche Hindernisse. Es gibt eine breite Palette an staatlich verursachten Hemmnissen für den weltweiten Wettbewerb, die offiziell meist mit dem Schutz einheimischer Unternehmen oder Arbeitsplätze begründet werden:

- Zölle und Abgaben, die die Ausnutzung von Betriebsgrößenersparnissen in der Produktion auf die gleiche Weise beschränken wie Transportkosten;
- Importquoten;
- bevorzugte Vergabe staatlicher und quasi-staatlicher Aufträge an einheimische Unternehmen;
- staatliches Drängen auf einheimische F&E oder staatliche Vorschriften, wonach im Inland hergestellte Teile im Produkt enthalten sein müssen;
- bevorzugte Steuerbehandlung, Arbeitsgesetzgebung oder sonstige Regeln und Vorschriften, die den einheimischen Unternehmen zugute kommen;
- Korruptionsgesetze, Steuergesetze oder andere Maßnahmen des Stammlandes, die sich nachteilig auf seine im internationalen Wettbewerb stehenden Unternehmen auswirken.

Staatliche Hindernisse können einheimischen Unternehmen Vorteile verschaffen oder die Produktion im jeweiligen Land erzwingen, sodaß die potentiellen Betriebsgrößenersparnisse weltweiter Produktion ungenutzt bleiben. Oft erzwingen staatliche Vorschriften eine stärkere Anpassung an nationale Gegebenheiten, z.B. indem sie bestimmte landesspezifische Produktvarianten oder Marketingpraktiken vorschreiben bzw. fördern. Staatliche Behinderungen sind an erster Stelle in den »Schlüsselbranchen« zu erwarten, also dort, wo wichtige staatliche Ziele wie etwa Beschäftigung, regionale Entwicklung, einheimische Vorkommen an strategischen Rohstoffen, Verteidigung oder kulturelle Faktoren eine Rolle spielen. So sind etwa in Branchen wie Stromerzeugung und Fernmeldeausrüstungen die staatlichen Hindernisse besonders ausgeprägt.

Grenzen der Wahrnehmung oder der Mittelausstattung. Eine letzte Kategorie von Hindernissen für den weltweiten Wettbewerb liegt vor, wenn die Wahrnehmungsfähigkeit oder Mittelausstattung von Unternehmen begrenzt ist. Gelegenheiten für den weltweiten Wettbewerb wahrzunehmen, *ist an sich schon eine Innovation,* vor allem, wenn sie internationale Aspekte mit sich bringt, die weit über das Spektrum der bisherigen einheimischen Aktivitäten hinausgehen. Den eingesessenen Branchenteilnehmern mag es am notwendigen »Blick über den Tellerrand« fehlen. Der Aufbau einer Marktposition bringt hohe Informations- und Suchkosten mit sich. Für die Errichtung von weltweiten Einrichtungen oder für die Einstiegsinvestitionen beim Vorstoß in neue nationale Märkte sind außerdem oft erhebliche Mittel notwendig. Unter Umständen übersteigen diese Investitionen die Fähigkeiten der etablierten Branchenteilnehmer, auch im Hinblick auf die organisatorischen und technischen Fähigkeiten.

Eine Branche weist fast immer gewisse Hindernisse für den weltweiten Wettbewerb auf. Deshalb können selbst in Branchen, deren Wettbewerb ansonsten weltweiter Natur ist, nationale Aspekte übrigbleiben. In bestimmten Teilmärkten oder Segmenten, in denen Hindernisse für den weltweiten Wettbewerb besonders ausgeprägt sind, wird ein nationaler Anbieter seine weltweiten Konkurrenten übertreffen.

Die Entstehung weltweiter Branchen

Die wenigsten Branchen sind von Anfang an weltweit; die meisten bewegen sich mit der Zeit auf diesem Zustand zu. Wir werden nun einige der typischen Auslöser diskutieren, die den Anstoß zur Entstehung weltweiter Branchen geben. Entweder begründen oder verstärken sie die Vorteile des weltweiten Wettbewerbs, oder sie reduzieren bzw. eliminieren seine Hindernisse. Letzteres allein führt jedoch noch nicht zur »Globalisierung« – zu diesem Zweck bedarf es handfester Vorteile. In jedem Fall ist eine strategische Innovation eines oder mehrerer Unternehmen notwendig, um die Branche auf die weltweite Ebene zu heben – selbst wenn die erforderlichen Voraussetzungen durch ökonomische oder instituitionelle Veränderungen geschaffen wurden.

Auslöser des weltweiten Wettbewerbs im Unternehmensumfeld

Gestiegene Betriebsgrößenersparnisse. Technologische Fortschritte, die die Betriebsgrößenersparnisse in Produktion, Logistik, Einkauf oder F&E erhöhen, sind eindeutige Auslöser des weltweiten Wettbewerbs.

Geringere Transport- oder Lagerkosten. Der langfristige Rückgang der realen Transportkosten in den letzten zwanzig Jahren ist eine der wichtigsten Ursachen des verstärkten internationalen Wettbewerbs, den wir heute beobachten.

Rationalisierte oder veränderte Vertriebskanäle. Wenn die Vertriebskanäle im Fluß begriffen sind, kann es ausländischen Unternehmen leichter fallen, Zugang zu ihnen zu bekommen. Das gleiche gilt für rationalisierte Kanäle. Wenn sich beispielsweise der Vertrieb eines Produkts von einer Vielzahl fragmentierter Einzelhändler auf wenige landesweite Kaufhaus- und Großhandelsketten verlagert, kann sich das Vertriebsproblem des ausländischen Unternehmens drastisch entschärfen.

Veränderte Faktorpreise. Verschiebungen der Kosten für Arbeit, Energie und Rohstoffe können die optimale Produktions- und Vertriebsform so verschieben, daß der weltweite Wettbewerb vorteilhafter wird.

Annäherung der ökonomischen und sozialen Bedingungen. Unterschiedliche Produkt- und Marketinganforderungen sowie die Probleme beim Aufbau des regionalen Vertriebs wurzeln zum Teil in unterschiedlichen ökonomischen Bedingungen der verschiedenen geographischen Märkte. Die Märkte unterscheiden sich in ihrem ökonomischen Entwicklungsgrad, den relativen Faktorpreisen, dem Einkommensniveau, der Art der Vertriebskanäle, den verfügbaren Werbeträgern usw. Je mehr sich die geographischen Märkte in ihren ökonomischen und kulturellen Bedingungen annähern – soweit sie für die Branche relevant sind –, desto größer ist das Potential für den Weltmarkt, vorausgesetzt, die Branche läßt Vorteile aus dem weltweiten Wettbewerb zu. Beispielsweise steigen die amerikanischen Automobilhersteller in jüngster Zeit aggressiv in den weltweiten Verkauf von Kleinwagen ein, nachdem sich die Energiekosten in den USA dem internationalen Niveau angepaßt haben und der Unterschied in den Pro-Kopf-Einkommen zwischen den USA und anderen Industrieländern allgemein geringer geworden ist; die Automobilindustrie wird zunehmend weltweit. Das schnelle Wachstum im Fernen Osten und in Südamerika (verglichen mit den USA und Europa) scheint die ökonomischen Bedingungen dieser Märkte bei Konsumgütern tendenziell anzunähern, wodurch der weltweite Wettbewerb in Konsumgüterbranchen möglicherweise intensiver werden wird.

Verminderte staatliche Einschränkungen. Staatliche Maßnahmen, durch die Importquoten abgeschafft, Zölle gesenkt, internationale Kooperationsmöglichkeiten bei technischen Normen verbessert werden u. dgl., stärken die Gelegenheiten für weltweiten Wettbewerb. Beispielsweise trug die Bildung der Europäischen Gemeinschaft zu einer erheblichen Steigerung der US-Direktinvestitionen in Europa bei.

Strategische Innovationen, die den weltweiten Wettbewerb anregen

Auch wenn das Umfeld des Unternehmens keine auslösenden Momente enthält, kann das Unternehmen durch seine *eigenen* strategischen Innovationen den Prozeß der Entwicklung zur weltweiten Branche einleiten.

Neubestimmung des Produkts. Wenn sich die Unterschiede zwischen den nationalen Produktvarianten verringern, wird möglicherweise der Weg für weitere Vorteile des weltweiten Wettbewerbs frei. Manchmal zerfallen die Produktunterschiede zwischen Ländern ganz automatisch, wenn die Branche heranreift und die Produkte standardisiert werden. Das Unternehmen kann aber auch einen eigenen Beitrag dazu leisten, indem es sein Produkt neu gestaltet, um es für zahlreiche Märkte akzeptabel zu machen. Diesen Weg beschreiten zur Zeit General Motors und andere Unternehmen mit dem »Weltauto«. In anderen Fällen kann eine Marketinginnovation, die das Image oder die Konzeption des Produkts neu definiert, Möglichkeiten für den weltweiten Wettbewerb eröffnen. Beispielsweise definierte Honda in den USA das Image eines Motorrads neu als eine praktische, leicht fahrbare und saubere Transportart, weg vom Image eines »Dings«, das von verschmierten, starken, bedrohlichen Lederjackentypen gefahren wird. Zusammen mit Hondas Verkäufen in Japan ermöglichten die zusätzlichen, in den USA abgesetzten Mengen dem Unternehmen, umfangreiche weltweite Betriebsgrößenersparnisse in der Motorradproduktion zu erzielen. Im übrigen vermag die Neudefinition eines Produkts unter Umständen den Zugang zu Vertriebskanälen zu erleichtern.

Identifizierung von Marktsegmenten. Selbst wenn Produktunterschiede zwischen Ländern unvermeidlich sind, gibt es vielleicht Markt*segmente*, die vielen Ländern gemeinsam sind und in vielen davon schlecht bedient werden. So konnten etwa japanische und europäische Unternehmen bei kleinen Gabelstaplern und kleinen Kühlschränken in den USA bedeutende Marktpositionen erringen, weil diese Marktsegmente von amerikanischen Herstellern, die sich auf ihr Hauptgeschäft konzentriert hatten, schlecht bedient worden waren. Diese Segmente erforderten eigene Technologien, Anlagen und/oder Marketingansätze, die weltweiten Betriebsgrößenersparnissen unterlagen und von den einheimischen Unternehmen nicht aufgebracht werden konnten. Daneben kann es Marktsegmente geben, die weniger stark von den Hindernissen für den weltweiten Wettbewerb betroffen sind. In der Druckindustrie wird beispielsweise das langfristige Segment hoher Qualität, das für Lieferzeiten am wenigsten empfindlich ist, auf weltweiter Grundlage bedient, während die anderen Segmente national bleiben.

Geringere Anpassungskosten. Das Hindernis nationaler Produktunterschiede wird abgebaut, wenn die Unternehmen Möglichkeiten entwickeln, die Kosten der Anpassung ihrer Grundprodukte an nationale Bedürfnisse zu senken. Beispielsweise ist Matsushita angeblich nahe daran, ein Fernsehgerät zu entwickeln, das sowohl für die PAL- als auch für die SECAM-Technologie geeignet ist; dadurch würde die Sonderstellung des französischen Markts (und anderer) aufgehoben. Die Anforderungen für Fernmeldeschaltmittel unterscheiden sich drastisch von Land zu Land, aber inzwischen hat Erickson eine Programmsystem-Bibliothek in Modulbauweise entwickelt, die dazu dient, eine übliche hardware-Einheit an die nationalen Anforderungen anzupassen. Jede Innovation, die ein Produkt zum Zweck einfacherer Anpassung modularisiert oder seine Verträglichkeit mit anderen Systemen erhöht, eröffnet Möglichkeiten für den weltweiten Wettbewerb. Das gleiche gilt für Produktionstechnologien, die die Herstellungskosten spezieller Produktvarianten senken.

Veränderungen des Designs. Designveränderungen führen manchmal zu neuen oder stärker standardisierten Einzelteilen, mittels derer Einsparungen durch weltweiten Einkauf ermöglicht werden. Davon kann ein Anstoß zum weltweiten Wettbewerb ausgehen.

Zerlegung der Produktion. Staatliche Vorschriften, wonach die Produktion innerhalb des betreffenden Landes stattzufinden hat, können in manchen Branchen umgangen werden, indem man im Inland montiert und zugleich einige oder mehrere Einzelteile zentral produziert. Wenn Betriebsgrößenersparnisse hauptsächlich aus einem oder mehreren wichtigen Einzelteilen herrühren, kann ihre zentrale Herstellung den weltweiten Wettbewerb stark anregen.

Erweiterung der Mittel oder der Wahrnehmung. Hindernisse für den weltweiten Wettbewerb, die in begrenzten Mitteln liegen, werden oft durch den Eintritt neuer Unternehmen aus dem Weg geräumt. Neue Konkurrenten starten vielleicht auch unbefangener, mit neuen Strategien, die nicht durch die Wettbewerbserfahrungen der nationalen Phase vorbelastet sind. Es waren vor allem japanische Unternehmen, neuerdings auch Unternehmen aus anderen asiatischen Ländern (wie Hongkong, Singapur und Südkorea), die auf diese Weise einige Branchen recht erfolgreich umgewandelt haben.

US-amerikanische Unternehmen waren ihren Konkurrenten aus Europa und Japan oft unterlegen, wenn es galt, Gelegenheiten zu erkennen, um Produkte neu zu definieren oder Segmente weltweit zu bedienen. Die außeramerikanischen Unternehmen hatten oft bereits Erfahrung in dieser Art von Wettbewerb auf ihren Stammärkten gesammelt. Beispielsweise gilt das Motorrad auf dem japanischen Markt schon seit langem als normales Transportmittel; europäische Unternehmen haben traditionell kleine Kühlschränke produziert, weil die europäischen Küchen historisch kleiner waren als die in den USA.

Zugang zum US-Markt

Der globale Charakter vieler Branchen hängt stark davon ab, daß der Markt der USA – wegen seiner einzigartigen Größe – für ausländische Unternehmen offen ist. Letztere haben im Bewußtsein der strategischen Bedeutung des US-Marktes besondere innovative Anstrengungen unternommen, um auf ihn vorzudringen. Auf der anderen Seite hat die Größe ihres einheimischen Marktes viele amerikanische Unternehmen dazu verleitet, keine wirklich weltweiten Wettbewerbsmethoden zu entwickeln.

Es ist erstaunlich, wie freizügig die Handelspolitik der USA gegenüber einem Zustrom dieses Ausmaßes gewesen ist, verglichen mit den Maßnahmen vieler anderer Regierungen. Diese Freizügigkeit geht teilweise auf die Nachkriegsbemühungen zurück, die Volkswirtschaften Japans und der Bundesrepublik Deutschland zu unterstützen.

Wettbewerb in weltweiten Branchen

Der Wettbewerb in weltweiten Branchen bringt, verglichen mit dem einheimischen Wettbewerb, eine Reihe spezifischer strategischer Probleme mit sich. Wenngleich sie im Rahmen der jeweiligen Branche und der einbezogenen Stamm- und Gastländer gelöst werden müssen, stellen sich die folgenden Aufgaben einem jeden weltweiten Anbieter auf die eine oder andere Weise.

Wirtschaftspolitik und Wettbewerbsverhalten. Weltweite Branchen sind durch Wettbewerber gekennzeichnet, die von ihren Stammländern aus weltweit operieren. In der Konkurrentenanalyse müssen Unternehmen und die Regierungen ihrer Stammländer zusammen betrachtet werden. Zwischen beiden bestehen komplexe Beziehungen, die viele Arten von Vorschriften, Subventionen und sonstigen Hilfestellungen einschließen können. Die Heimatregierungen haben oft Ziele (wie etwa Beschäftigung und Zahlungsbilanzausgleich), die nicht im engeren Sinne ökonomisch sind – natürlich aus der Sicht des Unternehmens. Staatliche Wirtschaftspolitik kann die Ziele des ansässigen Unternehmens gestalten, Mittel für F&E bereitstellen und auf vielfältige Weise seine Weltmarktposition beeinflussen. Die Heimatregierung kann das Unternehmen bei Verhandlungen auf dem Weltmarkt unterstützen (z.B. bei Aufträgen für Flugzeuge und Großbauten), ihm bei der Finanzierung behilflich sein (Agrar- und Verteidigungsgüter, Schiffsbau) oder auf andere Weise ihr politisches Gewicht für seine Interessen einsetzen. In manchen Fällen ist die Heimatregierung durch Teil- oder Vollbesitz direkt am Unternehmen beteiligt. Solche Formen der Unterstützung sind geeignet, die *Austrittsbarrieren* zu erhöhen.

Die Konkurrentenanalyse in weltweiten Branchen ist deshalb unvollständig, wenn sie die Beziehungen zwischen den Wettbewerbern und ihren Heimatregierungen nicht gründlich untersucht. Die Wirtschaftspolitik des Stammlandes muß richtig verstanden werden, ebenso die Beziehungen der Heimatregierung zu den Regierungen anderer Länder, die eine wichtige Rolle auf dem Weltmarkt für das Branchenprodukt spielen.

Der Wettbewerb auf den Weltmärkten ist oft durch politische Erwägungen verzerrt, die auf ökonomische Aspekte nicht unbedingt Rücksicht nehmen. Käufe von Flugzeugen, Rüstungsgütern oder Computern können genausoviel mit den politischen Beziehungen zwischen Stamm- und Abnehmerländern zu tun haben wie mit den Vorzügen des einen Produkts gegenüber dem anderen. Dieser Faktor bedeutet nicht nur, daß der Wettbewerber in einer weltweiten Branche ein hohes Maß an politischen Informationen benötigt, sondern auch, daß die Beziehungen des Unternehmens zu seiner Heimatregierung und zu den Regierungen der Abnehmerländer wirklich strategisches Gewicht erhalten. Die Wettbewerbsstrategie muß unter allen Umständen Maßnahmen zum Aufbau von »politischem Kapital« einschließen, z.B. Montageoperationen in den wichtigsten Märkten, obwohl sie dort ökonomisch nicht effizient sind.

Beziehungen zu Gastländern auf wichtigen Märkten. Die Beziehungen des Unternehmens zu den Regierungen wichtiger, am Weltmarkt teilnehmender Länder werden in weltweiten Branchen zu einer strategischen Schlüsselkomponente. Die Regierungen der Gastländer verfügen über zahlreiche Methoden, die Aktivitäten weltweiter Unternehmen zu behindern. In manchen Branchen sind sie wichtige Abnehmer, während ihr Einfluß in anderen weniger direkt, aber potentiell genauso stark ist. Wo Gastländer dazu neigen, ihre Macht auszuüben, können sie den weltweiten Wettbewerb im Inland entweder völlig blockieren oder die Branche in verschiedene strategische Gruppen aufspalten. Die Untersuchungen von Doz (1979) haben drei Gruppen aufgezeigt. Die erste besteht aus Unternehmen, die auf koordinierter Grundlage *weltweit konkurrieren*; die zweite aus multinationalen Unternehmen (oft mit kleinen Marktanteilen), die anstelle der Integration eine Strategie der *Anpassung an den Standort* verfolgen. Diese Unternehmen umgehen viele der staatlichen Behinderungen und werden manchmal sogar von der Gastregierung unterstützt. Die dritte Gruppe schließlich besteht aus einheimischen Unternehmen. Für internationale Unternehmen wird der *Grad der Anpassung* oder Empfänglichkeit an bzw. für die Interessen der Gastregierung eine entscheidende strategische Variable. Ich werde die allgemeinen Alternativen des weltweiten Wettbewerbs weiter unten detailliert erörtern.

Das Unternehmen, das weltweit konkurrieren möchte, muß unter Umständen am Wettbewerb auf bestimmten wichtigen Märkten teilnehmen, um die notwendigen Einsparungen zu erzielen. Es mag beispielsweise das Volumen wichtiger Märkte benötigen, um eine weltweite Produktion aufzubauen. Es muß deshalb strategisch darum bemüht sein, seine Position auf denjenigen Märkten zu schützen, wo sich seine Fähigkeit entscheidet, die weltweite Strategie als Ganze umzusetzen. Dieser Zwang verleiht der Gastregierung Verhandlungsstärke, sodaß das Unternehmen möglicherweise Zugeständnisse machen muß, wenn die Gesamtstrategie aufrechterhalten werden soll. Beispielsweise werden japanische Unternehmen in der Fernsehgeräte- und Automobilindustrie vielleicht bald einen Teil ihrer Produktion in den USA betreiben müssen, um politische Bedenken in den USA zu beschwichtigen und um ihr dortiges Verkaufsvolumen aufrechtzuerhalten, das ein wichtiges Fundament ihres weltweiten Wettbewerbsvorteils ist. Ein weiteres Beispiel bietet IBM's Politik der örtlichen Vollbeschäftigung, der ausgewogenen Produkttransfers zwischen den Ländern und der beschränkten F&E am Standort. (Eine Diskussion des IBM-Konzepts findet sich bei Doz, in Drucklegung).

Systemischer Wettbewerb. Eine weltweite Branche ist definitionsgemäß dadurch gekennzeichnet, daß die Unternehmen den Wettbewerb global betrachten und ihre Strategien entsprechend aufbauen. Der Wettbewerb weist deshalb ein koordiniertes Muster weltweiter Marktpositionen, Anlagen und Investitionen auf. Die weltweiten Strategien der Wettbewerber werden sich meist nur begrenzt überschneiden, was die bedienten Märkte, geographischen Produktionsstandorte usw. angeht. Um den Wettbewerb unter systemischem Blickwinkel zu bestehen, muß ein Unternehmen manchmal defensive Investitionen in bestimmten Märkten und Standorten vornehmen, um seinen Konkurrenten Vorteile zu verbauen, die sonst ihre weltweite Gesamtposition stärken würden. Knickerbockers Studie des internationalen Wettbewerbs (1973) lieferte einige Belege für dieses Verhaltensmuster.

Schwierigkeiten bei der Konkurrentenanalyse. Wenngleich die in Kapitel 3 beschriebenen Faktoren auch für die Analyse internationaler Konkurrenten wichtig sind, ist die Analyse in weltweiten Branchen schwieriger, weil ausländische Unternehmen vorherrschen und systemische Beziehungen analysiert werden müssen. Daten über ausländische Unternehmen sind im allgemeinen schwerer erhältlich als über einheimische, wenngleich sich die Unterschiede verringern. Bei der Analyse ausländischer Unternehmen sind außerdem oft institutionelle Faktoren zu berücksichtigen, die für Außenstehende schwer zu verstehen sind, wie z.B. Arbeitsvereinbarungen und Führungsstrukturen.

Strategische Alternativen des weltweiten Wettbewerbs

Es gibt eine Reihe grundlegender strategischer Alternativen in einer weltweiten Branche. Die grundsätzliche Entscheidung, die ein Unternehmen treffen muß, ist, ob es weltweit *konkurrieren* muß, oder ob es Nischen finden kann, in denen es eine verteidigungsfähige Wettbewerbsstrategie auf einem oder mehreren nationalen Märkten aufbauen kann.

Die Alternativen sind folgende:

Weltweiter Wettbewerb mit breiter Produktlinie. Diese Strategie zielt darauf ab, mit der vollen Produktlinie der Branche weltweit zu konkurrieren und die Vorteile des internationalen Wettbewerbs auszunutzen, um Differenzierung oder eine allgemeine Kostenführerschaft zu erreichen. Die Implementierung dieser Strategie erfordert massive Mittel und einen langen Zeithorizont. Um seinen Wettbewerbsvorteil zu maximieren, sollte das Unternehmen in seinen Beziehungen zu Regierungen vor allem versuchen, die Hindernisse für den weltweiten Wettbewerb abzubauen.

Weltweiter Schwerpunkt. Diese Strategie ist auf ein bestimmtes Segment der Branche, in der das Unternehmen weltweit konkurriert, gerichtet. Ein Segment wird ausgewählt, in dem die Hindernisse für den weltweiten Wettbewerb gering sind und das Unternehmen seine Position gegen Vorstöße von Konkurrenten mit weltweiter breiter Linie verteidigen kann. Die Strategie erlaubt entweder niedrige Kosten oder Differenzierung im betreffenden Segment.

Nationaler Schwerpunkt. Diese Strategie nutzt Unterschiede in den nationalen Märkten aus, um ein gezieltes Konzept für einen bestimmten nationalen Markt zu entwickeln, das es dem Unternehmen erlaubt, weltweit konkurrierende Konkurrenten zu übertreffen. Diese Variante der Schwerpunktstrategie erstrebt entweder Differenzierung oder niedrige Kosten bei der Befriedigung der speziellen Bedürfnisse eines nationalen Markts (oder derjenigen seiner Segmente, in denen die Hindernisse für den weltweiten Wettbewerb am größten sind).

Geschützte Nische. Bei dieser Strategie werden Länder ausgesucht, in denen der Marktzugang für weltweite Wettbewerber durch staatliche Vorschriften versperrt ist, etwa durch hohe Zölle, Vorschriften über hohe nationale Produktionsanteile usw. Das Unternehmen richtet seine Strategie so aus, daß es mit nationalen Märkten, auf denen solche Einschränkungen existieren, optimal umgehen kann, und es widmet der Gastregierung höchste Aufmerksamkeit, um zu garantieren, daß der Protektionismus beibehalten wird. In manchen weltweiten Branchen sind die Strategien des nationalen Schwerpunkts oder der geschützten Nische nicht anwendbar, weil es dort keine Hindernisse für den weltweiten Wettbewerb gibt, während sie in anderen Branchen gegen weltweite Konkurrenten erfolgreich verteidigt werden können. Um die ehrgeizigen Strategien in weltweiten Branchen zu realisieren, bedienen sich Unternehmen zunehmend transnationaler *Koalitionen*, das sind kooperative Vereinbarungen zwischen Branchenteilnehmern aus unterschiedlichen Stammländern. Koalitionen erlauben es den Wettbewerbern, sich zusammenzuschließen, um die Schwierigkeiten bei der Implementierung einer weltweiten Strategie in Bereichen wie Technologie, Marktzugang u.ä. zu überwinden. Luftfahrt (General Electric/Snecma), Automobile (Chrysler/Mitsubishi; Volvo/Renault) und Elektroprodukte (Siemens/Allis-Chalmers; Gould/Brown-Boveri) sind nur ein paar weltweite oder beinahe weltweite Branchen, in denen Koalitionen häufig geworden sind.

Trends, die den weltweiten Wettbewerb beeinflussen

Es gibt eine Reihe internationaler Trends, die allem Anschein nach von großer Bedeutung für den Wettbewerb in existierenden und noch zu schaffenden weltweiten Branchen sind.

Verringerung der nationalen Unterschiede. Beobachter (z.B. Vernon, 1979) haben darauf hingewiesen, daß sich die ökonomischen Unterschiede zwischen Industrieländern und jüngst entwickelten Schwellenländern verringern könnten, z.B. auf Gebieten wie Einkommen, Faktorpreisen, Energiekosten, Marketingpraktiken und Vertriebskanälen. Ein Teil dieser Annäherung geht möglicherweise auf die aggressive weltweite Verbreitung von Wettbewerbsmethoden durch multinationale Unternehmen zurück. Welche Ursachen dieser Trend auch haben mag, er läuft daraus, die Hindernisse für den weltweiten Wettbewerb zu reduzieren.

Aggressivere Wirtschaftspolitik. Die Wirtschaftspolitik ist in vielen Ländern im Fluß. Auf der Grundlage passiver oder protektionistischer Haltung ergreifen Länder wie Japan, Südkorea, Singapur und die Bundesrepublik Deutschland aggressive Maßnahmen, um Branchen in sorgfältig ausgewählten Sektoren zu fördern. Außerdem erleichtern sie den Abbau von Sektoren, die als weniger wünschenswert betrachtet werden. Diese neue Wirtschaftspolitik versetzt die dortigen Unternehmen in die Lage, ehrgeizige Schritte wie den Bau von großen Produktionskomplexen und umfangreiche Einstiegsinvestitionen zum Vorstoß in neue Märkte zu unternehmen, die die betreffenden Branchen auf weltweites Niveau heben werden. Zwar scheiden Unternehmen aus den staatlich nicht begünstigten Sektoren aus, aber das Verhalten der im weltweiten Wettbewerb verbleibenden Konkurrenten kann dafür eine neue Qualität annehmen: da sie zunehmend durch aggresssiv ausgerichtete Regierungen unterstützt werden, erhöhen sich die für den Wettbewerb verfügbaren Mittel und die strategischen Einsätze. Nichtökonomische Ziele, die durch die staatliche Intervention in den Mittelpunkt gerückt wurden, kommen verstärkt ins Spiel. Es besteht die Gefahr, daß als Ergebnis dieser Faktoren – und auch aufgrund der erhöhten Austrittsbarrieren – die internationale Rivalität eskaliert.

Anerkennung und Schutz besonderer nationaler Güter. Die Regierungen werden sich offenbar immer mehr bewußt, welche ihrer Ressourcen unter dem Blickwinkel des ökonomischen Wettbewerbs von besonderem Rang sind, und sie neigen verstärkt dazu, die Vorteile aus ihrem Besitz auszuschöpfen. Natürliche Ressourcen (z.B. Mineralöl, Kupfer, Zinn, Gummi) sind deutliche Beispiele für Aktiva, die entweder direkt staatlich kontrolliert werden – durch staatliches Eigentum – oder indirekt durch joint ventures aus Regierungen und Produzenten. Manche Staaten haben erkannt, daß ihr riesiges Potential an billigen und halb- oder unqualifizierten Arbeitskräften (wie in Südkorea, Taiwan, Hongkong) einen weiteren nationalen Aktivposten darstellt.

Diese Haltung kann fundamentale Konsequenzen für den weltweiten Wettbewerb in jenen Branchen aufwerfen, in denen solche geschützten Aktiva strategisch wichtig sind. Ausländische Unternehmen werden unter Umständen von der effektiven Kontrolle über Schlüsselressourcen ausgeschlossen. Bei Mineralöl etwa hat die Neuorientierung vieler Regierungen die Mineralölunternehmen veranlaßt, Gewinne auf jeder vertikalen Stufe anzustreben, statt – wie vorher – Verdrängungspolitik im Einzelhandelsbereich zu betreiben und Gewinne nur auf der Produktionsstufe anzustreben. In anderen Branchen kann eine staatliche Reorientierung bestimmten ansässigen Unternehmen wesentliche Vorteile im weltweiten Wettbewerb verschaffen.

Leichterer Zugang zu Technologien. Der Abbau von Hindernissen für den Technologiefluß verleiht offenbar einer Vielzahl von Unternehmen (einschließlich Konkurrenten aus Schwellenländern) die Fähigkeit, in moderne Anlagen auf weltweiter Ebene zu investieren. Einige Unternehmen, vor allem die japanischen, haben recht aggressive Methoden angewandt, um ihre Technologien ins Ausland zu verkaufen. Außerdem sind einige Unternehmen, die Technologien gekauft haben, bereit, sie zu äußerst niedrigen Preisen an andere weiterzuverkaufen. All diese Aktivitäten fördern tendenziell einen stärkeren weltweiten Wettbewerb.

Allmähliches Auftauchen neuer, großer Märkte. Während die USA aufgrund ihrer außerordentlichen Größe seit langem der strategische Markt des weltweiten Wettbewerbs waren, können sich China, die Sowjetunion und vielleicht Indien als große Märkte der Zukunft erweisen. Daraus ergeben sich eine Reihe von Implikationen. Erstens ist es denkbar, daß Unternehmen aus diesen Ländern zu wichtigen Faktoren auf dem Weltmarkt werden, sofern der Zugang zu ihren Märkten staatlich kontrolliert wird. Zweitens wird der Zugang zu einem oder mehreren dieser Märkte sehr wahrscheinlich eine entscheidende strategische Variable der Zukunft werden, aufgrund der Größe, die sie erfolgreichen Unternehmen bieten werden.

Konkurrenz aus Schwellenländern. Ein Phänomen der letzten zehn bis fünfzehn Jahre ist die weltweite Konkurrenz aus den Schwellenländern, besonders der Aufstieg von Taiwan, Südkorea, Singapur und Brasilien. Traditionsgemäß bildeten billige Arbeitskräfte und/oder natürliche Ressourcen die Grundlage ihres Wettbewerbs, wie auch heute noch zu beobachten ist (Textilien, Leichtindustrie wie z.B. Spielzeug und Plastikprodukte). Die Konkurrenz aus Schwellenländern hat jedoch auch in kapitalintensiven Branchen zunehmendes Gewicht erlangt, z.B. im Schiffsbau, bei der Produkion von Fernsehgeräten, Stahl, Fasern und vielleicht sogar bald Automobilen.

Die Schwellenländer sind aufgrund einiger der oben erörterten Argumente immer besser in der Lage, massive Kapitalmengen in Großanlagen zu investieren, aggressiv die neuesten Technologien zu kaufen oder in Lizenz zu erwerben und enorme Risiken einzugehen. Die für die Konkurrenz aus Schwellenländern verwundbarsten Branchen sind jene, denen die folgenden Eintrittsbarrieren *fehlen*:

- In schnellem Wandel begriffene Technologie, die im Besitz des Unternehmens gehalten werden kann;
- hochqualifizierte Arbeitskräfte;
- Empfindlichkeit für Lieferzeiten;

- komplizierter Vertrieb und Service;
- hoher Anteil des Kundenmarketing;
- komplizierte, technische Verkaufsaufgabe.

In einigen dieser Faktoren erkennen wir Hindernisse für den weltweiten Wettbewerb wieder, die wir oben beschrieben haben. Wettbewerber aus Industrieländern lassen sich von diesen Hindernissen wahrscheinlich weit weniger abschrecken als Unternehmen aus Schwellenländern; letzteren mangelt es an Mitteln oder Fähigkeiten, Erfahrung, Glaubwürdigkeit, etablierten Beziehungen, sowie an der Fähigkeit, die Anforderungen auf den Märkten der Industrieländer (z.B. an Vertrieb, Kundenmarketing und Verkauf) zu verstehen, weil die Kluft zu den Bedingungen im eigenen Land enorm ist.

Teil III

Strategische Grundsatzentscheidungen

Teil III nimmt die analytische Struktur von Teil I zum Ausgangspunkt, um die strategischen Grundsatzentscheidungen einer Branche zu untersuchen:

- vertikale Integration (Kapitel 14);
- wichtige Kapazitätserweiterungen (Kapitel 15);
- Eintritt (Kapitel 16).

Die Stillegungsentscheidung, eine weitere strategische Grundsatzentscheidung, wurde in Kapitel 12, das die Wettbewerbsprobleme in schrumpfenden Branchen analysierte, eingehend behandelt.

Jedes der drei Kapitel in Teil III bezieht sich auf die dazugehörigen Konzepte aus Teil I. Außerdem führt Teil III zusätzliche theoretisch-ökonomische sowie administrative Überlegungen zur Unternehmensführung und -motivation ein, die sich auf die jeweilige Grundsatzentscheidung beziehen.

Teil III soll dem Unternehmen nicht nur helfen, seine eigenen strategischen Entscheidungen zu treffen, sondern ihm auch einen Einblick verschaffen, wie Konkurrenten, Kunden, Lieferanten und potentielle neue Konkurrenten sie treffen könnten. Er verstärkt und vertieft somit die in den Teilen I und II vorgestellten Konzepte.

Kapitel 14
Die strategische Analyse der vertikalen Integration

Vertikale Integration ist die Kombination von technologisch eigenständigen Produktions-, Vertriebs-, Verkaufs- und/oder anderen ökonomischen Prozessen innerhalb eines Unternehmens. Insofern entscheidet sich das Unternehmen, seine ökonomischen Ziele durch interne oder administrative statt durch Markttransaktionen zu verfolgen. So könnte etwa ein Unternehmen mit eigenem Vertreterstab ersatzweise eine unabhängige Verkaufsorganisation über den Markt beauftragen, die benötigten Verkaufsleistungen bereitstellen. Auf ähnliche Weise könnte ein Rohstoffverarbeiter, der seine Rohstoffe selbst abbaut, stattdessen ein unabhängiges Bergbauunternehmen beauftragen.

Theoretisch könnten sämtliche Funktionen, die ein Unternehmen nach unseren Erwartungen ausführt, von einem Konsortium aus unabhängigen Wirtschaftseinheiten übernommen werden, die jeweils mit einem zentralen Koordinator (der selbst nicht mehr als einen Schreibtsich und einen Manager umfaßt) Verträge abschließen. In der Tat bedienen sich Segmente der Buchverlags- und Schallplattenbranchen ungefähr dieser Form. Zahlreiche Verleger geben Lektorats- und Redaktionsaufgaben, Layout, Graphiken, Druck, Vertrieb und Verkauf in Auftrag, wobei für das Unternehmen selbst wenig mehr bleibt als die Entscheidung über Marketing, Finanzierung und die zu verlegenden Bücher. Einige Schallplattenfirmen nehmen unabhängige Künstler, Produzenten, Aufnahmestudios, Schallplattenpressen sowie Vertriebs- und Marketingorganisationen unter Vertrag, um jede Platte zu produzieren, zu pressen und zu verkaufen.

In der Regel halten es Unternehmen für vorteilhaft, einen wesentlichen Anteil der Administrations-, Produktions-, Vertriebs- oder Marketingprozesse, die für die Herstellung ihrer Produkte oder Dienstleistungen erforderlich sind, selbst durchzuführen, statt mehrere unabhängige Einheiten damit zu beauftragen. Sie sind der Meinung, daß die interne Durchführung dieser Funktionen kostengünstiger, weniger riskant oder einfacher zu koordinieren ist.

Viele Entscheidungen zur vertikalen Integration drehen sich um die Frage »selber produzieren oder kaufen?« (»make or buy«) und konzentrieren sich auf die finanziellen Kalkulationen, die eine solche Entscheidung mit sich bringt.[1] Mit anderen Worten: ihr Anliegen ist es, die Kosteneinsparungen der Integration zu schätzen und mit der erforderlichen Investition zu vergleichen. In Wirklichkeit ist die Entscheidung zur vertikalen Integration jedoch weitaus vielschichtiger: sie besteht weniger aus der finanziellen Kalkulation selbst, als aus den Zahlen, die das Rohmaterial der Entscheidung bilden. Die Entscheidung muß über die Analyse der Kosten und Investitionserfordernisse hinausgehen und sich der breiten strategischen Problemstellung »Integration versus Nutzung von Markttransaktionen« zuwenden, genauso wie einer Reihe von äußerst komplizierten administrativen Problemen der Führung einer vertikal integrierten Geschäftseinheit. Sie können den Erfolg des integrierten Unternehmens beeinflussen, sind aber sehr schwer in Zahlen zu fassen. Das Wesen der Entscheidung liegt im Vergleich des Umfangs und strategischen Gewichts von Kosten und Nutzen der vertikalen Integration, sowohl in unmittelbarer ökonomischer Hinsicht als auch durch die indirekte Auswirkung der Entscheidung auf die Organisation.

Das nachfolgende Kapitel untersucht die ökonomischen und administrativen Konsequenzen der vertikalen Integration, um dem Manager zu helfen, den strategisch zweckmäßigen Integrationsgrad zu bestimmen und um ihm bei der Entscheidung, zu integrieren oder zu desintegrieren, eine Orientierung zu liefern. Um den für das Unternehmen zweckmäßigen vertikalen Integrationsgrad zu finden, müssen die ökonomischen und administrativen Kosten der vertikalen Integration gegen die ökonomischen und administrativen Nutzen abgewogen werden. Dieser Vergleich hängt, genauso wie die jeweiligen Kosten und Nutzen selbst, stark von der Branche und der strategischen Situation ab, in der sich das Unternehmen befindet. Nutzen

---

1 Wir werden hier nicht versuchen, die Kalkulationsmethoden für das »make or buy« wiederzugeben; siehe dazu Buffa (1973) und Moore (1973).

und Kosten werden auch davon berührt, ob das Unternehmen eine Politik der *partiellen* Integration (Eigenherstellung eines Teils des Bedarfs und externer Bezug des Rests) oder der vollständigen Integration betreibt. Manchmal können darüberhinaus viele Vorteile der Integration genutzt, ein Teil ihrer Kosten aber vermieden werden, indem man *Quasi-Integration* betreibt – Schulden- oder Kapitalfinanzierung oder sonstige Methoden, um mit vertikal angelagerten Unternehmen zu kooperieren, ohne volles Eigentum an ihnen zu erwerben.

Der hier vorgestellte Rahmen ist keine feste Formel, sondern eher eine Orientierungshilfe, um sicherzustellen, daß die relevanten Nutzen und Vorteile der vertikalen Integration berücksichtigt werden, um den Manager auf Sackgassen hinzuweisen, und um aufzuzeigen, wie die Vorteile der vollständigen vertikalen Integration auch auf andere Weise erzielt werden können. Der Rahmen muß durch eine genaue Branchen- und Konkurrentenanalyse sowie durch eine sorgfältige strategische Einschätzung der betrachteten Branche ergänzt werden.

Strategische Nutzen und Kosten der vertikalen Integration

Die vertikale Integration weist wichtige Arten von Kosten und Nutzen auf, die zwar in jeder Entscheidung zu berücksichtigen sind, deren Stellenwert aber von der jeweiligen Branche abhängt. Sie gelten gleichermaßen für Vorwärts- wie für Rückwärtsintegration, mit der entsprechenden Änderung in der Perspektive. Ich werde zunächst diese allgemeinen Nutzen und Kosten diskutieren und erst in späteren Abschnitten eine Reihe von spezifischen Fragen erörtern, die jeweils nur das sich vorwärts oder rückwärts integrierende Unternehmen betreffen. Für die Zwecke unserer Diskussion ist das *vorgelagerte* Unternehmen das verkaufende, das *nachgelagerte* Unternehmen das kaufende in der vertikalen Kette.

Das effiziente Mindestvolumen

Die Vorteile aus vertikaler Integration hängen zuallererst von der *Menge* an Produkten oder Dienstleistungen ab, die das Unternehmen zu integrieren beabsichtigt, verglichen mit der effizienten Mindestproduktionsmenge auf der zu integrierenden Stufe. Betrachten wir zur Vereinfachung ein sich rückwärts integrierendes Unternehmen. Die Einkaufsmenge des Unternehmens, das die Rückwärtsintegration erwägt, muß groß genug sein, um eine unternehmenseigene Produktion zu unterhalten, die sämtliche Betriebsgrößenersparnisse bei der Produktion des Inputs ausnutzt – andernfalls sieht sich das Unternehmen einem Dilemma gegenüber. Entweder muß es einen Kostennachteil bei der Eigenproduktion akzeptieren, oder es muß einen Teil der Produktionsmenge der vorgelagerten Einheit auf dem freien Markt verkaufen. Wie wir später noch ausführlich diskutieren werden, kann es schwierig sein, überschüssige Mengen auf dem freien Markt zu verkaufen, weil das Unternehmen dann vielleicht an seine Konkurrenten verkaufen muß.

Strategische Vorteile der Integration

Einsparungen durch Integration

Wenn die Menge interner Zwischenprodukte groß genug ist, um die vorhandenen Betriebsgrößenersparnisse zu nutzen (oder wenn der Kostennachteil so klein ist, daß er von anderen, noch zu diskutierenden Vorteilen der Integration aufgewogen wird), dann liegt der am häufigsten genannte Vorteil der Integration in *Kosteneinsparungen*, z.B. in der zusammengefaßten Produktion, im Verkauf, Einkauf, oder in der Kontrolle.

Einsparungen aus kombinierten Operationen. Manchmal kann das Unternehmen seine Effizienz verbessern, indem es technologisch eigenständige Operationen zusammenfaßt. In der Herstellung kann diese Maßnahme z.B. die Zahl der Produktionsschritte verringern, die Bearbeitungs- und Transportkosten senken und brachliegende Kapazitäten nutzen, die aus Unteilbarkeiten auf einer Stufe (Maschinenzeit, physischer Raum, Wartungseinrichtungen usw.) entstehen. Im klassischen Fall der Walzstahlproduktion müssen die Stahlblöcke nicht von neuem erhitzt werden, wenn die Prozesse der Stahlproduktion und des Walzens integriert sind. Die Behandlung von Metallen mit Antioxidationsmitteln wird vielleicht hinfällig, wenn sich die nächste Operation zeitlich unmittelbar anschließt. Unausgelastete Inputs, wie etwa die Kapazität bestimmter Maschinen, können in beiden Prozessen genutzt werden. Eine weitere Möglichkeit ist, Anlagen in räumlicher Nähe zueinander zu plazieren, wie es z.B. viele Großverbraucher von Schwefelsäure (Düngemittelhersteller, Mineralölunternehmen) praktizieren, die eine Rückwärtsintegration in die Herstellung von Schwefelsäure betrieben haben. Dieser Schritt spart Transportkosten ein, die bei einem so gefährlichen und schwer zu handhabenden Produkt wie Schwefelsäure beträchtlich sind.

Einsparungen aus interner Kontrolle und Koordination. Die Planungs- und Koordinationskosten von Operationen und die Reaktionskosten im Fall von Pannen sind möglicherweise geringer, wenn das Unternehmen integriert ist. Die räumliche Nähe der integrierten Einheiten erleichtert Koordination und Kontrolle. Einer eigenen Einheit wird wahrscheinlich eher zugetraut, daß sie die Bedürfnisse ihrer Schwestereinheit berücksichtigt, sodaß die im Geschäft einkalkulierten Pufferzeiten für unvorhergesehene Ereignisse verkürzt werden können. Die verstetigte Lieferung von Rohmaterialien oder die Fähigkeit, Lieferungen zu glätten, erlaubt möglicherweise eine bessere Kontrolle von Produktionsplänen, Lieferplänen und Wartungsarbeiten. Das liegt daran, daß die Vertragsgebühren für Lieferanten, die mit Verzug liefern, unter Umständen weit unter den Unterbrechungskosten liegen, sodaß es schwer ist, sie zu pünktlicher Lieferung zu motivieren. Stilveränderungen, Umbau von älteren oder Einführung von neuen Produkten mögen intern leichter oder schneller zu koordinieren sein. Solche Einsparungen können Stillstandszeiten sowie den Bedarf an Inventar und an Personal in den Kontrollfunktionen verringern.

Einsparungen aus Informationen. Integrierte Operationen sind geeignet, den Bedarf an bestimmten Marktinformationen oder, noch wahrscheinlicher, die allgemeinen Kosten der Informationsbeschaffung zu senken. Die Fixkosten der Marktbeobachtung sowie der Vorhersage von Angebot, Nachfrage und Preisen können über alle

Teile des integrierten Unternehmens verteilt werden, während sie in einem nicht-integrierten Unternehmen von jeder einzelnen Einheit zu tragen wären.[2] Beispielsweise kann der integrierte Lebensmittelverarbeiter Verkaufsprognosen für das Endprodukt in allen Segmenten der vertikalen Kette verwenden. Denkbar ist, daß Marktinformationen durch eine integrierte Organisation freier fließen als durch einen Verbund unabhängiger Unternehmen. Die Integration eröffnet dem Unternehmen somit einen schnelleren Zugang zu genaueren Informationen.

Einsparungen aus der Umgehung des Marktes. Durch die Integration kann das Unternehmen einen Teil der Kosten aus Verkäufen, Preisvergleichen, Verhandlungen und Transaktionen bei Marktoperationen vermeiden. Obwohl auch bei internen Transaktionen in der Regel gewissse Verhandlungen stattfinden, dürften ihre Kosten längst nicht so hoch sein wie beim Verkehr mit externen Einheiten. Keine Vertreterstäbe und keine Marketing- oder Einkaufsabteilungen werden benötigt; Werbungsausgaben entfallen genauso wie sonstige Marketingkosten.

Einsparungen aus stabilen Geschäftsbeziehungen. Sowohl vor- als auch nachgelagerte Stufen können im Bewußtsein, daß ihre Einkaufs- bzw. Verkaufsbeziehungen stabil sind, in die Lage versetzt werden, effizientere und stärker spezialisierte Verfahren für den geschäftlichen Umgang miteinander zu entwickeln; solche Verfahren wären bei unabhängigen Lieferanten oder Kunden nicht möglich, da Käufer wie Verkäufer das Wettbewerbsrisiko eingehen müßten, von der anderen Partei fallengelassen oder erdrückt zu werden. Denkbare Formen solcher Verfahren sind zugeschnittene, spezialisierte Logistiksysteme, spezialisierte Verpackung, spezifische Vorkehrungen für Belegführung und Kontrolle sowie weitere potentiell kostensparende Methoden der Kooperation.

Die Stabilität der Beziehung erlaubt es der vorgelagerten Einheit unter Umständen auch, ihr Produkt exakt auf die Bedürfnisse der nachgelagerten abzustimmen (im Blick auf Qualität, Spezifikationen

---

2 Einige der Vorteile aus vertikaler Integration, wie etwa Einsparungen aus Informationen, können auch erzielt werden, ohne daß sich die Produkte tatsächlich zwischen den Einheiten hin- und herbewegen; es genügt, daß jede von ihnen mit externen Einheiten zu tun hat.

usw.), oder umgekehrt der nachgelagerten Einheit, sich den Merkmalen der vorgelagerten stärker anzupassen. In dem Maße, in dem eine solche Anpassung unabhängige Parteien aneinander binden würde (also ohne Integration), könnte sie eine Risikoprämie erfordern, die die Kosten erhöht.

Eigenschaften von Einsparungen. Die Bedeutung von Einsparungen ist natürlich *nicht in allen Unternehmen gleich*, sondern variiert je nach der Strategie und den Stärken und Schwächen jedes einzelnen Unternehmens. Ein Unternehmen etwa, das einen Kostenvorsprung anstrebt, wird größten Wert auf Einsparungen aller Art legen, während ein Unternehmen mit Schwächen im Marketing wahrscheinlich mehr davon profitiert, Markttransaktionen zu umgehen.

Anschluß an Technologien

Ein zweiter potentieller Vorteil der vertikalen Integration ist der Anschluß an Technologien. Unter bestimmten Bedingungen führt die Integration zu einer engen Vertrautheit mit der Technologie der vor- oder nachgelagerten Geschäftseinheiten, die sogar entscheidend für den Erfolg des eigentlichen Geschäfts sein kann. Diese Art von Einsparungen ist so wichtig, daß sie eine gesonderte Erörterung verdient. Beispielsweise haben viele Groß- und Kleincomputerhersteller eine Rückwärtsintegration in die Gestaltung und Produktion von Halbleitern vorgenommen, um ihr Verständnis dieser grundlegenden Technologie zu verbessern. Hersteller von Einzelteilen verschiedenster Art integrieren vorwärts, um genaue Kenntnisse über die Verwendung der Teile zu erlangen. Oft, wenn nicht sogar meistens, bestehen Integrationsschritte, die dem Anschluß an Technologien dienen, aus partieller Integration, weil die vollständige Integration technologische Risiken mit sich bringt.

Versorgung und/oder Absatz sichern

Durch vertikale Integration stellt das Unternehmen sicher, daß es in Engpaßsituationen ausreichende Liefermengen erhält oder bei allgemein geringer Nachfrage einen Kanal für seine Produkte hat. Die Integration sichert den Absatz jedoch nur so weit, wie die nachgelagerte Einheit den Output der vorgelagerten aufnehmen kann. Inwieweit die nachgelagerte Einheit dazu in der Lage ist, hängt eindeutig davon ab, wie sich die Wettbewerbsbedingungen auf die Nachfrage nach ihrem Produkt niederschlagen. Ist die Nachfrage in der nachgelagerten Branche niedrig, und sind die Umsätze der internen Geschäftseinheit entsprechend davon betroffen, so wird auch der Bedarf am Output des internen Lieferanten gering sein. Die Integration schützt das Unternehmen also möglicherweise nur davor, willkürlich von seinen Kunden abgeschnitten zu werden, sie sichert aber nicht die Nachfrage im engeren Sinne.

Obwohl vertikale Integration die Unsicherheit von Versorgung und Absatz reduzieren und das Unternehmen vor Preisschwankungen abschirmen kann, folgt daraus keineswegs, daß die internen Transferpreise Marktverschiebungen nicht widerspiegeln sollten. Die Transferpreise, zu denen die Produkte von einer Einheit des integrierten Unternehmens zur anderen wechseln, sollten den Marktpreisen entsprechen, um zu garantieren, daß jede Einheit ökonomisch arbeitet. Weichen die Transferpreise von den Marktpreisen ab, so subventioniert eine Geschäftseinheit die andere – verglichen mit den Ergebnissen, die sie auf dem freien Markt erzielen könnten (der einen Geschäftseinheit wird es besser und der anderen schlechter gehen). Bei »künstlichen« Preisen werden die Manager der vor- und nachgelagerten Einheiten unter Umständen zu Entscheidungen verleitet, die sowohl die Effizienz als auch die Wettbewerbsfähigkeit ihrer Einheiten verschlechtern. Wenn etwa eine vorgelagerte Einheit die nachgelagerte zu Preisen versorgt, die erheblich unter den auf dem freien Markt erzielbaren Preisen liegen, dann wird wahrscheinlich das ganze Unternehmen darunter leiden: Der Leiter der nachgelagerten Einheit wird von den künstlich niedrigen Inputpreisen ausgehen und möglicherweise versuchen, die Marktposition seiner Einheit auszubauen – wodurch die vorgelagerte Einheit gezwungen würde, noch mehr subventionierte Produkte zu liefern.

Die Sicherung von Versorgung und Absatz sollte deshalb nicht *so* verstanden werden, daß sie das Unternehmen vor dem Auf und Ab des Marktes schützt, sondern in dem Sinne, daß sie die Unsicherheit über deren Auswirkungen auf das Unternehmen reduziert. In Anbetracht der geringeren Unterbrechungsrisiken, des Wegfalls von Kunden- und Lieferantenfluktuation und des geringeren Risikos, im Notfall überhöhte Preise zahlen zu müssen, sollten beide Einheiten ihre Planung verbessern können. Die verringerte Unsicherheit ist besonders wertvoll, wenn eine der Stufen oder beide kapitalintensiv sind. Die Sicherung von Versorgung und Absatz wird als vorrangiges Motiv für die Integration in Industrien wie Rohöl, Stahl und Aluminium genannt.

Ausgleich von Verhandlungsstärke und von Verzerrungen der Inputpreise

Wenn ein Unternehmen mit Lieferanten oder Kunden zu tun hat, die über beträchtliche Verhandlungsstärke verfügen und Erträge auf ihre Investitionen erzielen, die über den Opportunitätskosten des Kapitals liegen, dann lohnt sich die Integration für das Unternehmen, selbst wenn keine weiteren Einsparungen zu erwarten sind. Der Ausgleich von Verhandlungsstärke durch Integration kann nicht nur die Lieferantenkosten senken (durch Rückwärtsintegration) oder die Fähigkeit erhöhen, Preise durchzusetzen (durch Vorwärtsintegration); er kann auch die Effizienz des Unternehmens verbessern, indem er Praktiken überflüssig macht, die vorher für die Auseinandersetzung mit mächtigen Lieferanten oder Kunden erforderlich waren. Die Verhandlungsstärke von Kunden und Lieferanten hängt von der Struktur ihrer Branchen im Vergleich zu der des Unternehmens ab.

Die Rückwärtsintegration zum Ausgleich von Verhandlungsstärke birgt weitere potentielle Vorteile. Indem die Gewinne der Inputlieferanten internalisiert werden, können die wirklichen Kosten des Inputs zutage treten. Dem Unternehmen steht es dann frei, den Preis seines Endprodukts so anzupassen, daß die Gesamtgewinne der beiden Einheiten vor Integration maximiert werden. Die Kenntnis der wirklichen Kosten des Inputs erlaubt dem Unternehmen unter Umständen auch, den Input-Mix in der nachgelagerten Geschäftseinheit zu ändern und damit seine Effizienz zu erhöhen (natürlich vorausgesetzt, daß eine Veränderung des Input-Mix möglich ist). Dieser Schritt kann ebenfalls die Gesamtrentabilität erhöhen.

Wenngleich die Vorteile für das Unternehmen, die aus der Anpassung an die Opportunitätskosten von Inputs resultieren, auf der Hand liegen, ist es wichtig anzumerken, daß die konventionellen Transferpreismethoden der Realisierung dieser Vorteile zuwiderlaufen. Wenn die externen Lieferanten eines Inputs über ausreichende Verhandlungsstärke verfügen, liegen die internen Transfers zum

Marktpreis über den wirklichen Opportunitätskosten des Inputs. Allerdings können Transfers zu Marktpreisen administrative Vorteile in Form von Anreizen für das Management haben.

Verbesserte Fähigkeit zur Differenzierung

Die vertikale Integration kann die Fähigkeit des Unternehmens, sich von seinen Konkurrenten abzuheben, verbessern, indem sie einen größeren Anteil am hinzugefügten Mehrwert unter die Kontrolle des Managements bringt. So mag etwa (bei Vorwärtsintegration) die verbesserte Kontrolle der Vertriebskanäle einen höherwertigen Service ermöglichen; die Eigenherstellung von unternehmensspezifischen Einzelteilen (bei Rückwärtsintegration) eröffnet Gelegenheiten zur Differenzierung usw. usf. Den Einfluß der vertikalen Integration auf die Differenzierung werden wir später noch ausführlicher diskutieren.

Erhöhung von Eintritts- und Mobilitätsbarrieren

Wenn die vertikale Integration irgendwelche der oben genannten Vorteile realisiert, vermag sie die Mobilitätsbarrieren zu erhöhen. Diese Vorteile verleihen dem integrierten Unternehmen einen Wettbewerbsvorsprung vor seinen nicht-intergrierten Konkurrenten in Form der höheren Preise, niedrigeren Kosten oder geringerem Risiko. Das nicht-integrierte Unternehmen muß entweder die Integration nachholen oder einen Kostennachteil in Kauf nehmen, und der in die Branche Eintretende muß integriert eintreten oder die gleiche Konsequenz tragen. Je gewichtiger die Nettovorteile aus der Integration sind, desto größer ist der Druck auf nicht-integrierte Unternehmen, nachzuziehen. Wenn die Integration umfangreiche Betriebsgrößenersparnisse freisetzt oder erheblichen Kapitalbedarf aufwirft, wird der Zugang zur Integration die Mobilitätsbarrieren in der Branche erhöhen.

Eintritt in ein rentableres Geschäft

Gelegentlich vermag ein Unternehmen den Ertrag auf das investierte Gesamtkapital zu erhöhen, indem es sich vertikal integriert. Wenn die Struktur der in Frage kommenden Produktionsstufe einen Ertrag auf das investierte Kapital verspricht, der höher ist als die Opportunitätskosten des Kapitals für das betreffende Unternehmen, so ist die Integration selbst dann rentabel, wenn sie an sich keine Einsparung abwirft. Natürlich darf das sich integrierende Unternehmen nicht einfach auf die Erträge der etablierten Anbieter in der benachbarten Branche blicken; in seine Kalkulation der zu erwartenden Rendite muß es vielmehr die Kosten einbeziehen, die bei der Überwindung von Eintrittsbarrieren auf der benachbarten Stufe anfallen. Wie wir in Kapitel 16 sehen werden, muß das Unternehmen deshalb potentielle Vorteile gegenüber anderen Eintrittskandidaten besitzen.

Schutz gegen Marktausschluß

Selbst wenn die Integration keine positiven Vorteile aufweist, kann sie im Umgang mit bereits integrierten Konkurrenten notwendig sein, um das Unternehmen davor zu schützen, vom Zugang von Lieferanten oder Kunden abgeschnitten zu werden. Wenn die Integration unter den Konkurrenten weit verbreitet ist, sind oft viele Bezugsquellen, attraktive Kunden oder Einzelhandelskanäle gebunden. In diesem Fall steht das Unternehmen vor der unangenehmen Aussicht, sich um die verbleibenden Kunden oder Lieferanten bemühen zu müssen, denen überdies das Risiko anhaftet, nicht so attraktiv zu sein wie die der integrierten Konkurrenten. Diese Art von Marktausschluß wirkt als Mobilitätsbarriere, indem sie den Zugang zu Vertriebskanälen erschwert oder durch den beschränkten Zugang zu günstigen Rohstofflieferanten eine absolute Kostenbarriere aufwirft.

Um sich vor dem Nachteil des Ausschlusses zu schützen, muß ein Unternehmen deshalb oft zur vertikalen Integration greifen, oder, wenn es sich um einen neuen Konkurrenten handelt, bereits integriert eintreten. Je größer der Anteil der dem Unternehmen versperrten Kunden oder Lieferanten, desto größer ist der Zwang, sich zu integrieren. Auch hier gilt, daß der Zwang zur Integration Mobilitätsbarrieren mit sich bringt, wenn der Kapitalbedarf hoch ist und Betriebsgrößenersparnisse ausgeprägt sind. Das Ausschlußproblem hat zu verbreiteter defensiver Integration in nordamerikanischen Industrien (z.B. Zement, Schuhe) geführt.

Strategische Kosten der Integration

Die strategischen Kosten der vertikalen Integration ergeben sich im wesentlichen aus Eintrittskosten, verminderter Flexibilität, dem Zwang zum Ausgleich der Kapazitäten, erhöhten Anforderungen an die Führung des integrierten Unternehmens, sowie aus der Verwendung von internen organisatorischen Anreizen anstelle von Marktanreizen.

Kosten der Überwindung von Mobilitätsbarrieren

Natürlich muß ein Unternehmen die Mobilitätsbarrieren überwindne, die der Wettbewerb im vor- oder nachgelagerten Geschäft aufweist; schließlich ist die Integration ein Spezialfall - wenngleich ein häufiger - der allgemeinen strategischen Option des Eintritts in eine neue Branche. (In Kapitel 16 werden wir die generellen ökonomischen und strategischen Aspekte bei Eintrittsentscheidungen untersuchen). Aufgrund der internen Kauf- und Verkaufsbeziehung, die der vertikalen Integration eigen ist, kann das integrierte Unternehmen einige der Mobilitätsbarrieren in der benachbarten Branche problemlos überspringen, z.B. den Zugang zu Vertriebskanälen oder die Produktdifferenzierung. Die vertikale Integration kann jedoch Kosten aufwerfen, wenn Barrieren zu überwinden sind wie z.B. günstige Bezugsquellen für Rohstoffe oder unternehmenseigene Technologien; das gleiche gilt für die Ursachen weiterer Mobilitätsbarrieren wie etwa Betriebsgrößenersparnisse oder Kapitalbedarf. Folglich ist die vertikale Integration besonders häufig in Branchen anzutreffen, in denen die Technologie bekannt ist und die effiziente Mindestgröße einer Fabrik auf niedrigem Niveau liegt (z.B. Metallbehälter, Aerosolverpackung, Schwefelsäure).

Erhöhter operating leverage

Die vertikale Integration erhöht den Fixkostenanteil eines Unternehmens. Wenn das Unternehmen einen Input auf dem Spotmarkt kauft, sind alle Kosten dieses Inputs variabel. Wird der Input hingegen intern produziert, so muß das Unternehmen sämtliche bei seiner Produktion anfallenden Fixkosten tragen, auch wenn ein Abschwung oder sonstige Faktoren die Nachfrage danach verringern. Da die Verkäufe der vorgelagerten Einheit von denen der nachgelagerten abhängen, schlagen Fluktuationen in einem Geschäft auf die gesamte Kette durch. Solche Fluktuationen können z.B. durch den Konjunkturzyklus, durch Entwicklungen des Wettbewerbs oder des Marktes hervorgerufen werden. Somit erhöht die Integration den operating leverage (die Hebelwirkung von Investitionen in Sachanlagevermögen auf den Gewinn) des Unternehmens und liefert es größeren Ertragsschwankungen aus. So gesehen *erhöht* die vertikale Integration das *Geschäftsrisiko* – wenngleich ihr Nettoeffekt auf das Risiko davon abhängt, ob sie das Geschäftsrisiko in anderer Hinsicht senkt (vgl. die Diskussion oben). Inwieweit die Integration den operating leverage tatsächlich erhöht, hängt natürlich von der Höhe der Fixkosten ab, die in dem integrierten Geschäft anfallen.

Ein gutes Beispiel der durch extensive vertikale Integration geschaffenen Gefahren des operating leverage bietet Curtis Publishing Company. Curtis baute ein immenses vertikales Unternehmen auf, um sein relativ bescheidenes Zeitschriftenprogramm, insbesondere die Saturday Evening Post, herauszugeben. Als die Zeitschrift Ende der sechziger Jahre in Schwierigkeiten geriet, waren die Auswirkungen auf Curtis' Finanzergebnisse katastrophal.

Geringere Flexibilität beim Wechsel von Geschäftspartnern

Die vertikale Integration macht das Schicksal einer Geschäftseinheit im Wettbewerb zumindest teilweise von den Fähigkeiten ihres unternehmensinternen Lieferanten oder Kunden (der ihr Vertriebskanal sein könnte) abhängig. Veränderungen der Technologie oder des Produktdesigns (z.B. bei Einzelteilen), strategische Pannen oder Führungsprobleme können eine Situation schaffen, in der der unternehmensinterne Lieferant ein teures, minderwertiges und inadäquates Produkt anbietet, oder in der der unternehmenseigene Kunde oder Vertriebskanal seine Marktposition und somit seine Eignung als Kunde verliert. Der Wechsel zu einem anderen Lieferanten oder Kunden ist bei vertikaler Integration teurer als bei Zusammenarbeit mit unabhängigen Marktparteien. Beispielsweise integrierte sich Imasco, ein führender kanadischer Zigarettenhersteller, rückwärts in die Produktion seines Verpackungsmaterials. Der technische Fortschritt machte diese Form der Verpackung jedoch minderwertig, verglichen mit anderen Varianten, die der eigene Lieferant nicht herstellen konnte. Nach vielen Schwierigkeiten wurde der Lieferant schließlich aufgegeben. Robert Hall's Schwierigkeiten in der Herrenbekleidungsindustrie könnten zum Teil darauf zurückzuführen sein, daß sich das Unternehmen völlig auf selbstgefertigte Waren verließ.

Das Ausmaß dieses Risikos hängt von der Wahrscheinlichkeit ab, daß der unternehmensinterne Lieferant oder Kunde in Schwierigkeiten gerät, und daß externe oder interne Veränderungen auftreten, die der Schwestereinheit Anpassungsprozesse abverlangen.

Höheres allgemeines Niveau der Austrittsbarrieren

Eine Integration, die die Spezialisierung der Aktiva, die strategischen Interdependenzen oder die emotionalen Bindungen an eine Geschäftseinheit noch verstärkt, kann das allgemeine Niveau der Austrittsbarrieren erhöhen. Jede einzelne der in Kapitel 12 beschriebenen Austrittsbarrieren kann dadurch beeinflußt werden.

Bedarf an Kapitalinvestitionen

Die vertikale Integration nimmt Kapitalmittel in Anspruch, die innerhalb des Unternehmens Opportunitätskosten verursachen, während Geschäftsbeziehungen mit unabhängigen Marktparteien das Investitionskapital von Außenstehenden beanspruchen. Wenn die Integrationsentscheidung gerechtfertigt sein soll, dann muß sich ein Ertrag erzielen lassen, der mindestens so hoch ist wie die unternehmensspezifischen Opportunitätskosten des Kapitals – unter Berücksichtigung der in diesem Kapitel diskutierten strategischen Aspekte. Wenn das Unternehmen die Integration ins Einzelhandels-

oder Vertriebsgeschäft erwägt, wo die Erträge potentiell gering sind, dann reichen selbst hohe Erträge aus dieser Integration unter Umständen nicht aus, um die kritische Rate des Unternehmens zu übertreffen.

Diese Problematik kann im »*Kapitalhunger*« der zu integrierenden vor- oder nachgelagerten Geschäftseinheit zutage treten. Wenn ihr Kapitalbedarf einen Großteil der Finanzierungsfähigkeit des Unternehmens beansprucht, setzt sich das Unternehmen möglicherweise strategischen Risiken an anderen Stellen aus. Mit anderen Worten, die Integration kann Kapital abziehen, das in anderen Bereichen des Unternehmens benötigt wird.

Die Integration vermag die Flexibilität zu vermindern, mit der ein Unternehmen seine Investitionsmittel verteilt. Da die Leistung der gesamten vertikalen Kette von jedem einzelnen ihrer Glieder abhängt, sieht sich das Unternehmen möglicherweise zu Investitionen in marginale Glieder gezwungen, um die Gesamteinheit aufrechtzuerhalten – statt das Kapital an anderer Stelle einzusetzen. Es scheint beispielsweise, als seien einige der großen, integrierten Rohstofflieferanten in ertragschwachen Geschäftsbereichen steckengeblieben, weil ihnen das Kapital zur Diversifikation fehlte. Ihre kapitalintensiven, integrierten Operationen haben den Großteil ihrer investierbaren Mittel verbraucht, nur um den Wert der Aktiva in diesen Operationen aufrechtzuerhalten.

Versperrter Zugang zur Forschung oder zum Know-how von Kunden oder Lieferanten

Durch die Integration schneidet sich ein Unternehmen unter Umständen vom Fluß der Technologie seiner Lieferanten oder Kunden ab. Integration bedeutet in der Regel, daß ein Unternehmen seine eigenen technologischen Fähigkeiten entwickeln muß und nicht länger die Erkenntnisse Anderer für sich ausnutzen kann. Wenn es sich hingegen entschließt, im Gegensatz zu anderen Unternehmen nicht zu integrieren, sind die Lieferanten oft bereit, das Unternehmen durch Forschung, technische Unterstützung und dgl. energisch zu unterstützen.

Der Ausschluß vom Zugang zu Technologien kann besonders riskant sein, wenn es zahlreiche unabhängige Lieferanten oder Kunden gibt, die ausgiebige Forschung betreiben oder über spezielles, schwer nachzuahmendes Know-how verfügen. Darin liegt die Gefahr von Integrationsschritten, die den Anschluß an Technologien in benachbarten Geschäften zum Ziel haben; das Risiko, eben diesen Zugang zu verpassen, ist jedoch unter Umständen nicht minder groß. Selbst wenn das Unternehmen nur partiell integriert, bestimmte Mengen also weiterhin auf dem freien Markt kauft oder verkauft, riskiert es den Ausschluß von Technologien, weil es damit in Konkurrenz zu seinen Kunden oder Lieferanten tritt (vgl. S. 398–400).

Ausgleich der Kapazitäten

Um Probleme zu vermeiden, müssen die Produktionskapazitäten der vor- und nachgelagerten Geschäftseinheiten im Gleichgewicht gehalten werden. Wenn eine Stufe der vertikalen Kette Überkapazitäten (bzw. überschüssige Nachfrage nach Inputs) aufweist, muß sie entweder einen Teil ihres Outputs auf dem freien Markt verkaufen (bzw. einen Teil ihrer Inputs extern kaufen) oder Marktpositionen aufgeben. In einer solchen Situation ist dieser Schritt oft schwierig, weil die vertikale Beziehung das Unternehmen häufig zwingt, an seine Konkurrenten zu verkaufen oder von ihnen zu kaufen. Letztere scheuen vielleicht den Umgang mit dem Unternehmen aus Angst, sie könnten Produkte zweiter Wahl erhalten oder die Position ihres Konkurrenten stärken. Wenn hingegen überschüssiger Output problemlos auf dem freien Markt verkauft oder überschüssige Inputnachfrage befriedigt werden kann, sind die Risiken des Ungleichgewichts nicht allzu hoch.

Vertikale Stufen geraten aus vielerlei Gründen aus dem Gleichgewicht. Erstens stimmen die Ausmaße effizienter Kapazitätserweiterungen für die beiden Stufen nur selten überein. Technologische Veränderungen auf einer Stufe mögen z.B. ihre effektive Kapazität im Vergleich zu anderen erhöhen; oder Veränderungen im Produkt-Mix und der Produktqualität beeinflussen die effektive Kapazität in den vertikalen Stufen ungleich stark. Die Gefahr des Ungleichgewichts hängt davon ab, wie wahrscheinlich solche Faktoren sind.

Verminderte Anreize

Die vertikale Integration bedeutet, daß sich Kauf und Verkauf im Rahmen einer unternehmensinternen Beziehung abspielen. Die Leistungsanreize der vorgelagerten Geschäftseinheit werden möglicherweise vermindert, wenn sie unternehmensintern verkauft, statt – wie vorher – um das Geschäft konkurriert wird. Umgekehrt wird die Geschäftseinheit, die bei einem internen Lieferanten kauft, vielleicht nicht so hart verhandeln wie mit externen Lieferanten. Unternehmensinterne Transaktionen können deshalb Anreize vermindern. Damit verwandt ist die Gefahr, daß interne Projekte zur Kapazitätserweiterung oder interne Kauf- bzw. Verkaufsverträge weniger streng kontrolliert werden als externe Verträge.

Ob diese verminderten Anreize tatsächlich zu schlechteren Leistungen im integrierten Unternehmen führen, hängt von der Führungsstruktur und von den Verfahrensregeln zwischen den administrativen Einheiten der vertikalen Kette ab. Oft liest man Grundsatzpapiere über interne Transaktionen, die den Managern die Freiheit einräumen, außenstehende Bezugsquellen zu nutzen oder nach Außen zu verkaufen, wenn die interne Geschäftseinheit nicht wettbewerbsfähig ist. Die bloße Existenz solcher Befugnisse reicht jedoch nicht aus. Ein Manager, der statt einer internen Geschäftseinheit eine außenstehende beauftragt, zieht damit oft die Beweislast auf sich und muß sich vor dem Konzernmanagement rechtfertigen – eine Grundlage, auf der wohl die wenigsten Manager der Konzernleitung gegenübertreten wollen. Außerdem gibt es ein Gefühl von Fairneß und Kameradschaft innerhalb einer Organisation, das strikt formelle Vereinbarungen möglicherweise erschwert, besonders wenn irgendeine Einheit sehr niedrige Erträge erzielt oder sich sonstwie in Schwierigkeiten befindet. Gerade dies sind jedoch die Situationen, in denen formelle Beziehungen am wichtigsten sind.

Die eben diskutierte Schwierigkeit führt zum Problem des »faulen Apfels«. Wenn die vor- oder nachgelagerte Geschäftseinheit krank ist (in strategischer oder sonstiger Hinsicht), vermag sie mit ihren Problemen die gesunde Schwestereinheit anzustecken. Eine Einheit kann unter Druck gesetzt werden oder sogar freiwillig versuchen, die kranke zu retten, indem sie teure oder minderwertige Produkte (bzw. niedrige Preise für interne Verkäufe) akzeptiert. Diese Situation kann der gesunden Einheit strategisch schaden. Wenn der Konzern der kranken Einheit helfen will, so sollte er sie direkt subventionieren oder unterstützen, und nicht indirekt durch die Schwestereinheit. Aber selbst wenn die Unternehmensleitung diesen Aspekt sieht, wird die gesunde Einheit davor zurückscheuen, sich »unmenschlich« oder rücksichtslos gegenüber der kranken zu verhalten (wenngleich dies in manchen Unternehmen geschieht). Dadurch kann die kranke Einheit auf heimtückische Weise die gesunde vergiften.

Unterschiedliche Führungsanforderungen

Auch wenn Geschäftseinheiten vertikal integriert sind, können sie sich im Blick auf Struktur, Technologie und Management unterscheiden. Beispielsweise sind Produktion und Verarbeitung von Rohmetallen recht unterschiedlich; die eine ist extrem kapitalintensiv, während die andere eher arbeitsintensiv ist, eine enge Produktionsüberwachung erfordert und dezentrale Marketing- und Serviceaktivitäten verlangt. Produktion und Einzelhandel sind grundsätzlich verschieden. Das Verständnis der Führungsaufgaben in einem derart vielfältigen Geschäft kann zu den Hauptkosten der Integration zählen und ein erhebliches Risikomoment in die Entscheidung einbringen.[3] Ein Management, das den einen Teil einer vertikalen Kette sehr gut zu leiten vermag, kann im Extremfall unfähig sein, den anderen effizient zu führen. Ein gemeinsamer, umfassender Führungsansatz und ein gemeinsamer Satz von Annahmen kann deshalb für vertikal verbundene Geschäftseinheiten konterproduktiv sein.

Da vertikal verbundene Einheiten jedoch Geschäfte untereinander betreiben, gibt es die subtile Neigung, sie in Bezug auf ihr Management als gleichwertig zu betrachten. Organisationsstruktur, Kontrollen, Anreize, Richtlinien für Kapitalbudgets und eine Vielzahl weiterer Führungsmethoden des Unternehmenskerns werden manchmal wahllos auf die integrierten Geschäftseinheiten übertra-

3 Diese potentiellen Unterschiede in den Führungsaufgaben treten zurück, wenn die vertikal ausgelagerte Geschäftseinheit im Ausland arbeiten muß, wie z.B. bei vielen Rohstofflieferanten. Die Auslandslage fügt den bereits diskutierten Unterschieden in den erforderlichen Führungsansätzen noch weitere hinzu. Darüberhinaus sieht sich ein ausländischer Eigentümer unter bestimmten Bedingungen mit Nachteilen gegenüber inländischen Eigentümern konfrontiert, als Ergebnis von Maßnahmen der Gastregierung.

gen. Das gleiche gilt für Urteile und Regeln, die aus den Erfahrungen des Unternehmenskerns entstanden sind. Die Neigung, den gleichen Führungsstil auf sämtliche Elemente der Kette anzuwenden, ist eine weitere Gefahr der Integration.

Die Beurteilung der strategischen Nutzen und Kosten der vertikalen Integration darf sich nicht auf das gegenwärtige Umfeld beschränken, sondern muß die voraussichtlichen Veränderungen der Branchenstruktur einbeziehen. Einsparungen aus der Integration, die heute gering erscheinen mögen, können im reiferen Stadium beträchtlich sein; denkbar ist auch, daß die Branchenexpansion und das entsprechende Unternehmenswachstum in naher Zukunft dem Unternehmen ermöglichen, eine interne Geschäftseinheit mit effizienter Größenordnung zu betreiben. Ein langsames Tempo des technischen Fortschritts kann das Risiko verringern, an den internen Lieferanten gefesselt zu sein.

Spezifische strategische Aspekte der Vorwärtsintegration

Über die bereits diskutierten allgemeinen Nutzen und Kosten der Integration hinaus wirft die Vorwärtsintegration eine Reihe spezifischer strategischer Aspekte auf.

Verbesserte, Fähigkeit, das Produkt zu differenzieren. Oft erlaubt es die Vorwärtsintegration dem Unternehmen, sein Produkt erfolgreicher zu differenzieren, weil das Unternehmen einen größeren Bereich des Produktionsprozesses oder die Art, wie das Produkt verkauft wird, kontrollieren kann. Beispielsweise konnte Texas Instruments mit seiner Vorwärtsintegration in Konsumgüter wie Uhren und Taschenrechner einen Markennamen entwickeln, während seine elektronischen Komponenten im wesentlichen einfache Gebrauchsgüter waren. Monfort, ein Feedlot-Betreiber, hat Vorwärtsintegration in Fleischverpackung und -vertrieb benutzt, um zumindest gegenüber Einzelhändlern bekannt zu werden.

Selbst wenn das Produkt eines Unternehmens an sich nicht besser als die seiner Konkurrenten ist, kann sich das Unternehmen differenzieren, indem es nicht nur das Produkt selbst, sondern auch entsprechende Serviceleistungen anbietet. Die Vorwärtsintegration in den Einzelhandel ermöglicht es dem Unternehmen gelegentlich, bestimmte Elemente des Verkaufsprozesses, die das Produkt differenzieren helfen, besser zu kontrollieren, etwa das Display des Verkaufspersonals, die Sachanlagen und das Image der Verkaufseinrichtungen, die Motivation des Verkaufspersonals usw. Die Grundlage der Integration in all diesen Fällen ist es, den hinzugefügten Mehrwert auszudehnen, um die Grundlage für eine Differenzierung zu schaffen, die in der nichtintegrierten Einheit nicht oder nur schwer zu erzielen war. Indem es die Produktdifferenzierung vertieft, erhöht das Unternehmen möglicherweise zugleich die Mobilitätsbarrieren.

Zugang zu Vertriebskanälen. Die Vorwärtsintegration löst das Problem des Zugangs zu Vertriebskanälen und beseitigt deren potentielle Verhandlungsstärke.

Besserer Zugang zu Marktinformation. In einer vertikalen Kette ist die dem Produkt zugrundeliegende Nachfrage (und die Auswahl zwischen konkurrierenden Marken) oft auf einer späten Stufe angesiedelt. Diese Stufe bestimmt die Größe und Zusammensetzung der Nachfrage in den davorgelagerten Produktionsstufen. Beispielsweise wird die Nachfrage nach alternativen Baumaterialien durch den Beauftragten oder Entwickler bestimmt, der die Kundenwünsche mit Qualität und Kosten der verfügbaren Materialien in Einklang bringt. Die Stufe, auf der diese wichtigen Marktentscheidungen fallen, wollen wir hier als die *nachfrageführende Stufe* bezeichnen.

Die Vorwärtsintegration in oder in Richtung auf die nachfrageführende Stufe kann dem Unternehmen entscheidende Marktinformationen verschaffen, die der gesamten vertikalen Kette eine effizientere Arbeitsweise gestatten. Im einfachsten Fall kann das Unternehmen die Nachfrage nach seinem Produkt früher quantifizieren, als wenn es indirekt aus den Aufträgen seiner Händler darauf schließen muß; die Interpretation von Bestellungen wird zudem schwieriger, wenn die Händler auf jeder Stufe größere Vorräte halten. Rechtzeitige Marktinformationen erlauben es, die Produktionsmengen besser anzupassen und Überschüsse oder Fehlmengen zu verringern.

Es können sich auch weitergehende Informationsvorteile ergeben als nur die rechtzeitige Information über den Nachfrageumfang. Durch die Teilnahme am Wettbewerb in der nachfrageführenden

Stufe eröffnen sich dem Unternehmen Informationen aus erster Hand über den optimalen Produkt-Mix, über Geschmackstrends und Wettbewerbsentwicklungen, die irgendwann sein Produkt beeinflussen werden. Solche Informationen ermöglichen es, Produktmerkmale und Produkt-Mix in den vorgelagerten Stufen schnell anzupassen und die Anpassungskosten zu senken.

Eine Reihe von Unternehmen haben in allen ihren Geschäftszweigen offen oder unausgesprochen die Strategie verfolgt, in die nachfrageführenden Stufen zu integrieren. Genstar Ltd., ein führendes kanadisches Unternehmen bei Zement und Baumaterial integrierte sich vorwärts in Großbauten und Hochbau. Indal Ltd., ein anderes kanadisches Unternehmen, verfolgt die Politik, ausgehend von seinen Aktivitäten in der Grundbearbeitung von Metallen (Walzen, Strangpressen, Überziehen) sich vorwärts in die Endverarbeitung zu integrieren. Beide Unternehmen legen großen Wert auf Marktinformation, mit der sie ihre Vorwärtsintegration rechtfertigen.

Die Vorteile der Vorwärtsintegration zu Informationszwecken hängen davon ab, inwieweit die Marktbedingungen auf der nachfrageführenden Stufe instabil sind, ob auf Lager oder auf Bestellung produziert wird, und ob das Unternehmen evtl. auch ohne Integration in der Lage ist, Informationen über die vorwärtsgelagerten Märkte zu erhalten. Sowohl beim Bau als auch bei der Metallverarbeitung unterliegt die Endnachfrage starken Schwankungen, und ihre Zusammensetzung ändert sich oft schnell. Eine schwankende, unberechenbare und qualitativ veränderliche Nachfrage erhöht den Nutzen rechtzeitiger Marktinformation. Wenn die Endnachfrage hingegen sehr stabil ist, reicht die von den Händlern erhaltene Information unter Umständen völlig aus.

Inwieweit genaue Informationen aus den Händlern herauszuholen sind, hängt von der Branche ab. Wenngleich Verallgemeinerungen schwierig sind, läßt sich sagen, daß im Fall zahlreicher kleiner Händler informelle Stichproben wahrscheinlich ein genaues Bild von der Situation in vorwärtsgelegenen Märkten ergeben. Wenn man es hingegen mit wenigen großen Händlern zu tun hat (die zudem noch über ausgeprägte Marktmacht verfügen), dann sind genaue Informationen möglicherweise schwer zu erhalten. Außerdem hat es weitreichende Konsequenzen, wenn in einer solchen Situation ein bestimmter Händler seine Spezifizierungen oder seinen Mix verändert.

Durchsetzung höherer Preise. In manchen Fällen ermöglicht die Vorwärtsintegration höhere Durchschnittspreise, indem sie dem Unternehmen gestattet, für das gleiche Produkt bei verschiedenen Kunden unterschiedliche Preise zu verlangen. Problematisch an dieser Politik ist, daß sie Arbitrage auslösen kann und unter bestimmten Umständen illegal ist. Wenn das Unternehmen in diejenigen Geschäfte integriert, in denen es aufgrund ihrer preiselastischen Nachfrage einen niedrigen Preis fordern sollte, kann es dafür vielleicht bei anderen Kunden höhere Preise erzielen. Allerdings muß entweder der Rest der Anbieter ebenfalls integriert oder das Produkt des Unternehmens differenziert sein, damit die Konkurrenzprodukte bei den Kunden nicht als vollwertige Alternativen gelten.

Ein weiteres Integrationsmotiv besteht darin, die Preise besser an die Preiselastizitäten der Endnachfrager des Unternehmens anzupassen. So mögen etwa manche Kunden einen höheren Preis für ein Produkt zu zahlen bereit sein, weil sie es intensiver als andere nutzen. Wenn das Unternehmen den Nutzungsgrad seines Produkts nicht messen kann, wird es ihm schwerfallen, den Preis daran anzupassen. Aber wenn es daneben Zusatzleistungen gegen Gebühr oder Zusatzprodukte anbietet, die das Produkt ergänzen, kann es den Preis des Grundprodukts niedrig ansetzen und durch den Verkauf der komplementären Zusatzprodukte die unterschiedlichen Nachfrageelastizitäten ausnutzen. Dieser Ansatz ist bei Computern und Kopierern angewandt worden. Er ist so lange wettbewerbsrechtlich legal, wie der Kunde nicht gezwungen wird, die Zusatzprodukte zu kaufen, um das Grundprodukt erwerben zu können.

Spezifische strategische Aspekte der Rückwärtsintegration

Ebenso wie die Vorwärtsintegration wirft auch die Rückwärtsintegration eine Reihe besonderer Aspekte auf, die zu berücksichtigen sind.

Unternehmenseigene Kenntnisse. Indem das Unternehmen seinen Bedarf intern befriedigt, braucht es seine internen Daten nicht mit Lieferanten zu teilen, die sie benötigen, um Einzelteile oder Rohmaterialien herzustellen. In vielen Fällen verraten die exakten Spezifizierungen von Einzelteilen dem Lieferanten die Hauptmerkmale der

Endproduktgestaltung oder -produktion, oder es sind die Einzelteile selbst, die den Kern des Produkts ausmachen. Wenn das Unternehmen in einer solchen Situation nicht in der Lage ist, das Teil selbst zu produzieren, werden seine Lieferanten eine starke Verhandlungsposition innehaben und eine Eintrittsgefahr darstellen. Aus eben diesem Grund produziert Polaroid schon seit langem viele der charakteristischen Teile seiner Produkte intern.

Differenzierung. Durch Rückwärtsintegration kann das Unternehmen die Differenzierung vertiefen – wenngleich die Bedingungen etwas anders sind als bei der Vorwärtsintegration. Die Kontrolle über die Produktion wichtiger Inputs schafft die Voraussetzung, um das Produkt wirklich besser zu differenzieren oder dies glaubwürdig zu behaupten. So mag etwa die Integration den Bezug von Inputs mit ganz besonderen Spezifizierungen ermöglichen, mit deren Hilfe das Unternehmen sein Endprodukt verbessern oder zumindest gegenüber denen der Konkurrenten profilieren kann. Auch wenn Perdue-Hähnchen nicht von anderen zu unterscheiden sein mögen, erlaubt die Tatsache, daß Frank Perdue sie züchtet, dem Unternehmen die Behauptung, sie würden besonders behandelt. Würde er hingegen »durchschnittliche« Hähnchen auf dem freien Markt kaufen und sie bloß verarbeiten, so wäre die Behauptung, Perdue-Hähnchen seien etwas Besonderes, weniger glaubwürdig.

Langfristige Verträge und die Einsparungen aus Integration

Wir müssen uns vergegenwärtigen, daß *einige der durch Integration ermöglichten Einsparungen auch durch adäquate langfristige oder sogar kurzfristige Verträge mit unabhängigen Unternehmen erzielt werden können.* Beispielsweise wären Einsparungen im Verfahrensbereich denkbar, indem die Produktionsstätten zweier unabhängiger Einheiten in nächster Nähe zueinander plaziert werden. Metalldosenfabriken liegen oft direkt bei wichtigen Lebensmittelverarbeitern; sie sind durch Förderbänder verbunden, um Transportkosten zu sparen. Langfristige Verträge mit Alleinlieferanten über feste Lieferpläne sind geeignet, Transaktions- und Koordinationskosten zu senken.

Allerdings vermögen Verträge nur selten die gesamten Einsparungen aus der Integration zu erzielen, weil sie eine oder beide Parteien dem Risiko aussetzen, »gefesselt« zu werden, und weil die Interessen unabhängiger Marktparteien wahrscheinlich voneinander abweichen. Solche Risiken und divergierenden Interessen stehen Verträgen zwischen unabhängigen Unternehmen oft im Weg; sie zeigen sich z.B. in Form von Verhandlungskosten oder Streitigkeiten nach Vertragsabschluß. Um die Vorteile zu erzielen, ist die Integration dann unumgänglich.

Nichtsdestotrotz sollte ein Unternehmen immer die Option von Verträgen mit unabhängigen Einheiten im Auge behalten, vor allem, wenn die bereits diskutierten Risiken und Kosten der Integration hoch sind. Zu den Sackgassen der vertikalen Integration gehört es, für ihre Kosten und Risiken blind zu sein, während viele ihrer Vorteile auch durch geschickteres Verhandeln mit außenstehenden Parteien zu erzielen wären.

Partielle Integration

Unter partieller Integration ist eine abgestufte, teilweise (Vorwärts- oder Rückwärts)-Integration zu verstehen, bei der das Unternehmen den Rest seines Bedarfs auf dem freien Markt befriedigt. Sie setzt voraus, daß der Bedarf des Unternehmens die effiziente Mindestkapazität einer internen Produktionseinheit *übersteigt* und immer noch zusätzlicher Bedarf besteht, der über den Markt abgedeckt werden muß. Wenn das Unternehmen nicht groß genug ist, um effiziente eigene Operationen aufrechtzuerhalten, müssen die Nettovorteile aus der partiellen Integration um den Nachteil der suboptimalen Kapazität vermindert werden.

Die partielle Integration kann viele der bereits beschriebenen Vorteile aus der Integration erbringen und gleichzeitig einen Teil ihrer Kosten einsparen. Sie lohnt sich nicht, wenn die durch unvollständige Integration verpaßten Vorteile größer sind als die Kosteneinsparungen aus der partiellen Integration. Die Wahl zwischen partieller und vollständiger Integration hängt von der jeweiligen Branche und vom betreffenden Unternehmen ab.

Partielle Integration und die Kosten der Integration

Die partielle Integration erhöht die Fixkosten in geringerem Maße als die vollständige Integration. Darüberhinaus kann der Integrationsgrad (also der Anteil der intern erstellten Produkte oder Leistungen) dem Grad des Marktrisikos angepaßt werden. Das Risiko von Fluktuationen kann auf die unabhängigen (außenstehenden) Lieferanten abgewälzt werden, während die unternehmenseigenen Lieferanten stetige Produktionsziffern aufrechterhalten.[4] Dieser Fall ist z.B. in der Automobilindustrie gegeben, und in vielen japanischen Industrien ist er gängige Praxis. Der partielle Charakter der Integration kann außerdem als Schutz gegen Kapazitätsungleichgewichte dienen, deren Ursachen wir bereits erörtert haben. Der optimale Integrationsgrad ergibt sich aus dem Umfang der erwarteten Marktschwankungen und dem Ausmaß der voraussichtlichen Ungleichgewichte zwischen den Stufen, bedingt durch erwartete technologische oder sonstige Entwicklungen. Festzuhalten bleibt jedoch, daß partielle Integration in jedem Fall Käufe von bzw. Verkäufe an Konkurrenten mit sich bringt. Wenn darin ein ernstes Risiko liegt, ist die partielle Integration unangebracht.

Die partielle Integration verringert das Risiko, an einen Geschäftspartner gefesselt zu sein, auf das Ausmaß der Integration. Sie verschafft dem Unternehmen einen gewissen Zugang zu fremder F&E und kann das Problem interner Anreize teilweise entschärfen. Indem dem unternehmensinternen Lieferanten (oder Kunden) ein unabhängiger Lieferant (oder Kunde) zur Seite gestellt wird, entsteht ein Wettbewerb zwischen beiden, der ihre Arbeit möglicherweise verbessert.

---

4 Eine solche Politik setzt voraus, daß sich Lieferanten finden lassen, die bereit sind, diese Rolle zu übernehmen, ohne gleichzeitig eine entsprechende Risikoprämie zu fordern. Sie werden am ehesten dort zu finden sein, wo die Branche des Lieferanten zersplittert und/oder sehr wettbewerbsintensiv ist.

Partielle Intergration und die Vorteile aus der Integration

Die partielle Integration versetzt das Unternehmen in die Lage, glaubwürdig mit vollständiger Integration zu drohen, wodurch es seine Lieferanten oder Kunden in Schach halten und eventuell auch ohne vollständige Integration deren Verhandlungsstärke neutralisieren kann. Außerdem verleiht eine partielle Integration dem Unternehmen detaillierte Kenntnisse der Betriebskosten in den anliegenden Branchen und eine Bezugsquelle für Notfälle. Diese Faktoren stellen zusätzliche Verhandlungsvorteile dar. Eine starke Verhandlungsposition dieser Art ist charakteristisch für die großen Automobilgesellschaften und die internationalen Mineralölunternehmen (die Tankerfrachtleistungen kaufen, um ihre eigenen Flotten zu ergänzen). Mit einer Pilotfabrik, die noch keine vollständige unternehmenseigene Produktion hergibt, können gelegentlich die gleichen Effekte wie bei partieller Integration erzielt werden, mit noch geringeren Investitionen. (Siehe dazu Cannon, 1968, S. 447).

Darüberhinaus vermag die partielle Integration dem Unternehmen viele der Informationsvorteile zu verschaffen, die die Integration bietet. Einige der erörterten Vorteile werden jedoch geschmälert, manchmal über den Grad der Integration hinaus. Die Integration in abgestufter Form kann sogar die Koordinationskosten erhöhen, wenn nämlich die von externen Lieferanten und der internen Geschäftseinheit hergestellten Produkte genau übereinstimmen müssen.

Quasi-Integration

Quasi-Integration ist eine Beziehung zwischen vertikal verbundenen Geschäften, die zwischen langfristigen Verträgen und vollem Eigentum liegt. Zu den verbreiteten Formen der Quasi-Integration gehören:

- Minderheitsbeteiligungen;
- Kredite oder Kreditgarantien;
- Vorabkredite;
- exklusive Geschäftsvereinbarungen;
- spezialisierte Logistik-Einrichtungen;
- kooperative F&E.

Unter bestimmten Umständen sichert die Quasi-Integration einige oder viele Vorteile aus vertikaler Integration, ohne ihre vollen Kosten aufzuwerfen. Sie kann das Potential gemeinsamer Interessen zwischen Käufer und Verkäufer erweitern und dadurch speziellen Vereinbarungen (wie z.B. Logistik-Einrichtungen) den Weg ebnen, die die Stückkosten senken, das Risiko von Versorgungs- oder Absatzunterbrechungen vermindern, Verhandlungsstärke abschwächen usw. Diese Interessengemeinschaft entsteht aus dem Willen zur Kooperation, aus gemeinsamer Nutzung von Informationen, häufigen und informellen Zusammentreffen der Geschäftsleitungen, und aus dem gegenseitigen finanziellen Einsatz der beiden Parteien. Die Quasi-Integration vermag die möglichen Kosten der vollständigen Integration zu reduzieren, und sie hebt den Zwang auf, sich voll auf die Belieferung oder Nachfrage der verbundenen Geschäftseinheit festzulegen. Außerdem vermeidet sie den vollen Kapitalbedarf der Integration und umgeht die Notwendigkeit, das verbundene Geschäft zu leiten. (Eine weitergehende Diskussion der Quasi-Integration im Kontext eines bestimmten Rohstoffgeschäfts findet sich bei D'Cruz, 1979).

Die Quasi-Integration sollte als Alternative zur vollständigen Integration verstanden werden. Entscheidend ist, ob die durch Quasi-Integration aufgebaute Interessengemeinschaft genügend Vorteile schafft, um die möglichen Nutzenverluste gegenüber der »echten« Integration – z.B. auf den Feldern der Produktdifferenzierung oder der Mobilitätsbarrieren – zu rechtfertigen. Um die strategische Vorteilhaftigkeit der beiden Optionen zu beurteilen, müssen die einzelnen Nutzen und Kosten der vertikalen Integration denen der Quasi-Integration gegenübergestellt werden.

Falsche Erwartungen in die vertikale Integration

Vor einigen verbreiteten Fehleinschätzungen der Vorteile aus vertikaler Integration muß gewarnt werden:

1. *»Eine starke Marktposition auf einer Stufe kann problemlos auf die andere Stufe übertragen werden«.*

Es wird oft behauptet, ein Unternehmen, das in seinem Grundgeschäft eine starke Position innehat, könne sich in ein stärker umkämpftes benachbartes Geschäft integrieren und seine Position auf diesen Markt übertragen. Nehmen wir an, ein starker Konsumgüterproduzent integriere sich vorwärts in den stark umkämpften Einzelhandel. Wenngleich der integrierte Einzelkäufer die gesamte Produktion des Herstellers absorbieren und dadurch seinen eigenen Marktanteil ausdehnen könnte, wäre dem Hersteller möglicherweise eher gedient, wenn viele Einzelhändler aktiv um den Verkauf seines Produkts konkurrierten.[5] Der Hersteller könnte zwar gegenüber dem integrierten Händler seine Preise erhöhen – obwohl dies lediglich eine buchhalterische Verschiebung der Gewinne von einer Geschäftseinheit zur anderen wäre –, aber wenn der gebundene Einzelhändler dann seine Preise nach oben anpaßte, würde seine Wettbewerbsposition dadurch verschlechtert. Die Integration überträgt deshalb keineswegs automatisch eine starke Marktposition. Nur wenn die *Integration als solche* eine Reihe greifbarer Vorteile erbrächte, könnte sie die Übertragung der Marktposition erlauben – denn unter diesen Umständen würde sie die Wettbewerbsfähigkeit des Gesamtunternehmens erhöhen.

2. *»Es ist immer billiger, Dinge intern zu verrichten«.*

Wie wir bereits erörtert haben, gibt es viele potentiell versteckte Kosten und Risiken der vertikalen Integration, die durch Kooperation mit außenstehenden Unternehmen umgangen werden können; unter Umständen sind sie durch geschickte Vertragsabschlüsse sogar ganz zu vermeiden. Die Einsparungen aus der Integration werden oft unter zu engem Blickwinkel betrachtet, und Integrationsentscheidungen ignorieren folglich viele diese Aspekte.

3. *»Es ist oft sinnvoll, sich in ein umkämpftes Geschäft zu integrieren«.*

Die Chancen sprechen gegen die Integration in eine Branche, deren Wettbewerbsintensität besonders hoch ist. Die Unternehmen in einer solchen Branche erzielen niedrige Erträge und konkurrieren energisch untereinander, um ihre Qualität zu erhöhen und Kunden zu bedienen. Die Auswahl an Unternehmen, von denen man kaufen bzw. an die man verkaufen kann, ist also groß. Die vertikale Integration hingegen kann Anreize abschwächen und Initiativen ersticken.

---

5 Diese Schlußfolgerung trifft vor allem dann zu, wenn die Wettbewerbsintensität außerordentlich hoch ist. Je intensiver die Konkurrenz, desto gefährlicher ist es in der Regel, an einen Partner gefesselt zu sein.

4. »*Vertikale Integration kann ein strategisch krankes Geschäft retten*«.

Wenngleich eine Strategie der vertikalen Integration unter den oben diskutierten Bedingungen die strategische Position eines Geschäfts stärken kann, ist sie selten ein ausreichendes Heilmittel für ein strategisch krankes Geschäft. Eine starke Marktposition kann nicht ohne weiteres vertikal übertragen werden, es sei denn, bestimmte Bedingungen liegen vor. *Jede Stufe* einer vertikalen Kette muß strategisch solide sein, damit die Gesundheit des gesamten Unternehmens garantiert ist. Unsere Analyse hat gezeigt, daß die Malaise einer Einheit sich eher auf die gesunden Einheiten überträgt als umgekehrt.

5. »*Die Erfahrung in einem Teil der vertikalen Kette qualifiziert das Unternehmen automatisch für die Leitung vor- oder nachgelagerter Geschäftseinheiten*«.

Wie wir erörtert haben, sind die administrativen Eigenschaften vertikal verbundener Geschäfte oft extrem unterschiedlich. Ein falsches Sicherheitsgefühl, das aus der Nähe des Geschäfts erwächst, kann die neue vor- oder nachgelagerte Einheit zugrunderichten – einfach durch die Verwendung traditioneller Führungsansätze.

Kapitel 15
Kapazitätserweiterung

Die Kapazitätserweiterung ist eine der wichtigsten strategischen Entscheidungen, denen sich Unternehmen gegenübersehen, sowohl im Blick auf die Menge des erforderlichen Kapitals als auch auf die Komplexität der Entscheidung. Sie ist wahrscheinlich der zentrale strategische Aspekt in Gebrauchsgütergeschäften. Die Kapazitätserweiterung verlangt vom Unternehmen, auf der Grundlage seiner Erwartungen Mittel bis in die weite Zukunft hinein festzulegen, da der Aufbau zusätzlicher Kapazitäten Jahre in Anspruch nehmen und die Nutzungsdauer der Kapazitäten hoch sein kann. Zwei Typen von Erwartungen sind entscheidend: zum einen über die zukünftige Nachfrage, zum anderen über das Verhalten der Konkurrenten. Die Bedeutung der Nachfrage bei Kapazitätserweiterungen liegt auf der Hand. Zutreffende Erwartungen über das Konkurrentenverhalten sind ebenso wichtig, denn wenn zu viele Konkurrenten ihre Kapazitäten ausdehnen, wird keiner von den negativen Konsequenzen verschont werden. Die Kapazitätserweiterung wirft deshalb sämtliche klassischen Probleme des Oligopols auf (wo die Unternehmen gegenseitig abhängig sind).

Die strategische Aufgabe bei der Kapazitätserweiterung besteht darin, zusätzliche Kapazitäten im Sinne der Unternehmensziele aufzubauen – in der Hoffnung, die Wettbewerbsposition oder den Marktanteil zu verbessern –, *ohne* damit Überkapazitäten in der Branche hervorzurufen. Kapazitätsengpässe sind in einer Branche allenfalls ein vorübergehendes Problem, da sie in der Regel neue Investitionen anziehen. Da aber Kapazitätsinvestitionen größtenteils irreversibel sind, können Überkapazitäten längeren Bestand haben. In der Tat sind sie ein Problem, das zahlreiche Branchen wiederholt und in starkem Maße plagt – Papier, Frachtschiffahrt, Eisenerz, Aluminium und viele Chemiezweige, um nur einige zu nennen.

In diesem Kapitel werden wir die strategischen Aspekte der Entscheidung, Kapazitäten auszubauen, untersuchen. Zunächst werden die Elemente der Entscheidung skizziert. Da der Überausbau von Branchen ein chronisches Problem ist, untersucht der darauffolgende Teil die Ursachen von Überkapazitäten sowie einige Ansätze, um sie zu vermeiden. Zum Schluß werden wir die Präventivstrategie der Kapazitätserweiterung diskutieren, eine Strategie, die sich in den sechziger und siebziger Jahren verbreitet hat.

Elemente der Entscheidung zur Kapazitätserweiterung

Der Ablauf einer Entscheidung über den Kapazitätsausbau im traditionellen Sinne (Kapitalbudgetierung) ist ziemlich unkompliziert – jedes Finanzierungslehrbuch liefert die Details. Zukünftige, aus dem neuen Aggregat resultierende Cash-flows werden geschätzt und diskontiert, um sie mit den für die Investition erforderlichen Auszahlungen zu vergleichen. Der Nettogegenwartswert, der sich daraus ergibt, mißt dieses zusätzliche Aggregat an den übrigen Investitionsprojekten, die dem Unternehmen zur Auswahl stehen.

Dieses einfache Verfahren verschleiert jedoch ein überaus wichtiges Entscheidungsproblem. Das Unternehmen verfügt meistens über mehrere Optionen für zusätzliche Kapazitäten, die es miteinander vergleichen muß. Außerdem muß es die künftigen Zuflüsse aus dem neuen Aggregat vorhersagen, um seine voraussichtlichen Gewinne zu bestimmen. Deren Höhe hängt – unter anderem – vom Umfang und Zeitpunkt der Kapazitätsentscheidungen jedes einzelnen Konkurrenten ab. Im übrigen herrscht meist Unsicherheit über zukünftige technologische Trends und die Entwicklung der Nachfrage.

Der Kern der Kapazitätsentscheidung besteht also nicht im Errechnen des diskontierten Cash-flows, sondern in der Erfassung der Zahlen, die darin eingehen, einschließlich der Schätzungen über die Zukunft. Diese Schätzungen sind ihrerseits ein Problem der Branchen- und Konkurrentenanalyse (und *nicht* der Finanzanalyse).

Die einfache, in Finanzierungslehrbüchern dargestellte Rechnung berücksichtigt weder Unsicherheit noch alternative Annahmen über das Verhalten der Konkurrenten. Da die Berechnung der diskontierten Zuflüsse – sofern sie solche Elemente korrekt einschließt

– recht kompliziert ist, erscheint es sinnvoll, den Ablauf der Kapazitätsentscheidung so genau wie möglich in einem Modell abzubilden. Die in Übersicht 15 – 1 dargestellten Schritte beschreiben die Elemente des Modells.

Übersicht 15-1: Die Elemente der Entscheidung zur Kapazitätserweiterung

Bestimmen Sie die Optionen des Unternehmens in Bezug auf Umfang und Art der zusätzlichen Kapazitäten.

↓

Schätzen Sie die voraussichtliche Nachfrage und die zu erwartenden Inputkosten

↓

Schätzen Sie die absehbaren technologischen Veränderungen und die Wahrscheinlichkeit der technologischen Veralterung.

↓

Prognostizieren Sie die Kapazitätserweiterungen jedes einzelnen Konkurrenten auf der Grundlage seiner Erwartungen über die Branche.

↓

Addieren Sie diese, um Angebot und Nachfrage in der Branche sowie die daraus resultierenden Preise und Kosten zu bestimmen.

↓

Bestimmen Sie den zu erwartenden Cash-Flow aus der Kapazitätserweiterung.

↓

Testen Sie die Analyse auf Konsistenz.

Die in Übersicht 15 – 1 dargestellten Schritte müssen im Zusammenhang analysiert werden. Der erste Schritt besteht darin, die realistischen Optionen zu bestimmen, die dem Unternehmen beim Ausbau seiner Kapazitäten offenstehen. Der Umfang der zusätzlichen Aggregate und das Ausmaß ihrer vertikalen Integration ist in der Regel variabel. (Nichtintegrierte zusätzliche Aggregate bergen unter Umständen ein geringeres Risiko). Da die Entscheidung des Unternehmens über den Umfang seiner zusätzlichen Kapazität das Konkurrenzverhalten beeinflussen kann, muß jede einzelne seiner Optionen zusammen mit den möglichen Reaktionen der Konkurrenten untersucht werden.

Nachdem es die Optionen entwickelt hat, muß das Unternehmen Prognosen über die Nachfrage, die Inputkosten und die Technologieentwicklung erstellen. Die zukünftige Technologie ist wichtig, um die Wahrscheinlichkeit vorherzusagen, mit der das neue Aggregat (technologisch) veraltet, oder mit der effektive Kapazitätserweiterungen auch mit den bestehenden Anlagen (z.B. durch Designveränderungen) möglich sind. Bei der Schätzung der Inputpreise ist zu berücksichtigen, daß eine durch Kapazitäten hervorgerufene Nachfrageerhöhung die Inputpreise in die Höhe treiben kann. Die Prognosen über Nachfrage, Technologie und Faktorkosten werden unter Unsicherheit getroffen, und Szenarien (vgl. Kapitel 10) können als analytisches Mittel dienen, um mit dieser Unsicherheit fertigzuwerden.

Als nächstes muß das Unternehmen vorhersagen, wie und wann jeder einzelne Konkurrent seine Kapazitäten erweitern wird. Dies ist ein Problem der Konkurrentenanalyse, das unter Zuhilfenahme des gesamten in den Kapiteln 3, 4 und 5 dargestellten Spektrums an Methoden gelöst werden muß. Die Kapazitätspolitik der Konkurrenten wird natürlich durch *ihre* Erwartungen über Nachfrage, Kosten und Technologie bestimmt. Um ihr Verhalten vorherzusagen, ist es deshalb notwendig, diese Erwartungen aufzudecken (oder sie zu erraten).

Die Vorhersage des Konkurrentenverhaltens ist im übrigen ein schrittweiser Prozeß, weil das Verhalten eines Wettbewerbers das der anderen beeinflußt, besonders wenn jener Wettbewerber ein Branchenführer ist. Deshalb müssen die Kapazitätserweiterungen der Konkurrenten Schritt für Schritt durchgespielt werden, um eine wahrscheinliche Abfolge von Aktionen und Reaktionen zu erstellen. Die Kapazitätserweiterung setzt eine Kettenreaktion in Gang, deren Vorhersage unbedingt versucht werden sollte; wir werden später darauf zurückkommen.

Der nächste Schritt in der Analyse ist die Synthese aus dem Verhalten der Konkurrenten und dem des Unternehmens, um die aggregierte Branchenkapazität und die einzelnen Marktanteile zu erhalten, die dann der erwarteten Nachfrage gegenübergestellt werden können. Dieser Schritt erlaubt es dem Unternehmen, die Preise und damit die von der Investition erwarteten Cash-flows zu schätzen.

Der gesamte Prozeß muß auf Inkonsistenzen überprüft werden. Wenn die Überlegungen beispielsweise zu dem Schluß kommen, daß ein bestimmter Konkurrent auf eine Kapazitätserweiterung verzichten und deshalb schlecht abschneiden wird, dann muß die Analyse unter Umständen modifiziert werden, um die Möglichkeit einzuräumen, daß er seinen Fehler bemerkt und den Kapazitätsausbau nachholt. Eine Revision kann auch dann erforderlich werden, wenn der vorhergesagte Expansionsprozeß zu Verhältnissen führt, die den (angenommenen) Erwartungen der meisten Konkurrenten (und damit ihrer angenommenen Kapazitätspolitik) widersprechen. Den Prozeß der Kapazitätsexpansion abzubilden, ist eine komplexe Aufgabe, die vielerlei Schätzungen erfordert. Die Abbildung dieses Prozesses verleiht dem Unternehmen jedoch einen tieferen Einblick in die Triebkräfte der Branchenexpansion und in Methoden, um sie zu seinen Gunsten zu beeinflussen. (Eine detaillierte Computersimulation der Kapazitätsexpansion in einer komplexen Branche wird in Porter und Spence, 1978, beschrieben).

Ein Modell des Prozesses der Kapazitätsexpansion zeigt, daß *der Grad an Unsicherheit über die Zukunft* eine der zentralen Determinanten für den Fortgang des Prozesses ist. Wo die Unsicherheit über die künftige Nachfrage groß ist, werden jedwede Unterschiede in der Risikobereitschaft und der Finanzkraft der Unternehmen zu einem geordneten Expansionsprozeß führen. Risikobereite Unternehmen oder solche, die reichlich mit investierbaren Mitteln ausgestattet sind oder der Branche einen hohen strategischen Wert beimessen, werden einsteigen, während die meisten abwarten, was die Zukunft wirklich bringt. Wenn jedoch die zukünftige Nachfrage als relativ sicher eingeschätzt wird, entwickelt sich der Prozeß der Kapazitätsexpansion zu einem *Wettrennen*. Ist die zukünftige Nachfrage bekannt, so wird jedes Unternehmen seine Kapazitäten so weit und so schnell auszubauen versuchen, daß es die zusätzliche Nachfrage auf sich ziehen kann – bis es sich für die Nachzügler nicht mehr lohnt, weitere Kapazitäten hinzuzufügen. Dieses Wettrennen wird im allgemeinen von ausgiebigen Marktsignalen begleitet, die die Konkurrenten von Investitionen abhalten sollen. Das Problem entsteht, wenn zuviele Unternehmen den anderen zuvorzukommen versuchen: die Kapazitäten schießen über die Nachfrage hinaus, weil die Unternehmen ihre gegenseitigen Absichten verkennen, Signale fehldeuten oder ihre relativen Stärken und Durchhaltevermögen falsch einschätzen. Eine solche Situation ist eine der Hauptursachen von Überkapazitäten, denen ich im folgenden weiter nachgehe.

Ursachen von Überkapazitäten

Besonders in Gebrauchsgütergeschäften scheint eine ausgeprägte Tendenz zum Überausbau der Kapazitäten zu bestehen, die weit stärker ist als die aus dem Wettrennen um Kapazitäten entstehende (vgl. oben). Da wir es hier mit einem Kernproblem der Kapazitätserweiterung zu tun haben, müssen wir seine Ursachen ausführlich untersuchen.

Aus zwei Gründen ist das Risiko von Überkapazitäten in Gebrauchsgütersparten am größten:

1. Die Nachfrage verläuft im allgemeinen zyklisch. Sie sorgt nicht nur für Überkapazitäten im Abschwung, sie scheint außerdem zu übertriebenen optimistischen Erwartungen im Aufschwung zu führen.

2. Die Produkte sind nicht differenziert. Da die Kaufentscheidung größtenteils auf dem Preis beruht, sind die *Kosten* ausschlaggebend für den Wettbewerb. Außerdem bedeutet das Fehlen von Markenloyalität, daß die Umsätze der Unternehmen eng an die Kapazitäten geknüpft sind, über die sie verfügen. Deshalb stehen die Unternehmen unter dem starken Druck, große und moderne Fabriken zu besitzen (um wettbewerbsfähig zu bleiben) und adäquate Kapazitäten aufzubauen, um ihre angestrebten Marktanteile zu erreichen. (Außerdem ist die Nachfrage nach Gebrauchsgütern oft ziemlich unelastisch, d.h. Preissenkungen sind kein erfolgreiches Mittel, um die Nachfrage anzuregen; dadurch kann die Dauer von Überkapazitäten verlängert werden).

Abgesehen von den besonderen Umständen in Gebrauchsgütergeschäften gibt es eine Reihe allgemeiner Bedingungen, die zum Überausbau von Branchen führen. Wenn einer oder mehrere dieser Faktoren in einer Branche vorliegen, besteht die ernste Gefahr von Überkapazitäten. Wir können die Risikofaktoren in die nachfolgenden Kategorien einteilen.

Technologie

Kapazitätsausbau in großen Stücken. Die Notwendigkeit, Kapazitäten in großen Blöcken auszubauen, erhöht die Gefahr, daß gebündelte Kapazitätsentscheidungen zu ernsthaften Überkapazitäten führen. Dies war einer der Hauptfaktoren, die zur Überkapazität bei Farbfernsehgeräten in den späten sechziger Jahren führten. Viele Hersteller von Fernsehgeräten sahen sich gedrängt, ihre Versorgung mit Bildröhren sicherzustellen, aber die Größe einer effizienteren Röhrenfabrik übertraf bei weitem die einer Montagefabrik für Fernsehgeräte. Die Nachfrage wuchs nicht schnell genug, um die massive Kapazität an Farbröhren, die auf einmal den Markt überflutete, zu absorbieren.

Betriebsgrößenersparnisse oder eine relevante Erfahrungskurve. Dieser Faktor erhöht die Wahrscheinlichkeit, daß es zu einem »Wettrennen« wie oben beschrieben kommt. Das Unternehmen, das über die größte Kapazität verfügt oder sie frühzeitig aufbaut, wird einen Kostenvorteil erzielen und dadurch seine Konkurrenten unter Druck setzen, schnell und energisch zu handeln.

Langer Planungs- und Realisierungszeitraum beim Aufbau zusätzlicher Kapazitäten. Dieser Umstand zwingt die Unternehmen, sich in ihren Entscheidungen auf sehr langfristige Vorhersagen über Nachfrage und Wettbewerbsverhalten zu stützen – oder andernfalls dafür bestraft zu werden, daß sie eine neu entstehende Nachfrage nicht ausnutzen können. (Wenn eine Fabrik stufenweise aufgebaut werden kann, oder wenn die Kosten, das Projekt zu stoppen, nicht allzu hoch sind, wird das Problem etwas entschärft). Lange Planungs- und Realisierungszeiträume erhöhen die Strafe für das Unternehmen, das ohne ausreichende Kapazitäten zurückbleibt, und sie veranlassen risikoscheue Unternehmen möglicherweise, zu investieren, obwohl die Kapazitätserweiterung an sich riskant ist.

Steigende effiziente Mindestgröße. Wo die effiziente Mindestgrößte steigt und die neuen, größeren Fabriken, die sich im Bau befinden, wesentlich effizienter arbeiten, muß die Zahl der Produktionsstätten in der Branche eingeschränkt werden, um Überkapazitäten zu vermeiden (es sei denn, die Nachfrage wächst besonders schnell). Sofern nicht jedes Unternehmen mehrere Fabriken besitzt und sie konsolidieren kann, werden einige Unternehmen widerstrebend gezwungen sein, ihren Marktanteil zu verringern. Wahrscheinlicher ist aber, daß jedes Unternehmen größere, neue Anlagen baut und dadurch Überkapazitäten entstehen.

Eine ähnlich gelagerte Situation ist in der Öltankerindustrie zu beobachten, wo die neuen Supertanker ein Vielfaches der Größe von älteren Schiffen ausmachen. Die in den frühen siebziger Jahren bestellten Kapazitäten an Supertankern übertrafen bei weitem die Nachfrage.

Veränderungen in der Produktionstechnologie. Veränderungen in der Produktionstechnologie stimulieren Investitionen in die neue Technologie, obwohl Fabriken mit der alten Technologie weiterbetrieben werden. Je höher die Austrittsbarrieren für die alten Anlagen, desto unwahrscheinlicher ist es, daß sie in geordneter Weise aus dem Markt genommen werden. Diese Situation ist bei der Produktion von Chemikalien zu beobachten, in denen von Gas zu Öl als Grundstoff übergegangen wird. Wenn die ölbetriebenen Fabriken in Betrieb kommen, ist mit ernsthaften Überkapazitäten zu rechnen, die allmählich verschwinden werden, wenn die Gaspreise steigen und die gasbetriebenen Fabriken geschlossen werden.

Struktur

Hohe Austrittsbarrieren. Wo die Austrittsbarrieren besonders ausgeprägt sind, wird überschüssige Kapazität nur langsam den Markt verlassen. Dieser Faktor verschärft das Problem der Überkapazitäten und erhöht ihre Dauer.

Zwang durch Lieferanten. Lieferanten von Ausrüstungen können den Überausbau der Kapazitäten in ihren Abnehmerbranchen fördern, z.B. durch Subventionen oder bequeme Finanzierung der Preissenkungen. Im Kampf um Aufträge ermöglichen die Lieferanten unter Umständen auch Grenzanbietern den Kapazitätsausbau, die unter normalen Bedingungen dazu nicht in der Lage gewesen wären. Schiffsbauer haben Kapazitätserweiterungen in der Frachtschiffahrt erzwungen, unterstützt durch hohe staatliche Subventionen, um die Beschäftigung aufrechtzuerhalten. Geldgeber können das

Überkapazitätsproblem verschärfen, indem sie allen Interessenten Kapital zur Verfügung stellen. So ist etwa aggressiven Immobilienfonds ein Teil der Schuld an Überkapazitäten zuzuweisen, von der die amerikanische Hotelbranche in den späten sechziger und frühen siebziger Jahren betroffen war. (Vgl. *Business Week*, 17.7.1978).

Aufbau von Vertrauen. Ein gewisser Zeitraum ausgeprägter Überkapazitäten ist in Branchen, die neue Produkte an große Abnehmer verkaufen wollen, oft geradezu unabdingbar, besonders wenn das neue Produkt ein wichtiger Input ist. Die Abnehmer wechseln erst dann zum neuen Produkt über, wenn die Kapazitäten so weit ausgedehnt sind, daß ihr Bedarf gedeckt werden kann und sie sich nicht in die Abhängigkeit von wenigen Lieferanten begeben müssen. Diese Situation war z.B. zu beobachten, als stark zuckerhaltiges Maissirup neu auf den US-Markt kam.

Ein ähnlich gelagerter und sehr häufiger Fall besteht darin, daß Abnehmer durch angedeutete Geschäftsversprechen ihre Lieferanten ermutigen, in Kapazitäten zu investieren. Das kann direkt oder indirekt geschehen, indem die Abnehmer ihrem Interesse an zusätzlichen Kapazitäten Ausdruck verleihen. Natürlich können die Abnehmer, sobald die Kapazität aufgebaut ist, nicht zu Aufträgen gezwungen werden; ihr Interesse ist es, sicherzustellen, daß die Kapazitäten ausreichen, um ihren hypothetischen Höchstbedarf zu decken – auch dann, wenn Kapazitäten dieses Umfangs für die Lieferanten nicht sinnvoll sind, weil ein solches Nachfrageniveau recht unwahrscheinlich ist.

Der Druck durch Abnehmer ist am größten, wo sich die Branche intensiver Konkurrenz durch Ersatzprodukte ausgesetzt sieht. Hier können fehlende Kapazitäten den Vormarsch der Ersatzprodukte beschleunigen, und die Unternehmen sind entsprechend darauf bedacht, Engpässe zu vermeiden.

Integrierte Wettbewerber. Wenn die Branchenteilnehmer vorwärts integriert sind, kann der Druck, Überkapazitäten aufzubauen, zunehmen, weil jedes einzelne Unternehmen seine Fähigkeit bewahren möchte, seine nachgelagerten Operationen zu versorgen. Wenn das Unternehmen unter solchen Umständen nicht über ausreichende Kapazitäten verfügt, wird es nicht nur in der Branche selbst, sondern möglicherweise auch im nachgelagerten Geschäft Marktanteile verlieren (oder es muß sich dem größeren Risiko aussetzen, Inputs von den Konkurrenten zu beziehen). Es wird deshalb darauf bedacht sein, stets ausreichende Kapazitäten aufrechtzuerhalten, selbst wenn es sich über die zukünftige Nachfrage im unklaren ist. Ähnliches gilt, wenn die Wettbewerber rückwärts integriert sind.

Der Kapazitätsanteil beeinflußt die Nachfrage. In Branchen wie etwa dem Flugverkehr kann das Unternehmen mit der größten Kapazität einen möglicherweise überproportional großen Anteil der Nachfrage auf sich ziehen, weil die Kunden dazu neigen, sich als erstes dem größten Wettbewerber zuzuwenden. Mehrere Unternehmen kämpfen um die größte Kapazität und schaffen dadurch eine starke Tendenz zum Überausbau der Kapazitäten. (Vgl. Fruhan, 1972).

Art und Alter der Kapazität beeinflußt die Nachfrage. In manchen Branchen, z.B. bei vielen Dienstleistungen, werden Kapazitäten unmittelbar an den Kunden »herangetragen«. So können etwa Wettbewerbsvorteile aus dem Besitz der modernsten und optimal ausgestatteten Schnellrestaurants entstehen. In Branchen, wo die Käuferentscheidung ausschließlich oder teilweise auf der verfügbaren Kapazität der Anbieter beruht, existiert eine Tendenz zur Überkapazität.

Wettbewerb

Zahlreiche Unternehmen. Die Neigung zum Überausbau ist am stärksten, wenn viele Unternehmen über die Mittel und Stärken verfügen, um erhebliche Kapazitäten auf den Markt zu bringen, und wenn jedermann seine Marktposition zu verbessern und anderen zuvorzukommen versucht. Papier, Düngemittel, Getreidemühlen und Frachtschiffahrt sind Branchen, in denen die große Zahl der Unternehmen zur Schärfe des Überkapazitätsproblems beigetragen hat.

Mangel an glaubwürdigen Marktführern. Wenn mehrere Unternehmen danach streben, Marktführer zu werden, und keines von ihnen die Glaubwürdigkeit besitzt, um einen geordneten Expansionsprozeß zu erzwingen, wird die Instabilität des Prozesses erhöht. Hingegen kann ein starker Marktführer ausreichende Kapazitäten aufbauen, um nötigenfalls einen wichtigen Anteil der Branchennachfrage zu befriedigen, und er kann glaubwürdige Vergeltungsmaßnahmen gegen überaggressive Maßnahmen anderer einleiten. Deshalb vermag ein starker Anführer oder eine kleine Gruppe von Anführern durch Ankündigungen und Maßnahmen eine geordnete Expansion zu diktieren. Die Voraussetzungen, um glaubwürdig zu sein, und die angewandten Maßnahmen werden in Kapitel 5 diskutiert.

Neue Konkurrenten. Neue Konkurrenten rufen oft das Problem von Überkapazitäten hervor, oder sie verschlimmern es. Sie versuchen, Positionen in der Branche zu gewinnen – und zwar oft bedeutende –, und die etablierten Unternehmen weichen nicht. In Branchen wie etwa Düngemitteln, Gips und Nickel waren neue Konkurrenten eine Hauptursache für Überkapazitäten. Geschäfte, in die der Eintritt leicht ist, sind besonders der Gefahr von Überkapazitäten ausgesetzt, weil neue Konkurrenten bei günstigen Branchenbedingungen in großer Zahl hinzutreten.

Vorteile des Vorreiters. Es kann mit Vorteilen verbunden sein, frühzeitig Kapazitäten zu ordern und aufzubauen, was viele Unternehmen dazu verleitet, sich bei günstigen Zukunftsaussichten frühzeitig auf Kapazitätserweiterungen festzulegen. Zu den möglichen Vorteilen der frühen Entscheidung zählen kurze Lieferzeiten bei der Bestellung von Ausrüstungen, niedrigere Preise für die Ausrüstungen, und die Gelegenheit, als erster (oder einer der ersten) den Nachfrageüberhang für sich auszunutzen.

Informationsfluß

Inflation positiver Erwartungen. Offensichtlich gibt es einen Prozeß, durch den die Erwartungen über die künftige Nachfrage übermäßig hochgeschraubt werden, in dem Maße, wie die Wettbewerber von ihren öffentlichen Aussagen gegenseitig Kenntnis erhalten und von den Einschätzungen von Wertpapierberatern erfahren. Diese Situation scheint z.B. in den Äthylen- und Äthylenglycol-Branchen vorgelegen zu haben. Ein verwandter Punkt ist, daß die Manager Optimisten sein mögen, die die Initiative dem Nichtstun oder Pessimismus vorziehen.

Divergierende Annahmen oder Einschätzungen. Wenn Unternehmen ihre gegenseitigen relativen Stärken, Mittel und Durchhaltevermögen unterschiedlich einschätzen, laufen sie Gefahr, den Prozeß der Kapazitätsexpansion zu destabilisieren. Sie über- oder unterschätzen vielleicht die Wahrscheinlichkeit, daß ihre Rivalen investieren werden und investieren deshalb übertrieben oder anfänglich überhaupt nicht. Im ersten Fall kommt es unmittelbar zu Überkapazitäten; im zweiten Fall unternimmt das zurückhinkende Unternehmen möglicherweise einen verzweifelten Aufholversuch, der eine Abfolge von Überinvestitionen auslöst.

Zusammenbruch der Marktsignale. Wo die Wettbewerber den Marktsignalen nicht mehr trauen - aufgrund von neuen Konkurrenten, veränderten Bedingungen, jüngst stattgefundenen Wettbewerbskriegen usw. -, wird die Instabilität des Prozesses der Kapazitätsexpansion erhöht. Hingegen fördern glaubwürdige Marktsignale eine geordnete Expansion, indem sie dem Unternehmen gestatten, andere vor geplanten eigenen Maßnahmen zu warnen, sich auf den erwarteten Beginn und das Ende der Kapazitätsexpansion einzustellen usw.

Strukturwandel. Der Strukturwandel zwingt die Unternehmen, in neue Arten von Kapazitäten zu investieren, und im allgemeinen Durcheinander, das der Strukturwandel mit sich bringt, werden die Wettbewerber verleitet, ihre relativen Stärken falsch einzuschätzen. Daraus kann, ähnlich wie beim Zusammenbruch der Marktsignale, ein Überausbau der Kapazitäten entstehen.

Druck der Finanzwelt. Wenngleich die Finanzwelt manchmal ein stabilisierender Faktor sein kann, verstärkten Wertpapierberater offenbar in vielen Fällen die Tendenz zu Überkapazitäten, indem sie, sobald ein Teil der Wettbewerber erweitert hat, die bisher zögernden Unternehmensleitungen durch Fragen unter Druck setzen. Im übrigen können optimistische Aussagen des Managements gegenüber der Finanzwelt, die zur Aktienpflege erforderlich sind, von Konkurrenten als aggressiv mißverstanden werden und Vergeltungsmaßnahmen auslösen.

Management

Fixierung des Managements auf die Fertigung. Überkapazitäten werden offenbar dort am häufigsten aufgebaut, wo die Fertigung – im Gegensatz etwa zum Marketing oder zur Finanzierung – traditionell im Mittelpunkt des Interesses der Geschäftsführung steht. In solchen Geschäften ist man äußerst stolz darauf, die glänzendsten neuen Fabriken zu besitzen, und man hält es für überaus gefährlich, beim Aufbau der neuesten und effizientesten Kapazitäten ins Hintertreffen zu geraten. Die Tendenz zu Überkapazitäten ist deshalb besonders ausgeprägt.

Asymmetrisches Risiko. Vieles spricht dafür, daß Manager mehr verlieren, wenn ihr Unternehmen als einziges ohne ausreichende Kapazitäten in einem ergiebigen Markt dasteht, als wenn sie – gemeinsam mit sämtlichen Konkurrenten – die Nachfrage überschätzen und Überkapazitäten aufbauen. Im letzteren Fall können sie sich in Zahlen flüchten und haben an relativer Position nichts eingebüßt. Im ersteren Fall sind nicht nur ihre Arbeitsplätze gefährdet, sondern unter Umständen auch die strategische Position des Unternehmens. Solch asymmetrische Konsequenzen bei der Entscheidung, zu erweitern oder nicht, garantieren, daß der Druck auf Ausbau der Kapazitäten für alle Unternehmen stark sein wird, sobald einige wenige den Sprung gewagt haben.

Regierung und Staat

Verkehrte steuerliche Anreize. Bestimmte Steuerstrukturen (wie etwa Steuererleichterungen für Investitionen) fördern gelegentlich Überinvestitionen. Darin liegt ein akutes Problem der Frachtschiffahrt, wo die skandinavischen Steuergesetze Gewinne, die in Kapazitäten reinvestiert werden, begünstigen und nichtinvestierte Gewinne besteuern. Dies veranlaßt die Reeder, bei günstigen Branchenbedingungen in Kapazitäten zu reinvestieren. Überkapazitäten werden auch durch die Möglichkeit für amerikanische Tochtergesellschaften, ihre Gewinne außerhalb der USA steuerfrei einzubehalten, gefördert.

Wunsch nach »nationaler« Branche. Branchen, deren Größe oder Bedeutung den nationalen Eifer hervorrufen, eine »eigene« Branche zu haben, neigen zu weltweiten Überkapazitäten. Zahlreiche Länder versuchen, eine einheimische Branche aufzubauen, in der Hoffnung, ihr überschüssiges Angebot auf dem Weltmarkt verkaufen zu können. Wenn die effiziente Mindestgröße einen relativ großen Anteil am Weltmarkt ausmacht, sind Überkapazitäten wahrscheinlich.

Druck, die Beschäftigung zu erhöhen oder aufrechtzuerhalten. Regierungen setzen Unternehmen oft unter starken Druck, zu investieren oder nicht zu desinvestieren, um die Beschäftigung (als eines gesellschaftliches Ziels) zu erhöhen oder beizubehalten.

Grenzen der Kapazitätsexpansion

Es gibt eine Reihe von Barrieren gegen die Tendenz zum Überausbau, auch wenn einige der oben genannten Bedingungen vorliegen. Zu den häufigsten Barrierrieren gehören:

- Finanzielle Beschränkungen;
- Unternehmensdiversifikation, die die Opportunitätskosten des Kapitals erhöht und/oder den Horizont eines Managements erweitert, das vorher produktionsorientiert gewesen sein oder zu Überkapazitäten geneigt haben mag, um die Position in seiner traditionellen Branche zu schützen;
- Ersatz eines Managements mit Marketing- oder Produktionshintergrund durch eines mit Finanzierungserfahrung;
- Umstellungskosten und andere, durch die Kapazitätserweiterung erhöhte Kosten;
- große, weit verbreitete Unsicherheit über die Zukunft;
- ernsthafte Probleme aufgrund früherer Überkapazitätsphasen.

Mehrere dieser Bedingungen waren 1979 in der Aluminiumindustrie gegeben, sodaß die Branche vielleicht aus ihrem Schema des Alles oder Nichts in der Kapazitätsauslastung ausbrechen wird. Schlechte Erträge aufgrund von Überkapazitäten in den späten siebziger Jahren und beschränkte Gewinne in den Jahren hoher Nachfrage wegen Lohn-Preis-Kontrollen haben dazu geführt, daß die Branche erst dann wieder zu größeren Investitionen fähig sein wird, wenn einige gute Jahre die finanzielle Situation verbessert haben werden. Außerdem haben sich die Kosten des Baus von Produktionsanlagen seit 1968 vervierfacht. (Vgl. *New York Times,* 11.2.1979, S. D1).

Gelegentlich kann das Unternehmen den Prozeß der Kapazitätsexpansion beeinflussen, indem es sein Verhalten bewußt einsetzt, um den Konkurrenten seine Pläne und Erwartungen zu signalisieren, oder indem es auf andere Weise die Erwartungen der Konkurrenten zu beeinflussen versucht. So werden etwa folgende Maßnahmen die Konkurrenten tendenziell vor Kapazitätserweiterungen abschrecken:

- Die Ankündigung einer großen Kapazitätserweiterung (vgl. den nächsten Abschnitt über Präventivstrategien);
- Bekanntgaben, Informationen oder sonstige Signale, die die Nachfrageerwartungen dämpfen und/oder die Erwartung verstärken, daß die gegenwärtigen Kapazitäten bald technologisch überholt sein werden.

Präventivstrategien

Ein Ansatz zur Kapazitätserweiterung in einem wachsenden Markt ist die *Präventivstrategie*, in der das Unternehmen versucht, einen wesentlichen Teil des Marktes zu »besetzen«, um seine Konkurrenten vor Erweiterungsplänen abzuschrecken und den Eintritt neuer Konkurrenten zu verhindern. Wenn z.B. die zukünftige Nachfrage feststeht und das Unternehmen genug Kapazitäten aufbauen kann, um die gesamte zusätzliche Nachfrage abzudecken, werden andere Unternehmen möglicherweise davor abgeschreckt, ihre Kapazitäten aufzustocken. Gewöhnlich erfordert die Präventivstrategie nicht nur Anlageinvestitionen, sondern auch die Hinnahme hartnäckiger marginaler oder kurzfristig sogar negativer Finanzergebnisse; die Kapazitäten werden in Erwartung der Nachfrage erweitert, und oft nehmen die Preise die erwarteten zukünftigen Kostensenkungen vorweg.

Die Präventivstrategie ist riskant, weil sie verlangt, frühzeitig massive Mittel in einen Markt zu stecken, bevor das Marktergebnis bekannt ist. Wenn es ihr außerdem nicht gelingt, die Konkurrenz abzuschrecken, kann sie katastrophale Wettbewerbskriege nach sich ziehen, da die enormen Überkapazitäten und die Versuche, den jeweils anderen zuvorzukommen, ein strategisches Engagement auf dem Markt begründen, das möglicherweise schwer aufzugeben ist.

Da die Kosten und Risiken der Präventivstrategie hoch sind, ist es wichtig, sich die erfolgsnotwendigen Voraussetzungen der Strategie klarzumachen. Die Präventivstrategie ist zum Teil deshalb riskant, weil *alle* Voraussetzungen erfüllt sein müssen.

Die Kapazitätserweiterung ist relativ groß im Vergleich zur erwarteten Marktgröße. Eine Maßnahme kann nicht präventiv sein, wenn sie sich, gemessen an der erwarteten Marktgröße, klein ausnimmt. Um einen Markt zu »besetzen«, dessen zukünftige Nachfragebedingungen bekannt sind, muß die Kapazitätserweiterung deshalb einen ganz bestimmten Umfang erreichen. Ein entscheidender Punkt betrifft jedoch die Erwartungen, die *jeder einzelne Konkurrent (und potentielle Konkurrent)* über die künftige Nachfrage hegt. Wenn irgendein Konkurrent oder potentieller Konkurrent die künftige Nachfrage höher einschätzt als der Erstinvestor, dann wird ersterer sich vielleicht ebenfalls zu Investitionen entschließen. Deshalb muß ein Unternehmen, das den anderen zuvorkommen will, entweder die Erwartungen seiner Konkurrenten genau kennen oder sie so zu beeinflussen versuchen, daß sein Schritt garantiert abschreckend wirkt (etwa indem es die sichere Kenntnis der zukünftigen Nachfrage und Technologie signalisiert). Wenn die Konkurrenten die künftige Nachfrage unrealistisch hoch einschätzen, muß sich der Erstinvestor glaubwürdig verpflichten, im Falle höherer Nachfrage als angenommen sofort zusätzliche Kapazitätserweiterungen vorzunehmen.

Die Einsparungen aus Betriebsgröße und Erfahrung sind relativ groß im Vergleich zur gesamten Nachfrage. Wenn die Betriebsgrößenersparnisse groß sind, verglichen mit der gesamten Marktnachfrage, kann der frühzeitige Aufbau präventiver Kapazität die verbleibende Nachfrage so sehr schmälern, daß die Konkurrenten nicht mehr effizient arbeiten können (siehe Abbildung 15 – 1). Investierende Konkurrenten müssen in diesem Fall ganz besonders massiv investieren und eine extrem harte Wettbewerbsschlacht riskieren, um ihre Kapazitäten auszulasten – oder aber sie investieren auf kleiner Stufe und akzeptieren einen Kostennachteil.

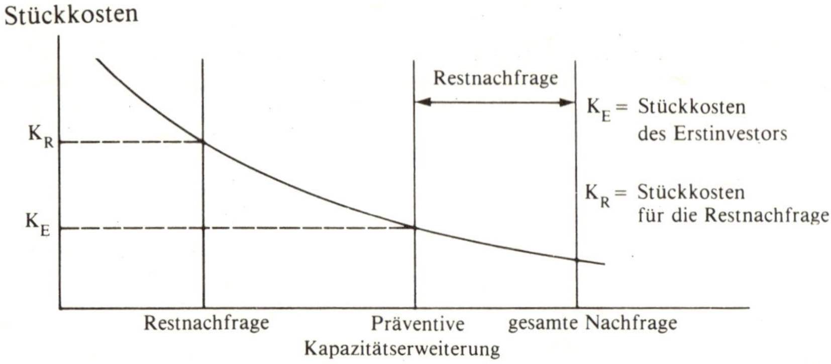

Abbildung 15-1: Präventivkapazität bei Betriebsgrößenersparnissen

Wenn eine relevante Erfahrungskurve vorliegt, deren Vorteile das Unternehmen vor Verbreitung schützen kann, wird es ebenfalls einen verbleibenden Kostenvorteil erzielen, wenn es frühzeitig und auf großer Stufe investiert.

Glaubwürdigkeit des Erstinvestors. Ein Unternehmen, das seinen Konkurrenten zuvorkommen und sie vor Kapazitätserweiterungen abschrecken will, muß glaubwürdig ankündigen und demonstrieren können, daß es sich auf die Präventivstrategie festgelegt hat und fähig ist, sie auszuführen. Zur Glaubwürdigkeit gehören Mittel, technologische Fähigkeiten, Einhaltung von Investitionsplänen in der Vergangenheit usw. (Vgl. Kapitel 5, in dem die Faktoren diskutiert werden, die eine Ankündigung glaubwürdig machen). Erscheint die Ankündigung unglaubwürdig, so werden die Konkurrenten sie nicht als abschreckend empfinden oder den Erstinvestor herausfordern.

Fähigkeit, die präventive Absicht zu signalisieren, bevor die Konkurrenten handeln. Ein Unternehmen muß seinen Anspruch auf den Markt signalisieren können, *bevor* die Konkurrenten sich zu Investitionen verpflichten. Es muß deshalb eine gewisse Präventivkapazität installieren, bevor die Konkurrenten ihre Kapazitätsentscheidungen überhaupt in Angriff nehmen – oder, was realistischer ist, es muß in der Lage sein, seine Absichten anzukündigen oder sonstwie glaubwürdig mitzuteilen. Weder die Fähigkeit des Unternehmens, die Strategie zu realisieren, noch seine präventive Absicht dürfen in Zweifel stehen.

Bereitschaft der Konkurrenten, zurückzustecken. Die Präventivstrategie setzt voraus, daß die Konkurrenten den potentiellen Nutzen aus dem Kampf gegen den Erstinvestor abwägen und zu dem Schluß kommen werden, daß sie die Risiken nicht rechtfertigen. Dem stehen eine Reihe von Bedingungen entgegen, die alle mit der Einschätzung zusammenhängen, daß es sehr wichtig sei, in dem umkämpften Geschäft eine starke Position aufzubauen oder aufrechtzuerhalten. Die Präventiverweiterung ist gegen die folgenden Arten von Konkurrenten riskant:

1. Konkurrenten, deren Ziele über rein ökonomische hinausgehen: Wenn Konkurrenten aufgrund einer langen Branchentradition oder anderer emotionaler Bindungen großen Wert auf die Teilnahme am Branchenwettbewerb legen, werden sie möglicherweise ihre Position gegen den Erstinvestor zu behaupten versuchen – auch wenn die übrigen Bedingungen für die Präventiverweiterung günstig sind.
2. Konkurrenten, für die das Geschäft einen wichtigen strategischen Stellenwert hat oder mit anderen Geschäften in ihrem Portfolio verknüpft ist: In dieser Situation hält der Konkurrent seine Präsenz in der Branche für besonders wichtig, selbst wenn der Kampf gegen den Erstinvestor für sich betrachtet irrational ist. Unter solchen Umständen kann es so gut wie unmöglich sein, die Konkurrenten abzuschrecken.
3. Konkurrenten, die ein gleich großes oder höheres Durchhaltevermögen, einen weiteren Zeithorizont oder eine größere Bereitschaft aufweisen, Gewinne für Marktposition zu opfern: Es kann Konkurrenten geben, die eine sehr langfristige Vorstellung vom Erfolg in der Branche haben und bereit sind, lange darum zu kämpfen. In einer solchen Situation wird der Sinn einer Präventivstrategie fragwürdig.

Kapitel 16
Eintritt in neue Märkte

Dieses Kapitel untersucht die strategische Entscheidung des Eintritts in einen neuen Markt, und zwar aus der Sicht des eintretenden Unternehmens, für das eine Akquisition ebensosehr eine mögliche Eintrittsstrategie ist wie der Eintritt durch interne Entwicklung.[1] Wir werden analytische Methoden für beide Eintrittsformen betrachten, mit dem Ziel, dem Unternehmen bei der Auswahl der geeigneten Branche und der besten Eintrittsstrategie Hilfestellung zu leisten.

Wenngleich der Eintritt in neue Märkte, sei es durch Akquisition oder interne Entwicklung, zahlreiche Probleme bei der Suche, Verhandlungsführung, Integration, Organisation, Motivation und Führung aufwirft, verfolge ich in diesem Kapitel ein etwas eingeschränktes Ziel. Der Schwerpunkt liegt auf der Frage, wie die an anderer Stelle dieses Buchs beschriebenen Instrumente der Branchen- und Konkurrentenanalyse dem Manager bei seiner Entscheidung zur Seite stehen können. Wie wir sehen werden, gibt es eine Reihe entscheidender ökonomischer Prinzipien, die die Attraktivität eines Marktes als Eintrittsobjekt für ein Unternehmen bestimmen und gleichzeitig die Aktiva und Fähigkeiten bestimmen helfen, die den Eintritt für das Unternehmen rentabel gestalten. Diese Prinzipien sind für den Erfolg oder Mißerfolg des Eintritts ausschlaggebend; sie werden aber oft inmitten der Aufmerksamkeit für all die persönlichen, organisatorischen, finanziellen, juristischen und administrativen Aspekte übersehen, die für Erfolg oder Mißerfolg eines bestimmten Eintrittsversuchs ebenso von Bedeutung sein können.

---

1 Ich befasse mich mit der Verbesserung der Leistung des eintretenden Unternehmens, nicht aber explizit mit der Frage, welche Konsequenzen der Eintritt für den Aktionär aufwirft. Dieser Frage sind Salter und Weinhold (1979) in ihrer interessanten Untersuchung detailliert nachgegangen.

Die Ökonomie des Eintritts beruht auf fundamentalen Marktkräften, die bei jedem Eintritt wirksam sind. Wenn diese Marktkräfte im Sinne der ökonomischen Theorie perfekt wirken, *kann kein Eintritt jemals einen überdurchschittlichen Ertrag auf das eingesetzte Kapital ergeben.* Diese verblüffende Aussage ist der Schlüssel für die Analyse des Eintritts: Es gilt, Branchensituationen ausfindig zu machen, in denen die Marktkräfte nur unvollkommen wirksam sind. Die übergeordnete Schlußfolgerung aus unserer Analyse lautet, daß, selbst wenn wir all die Probleme der Integration und Leitung neuer Geschäfte außer Acht lassen, die Akquisition oder interne Entwicklung solider, gutgeführter Geschäfte in günstigem Umfeld noch lange nicht ausreicht, um einen erfolgreichen Eintritt zu gewährleisten – auch wenn der gegenteilige Glaube weit verbreitet ist. Es gibt jedoch viele Möglichkeiten für erfolgreichen Eintritt, wie wir sehen werden.

Eintritt durch interne Entwicklung

Der Eintritt durch interne Entwicklung erfordert den Aufbau einer neuen Geschäftseinheit in der Branche, einschließlich neuer Produktionskapazitäten, Vertriebsbeziehungen, Vertreterstäbe usw. Joint ventures bringen im wesentlichen dieselben Probleme mit sich, weil sie ebenfalls neu geschaffene Einheiten sind; sie werfen jedoch schwierige Probleme auf, etwa die Frage, wie die Anstrengungen unter den Partnern aufzuteilen sind, oder wer über die effektive Kontrolle verfügt.[2]

Der Eintritt durch interne Entwicklung *konfrontiert das Unternehmen direkt mit den beiden Ursachen von Eintrittsbarrieren in einer Branche:* den strukturellen Barrieren und den zu erwartenden Reaktionen der bestehenden Unternehmen. Der durch interne Entwicklung Eintretende (den wir fortan als *intern Eintretenden* be-

---

2 Joint ventures sollten auf die globale Weise analysiert werden wie ein Eintritt aus interner Entwicklung. Wenn ein Joint venture diese Hürde überspringt, muß anschließend der *Partner* daraufhin überprüft werden, ob seine Ziele, Erwartungen oder Führungsgewohnheiten in Bezug auf das gemeinsame Projekt Hinweise auf mögliche Divergenzen mit dem Unternehmen bergen. Solche Divergenzen können selbst eine solide Geschäftsidee als joint venture undurchführbar machen.

zeichnen wollen) muß die strukturellen Eintrittsbarrieren überwinden und das Risiko eingehen, daß die etablierten Unternehmen Vergeltungsmaßnahmen ergreifen. Zu den Kosten des Eintretenden gehören in der Regel Einstiegsinvestitionen und anfängliche Verluste, die zu einem Teil der Investition im neuen Geschäft werden. Das Risiko der Vergeltung durch die existierenden Unternehmen kann als zusätzlicher Teil der Eintrittskosten angesehen werden; diese Kosten errechnen sich aus den negativen Folgen der Vergeltung (z.B. niedrigere Preise und erhöhte Marketingkosten), multipliziert mit der Wahrscheinlichkeit, daß die Vergeltung stattfinden wird.

In Kapitel 1 habe ich ausführlich die Ursachen der strukturellen Eintrittsbarrieren und die Bestimmungsfaktoren der Vergeltungswahrscheinlichkeit beschrieben. Die richtige Analyse einer Eintrittsentscheidung wird die folgenden Kosten und Nutzen gegeneinander abwägen:

1. Die für die Teilnahme am neuen Geschäft erforderlichen Investitionskosten wie etwa die Kosten für Produktionsanlagen und Vorräte (wovon einige durch strukturelle Eintrittsbarrieren erhöht werden können);
2. die zusätzlichen Investitionen, die erforderlich sind, um andere strukturelle Eintrittsbarrieren zu überwinden, z.B. Markenidentifikation oder unternehmenseigene Technologie;[3]
3. die erwarteten Kosten aus den Vergeltungsmaßnahmen der Branchenteilnehmer, *abgewogen gegen*
4. die aus der Präsenz in der Branche erwarteten Cash-flows.

Zahlreiche Kapitalbudgetansätze für die Eintrittsentscheidung vernachlässigen einen oder mehrere dieser Faktoren. Beispielsweise legt die Finanzanalyse allzu oft die *vor* dem Zeitpunkt des Eintritts bestehenden Preise und Kosten zugrunde, oder sie mißt nur die eindeutig sichtbaren Investitionen, die für das Geschäft erforderlich sind, wie etwa den Bau von Produktionsanlagen und die Zusammenstellung eines Vertreterstabs. Die Kosten, die beim Versuch, die strukturellen Eintrittsbarrieren zu überwinden, anfallen, werden ig-

3 Die Investitionen, die für den Eintritt durch interne Entwicklung notwendig sind, können im Vergleich zu den Kosten der Akquisition hoch erscheinen, je nach dem Zustand des Akquisitionsmarkts (vgl. S. 439 f.). Zur Zeit treiben die als hoch empfundenen Kosten eines internen Eintritts viele Unternehmen auf den Akquisitionsmarkt.

noriert – z.B. etablierte Markenkonzessionen, von Konkurrenten besetzte Vertriebskanäle, Zugang der Konkurrenten zu den günstigsten Rohstoffquellen, oder die Notwendigkeit, eine unternehmenseigene Technologie zu entwickeln. Außerdem kann der Eintritt die Preise knapper Vorräte, Ausrüstungen oder Arbeitskräfte erhöhen, sodaß das eintretende Unternehmen höhere Kosten tragen muß.

Ein weiterer, oft vernachlässigter Faktor ist der *Effekt, den die Kapazität des hinzutretenden Unternehmens* auf das Angebots-Nachfrage-Gleichgewicht der Branche ausüben wird. Wenn der intern Eintretende beträchtliche Kapazitäten in die Branche einbringt, werden seine Bemühungen, seine Fabrik auszulasten, zumindest bei einigen Unternehmen zu Überkapazitäten führen. Hohe Fixkosten lösen wahrscheinlich Preissenkungen oder andere, die Auslastung steigernde Aktivitäten aus, die so lange anhalten werden, bis jemand aus dem Geschäft austritt oder bis die Überkapazität durch das Branchenwachstum oder die Stillegung von Anlagen abgebaut ist.

Noch häufiger vernachlässigt wird der Einfluß der *voraussichtlichen Reaktionen existierender Unternehmen.* Eine verbreitete Reaktion sind Preissenkungen, weshalb die in Vorkalkulationen eingehenden Preise unter Umständen niedriger sein müssen als die vor dem Eintritt existierenden. Oft drückt der Eintritt die Preise auf Jahre, wie z.B. der Eintritt von Cargill und Archer-Daniels-Midland bei Getreidenaßmühlen. Ähnlich preisdrückend war der Eintritt von Georgia-Pacific in die Gipsindustrie. (Vgl. *Forbes,* 18.9.1978).

Weitere mögliche Reaktionen der etablierten Unternehmen sind die Steigerung der Marketingaktivitäten, spezielle Verkaufsförderungskampagnen, die Erweiterung der Garantiebedingungen, leichterer Kredit und die Verbesserung der Produktqualität.

Eine weitere Möglichkeit ist, daß der Eintritt eine Runde exzessiver Kapazitätserweiterungen auslöst, besonders wenn der Neuanbieter mit moderneren Anlagen eintritt als einige der etablierten Unternehmen sie besitzen. Die Anfälligkeit einer Branche für solche Expansionsrunden ergibt sich aus einer Reihe von Faktoren, von denen einige in Kapitel 15 beschrieben wurden.

Das Ausmaß dieser Reaktionen und ihre wahrscheinliche Dauer müssen vorhergesagt werden; die Preise oder Kosten, die der Vorkalkulation des Eintritts zugrundeliegen, sind entsprechend anzupassen.

Wird es zur Vergeltung kommen?

Die etablierten Unternehmen werden Vergeltungsmaßnahmen ergreifen, wenn sie sich aus ihrer Sicht lohnen. Die Wahrscheinlichkeit, daß der interne Eintritt die Branche aufrüttelt, Vergeltungsmaßnahmen provoziert und dadurch die Zukunftsaussichten schmälert, ist in Branchen mit den folgenden Merkmalen am höchsten (diese Merkmale markieren deshalb riskante Eintrittsobjekte):

Langsames Wachstum. Jeder interne Eintritt bringt die bestehenden Unternehmen um einen gewissen Marktanteil. In einem langsam wachsenden Markt ist dies besonders unangenehm, weil die Umsätze unter Umständen absolut sinken; energische Vergeltungsmaßnahmen sind deshalb wahrscheinlich. Wächst der Markt hingegen schnell, so können die etablierten Unternehmen trotz des Verlustes an Marktanteilen weiterhin befriedigende Finanzergebnisse erzielen, und die zusätzliche Kapazität des Eintretenden kann schneller ausgelastet werden, ohne die Preise zu zerstören.

Gebrauchsgüter oder gebrauchsgüterähnliche Produkte. In solchen Geschäften gibt es keine Markenloyalität und keine Segmente, um die etablierten Unternehmen vom Eintretenden abzuschirmen, und umgekehrt. Der Eintritt wirkt sich auf die gesamte Branche aus, und Preissenkungen sind besonders wahrscheinlich.

Hohe Fixkosten. Bei hohen Fixkosten werden die zusätzlichen Kapazitäten, die der Eintretende mitbringt, Vergeltungsmaßnahmen auslösen, wenn die Kapazitätsauslastung der Konkurrenten stark sinkt.

Hohe Branchenkonzentration. In solchen Branchen ist ein neuer Konkurrent besonders auffällig, und er schlägt möglicherweise eine größere Bresche in die Marktposition eines oder mehrerer Konkurrenten. In einer stark zersplitterten Branche hingegen beeinflußt der Eintretende unter Umständen zwar mehrere Unternehmen, erzielt aber nur eine marginale Wirkung. Keines dieser Unternehmen wird so stark geschädigt sein, daß es energische Vergeltungsmaßnahmen ergreift, und keines wird wohl auch in der Lage sein, den neuen Konkurrenten zu bestrafen. Um die wahrscheinliche Vergeltung abzuschätzen, ist es offenbar wichtig vorherzusagen, wie schwerwiegend jedes der existierenden Unternehmen betroffen sein wird. Je ungleichmäßiger sie die Wirkung des Eintritts zu spüren bekommen, desto wahrscheinlicher werden die am stärksten geschädigten Unternehmen zurückschlagen. Wenn sich der Schock des Eintritts jedoch auf alle Konkurrenten verteilt, wirkt er vielleicht weniger bedrohlich.

Unternehmen, die ihrer Position in der Branche hohen Stellenwert beimessen. Wenn der Eintretende Unternehmen schädigt, die großen strategischen Wert auf ihren bestehenden Anteil am Geschäft legen, kann der Eintritt scharfe Vergeltungsmaßnahmen hervorrufen. Diese strategische Bedeutung kann durch vielerlei Faktoren bedingt sein, z.B. durch starke Abhängigkeit des Cash-flow oder des zukünftigen Wachstums vom betreffenden Geschäft, durch den Prestigewert des Geschäfts, durch Interdependenzen mit anderen Geschäftseinheiten des Konzerns, usw. Die Faktoren, die einem Geschäft strategisches Gewicht verleihen, wurden in Kapitel 3 und bei der Diskussion der Austrittsbarrieren in Kapitel 12 beschrieben.

Haltungen des etablierten Managements. Die Anwesenheit von alteingesessenen Unternehmen kann zu explosiven Reaktionen auf den Eintritt führen, vor allem wenn es sich um nichtdiversifizierte Unternehmen handelt. In solchen Branchen wird der Eintritt oft als Affront oder Ungerechtigkeit empfunden, und die Vergeltung kann sehr erbittert ausfallen. Allgemeiner gesagt, die Haltungen und Erfahrungen des Managements der etablierten Unternehmen spielen eine wichtige Rolle bei der Vergeltung. Bestimmte Orientierungen oder Erfahrungen eines Managements können dazu führen, daß es sich durch den Eintritt überdurchschnittlich bedroht fühlt oder stärker dazu neigt, sich dagegen zu wehren. (Vgl. Kapitel 3, in dem dieser Punkt erörtert wird).

Das Verhalten der Branchenteilnehmer gegenüber früheren Eintrittsgefahren liefert oft Hinweise auf ihr Verhalten gegenüber neuen Eintretenden. Besonders wertvolle Anhaltspunkte sind die Reaktionen auf frühere Eintritte und auf Versuche von Branchenteilnehmern, ihre strategische Gruppe zu wechseln.

Die Identifizierung von Zielbranchen für den internen Eintritt

Wenn der potentielle Eintretende die oben beschriebenen Elemente der Entscheidung korrekt analysiert hat, steht er vor der Frage: Wo bietet der interne Eintritt die besten Chancen? Die Antwort ergibt sich aus dem elementaren System der Strukturanalyse. Die zu erwartende Rentabilität der Unternehmen in einer Branche hängt von der Stärke der fünf Wettbewerbskräfte ab: Rivalität unter den Wettbewerbern, Ersatzprodukte, Verhandlungsstärke von Lieferanten und Abnehmern, und Eintritt. Bei der Bestimmung der Branchengewinne wirkt der Eintritt wie eine Waage. Wenn die Branche stabil oder im Gleichgewicht ist, sollten die erwarteten Gewinne der Eintretenden die Stärke der strukturellen Eintrittsbarrieren und der »üblichen« zu erwartenden Vergeltungsmaßnahmen *gerade widerspiegeln.* Wenn der potentielle Eintretende seine erwarteten Gewinne kalkuliert, sollte er in diesem Fall feststellen, daß es normale oder durchschnittliche Gewinne sind, auch wenn die Gewinne der existierenden Unternehmen möglicherweise hoch sind. Da der Eintretende strukturelle Eintrittsbarrieren überwinden und das Risiko der Vergeltung durch die existierenden Unternehmen eingehen muß, sind seine Kosten höher als die der erfolgreichen Branchenteilnehmer, und diese Kosten verbauen ihm die Aussicht auf überdurchschnittliche Gewinne. Würden die Eintrittsbarrieren nicht die überdurchschnittlichen Gewinne wettmachen, so wären bereits andere Unternehmen eingetreten und hätten die Gewinne auf das Niveau heruntergedrückt, wo die Kosten und Nutzen des Eintritts gleich sind. *Der Eintritt in eine Branche, die sich im Gleichgewicht befindet, wird sich also selten lohnen (es sei denn, das Unternehmen besitzt spezielle Vorteile)* – es sind Marktkräfte am Werk, die die Gewinne eliminieren.

Wie kann ein Unternehmen unter diesen Umständen überdurchschnittliche Erträge aus dem Eintritt erwarten? Die Antwort liegt in der Identifizierung derjenigen Branchensituationen, in denen der von mir beschriebene Marktmechanismus nur unvollkommen arbeitet. Die Hauptansatzpunkte für den internen Eintritt fallen in eine der folgenden Kategorien:

1. Die Branche ist im Ungleichgewicht.
2. Es ist zu erwarten, daß die existierenden Unternehmen nur langsam oder ineffektiv vergelten.

3. Das Unternehmen hat geringere Eintrittsbarrieren als andere.
4. Das Unternehmen verfügt über eine besondere Fähigkeit, die Branchenstruktur zu beeinflussen.
5. Der Eintritt wird sich positiv auf die bestehenden Geschäfte des Unternehmens auswirken.

Branchen im Ungleichgewicht

Nicht alle Branchen befinden sich im Gleichgewicht.

Neue Branchen. In neuen, schnell wachsenden Branchen ist die Wettbewerbsstruktur meist noch im Fluß, und die Eintrittskosten können weit geringer sein als für die später Eintretenden. Es ist kaum wahrscheinlich, daß irgendein Unternehmen die Kontrolle über Rohstoffe errungen, eine relevante Markenidentifikation erreicht oder die Neigung entwickelt hat, Eintritte zu vergelten. Dennoch sollte der Eintritt nicht erfolgen, nur weil die Branche neu ist. Erst eine vollständige Strukturanalyse (vgl. Kapitel 1), die zur Vorhersage überdurchschnittlicher Gewinne über einen längeren Zeitraum führt (sodaß Investitionen sich lohnen), rechtfertigt den Eintritt. Außerdem ist die Feststellung wichtig, daß in manchen Branchen die Eintrittskosten für »Pioniere« höher sind als für später Eintretende, eben wegen der Pionierkosten. Im Zusammenhang mit der Diskussion junger Branchen (Kapitel 10) haben wir bereits einige analytische Methoden kennengelernt, die den optimalen Eintrittszeitpunkt bestimmen helfen. Zuguterletzt ist die Möglichkeit zu berücksichtigen, daß weitere Unternehmen in die junge Branche eintreten. Wenn die Erwartung anhaltend hoher Gewinne gerechtfertigt sein soll, muß das Unternehmen ökonomische Anhaltspunkte dafür haben, daß die Eintrittskosten der späteren Eintrittskandidaten höher sind als die eigenen.

Steigende Eintrittsbarrieren. Langfristig steigende Eintrittsbarrieren bedeuten, daß die zukünftigen Gewinne die *gegenwärtigen* Eintrittskosten mehr als wettmachen werden. (Die Eintrittskosten sind in neuen Branchen oft im Steigen begriffen). Durch frühen Eintritt können die Eintrittskosten niedrig gehalten und manchmal Vorteile bei der Produktdifferenzierung erzielt werden. Treten jedoch zahlreiche andere Unternehmen ebenfalls früh ein, so wird diese

Möglichkeit vielleicht verbaut. In solchen Branchen kommt es darauf an, früh die Gelegenheit zum Eintritt zu ergreifen und dann die Erhöhung der Eintrittsbarrieren zu fördern, um weitere Eintrittskandidaten abzublocken.

Schlechte Information. Ein langfristiges Ungleichgewicht zwischen Eintrittskosten und erwarteten Gewinnen kann in manchen Branchen dadurch entstehen, daß potentielle Eintretende ihnen zuwenig Aufmerksamkeit schenken. Diese Situation kann in »obskuren« Branchen eintreten, die bei vielen etablierten Unternehmen keine Beachtung finden.

Es ist entscheidend, sich zu vergegenwärtigen, daß die Marktkräfte in gewissem Ausmaß gegen den Erfolg des eintretenden Unternehmens arbeiten. Wo ein Ungleichgewicht günstige Eintrittsaussichten verspricht, sendet der Markt die gleichen Signale auch an andere, die dann ebenfalls zum Eintritt neigen werden. Die Eintrittsentscheidung muß deshalb auf einer klaren Vorstellung beruhen, warum das eintretende Unternehmen und nicht irgendein anderes die Vorteile des Ungleichgewichts ausnutzen wird. Oft liegt der Grund allein in den Vorteilen des frühen Eintritts. Mit der Zeit können diese Vorteile jedoch schwinden (wenngleich nicht völlig), wenn es dem Unternehmen nicht gelingt, Nachahmer abzublocken. Eine Eintrittsstrategie muß sich mit solchen Fragen befassen und einen Plan enthalten, wie damit umgegangen werden soll.

Langsame oder ineffektive Vergeltung

Ein günstiges Ungleichgewicht zwischen den zu erwartenden Gewinnen und den Eintrittskosten kann auch in Branchen existieren, deren Teilnehmer zwar rentabel arbeiten, aber unaufmerksam, schlecht informiert oder an rechtzeitigen oder wirksamen Vergeltungsmaßnahmen gehindert sind. Ein Unternehmen, das zu den ersten gehört, die eine solche Branche entdecken, kann überdurchschnittliche Gewinne erzielen.

Einer Branche, die ein potentiell günstiges Ziel für den Eintritt ist, *fehlen* die Merkmale, die zu energischer Vergeltung führen (vgl. den vorletzten Abschnitt), und sie ist durch eine Reihe besonderer Eigenschaften gekennzeichnet:

Die Kosten wirksamer Vergeltungsmaßnahmen sind für die etablierten Unternehmen höher als ihr Nutzen. Das Unternehmen, das den Eintritt erwägt, muß die Überlegungen nachvollziehen, die jeder der größeren Branchenteilnehmer anstellen wird, um die Stärke seiner Vergeltung festzulegen. Es muß vorhersagen, welche Gewinneinbußen der Konkurrent sich selbst zufügt, wenn er das eintretende Unternehmen schädigen will. Wie wahrscheinlich ist es, daß die Branchenteilnehmer glauben, ein größeres Durchhaltevermögen zu haben als der Eintretende? Je höher die Vergeltungskosten im Vergleich zu den Nutzen, die sich die etablierten Unternehmen von ihren Maßnahmen versprechen, desto weniger wahrscheinlich ist die Vergeltung.

Der Eintretende kann Branchen mit geringem Vergeltungsrisiko nicht nur auswählen; er kann dieses Risiko auch *beeinflussen.* Wenn er seine Rivalen beispielsweise davon überzeugen kann, daß er seinen Anspruch auf eine lebensfähige Position unter keinen Umständen aufgeben wird, verzichten die etablierten Unternehmen möglicherweise auf den Versuch, ihn völlig zu vertreiben. (Die Möglichkeiten, die einem Unternehmen - auch einem eintretenden - zur Verfügung stehen, um eine solche Verplichtung mitzuteilen, werden in Kapitel 5 diskutiert).

Es gibt ein »paternalistisch«-dominantes Unternehmen oder eine Gruppe traditioneller Anführer. Ein dominantes Unternehmen mit einem paternalistischen Verhältnis zur Branche mag nie unter Wettbewerbszwang gestanden haben und nur langsam lernen. Der Anführer sieht sich möglicherweise als »Beschützer« oder Sprecher der Branche. Sein Verhalten ist vielleicht für die Branche optimal (er mag etwa die Preise oder die Produktqualität hochhalten, ein hohes Niveau des Kundendienstes und der technischen Unterstützung aufrecherhalten usw.), aber nicht unbedingt für ihn selbst. Solange dieser Anführer nicht zur Reaktion provoziert wird (oder dazu unfähig ist), kann der Eintretende eine bedeutende Position erringen. Eine derartige Situation mag für die Positionsverluste ausschlaggebend gewesen sein, die INCO und CPC (in der Nickel- bzw. Getreidemühlenindustrie) gegenüber neuen Konkurrenten hinnehmen mußten. Die Gefahr bei dieser Strategie ist natürlich, daß der schlafende Riese geweckt wird; eine Einschätzung seines Managements ist deshalb unabdingbar.

Der Zwang zur Rücksichtnahme auf ihre bestehenden Geschäfte führt zu hohen Reaktionskosten bei den strategischen Unternehmen.

Diese Situation bietet die strategische Möglichkeit, die etablierten Unternehmen vor widerstreitende Motive zu stellen (vgl. Kapitel 3). So mag etwa die Reaktion auf einen neuen Konkurrenten, der einen neuen Vertriebskanal benutzt, von den bisherigen Vertriebspartnern des älteren Unternehmens als illoyal empfunden werden. Es ist auch denkbar, daß seine Reaktion Einbrüche bei seinen lebensnotwendigen Geschäften nach sich zieht, die Strategie des neuen Konkurrenten legitimieren hilft oder seinem Marktimage widerspricht.

Der Eintretende kann den Glauben an konventionelle Weisheiten ausnutzen. Wenn die Branchenteilnehmer an konventionelle Weisheiten glauben oder bestimmte Schlüsselannahmen über den Branchenwettbewerb aufrechterhalten, kann ein Unternehmen, das frei von vorgefaßten Meinungen oder Vorstellungen ist, oft Situationen erkennen, in denen konventionelle Weisheiten unzutreffend oder überholt sind. Konventionelle Weisheiten können sich in fast jeden Aspekt einer Wettbewerbsstrategie einschleichen: Produktlinie, Service, Produktionstheorie usw. Etablierte Unternehmen halten oft hartnäckig an solchen Weisheiten fest, weil sie sich in der Vergangenheit bewährt haben.

Niedrigere Eintrittskosten

Eine häufigere und weniger riskante Situation, in der die Marktkräfte der Attraktivität des internen Eintritts nicht im Wege stehen, liegt vor, wenn die Eintrittskosten nicht für alle Unternehmen gleich hoch sind. Wenn ein Unternehmen *die strukturellen Eintrittsbarrieren kostengünstiger überwinden* kann als die meisten anderen potentiellen Eintretenden, oder wenn es mit *schwächerer Vergeltung rechnen kann,* vermag es durch den Eintritt überdurchschnittliche Gewinne zu erzielen. Das Unternehmen mag außerdem besondere Vorteile im Wettbewerb der Branche aufweisen, die die Eintrittsbarrieren überwiegen.

Die Fähigkeit, strukturelle Eintrittsbarrieren zu geringeren Kosten zu überwinden als andere, beruht meist auf Aktiva oder Fähigkeiten, die der Eintretende aus seinen bestehenden Geschäften bezieht, oder auf Innovationen, die die Grundlage für ein strategisches Eintrittskonzept bilden. Das Unternehmen kann nach Branchen Ausschau halten, deren Eintrittsbarrieren es aufgrund eigener Technologien, etablierter Vertriebskanäle, eines anerkannten und übertragbaren Markennamens usw. überwinden kann. Wenn viele weitere Eintrittskandidaten dieselben Vorteile besitzen, werden sich diese Vorteile wahrscheinlich bereits in einem Gleichgewicht zwischen den Nutzen und Kosten des Eintritts niederschlagen. Verfügt das Unternehmen jedoch als einziges (oder in besonderem Maße) über die Fähigkeit, die Eintrittsbarrieren zu überwinden, so wird sich der Eintritt wahrscheinlich lohnen. Beispiele dafür sind General Motors' Eintritt in Freizeitfahrzeuge, bei dem das Unternehmen Fahrgestelle, Motoren und Händlernetz aus seinen Automobiloperationen bezog, oder John Deere's Eintritt in Bauausrüstungen, bei dem die Produktionstechnologie und Erfahrungen in Produktdesign und -service aus Deere's Agrarausrüstungsgeschäft übertragen wurden.

Denkbar ist auch, daß ein Unternehmen mit schwächeren Vergeltungsmaßnahmen bedacht wird als andere, weil es als Konkurrent großen Respekt genießt, oder weil sein Eintritt aus irgendeinem Grund als ungefährlich angesehen wird. Der Respekt, der dem Unternehmen entgegengebracht wird, kann auf seiner Größe, seinen Mitteln und auf seinem Ruf als fairer (oder auch umgekehrt als rücksichtsloser) Konkurrent beruhen. Der Eintretende mag als ungefährlich gelten, weil er seine Operationen traditionell auf kleine Marktnischen beschränkt, die Preise nicht senkt usw. Wenn das Unternehmen aus irgendeinem dieser Gründe den besonderen Vorteil hat, mit schwächeren Vergeltungsmaßnahmen rechnen zu können, dann werden seine erwarteten Kosten aus der Vergeltung niedriger sein als die der anderen potentiellen Eintretenden, und der Eintritt eröffnet entsprechend überdurchschnittliche Gewinnchancen.

Besondere Fähigkeit, die Branchenstruktur zu beeinflussen

Der interne Eintritt wird sich trotz der Marktkräfte lohnen, wenn das Unternehmen eine besondere Fähigkeit besitzt, das strukturelle Gleichgewicht in der Zielbranche zu beeinflussen. Wenn das Unternehmen etwa die Mobilitätsbarrieren für nachfolgende Eintrittswillige erhöhen kann, wird sich das strukturelle Branchengleichgewicht verändern. Der Initiator dieser Veränderung wird dann überdurchschnittliche Gewinne aus dem Eintritt erzielen können. Daneben kann der Eintritt in einen zersplitterten Markt unter Umständen einen Prozeß in Gang setzen, der die Mobilitätsbarrieren stark erhöht und zur Konsolidierung führt (vgl. die Diskussion in Kapitel 9).

Positive Wirkung auf bestehende Geschäfte

Selbst bei Abwesenheit der oben beschriebenen Bedingungen lohnt sich der interne Eintritt, wenn er die bestehenden Geschäfte des Eintretenden positiv beeinflußt. Dieser Effekt könnte durch die Verbesserung der Vertriebsbeziehungen und des Konzernimages, durch Schutz gegen externe Gefahren usw. entstehen. Der Konzern als Ganzer wird somit besser dastehen, auch wenn das neue Geschäft nur einen durchschnittlichen Ertrag abwirft.

Der geplante Eintritt von Xerox in landesweite digitale Datenübertragungsnetze mag ein Beispiel für einen Eintritt auf dieser Grundlage sein. (Eine kurze Diskussion dieses geplanten Schrittes findet sich in *Business Week,* 27.11.1978). Xerox scheint bestrebt zu sein, sich ein breites Fundament im Wettbewerb um das »Büro der Zukunft« zu sichern. Da die Datenübertragung zwischen Computern, elektronischer Schriftverkehr und komplexe Zusammenschlüsse von Unternehmensstandorten wahrscheinlich Teile dieser Zukunft sein werden – genauso wie konventionelles Kopieren –, versucht Xerox wahrscheinlich, seine bestehende starke Basis zu schützen, obwohl das Unternehmen keine besonderen Vorteile im Datenübertragungsgeschäft genießt. Ein weiteres Beispiel ist Eaton Corporation's jüngst vollzogener Eintritt in das Automobilreparaturgeschäft. Als ein führender Hersteller von Automobilersatzteilen kommt es für Eaton darauf an, Märkte zu öffnen und den Vertragsservicestationen der Automobilhersteller, die ausschließlich Originalteile der Hersteller verwenden, das Geschäft streitig zu machen. Auch wenn Eaton in der Automobilreparatur an sich nur durchschnittliche Erträge zu erwarten haben dürfte, vermag ein solcher Eintritt seine Gesamterträge zu steigern.

Typische Eintrittskonzepte

Es gibt eine Reihe gebräuchlicher Ansätze für den internen Eintritt, die auf jeweils unterschiedlichen Konzepten beruhen, um Eintrittsbarrieren zu geringeren Kosten als andere Unternehmen zu überwinden:

Verringern Sie die Produktionskosten. Finden Sie eine Möglichkeit, das Produkt billiger als die etablierten Unternehmen herzustellen. Denkbar sind (1) eine völlig neue Verfahrenstechnologie; (2) eine größere Fabrik, die größere Betriebsgrößenersparnisse realisiert; (3) moderne Anlagen, die technologische Verbesserungen berücksichtigen; (4) gemeinsam mit anderen Geschäftseinheiten betriebene Aktivitäten, die einen Kostenvorteil ermöglichen.

Kaufen Sie sich mit einem niedrigen Preis ein. Kaufen Sie sich in den Markt ein, indem Sie kurzfristige Erträge opfern, um die Konkurrenten zur Preisgabe von Anteilen zu zwingen. Der Erfolg dieses Ansatzes beruht auf der mangelnden Bereitschaft oder Unfähigkeit der Konkurrenten, angesichts der besonderen Stärken des Eintretenden Vergeltungsmaßnahmen zu ergreifen.

Bieten Sie ein höherwertiges Produkt (im weiteren Sinne) an. Bieten Sie eine Innovation im Blick auf das Produkt oder die Dienstleistung an, die es Ihnen ermöglicht, Barrieren aus Produktdifferenzierung zu überwinden.

Entdecken Sie eine neue Nische. Machen Sie ein bis dahin unentdecktes Marktsegment oder eine unerkannte Marktnische ausfindig, deren besondere Anforderungen das Unternehmen gut erfüllen kann. Dieser Schritt erlaubt Ihnen, Barrieren aus Produktdifferenzierung (und vielleicht auch aus etablierten Vertriebskanälen) zu überwinden.

Führen Sie eine Marketinginnovation ein. Finden Sie einen neuen Weg des Produktmarketing, durch den Barrieren aus Produktdifferenzierung oder Händlermacht aus dem Weg geräumt werden.

Benutzen Sie bestehende Vertriebskanäle. Bauen Sie eine Eintrittsstrategie auf den Vertriebsbeziehungen auf, die Sie in anderen Geschäften etabliert haben.

Eintritt durch Akquisition

Der Eintritt durch Akquisition unterliegt einem völlig anderen analytischen Rahmen als der Eintritt durch interne Entwicklung, da die Akquisition im strengen Sinne kein neues Unternehmen schafft. Wie wir jedoch sehen werden, bestimmen einige Faktoren die Attraktivität eines Akquisitionskandidaten, die auch beim internen Eintritt eine Rolle spielen.

Der kritische Punkt ist die Erkenntnis, daß sich *der Preis einer Akquisition auf dem Markt für Unternehmen bildet.* Auf dem Markt für Unternehmen fungieren die Eigentümer von Unternehmen (oder Geschäftseinheiten) als Anbieter und die erwerbenden Unternehmen als Nachfrager. In den meisten Industrieländern, besonders in den USA, ist der Markt für Unternehmen ein sehr aktiver Markt, auf dem jährlich zahlreiche Unternehmen gekauft und verkauft werden. Der Markt ist gut organisiert und beinhaltet Vermittlerfirmen, Makler und Effektenbanken, die alle bestrebt sind, Nachfrager und Anbieter zusammenzubringen und oft hohe Provisionen dafür erhalten. Der Markt ist in den letzten Jahren stärker durchorganisiert worden, in dem Maße, als Vermittler und Teilnehmer erfahrener geworden sind. (Früher funktionierte der Markt wesentlich informeller, vor allem durch persönliche Beziehungen und Kontakte). Die Vermittler versuchen nun intensiv, möglichst viele Interessenten für ein zum Verkauf anstehendes Unternehmen zu gewinnen, und eine Vielzahl von Kaufgeboten ist die Regel. Der Markt für Unternehmen findet in der Presse ein reges Echo, und mittlerweile werden zahlreiche Statistiken über ihn geführt. All diese Faktoren lassen erkennen, daß der Markt relativ effizient funktioniert.

Ein effizienter Markt für Unternehmen arbeitet darauf hin, *überdurchschnittliche* Gewinne aus einer Akquisition *abzubauen.* Wenn ein Unternehmen solide geführt wird und günstige Zukunftsaussichten aufweist, wird sein Preis auf dem Markt hochgetrieben werden. Ist seine Zukunft düster, oder benötigt es massive Kapitalspritzen, so wird sein Vekaufspreis relativ niedrig ausfallen, verglichen mit seinem Buchwert. In dem Maße also, wie der Markt für Unternehmen effizient arbeitet, wird der Preis einer Akquisition den Großteil der Erträge für den Käufer eliminieren.

Zur Effizienz des Marktes trägt gewöhnlich die Tatsache bei, daß der Verkäufer die Möglichkeit hat, das Geschäft zu behalten und weiterzubetreiben. In manchen Fällen ist der Anbieter zwar zum Verkauf gezwungen, und er ist geneigt, jeden Preis zu akzeptieren, den der Markt setzt. Sofern er jedoch über die Alternative verfügt, das Geschäft weiterzubetreiben, wird er unter rationalen Gesichtspunkten nur dann verkaufen, wenn der Verkaufspreis höher ist als der Gegenwartswert der Gewinne, die aus der eigenen Weiterführung des Unternehmens zu erwarten sind. Dieser erwartete Gegenwartswert setzt die *Untergrenze* für den Preis der Geschäftseinheit. Entweder übersteigt der Preis, der sich aus den Geboten der Interessenten ergibt, diese Untergrenze, oder die Transaktion kommt nicht zustande. In der Praxis muß der Akquisitionspreis die Untergrenze deutlich übersteigen, damit die Verkäufer sich zum Verkauf entschließen. Auf dem heutigen Markt für Unternehmen sind beträchtliche Zuschläge auf den Marktwert die Regel, nicht die Ausnahme.

Diese Analyse legt den Schluß nahe, daß es recht schwierig ist, bei Akquisition zu gewinnen. Der Markt für Unternehmen und die Option des Anbieters, sein Geschäft weiterzuführen, arbeiten gegen überdurchschnittliche Gewinne aus Akquisitionen. Vielleicht ist darin der Grund zu suchen, warum Akquisitionen so oft die Erwartungen der Manager enttäuschen, wie zahlreiche empirische Untersuchungen nahelegen. Diese Analyse paßt außerdem zu den Schlußfolgerungen mehrerer Studien, in denen Ökonomen darauf hinweisen, daß gewöhnlich nicht der Käufer, sondern der Verkäufer den Großteil der Beute aus einer Akquisition erhält.

Der Wert dieser Analyse liegt jedoch darin, daß sie die Aufmerksamkeit unmittelbar auf die Bedingungen richtet, unter denen eine Akquisition überdurchschnittliche Ertragsaussichten verspricht. Akquisitionen sind am gewinnträchtigsten, wenn

1. die *Preisuntergrenze,* die aus der Option des Anbieters entsteht, das Geschäft zu behalten, *niedrig liegt;*
2. der Markt für Unternehmen *unvollkommen* ist und überdurchschnittliche Erträge nicht durch den Prozeß des Bietens durch die Konkurrenten eliminiert werden;
3. der Käufer eine *besondere* Fähigkeit besitzt, das Geschäft zu betreiben.

Es ist wichtig anzumerken, daß der Prozeß des Bietens die Profitabilität einer Akquisition selbst dann zunichte machen kann, wenn die Preisuntergrenze niedrig liegt. Deshalb müssen mindestens zwei der oben genannten Bedingungen vorliegen, wenn die Akquisition sich lohnen soll.

Die Höhe der Preisuntergrenze

Die Preisuntergrenze für eine Akquisition wird durch die Option des Anbieters, das Geschäft zu behalten, festgelegt. Sie hängt eindeutig von der Einschätzung des *Anbieters* ab, und nicht von denen der Nachfrager oder des Marktes. Offenkundig liegt die Untergrenze umso niedriger, je stärker sich der Anbieter gedrängt fühlt zu verkaufen, etwa weil er

- mit Nachfrageproblemen zu kämpfen hat;
- dringend Kapital benötigt;
- wichtige Teile seines Managements verloren hat oder keine Nachfolger für das bestehende Management sieht.

Die Preisuntergrenze wird auch dann niedrig liegen, wenn der Anbieter pessimistische Erwartungen für den Fall hegt, daß er das Geschäft weiterbetreibt. Der Anbieter mag der Meinung sein, daß andere Unternehmen das Geschäft besser führen können als er, wenn er sich z.B.

- Kapitalschranken gegenübersieht, die sein Wachstum begrenzen;
- der Schwächen seines Managements bewußt ist.

Unvollkommenheiten auf dem Markt für Unternehmen

Trotz seines hohen Organisationsniveaus unterliegt der Markt für Unternehmen vielfältigen Unvollkommenheiten, also Situationen, in denen der Prozeß des Bietens die Gewinne aus einer Akquisition nicht vollständig abbauen wird. Diese Unvollkommenheiten rühren daher, daß der Markt für Unternehmen heterogene Produkte handelt, daß die Information stark lückenhaft ist, und daß Anbieter und Nachfrager oft komplexe Motive haben. Unter den folgenden Bedingungen wird der Markt unvollkommen sein und gewinnbringende Akquisitionen ermöglichen:

1. *Der Käufer hat bessere Informationen.* Ein bestimmter Interessent ist möglicherweise in einer günstigen Position, um die Ertragschancen einer Akquisition vorauszuberechnen. Er hat vielleicht besondere Einblicke in die Branche oder in relevante technologische Trends, die anderen Interessenten versperrt sind. In diesem Fall wird

der Prozeß des Bietens einen Teil der überdurchschnittlichen Erträge übriglassen.

2. *Die Zahl der Bieter ist gering*. Die Wahrscheinlichkeit, daß das Ausschreibungsverfahren einen Teil der Gewinne aus der Akquisition beläßt, wird erhöht, wenn es nur wenige Bieter gibt. Dies kann der Fall sein, wenn der Akquisitionskandidat einer ungewöhnlichen Branche entstammt, die nur von wenigen Interessenten verstanden wird oder nur zu wenigen paßt, oder wenn der Kandidat sehr groß ist und nur wenige sich seinen Erwerb leisten können. Die Art, wie der Interessent die Verhandlungen führt, hält den Anbieter unter Umständen davon ab, nach weiteren Interessenten zu suchen (»An einem Überbietungswettlauf werden wir uns nicht beteiligen«).

3. *Die volkswirtschaftliche Situation ist schlecht*. Es scheint so, als beeinflusse der Zustand der Volkswirtschaft nicht nur die Zahl der Interessenten, sondern auch die Beträge, die sie zu zahlen bereit sind. Ein Unternehmen, das weniger stark als andere von einem konjunkturellen Abschwung betroffen ist, hat deshalb die Chance, überdurchschnittliche Erträge zu erzielen, wenn es in dieser Phase bereit ist zu handeln.

4. *Das angebotene Unternehmen ist »krank«*. Es gibt gewisse Anhaltspunkte dafür, daß der Preis für kranke Unternehmen stärker gedrückt wird als eine echte Analyse ihrer Gewinnaussichten nahelegen würde; der Grund liegt vielleicht darin, daß alle Interessenten nach soliden Unternehmen mit gutem Management suchen. Die Zahl der Bieter für kranke Unternehmen dürfte deshalb relativ gering sein, genauso wie die Preise, die sie zu zahlen bereit sind. White Consolidated scheint diese Situation erfolgreich ausgenutzt zu haben, indem man kranke Unternehmen oder Geschäftseinheiten zu Preisen unter ihrem Buchwert kaufte und sie offenbar gewinnträchtig umgestaltete.

5. *Die Maximierung des Verkaufspreises ist nicht das einzige Ziel des Verkäufers*. Zum Glück für die Akquisiteure versuchen nicht alle Anbieter ausschließlich, den Verkaufspreis für ihr Geschäft zu maximieren. Da der Verkaufspreis von Unternehmen oft weit über dem liegt, was ihre Besitzer für ihr finanzielles Wohlergehen als notwendig erachten, legen die Anbieter oft Wert auf andere Dinge. Verbreitete Beispiele sind etwa der Name und Ruf des Käufers, die Konsequenzen aus dem Verkauf für die Beschäftigten, das Problem der Übernahme des Managements sowie die Frage, inwieweit der Käufer sich in das Geschäft einmischen wird, wenn der vormalige Eigentü-

mer zu bleiben gedenkt. Konzerne, die Geschäftseinheiten verkaufen, dürften in etwas geringerem Maße solche nichtökonomischen Ziele verfolgen als Eigentümer oder Eigentümer-Unternehmer, die ihr ganzes Unternehmen verkaufen. Diese Analyse führt zu dem Schluß, daß die Akquisiteure nach Unternehmen Ausschau halten sollten, die nichtökonomische Ziele verfolgen, und daß sie solche Ziele fördern sollten. Sie läßt außerdem vermuten, daß Akquisiteure, die z.B. auf ihre großzügige Behandlung der Beschäftigten oder ihre solide Geschäftsführung bei früheren Akquisitionen verweisen können, bei den Anbietern glaubwürdiger erscheinen und deshalb Vorteile besitzen. Große, angesehene Akquisiteure genießen einen Vorsprung vor anderen Interessenten, wenn die Eigentümer ihr Lebenswerk (ihr Unternehmen) mit einer erstklassigen Organisation verknüpft sehen wollen.

Besondere Fähigkeit, das Akquisitionsobjekt zu betreiben

Ein Interessent kann ein höheres Kaufgebot als andere unterbreiten und trotzdem überdurchschnittliche Erträge erzielen, wenn er eine der folgenden Bedingungen erfüllt:

1. *Der Interessent besitzt eine außerordentliche Fähigkeit, die Operationen des Akquisitionsobjekts zu verbessern.* Ein Käufer mit besonderen Aktiva oder Fähigkeiten, die geeignet sind, die strategische Position des Akquisitionskandidaten zu verbessern, kann überdurchschnittliche Erträge aus der Akquisition erzielen. Die anderen Bieter, die in ihren Kalkulationen von geringeren Möglichkeiten, die Effizienz des Akquisitionsobjekts zu erhöhen, ausgehen, werden über ein bestimmtes Kaufgebot nicht hinausgehen wollen. Bekannte Beispiele für solche Akquisitionen sind Campbells' Erwerb von Vlasic und Gould's Erwerb von ITE.

Die bloße Fähigkeit, die Effizienz des Akquisitionsobjekts zu verbessern, reicht jedoch nocht nicht aus. Sie muß sich von anderen abheben – andernfalls werden andere Unternehmen voraussichtlich dieselbe Chance wittern. Diese Unternehmen können den Überbietungsprozeß so lange in Gang halten, bis die Erträge aus der Effizienzerhöhung durch den Preis zum Verschwinden gebracht werden.

In diesem Ansatz sind sich die Eintritte durch Akquisiton und interne Entwicklung am ähnlichsten. In beiden Fällen muß der Eintretende eine besondere Fähigkeit besitzen, die ihn für den Wettbewerb in der Branche prädestiniert. Im Fall der Akquisition ist das Unternehmen in der Lage, die Mitbewerber zu überbieten und dennoch überdurchschnittliche Gewinne zu erzielen. Im Fall der internen Entwicklung vermag es die Eintrittsbarrieren zu geringeren Kosten zu überwinden als andere.

2. *Das Unternehmen kauft sich in eine Branche ein, die die Kriterien für interne Entwicklung erfüllt.* Viele der im Zusammenhang mit internen Eintritten hervorgehobenen Sachverhalte treffen auch hier zu. Wenn der Käufer beispielsweise die Akquisition als Ausgangspunkt benutzen kann, um die Branchenstruktur zu verändern, um sich den Glauben an konventionelle Weisheiten zunutze zu machen, oder um langsame bzw. unwirksame Reaktionen der Konkurrenten auf strategische Änderungen auszunutzen, dann sind die Aussichten auf überdurchschnittliche Erträge günstig.

3. *Die Akquisition wird die Position des Käufers in seinen existierenden Geschäften auf besondere Weise stärken.* Wenn die Akquisition die Position des Käufers in seinen existierenden Geschäften verbessern kann, wird trotz des Überbietungsprozesses unter Umständen ein Gewinn aus der Akquisition übrigbleiben. Ein gutes Beispiel für dieses Akquisitionsmotiv ist R.J. Reynolds' Erwerb von Del Monte. Reynolds besitzt zahlreiche Markenlebensmittel, hat aber bei den meisten von ihnen den Markt nicht nennenswert durchdringen können. Der Erwerb von Del Monte verschafft Reynolds ein Vertriebssystem, bessere Verhandlungsmöglichkeiten gegenüber Lebensmittelhändlern und den Eintritt in internationale Märkte, auf denen Reynolds' existierende Marken bisher schwach waren. Selbst wenn Del Monte für sich betrachtet nur durchschnittliche Erträge erbringt, kann die positive Wirkung auf den Rest von Reynolds' Lebensmittelstrategie einen überdurchschnittlichen Ertrag aus der Transaktion bedeuten.

Irrationales Verhalten der Bieter

Beim Bieten um Akquisitionsobjekte ist es außerordentlich wichtig, die Motive und Umstände der anderen Interessenten zu untersuchen. Obwohl die Kaufgebote in der Regel nicht über die Summe der zukünftigen überdurchschnittlichen Erträge hinausgehen werden, ist es wichtig, sich der Möglichkeit bewußt zu sein, daß einige der konkurrierenden Bieter auch dann noch weitermachen, wenn die Gewinne – aus der Sicht eines anderen Unternehmens – längst verschwunden sind. Dies kann aus einer Reihe von Gründen geschehen:

- Der Bieter sieht eine außerordentliche Möglichkeit, das Akquisitionsobjekt effizienter zu gestalten;
- die Akquisition wird sich positiv auf die existierenden Geschäfte des Bieters auswirken;
- der Bieter hat andere Ziele oder Motive als Gewinnmaximierung – vielleicht ist Wachstum sein vorrangiges Ziel, vielleicht sieht er die Möglichkeit eines schnellen finanziellen Gewinns, oder er wünscht sich ein Unternehmen von der Art des Akquisitionsobjekts aufgrund der persönlichen Eigenheiten seines Managements.

In einem solchen Fall kommt es darauf an, die Bereitschaft des Bieters, mit dem Preis hochzugehen, *nicht* als Hinweis auf den Wert der Akquisition zu deuten. Es empfiehlt sich, die Faktoren, die in das Kaufgebot des Bieters eingehen, genau zu analysieren.

Stufenweiser Eintritt

Jede Entscheidung, in eine Branche einzutreten, muß als Ziel eine bestimmte strategische Gruppe benennen. Die Diskussion in Kapitel 7 und in diesem Kapitel legt eine stufenweise Eintrittssstrategie nahe, bei der das Unternehmen zunächst in eine bestimmte Gruppe eintritt und danach in andere überwechselt. Beispielsweise erwarb Procter and Gamble die Charmin Paper Company, ein Unternehmen, das hochwertige Toilettentücher herstellte und über mehrere Produktionsanlagen verfügte, aber nicht über landesweiten Vertrieb und kaum über Markenloyalität. Von dieser strategischen Gruppe ausgehend, investierte Procter and Gamble erhebliche Mittel, um Markenidentifikation zu erreichen, landesweiten Vertrieb aufzubauen, und um das Produkt und die Produktionsanlagen zu verbessern. Dadurch wurde Charmin in eine neue strategische Gruppe gebracht.

Eine solche Strategie des stufenweisen Eintritts ist geeignet, die Gesamtkosten und Risiken, die bei der Überwindung der Mobilitätsbarrieren für die letztlich angestrebte strategische Gruppe anfallen, zu vermindern. Die Kosten können gesenkt werden, indem durch den Eintritt in die anfängliche Gruppe Wissen und Markenidentifikation aufgebaut werden, die später beim Wechsel in die eigentlich angestrebte Gruppe kostenlos transferierbar sind. Auf diese Weise kann das Management schrittweise seine Fähigkeiten entwickeln. Unter Umständen wird auch die Reaktion der etablierten Unternehmen auf den Eintritt abgemildert, wenn der Eintritt stufenweise erfolgt.

Eine abgestufte Strategie vermindert oft die Eintrittsrisiken, weil das Unternehmen das Risiko aufteilen kann. Wenn der anfängliche Eintritt scheitert, spart sich das Unternehmen die Kosten des nächsten Schrittes; würde es hingegen versuchen, sofort in die angestrebte Gruppe einzusteigen, so müßte es seinen ganzen Einsatz auf einen Schlag riskieren. Der stufenweise Eintritt erlaubt es dem Unternehmen, Kapital für spätere Positionswechsel anzusammeln, für das es möglicherweise einen hohen Preis zahlen müßte, wenn der gesamte Kapitalbetrag auf einmal aufgebracht werden müßte. Außerdem steht es dem Unternehmen offen, zunächst in eine strategische Gruppe einzutreten, in der die zur Überwindung der Mobilitätsbarrieren erforderlichen Investitionen vergleichsweise reversibel sind (z.B. Fabrikkapazitäten, die verkäuflich sind). Das Unternehmen könnte etwa zunächst in die Produktion für Händlermarken einsteigen; nur, wenn es bei diesem Schritt erfolgreich ist, wird es dann den Wechsel in eine andere strategische Gruppe versuchen, in der massive Investitionen in Werbung, F&E oder andere Bereiche ohne Wiederverkaufswert notwendig sind, um Mobilitätsbarrieren zu überwinden.

Die Analyse des stufenweisen Eintritts kann umgedreht werden, um Schlußfolgerungen für die etablierten Unternehmen in der Branche abzuleiten. Wenn es besonders sichere Strategien des stufenweisen Eintritts gibt, lohnt es sich offensichtlich, Mittel in Mobilitätsbarrieren zu investieren, um Eintritte abzublocken.

Anhang

Folgenfreie Abmeldung von einer Fachprüfung

(bis einschließlich 7. Tag vor dem Prüfungstermin)

Studiengang: (bitte ankreuzen)

- ○ Betriebswirtschaft
- ○ Wirtschaftsingenieurwesen
- ○ Deutsch-Britischer Studiengang
- ○ Deutsch-Französischer Studiengang

Name, Vorname: ______________________________

Matrikel Nr.: 575 ___ ___ ___ ___ ___ ___ ___ ___ ___ ___

Hiermit melde ich mich heute, am ______________ (Datum) von der

am ______________ (Datum der FP/LN) stattfindenden Fachprüfung/Leistungsnachweis:

Fach: ______________________________

Fachnummer: __________

Dozent(en): ______________________________

ab.

Es ist mir bekannt, daß meine Abmeldung **in den Holzbriefkasten** (im Stauraum) eingeworfen oder **per Post** dorthin gesendet werden muß. Im letzten Fall ist das Datum des Poststempels entscheidend für die folgenfreie Abmeldung.

Unterschrift: ______________________________

Anhang A: Portfoliomethoden in der Konkurrentenanalyse

Seit den späten sechziger Jahren sind eine Reihe von Methoden entwickelt worden, um die Operationen eines diversifizierten Unternehmens als ein »Portfolio« von Geschäften darzustellen. Diese Methoden bieten einfache Ansätze, um die verschiedenen Geschäfte im Portfolio eines Unternehmens zu erfassen oder zu kategorisieren und um ihre Implikationen für die Mittelverwendung zu bestimmen. Die Methoden der Portfolioanalyse finden ihre wichtigste Anwendung bei der Entwicklung von Strategien und der Überprüfung von Geschäftseinheiten auf Konzernebene, und weniger bei der Entwicklung von Wettbewerbsstrategien in einzelnen Branchen. Gleichwohl können diese Methoden, wenn ihre Grenzen klar sind, bei der Beantwortung einiger der in Kapitel 3 aufgeworfenen Fragen zur Konkurrentenanalyse behilflich sein – besonders, wenn das Unternehmen im Wettbewerb mit einem diversifizierten Rivalen steht, der sie in seiner strategischen Planung einsetzt. Die gebräuchlichsten Methoden der Portfolioanlayse sind in zahlreichen Publikationen dargestellt worden, weshalb wir uns eine ausführliche Diskussion ihrer Verfahrensweise ersparen. (Ausführliche Darstellungen dieser Methoden finden sich bei Abell und Hammond, 1979, Kap. 4 und 5; Day, 1977; Salter und Weinhold, 1979, Kap. 4). Stattdessen werden wir uns darauf beschränken, zunächst die Kernelemente der beiden am häufigsten verwandten Methoden zu skizzieren – des Marktwachstum-Marktanteil-Portfolios, das mit der Boston Consulting Group in Verbindung gebracht wird, und des Unternehmensposition-Branchenattraktivität-Portfolios, das mit den Namen McKinsey und General Electric verbunden ist –; danach werden wir jeweils ihre Verwendung in der Konkurrentenanalyse erörtern.

Das Marktwachstum-Marktanteil-Portfolio

Das Marktwachstum-Marktanteil-Portfolio beruht auf der Verwendung des relativen Marktanteils (gemessen als Verhältnis zwischen dem Marktanteil der Geschäftseinheit und dem des stärksten Konkurrenten) und des Marktwachstums als Grobindikatoren für (1) die Wettbewerbsposition der Geschäftseinheit bzw. (2) die für ihren Betrieb notwendigen Finanzmittel. Der Gleichsetzung von relativem Marktanteil und Wettbewerbsposition liegt die Annahme zugrunde, daß die in Kapitel 1 erörterte Erfahrungskurve wirksam ist und das Unternehmen mit dem größten Marktanteil die niedrigsten Kosten hat.

Diese Prämissen führen zu einer Portfolio-Karte wie der in Abbildung A – 1 gezeigten, auf der die Geschäftseinheiten eines Konzerns abgebildet werden können. Das Wachstum-Marktanteil-Portfolio wird gewöhnlich in vier Quadranten unterteilt, auch wenn die Abgrenzung in »Hoch« und »Niedrig« willkürlich ist. Der Grundgedanke ist, daß sich die in den vier Quadranten gelegenen Geschäftseinheiten in fundamental unterschiedlichen Cash-flow-Positionen befinden und entsprechend unterschiedliche strategische Aufgaben haben; daraus ergeben sich schließlich Implikationen für den optimalen Aufbau des Portfolios eines diversifizierten Unternehmens.

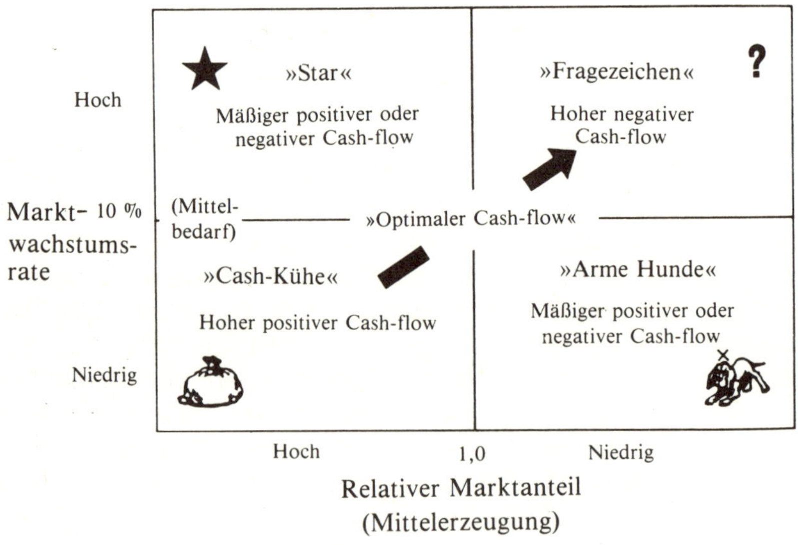

Abbildung A-1: Die Marktwachstum-Marktanteil-Matrix

- »Cash-Kühe«: Geschäftseinheiten mit hohem relativen Marktanteil in langsam wachsenden Märkten werden einen gesunden Cash-flow erzeugen, der eingesetzt werden kann, um andere, sich entwickelnde Geschäftseinheiten zu finanzieren.
- »Arme Hunde«: Geschäftseinheiten mit niedrigem relativen Anteil in langsam wachsenden Märkten werden oft nur mäßige Finanzmittel beanspruchen. Sie sind Cash-Fallen aufgrund ihrer schwachen Wettbewerbsposition.
- »Stars«: Geschäftseinheiten mit hohem relativen Marktanteil in schnell wachsenden Märkten beanspruchen gewöhnlich massive Finanzmittel, um ihr Wachstum aufrechtzuerhalten; sie verfügen aber über eine starke Marktposition, die hohe Gewinne abwerfen wird. Sie dürften etwa im Cash-Gleichgewicht sein.
- »Fragezeichen«: Geschäftseinheiten mit niedrigem relativen Anteil in schnell wachsenden Märkten beanspruchen massive Finanzmittel, werfen aber nur wenig Cash ab (aufgrund ihrer schlechten Wettbewerbsposition).

Der Logik des Marktwachstum-Marktanteil-Portfolios gemäß finanzieren die »Cash-Kühe« die anderen, sich entwickelnden Geschäftseinheiten des Gesamtunternehmens. Im Idealfall werden Cash-Kühe dazu benutzt, »Fragezeichen« in »Stars« umzuwandeln. Da diese Aufgabe einen erheblichen Kapitalbedarf aufwirft – sowohl um das schnelle Wachstum aufrechtzuerhalten, als auch, um den Marktanteil zu erhöhen –, wird die Entscheidung, welche »Fragezeichen« in »Stars« umgewandelt werden sollen, zu einer strategischen Kernfrage. Ist eine Geschäftseinheit einmal zum Star umgewandelt worden, so wird sie, sobald das Wachstum sich verlangsamt, zur Cash-Kuh werden. »Fragezeichen«, die nicht für Investitionen geeignet erscheinen, sollten abgeschöpft werden (also so geführt, daß sie Cash abwerfen), bis sie den Status der »armen Hunde« erreichen. Letztere sollten entweder abgeschöpft oder liquidiert (also aus dem Portfolio entfernt) werden. Der Boston Consulting Group zufolge sollte ein Unternehmen sein Portfolio so gestalten, daß diese wünschenswerte Abfolge zustandekommt und das Portfolio sich im Cash-Gleichgewicht befindet.

Grenzen

Die Anwendbarkeit des Portfoliomodells beruht auf einer Reihe von Voraussetzungen; die wichtigsten davon sind:

- Der Markt ist richtig abgegrenzt worden, sodaß Interdependenzen mit anderen Märkten (z.B. wichtige gemeinsam genutzte Erfahrungen) berücksichtigt sind. Darin liegt oft ein schwieriges Problem, das eine ausführliche Analyse erfordert.
- Die Struktur der Branche als Ganze (Kapitel 1) und die brancheninterne Struktur sind so beschaffen, daß der relative Marktanteil einen guten Grobindikator der Wettbewerbsposition und der relativen Kosten abgibt. Dies ist oft nicht der Fall.
- Das Marktwachstum ist ein guter Grobindikator für die erforderlichen Finanzmittel. Cash-flow und Gewinne hängen jedoch daneben von einer Vielzahl weiterer Faktoren ab.

Die Anwendung in der Konkurrentenanalyse

In Anbetracht dieser Voraussetzungen ist die Marktwachstum-Marktanteil-Matrix für sich genommen nicht allzu hilfreich, um die Strategie für ein bestimmtes Geschäft zu bestimmen. Eine ausführliche Analyse wie in diesem Buch beschrieben ist notwendig, um die Wettbewerbsposition einer Geschäftseinheit zu bestimmen und sie in eine konkrete Strategie zu übersetzen. (Der bloße Rat, »abzuschöpfen« oder »zu einem Star heranzuwachsen«, reicht bei weitem nicht aus, um dem Management als Orientierung zu dienen). Ist diese grundlegende Analyse erst einmal vollendet, ist der Gewinn einer Portfoliodarstellung für sich betrachtet relativ gering.

Gleichwohl kann die Marktwachstum - Marktanteil - Matrix Bestandteil einer Konkurrentenanalyse sein, wenn sie mit den anderen, in Kapitel 3 beschriebenen Analysearten kombiniert wird. Ein Unternehmen kann versuchen, das Konzernportfolio jedes seiner Hauptkonkurrenten zu erstellen, im Idealfall zu verschiedenen Zeitpunkten. Die Portfolioposition einer Geschäftseinheit, gegen die das Unternehmen konkurriert, kann Aufschluß über die Ziele geben, die der Konzern mit seiner Geschäftseinheit verfolgt (bzw.

(über die Erwartungen, die er an sie richtet), und über ihre Verwundbarkeit für verschiedenartige strategische Schritte. So mag etwa ein Geschäft, das abgeschöpft wird, für Angriffe auf seinen Marktanteil verwundbar sein. Der Vergleich von Konkurrentenportfolios im Zeitablauf kann Veränderungen in der Portfolioposition einer Geschäftseinheit noch deutlicher hervortreten lassen und weitere Hinweise auf die strategische Rolle des Konkurrenten liefern. Die Prognosekraft der Portfolioanalyse ist noch größer, wenn bekannt ist, daß der Konkurrent den Ansatz des Marktwachstum – Marktanteil – Portfolios in seiner Planung verwendet. Aber selbst wenn ein Konkurrent nicht formal von dieser Methode Gebrauch macht, kann die inhärente Notwendigkeit, seine Mittel breit zu streuen, die Portfolioanalyse zu einem nützlichen Prognoseinstrument machen.

Das Unternehmensposition – Branchenattraktivität – Portfolio

Eine weitere Methode ist die 3x3-Matrix, die verschiedentlich General Electric, McKinsey and Company und Shell zugeschrieben wird. Eine repräsentative Variante dieser Methode ist in Abbildung A – 2 dargestellt. Bei diesem Ansatz besteht die eine Achse aus der Attraktivität der Branche (bzw. des Marktes) und die andere aus der Wettbewerbsposition (den Stärken) der Geschäftseinheit. Der Standort einer Geschäftseinheit entlang dieser Achsen bestimmt sich durch eine Analyse der betreffenden Einheit und ihrer Branche, wobei Kriterien wie die in Abbildung A – 2 aufgeführten zugrundegelegt werden. Je nachdem, auf welchem Feld der Matrix eine Geschäftseinheit einzuordnen ist, lautet ihre allgemeine strategische Aufgabe, entweder Kapital zu investieren, um ihre Position *auszubauen*; die Position zu *halten*, indem sie Cash-Erzeugung und selektive Cash-Verwendung ins Gleichgewicht bringt; oder schließlich *abzuschöpfen* oder zu desinvestieren. Erwartete Verschiebungen in der Attraktivität der Branche oder in der Unternehmensposition zwingen zur Revision der Strategie. Ein diversifiziertes Unternehmen kann sein Geschäftsportfolio auf einer solchen Matrix abbilden, um die richtige Verteilung seiner Mittel zu gewährleisten. Es kann versuchen, das Portfolio im Blick auf die Mischung aus ausgereiften und entwicklungsbedürftigen Geschäften und hinsichtlich der internen Abstimmung von Cash-Erzeugung und -Verwendung auszubalancieren.

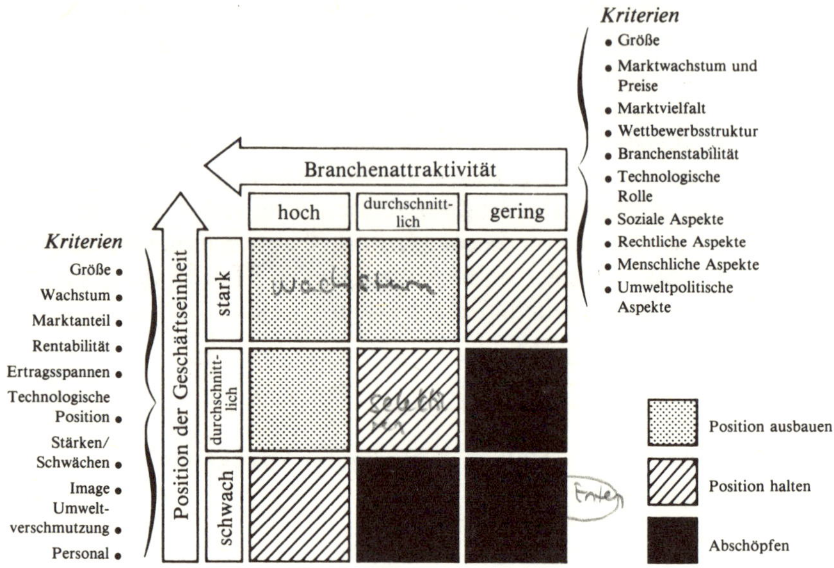

Abbildung A-2: Die Unternehmensposition-Branchenattraktivität-Matrix

Die Unternehmensposition – Brachenattraktivität – Matrix ist weniger genau quantifizierbar als der Marktwachstum – Marktanteil – Ansatz, denn sie erfordert eine subjektive Einordnung der betreffenden Geschäftseinheit. Es wird oft kritisiert, sie sei anfälliger für Manipulationen. Als Reaktion darauf werden oft quantitative Bewertungsschemata angewandt, die durch feste Kriterien die Branchenattraktivität und Unternehmensposition »objektiver« erfassen sollen. Die Zuordnung zu einem bestimmten Matrixfeld spiegelt die Annahme wider, daß die Geschäftseinheiten klar voneinander abgegrenzt werden können, und daß die Wettbewerbsposition und Branchenattraktivität in jedem Einzelfall identifizierbar ist. Wie oben bereits bemerkt, verlangt die Konstruktion des Marktwachstum -Marktanteil – Portfolios in der Praxis dieselbe Art von getrennter Analyse für jede Geschäftseinheit. Die wirkliche »Objektivität« der beiden Ansätze liegt also möglicherweise weniger weit auseinander als angenommen.

Wie die Marktwachstum – Marktanteil – Matrix liefert auch die Unternehmensposition – Branchenattraktivität – Matrix wenig mehr als eine elementare Überprüfung der Konsistenz bei der Formulierung einer Wettbewerbsstrategie für eine bestimmte Branche. Die wirklichen Fragen lauten, wo die Geschäftseinheit auf der Matrix eingeordnet werden sollte, ob die Matrixposition mit der angezeigten Strategie übereinstimmt, und wie ein detailliertes strategisches Konzept für Expansion, Halten oder Abschöpfung aussehen soll. Zu diesem Zweck ist eine detaillierte Analyse von der Art, wie sie in diesem Buch beschrieben wurde, notwendig, da die in Abbildung A – 2 aufgeführten Kriterien bei weitem nicht ausreichen, um die Attraktivität der Branche, die Unternehmensposition oder gar die geeignete Strategie zu bestimmen. Es ist beispielsweise schwer zu erkennen, wie die Matrix zu der Empfehlung führen sollte, in einer schrumpfenden Branche zu investieren – ein durchaus sinnvoller Rat in bestimmten Situationen, wie wir in Kapitel 12 gesehen haben.

Dennoch kann die Matrix bei der Konkurrentenanalyse von Nutzen sein, ganz ähnlich wie die Marktwachstum – Marktanteil – Matrix. Sie kann genutzt werden, um die Konzernportfolios von Konkurrenten zu verschiedenen Zeitpunkten zu erstellen und daraus Rückschlüsse auf die strategischen Aufgaben zu ziehen, die die Konzernleitung ihnen zugewiesen haben könnte. Welche der beiden Portfoliomethoden man verwendet, ist im wesentlichen eine Geschmacksfrage (im Grunde ist die Analyse, sofern sie korrekt ausgeführt wird, die gleiche) – es sei denn, von einem Konkurrenten ist bekannt, daß er die eine oder die andere benutzt. In diesem Fall liefert die Verwendung ebendieser Methode die besten Vorhersagen. Beachten Sie, daß die Marktwachstum – Marktanteil – Methode unauflöslich mit dem Erfahrungskurven – Konzept verbunden ist. Wenn ein Konkurrent dafür bekannt ist, daß er vom Konzept der Erfahrungskurve stark beeinflußt ist, wird der Marktwachstum – Marktanteil – Ansatz deshalb in der Regel die besseren Vorhersagen seiner Ziele und Maßnahmen ergeben.

Anhang B
Die Durchführung einer Branchenanalyse

Wie sollte man bei der Analyse von Branchen und Konkurrenten vorgehen? Nach welchen Daten hält man Ausschau, und wie können sie beschafft werden? Wo sucht man nach diesen Daten? Fragen wie diese und eine Reihe weiterer praktischer Probleme, die sich bei der Durchführung einer Branchenanalyse stellen, bilden den Gegenstand dieses Anhangs. Es gibt im wesentlichen zwei Arten von Daten über Branchen: veröffentlichte Daten und solche, die durch Interviews mit Branchenteilnehmern und -beobachtern gesammelt werden (Felddaten). Wir werden uns darauf konzentrieren, die wichtigen Quellen beider Datenkategorien zu identifizieren, ihre Stärken und Schwächen zu erörtern, und Strategien für ihre optimale Verarbeitung aufzuzeigen.

Eine vollständige Branchenanalyse ist eine schwierige Aufgabe, die Monate in Anspruch nehmen kann, wenn man von null damit anfangen muß. Zu Anfang besteht die Neigung, sich in die Analyse hineinzustürzen und eine Masse von Informationen zu sammeln, ohne über ein ausreichendes allgemeines System oder Konzept zu verfügen, in das diese Informationen eingeordnet werden können. Dieser Mangel an Methode führt bestenfalls zu Frustration und schlimmstenfalls zu Verwirrung und verschwendeter Mühe. Deshalb ist es wichtig, sich eine Rahmenstrategie für die Durchführung der Branchenstudie und speziell für die ersten wegweisenden Schritte zu überlegen, bevor man bestimmte Quellen ins Auge faßt.

Die Strategie der Branchenanalyse

Die Entwicklung einer Strategie für die Branchenanalyse umfaßt zwei wichtige Aspekte. Erstens muß genau bestimmt werden, wonach man sucht. »Alles über die Branche« ist viel zu allgemein, um als effektiver Leitfaden für die Forschung zu dienen. Zwar ergibt sich die konkrete Liste der zu untersuchenden Sachverhalte aus der jeweiligen Branche, die analysiert wird; es gibt jedoch eine Reihe allgemeiner Aussagen über die Informationen und Rohdaten, die der Forscher erheben sollte. Wir haben in diesem Buch die wichtigen strukturellen Eigenschaften von Branchen benannt, die Hauptkräfte, die ihre Veränderung verursachen, und die notwendigen strategischen Informationen über Konkurrenten. Dies sind die Faktoren, die eine Branchenanalyse zu identifizieren versucht, wie wir sie in den Kapiteln 1, 3, 7 und 8 in ihrem Kern dargestellt und im Rest des Buches erweitert haben. Da die gesuchten Informationen über Struktur und Konkurrenten jedoch in den seltensten Fällen gleichbedeutend mit den Rohdaten sind und sich vielmehr aus der *Analyse* der Rohdaten ergeben, dürfte es für den Forscher hilfreich sein, einen Leitfaden für die systematische Sammlung von Rohdaten zu haben. Eine einfache, aber vollständige Zusammenstellung der Gebiete, zu denen Rohdaten gesammelt werden sollten, ist in Übersicht B – 1 enthalten. Ein Forscher, der jedes dieser Gebiete vollständig beschreiben kann, dürfte in der Lage sein, ein komplettes Bild der Branchenstruktur und der Konkurrentenprofile zu entwickeln.

Übersicht B-1: Rohdatenkategorien für die Branchenanalyse

Datenkategorien	*Zusammenstellung*
Produktlinien	Nach Unternehmen
Käufer und Käuferverhalten	Nach Jahr
Komplementäre Produkte	Nach funktionellem Gebiet
Ersatzprodukte	
Wachstum	
Tempo	
Verlauf (saisonal, zyklisch)	
Determinanten	

Datenkategorien

Produktions- und Vertriebstechnologie
- Kostenstruktur
- Betriebsgrößenersparnisse
- Wertschöpfung
- Logistik
- Personal

Marketing und Verkauf
- Marktsegmentierung
- Marketingpraktiken

Lieferanten

Vertriebskanäle

Innovationen
- Arten
- Ursachen
- Tempo
- Betriebsgrößenersparrnisse

Konkurrenten - Strategien, Ziele, Stärken und Schwächen, Annahmen

Gesellschaftliches, politisches, rechtliches Umfeld

Gesamtwirtschaftliches Umfeld

Ist ein Leitfaden für die Datensammlung vorhanden, so lautet die zweite Frage, in welcher Reihenfolge die Daten jedes Gebietes zusammengestellt werden sollen. Es gibt mehrere Alternativen, von einer Punkt-für-Punkt-Bearbeitung bis hin zur zufälligen Vorgehensweise. Wie bereits angedeutet, gewinnt man jedoch wichtige Vorteile, wenn man sich zunächst einen allgemeinen Überblick über die Branche verschafft und sich erst danach auf die Details konzentriert. Die Erfahrung zeigt, daß ein umfassendes Verständnis dem Forscher dabei helfen kann, die wichtigen Daten beim Studium der Quellen besser zu erkennen und die Daten bei ihrer Sammlung effektiver zusammenzustellen.

Die folgenden Schritte dürften dabei behilflich sein, sich diesen Überblick zu verschaffen:

1. *Wer befindet sich in der Branche*? Es ist ratsam, gleich zu Anfang eine große Liste der Branchenteilnehmer aufzustellen, besonders der führenden Unternehmen. Eine Liste der Hauptkonkurrenten ist hilfreich, um Artikel und Firmendokumente schnell aufzufinden. Eine erste Einstiegsmöglichkeit für viele dieser Quellen ist die vom Statistischen Bundesamt verwendete Systematik der Wirtschaftszweige. Diese Systematik, bei der der produktionswirtschaftliche

Zusammenhang im Vordergrund steht, ordnet die Industriezweige nach verschiedenen Aggregationsniveaus; die zweistellige Klassifizierung ist für die meisten Zwecke zu breit, die fünfstellige oft zu eng. Die vierstellige Brancheneinteilung ist in der Regel die am besten geeignete.

2. *Branchenstudien.* Wenn man Glück hat, existiert eine umfassende Branchenstudie oder eine Reihe von ausführlichen Artikeln über die Branche. Ihre Lektüre ist oft eine gute Gelegenheit, sich einen schnellen Überblick zu verschaffen. (Quellen von Branchenstudien werden weiter unten diskutiert).

3. *Jahresberichte.* Wenn es Publikumsgesellschaften in der Branche gibt, sollten Jahresberichte frühzeitig herangezogen werden. Ein einzelner Jahresbericht mag nur wenig offenbaren. Die Jahresberichte mehrerer Unternehmen über einen Zeitraum von zehn bis fünfzehn Jahren bieten hingegen eine ausgezeichnete Möglichkeit, einen Einstieg in das Verständnis einer Branche zu bekommen. Es wird kaum einen Aspekt des Geschäfts geben, der innerhalb einer solchen Zeitspanne nicht zur Sprache kommt. Um sich einen Überblick zu verschaffen, ist die Stellungnahme des Unternehmensleiters im Geschäftsbericht oft besonders aufschlußreich. Der Forscher sollte nach den Begründungen suchen, die für gute oder schlechte Finanzergebnisse angeführt werden; sie dürften einige der entscheidenden Erfolgsfaktoren der Branche offenbaren. Außerdem ist es wichtig, darauf zu achten, worüber sich das Unternehmen in seinem Erfolgsbericht stolz oder besorgt zeigt, und welche wichtigen Veränderungen vorgenommen wurden. Darüberhinaus ist es möglich, Einsichten in die Organisation von Unternehmen, den Produktionsfluß und zahlreiche andere Faktoren zu erhalten, wenn man in mehreren aufeinanderfolgenden Jahresberichten desselben Unternehmens »zwischen den Zeilen« liest.

In der Regel wird der Forscher zu späteren Zeitpunkten seiner Arbeit auf Jahresberichte und andere Firmendokumente zurückkommen. Der erste Durchgang wird viele Nuancen übersehen, die aber zutagetreten, wenn das Wissen über die Branche und die Konkurrenten umfangreicher ist.

Betreiben Sie frühzeitig Feldstudien

Der Fortgang von Branchenanalysen krankt häufig daran, daß die Forscher dazu neigen, zu viel Zeit für die Suche nach veröffentlichten Daten aufzuwenden und die Bibliotheksarbeit übermäßig auszudehnen, bevor sie Feldquellen aufsuchen. Wie wir später noch diskutieren werden, ist der Informationswert veröffentlichter Daten einer Reihe von Begrenzungen unterworfen, z.B. in Bezug auf Aktualität, Aggregationsniveau und Tiefe. Wenngleich ein elementares Verständnis der Branche erforderlich ist, um den höchstmöglichen Nutzen aus Feldinterviews zu ziehen, sollte der Forscher *nicht erst dann* zu Feldstudien übergehen, wenn er sämtliche veröffentlichten Quellen ausgeschöpft hat. Stattdessen sollten Feld- und Bibliotheksstudien parallel laufen. Sie ergänzen und bereichern einander, besonders wenn der Forscher bei jeder Feldquelle nachdrücklich darauf dringt, sie möge veröffentlichte Daten für die Branche empfehlen. Feldquellen sind tendenziell effizienter, weil sie »zur Sache kommen«, ohne daß man Zeit mit der Lektüre nutzloser Dokumente verschwenden muß. Manchmal helfen Interviews dem Forscher auch, die wichtigen Themen zu erkennen. Allerdings kann dieser Vorteil in gewissem Ausmaß auf Kosten der Objektivität gehen.

Überwinden Sie die Durststrecke

Die Erfahrung zeigt, daß die Arbeitsmoral von Forschern im Laufe ihrer Branchenstudien oft einem U-förmigen Verlauf folgt. Eine anfängliche Euphorie weicht der Verwirrung und sogar Panik, wenn die Komplexität der Branche deutlich wird und sich unbearbeitetes Material auftürmt. Später dann ordnet sich das Bild. Dieses Muster ist offenbar so weit verbreitet, daß es für Forscher nützlich sein kann, es in Erinnerung zu behalten.

Publizierte Quellen für die Analyse von Branchen und Konkurrenten

Die Menge an öffentlich zugänglichen Informationen unterscheidet sich erheblich von Branche zu Branche. Je größer und älter die Branche ist, und je langsamer der technische Fortschritt in ihr verläuft, desto reichhaltiger sind in der Regel die öffentlich zugänglichen Informationen. Zum Leidwesen des Forschers gibt es zahlreiche interessante Branchen, die diese Bedingungen nicht erfüllen, sodaß nur spärlich publizierte Informationen über sie vorliegen. Die eine oder andere Information aus publizierten Quellen ist jedoch *immer* erhältlich, und diese Quellen sollten energisch angegangen werden. Meistens wird sich der Forscher dem Problem gegenübersehen, daß die zur Verfügung stehenden gedruckten Daten *zu allgemein* (oder zu aggregiert) sind, um den Zwecken der Analyse gerecht zu werden. Wenn sich der Forscher auf seiner Suche nach Daten dieser Tatsache bewußt ist, wird er den Nutzen allgemeiner Daten besser einschätzen und die Neigung, zu schnell aufzugeben, vermeiden können.

Zwei wichtige Prinzipien können den Zugang zu veröffentlichten Materialien erheblich erleichtern. Erstens sollte jede veröffentlichte Quelle hartnäckig nach Hinweisen auf andere (publizierte oder Feld-) Quellen durchgekämmt werden. Oft werden in Artikeln Personen zitiert (Wertpapierberater, Führungskräfte der Branche usw.), die dort nicht zufällig in Erscheinung treten; es sind meist gut informierte oder besonders gesprächsbereite Branchenbeobachter, und sie machen ausgezeichnete »Führungen« durch die Branche.

Das zweite Prinzip ist, eine gründliche Bibliographie über alle aufgedeckten Quellen zu führen. Wenngleich es zunächst mühsam ist, jede Quelle vollständig zu zitieren, macht sich der Aufwand schnell bezahlt; zum einen in Form der Zeitersparnis bei der Erstellung der Bibliographie am Ende der Untersuchung, zum anderen durch den Schutz vor doppelter Arbeit und vor der Qual, sich nicht mehr an den Ursprung einer bestimmten, vielleicht entscheidenden Information erinnern zu können. Exzerpte oder Kopien von nützlichen Quellen sind ebenfalls hilfreich. Sie vermindern die Notwendigkeit, Quellen mehrmals zu lesen und erleichtern oft die Kommunikation innerhalb eines Forschungsteams.

Obwohl die öffentlich zugänglichen Quellen für manche Branchen sehr vielfältig sind, können sie in einige allgemeine Kategorien eingeteilt werden, die im folgenden kurz diskutiert werden.

Branchenstudien

Studien, die einen allgemeinen Überblick über Branchen bieten, lassen sich in zwei Kategorien einteilen. Erstens gibt es Branchenstudien in Buchlänge, die oft (aber nicht ausschließlich) von Ökonomen geschrieben werden. Sie sind am besten in Bibliothekskatalogen und bei der Durchsicht von Literaturhinweisen in anderen Quellen zu finden. Die Teilnehmer oder Beobachter einer Branche werden fast immer über die Existenz solcher Branchenstudien informiert sein und sollten im Laufe der Untersuchung danach befragt werden.

Die zweite allgemeine Kategorie besteht aus den meist kürzeren, konzentrierteren Studien, die von Wertpapier- und Unternehmensberatungen und von Forschungsinstituten an der Börse durchgeführt werden. Eine Reihe spezialisierter Beratungsunternehmen sammeln Daten über bestimmte Branchen. In der Regel ist der Zugang zu diesen Studien nicht leicht. Es gibt zwar mehrere Verzeichnisse über Marktforschungsstudien, leider aber keine zentrale Erfassungsstelle; der beste Weg, sich über sie zu informieren, verläuft deshalb über Branchenbeobachter oder -teilnehmer.

Wirtschaftsverbände

Die Verbände zahlreicher Branchen dienen als Clearing-Stellen für Branchendaten und veröffentlichen gelegentlich detaillierte Statistiken. Die Verbände unterscheiden sich erheblich, was ihre Bereitschaft anbetrifft, Daten an Forscher weiterzugeben. Eine durch Verbandsmitglieder vermittelte Vorstellung ist jedoch oft hilfreich, um die Kooperationsbereitschaft zu erhöhen.

Unabhängig davon, ob der Verband als Datenquelle dient, sind die Funktionäre des Verbands ungeheuer nützlich, indem sie den Forscher auf öffentlich zugängliche Informationen über die Branche hinweisen, die wichtigen Teilnehmer identifizieren und ihre allgemeinen Eindrücke darüber mitteilen, wie die Branche funktioniert, welche Faktoren wichtig für den Erfolg sind, und welche wichtigen Branchentrends es gibt. Ist der Kontakt zu einem Verbandsfunktionär erst einmal geknüpft, so kann diese Person als nützliche Referenz für Branchenteilnehmer dienen und Teilnehmer benennen, die ein breites Spektrum an Auffassungen repräsentieren.

Handelszeitungen

Die meisten Branchen verfügen über eine oder mehrere Handelszeitungen, die regelmäßig über Branchenereignisse berichten. Eine kleine Branche wird möglicherweise durch eine breiter angelegte Handelspublikation abgedeckt. Auch Handelszeitungen der Kunden-, Vertriebs- oder Lieferantenbranchen sind oft nützliche Quellen.

Die Lektüre von Handelszeitungen über einen längeren Zeitraum ist eine außerordentlich fruchtbare Methode, um die Wettbewerbsdynamik und wichtige Veränderungen einer Branche zu verstehen und ihre Regeln und Einstellungen zu erkennen.

Wirtschaftspresse

Eine Vielzahl von Wirtschaftszeitungen berichtet unregelmäßig über Unternehmen und Branchen. Zugriffe auf bestimmte Unternehmens- oder Brancheninformationen werden durch die von den meisten Fachzeitungen herausgegebenen jährlichen Inhaltsverzeichnisse erleichtert.

Unternehmensverzeichnisse und statistische Daten

Es gibt Verzeichnisse von Privat- und Publikumsunternehmen, von denen einige eine begrenzte Menge an Daten enthalten. Viele Verzeichnisse führen die Unternehmen nach der Systematik der Wirtschaftszweige auf und ermöglichen es dadurch, eine vollständige Liste der Branchenteilnehmer zu erstellen. Zu diesen Verzeichnissen gehört z.B. das von der Commerzbank herausgegebene Handbuch

»Wer gehört zu wem?« Zusätzlich zu diesen allgemeinen Verzeichnissen sind Finanzzeitschriften und Käuferinformationsschriften potentielle Quellen von Unternehmenslisten.

Darüber hinaus gibt es eine Anzahl von Wirtschaftsbriefen (Platow z.B.), die Berichte über alle Privat- und Publikumsunternehmen von relevanter Größe geben. Sie sind über Bibliotheken nicht zugänglich, sondern nur über Abonnements. Sie sind wertvolle Quellen über Privatunternehmen, müssen aber mit Vorsicht benutzt werden, da die von den Unternehmen bereitgestellten Daten nicht überprüft werden.

Daneben gibt es zahlreiche statistische Datenquellen über Aspekte wie z.B. Werbeausgaben und Aktienkursentwicklung.

Unternehmensdokumente

Die meisten Unternehmen, vor allem Publikumsgesellschaften, veröffentlichen eine Vielzahl von Dokumenten über sich selbst. Neben Geschäftsberichten können sich auch Berichte der Börsenaufsicht, Vollmachtsurkunden, Prospekte und staatliche Registrierungen als nützlich erweisen. Das Gleiche gilt für Reden oder Aussagen von Führungskräften, Pressemitteilungn, Literatur über Produkte, Leitfäden, veröffentlichte Unternehmensgeschichten, Protokolle von Hauptversammlungen, Stellenanzeigen, Patente und sogar Werbung.

Wichtige regierungsamtliche Quellen

Eine Vielzahl von Daten sind aus den Statistiken des Statistischen Bundesamtes erhältlich. Neben dem im drei- bis fünfjährigen Turnus erhobenen *Zensus* über die Industrie dürfte die monatlich erschienene *Industrieberichterstattung* am wichtigsten sein. So werden im monatlichen Industriebericht u.a. folgende Tatbestände erhoben: Betriebe, Beschäftigte nach Stellung im Betrieb, geleistete Arbeitsstunden, Bruttosumme der Löhne und Gehälter, Inlands- und Auslandsumsatz. Neben diesen Statistiken dürften hier insbesondere noch die *vierteljährliche Produktionsstatistik, Sonderstatistiken für einzelne Industriezweige,* sowie die jährliche *Unternehmenserhebung* von Interesse sein. Einen Überblick über die verschiedenen Statistiken bietet das vom Statistischen Bundesamt herausgegebene Handbuch »Das Arbeitsgebiet der Bundesstatistik«.

Sonstige Quellen

Weitere potentiell nützliche publizierte Quellen sind:

- Unterlagen der Kartellbehörde sowie
- lokale Zeitungen an den Standorten oder Zentrale von Konkurrenten.

Die Erhebung von Felddaten für die Branchenanalyse

Bei der Erhebung von Felddaten kommt es darauf an, ein System zu haben, mit dem eine Quelle auf ihre Eignung überprüft, ihre voraussichtliche Kooperationsbereitschaft gegenüber dem Forscher bestimmt und der Zugang zu ihr hergestellt werden kann. Abbildung B – 1 liefert eine schematische Darstellung der wichtigsten Quellen von Felddaten: die Branchenteilnehmer selbst, Unternehmen und Personen in benachbarten Geschäften (Lieferanten, Händler, Kunden), Serviceorganisationen, die in Kontakt zur Branche stehen (einschließlich Handelsverbänden), und Branchenbeobachter (wie etwa die Finanzwelt, Behörden usw.). Jede dieser Quellen hat besondere Merkmale, die ausdrücklich benannt werden sollten.

Eigenschaften von Feldquellen

Von allen potentiellen Quellen werden Branchenteilnehmer wahrscheinlich am zurückhaltendsten bei der Kooperation mit Forschern sein, weil ihnen die Daten, die sie preisgeben, tatsächlich ökonomisch schaden können. Branchenquellen sind mit der größtmögli-

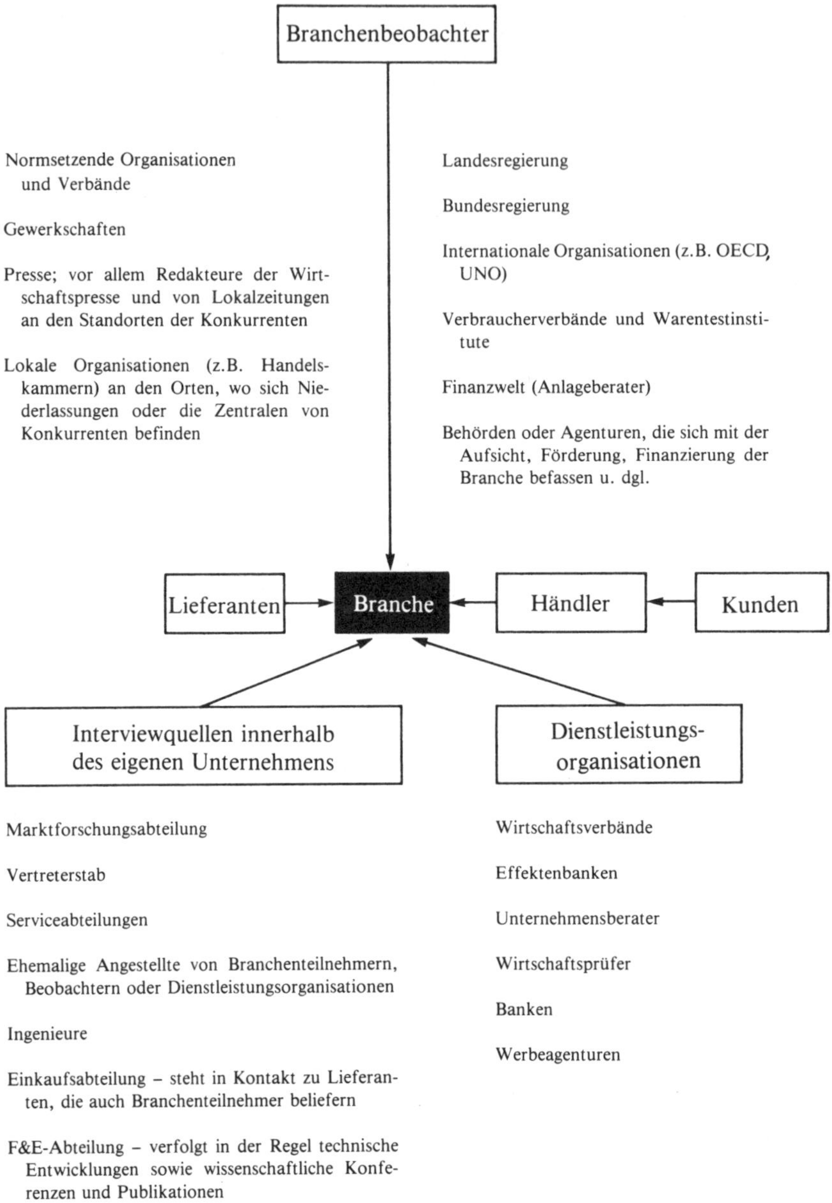

Abbildung B-1: Quellen von Felddaten für die Branchenanalyse

chen Vorsicht anzugehen (einige Richtlinien für den Umgang mit ihnen werden später diskutiert). In manchem Fällen werden sie überhaupt nicht kooperieren wollen.

Kaum weniger zurückhaltend sind Dienstleistungsorganisationen wie etwa Berater, Wirtschaftsprüfer, Bankiers und Mitarbeiter von Handelsverbänden, die auf das Vertrauen ihrer Klienten angewiesen sind; allgemeine Hintergrundinformationen über die Branche sind sie schon eher bereit zu geben. Die meisten übrigen Quellen sind nicht unmittelbar durch Branchenforschung gefährdet oder sehen sie sogar als Hilfe an. Die aufmerksamsten außenstehenden Beobachter der Branche sind oft Führungskräfte von Lieferanten oder Kunden, die sich längere Zeit aktiv mit dem gesamten Spektrum der Branchenteilnehmer beschäftigt haben. Auch Groß- und Einzelhändler sind oft ausgezeichnete Quellen.

Der Forscher sollte versuchen, mit allen wichtigen Gruppen in Kontakt zu kommen, weil jede von ihnen wertvolle Daten und nützliche Hinweise auf weitere Quellen liefern kann. Aufgrund ihrer unterschiedlichen Perspektiven sollte der Forscher *nicht* überrascht sein, wenn die Aussagen nicht übereinstimmen oder sich sogar widersprechen. Eine der Aufgaben bei Interviews besteht gerade darin, die erhaltenen Aussagen miteinander zu vergleichen und Daten aus *unterschiedlichen* Quellen zu verifizieren.

Den ersten Feldkontakt kann der Forscher an jedem beliebigen in Abbildung B – 1 angeführten Punkt knüpfen. Um Hintergrundwissen zu sammeln, ist es zu Anfang am besten, Kontakt mit Personen aufzunehmen, die über die Branche informiert sind, *aber nicht durch den Wettbewerb oder sonstige unmittelbar ökonomische Faktoren mit ihr verknüpft sind.* Solche interessierten Drittparteien sind meist offener und bieten die beste Möglichkeit, einen vorurteilsfreien Überblick über die Branche und ihre Hauptakteure zu gewinnen – was in der Anfangsphase der Forschung besonders wichtig ist. Wenn der Forscher dann in der Lage ist, gezielte Fragen zu stellen, können die direkten Branchenteilnehmer angegangen werden. Um jedoch die Erfolgschancen eines Interviews zu maximieren, ist eine persönliche Vorstellung notwendig, ganz gleich wie indirekt sie ist. Dieser Zwang wird die Entscheidung, wo begonnen wird, möglicherweise vorwegnehmen. Feldforschung bringt immer ein Element von Opportunismus mit sich, und das Verfolgen einer Analysemethode sollte den Forscher nicht davon abhalten, guten Hinweisen nachzugehen.

Es ist wichtig, sich der Tatsache zu erinnern, daß viele Teilnehmer oder Beobachter einer Branche einander persönlich kennen. Branchen sind nicht gesichtslos; sie setzen sich aus Personen zusammen. Deshalb wird die eine Quelle zur nächsten führen, wenn der Forscher geschickt vorgeht. Besonders auskunftsbereit bei Feldinterviews sind oft Personen, die in Artikeln zitiert worden sind. Eine weitere günstige Möglichkeit, Interviews zustandezubringen, ist der Besuch von Fachtagungen, wo Personen informell getroffen und Kontakte geknüpft werden können.

Feldinterviews

Effektive Feldinterviews sind zeitraubende und schwierige Verfahren, die aber in vielen Branchen die Masse der entscheidenden Informationen erbringen. Obwohl jeder Interviewer seinen bzw. ihren eigenen Stil haben wird, sind ein paar einfache Hinweise möglicherweise nützlich.

Kontakte. Im allgemeinen ist es effektiver, Kontakte mit potentiellen Quellen per Telefon herzustellen als per Brief (oder per Telefonanruf im Anschluß an einen Brief). Menschen neigen dazu, einen Brief beiseite zu legen und die Entscheidung, zu kooperieren oder nicht, vor sich herzuschieben. Ein Telefonanruf erzwingt eine Entscheidung, und die meisten Menschen kooperieren eher auf eine artikulierte und gut informierte verbale Bitte hin als auf einen Brief.

Verzögerungen. Ein Forscher sollte so früh wie möglich mit der Abwicklung von Interviews beginnen, weil die Verzögerungen lang und Reisetermine schwer zu koordinieren sein können; unter Umständen dauert es Monate, bis Interviews arrangiert und abgeschlossen sind. Obwohl für die meisten Interviews eine Frist von mindestens einer Woche anzusetzen ist, bis sie stattfinden, kann der Forscher gelegentlich auch ein kurzfristiges Interview erhalten, wenn sich der Terminplan eines Interviewpartners ändert. Es ist wünschenswert, mehrere alternative Quellen für eine Interview-Reise zu haben; wenn sich Ausfälle ergeben, sind sie vielleicht bereit, kurzfristig einzuspringen.

Quid pro Quo. Wenn man ein Interview vereinbart, sollte man dem Interviewpartner eine Gegenleistung für seine oder ihre Zeit anbieten. Die denkbaren Formen sind vielfältig: sie reichen vom Angebot, einige der Beobachtungen des Forschers zu diskutieren (selektiv natürlich), über durchdachte Rückmeldungen auf die Anmerkungen des Befragten bis hin zu Zusammenfassungen von Ergebnissen oder Exzerpten der Studie, sobald sie fertiggestellt ist.

Zugehörigkeit. Ein Interviewer muß bereit sein, seine Zugehörigkeit anzugeben und irgendeine Aussage über die Identität oder zumindest die Art eines Auftraggebers zu machen. Es gibt eine moralische Verpflichtung, den Interviewpartner zu warnen, wenn eine Information möglicherweise zu seinem Schaden verwandt wird. Wenn die Identität des Unternehmens oder Auftraggebers des Interviews nicht offengelegt werden kann, ist irgendeine allgemeine Aussage über das ökonomische Interesse erforderlich, das den Auftraggeber oder das Unternehmen mit dem Geschäft verknüpft. Andernfalls werden (und sollten) Befragte keine Interviews gewähren. Wenn man es versäumt, die Identität des Unternehmens oder Auftraggebers zu offenbaren, wird der Nutzen des Interviews oft begrenzt (wenngleich nicht notwendigerweise zerstört).

Ausdauer. Ganz egal, wie geschickt der Interviewer vorgeht, ist die Vereinbarung von Interviews unweigerlich eine frustrierende Angelegenheit; häufig werden Interviews abgelehnt, oder der Befragte ist nicht gerade begeistert von der Idee. Dies liegt in der Natur der Sache und darf den Interviewer nicht abschrecken. Oft wird der Befragte wesentlich aufgeschlossener, wenn das Gespräch begonnen hat und die Beziehung zwischen Interviewer und Befragtem persönlicher geworden ist.

Glaubwürdigkeit. Ein Interviewer kann seine Glaubwürdigkeit bei der Vereinbarung und Durchführung von Interviews erheblich steigern, wenn er ein Grundwissen über das Geschäft besitzt. Dieses Wissen sollte frühzeitig hervorgekehrt werden, sowohl bei den ersten Kontakten als auch beim Interview selbst. Dadurch wird das Interview interessanter und potentiell nützlicher für den Befragten.

Teamarbeit. Interviews sind eine ermüdende Arbeit und sollten im Idealfall in Zweierteams durchgeführt werden, wenn die vorhandenen Mittel es erlauben. Während der eine Interviewer eine Frage stellt, kann der andere Notizen niederschreiben und sich Gedanken über die nächste Fragerunde machen. Außerdem kann einer der Interviewer den Blickkontakt aufrechterhalten, während der andere schreibt. Darüberhinaus ermöglicht Teamarbeit ein Treffen unmittelbar im Anschluß an das Interview oder am Ende des Tages – ein außerordentlich nützliches Verfahren bei der Revision und Klärung von Notizen, beim Überprüfen auf übereinstimmende Eindrücke, bei der Analyse des Interviews und beim Zusammentragen der Ergebnisse. Oft leisten derartige Sitzungen eine Menge kreativer Arbeit im Rahmen der Branchenforschung. Auch ein einzelner Interviewer sollte Zeit für solche Tätigkeiten reservieren.

Fragen. Die Sammlung exakter Daten hängt von vorurteilsfreien Fragen ab, die die Antwort weder vorwegnehmen und einengen noch die eigenen Erfahrungen des Interviewers offenbaren. Der Interviewer muß außerdem darauf bedacht sein, die »erwünschte« Antwort nicht vorwegzunehmen, etwa durch Verhalten, Ton oder Gesichtsausdruck. Die meisten Menschen möchten gern kooperativ sein und ihrem Gesprächspartner zustimmen, sodaß präjudizierende Signale zu verzerrten Antworten führen können.

Notizen. Es kann von Nutzen sein, nicht nur Notizen über das Gespräch aufzunehmen, sondern auch über das Äußere und die Begleitumstände des Interviews. Welche Publikationen benutzt die Person? Welche Bücher stehen in den Regalen? Wie sind die Büros ausgestattet? Sind sie luxuriös oder karg? Hat der Befragte irgendwelche Musterprodukte im Büro? Diese Informationen liefern oft nützliche Hinweise bei der Interpretation der verbalen Daten des Interviews und weisen auf zusätzliche Quellen hin.

Beziehungen. Es ist wichtig, sich vor Augen zu halten, daß der Befragte ein Mensch ist, der dem Forscher noch nie vorher begegnet ist, seine ganz persönlichen Eigenheiten hat und möglicherweise recht unsicher ist, was er sagen soll und was nicht. Stil und Wortwahl des Befragten, seine Haltung und Einstellung, Körpersprache usw. liefern wichtige Hinweise und sollten schnell diagnostiziert werden. Ein guter Interviewer ist in der Lage, sich an den Stil des Befragten anzupassen, seine Unsicherheit zu verringern und schnell einen persönlichen Kontakt aufzubauen statt auf einem abstrakten

Geschäftsniveau zu verharren. Diese Fähigkeit zahlt sich in Form der Qualität und Tiefe der erhaltenen Informationen aus.

Offiziell versus inoffiziell. Eine Menge interessanter Informationen ergeben sich, nachdem das offizielle Interview beendet ist. Wenn der Forscher beispielsweise eine Fabrikbesichtigung gewährt bekommt und sich die Umgebung von der formellen Büroatmosphäre entfernt, wird der Interviewte möglicherweise weitaus aufgeschlossener. Der Forscher sollte versuchen, Interviews so zu steuern, daß der formelle Charakter der Situation überwunden wird. Das kann geschehen, indem man sich z.B. an einem neutralen Ort trifft, eine Führung erhält, gemeinsam essen geht oder Themen von gemeinsamem Interesse entdeckt, die außerhalb des engen Geschäftsgegenstandes liegen.

»Heikle« Daten. In der Regel ist es am günstigsten, ein Interview mit allgemeinen, unproblematischen Fragen einzuleiten statt nach konkreten Zahlen oder sonstigen potentiell »heiklen« Daten zu fragen. In Situationen, in denen mit Bedenken dieser Art auf Seiten des Interviewpartners zu rechnen ist, empfiehlt es sich meist, gleich zu Beginn des Interviews ausdrücklich zu betonen, daß man nicht nach unternehmensinternen Daten fragt, sondern sich einen Eindruck von der Branche verschaffen will. Oft wird der Interviewpartner bereit sein, Daten in Form von Größenordnungen oder »runden Zahlen« preiszugeben, die für den Interviewer außerordentlich wertvoll sein können. Fragen sollten etwa folgendermaßen gestellt werden: »Liegt die Zahl ihrer Vertreter näher bei 100 oder 500?«

Verfolgen von Hinweisen. Ein Forscher sollte in Interviews immer etwas Zeit darauf verwenden, Fragen wie die folgenden zu stellen: Wen sollten wir noch ansprechen? Welche Veröffentlichungen sollten wir kennen? Finden irgendwelche Versammlungen statt, an denen teilzunehmen nützlich sein könnte? (Zahlreiche Branchen halten Tagungen im Januar oder Februar ab). Gibt es irgendwelche Bücher, die aufschlußreich sein könnten? Der Wert von Interviews wird maximiert, wenn in jedem um Tips gebeten wird. Wenn ein Interviewpartner bereit ist, eine persönliche Referenz an eine weitere Person zu geben, sollte das Angebot immer angenommen werden. Dadurch wird die Vereinbarung künftiger Interviews wesentlich erleichtert.

Telefoninterviews. In einem späten Stadium der Recherchen, wenn die Fragen sehr pointiert gestellt werden können, sind Telefoninterviews manchmal recht effektiv. Sie empfehlen sich besonders gegenüber Lieferanten, Kunden, (Zwischen-)Händlern und anderen Drittparteien.

Bibliographie

Zitierte Literatur

ABELL, D.F., AND HAMMOND, J.S.: *Strategic Market Planning: Problems and Analytical Approaches.* Englewood Cliffs, N.J.: Prentice-Hall, 1979.

ABERNATHY, W.J., AND WAYNE, K.: »The Limits of the Learning Curve.« *Harvard Business Review,* September/October 1974.

ABERNATHY, W.J.: *The Productivity Dilemma: Roadblock to Innovation in the Automobile Industry.* Baltimore, Md.: Johns Hopkins Press, 1978.

ANDREWS, K.R.: *The Concept of Corporate Strategy.* New York: Dow Jones-Irwin, 1971.

ANSOFF, H.I.: »Checklist for Competitive and Competence Profiles«. *Corporate Strategy,* pp. 98–99. New York: McGraw-Hill, 1965.

BROCK, G.:*The U.S. Computer Industry.* Cambridge, Mass.: Ballinger Press, 1975.

BUCHELE, R.: »How to Evaluate a Firm«. *California Management Review,* Fall 1962, pp. 5–16.

BUFFA, E.S.: *Modern Production Management.* 4th ed. New York: Wiley, 1973.

BUZZEL, R.D.: »Competitive Behavior and Product Life Cycles.« In *New Ideas for Successful Marketing,* edited by John Wright and J.L. Goldstucker, pp. 46–68. Chicago: American Marketing Association, 1966.

BUZZEL, R.D., GALE, B.T., AND SULTAN, R.G.M.: »Market Share – A Key to Profitability.« *Harvard Business Review,* January-February 1975, pp. 97–106.

BUZZELL, R.D., NOURSE, R.M., MATTHEWS, J.B., JR., AND LEVITT, T.: *Marketing: A Contemporary Analysis.* New York: McGraw-Hill, 1972.

CANNON, J.T.: *Business Strategy and Policy.* New York: Harcourt, Brace and World, 1968.

CATRY, B., AND CHEVALIER, M.: »Market Share Strategy and the Product Life Cycle.« *Journal of Marketing,* Vol. 38, October 1974, pp. 29–34.

CHRISTENSEN, C.R., ANDREWS, K.R., AND BOWER, J.L.: *Business Policy: Text and Cases.* Homewood, Ill.: Richard D. Irwin, 1973.

CLIFFORD, D.K., JR.: »Leverage in the Product Life Cycle.« *Dun's Review,* May 1965.

COREY, R.: *Industrial Marketing.* 2nd ed. Englewood Cliffs, N.J.: Prentice-Hall, 1976.

COX, W.E. JR. »Product Life Cycles as Marketing Models.« *Journal of Business,* October 1967, pp. 375–384.

DANIELS, L.: *Business Information Sources.* Berkeley: University of California Press, 1976.

DAY, G.S.: »Diagnosing the Product Portfolio.« *Journal of Marketing,* April 1977, pp. 29–38.

D'CRUZ, J.: »Quasi-Integration in Raw Material Markets.« DBA Dissertation, Harvard Graduate School of Business Administration, 1979.

DEAN, J.: »Pricing Policies for New Products.« *Harvard Business Review,* Vol. 28, Nr. 6, November 1950.

DEUTSCH, M.: »The Effect of Motivational Orientation Upon Threat and Suspicion.« *Human Relations,* 1960, pp. 123–139.

DOZ, Y.L.: *Government Control and Multinational Strategic Management.* New York: Praeger, 1979.

–. »Strategic Management in Multinational Companies.« *Sloan Management Review,* in press, 1980.

FORBUS, J.L., AND MEHTA, N.T.: »Economic Value to the Customer.« Staff paper, McKinsey and Company, February 1979.

FORRESTER, J.W.: »Advertising: A Problem in Industrial Dynamics.« *Harvard Business Review,* Vol. 37, Nr. 2, March/April 1959, pp. 100–110.

FOURAKER, L.F., AND SIEGEL, S.: *Bargaining and Group Decision Making: Experiments in Bilateral Monopoly.* New York: McGraw-Hill, 1960.

FRUHAN, W.E., JR.: *The Fight for Competitive Advantage.* Cambridge, Mass.: Division of Research, Harvard Graduate School of Business Administration, 1972.

–. *Financial Strategy.* Homewood, Ill.: Richard D. Irwin, 1979.

GILMOUR, S.R.: »The Divestment Decision Process.« DBA Dissertation, Harvard Graduate School of Business Administration, 1973.

HARRIGAN, K.R.: »Strategies for Declining Industries.« DBA Dissertation, Harvard Graduate School of Business Administration, 1979.

HUNT, M.S.: »Competition in the Major Home Appliance Industry.« Ph.D. Dissertation, Harvard University, 1972.

KNICKERBOCKER, F.T.: *Oligopolistic Reaction and Multinational Enterprise.* Cambridge, Mass.: Division of Research, Harvard Graduate School of Business Administration, 1973.

KOTLER, P.: *»Marketing Management.«* 2nd ed. Englewood Cliffs, N.J.: Prentice-Hall, 1972.

LEVITT, T.: »Exploit the Product Life Cycle.« *Harvard Business Review,* November/December 1965, pp. 81–94.

–. »The Augmented Product Concept.« In *The Marketing Mode: Pathways to Corporate Growth,* New York: McGraw-Hill, 1969.

MEHTA, N.T.: »Policy Formulation in a Declining Industry: The Case of the Canadian Dissolving Pulp Industry.« DBA Dissertation, Harvard Graduate School of Business Administration, 1978.

MOORE, F.G.: *Production Management,* 6th ed. Homewood, Ill.: Richard D. Irwin, 1973.

NEWMAN, H.H.: »Strategic Groups and the Structure-Performance Relationship.« *Review of Economics and Statistics.* Vol. LX, August 1978, pp. 417–427.

NEWMAN, W.H., AND LOGAN, J.P.: *Strategy, Policy and Central Management.* Chapter 2, Cincinnati, Ohio: South Western Publishing, 1971.

PATTON, ARCH.: »Stretch Your Product's Earning Years.« *Management Review,* Vol. XLVII, No. 6, June 1959.

POLLI, R., AND COOK, V.: »Validity of the Product Life Cycle.« *Journal of Business,* October 1969, pp. 385–400.

PORTER, M.E.: *Interbrand Choice, Strategy and Bilateral Market Power.* Cambridge, Mass.: Harvard University Press, 1976a.

–. »Strategy Under Conditions of Adversity.« Discussion paper, Harvard Graduate School of Business Administration, 1976b.

–. »Please Note Location of Nearest Exit: Exit Barriers and Planning.« *California Management Review,* Vol. XIX, Winter 1976c, pp. 21–33.

–. »The Structure Within Industries and Companies' Performance.« *Review of Economics and Statistics,* LXI, May 1979, pp. 214–227.

PORTER, M.E., AND SPENCE, M.: »Capacity Expansion in a Growing Oligopoly: The Case of Corn Wet Milling,« Discussion paper, Harvard Graduate School of Business Administration, 1978.

QUAIN, MITCHELL.: *Lift-Truck Industry: Near Term Outlook.* New York: Wertheim & Company, June 22, 1977.

ROTHSCHILD, W.E.: *Putting It All Together.* New York: AMACOM, 1979.

SALTER, M., AND WEINHOLD, W.: *Diversification Through Acquisition.* New York: Free Press, 1979.

SCHELLING, T.: *The Strategy of Conflict.* Cambridge, Mass.: Harvard University Press, 1960.

SCHOFFLER, S., BUZZELL, R.D., HEANY, D.F.: »Impact of Strategic Planning on Profit Performance.« *Harvard Business Review,* March/April 1974, pp. 137–145.

SKINNER, W.: »The Focused Factory.« *Harvard Business Review,* May/June 1974, pp. 113–121.

SMALLWOOD, J.E.: »The Product Life Cycle: A Key to Strategic Market Planning.« *MSU Business Topics,* Vol. 21, Nr. 1, Winter 1973, pp. 29–36.

SPENCE, A.M.: »Entry, Capacity, Investment and Oligopolistic Pricing.« *Bell Journal of Economics,* Vol. 8, Autumn 1977, pp. 534–544.

STAUDT, T.A., TAYLOR, D., AND BOWERSOX, D. *A Managerial Introduction to Marketing,* 3rd ed. Englewood Cliffs, N.J.: Prentike-Hall, 1976.

SULTAN, R.: *Pricing in the Electrical Oligopoly. Vols. I and II.* Cambridge, Mass.: Division of Research, Harvard Graduate School of Business Administration, 1974.

VERNON, R.: »International Investment and International Trade in the Product Cycle.« *Quarterly Journal of Economics,* Vol. LXXX, May 1966, pp. 190–207.

–. »The Waning Power of the Product Cycle Hypothesis.« Discussion paper, Harvard Graduate School of Business Administration, May 1979.

WELLS, L.T., JR. »International Trade: The Product Life Cycle Approach.« In *The Product Life Cycle in International Trade,* edited by L.T. Wells, Jr. Cambridge, Mass.: Division of Research, Harvard Graduate School of Business Administration, 1972.

Weiterführende Literatur

ALBACH, H.: *Strategische Unternehmensplanung bei erhöhter Unsicherheit.* In: ZfB 48, S. 702–715 (1978).

ALBACH, H.: *Zur Wiederentdeckung des Unternehmers in der wirtschaftspolitischen Diskussion.* In: »Zeitschrift für die gesamte Sozialwissenschaft«, 135, S. 533–552 (1979).

BERNHEIM, R.A.: *Koordination in zersplitterten Industriebranchen.* Bern-Stuttgart 1981.

BÖCKER, F. UND THOMAS, L.: *Marketing*, Stuttgart u.a. 1981.

BRATSCHITSCH, R. UND SCHELLINGER, W. (Hrsg.): *Unternehmungskrisen, Ursachen, Frühwarnung und Bewältigung.* Stuttgart 1981.

BROCKHOFF, K.: *Prognoseverfahren für die Unternehmensplanung.* Wiesbaden 1977.

BROCKHOFF, K. UND KRELLE, W.: (Hrsg.): *Unternehmensplanung.* Berlin 1981.

BROCKHOFF, K.: *Produktpolitik,* Stuttgart u.a., 1981.

DREXEL, G.: *Strategische Unternehmensführung im Handel.* Berlin-New York 1981.

DUNST, K.-H.: *Portfolio Management. Konzeption für die strategische Unternehmensplanung.* Berlin-New York 1979

GABELE, E.: *Die Einführung von Geschäftsbereichorganistionen.* Tübingen 1981.

GABELE, E.: Die Leistungsfähigkeit der Portfolio-Analyse für die strategische Unternehmensführung. In: E. Rühli und J.-P. Thommen (Hrsg.), *Unternehmensführung aus finanz- und betriebswirtschaftlicher Sicht.* Stuttgart 1981, S. 45–61.

GÄLWEILER, A.: *Unternehmensplanung.* Grundlagen und Praxis Frankfurt-New York 1974.

GOERKE, W.: *Organisationsentwicklung als ganzheitliche Innovationsstrategie.* Berlin-New York 1981.

HAHN, D. UND TAYLOR, B. (Hrsg.): *Strategische Unternehmensplanung – Stand und Entwicklungstendenzen.* Würzburg-Wien 1980.

HAMMER, R.: *Unternehmensplanung.* München 1982.

HENDERSON, B.D.: *Die Erfahrungskurve in der Unternehmensstrategie.* Frankfurt-New York 1974.

HINTERHUBER, H.H.: *Strategische Unternehmensführung.* 2. Aufl. Berlin-New York 1980.

KAUFER, E.: *Industrieökonomik.* München 1981.

KOCH, H.: *Zum Verfahren der strategischen Programmplanung.* In: ZfbF, 31, S. 145–161 (1979).

KÖHLER, R.: *Grundprobleme der strategischen Marketingplanung.* In: Köhler, R., und M.N. Geist (Hrsg.): *Die Führung des Betriebes.* Stuttgart 1981, S. 261–291.

KOPPELMANN, V.: *Grundlagen des Produktmarketing.* Stuttgart 1978.

KREIKEBAUM, H.: *Strategische Unternehmensplanung.* Stuttgart-Berlin-Köln-Mainz 1981.

MALIK, F.: *Kybernetische und methodische Grundlagen des strategischen Managements.* Bern-Stuttgart 1982.

MEFFERT, H.: *Marketing-Einführung in die Absatzpolitik.* Wiesbaden 1980.

MEFFERT, H.: *Marketing-Strategie, Teil I. Strategische Planung in gesättigten, rezessiven Märkten.* In: »Absatzwirtschaft. Zeitschrift für Marketing«, 23, H. 6, S. 89–97 (1980).

MEFFERT, H.: *Marketing-Strategie, Teil II. Marktführer in gesättigten Märkten.* In: »Absatzwirtschaft. Zeitschrift für Marketing«, 23, H. 7, S. 54–59 (1980).

PICOT, A., UND B. LANGE: *Synoptische versus inkrementale Gestaltung des strategischen Planungsprozesses – Theoretische Grundlagen und Ergebnisse einer Laborstudie.* In: ZfbF, 31, S. 569–596 (1979).

PÜMPIN, C.: *Strategische Unternehmensführung in der Praxis.* Zürich 1981.

PÜMPIN, C., A. GÄLWEILER, F.-F. NEUBAUER UND W.T. BANE: *Produkt-Markt-Strategien.* Bern 1980.

ROVENTA, P.: *Portfolio-Analyse und strategisches Management.* München 1979.

RÜHLI, E.: *Unternehmensführung und Unternehmenspolitik.* Band 1. Bern-Stuttgart 1973.

RÜHLI, E.: *Unternehmensführung und Unternehmenspolitik.* Band 2. Bern-Stuttgart 1978.

SCHERTLER, W.: *Unternehmensorganisation.* München 1982.

SCHUHMACHER, P.: *Rezession und Unternehmensführung.* Stuttgart 1981.

SCHWAB, K.: *Chancenmanagement.* Düsseldorf 1976.

STAHELE, W.H.: *Management.* München 1980.

STEINMANN, H. UND R. ACHENBACH (Hrsg.): *Planung und Kontrolle.* Probleme der strategischen Unternehmensführung. München 1981.

SZYPERSKI, N. UND U. WINAND: *Grundbegriffe der Unternehmensplanung.* Stuttgart 1980.

THOM, N.: *Grundlagen des betrieblichen Innovationsmanagements.* 2. Aufl. Königstein/Ts. 1980.

ULRICH, H.: (Hrsg.): *Management-Philosophie für die Zukunft.* Bern-Stuttgart 1981.

WITTEK, B.F.: *Strategische Unternehmensführung bei Diversifikation.* Berlin-New York 1980.

WÖHLER, H.: *Betriebliche Desinvestitionsplanung.* Düsseldorf 1981.

Register